【传世经典 文白对照】

资治通鉴

十七

后梁纪 后唐纪

〔宋〕司马光　　编撰

沈志华　张宏儒　主编

中华书局

目录

卷第二百六十六　后梁纪一

起丁卯(907)尽戊辰(908)七月凡一年有奇

太祖神武元圣孝皇帝上
开平元年(丁卯,907)

1　春,正月辛巳,梁王休兵于贝州。

2　淮南节度使兼侍中、东面诸道行营都统弘农郡王杨渥既得江西,骄侈益甚,谓节度判官周隐曰:"君卖人国家,何面复相见!"遂杀之。由是将佐皆不自安。

黑云都指挥使吕师周与副指挥使綦章将兵屯上高。师周与湖南战,屡有功,渥忌之。师周惧,谋于綦章曰:"马公宽厚,吾欲逃死焉,可乎?"章曰:"兹事君自图之,吾舌可断,不敢泄!"师周遂奔湖南,章纵其孥使逸去。师周,扬州人也。

渥居丧,昼夜酣饮作乐,然十围之烛以击毬,一烛费钱数万。或单骑出游,从者奔走道路,不知所之。左、右牙指挥使张颢、徐温泣谏,渥怒曰:"汝谓我不才,何不杀我自为之!"二人惧。渥选壮士,号"东院马军",广署亲信为将吏,所署者恃势骄横,陵蔑勋旧。颢、温潜谋作乱。渥父行密之世,有亲军数千营于牙城之内,渥迁出于外,以其地为射场,颢、温由是无所惮。

渥之镇宣州也,命指挥使朱思勍、范思从、陈璠将亲兵三千,及嗣位,召归广陵。颢、温使三将从秦裴击江西,因戍洪州,诬以谋叛,命别将陈祐往诛之。祐间道兼行,六日至洪州,

太祖神武元圣孝皇帝上

后梁太祖开平元年(丁卯,公元907年)

1　春季,正月辛巳(初四),梁王朱全忠率兵在贝州休整。

2　淮南节度使兼侍中、东面诸道行营都统弘农郡王杨渥夺取江西以后,骄横奢侈更加厉害,对节度判官周隐说:"您出卖人家的国家,有什么脸面再相见!"于是杀了周隐。因此属下将佐都自感不安。

黑云都指挥使吕师周与副指挥使綦章率领军队驻扎上高。吕师周与湖南作战,屡次立功,杨渥忌恨他。吕师周害怕,与綦章商议说:"马公宽厚,我想要死里逃生,可以吗?"綦章说:"这件事您自己考虑,我的舌头可以断,但绝不敢泄露!"吕师周于是投奔湖南马殷,綦章放走他的妻子儿女让他们逃走。吕师周是扬州人。

杨渥服丧期间日夜饮酒,点燃粗十围的蜡烛来击毬,一支蜡烛费钱数万。有时单独骑马外出游玩,随从的人在道路奔走,不知他到哪里去了。左、右牙指挥使张颢、徐温哭着劝谏,杨渥勃然大怒说:"你们认为我没有才能,为什么不杀死我自己当节度使!"张颢、徐温两人非常惧怕。杨渥挑选壮士,号称"东院马军",广泛安置亲信为将领官吏,所任命的人仗势骄傲专横,欺凌蔑视功臣旧人。张颢、徐温暗中谋划发动叛乱。杨渥父亲杨行密在世的时候,有数千名亲军驻扎在节度使所居的牙城之内,杨渥把他们迁出在外,用腾出的空地作为骑射的场地,张颢、徐温因此没有忌惮了。

杨渥镇守宣州的时候,命令指挥使朱思勍、范思从、陈璠率领亲兵三千人,等到继位以后,召回广陵。张颢、徐温让朱思勍等三位将领跟随秦裴攻打江西,因此防守洪州,又诬陷三将图谋叛变,派别将陈祐前去杀他们。陈祐从偏僻小路兼程前进,六天到达洪州,

微服怀短兵径入秦裴帐中，裴大惊，祐告之故，乃召思勍等饮酒，祐数思勍等罪，执而斩之。渥闻三将死，益忌颢、温，欲诛之。丙戌，渥晨视事，颢、温帅牙兵二百，露刃直入庭中，渥曰：“尔果欲杀我邪？”对曰：“非敢然也，欲诛王左右乱政者耳！”因数渥亲信十馀人之罪，曳下，以铁楇击杀之。谓之“兵谏”。诸将不与之同者，颢、温稍以法诛之，于是军政悉归二人，渥不能制。

3　初，梁王以河北诸镇皆服，惟幽、沧未下，故大举伐之，欲以坚诸镇之心。既而潞州内叛，王烧营而还，威望大沮。恐中外因此离心，欲速受禅以镇之。丁亥，王入馆于魏，有疾，卧府中。罗绍威恐王袭之，入见王曰：“今四方称兵为王患者，皆以翼戴唐室为名，王不如早灭唐以绝人望。”王虽不许而心德之，乃亟归。壬寅，至大梁。

甲辰，唐昭宣帝遣御史大夫薛贻矩至大梁劳王，贻矩请以臣礼见，王揖之升阶，贻矩曰：“殿下功德在人，三灵改卜，皇帝方行舜、禹之事，臣安敢违！”乃北面拜舞于庭。王侧身避之。贻矩还，言于帝曰：“元帅有受禅之意矣！”帝乃下诏，以二月禅位于梁。又遣宰相以书谕王，王辞。

4　河东兵犹屯长子，欲窥泽州。王命保平节度使康怀贞悉发京兆、同华之兵屯晋州以备之。

5　二月，唐大臣共奏请昭宣帝逊位。壬子，诏宰相帅百官诣元帅府劝进，王遣使却之。于是朝臣、藩镇乃至湖南、岭南上笺劝进者相继。

穿着平民衣服、怀揣短兵器直接进入秦裴帐中,秦裴大惊,陈祐告诉他缘故,于是召朱思勍等饮酒,陈祐数说朱思勍等的罪状,把他们逮捕斩首。杨渥听说三将被杀,更加忌恨张颢、徐温,想要杀死他们。丙戌(初九),杨渥早晨处理事务,张颢、徐温率领两百牙兵,手执刀剑直入庭中,杨渥说:"你们果然要杀我吗?"张颢、徐温回答说:"不敢这样做,想要杀您左右扰乱政事的人罢了!"于是数说杨渥的亲信十多人的罪状,拖下去,用铁槌打死。称之为"兵谏"。诸将当中不与张颢、徐温同心合力的,两人逐渐设法将其处死,于是军政大权全归两人,杨渥不能控制。

3 当初,梁王朱全忠因河北各藩镇全都归服,只有幽州刘仁恭、沧州刘守文父子没有攻下,所以大举讨伐他们,想要借以坚定各藩镇的归服之心。不久,潞州内部叛变,朱全忠烧毁营寨而返回,威望大受损害。朱全忠恐怕内外因此离心离德,想要迅速接受唐昭宣帝禅让来震慑他们。丁亥(初十),朱全忠进入魏州住宿,患病,躺在节度使府中。罗绍威担心朱全忠袭击自己,进见朱全忠说:"现在四方发兵成为您祸患的人,都以拥戴唐室为名义,您不如先灭唐室来断绝众望。"朱全忠虽然没有应允,心里却感激他,于是急忙起程回归。壬寅(二十五日),到达大梁。

甲辰(二十七日),唐昭宣帝派遣御史大夫薛贻矩到大梁慰劳朱全忠,薛贻矩请以臣子见君之礼觐见,朱全忠拱手作揖让他登阶而上,薛贻矩说:"殿下的功业德行都在人们心里,天、地、人三灵已经另选新君,皇帝正要举行舜、禹禅让事宜,我怎么敢违抗!"于是,面朝北在厅堂行朝拜皇帝之礼。朱全忠侧身避开。薛贻矩回到东都洛阳,对唐昭宣帝说:"元帅有接受禅让帝位的意思了!"唐昭宣帝于是颁下诏书,在二月让位给梁王朱全忠。又派遣宰相拿着书信告诉朱全忠,朱全忠推辞。

4 河东军队仍然驻扎长子,想要窥伺泽州。梁王朱全忠命令保平节度使康怀贞征发全部京兆、同华的军队驻扎晋州来防御守备。

5 二月,唐大臣共同奏请昭宣帝退位。壬子(初五),诏令宰相率领百官前往元帅府劝即帝位,朱全忠派遣使者到洛阳推却不受。于是,朝中大臣、藩镇乃至湖南、岭南呈进奏笺劝朱全忠即帝位的接连不断。

6　三月癸未,王以亳州刺史李思安为北路行军都统,将兵击幽州。

7　庚寅,唐昭宣帝诏薛贻矩再诣大梁谕禅位之意,又诏礼部尚书苏循赍百官笺诣大梁。

8　镇海、镇东节度使吴王钱镠遣其子传璙、传瓘讨卢佶于温州。

9　甲辰,唐昭宣帝降御札禅位于梁。以摄中书令张文蔚为册礼使,礼部尚书苏循副之;摄侍中杨涉为押传国宝使,翰林学士张策副之;御史大夫薛贻矩为押金宝使,尚书左丞赵光逢副之。帅百官备法驾诣大梁。

杨涉子直史馆凝式言于涉曰:"大人为唐宰相,而国家至此,不可谓之无过。况手持天子玺绶与人,虽保富贵,奈千载何! 盍辞之!"涉大骇曰:"汝灭吾族!"神色为之不宁者数日。

策,敦煌人,光逢,隐之子也。

10　卢龙节度使刘仁恭,骄侈贪暴,常虑幽州城不固,筑馆于大安山,曰:"此山四面悬绝,可以少制众。"其栋宇壮丽,拟于帝者。选美女实其中。与方士炼丹药,求不死。悉敛境内钱,瘗于山颠,令民间用堇泥为钱。又禁江南茶商无得入境,自采山中草木为茶,鬻之。

仁恭有爱姜罗氏,其子守光通焉。仁恭杖守光而斥之,不以为子数。李思安引兵入其境,所过焚荡无馀。夏,四月己酉,直抵幽州城下。仁恭犹在大安山,城中无备,几至不守。守光自外引兵入,登城拒守;又出兵与思安战,思安败退。守光遂自称节度使,令部将李小喜、元行钦将兵攻大安山。仁恭遣兵拒战,为小喜所败。虏仁恭以归,囚于别室。仁恭将佐及左右,凡守光素所恶者皆杀之。

6 三月癸未(初六),梁王朱全忠任命亳州刺史李思安为北路行军都统,率领军队攻击幽州。

7 庚寅(十三日),唐昭宣帝诏命薛贻矩再往大梁告知禅让帝位的意愿,又诏命礼部尚书苏循携带文武百官的奏笺前往大梁。

8 镇海、镇东节度使吴王钱镠派遣他的儿子钱传璙、钱传瓘率领军队到温州讨伐卢佶。

9 甲辰(二十七日),唐昭宣帝颁下诏书让位给梁王。任命代理中书令张文蔚为册礼使,礼部尚书苏循为副使;代理侍中杨涉为押传国宝使,翰林院学士张策为副使;御史大夫薛贻矩为押金宝使,尚书左丞赵光逢为副使。率领文武百官准备皇帝车驾仪仗前往大梁。

杨涉的儿子直史馆杨凝式对杨涉说:"大人为唐朝宰相,国家到了这个地步,不能说没有过错。况且亲手拿着天子的印玺绶绶送给别人,虽然保住了荣华富贵,但对后世怎么办!何不辞职!"杨涉听了大惊说:"你要灭我全族!"为此好几天神色不安。

张策是敦煌人,赵光逢是赵隐的儿子。

10 卢龙节度使刘仁恭,骄横奢侈,贪婪凶残,经常顾虑幽州城垣不坚固,在大安山上建筑馆舍,说:"这山四面悬崖绝壁,可以少制众。"馆舍的房屋雄壮美丽,与皇帝的宫殿相匹。选美女住在里面。与方士炼丹药,寻求长生不死。聚敛境内全部的钱,埋藏在山顶上,让民间用粘土作钱使用。又禁止江南茶商入境,自采山中草木做茶,卖给民间百姓。

刘仁恭有爱妾罗氏,他的儿子刘守光与她私通。刘仁恭杖责刘守光并把他赶走,不把他排在儿子之列。李思安率兵进入刘仁恭的境内,经过的地方焚烧毁坏没有剩余。夏季,四月己酉(初三),直抵幽州城下。刘仁恭还在大安山,城中没有防备,几乎失守。刘守光从外面带兵进入,登城抵御防守;又出兵与李思安作战,李思安被打败退走。刘守光于是自称节度使,令部将李小喜、元行钦率兵攻打大安山。刘仁恭派遣军队抵抗,被李小喜打败。李小喜俘虏了刘仁恭,把他带回幽州,囚禁在另外的屋子里。刘仁恭的将佐及左右亲信,凡是刘守光厌恶的全被杀死。

银胡䩮都指挥使王思同帅部兵三千,山后八军巡检使李承约帅部兵二千奔河东;守光弟守奇奔契丹,未几,亦奔河东。河东节度使晋王克用以承约为匡霸指挥使,思同为飞腾指挥使。思同母,仁恭之女也。

11 庚戌,梁王始御金祥殿,受百官称臣,下书称教令,自称曰寡人。辛亥,令诸笺、表、簿、籍皆去唐年号,但称月、日。丙辰,张文蔚等至大梁。

12 卢佶闻钱传璙等将至,将水军拒之于青澳。钱传瓘曰:"佶之精兵尽在于此,不可与战。"乃自安固舍舟,间道袭温州。戊午,温州溃,擒佶斩之。吴王镠以都监使吴璋为温州制置使,命传璙等移兵讨卢约于处州。

13 壬戌,梁王更名晃。王兄全昱闻王将即帝位,谓王曰:"朱三,尔可作天子乎!"

甲子,张文蔚、杨涉乘辂自上源驿从册宝,诸司各备仪卫卤簿前导,百官从其后,至金祥殿前陈之。王被衮冕,即皇帝位。张文蔚、苏循奉册升殿进读,杨涉、张策、薛贻矩、赵光逢以次奉宝升殿,读已,降,帅百官舞蹈称贺。帝遂与文蔚等宴于玄德殿。帝举酒曰:"朕辅政未久,此皆诸公推戴之力。"文蔚等惭惧,俯伏不能对,独苏循、薛贻矩及刑部尚书张祎盛称帝功德宜应天顺人。

帝复与宗戚饮博于宫中,酒酣,朱全昱忽以投琼击盆中迸散,睨帝曰:"朱三,汝本砀山一民也,从黄巢为盗,天子用汝为四镇节度使,富贵极矣,奈何一旦灭唐家三百年社稷,自称帝王! 行当族灭,奚以博为!"帝不怿而罢。

乙丑,命有司告天地、宗庙、社稷。丁卯,遣使宣谕州、镇。戊辰,大赦,改元,国号大梁。奉唐昭宣帝为济阴王,皆如

银胡䩮都指挥使王思同率领所部士兵三千,山后八军巡检使李承约率领所部士兵两千,投奔河东;刘守光的弟弟刘守奇投奔契丹,不久,也投奔了河东。河东节度使晋王李克用以李承约任匡霸指挥使,王思同任飞腾指挥使。王思同的母亲是刘仁恭的女儿。

11　庚戌(初四),梁王朱全忠开始登金祥殿,接受他的文武百官称臣,下行文书称教令,自称寡人。辛亥(初五),命令各种笺、表、簿、籍都去掉唐朝年号,只称月、日。丙辰(初十),张文蔚等到达大梁。

12　卢佶听说钱传璙等将要到达,率领水军在青澳抵抗。钱传瓘说:"卢佶的精锐部队都在这里,不能与他们作战。"于是自安固弃舟登岸,抄小路袭击温州。戊午(十二日),温州军队逃散,擒住卢佶斩首。吴王钱镠任命都监使吴璋为温州制置使,命令钱传璙等率领军队转移到处州讨伐卢约。

13　壬戌(十六日),梁王朱全忠更名为晃。朱全忠的哥哥朱全昱听说朱全忠将要即皇帝位,对他说:"朱三,你能作天子吗!"

甲子(十八日),张文蔚、杨涉乘大车自上源驿随从册宝,诸司各备陈仪仗、卫士、车驾在前导引,唐朝的文武百官随后,到金祥殿前排列。梁王朱全忠身披衮袍,头戴冠冕,即皇帝位。张文蔚、苏循捧着册文登殿,进读册文,杨涉、张策、薛贻矩、赵光逢依次捧着传国玉玺等登殿,读完册文,下殿,率领文武百官跪拜称颂庆贺。后梁太祖朱晃于是同张文蔚等在玄德殿宴饮。后梁太祖举酒说:"朕辅佐朝政不久,这都是诸公拥护爱戴之力。"张文蔚等惭愧惶惧,俯伏在地不能回答,只有苏循、薛贻矩及刑部尚书张祎盛称后梁太祖的功业德行,应当应天命顺人心称帝。

后梁太祖又与同宗亲属在宫中宴饮博戏,酒喝得正畅快,朱全昱忽然将骰子向盆中击去而迸碎四散,斜视着太祖说:"朱三,你本来是砀山的一介平民,跟随黄巢做强盗,天子用你任四镇节度使,富贵极了,为什么突然灭了唐朝三百年的国家,自称帝王!将要全族被杀,还玩什么博戏!"太祖不高兴而散场。

乙丑(十九日),后梁太祖命有关官吏祭祀天地、宗庙、社稷。丁卯(二十一日),派遣使者向各州、镇宣布受禅称帝。戊辰(二十二日),大赦天下,改年号为开平,国号大梁。尊奉唐昭宣帝为济阴王,都如

前代故事,唐中外旧臣官爵并如故。以汴州为开封府,命曰东都;以故东都为西都;废故西京,以京兆府为大安府,置佑国军于大安府。更名魏博曰天雄军。迁济阴王于曹州,栫之以棘,使甲士守之。

14　辛未,以武安节度使马殷为楚王。

15　以宣武掌书记、太府卿敬翔知崇政院事,以备顾问,参谋议,于禁中承上旨,宣于宰相而行之。宰相非进对时有所奏请及已受旨应复请者,皆具记事因崇政院以闻,得旨则复宣于宰相。翔为人沉深,有智略,在幕府三十馀年,军谋、民政,帝一以委之。翔尽心勤劳,昼夜不寐,自言惟马上乃得休息。帝性暴戾难近,人莫能测,惟翔能识其意趣。或有所不可,翔未尝显言,但微示持疑,帝意已悟,多为之改易。禅代之际,翔谋居多。

16　追尊皇高祖考、妣以来皆为帝、后;皇考诚为烈祖文穆皇帝,妣王氏为文惠皇后。

17　初,帝为四镇节度使,凡仓库之籍,置建昌院以领之。至是,以养子宣武节度副使友文为开封尹、判院事,掌凡国之金谷。友文本康氏子也。

18　乙亥,下制削夺李克用官爵。是时惟河东、凤翔、淮南称“天祐”,西川称“天复”年号,馀皆禀梁正朔,称臣奉贡。

蜀王与弘农王移檄诸道,云欲与岐王、晋王会兵兴复唐室,卒无应者。蜀王乃谋称帝,下教谕统内吏民,又遗晋王书云:“请各帝一方,俟朱温既平,乃访唐宗室立之,退归藩服。”晋王复书不许,曰:“誓于此生靡敢失节。”

唐末之诛宦官也,诏书至河东,晋王匿监军张承业于斛律寺,斩罪人以应诏。至是,复以为监军,待之加厚,承业亦为之竭力。

前代的成例,唐内外旧臣的官职爵位同过去一样。以汴州为开封府,命名为东都;以故东都洛阳为西都;废故西京长安,以京兆府为大安府,在大安府设置佑国军。改魏博名为天雄军。迁济阴王李柷到曹州,用荆棘圈围,派披甲的士兵守卫。

14 辛未(二十五日),后梁太祖封武安节度使马殷为楚王。

15 后梁太祖以宣武掌书记、太府卿敬翔主管崇政院事务,以备顾问,参与谋划计议,在宫内承受皇上谕旨,传达给宰相执行。宰相不是进宫奏对的时候有所奏请以及已经受旨应该再行请旨,都详细记事通过崇政院奏报,敬翔得旨后再传达给宰相。敬翔为人沉着内向,有才智谋略,在幕府三十多年,军事计划、民事政务,太祖一切都委任他办理。敬翔尽心勤劳,白天晚上不睡觉,自己说只有在马上才能休息。太祖性情残暴乖庚,难于接近,别人不能猜测,只有敬翔能够知道他的思想旨趣。有时有不能办的事情,敬翔未曾明显说出,只是稍微表示怀疑,梁太祖心里已经理解,多数为此改变。禅让取代之际,敬翔的谋划居多。

16 后梁太祖追尊皇高祖父、母以来都为帝、后;皇父朱诚为烈祖文穆皇帝,母王氏为文惠皇后。

17 当初,后梁太祖任四镇节度使,凡是仓库的簿籍文书,设置建昌院来管理。到这个时候,以养子宣武节度副使朱友文担任开封尹、兼建昌院事,掌管全国的钱财粮食。朱友文本来是康氏的儿子。

18 乙亥(二十九日),颁下制命削夺李克用的官职爵位。这时,只有河东、凤翔、淮南称天祐年号,西川称天复年号,其馀各镇都接受后梁的年号,向后梁称臣纳贡。

蜀王王建与弘农王杨渥移送檄文给诸道,说要与岐王李茂贞、晋王李克用合兵兴复唐室,结果没有响应的。王建于是计划称帝,颁下教文告诉辖区内的官吏百姓,又送书信给晋王李克用说:"请各称帝一方,等到朱温平定以后,就寻访唐皇宗室的人立他为皇帝,我们再恢复藩镇之职。"晋王李克用回信不赞成,说:"发誓在这一生不敢丧失臣节。"

唐末诛杀宦官的时候,诏书传到河东,晋王李克用把监军张承业藏在斛律寺,斩了一个罪犯来应付诏旨。到这个时候,又以张承业任监军,待他更加优厚,张承业也为李克用竭尽心力。

岐王治军甚宽，待士卒简易。有告部将符昭反者，岐王直诣其家，悉去左右，熟寝经宿而还，由是众心悦服，然御军无纪律。及闻唐亡，以兵赢地蹙，不敢称帝，但开岐王府，置百官，名其所居为宫殿，妻称皇后，将吏上书称笺表，鞭、扇、号令多拟帝者。

镇海节度判官罗隐说吴王镠举兵讨梁，曰："纵无成功，犹可退保杭、越，自为东帝，奈何交臂事贼，为终古之羞乎！"镠始以隐为不遇于唐，必有怨心，及闻其言，虽不能用，心甚义之。

19　五月丁丑朔，以御史大夫薛贻矩为中书侍郎、同平章事。

20　加武顺节度使赵王王镕守太师，天雄节度使邺王罗绍威守太傅，义武节度使王处直兼侍中。

21　契丹遣其臣袍笏梅老来通好，帝遣太府少卿高颀报之。

初，契丹有八部，部各有大人，相与约，推一人为王，建旗鼓以号令诸部，每三年则以次相代。咸通末，有习尔者为王，土宇始大。其后钦德为王，乘中原多故，时入盗边。及阿保机为王，尤雄勇，五姓奚及七姓室韦、达靼咸役属之。阿保机姓邪律氏，恃其强，不肯受代。久之，阿保机击黄头室韦还，七部劫之于境上，求如约。阿保机不得已，传旗鼓，且曰："我为王九年，得汉人多，请帅种落居古汉城，与汉人守之，别自为一部。"七部许之。汉城，故后魏滑盐县也。地宜五谷，有盐池之利。其后阿保机稍以兵击灭七部，复并为一国。又北侵室韦、女真，西取突厥故地，击奚，灭之，复立奚王而使契丹监其兵。东北诸夷皆畏服之。

岐王李茂贞治军很宽松,对待兵士平易坦率。有人告发部将符昭谋反,岐王李茂贞特意前往符昭家里,让左右的人全部离开,自己在符昭家里熟睡一夜而回去,所以众人心悦诚服,但他治理军队却没有纪律。等到听说唐室灭亡,由于兵士衰弱,地盘狭小,不敢自称皇帝,只是扩大岐王府,设置文武百官,把居住的房全称为宫殿,妻称为皇后,将领官吏上书称为笺表,鸣鞭、持扇、号令多数模仿皇帝。

镇海节度判官罗隐劝说吴王钱镠讨伐大梁,说:"纵然不能成功,尚且可以退保杭州、越州,自己在东边称帝,怎么能拱手侍奉盗贼,成为永远的耻辱呢!"钱镠开始以为罗隐在唐没得到重用,一定心有怨恨,等到听了他的话,虽然不能采用,心里很赞许他坚持正义。

19 五月丁丑朔(初一),后梁太祖任御史大夫薛贻矩为中书侍郎、同平章事。

20 后梁太祖加授武顺节度使赵王王镕守太师,天雄节度使邺王罗绍威守太傅,义武节度使王处直兼侍中。

21 契丹派遣使臣袍笏梅老到大梁互通友好,后梁太祖派遣太府少卿高顽回访。

起初,契丹有八部,每部各有大人,共同约定,推举一人为王,建置旗鼓以号令各部,每三年就依次相代。咸通末年,有名叫习尔的为王,疆土开始扩大。其后钦德为王,趁着中原多难,时常入侵中原边境抢劫。等到阿保机为王,尤其威武勇敢,五姓奚及七姓室韦、达靼都附属于他。阿保机姓邪律氏,仗恃自己强大,不肯在三年任满的时候接受替代。过了很久,阿保机攻打黄头室韦回来,其他七部在边界上胁迫他,要求遵守三年一换王的约定。阿保机无可奈何,只得传与旗鼓,并且说:"我为王九年,得到汉人很多,请率领同种部落在古汉城居住,与汉人共同守护,另外自为一部。"七部应允了他。汉城是原来的后魏滑盐县。土地适宜五谷生长,有盐池之利。后来阿保机逐渐发兵灭亡其他七部,合并成为一国。阿保机又北侵室韦、女真,西取突厥旧地,攻打、灭亡五姓奚,后来又立奚王而让契丹监督他的军队。东北各夷族都敬畏服从他。

是岁,阿保机帅众三十万寇云州,晋王与之连和,面会东城,约为兄弟,延之帐中,纵酒,握手尽欢,约以今冬共击梁。或劝晋王:"因其来,可擒也。"王曰:"雠敌未灭而失信夷狄,自亡之道也。"阿保机留旬日乃去,晋王赠以金缯数万。阿保机留马三千匹,杂畜万计以酬之。阿保机归而背盟,更附于梁,晋王由是恨之。

22 己卯,以河南尹兼河阳节度使张全义为魏王,镇海、镇东节度使吴王钱镠为吴越王,加清海节度使刘隐、威武节度王审知兼侍中,仍以隐为大彭王。

癸未,以权知荆南留后高季昌为节度使。荆南旧统八州,乾符以来,寇乱相继,诸州皆为邻道所据,独馀江陵。季昌到官,城邑残毁,户口凋耗。季昌安集流散,民皆复业。

23 乙酉,立兄全昱为广王,子友文为博王,友珪为郢王,友璋为福王,友贞为均王,友雍为贺王,友徽为建王。

24 辛卯,以东都旧第为建昌宫,改判建昌院事为建昌宫使。

25 壬辰,命保平节度使康怀贞将兵八万会魏博兵攻潞州。

26 甲午,诏废枢密院,其职事皆入于崇政院,以知院事敬翔为院使。

27 礼部尚书苏循及其子起居郎楷自谓有功于梁,当不次擢用,循朝夕望为相。帝薄其为人,敬翔及殿中监李振亦鄙之。翔言于帝曰:"苏循,唐之鸱枭,卖国求利,不可以立于惟新之朝。"戊戌,诏循及刑部尚书张祎等十五人并勒致仕,楷斥归田里。循父子乃之河中依朱友谦。

这一年,阿保机率领部众三十万侵犯云州,晋王李克用与他联合,在云州东城会面,相约为兄弟,延请到帐中,纵情饮酒,握手尽欢,相约在这年冬天共同攻梁。有人劝晋王说:"趁着阿保机前来,可以擒住他。"晋王说:"仇敌朱全忠没有消灭,却对夷狄失信,是自取灭亡之道啊。"阿保机留住十天才离开云州,晋王赠送给他金缯数万。阿保机留下马三千匹,各种牲畜数以万计,用来酬谢晋王。阿保机回去以后就背叛了盟约,又归附了后梁,晋王李克用因此怨恨阿保机。

22 己卯(初三),后梁太祖进封河南尹兼河阳节度使张全义为魏王,镇海、镇东节度使吴王钱镠为吴越王,加授清海节度使刘隐、威武节度使王审知兼侍中,并以刘隐为大彭王。

癸未(初七),后梁太祖任命暂时代理荆南留后高季昌为荆南节度使。荆南过去统辖荆、归、峡、夔、忠、万、澧、朗八州,唐僖宗乾符年间以来,外寇内乱一个接一个,诸州都被相邻各道占据,只剩下了江陵。高季昌到任,城邑残破毁坏,户口零落减损。高季昌安顿抚恤流散的人,百姓全都恢复了常业。

23 乙酉(初九),后梁太祖封立他的哥哥朱全昱为广王,儿子友文为博王、友珪为郢王、友璋为福王、友贞为均王、友雍为贺王、友徽为建王。

24 辛卯(十五日),后梁太祖以东都故居为建昌宫,将判建昌院事改为建昌宫使。

25 壬辰(十六日),后梁太祖命令保平节度使康怀贞率领八万大军,会同魏博军队攻打潞州。

26 甲午(十八日),后梁太祖诏令撤销枢密院,它的职掌事务全都归入崇政院,任命知院事敬翔为院使。

27 礼部尚书苏循及他的儿子起居郎苏楷自认为对后梁有功劳,应当不按寻常的次序升用,苏循日夜盼着做宰相。后梁太祖轻视他的为人,敬翔及殿中监李振也瞧不起他。敬翔对太祖说:"苏循是唐朝如同鸱枭一样的奸邪小人,出卖国家,贪求私利,不可以立于新的朝廷。"戊戌(二十二日),诏令苏循及刑部尚书张祎等十五人一并辞官,苏楷驱逐回乡。苏循父子于是往河中依附朱友谦。

28 卢约以处州降吴越。

29 弘农王以鄂岳观察使刘存为西南面都招讨使，岳州刺史陈知新为岳州团练使，庐州观察使刘威为应援使，别将许玄应为监军，将水军三万以击楚。楚王马殷甚惧，静江军使杨定真贺曰："我军胜矣！"殷问其故，定真曰："夫战惧则胜，骄则败。今淮南兵直趋吾城，是骄而轻敌也；而王有惧色，吾是以知其必胜也。"

殷命在城都指挥使秦彦晖将水军三万浮江而下，水军副指挥使黄璠帅战舰三百屯浏阳口。六月，存等遇大雨，引兵还至越堤北，彦晖追之。存数战不利，乃遗殷书诈降。彦晖使谓殷曰："此必诈也，勿受！"存与彦晖夹水而陈，存遥呼曰："杀降不祥，公独不为子孙计耶！"彦晖曰："贼入吾境而不击，奚顾子孙！"鼓噪而进。存等走，黄璠自浏阳绝江，与彦晖合击，大破之，执存及知新，裨将死者百馀人，士卒死者以万数，获战舰八百艘。威以馀众遁归，彦晖遂拔岳州。殷释存、知新之缚，慰谕之。二人皆骂曰："丈夫以死报主，肯事贼乎！"遂斩之。许玄应，弘农王之腹心也，常预政事，张颢、徐温因其败，收斩之。

30 楚王殷遣兵会吉州刺史彭玕攻洪州，不克。

31 康怀贞至潞州，晋昭义节度使李嗣昭、副使李嗣弼闭城拒守。怀贞昼夜攻之，半月不克，乃筑垒穿蚰蜒堑而守之，内外断绝。晋王以蕃、汉都指挥使周德威为行营都指挥使，帅马军都指挥使李嗣本、马步都虞候李存璋、先锋指挥使史建瑭、铁林都指挥使安元信、横冲指挥使李嗣源、骑将安金全救潞州。嗣弼，克脩之子；嗣本，本姓张；建瑭，敬思之子；金全，代北人也。

28　卢约率处州投降吴越王钱镠。

29　弘农王杨渥任用鄂岳观察使刘存为西南面都招讨使,岳州刺史陈知新为岳州团练使,庐州观察使刘威为应援使,别将许玄应为监军,率领三万水军攻楚。楚王马殷非常害怕,静江军使杨定真庆贺说:"我军胜利了!"马殷问是什么缘故,杨定真说:"打仗知道害怕就会胜利,骄傲就会失败。现在淮南军队直奔我城,是骄傲轻敌的表现;可是大王您有害怕的神色,我因此知道您一定胜利。"

马殷命在城都指挥使秦彦晖率领水军三万顺长江飘浮而下,水军副指挥使黄璠率战舰三百条驻守浏阳口。六月,刘存等遇大雨,带兵回到越堤北边,秦彦晖追赶他们。刘存屡战失利,于是送书信给马殷假装投降。秦彦晖派人对马殷说:"这一定是诈降,不要接受!"刘存与秦彦晖夹水列阵,刘存遥呼说:"杀戮投降的人不吉祥,您难道不为子孙考虑吗!"秦彦晖说:"贼寇侵入我境却不攻击,怎么顾及子孙!"擂鼓呐喊而前进。刘存等退走,黄璠自浏阳带兵横渡长江,与秦彦晖合击,把淮南军队打得大败,生擒刘存及陈知新,杀死裨将一百多人,死的士卒以万计,缴获战舰八百艘。刘威带着剩下的兵众逃回,秦彦晖于是夺取了岳州。马殷解开捆绑刘存、陈知新的绳索,安慰劝解他们。两人都大骂说:"大丈夫以死报答主人,岂肯事奉贼子!"于是把他们斩了。许玄应是弘农王杨渥的心腹亲信,经常参与政事,张颢、徐温因为他战败,把他拘捕斩了。

30　楚王马殷派遣军队会同吉州刺史彭玕攻打洪州,没有攻克。

31　保平节度使康怀贞率兵到达潞州,晋昭义节度使李嗣昭、副使李嗣弼闭城拒守。康怀贞日夜攻打,半月没有攻下,于是挖筑垣墙并穿通如同蚰蜒行地形状的壕沟,日夜守护,使城内外隔绝。晋王李克用任命蕃、汉都指挥使周德威为行营都指挥使,率马军都指挥使李嗣本、马步都虞候李存璋、先锋指挥使史建瑭、铁林都指挥使安元信、横冲指挥使李嗣源、骑将安金全救援潞州。李嗣弼是李克俦的儿子;李嗣本,本姓张;史建瑭是史敬思的儿子;安金全是代北人。

32 晋兵攻泽州,帝遣左神勇军使范居实将兵救之。

33 甲寅,以平卢节度使韩建守司徒、同平章事。

34 武贞节度使雷彦恭会楚兵攻江陵,荆南节度使高季昌引兵屯公安,绝其粮道。彦恭败,楚兵亦走。

35 刘守光既囚其父,自称卢龙留后,遣使请命。秋,七月甲午,以守光为卢龙节度使、同平章事。

36 静海节度使曲裕卒,丙申,以其子权知留后颢为节度使。

37 雷彦恭攻岳州,不克。

38 丙午,赐河南尹张全义名宗奭。

39 辛亥,以吴越王镠兼淮南节度使,楚王殷兼武昌节度使,各充本道招讨制置使。

40 晋周德威壁于高河,康怀贞遣亲骑都头秦武将兵击之,武败。

丁巳,帝以亳州刺史李思安代怀贞为潞州行营都统,黜怀贞为行营都虞候。思安将河北兵西上,至潞州城下,更筑重城,内以防奔突,外以拒援兵,谓之夹寨。调山东民馈军粮,德威日以轻骑抄之,思安乃自东南山口筑甬道,属于夹寨。德威与诸将互往攻之,排墙填堑,一昼夜间数十发,梁兵疲于奔命。夹寨中出刍牧者,德威辄抄之,于是梁兵闭壁不出。

41 九月,雷彦恭攻涔阳、公安,高季昌击败之。彦恭贪残类其父,专以焚掠为事,荆、湖间常被其患,又附于淮南。丙申,诏削彦恭官爵,命季昌与楚王殷讨之。

32 晋兵攻泽州，后梁太祖派遣左神勇军使范居实率兵救援。

33 甲寅（初九），后梁太祖任命平卢节度使韩建守为司徒、同平章事。

34 武贞节度使雷彦恭会同楚兵进攻江陵，荆南节度使高季昌率兵驻扎公安，断绝他们的粮道。雷彦恭被打败，楚兵也逃跑了。

35 刘守光囚禁他的父亲刘仁恭以后，自称卢龙留后，派遣使者请求任命。秋季，七月甲午（十九日），后梁太祖任命刘守光为卢龙节度使、同平章事。

36 静海节度使曲裕去世，丙申（二十一日），后梁太祖任命他的儿子权知留后曲颢为静海节度使。

37 武贞节度使雷彦恭攻打岳州，没有攻克。

38 八月丙午（初一），后梁太祖赐河南尹张全义名宗奭。

39 辛亥（初六），后梁太祖任命吴越王钱镠兼淮南节度使，楚王马殷兼武昌节度使，各充本道招讨制置使。

40 晋周德威在高河扎营，康怀贞派遣亲骑都头秦武率兵攻击，秦武战败。

丁巳（十二日），后梁太祖任命亳州刺史李思安代康怀贞为潞州行营都统，贬斥康怀贞为行营都虞候。李思安率领河北军队西上，到达潞州城下，又修筑两重城垣，内防奔突，外拒援兵，叫作夹寨。调发山东百姓输送军粮，周德威天天派出轻骑兵抄劫，李思安于是从东南山口修筑甬道，与夹寨连接。周德威与各位将领交替前去攻击，推倒垣墙，填平壕沟，一昼夜间出发数十次，后梁兵防备不暇，疲于奔命。夹寨中有出来割草放牧的，周德威就抄劫他们，于是后梁兵紧闭营垒不出。

41 九月，武贞节度使雷彦恭进攻涔阳、公安，荆南节度使高季昌把他打败。雷彦恭贪婪残暴像他的父亲雷满，专以焚烧抢掠为事业，荆、湖间经常受他祸害，又依附于淮南。丙申（二十二日），后梁太祖诏令削夺雷彦恭的官爵，命令高季昌会同楚王马殷讨伐他。

42 蜀王会将佐议称帝,皆曰:"大王虽忠于唐,唐已亡矣,此所谓'天与不取'者也!"冯涓独献议请以蜀王称制,曰:"朝兴则未爽称臣,贼在则不同为恶。"王不从,涓杜门不出。王用安抚副使、掌书记韦庄之谋,帅吏民哭三日。己亥,即皇帝位,国号大蜀。辛丑,以前东川节度使兼侍中王宗佶为中书令,韦庄为左散骑常侍、判中书门下事,阆州防御使唐道袭为内枢密使。庄,见素之孙也。

蜀主虽目不知书,好与书生谈论,粗晓其理。是时唐衣冠之族多避乱在蜀,蜀主礼而用之,使修举故事,故其典章文物有唐之遗风。

蜀主长子校书郎宗仁幼以疾废,立其次子秘书少监宗懿为遂王。

43 冬,十月,高季昌遣其将倪可福会楚将秦彦晖攻朗州,雷彦恭遣使乞降于淮南,且告急。弘农王遣将泠业将水军屯平江,李饶将步骑屯浏阳以救之,楚王殷遣岳州刺史许德勋将兵拒之。泠业进屯朗口,德勋使善游者五十人,以木枝叶覆其首,持长刀浮江而下,夜犯其营,且举火,业军中惊扰。德勋以大军进击,大破之,追至鹿角镇,擒业。又破浏阳寨,擒李饶;掠上高、唐年而归。斩业、饶于长沙市。

44 十一月甲申,夹马指挥使尹皓攻晋江猪岭寨,拔之。

45 义昌节度使刘守文闻其弟守光幽其父,集将吏大哭曰:"不意吾家生此枭獍!吾生不如死,誓与诸君讨之!"乃发兵击守光,互有胜负。

天雄节度使邺王绍威谓其下曰:"守光以窘急归国,守文孤立无援,沧州可不战服也。"乃遗守文书,谕以祸福。守文亦恐梁乘虚袭其后,戊子,遣使请降,以子延祐为质。帝拊手曰:

42　蜀王王建会同部将僚佐商议称帝,都说:"大王虽然忠于唐室,但唐室已经灭亡了,这就是所说的'上天授与不取'了!"冯涓独自进献意见请以蜀王代行皇帝事,说:"这样做,唐朝复兴就没有丧失臣节,贼子存在就没有一起作恶。"王建没有听从,冯涓闭门不出。王建采用安抚副使、掌书记韦庄的计谋,率领官吏、百姓哭三天。己亥(二十五日),即皇帝位,国号大蜀。辛丑(二十七日),任命前东川节度使兼侍中王宗佶为中书令,韦庄为左散骑常侍、判中书门下事,阆州防御使唐道袭为内枢密使。韦庄是天宝末年宰相韦见素的孙子。

前蜀国主王建虽然目不知书,但喜好与读书人谈论,粗略知道书中的道理。当时,唐朝的官宦世族大多在蜀躲避战乱,王建对他们以礼相待,让他们研究编纂典故成例,所以蜀的法令礼乐制度有唐的遗风。

王建的长子校书郎王宗仁小时候因病致残,立他的次子秘书少监王宗懿为遂王。

43　冬季,十月,高季昌派遣他的部将倪可福会同楚将秦彦晖攻打朗州,雷彦恭派遣使者到淮南乞求归降,并告急。弘农王杨渥派遣将领冷业率领水军驻扎平江,李饶率领步兵、骑兵驻扎浏阳以救援雷彦恭,楚王马殷派遣岳州刺史许德勋率兵抗拒。冷业进军驻扎朗口,许德勋派善于游泳者五十人,用树木枝叶遮盖他们的头部,手持长刀,顺长江漂浮直下,夜里侵犯冷业军营,并且放火,冷业军中大乱。许德勋率军进击,把冷业打得大败,追至鹿角镇,生擒冷业。又攻破浏阳寨,生擒李饶,抢掠上高、唐年二县而返回。在长沙街市上,把冷业、李饶斩首。

44　十一月甲申(十一日),后梁夹马指挥使尹皓攻打晋江猪岭寨,予以攻克。

45　义昌节度使刘守文听说他的弟弟刘守光囚禁了他的父亲刘仁恭,集合将吏大哭说:"想不到我家生了这个枭獍一样的禽兽!我生不如死,誓与你们讨伐他!"于是发兵攻打刘守光,互有胜负。

天雄节度使邺王罗绍威对其部下说:"刘守光因为窘困危急归梁,刘守文孤立无援,沧州可以不战就降服了。"于是送书信给刘守文,晓谕祸福。刘守文也担心梁兵乘虚袭击他的后路,戊子(十五日),派遣使者请求归降,以儿子刘延祐作为人质。后梁太祖拍手说:

"绍威折简,胜十万兵!"加守文中书令,抚纳之。

46　初,帝在藩镇,用法严,将校有战没者,所部兵悉斩之,谓之跋队斩,士卒失主将者,多亡逸不敢归。帝乃命凡军士皆文其面以记军号。军士或思乡里逃去,关津辄执之送所属,无不死者,其乡里亦不敢容。由是亡者皆聚山泽为盗,大为州县之患。壬寅,诏赦其罪,自今虽文面亦听还乡里。盗减什七八。

47　淮南右都押牙米志诚等将兵渡淮袭颍州,克其外郭。刺史张实据子城拒守。

48　晋王命李存璋攻晋州,以分上党兵势。十二月壬戌,诏河中、陕州发兵救之。

49　甲子,诏发步骑五千救颍州,米志诚等引去。

50　丁卯,晋兵寇洺州。

51　淮南兵攻信州,刺史危仔倡求救于吴越。

二年(戊辰,908)

1　春,正月癸酉朔,蜀主登兴义楼。有僧抉一目以献,蜀主命饭僧万人以报之。翰林学士张格曰:"小人无故自残,赦其罪已幸矣,不宜复崇奖以败风俗。"蜀主乃止。

2　丁丑,蜀以韦庄为门下侍郎、同平章事。

3　辛巳,蜀主祀南郊。壬午,大赦,改元武成。

4　晋王疽发于首,病笃。周德威等退屯乱柳。晋王命其弟内外蕃汉都知兵马使振武节度使克宁、监军张承业、大将李存璋、吴珙、掌书记卢质立其子晋州刺史存勖为嗣,曰:"此子志气远大,必能成吾事,尔曹善教导之!"辛卯,晋王谓存勖曰:"嗣昭厄于重围,吾不及见矣。俟葬毕,汝与德威辈速竭力救之!"

"罗绍威一封书信,胜过十万军队!"加授刘守文中书令,抚慰收纳了他。

46　当初,后梁太祖在藩镇的时候,执法严苛,将校有战死的,他的部下兵卒全都斩首,称为"跋队斩",士卒损失主将的,大多逃跑不敢回来。太祖于是命令,凡军士都在他们的面部刺字来记录军号。军士有的思念家乡逃走,关口津渡常常把他们捉住送回所属,没有一个不被处死的,他们的乡里也不敢收容。因此,逃亡者都聚集在山林川泽之中做强盗,成为州县的大害。壬寅(二十九日),颁布诏令赦免他们的罪过,从今即使脸部刺字也听任回归乡里。强盗减少了十之七八。

47　淮南右都押牙米志诚等率兵渡过淮河袭击颍州,攻克颍州外城。颍州刺史张实占据颍州所附的小城抵御守卫。

48　晋王李克用命令李存璋进攻晋州,借以分散上党的军力。十二月壬戌(十九日),后梁太祖诏令河中、陕州发兵救援晋州。

49　甲子(二十一日),后梁太祖诏令派遣五千步兵骑兵救颍州,米志诚等退走。

50　丁卯(二十四日),晋兵侵犯洺州。

51　淮南军队攻打信州,信州刺史危仔倡向吴越王钱镠求救。

后梁太祖开平二年(戊辰,公元908年)

1　春季,正月癸酉朔(初一),前蜀主王建登兴义楼。有个僧人剜出一只眼珠献上,王建命令施饭给一万名僧人作为回报。翰林学士张格说:"僧人无故自残,赦免他的罪过已经是幸运了,不应该再加以推崇奖赏而败坏风俗。"王建这才作罢了。

2　丁丑(初五),前蜀任命韦庄为门下侍郎、同平章事。

3　辛巳(初九),王建到南郊祭天。壬午(初十),大赦天下,改年号为武成。

4　晋王李克用头上生毒疮,病情严重。周德威等撤退到乱柳驻扎。晋王李克用命他的弟弟内外蕃汉都知兵马使与振武节度使李克宁,监军张承业,大将李存璋、吴珙,掌书记卢质等人拥立他的儿子晋州刺史李存勖为嗣,说:"此子志向远大,必能成就我的事业,你们好好教导他!"辛卯(十九日),晋王对李存勖说:"李嗣昭困于重围,我来不及见他了。等到葬事完毕,你与周德威等立即竭力救他!"

又谓克宁等曰："以亚子累汝!"亚子,存勖小名也。言终而卒。克宁纲纪军府,中外无敢喧哗。

克宁久总兵柄,有次立之势,时上党围未解,军中以存勖年少,多窃议者,人情恟恟。存勖惧,以位让克宁。克宁曰:"汝家嗣也,且有先王之命,谁敢违之!"将吏欲谒见存勖,存勖方哀哭未出。张承业入谓存勖曰:"大孝在不坠基业,多哭何为!"因扶存勖出,袭位为河东节度使、晋王。李克宁首帅诸将拜贺,王悉以军府事委之。

以李存璋为河东军城使、马步都虞候。先王之时,多宠借胡人及军士,侵扰市肆,存璋既领职,执其尤暴横者戮之,旬月间城中肃然。

5　吴越王镠遣兵攻淮南甘露镇,以救信州。

6　蜀中书令王宗佶,于诸假子为最长,且恃其功,专权骄恣。唐道袭已为枢密使,宗佶犹以名呼之,道袭心衔之而事之逾谨。宗佶多树党友,蜀主亦恶之。二月甲辰,以宗佶为太师,罢政事。

7　蜀以户部侍郎张格为中书侍郎、同平章事。格为相,多迎合主意,有胜己者,必以计排去之。

8　初,晋王克用多养军中壮士为子,宠遇如真子。及晋王存勖立,诸假子皆年长握兵,心怏怏不伏,或托疾不出,或见新王不拜。李克宁权位既重,人情多向之。假子李存颢阴说克宁曰:"兄终弟及,自古有之。以叔拜侄,于理安乎! 天与不取,后悔无及!"克宁曰:"吾家世以慈孝闻天下,先王之业苟有所归,吾复何求! 汝勿妄言,我且斩汝!"克宁妻孟氏,素刚悍,诸假子各遣其妻入说孟氏,孟氏以为然,且虑语泄及祸,数以迫克宁。克宁性怯,朝夕惑于众言,

又对李克宁等说:"亚子就烦劳你们照管了!"亚子是李存勖的小名。话说完就死了。李克宁治理军府,内外没有人敢于喧哗。

李克宁长期总理兵权,有兄死弟立之势,当时上党围困没解除,军中认为李存勖年少,多有私下议论的,人心不定。李存勖害怕,把王位让给李克宁。李克宁说:"你是嫡长子,况且有先王的遗命,谁敢违抗!"将吏想要谒见李存勖,李存勖正在悲伤哭泣,没有出来。张承业进内对李存勖说:"大孝在于不失去基业,多哭泣做什么!"于是扶李存勖出来,继位为河东节度使、晋王。李克宁首先率领诸将拜贺,晋王李存勖把军府事务全部委托给李克宁。

晋王李存勖委任李存璋为河东军城使、马步都虞候。先王李克用的时候,多宠信依靠胡人及军士,侵犯扰乱街市店铺,李存璋任职以后,逮捕其中尤其残暴蛮横的杀死,一个月的时间城中秩序肃然。

5　吴越王钱镠派遣军队进攻淮南甘露镇来救援信州。

6　前蜀中书令王宗佶在蜀主王建的养子中居长,并且仗恃他的功劳,独揽大权,骄傲放纵。唐道袭已经担任枢密使,王宗佶仍然直呼其名,唐道袭心怀不满但对他更加恭敬。王宗佶多结党援,王建也憎恶他。二月甲辰(初三),任命王宗佶为太师,停止参与政务。

7　前蜀任命户部侍郎张格为中书侍郎、同平章事。张格作为宰相,极力迎合前蜀主王建的意向,有超过自己的人,一定要用计谋把他排斥走。

8　当初,晋王李克用收养许多军中壮士为养子,宠信待遇如同亲子。等到晋王李存勖继位,诸养子都年长并掌握军权,心里郁闷不服,或者托病不出,或者进见新王不叩拜。李克宁的权力地位既已重要,人情多数倾向他。养子李存颢暗中劝说李克宁道:"哥哥死了,弟弟继位,自古就有这样的。以叔叔叩拜侄子,于理心安吗!上天授与不取,后悔就来不及了!"李克宁说:"我家世代以父慈子孝闻名天下,先王的基业如果有了归属,我又有什么希求!你再胡说,我就杀了你!"李克宁的妻子孟氏,向来刚强蛮横,诸养子各派他们的妻子到内室劝说孟氏,孟氏认为有理,并且担心这些话泄露出去遭受祸患,屡次逼迫李克宁。李克宁性情怯懦,早晚被众人的话盅惑,

心不能无动;又与张承业、李存璋相失,数诮让之;又因事擅杀都虞候李存质;又求领大同节度使,以蔚、朔、应州为巡属。晋王皆听之。

李存颢等为克宁谋,因晋王过其第,杀承业、存璋,奉克宁为节度使,举河东九州附于梁,执晋王及太夫人曹氏送大梁。太原人史敬镕,少事晋王克用,居帐下,见亲信,克宁欲知府中阴事,召敬镕,密以谋告之。敬镕阳许之,入告太夫人,太夫人大骇,召张承业,指晋王谓之曰:"先王把此儿臂授公等,如闻外间谋欲负之,但置吾母子有地,勿送大梁,自他不以累公。"承业惶恐曰:"老奴以死奉先王之命,此何言也!"晋王以克宁之谋告,且曰:"至亲不可自相鱼肉,吾苟避位,则乱不作矣。"承业曰:"克宁欲投大王母子于虎口,不除之岂有全理!"乃召李存璋、吴琪及假子李存敬、长直军使朱守殷,使阴为之备。壬戌,置酒会诸将于府舍,伏甲执克宁、存颢于座。晋王流涕数之曰:"儿向以军府让叔父,叔父不取。今事已定,奈何复为此谋,忍以吾母子遗仇雠乎!"克宁曰:"此皆谗人交构,夫复何言!"是日,杀克宁及存颢。

9 癸亥,鸩杀济阴王于曹州,追谥曰唐哀皇帝。

10 甲子,蜀兵入归州,执刺史张瑭。

11 辛未,以韩建为侍中,兼建昌宫使。

12 李思安等攻潞州,久不下,士卒疲弊,多逃亡。晋兵犹屯余吾寨,帝疑晋王克用诈死,欲召兵还,恐晋人蹑之,乃议自至泽州应接归师,且召匡国节度使刘知俊将兵趣泽州。三月壬申朔,帝发大梁。丁丑,次泽州。辛巳,刘知俊至。壬午,以知俊为潞州行营招讨使。

不能不动心；又与张承业、李存璋失和，屡次责备他们；又因故擅自杀死都虞候李存质；又要求兼任大同节度使，以蔚州、朔州、应州为巡属。晋王李存勖都听从了他。

李存颢等为李克宁谋划，趁着晋王到李克宁的家里探望，杀死张承业、李存璋，拥奉李克宁为节度使，率河东所属九州归附后梁，逮捕晋王李存勖及太夫人曹氏送往大梁。太原人史敬镕，年轻时侍奉晋王李克用，居于帐下，受到亲信，李克宁想知道王府中的秘密事情，召见史敬镕，秘密地把计划告诉他。史敬镕假装应允他，入府报告太夫人，太夫人大惊，召见张承业，指着晋王李存勖对他说："先王把着此儿的胳膊交给您等，如果听到外边图谋想要背弃他，就只求有地方安置我母子，不要送往大梁，其他不连累您。"张承业惶恐地说："老奴以死奉先王的遗命，这是什么话呢！"晋王李存勖把李克宁的图谋告诉张承业，并且说："至亲不可以自相残杀，我如果让位，祸乱就不会发生了。"张承业说："李克宁想要把大王母子投入虎口，不除掉他岂有安全的道理！"于是召见李存璋、吴琪及养子李存敬、长直军使朱守殷，让他们暗中防卫戒备。壬戌（二十一日），在王府摆酒宴请诸将，埋伏的甲兵在座位上把李克宁、李存颢逮捕。晋王李存勖流着泪数说李克宁道："孩儿以前把节度使府让给叔父，叔父不接受。现在事情已定，怎么又有这样的图谋，忍心把我母子送给仇人吗！"李克宁说："这都是说坏话的谗人挑拨离间，又有什么话可说！"当日，杀了李克宁及李存颢。

9　癸亥（二十二日），后梁太祖派人在曹州用毒酒害死济阴王李柷，追谥称为唐哀皇帝。

10　甲子（二十三日），前蜀兵进入归州，逮住归州刺史张瑭。

11　辛未（三十日），后梁太祖任命平卢节度使韩建为侍中，兼建昌宫使。

12　后梁行营都统李思安等攻潞州，久攻不下，士卒疲惫困乏，多数逃跑。晋兵仍在余吾寨，后梁太祖怀疑晋王李克用是装死，想要召回军队，又怕晋兵尾随追击，于是商议亲自到泽州接应召回的军队，并且召匡国节度使刘知俊率兵赶往泽州。三月，壬申朔（初一），太祖从大梁出发。丁丑（初六），到达泽州驻扎。辛巳（初十），刘知俊到达。壬午（十一日），太祖任命刘知俊为潞州行营招讨使。

13 癸巳，门下侍郎、同平章事张文蔚卒。

14 帝以李思安久无功，亡将校四十馀人，士卒以万计，更闭壁自守，遣使召诣行在。甲午，削思安官爵，勒归本贯充役，斩监押杨敏贞。

晋李嗣昭固守逾年，城中资用将竭，嗣昭登城宴诸将作乐。流矢中嗣昭足，嗣昭密拔之，座中皆不觉。帝数遣使赐嗣昭诏，谕降之，嗣昭焚诏书，斩使者。

帝留泽州旬馀，欲召上党兵还，遣使就与诸将议之。诸将以为李克用死，余吾兵且退，上党孤城无援，请更留旬月以俟之。帝从之，命增运刍粮以馈其军。刘知俊将精兵万馀人击晋军，斩获甚众，表请自留攻上党，车驾宜还京师。帝以关中空虚，虑岐人侵同华，命知俊休兵长子旬日，退屯晋州，俟五月归镇。

15 蜀太师王宗佶既罢相，怨望，阴畜养死士，谋作乱。上表以为："臣官预大臣，亲则长子，国家之事，休戚是同。今储贰未定，必生厉阶。陛下若以宗懿才堪继承，宜早行册礼，以臣为元帅，兼总六军；傥以时方艰难，宗懿冲幼，臣安敢持谦不当重事！陛下既正位南面，军旅之事宜委之臣下。臣请开元帅府，铸六军印，征戍征发，臣悉专行。太子视膳于晨昏，微臣握兵于环卫，万世基业，惟陛下裁之。"蜀主怒，隐忍未发，以问唐道袭，对曰："宗佶威望，内外慑服，足以统御诸将。"蜀主益疑之。己亥，宗佶入见，辞色悖慢，蜀主谕之，宗佶不退，蜀主不堪其忿，命卫士扑杀之。贬其党御史中丞郑骞为维州司户，卫尉少卿李钢为汶川尉，皆赐死于路。

13 癸巳(二十二日)，门下侍郎、同平章事张文蔚去世。

14 后梁太祖因李思安长期没有功绩，逃跑将校四十多人，士卒以万计，又闭守营垒，于是派遣使者召李思安前来泽州。甲午(二十三日)，革除李思安官职爵位，勒令回到本籍应差充役，杀监押杨敏贞。

晋李嗣昭固守潞州过了一年，城中物资用品将要竭尽，李嗣昭登城宴请诸将取乐。飞箭射中李嗣昭的脚，李嗣昭秘密地把箭拔掉，座中的人都没有发觉。后梁太祖屡次派遣使者前去颁赐诏书，劝他投降，李嗣昭烧毁诏书，斩杀使者。

后梁太祖在泽州留住十几天，想要召回上党的军队，派遣使者前去与诸将商议。诸将认为李克用死了，余吾寨的晋兵将要撤退，上党孤城无援，请再留一个月来等待机会。太祖听从了诸将的意见，命令增运粮草来供给诸将的军队。刘知俊率领精锐军队一万多人攻击晋军，斩杀的俘获很多，上表请求自己留下进攻上党，太祖应当回京师。后梁太祖因关中空虚，担心岐州人侵犯同华，命令刘知俊让军队在长子县休息十天，然后撤退到晋州驻扎，等到五月回藩镇。

15 前蜀太师王宗佶被罢免宰相职务以后，心中怨恨，暗中豢养凶猛敢死之徒，图谋作乱。王宗佶上表以为："我官到大臣，论骨肉之亲又是长子，国家大事，休戚与共。现在太子没有确定，一定发生祸端。陛下如果以为王宗懿的才干能够继承皇位，应该早日举行册封大礼，任用我为元帅，统领六军；倘若以为时势正在艰难，王宗懿年幼，我怎么敢保持谦逊不承担重任呢！陛下已经南面称帝，军队事宜应当委任臣下。我请求设置元帅府，铸六军印，征战守边，征发徭役，我都独自掌管施行。太子早晚侍奉饮食，我掌握军队护卫宫禁，此是万世基业，希望陛下考虑决定。"前蜀主王建大怒，暗中忍耐没有发作，问唐道袭，回答说："王宗佶的威名声望，内外畏惧顺服，足以驾驭诸将。"蜀主更加怀疑王宗佶。己亥(二十八日)，王宗佶入见，言辞神色狂悖不敬，蜀主向他指出，王宗佶仍不听，蜀主不能按捺自己的忿怒，命卫士打死他。贬王宗佶的党羽御史中丞郑骞为维州司户，卫尉少卿李钢为汶川尉，都在路途中赐死。

16 初，晋王克用卒，周德威握重兵在外，国人皆疑之。晋王存勖召德威使引兵还。夏，四月辛丑朔，德威至晋阳，留兵城外，独徒步而入，伏先王柩，哭极哀；退，谒嗣王，礼甚恭。众心由是释然。

17 癸卯，门下侍郎、同平章事杨涉罢为右仆射；以吏部侍郎于兢为中书侍郎，翰林学士承旨张策为刑部侍郎，并同平章事。兢，琮之兄子也。

18 夹寨奏余吾晋兵已引去，帝以援兵不能复来，潞州必可取，丙午，自泽州南还，壬子，至大梁。梁兵在夹寨者亦不复设备。晋王与诸将谋曰："上党，河东之藩蔽，无上党，是无河东也。且朱温所惮者独先王耳，闻吾新立，以为童子未闲军旅，必有骄怠之心。若简精兵倍道趣之，出其不意，破之必矣。取威定霸，在此一举，不可失也！"张承业亦劝之行。乃遣承业及判官王缄乞师于凤翔，又遣使赂契丹王阿保机求骑兵。岐王衰老，兵弱财竭，竟不能应。晋王大阅士卒，以前昭义节度使丁会为都招讨使。甲子，帅周德威等发晋阳。

19 淮南遣兵寇石首，襄州兵败之于瀺港。又遣其将李厚将水军万五千趣荆南，高季昌逆战，败之于马头。

20 己巳，晋王军于黄碾，距上党四十五里。五月辛未朔，晋王伏兵三垂冈下，诘旦大雾，进兵直抵夹寨。梁军无斥候，不意晋兵之至，将士尚未起，军中惊扰。晋王命周德威、李嗣源分兵为二道，德威攻西北隅，嗣源攻东北隅，填堑烧寨，鼓噪而入。梁兵大溃，南走，招讨使符道昭马倒，为晋人所杀，失亡将校士卒以万计，委弃资粮、器械山积。

16 当初,晋王李克用去世,周德威在外地掌握重兵,国中人都怀疑他。晋王李存勖召周德威带兵回晋阳。夏季,四月辛丑朔(初一),周德威到晋阳,把军队留在城外,独自步行入城,伏在先王李克用的灵柩上哭得极为悲伤;退出后,拜见嗣王李存勖,礼节非常恭敬。众人心里的疑虑因此消释了。

17 癸卯(初三),后梁门下侍郎、同平章事杨涉被免职降为右仆射;任命吏部侍郎于兢为中书侍郎,翰林学士承旨张策为刑部侍郎,都为同平章事。于兢是于琮哥哥的儿子。

18 潞州夹寨的后梁军将领奏报余吾寨的晋兵已经退走,后梁太祖以为晋的援兵不能再来,潞州一定能够夺取,丙午(初六),自泽州南下返回,壬子(十二日),到大梁。在夹寨的后梁兵也不再布置防备。晋王李存勖与诸将商议说:"上党是河东的屏障,没有上党,就没有河东啊。况且朱温惧怕的只是先王罢了,听说我才登帝位,以为小孩不熟习军事,一定有骄傲懈怠的心理。如果选派精锐部队兼程急速前去,出其不意,打败梁兵是一定的了。取得威势,确定霸业,在此一举,不可失掉机会啊!"张承业也劝他亲自出征。于是,派遣张承业及判官王缄到凤翔请求李茂贞发兵援助,又派遣使者贿赂契丹王阿保机请求借给骑兵。岐王李茂贞衰老,兵弱财尽,结果没能应允。晋王李存勖大阅士卒,任命前昭义节度使丁会为都招讨使。甲子(二十四日),率领周德威等由晋阳出发。

19 淮南弘农王杨渥派遣军队侵犯石首,襄州军队在瀺港把他们打败。又派遣他的部将李厚率领水军一万五千人奔赴荆南,高季昌迎战,在马头把李厚打败。

20 己巳(二十九日),晋王李存勖驻扎在黄碾,距离上党四十五里。五月辛未朔(初一),晋王埋伏军队在三垂冈下,凌晨大雾,进兵直达夹寨。后梁军未设岗哨,没料到晋兵的到来,将士还未起床,军中惊慌纷扰。晋王李存勖命令周德威、李嗣源分兵两路,周德威攻西北角,李嗣源攻东北角,填沟烧寨,擂鼓呐喊而入。后梁兵大败,向南逃跑,招讨使符道昭的坐马栽倒,被晋兵杀死,逃失死亡将士以万计,丢弃的物资、粮草、器械堆积如山。

周德威等至城下，呼李嗣昭曰："先王已薨，今王自来，破贼夹寨。贼已去矣，可开门！"嗣昭不信，曰："此必为贼所得，使来诳我耳。"欲射之。左右止之，嗣昭曰："王果来，可见乎？"王自往呼之。嗣昭见王白服，大恸几绝，城中皆哭，遂开门。初，德威与嗣昭有隙，晋王克用临终谓晋王存勖曰："进通忠孝，吾爱之深。今不出重围，岂德威不忘旧怨邪！汝为吾以此意谕之。若潞围不解，吾死不瞑目。"进通，嗣昭小名也。晋王存勖以告德威，德威感泣，由是战夹寨甚力，既与嗣昭相见，遂欢好如初。

康怀贞以百馀骑自天井关遁归。帝闻夹寨不守，大惊，既而叹曰："生子当如李亚子，克用为不亡矣！至如吾儿，豚犬耳！"诏所在安集散兵。

周德威、李存璋乘胜进趣泽州，刺史王班素失人心，众不为用。龙虎统军牛存节自西都将兵应接夹寨溃兵，至天井关，谓其众曰："泽州要害地，不可失也；虽无诏旨，当救之。"众皆不欲，曰："晋人胜气方锐，且众寡不敌。"存节曰："见危不救，非义也；畏敌强而避之，非勇也。"遂举策引众而前。至泽州，城中人已纵火喧噪，欲应晋王，班闭牙城自守，存节至，乃定。晋兵寻至，缘城穿地道攻之，存节昼夜拒战，凡旬有三日。刘知俊自晋州引兵救之，德威焚攻具，退保高平。

晋王归晋阳，休兵行赏，以周德威为振武节度使、同平章事。命州县举贤才，黜贪残，宽租赋，抚孤穷，伸冤滥，禁奸盗，境内大治。以河东地狭兵少，乃训练士卒，令骑兵不见敌无得乘马；部分已定，无得相逾越，及留绝以避险；分道并进，期会无得差晷刻。犯者必斩。故能兼山东，取河南，由士卒精整故也。

周德威等到潞州城下，呼唤李嗣昭说："先王已经去世，现在嗣王亲自前来，攻破梁贼夹寨。梁贼已经逃走了，可打开城门！"李嗣昭不信，说："这一定是被梁贼俘虏，派来诓骗我。"想要用箭射周德威。左右的人阻止他，李嗣昭说："嗣王果然来了，可以相见吗？"晋王李存勖自己往前呼唤他。李嗣昭见晋王穿着白色丧服，放声大哭悲痛欲绝，城中全都哭了，于是开了城门。当初，周德威与李嗣昭有仇怨，晋王李克用临死对晋王李存勖说："进通忠诚孝敬，我爱他很深。现在没有出重围，难道是周德威不忘旧日的仇怨吗！你替我把这个意思告诉他。如果潞州不能解围，我死了也不能闭上眼睛。"进通是李嗣昭的小名。晋王李存勖把父王的意思告诉周德威，周德威感激哭泣，因此攻打夹寨非常卖力，与李嗣昭相见后，从此欢洽和好像当初一样。

　　后梁潞州行营都虞候康怀贞率领骑兵一百多人自天井关逃回大梁。后梁太祖听说潞州夹寨没有守住，大惊失色，过了一会儿长叹说："生子当如李亚子，李克用家业可以不亡了！至于像我的儿子，只是猪狗罢了！"诏令当地安抚召集逃散的士卒。

　　周德威、李存璋乘胜进赴泽州，泽州刺史王班向失人心，众人不为他所用。后梁龙虎统军牛存节自西都率兵迎接夹寨溃逃的军队，到天井关，对他的部下说："泽州是要害之地，不可丢失；即使没有诏旨，也应当救援。"众人都不想救，说："晋军胜气正锐，况且众寡不敌。"牛存节说："见到危难不救，是不义；害怕敌人强大逃避，是不勇。"于是挥鞭带领众士卒前进。到达泽州，城中人已经放火喧哗，想要响应晋王，刺史王班关闭牙城自己坚守，牛存节到了以后，这才安定下来。晋兵随即到达，沿城挖掘地道攻城，牛存节日夜抵御作战，一共十三天。刘知俊自晋州带领军队前来救援，周德威烧毁攻城器具，撤退保卫高平。

　　晋王李存勖回晋阳，休整军队，进行赏赐，任命周德威为振武节度使、同平章事。诏命州县举荐有才德的人，罢斥贪婪残暴的官吏，减轻田租赋税，抚恤孤寡穷民，申雪冤案，禁止奸盗，境内太平。因为河东地狭兵少，于是训练士卒，命骑兵看不见敌人不准骑马；各军部署已定，不得相互超越和停留、中断来躲避危险；分路并进，约定会合的时间不得相差片刻。有违犯者，一定斩首不赦。晋所以能兼并山东、攻取河南，是由于军队精锐整齐的缘故。

初,晋王克用平王行瑜,唐昭宗许其承制封拜。时方镇多行墨制,王耻与之同,每除吏必表闻。至是,晋王存勖始承制除吏。

晋王德张承业,以兄事之,每至其第,升堂拜母,赐遗甚厚。

潞州围守历年,士民冻馁死者太半,市里萧条。李嗣昭劝课农桑,宽租缓刑,数年之间,军城完复。

21 静江节度使、同平章事李琼卒,楚王殷以其弟永州刺史存知桂州事。

22 壬申,更以许州忠武军为匡国军,同州匡国军为忠武军,陕州保义军为镇国军。

23 乙亥,楚兵寇鄂州,淮南所署知州秦裴击破之。

24 淮南左牙指挥使张颢、右牙指挥使徐温专制军政,弘农威王心不能平,欲去之而未能。二人不自安,共谋弒王,分其地以臣于梁。戊寅,颢遣其党纪祥等弒王于寝室,诈云暴薨。

己卯,颢集将吏于府庭,夹道及庭中堂上各列白刃,令诸将悉去卫从然后入。颢厉声问曰:"嗣王已薨,军府谁当主之?"三问,莫应,颢气色益怒。幕僚严可求前密启曰:"军府至大,四境多虞,非公主之不可。然今日则恐太速。"颢曰:"何谓速也?"可求曰:"刘威、陶雅、李遇、李简皆先王之等夷,公今自立,此曹肯为公下乎? 不若立幼主辅之,诸将孰敢不从!"颢默然久之。可求因屏左右,急书一纸置袖中,麾同列诣使宅贺,众莫测其所为。既至,可求跪读之,乃太夫人史氏教也。大要言:"先王创业艰难,嗣王不幸早世,隆演次当立,诸将宜无负杨氏,善开导之。"辞旨明切。颢气色皆沮,

起初,晋王李克用平定静难军节度使王行瑜,唐昭宗准许他承用制书任命官职、封授爵位。当时各藩镇多实行不向朝廷奏请的墨制,李克用以与他们混同为耻,每次补授官吏一定要上表奏报皇帝。到这个时候,晋王李存勖才开始用制书任命官吏。

晋王李存勖感谢张承业的恩德,把他作为兄长侍奉,常到他家,进入内堂叩拜母亲,赐给的物品非常丰厚。

潞州困守超过了一年,士兵百姓冻饿死了一大半,市里萧条冷落。李嗣昭奖励督促耕织,减租宽刑,数年之间,潞州完全恢复。

21　静江节度使、同平章事李琼去世,楚王马殷委任李琼的弟弟永州刺史李存主管桂州事务。

22　壬申(初二),后梁改许州忠武军为匡国军,同州匡国军为忠武军,陕州保义军为镇国军。

23　乙亥(初五),楚王马殷的军队侵犯鄂州,淮南所署知州秦裴把楚兵打败。

24　淮南左牙指挥使张颢、右牙指挥使徐温专断军政事务,弘农威王杨渥心中不平,想要除掉他们却不能。张颢、徐温自感不安,共同策划杀死杨渥,瓜分他的国土来向后梁称臣投降。戊寅(初八),张颢派遣其党羽纪祥等在寝室把杨渥杀死,欺骗说是得急病突然死去。

己卯(初九),张颢召集将吏到节度使府庭院,夹道及庭中堂上各摆列着利刃,命令诸将让卫兵全都离开然后进入。张颢大声喝问说:"嗣王已经去世,节度使府应当由谁主持?"问了三次,没有人答应,张颢的气色更加愤怒。幕僚严可求向前秘密开导说:"节度使府极大,四方边境多虑,非您主持不可。但是,今天就当恐怕太快了。"张颢说:"怎么说太快了?"严可求说:"刘威、陶雅、李遇、李简,都是先王同等地位的人,您今天自立为王,这些人能做您的属下吗?不如立幼主辅佐他,诸将谁敢不听从!"张颢沉默了很久。严可求于是躲过左右的人,急写一纸放进衣袖里,招呼同事各官前往节度使住宅去祝贺,众人猜不透他要做什么。到了节度使住宅,严可求跪在地上宣读,原来是太夫人史氏的教书。大要说:"先王创业艰难,嗣王不幸早逝,隆演按照次序应当嗣立,诸将应该不辜负杨氏,很好地开导教诲他。"言辞意旨明白恳切。张颢的气色很沮丧,

以其义正，不敢夺，遂奉威王弟隆演称淮南留后、东面诸道行营都统。既罢，副都统朱瑾诣可求所居，曰："瑾年十六七即横戈跃马，冲犯大敌，未尝畏慑，今日对颢，不觉流汗，公面折之如无人。乃知瑾匹夫之勇，不及公远矣。"因以兄事之。

颢以徐温为浙西观察使，镇润州。严可求说温曰："公舍牙兵而出外藩，颢必以弑君之罪归公。"温惊曰："然则奈何？"可求曰："颢刚愎而暗于事，公能见听，请为公图之。"时副使李承嗣参预军府之政，可求又说承嗣曰："颢凶威如此，今出徐于外，意不徒然，恐亦非公之利。"承嗣深然之。可求往见颢曰："公出徐公于外，人皆言公欲夺其兵权而杀之，多言亦可畏也。"颢曰："右牙欲之，非吾意也。业已行矣，奈何？"可求曰："止之易耳。"明日，可求邀颢及承嗣俱诣温，可求瞋目责温曰："古人不忘一饭之恩，况公杨氏宿将！今幼嗣初立，多事之时，乃求自安于外，可乎？"温谢曰："苟诸公见容，温何敢自专！"由是不行。颢知可求阴附温，夜，遣盗刺之。可求知不免，请为书辞府主。盗执刀临之，可求操笔无惧色。盗能辨字，见其辞旨忠壮，曰："公长者，吾不忍杀。"掠其财以复命，曰："捕之不获。"颢怒曰："吾欲得可求首，何用财为！"

温与可求谋诛颢，可求曰："非锺泰章不可。"泰章者，合肥人，时为左监门卫将军。温使亲将翟虔告之。泰章闻之喜，密结壮士三十人，夜，刺血相饮为誓。丁亥旦，直入斩颢于牙堂，并其亲近。温始暴颢弑君之罪，镮纪祥等于市。诣西宫白太夫人。

因为史氏的告谕合乎正义，不敢强行夺取，于是奉弘农威王杨渥的二弟杨隆演称为淮南留后、东面诸道行营都统。这事情完了以后，副都统朱瑾前往严可求的住所，说："我十六七岁就横戈跃马，冲犯强大的敌人，从来没有畏惧，今天面对张颢，不觉流汗，您当面指摘他像没有人一样。这才知道我只是匹夫之勇，比您差得太远了。"于是，把严可求作为哥哥侍奉。

张颢委任徐温为浙西观察使，镇守润州。严可求劝说徐温道："您舍弃牙兵而出任外藩，张颢一定把杀死君王的罪名归在您身上。"徐温大惊，说："既然这样，怎么办？"严可求说："张颢刚愎自用而又不明事理，如果您能够听从，请为您想办法。"当时，淮南行军副使李承嗣参与节度使府的军政事务，严可求又劝李承嗣说："张颢凶恶淫威如此，现在将徐温调到外地，意图不仅于此，恐怕对您也不利。"李承嗣深以为是。严可求前去见张颢说："您将徐温调到外地，人们都说您想要夺他的兵权并把他杀死，很多人这样说也是可怕的。"张颢说："徐温自己想去，不是我的意思。事情已经这样了，怎么办？"严可求说："阻止他很容易。"第二天，严可求邀张颢及李承嗣一同拜访徐温，严可求瞪着眼睛责问徐温说："古人不忘记一顿饭的恩德，何况您是杨氏的老将！现在幼主初立，正是多事的时候，却求自己安适到外地去，能这样吗？"徐温谢罪说："如果诸位宽容，徐温我哪里敢自己独断独行！"因此，没有前往润州。张颢知道严可求暗地里依附徐温，夜里派遣强盗前去刺杀严可求。严可求知道不能避免，请求强盗允许他写文书向府主杨隆演辞别。强盗拿刀对着他，严可求挥笔疾书没有惧色。强盗能识字，见他言辞意旨忠诚雄壮，说："您是年高有德的人，我不忍心杀您。"抢劫他的财物回去复命，说："没有抓到严可求。"张颢勃然大怒说："我想要得到严可求的首级，要财物做什么！"

徐温与严可求商量杀死张颢，严可求说："非锺泰章不可。"锺泰章是合肥人，当时担任左监门卫将军。徐温派亲将彭城人翟虔告诉锺泰章。锺泰章听说后非常高兴，秘密结交壮士三十人，夜里刺血互饮立下盟誓。丁亥（十七日）晨，锺泰章等直入左右牙指挥使厅把张颢及其亲近的人斩首。徐温开始揭露张颢杀死弘农威王杨渥的罪状，并在街市上把纪祥等人车裂。徐温前往西宫禀告太夫人史氏。

太夫人恐惧,大泣曰:"吾儿冲幼,祸难如此,愿保百口归庐州,公之惠也!"温曰:"张颢弑逆,不可不诛,夫人宜自安!"初,温与颢谋弑威王,温曰:"参用左、右牙兵,心必不一,不若独用吾兵。"颢不可,温曰:"然则独用公兵。"颢从之。至是,穷治逆党,皆左牙兵也,由是人以温为实不知谋也。隆演以温为左、右牙都指挥使,军府事咸取决焉。以严可求为扬州司马。

温性沉毅,自奉简俭,虽不知书,使人读狱讼之辞而决之,皆中情理。先是,张颢用事,刑罚酷滥,纵亲兵剽夺市里,温谓严可求曰:"大事已定,吾与公辈当力行善政,使人解衣而寝耳。"乃立法度,禁强暴,举大纲,军民安之。温以军旅委严可求,以财赋委支计官骆知祥,皆称其职,淮南谓之"严、骆"。

25 己丑,契丹王阿保机遣使随高颀入贡,且求册命。帝复遣司农卿浑特赐以手诏,约共灭沙陀,乃行封册。

26 壬辰,夹寨诸将诣阙待罪,皆赦之。帝赏牛存节全泽州之功,以为六军马步都指挥使。

27 雷彦恭引沅江环朗州以自守,秦彦晖顿兵月馀不战,彦恭守备稍懈。彦晖使裨将曹德昌帅壮士夜入自水窦,内外举火相应,城中惊乱,彦晖鼓噪坏门而入,彦恭轻舟奔广陵。彦晖虏其弟彦雄,送于大梁。淮南以彦恭为节度副使。先是,澧州刺史向瓌与彦恭相表里,至是亦降于楚,楚始得澧、朗二州。

28 蜀主遣将将兵会岐兵五万攻雍州,晋张承业亦将兵应之。六月壬寅,以刘知俊为西路行营都招讨使以拒之。

史太夫人恐惧，放声大哭，说："我儿年幼，遭此灾难，希望保全我家百口人丁回庐州，这是您的恩惠啊！"徐温说："张颢杀主叛逆，不能不杀，夫人应当自安！"当初，徐温与张颢谋杀弘农威王杨渥，徐温说："同用左、右牙兵，心必不一，不如只用我的兵。"张颢不同意，徐温说："那么，只用您的兵士。"张颢答应了。到这个时候，彻底惩办逆党，都是左牙兵，因此人们以为徐温确实不知道张颢的密谋。杨隆演任命徐温为左、右牙都指挥使，军府事务都取决于他。任命严可求为扬州司马。

徐温性格沉稳坚毅，生活简朴，虽然不识字，但让人阅读诉讼案件的口供呈状而作出判决，都符合情理。在这以前，张颢当权，刑罚残酷泛滥，放纵亲兵抢劫市井乡里，徐温对严可求说："大事已定，我与您等应当力行善政，使人们能够脱衣睡觉呢。"于是，制定法律，禁除强暴，提出治理大纲，军民相安。徐温把军队事务委交严可求，把财货赋税委交支计官骆知祥，都很称职，淮南称他们为"严、骆"。

25 己丑（十九日），契丹王阿保机派遣使臣随梁使高顼到京城进献物品，并且请求颁给册封的命令。后梁太祖又派遣司农卿浑特到契丹，赐给阿保机亲笔诏书，约定共同消灭沙陀李存勖，然后给契丹王阿保机举行册封典礼。

26 壬辰（二十二日），后梁在潞州夹寨逃出的各位将领到京城等候处分，全部赦免。后梁太祖赏赐牛存节保全泽州的功劳，任命他为六军马步都指挥使。

27 武贞节度使雷彦恭引沅江水环绕朗州来守卫自己，秦彦晖屯驻军队一个多月不发动攻击，雷彦恭的防守戒备逐渐松懈。秦彦晖派副将曹德昌率领壮士在晚上从水洞里潜入城内，内外点火相应，城中惊乱，秦彦晖擂鼓呐喊毁坏城门而入，雷彦恭乘轻捷小船逃往广陵。秦彦晖俘虏了雷彦恭的弟弟雷彦雄，送到大梁。淮南任命雷彦恭为节度副使。在这以前，澧州刺史向瓌与雷彦恭互为表里，到这时也投降了楚王，楚才得到了澧、朗两州。

28 前蜀主王建派遣将领率兵会同岐王李茂贞的五万军队攻打雍州，晋监军张承业也率军响应他们。六月壬寅（初三），梁太祖任命刘知俊为西路行营都招讨使率兵抵御。

29　金吾上将军王师范家于洛阳,朱友宁之妻泣诉于帝曰:"陛下化家为国,宗族皆蒙荣宠。妾夫独不幸,因王师范叛逆,死于战场。今仇雠犹在,妾诚痛之!"帝曰:"朕几忘此贼!"己酉,遣使就洛阳族之。使者先凿坑于第侧,乃宣敕告之。师范盛陈宴具,与宗族列坐,谓使者曰:"死者人所不免,况有罪乎!予不欲使积尸长幼无序。"酒既行,命自幼及长,引于坑中戮之,死者凡两百人。

30　丙辰,刘知俊及佑国节度使王重师大破岐兵于幕谷,晋、蜀兵皆引归。

31　蜀立遂王宗懿为太子。

32　帝欲自将击潞州,丁卯,诏会诸道兵。

33　湖南判官高郁请听民自采茶卖于北客,收其征以赡军,楚王殷从之。秋,七月,殷奏于汴、荆、襄、唐、郢、复州置回图务,运茶于河南、北,卖之以易缯纩、战马而归,仍岁贡茶二十五万斤,诏许之。湖南由是富赡。

34　壬申,淮南将吏请于李俨,承制授杨隆演淮南节度使、东面诸道行营都统、同平章事、弘农王。

钟泰章赏薄,泰章未尝自言。后逾年,因醉与诸将争言而及之。或告徐温,以泰章怨望,请诛之,温曰:"是吾过也。"擢为滁州刺史。

29　金吾上将军王师范家在洛阳,朱友宁之妻在后梁太祖面前哭诉说:"陛下化家为国,宗族的人都承蒙荣誉恩宠。我的丈夫唯独不幸,因王师范背叛从逆,死于战场。现在仇人尚在,我实在痛恨他!"太祖说:"朕几乎忘了这个贼子!"己酉(初十),太祖派遣使者到洛阳把王师范的全族处死。使者先在王师范住宅旁边挖掘土坑,这才宣读敕书告诉王师范。王师范摆设丰盛的筵席,与宗族的人依次入座,对使者说:"死是人所不免的,何况有罪呢!我不想让尸体堆积得长幼没有次序。"于是,依次饮酒之后,王师范命自年幼到年长,依次带到坑中杀死,被杀死的总共两百人。

30　丙辰(十七日),后梁西路行营都招讨使刘知俊及佑国节度使王重师在幕谷大败岐王李茂贞的军队,晋和蜀的军队也都退回了。

31　前蜀立遂王王宗懿为太子。

32　后梁太祖想要亲自统率军队攻打潞州,丁卯(二十八日),诏令会合各道的军队。

33　湖南判官高郁请求允许百姓自己采茶卖给北方的客商,征收他们的赋税来供给军队,楚王马殷听从了他。秋季,七月,马殷奏请在汴州、荆州、襄州、唐州、郢州、复州设置名为"回图务"的贸易场所,运茶到黄河南北,卖茶换回丝棉纺织品及战马,并且每年进贡茶叶二十五万斤,后梁太祖下诏书应允了他。湖南因此富足。

34　壬申(初三),淮南将吏向江淮宣谕使李俨请求,承用制书授予杨隆演淮南节度使、东面诸道行营都统、同平章事、弘农王。

钟泰章得到奖赏很少,但他自己不曾说。后来过了一年,因为喝醉了与众将争论言及此事。有人禀报徐温,认为钟泰章怨恨,请把他杀死,徐温说:"这是我的过错。"于是,擢升钟泰章为滁州刺史。

卷第二百六十七　后梁纪二

起戊辰(908)八月尽辛未(911)二月凡二年有奇

太祖神武元圣孝皇帝中
开平二年(戊辰,908)

1　八月,吴越王镠遣宁国节度使王景仁奉表诣大梁,陈取淮南之策。景仁即茂章也,避梁讳改焉。

淮南遣步军都指挥使周本、南面统军使吕师造击吴越,九月,围苏州。吴越将张仁保攻常州之东洲,拔之。淮南兵死者万馀人。淮南以池州团练使陈璋为水陆行营都招讨使,帅柴再用等诸将救东洲,大破仁保于鱼荡,复取东洲。柴再用方战舟坏,长稍浮之,仅而得济。家人为之饭僧千人,再用悉取其食以犒部兵,曰:"士卒济我,僧何力焉!"

2　丙子,蜀立皇后周氏。后,许州人也。

3　晋周德威、李嗣昭将兵三万出阴地关,攻晋州,刺史徐怀玉拒守,帝自将救之,丁丑,发大梁,乙酉,至陕州。戊子,岐王所署延州节度使胡敬璋寇上平关,刘知俊击破之。周德威等闻帝将至,乙未,退保隰州。

4　荆南节度使高季昌遣兵屯汉口,绝楚朝贡之路。楚王殷遣其将许德勋将水军击之,至沙头,季昌惧而请和。殷又遣步军都指挥使吕师周将兵击岭南,与清海节度使刘隐十馀战,取昭、贺、梧、蒙、龚、富六州。殷土宇既广,乃养士息民,湖南遂安。

太祖神武元圣孝皇帝中
后梁太祖开平二年(戊辰,公元908年)

1　八月,吴越王钱镠派遣宁国节度使王景仁带着奏表前往大梁,陈述攻取淮南的计策。王景仁,即王茂章,因避后梁太祖曾祖朱茂琳名讳而改。

淮南派遣步军都指挥使周本、南面统军使吕师造进攻吴越,九月,包围苏州。吴越将领张仁保攻打常州的东洲,并把东洲夺取。淮南兵死了一万多人。淮南委任池州团练使陈璋为水陆行营都招讨使,统率柴再用等将领救援东洲,在鱼荡把张仁保打得大败,又夺回了东洲镇。柴再用正在战斗,船坏了,靠长矛浮托,才得渡过。家人为他施饭给一千名僧人,柴再用全部拿了这些饭食犒劳部兵,说:"士卒渡我上岸,僧人出了什么力呢!"

2　丙子(初八),蜀册立皇后周氏。周皇后是许州人。

3　晋周德威、李嗣昭率兵三万出阴地关,进攻晋州,晋州刺史徐怀玉抵御防守,后梁太祖亲自统率军队前去救援,丁丑(初九),从大梁出发,乙酉(十七日),到达陕州。戊子(二十日),岐王李茂贞所设延州节度使胡敬璋侵犯上平关,刘知俊把他们打败。周德威等听说后梁太祖将要到达,乙未(二十七日),退兵保卫隰州。

4　荆南节度使高季昌派遣军队在汉口驻扎,断绝楚朝见进贡的道路。楚王马殷派遣他的部将许德勋率领水军前去攻打,到达沙头,高季昌畏惧,请求和解。马殷又派遣步军都指挥使吕师周率兵进攻岭南,与清海节度使刘隐打仗十多次,夺取昭、贺、梧、蒙、龚、富六州。马殷的疆域已经广阔,就使兵民得到休养生息,湖南百姓于是安居乐业。

5　冬,十月,蜀主立后宫张氏为贵妃,徐氏为贤妃,其妹为德妃。张氏,郲人,宗懿之母也。二徐,耕之女也。

6　华原贼帅温韬聚众嵯峨山,暴掠雍州诸县,唐帝诸陵发之殆遍。

7　庚戌,蜀主讲武于星宿山,步骑三十万。

8　丁巳,帝还大梁。

9　辛酉,以刘隐为清海、静海节度使,以膳部郎中赵光裔、右补阙李殷衡充官告使,隐皆留之。光裔,光逢之弟;殷衡,德裕之孙也。

10　依政进士梁震,唐末登第,至是归蜀。过江陵,高季昌爱其才识,留之,欲奏为判官。震耻之,欲去,恐及祸,乃曰:"震素不慕荣宦,明公不以震为愚,必欲使之参谋议,但以白衣侍樽俎可也,何必在幕府!"季昌许之。震终身止称前进士,不受高氏辟署。季昌甚重之,以为谋主,呼曰先辈。

11　帝从吴越王镠之请,以亳州团练使寇彦卿为东南面行营都指挥使,击淮南。十一月,彦卿帅众二千袭霍丘,为土豪朱景所败;又攻庐、寿二州,皆不胜。淮南遣滁州刺史史俨拒之,彦卿引归。

12　定难节度使李思谏卒,甲戌,其子彝昌自为留后。

13　刘守文举沧德兵攻幽州,刘守光求救于晋,晋王遣兵五千助之。丁亥,守文兵至卢台军,为守光所败;又战玉田,亦败。守文乃还。

14　癸巳,中书侍郎、同平章事张策以刑部尚书致仕,以左仆射杨涉同平章事。

15　保塞节度使胡敬璋卒,静难节度使李继徽以其将刘万子代镇延州。

5 冬季，十月，前蜀主王建册立后宫张氏为贵妃，徐氏为贤妃，徐氏的妹妹为德妃。张氏是郫县人，是太子王宗懿的母亲。二徐是徐耕的女儿。

6 华原贼帅温韬聚众嵯峨山，肆意抢劫雍州各县，唐帝的陵墓几乎全被发掘。

7 庚戌(十二日)，前蜀主王建在星宿山讲习武事，参加的步兵、骑兵有三十万人。

8 丁巳(十九日)，后梁太祖回大梁。

9 辛酉(二十三日)，梁任命刘隐为清海、静海节度使，任命膳部郎中赵光裔、右补阙李殷衡充任官告使，刘隐把他们都留下了。赵光裔是赵光逢的弟弟，李殷衡是李德裕的孙子。

10 依政进士梁震，唐末考中进士，到这时候归蜀。路过江陵，高季昌喜爱他的才能见识，把他留下来，想要奏举他为判官。梁震以为耻辱，想要离开，又恐怕遭祸，于是说："我向来不羡慕荣华官宦，您不认为我愚昧无知，一定要让我参与谋划计议，只以没有官职的平民侍奉宴席就是了，何必在幕府任职呢!"高季昌应允了他。梁震终身只称前进士，不接受高季昌的征召任命。高季昌很器重他，用他做主谋，呼为"先辈"。

11 后梁太祖依从吴越王钱镠的请求，任命亳州团练使寇彦卿为东南面行营都指挥使，攻打淮南。十一月，寇彦卿率众两千人袭击霍丘，被地方豪强朱景打败；又攻打庐、寿两州，都没有取胜。淮南派遣滁州刺史史俨抵御寇彦卿，寇彦卿带兵退回。

12 定难节度使李思谏去世，甲戌(初六)，其子李彝昌自任留后。

13 刘守文发沧德军队进攻幽州，刘守光向晋王请求救援，晋王李存勖派遣五千军队援助刘守光。丁亥(十九日)，刘守文兵到达卢台军，被刘守光打败；又攻打玉田，也失败了。刘守文这才退回。

14 癸巳(二十五日)，后梁中书侍郎、同平章事张策以刑部尚书辞官家居，任命左仆射杨涉为同平章事。

15 保塞节度使胡敬璋去世，静难节度使李继徽委任他的部将刘万子代镇延州。

16　是岁,弘农王遣军将万全感赍书间道诣晋及岐,告以嗣位。

17　帝将迁都洛阳。

三年(己巳,909)

1　春,正月己巳,迁太庙神主于洛阳。甲戌,帝发大梁。壬申,以博王友文为东都留守。己卯,帝至洛阳;庚寅,飨太庙;辛巳,祀圜丘,大赦。

2　丙申,以用度稍充,初给百官全俸。

3　二月丁酉朔,日有食之。

4　保塞节度使刘万子暴虐,失众心,且谋贰于梁,李继徽使延州牙将李延实图之。延实因万子葬胡敬璋,攻而杀之,遂据延州。马军都指挥使河西高万兴与其弟万金闻变,以其众数千人诣刘知俊降。岐王置翟州于鄜城,其守将亦降。

5　三月甲戌,帝发洛阳。以山南东道节度使杨师厚兼潞州四面行营招讨使。

6　庚辰,帝至河中,发步骑会高万兴兵取丹、延。

7　丙戌,以朔方节度使兼中书令韩逊为颍川王。逊本灵州牙校,唐末据本镇,朝廷因而授以节钺。

8　辛卯,丹州刺史崔公实请降。

9　徐温以金陵形胜,战舰所聚,乃自以淮南行军副使领昇州刺史,留广陵,以其假子元从指挥使知诰为昇州防遏兼楼船副使,往治之。

10　夏,四月丙申朔,刘知俊移军攻延州,李延实婴城自守。知俊遣白水镇使刘儒分兵围坊州。

16 这一年,弘农王杨隆演派遣军将万全感带着书信由偏僻小路前往晋阳及岐州,把自己继承王位的事告诉晋王及岐王。

17 后梁太祖准备迁都洛阳。

后梁太祖开平三年(己巳,公元 909 年)

1 春季,正月己巳(初三),后梁太祖把太庙的祖宗牌位迁到洛阳。甲戌(初七),太祖自大梁出发。壬申(初五),任命博王朱友文为东都留守。乙卯(十二日),太祖到达洛阳;庚寅(二十三日),祭祀太庙;辛巳(十四日),在圜丘祭祀上天,大赦天下。

2 丙申(二十九日),后梁由于费用开支逐渐充裕,开始发给文武百官全俸。

3 二月丁酉朔(初一),发生日食。

4 保塞节度使刘万子凶恶残酷,失去众心,并且图谋背叛投降大梁,静难节度使李继徽派遣延州牙将李延实设法除掉他。李延实趁着刘万子埋葬胡敬璋,发动攻击并把他杀死,于是占据了延州。马军都指挥使河西高万兴与他的弟弟高万金听到这个变故,率领他的部众数千人到刘知俊的军营投降。岐王李茂贞在鄜城设置翟州,守城的将领也投降了刘知俊。

5 三月甲戌(初九),后梁太祖自洛阳出发。任命山南东道节度使杨师厚兼潞州四面行营招讨使。

6 庚辰(十五日),后梁太祖到达河中,征发步兵、骑兵会同高万兴的军队攻取丹州、延州。

7 丙戌(二十一日),后梁太祖封朔方节度使兼中书令韩逊为颍川王。韩逊本是灵州牙校,唐末占据本镇,朝廷因而授予节度使。

8 辛卯(二十六日),丹州刺史崔公实请求投降。

9 徐温认为金陵地势优越,战船聚集,于是自己以淮南行军副使兼领昇州刺史,留驻广陵,任命他的养子元从指挥使徐知诰为昇州防遏兼楼船副使,前去治理昇州。

10 夏季,四月丙申朔(初一),刘知俊转移军队攻打延州,李延实绕城守御。刘知俊派遣白水镇使刘儒分兵包围坊州。

11　庚子，以王审知为闽王，刘隐为南平王。

12　刘知俊克延州，李延实降。

13　淮南兵围苏州，推洞屋攻城，吴越将临海孙琰置轮于竿首，垂缅投锥以揭之，攻者尽露，炮至则张网以拒之，淮南人不能克。吴越王镠遣牙内指挥使钱镖、行军副使杜建徽等将兵救之。

苏州有水通城中，淮南张网缀铃悬水中，鱼鳖过皆知之。吴越游弈都虞候司马福欲潜行入城，故以竿触网，敌闻铃声举网，福因得过，凡居水中三日，乃得入城。由是城中号令与援兵相应，敌以为神。

吴越王镠尝游府园，见园卒陆仁章树艺有智而志之，及苏州被围，使仁章通信入城，果得报而返。镠以诸孙畜之，累迁两府军粮都监使，卒获其用。仁章，睦州人也。

辛亥，吴越兵内外合击淮南兵，大破之，擒其将何朗等三十馀人，夺战舰两百艘。周本夜遁，又追败之于皇天荡。锺泰章将精兵两百为殿，多树旗帜于菰蒋中，追兵不敢进而还。

14　岐王所署保大节度使李彦博、坊州刺史李彦昱皆弃城奔凤翔，鄜州都将严弘倚举城降。己未，以高万兴为保塞节度使，以绛州刺史牛存节为保大节度使。

15　淮南初置选举，以骆知祥掌之。

16　五月丁卯，帝命刘知俊乘胜取邠州。知俊难之，辞以阙食，乃召还。

17　佑国节度使王重师镇长安数年，帝在河中，怒其贡奉不时。己巳，召重师入朝，以左龙虎统军刘捍为佑国留后。

11　庚子(初四)，后梁太祖封彰武节度使王审知为闽王，清海、静海节度使刘隐为南平王。

12　刘知俊攻克延州，李延实投降。

13　淮南军队包围苏州，推着用木架支撑、覆罩牛皮、形状如洞的洞屋攻城，吴越将领临海人孙琰在竹竿顶端安置滑轮，垂长索投锥把洞屋戳穿掀开，攻城的淮南军队便完全暴露了，炮石打来就张网拦阻，淮南军队不能攻克。吴越王钱镠派遣牙内指挥使钱镖、行军副使杜建徽等率兵救援苏州。

苏州有水通城中，淮南军队张网挂铃悬在水中，鱼鳖通过都能知道。吴越游弈都虞候司马福欲潜水前行入城，故意用竿触网，淮南兵听到铃声举起网来，司马福因此能够通过，一共在水中待了三天，才得进入城里。从此，城中号令与援兵相应，淮南军队以为神奇莫测。

吴越王钱镠曾经到府园游玩，看见园丁陆仁章种植花草树木有智谋，就记住了他，等到苏州被围，让陆仁章送信到城里，果然得到答复成功返回。钱镠把陆仁章收作孙子教养，屡次升到两府军粮都监使，终于派上用场。陆仁章是睦州人。

辛亥(十六日)，吴越军队内外合击淮南军队，把他们打得大败，生擒淮南将领何朗等三十多人，夺取战船两百艘。周本乘夜逃走，吴越军队追到皇天荡又把周本打败。淮南钟泰章率领两百精兵走在队伍的最后，在菰草中竖立很多旗帜，吴越的追兵不敢前进而返回。

14　岐王李茂贞任命的保大节度使李彦博、坊州刺史李彦昱都弃城逃往凤翔，鄜州都将严弘倚率城投降。己未(二十四日)，后梁任命高万兴为保塞节度使，任命绛州刺史牛存节为保大节度使。

15　淮南开始建立选拔官吏的制度，任命骆知祥掌管。

16　五月丁卯(初三)，后梁太祖命令刘知俊乘胜攻取邠州。刘知俊认为难以攻取，以缺少军粮为借口推辞，于是将他召回。

17　佑国节度使王重师镇守长安数年，后梁太祖在河中，对他不按时进贡感到恼怒。己巳(初五)，召王重师到朝廷来，委任左龙虎统军刘捍为佑国留后。

18 癸酉,帝发河中;己卯,至洛阳。

刘捍至长安,王重师不为礼,捍潛之于帝,云重师潛与
邠、岐通。甲申,贬重师溪州刺史,寻赐自尽,夷其族。

19 刘守文频年攻刘守光不克,乃大发兵,以重赂招契
丹、吐谷浑之众,合四万屯蓟州。守光逆战于鸡苏,为守文所
败。守文单马立于陈前,泣谓其众曰:"勿杀吾弟。"守光将元
行钦识之,直前擒之,沧德兵皆溃。守光囚之别室,栫以蕘
棘,乘胜进攻沧州。沧州节度判官吕兖、孙鹤推守文子延祚
为帅,乘城拒守。兖,安次人也。

20 忠武节度使兼侍中刘知俊,功名浸盛,以帝猜忍日
甚,内不自安;及王重师诛,知俊益惧。帝将伐河东,急征知
俊入朝,欲以为河东西面行营都统;且以知俊有丹、延之功,
厚赐之。知俊弟右保胜指挥使知浣从帝在洛阳,密使人语知
俊云:"入必死。"又白帝,请帅弟侄往迎知俊,帝许之。六月
乙未朔,知俊奏"为军民所留",遂以同州附于岐。执监军及
将佐之不从者,皆械送于岐。遣兵袭华州,逐刺史蔡敬思,以
兵守潼关。潛遣人以重利啖长安诸将,执刘捍,送于岐,杀
之。知俊遣使请兵于岐,亦遣使请晋人出兵攻晋、绛,遗晋王
书曰:"不过旬日,可取两京,复唐社稷。"

21 丁未,朔方节度使韩逊奏克盐州,斩岐所署刺史李
继直。

22 帝遣近臣谕刘知俊曰:"朕待卿甚厚,何忽相负?"
对曰:"臣不背德,但畏族灭如王重师耳。"帝复使谓之曰:
"刘捍言重师阴结邠、岐,朕今悔之无及,捍死不足塞责。"

18 癸酉(初九),后梁太祖自河中出发;己卯(十五日),回到洛阳。

刘捍到长安,王重师不以礼相待,刘捍向后梁太祖中伤他,说王重师暗中与邠州、岐州互相往来。甲申(二十日),贬王重师为溪州刺史,不久赐令自尽,诛杀他的全族。

19 刘守文连年攻打刘守光不能攻下,于是大发兵,用重贿招致契丹、吐谷浑的兵众,合计四万人马驻扎蓟州。刘守光在鸡苏迎战,被刘守文打败。刘守文单马立在阵前,哭着对他的部众说:"不要杀死我的弟弟。"刘守光的部将元行钦认识刘守文,直冲向前把他擒住,沧德军队全部溃散。刘守光把刘守文囚禁别室,用丛棘堵塞,乘胜进攻沧州。沧州节度判官吕兖、孙鹤推举刘守文的儿子刘延祚为帅,登城抗御防守。吕兖是安次人。

20 忠武节度使兼侍中刘知俊,功绩名声逐渐盛大,由于后梁太祖猜疑残忍日益厉害,内心里感到自己不安全;等到王重师被杀,刘知俊更加恐惧。太祖将要讨伐河东,紧急征召刘知俊到朝廷来,想要任命他担任河东西面行营都统;并且因为刘知俊有攻取丹州、延州的功劳,要重赏他。刘知俊的弟弟右保胜指挥使刘知浣跟随太祖在洛阳,秘密派人告诉刘知俊说:"到朝廷来一定死。"又禀告太祖,请求率领弟侄前去迎接刘知俊,太祖允许了他。六月乙未朔(初一),刘知俊奏称"为军民所留",于是带领同州军民归附岐王李茂贞。拘捕监军及不听从的将佐,全都被戴上刑具押送凤翔。刘知俊派兵袭击华州,驱逐刺史蔡敬思,守卫潼关。暗中派人用重利引诱长安诸将,逮捕刘捍,送往凤翔,把他杀了。刘知俊派遣使者向岐王李茂贞请兵,也派使者前往晋阳请求出兵攻打晋州、绛州,送给晋王李存勗的信中说:"不过十天,可以攻取两京,恢复唐室社稷。"

21 丁未(十三日),朔方节度使韩逊奏报攻克盐州,斩岐王李茂贞任命的盐州刺史李继直。

22 后梁太祖派遣亲近官员告谕刘知俊说:"朕待你甚厚,为什么忽然背弃?"刘知俊回答说:"我不会忘记恩德,只是畏惧像王重师那样被诛灭全族罢了。"太祖又派使者对他说:"刘捍说王重师暗中交结邠州、岐州,朕现在后悔不及,刘捍死了不足偿还罪责。"

知俊不报。庚戌，诏削知俊官爵，以山南东道节度使杨师厚为西路行营招讨使，帅侍卫马步军都指挥使刘鄩等讨之。

辛亥，帝发洛阳。

刘鄩至潼关东，获刘知俊伏路兵蔺如海等三十人，释之使为前导。刘知浣迷失道，盘桓数日，乃至关下，关吏纳之。如海等继至，关吏不知其已被擒，亦纳之。鄩兵乘门开直进，遂克潼关，追及知浣，擒之。癸丑，帝至陕。

23　丹州马军都头王行思等作乱，刺史宋知诲逃归。

24　帝遣刘知俊侄嗣业持诏诣同州招谕知俊，知俊欲轻骑诣行在谢罪，弟知偃止之。杨师厚等至华州，知俊将聂赏开门降。知俊闻潼关不守，官军继至，苍黄失图，乙卯，举族奔岐。杨师厚至长安，岐兵已据城，师厚以奇兵并南山急趋，自西门入，遂克之。庚申，以刘鄩权佑国留后。岐王厚礼刘知俊，以为中书令。地狭，无藩镇处之，但厚给俸禄而已。

25　刘守光遣使上表告捷，且言“俟沧德事毕，为陛下扫平并寇”。亦致书晋王，云欲与之同破伪梁。

26　抚州刺史危全讽自称镇南节度使，帅抚、信、袁、吉之兵号十万攻洪州。淮南守兵才千人，将吏皆惧，节度使刘威密遣使告急于广陵，日召僚佐宴饮。全讽闻之，屯象牙潭，不敢进，请兵于楚。楚王殷遣指挥使苑玫会袁州刺史彭彦章围高安以助全讽。玫，蔡州人；彦章，玕之兄子也。

徐温问将于严可求，可求荐周本。乃以本为西南面行营招讨应援使，将兵七千救高安。本以前攻苏州无功，称疾不出，可求即其卧内强起之。本曰：“苏州之役，敌不能胜我，但主将权轻耳。

刘知俊没有答复。庚戌（十六日），太祖降诏革除刘知俊官职爵位，任命山南东道节度使杨师厚为西路行营招讨使，率领侍卫马步军都指挥使刘郭等讨伐刘知俊。

辛亥（十七日），后梁太祖自洛阳出发。

刘郭到达潼关东，俘获刘知俊埋伏在路上侦察敌人的兵士蔺如海等三十人，把他们释放，让他们在前面当向导。刘知俊的弟弟刘知浣途中迷了路，徘徊数日，才到潼关下，关吏把他们放进关去。蔺如海等接着到了，关吏不知道他们已经被擒，也把他们放进关去。刘郭的军队趁着关门打开，径直前进，于是夺取了潼关，追上刘知浣，把他擒住。癸丑（十九日），后梁太祖到达陕州。

23　丹州马军都头王行思等发动叛乱，丹州刺史宋知诲逃回。

24　后梁太祖派遣刘知俊的侄子刘嗣业持诏前往同州招安刘知俊，刘知俊想要轻骑前往太祖的驻地自认罪过，他的弟弟刘知偃阻止他。杨师厚等到达华州，刘知俊的部将聂赏打开城门投降。刘知俊听说潼关没有守住，官兵接连到来，匆忙慌张没了主意，乙卯（二十一日）夜里，带领全族投奔岐州。杨师厚到长安，岐兵已经占据长安城，杨师厚率奇兵沿南山急趋直下，自西门入城，于是攻占了长安。庚申（二十六日），委任刘郭代理佑国留后。岐王李茂贞对刘知俊厚礼相待，任命他为中书令。岐州地域狭窄，没有藩镇安置他，只是厚给俸禄罢了。

25　刘守光派遣使者上表报捷，并且说"等到沧德事情完了，为陛下扫平并州敌寇"。刘守光也送信给晋王李存勖，说想要与他共同消灭伪梁。

26　抚州刺史危全讽自称镇南节度使，率领抚、信、袁、吉四州的军队号称十万进攻洪州。淮南守兵才一千人，将吏都畏惧害怕，节度使刘威秘密派遣使者到广陵告急求援，自己每天召集属下将吏宴饮。危全讽听说这情况，驻扎在象牙潭，不敢前进，向楚请求增兵。楚王马殷派遣指挥使苑玫会同袁州刺史彭彦章包围高安来援助危全讽。苑玫是蔡州人，彭彦章是彭玕哥哥的儿子。

徐温向严可求询问将领人选，严可求荐举周本。于是，任命周本为西南面行营招讨应援使，率兵七千援救高安。周本以前攻苏州没有立功，声称有病不出，严可求到他的卧室内强迫他起来。周本说："苏州这场战役，敌人不能战胜我，只是主将权轻罢了。

今必见用,愿毋置副贰乃可。"可求许之。本曰:"楚人为全讽声援耳,非欲取高安也。吾败全讽,援兵必还。"乃疾趣象牙潭。过洪州,刘威欲犒军,本不肯留,或曰:"全讽兵强,君宜观形势然后进。"本曰:"贼众十倍于我,我军闻之必惧,不若乘其锐而用之。"

27 秋,七月甲子,以刘守光为燕王。

28 梁兵克丹州,擒王行思。

29 商州刺史李稠驱士民西走,将吏追斩之,推都押牙李玫主州事。

30 庚午,改佑国军曰永平。

31 河东兵寇晋州,抄掠至尧祠而去。

32 癸酉,帝发陕州;乙亥,至洛阳,寝疾。

33 初,帝召山南东道节度使杨师厚,欲使督诸将攻潞州,以前充海留后王班为留后,镇襄州。师厚屡为班言牙兵王求等凶悍,宜备之,班自恃左右有壮士,不以为意,每众辱之。戊寅,谪求戍西境,是夕,作乱,杀班,推都指挥使雍丘刘玘为留后。玘伪从之,明日,与指挥使王延顺逃诣帝所。乱兵奉平淮指挥使李洪为留后,附于蜀。未几,房州刺史杨虔亦叛附于蜀。

34 危全讽在象牙潭,营栅临溪,亘数十里。庚辰,周本隔溪布陈,先使羸兵尝敌;全讽兵涉溪追之,本乘其半济,纵兵击之。全讽兵大溃,自相蹂藉,溺水死者甚众,本分兵断其归路,擒全讽及将士五千人。乘胜克袁州,执刺史彭彦章,进攻吉州。歙州刺史陶雅使其子敬昭及都指挥使徐章将兵袭饶、信,信州刺史危仔倡请降,饶州刺史唐宝弃城走。行营都指挥使米志诚、都尉吕师造等败苑玫于上高。吉州刺史彭玕帅众数千人奔楚,楚王殷表玕为郴州刺史,为子

今天一定要用我,希望不要设置副职才可。"严可求应允了他。周本说:"楚兵为危全讽声援罢了,不是要取高安。我打败危全讽,援兵必然撤回。"于是急速奔赴象牙潭。经过洪州,刘威想要犒劳军队,周本不肯停留,有人说:"危全讽兵强,您应当观察形势然后再前进。"周本说:"贼众比我多十倍,我军听说这情况一定畏惧,不如乘他们锐气旺盛使用他们。"

27　秋季,七月甲子(初一),后梁太祖封授刘守光为燕王。

28　后梁兵攻下丹州,生擒王行思。

29　商州刺史李稠驱赶士民向西逃跑,商州将吏追赶并把他们斩杀,推举商州都押牙李玫主持州事。

30　庚午(初七),后梁太祖改佑国军为永平。

31　河东军队进犯晋州,抄没抢掠到达尧祠而离去。

32　癸酉(初十),后梁太祖自陕州出发;乙亥(十二日),回到洛阳,患病卧床。

33　当初,后梁太祖召山南东道节度使杨师厚,想要让他督率诸将攻打潞州,委任前兖海留后王班为山南东道留后,镇守襄州。杨师厚屡次对王班说牙兵王求等凶猛强悍,应当防备他们,王班自恃左右有壮士,不以为意,往往当众侮辱他们。戊寅(十五日),把王求流放到西部边境戍守,当天晚上,王求等发动叛乱,杀王班,推举都指挥使雍丘人刘玘为留后。刘玘假装依从他们,第二天,与指挥使王延顺逃往后梁太祖那里。乱兵尊奉平淮指挥使李洪为留后,归附前蜀主王建。过了不久,房州刺史杨虔也叛梁附蜀。

34　危全讽在象牙潭,临溪营建栅栏,连绵数十里。庚辰(十七日),周本隔着溪水列阵,先派瘦弱兵卒挑战;危全讽的军队徒步渡溪追赶,周本等他们渡到一半,发兵攻击。危全讽的军队大败,自相践踏,溺水死的人很多,周本分兵断绝他们的归路,生擒危全讽及将士五千人。周本率兵乘胜攻克袁州,逮住袁州刺史彭彦章,进攻吉州。歙州刺史陶雅派儿子陶敬昭及都指挥使徐章率兵袭击饶州、信州,信州刺史危仔倡请求投降,饶州刺史唐宝弃城逃走。行营都指挥使米志诚、都尉吕师造等在上高打败范玫。吉州刺史彭玕率众数千人逃奔到楚,楚王马殷上表委任彭玕为郴州刺史,并为自己的儿子

希范娶其女。淮南以左先锋指挥使张景思知信州,遣行营都虞候骨言将兵五千送之。危仔倡闻兵至,奔吴越,吴越王镠以仔倡为淮南节度副使,更其姓曰元氏。危全讽至广陵,弘农王以其尝有德于武忠王,释之,资给甚厚。八月,虔州刺史卢光稠以州附于淮南。于是江西之地尽入于杨氏。光稠亦遣使附于梁。

35　甲寅,上疾小瘳,始复视朝。

36　以镇国节度使康怀贞为西路行营副招讨使。

37　蜀主命太子宗懿判六军,开永和府,妙选朝士为僚属。

38　辛酉,均州刺史张敬方奏克房州。

39　岐王欲遣刘知俊将兵攻灵、夏,且约晋王使攻晋、绛。晋王引兵南下,先遣周德威等将兵出阴地关攻晋州,刺史边继威悉力固守。晋兵穿地道,陷城二十馀步,城中血战拒之,一夕城复成。诏杨师厚将兵救晋州,周德威以骑扼蒙坑之险,师厚击破之,进抵晋州,晋兵解围遁去。

40　李洪寇荆南,高季昌遣其将倪可福击败之。诏马步都指挥使陈晖将兵会荆南兵讨洪。

41　蜀主以御史中丞王锴为中书侍郎、同平章事。

42　陈晖军至襄州,李洪逆战,大败,王求死。九月丁酉,拔其城,斩叛兵千人,执李洪、杨虔等送洛阳,斩之。

43　丁未,以保义节度使王檀为潞州东面行营招讨使。

44　刘守光奏遣其子中军兵马使继威安抚沧州吏民。戊申,以继威为义昌留后。

45　辛亥,侍中韩建罢守太保,左仆射、同平章事杨涉罢守本官。以太常卿赵光逢为中书侍郎,翰林奉旨工部侍郎杜晓为户部侍郎,并同平章事。晓,让能之子也。

马希范娶彭玕的女儿为妻。淮南委任左先锋指挥使张景思为信州刺史，派遣行营都虞候骨言率兵五千人送他赴任。危仔倡听说淮南军队到了，逃奔吴越，吴越王钱镠任命危仔倡为淮南节度副使，改他的姓为元氏。危全讽到广陵，弘农王杨隆演以他曾经对武忠王杨行密有恩德，把他释放，供给很丰厚。八月，虔州刺史卢光稠率州归附淮南。于是，江西之地尽为杨氏所有。卢光稠也派遣使者向后梁称臣归附。

35　甲寅(二十一日)，后梁太祖病稍愈，开始恢复临朝听政。

36　后梁任命镇国节度使康怀贞为西路行营副招讨使。

37　前蜀主王建命太子王宗懿兼领六军，设置永和府，精选朝中官吏担任属官。

38　辛酉(二十八日)，均州刺史张敬方奏报攻克房州。

39　岐王李茂贞想要派遣刘知俊率领军队攻灵州、夏州，并且约晋王李存勖让他进攻晋州、绛州。李存勖率兵南下，先派遣周德威等率领军队出阴地关进攻晋州，晋州刺史边继威全力固守。晋兵挖穿地道，城墙塌陷二十多步，城中军队血战抵御，一个晚上城墙又修好。后梁太祖诏令杨师厚率兵救援晋州，周德威用骑兵据守地势险要的蒙坑，杨师厚把他们打败，进抵晋州，晋兵解除包围逃走。

40　山南东道留后李洪侵犯荆南，荆南节度使高季昌派遣他的部将倪可福把李洪打败。后梁太祖诏令马步都指挥使陈晖率领军队会同荆南兵讨伐李洪。

41　前蜀主王建任命御史中丞王锴为中书侍郎、同平章事。

42　后梁马步都指挥使陈晖率兵到达襄州，李洪迎战，被打得大败，牙兵王求战死。九月丁酉(初五)，攻占襄州，斩叛兵一千人，生擒李洪、杨虔等押送洛阳，把他们斩首。

43　丁未(十五日)，后梁任命保义节度使王檀为潞州东面行营招讨使。

44　刘守光奏报派遣他的儿子中军兵马使刘继威安抚沧州官吏平民。戊申(十六日)，委任刘继威为义昌留后。

45　辛亥(十九日)，侍中韩建罢去同平章事之职而任太保，左仆射、同平章事杨涉罢去同平章事之职而守任本官。任命太常卿赵光逢为中书侍郎，翰林奉旨、工部侍郎杜晓为户部侍郎，都为同平章事。杜晓是杜让能的儿子。

46 淮南遣使者张知远修好于福建。知远倨慢,闽王审知斩之,表上其书,始与淮南绝。审知性俭约,常蹑麻屦,府舍卑陋,未尝营葺。宽刑薄赋,公私富实,境内以安。岁自海道登、莱入贡,没溺者什四五。

47 冬,十月甲子,蜀司天监胡秀林献《永昌历》,行之。

48 湖州刺史高澧性凶忍,尝召州吏议曰:"吾欲尽杀百姓,可乎?"吏曰:"如此,租赋何从出? 当择可杀者杀之耳。"时澧纠民为兵,有言其咨怨者,澧悉集民兵于开元寺,给云犒享,入则杀之,死者逾半,在外者觉之,纵火作乱。澧闭城大索,凡杀三千人。吴越王镠欲诛之,戊辰,澧以州叛附于淮南,举兵焚义和临平镇,镠命指挥使钱镖讨之。

49 十一月甲午,帝告谢于圜丘。戊戌,大赦。

50 邺王罗绍威得风痹病,上表称:"魏故大镇,多外兵,愿得有功重臣镇之,臣乞骸骨归第。"帝闻之,抚案动容。己亥,以其子周翰为天雄节度副使,知府事。谓使者曰:"亟归语而主:为我强饭! 如有不可讳,当世世贵尔子孙以相报也。今使周翰领军府,尚冀尔复愈耳。"

51 岐王欲取灵州以处刘知俊,且以为牧马之地,使知俊自将兵攻之。朔方节度使韩逊告急,诏镇国节度使康怀贞、感化节度使寇彦卿将兵攻邠宁以救之。怀贞等所向皆捷,克宁、衍二州,拔庆州南城,刺史李彦广出降。游兵侵掠至泾州之境,刘知俊闻之,十二月己丑,解灵州围,引兵还。帝急召怀贞等还,遣兵迎援于三原青谷。怀贞等还,至三水,

46 淮南派遣使者张知远到福建建立友好关系。张知远骄横傲慢，闽王王审知把他杀了，并上表把淮南的书信进呈给后梁太祖，开始与淮南断绝关系。王审知生性俭朴，常穿麻鞋，官府房屋低下简陋，未曾修葺。刑罚宽大，赋税轻薄，公家私人都富裕充实，境内因此安定。每年由海道经登州、莱州进贡物品到大梁，有十之四五的人在海上淹没溺死。

47 冬季，十月甲子(初二)，前蜀司天监胡秀林呈献《永昌历》，在前蜀通行。

48 湖州刺史高澧性情凶暴残忍，曾经召集州吏商议说："我想要把百姓全部杀死，可以吗？"州吏说："这样做，田租赋税从哪里出？应当只是选择可以杀的人把他杀死罢了。"当时高澧纠集百姓当兵，有人说他们叹息抱怨，高澧把民兵全部集中到开元寺，欺骗说是犒劳款待，进入寺内就把他们杀死，杀死的人超过一半，在寺外的人发觉了，放火作乱。高澧关闭城门大肆搜索，总共杀了三千人。吴越王钱镠想要杀死他，戊辰(初六)，高澧率州叛变归附淮南，发兵焚烧义和临平镇，钱镠命令指挥使钱镖前去讨伐他。

49 十一月甲午(初二)，后梁太祖到南郊天坛告谢上天。戊戌(初六)，大赦天下。

50 邺王罗绍威得了风痹病，上表称："魏州原是大镇，多数是外来的兵士，希望得到有功劳的重要大臣镇守，我乞求辞官回家。"后梁太祖听到这些话，不禁抚案动容。己亥(初七)，后梁太祖任命罗绍威的儿子罗周翰为天雄节度副使，主持节度使府事务。并对罗绍威的使者说："赶快回去告诉你的主子：为我努力吃饭！如有不测，当使你的子孙世世代代永居高位来作报答。现在派罗周翰前去典领军府事务，还希望你恢复健康啊。"

51 岐王李茂贞想要攻取灵州来安置刘知俊，并且把灵州作为放牧马匹的地方，让刘知俊亲自带兵去攻打灵州。朔方节度使韩逊派遣使者告急，后梁太祖诏令镇国节度使康怀贞、感化节度使寇彦卿率领军队攻打邠州、宁州来救助灵州。康怀贞等打到哪里都取得胜利，攻克宁、衍两州，夺取庆州南城，庆州刺史李彦广出城投降。游兵侵犯抢掠到达泾州的边境，刘知俊听说这情况，十二月己丑(二十八日)，解除对灵州的包围，带兵回去了。后梁太祖急召康怀贞等回去，派遣军队在三原县青谷迎接援助。康怀贞等回师，到达三水，

知俊遣兵据险邀之,左龙骧军使寿张王彦章力战,怀贞等乃得过。怀贞与裨将李德遇、许从实、王审权分道而行,皆与援兵不相值,至升平,刘知俊伏兵山口,怀贞大败,仅以身免,德遇等军皆没。岐王以知俊为彰义节度使,镇泾州。

王彦章骁勇绝伦,每战用二铁枪,皆重百斤,一置鞍中,一在手,所向无前,时人谓之王铁枪。

52 蜀蜀州刺史王宗弁称疾,罢归成都,杜门不出。蜀主疑其矜功怨望,加检校太保,固辞不受,谓人曰:"廉者足而不忧,贪者忧而不足。吾小人,致位至此足矣,岂可求进不已乎!"蜀主嘉其志而许之,赐与有加。

53 刘守光围沧州久不下,执刘守文至城下示之,犹固守。城中食尽,民食堇泥,军士食人,驴马相啖鬃尾。吕兖选男女羸弱者,饲以曲面而烹之,以给军食,谓之宰杀务。

四年(庚午,910)

1 春,正月乙未,刘延祚力尽出降。时刘继威尚幼,守光使大将张万进、周知裕辅之镇沧州,以延祚及其将佐归幽州,族吕兖而释孙鹤。

兖子琦,年十五,门下客赵玉绐监刑者曰:"此吾弟也,勿妄杀。"监刑者信之,遂挈以逃。琦足痛不能行,玉负之,变姓名,乞食于路,仅而得免。琦感家门殄灭,力学自立,晋王闻其名,授代州判官。

2 辛丑,以卢光稠为镇南留后。

3 刘守光为其父仁恭请致仕,丙午,以仁恭为太师,致仕。守光寻使人潜杀其兄守文,归罪于杀者而诛之。

刘知俊派遣军队占据险要进行拦击，左龙骧军使寿张人王彦章奋力作战，康怀贞等才得以通过。康怀贞与副将李德遇、许从实、王审权分道前进，都与援兵没有相遇，到达升平，刘知俊在山口埋伏军队，康怀贞大败，仅以自身得免，李德遇等军全部覆灭。岐王李茂贞委任刘知俊为彰义节度使，镇守泾州。

王彦章勇猛强悍，没有人可以与他相比，每次作战都用两杆铁枪，各重一百斤，一杆放在马鞍中，一杆拿在手里，所向无敌，当时人们称他为"王铁枪"。

52　前蜀蜀州刺史王宗弁声称有病，罢官回到成都，闭门不出。前蜀主王建怀疑他居功自傲心怀怨恨，给他加官检校太保，他坚决推辞不接受，对别人说："廉洁的人知足而没有忧愁，贪婪的人忧愁而没有知足。我是个小人物，官位到此就满足了，哪里能要求提升不止呢！"王建赞许他的志向并应允了他，赏赐增多。

53　刘守光围攻沧州很久没有攻下，把刘守文押解到城下给城中的人观看，城中将士仍然固守。城中吃的东西全完了，百姓吃胶泥，兵士吃人，驴马互相吃鬃尾。沧州节度判官吕兖挑选瘦弱的男人、女人，给他们吃酒曲麦粉，然后煮来供给军士食用，把这叫作"宰杀务"。

后梁太祖开平四年(庚午，公元910年)

1　春季，正月乙未(初四)，刘延祚力量已尽，出城投降。当时刘继威年龄尚小，刘守光派大将张万进、周知裕辅佐他镇守沧州，把刘延祚及其将佐返归幽州，杀尽吕兖的全族，释放孙鹤。

吕兖的儿子吕琦，年十五岁，门下客人赵玉欺骗监刑的人说："这是我的弟弟，不要乱杀。"监刑的人听信了他的话，于是赵玉带领吕琦逃走。吕琦脚痛不能行走，赵玉背着他，改变姓名，在路上讨饭充饥，才得以免死。吕琦感叹家族灭绝，努力学习自立，晋王李存勖听说他的名声，任命他为代州判官。

2　辛丑(初十)，后梁任命卢光稠为镇南留后。

3　卢龙节度使刘守光为他的父亲刘仁恭请求退休，丙午(十五日)，后梁太祖命刘仁恭为太师致仕。不久，刘守光派人暗杀他的哥哥刘守文，然后把罪名归于受他指使去杀刘守文的人，并把他处死。

4　二月,万全感自岐归广陵,岐王承制加弘农王兼中书令,嗣吴王,于是吴王赦其境内。

5　高澧求救于吴,吴常州刺史李简等将兵应之,湖州将盛师友、沈行思闭城不内,澧帅麾下五千人奔吴。三月癸巳,吴越王镠巡湖州,以钱镖为刺史。

6　蜀太子宗懿骄暴,好陵暴旧臣。内枢密使唐道袭,蜀主之嬖臣也,太子屡谴之于朝,由是有隙,互相诉于蜀主。蜀主恐其交恶,以道袭为山南西道节度使、同平章事。道袭荐宣徽北院使郑顼为内枢密使,顼受命之日,即欲按道袭昆弟盗用内库金帛。道袭惧,奏顼褊急,不可大任,丙午,出顼为果州刺史,以宣徽南院使潘炕为内枢密使。

7　夏州都指挥使高宗益作乱,杀节度使李彝昌。将吏共诛宗益,推彝昌族父蕃汉都指挥使李仁福为帅,癸丑,仁福以闻。夏,四月甲子,以仁福为定难节度使。

8　丁卯,宋州节度使衡王友谅献瑞麦,一茎三穗,帝曰:"丰年为上瑞。今宋州大水,安用此为!"诏除本县令名,遣使诘责友谅,以兖海留后惠王友能代为宋州留后。友谅、友能,皆全昱子也。

9　帝以晋州刺史下邑华温琪拒晋兵有功,欲赏之,会护国节度使冀王友谦上言晋、绛边河东,乞别建节镇,壬申,以晋、绛、沁三州为定昌军,以温琪为节度使。

10　左金吾大将军寇彦卿入朝,至天津桥,有民不避道,投诸栏外而死。彦卿自首于帝。帝以彦卿才干有功,久在左右,命以私财遗死者家以赎罪。御史司宪崔沂劾奏"彦卿杀人阙下,请论如法"。帝命彦卿分析。彦卿对:"令从者举置栏外,不意误死。"

4　二月,淮南军将万全感从岐州回到广陵,岐王李茂贞承用制书加封弘农王杨隆演兼中书令,继承吴王,于是,吴王杨隆演在淮南境内实行大赦。

5　湖州刺史高澧向吴王求救,吴常州刺史李简等率兵前去接应,湖州将领盛师友、沈行思关闭城门不接纳,高澧率领部下五千人投奔吴。三月癸巳(初三),吴越王钱镠巡视湖州,任命钱镖为湖州刺史。

6　前蜀太子王宗懿骄纵凶狠,喜好凌辱轻慢旧臣。内枢密使唐道袭是前蜀主王建的宠臣,太子王宗懿屡次在朝廷上戏谑他,因此两人有了嫌隙,互相向王建诉说。王建恐怕他们彼此憎恨仇视,任命唐道袭为山南西道节度使、同平章事。唐道袭举荐宣徽北院使郑顼为内枢密使,郑顼接受任命那天,就要检查唐道袭兄弟盗用内库金帛之事。唐道袭畏惧,奏称郑顼狭隘急躁,不能担当大任,丙午(十六日),调郑顼出任果州刺史,任命宣徽南院使潘炕为内枢密使。

7　夏州都指挥使高宗益发动叛乱,杀定难节度使李彝昌。将吏共同杀死高宗益,推戴李彝昌族父蕃汉都指挥使李仁福为帅。癸丑(二十三日),李仁福奏报后梁太祖。夏季,四月甲子(初五),太祖任命李仁福为定难节度使。

8　丁卯(初八),宋州节度使衡王朱友谅进献瑞麦,一茎三穗,后梁太祖说:“如果在丰年,这是上等吉兆。现在宋州大水,用这些做什么!”诏令去掉出产瑞麦之县的好名声,派遣使者前去责问查究朱友谅,委任兖海留后惠王朱友能代为宋州留后。朱友谅、朱友能,都是后梁太祖之兄广王朱全昱的儿子。

9　后梁太祖因为晋州刺史下邑人华温琪抵抗晋兵有功,想要赏赐他,适逢护国节度使冀王朱友谦奏称晋州、绛州与河东接壤,乞求另建节镇,壬申(十三日),以晋、绛、沁三州为定昌军,任命华温琪为定昌节度使。

10　后梁左金吾大将军寇彦卿进京朝见,走到天津桥,有百姓没有躲避让路,便被他投掷到桥栏外摔死了。寇彦卿向后梁太祖自首。太祖因寇彦卿很有才干,屡建功劳,长期以来就跟随左右,于是命令他用自己的钱财送给死者家属来赎罪。御史司宪崔沂弹劾上奏“寇彦卿在宫阙之下杀人,请依法定罪”。太祖命寇彦卿分疏辨析。寇彦卿回答说:“我让随从把他举起放到桥栏外,没想到误伤死去。”

帝欲以过失论,沂奏:"在法,以势力使令为首,下手为从,不得归罪从者。不斗而故殴伤人,加伤罪一等,不得为过失。"辛巳,责授彦卿游击将军、左卫中郎将。彦卿扬言:"有得崔沂首者,赏钱万缗。"沂以白帝,帝使人谓彦卿:"崔沂有毫发伤,我当族汝!"时功臣骄横,由是稍肃。沂,沆之弟也。

11 五月,吴徐温母周氏卒,将吏致祭,为偶人,高数尺,衣以罗锦,温曰:"此皆出民力,奈何施于此而焚之,宜解以衣贫者。"未几,起复为内外马步军都军使,领润州观察使。

12 岐王屡求货于蜀,蜀主皆与之。又求巴、剑二州,蜀主曰:"吾奉茂贞,勤亦至矣。若与之地,是弃民也,宁多与之货。"乃复以丝、茶、布、帛七万遗之。

13 己亥,以刘继威为义昌节度使。

14 癸丑,天雄节度使兼中书令邺贞庄王罗绍威卒。诏以其子周翰为天雄留后。

15 匡国节度使长乐忠敬王冯行袭疾笃,表请代者。许州牙兵二千,皆秦宗权馀党,帝深以为忧。六月庚戌,命崇政院直学士李珽驰往视行袭病,曰:"善谕朕意,勿使乱我近镇。"珽至许州,谓将吏曰:"天子握百万兵,去此数舍。冯公忠纯,勿使上有所疑。汝曹赤心奉国,何忧不富贵!"由是众莫敢异议。行袭欲使人代受诏,珽曰:"东首加朝服,礼也。"乃即卧内宣诏,谓行袭曰:"公善自辅养,勿视事,此子孙之福也。"行袭泣谢,遂解两使印授珽,使代掌军府。帝闻之曰:"予固知珽能办事,冯族亦不亡矣。"庚辰,行袭卒。甲申,以李珽权知匡国留后,悉以行袭兵分隶诸校,冒冯姓者皆还宗。

太祖想要按过失罪论定,崔沂奏称:"按照法律,以势力指使的人为首,下手的人为从,不能把罪过归于从者。没有争斗却故意殴伤别人,加伤罪一等,不能作为过失看待。"辛巳(二十二日),太祖命贬降寇彦卿为游击将军、左卫中郎将。寇彦卿扬言:"有得崔沂首级的人,赏钱一万缗。"崔沂把寇彦卿的话报告太祖,太祖派人告诉寇彦卿说:"崔沂有毫发受伤,我必当杀你的全族!"当时功臣们骄傲专横,从此稍微收敛。崔沂是崔沆的弟弟。

11 五月,吴徐温的母亲周氏去世,将吏前去祭奠,制作木偶人,高数尺,穿着用罗锦做的衣服,徐温说:"这些都出于百姓之力,怎么能将它穿在这里烧掉呢,应当解下来给贫苦的人穿。"过了不久,徐温又起用为内外马步军都军使,兼任润州观察使。

12 岐王李茂贞屡次向前蜀索求财物,前蜀主王建都给了他。又索求巴、剑两州,王建说:"我事奉李茂贞,勤勉到极点了。假如给他土地,就是抛弃百姓,宁可多给他财物。"于是,又送给李茂贞丝、茶、布、帛七万。

13 己亥(十一日),后梁任命刘继威为义昌节度使。

14 癸丑(二十五日),天雄节度使兼中书令邺贞庄王罗绍威去世。后梁太祖诏令委任他的儿子罗周翰为天雄留后。

15 匡国节度使长乐忠敬王冯行袭病重,上表请求任命代替的人。许州牙兵两千人,都是秦宗权的余党,后梁太祖深为忧虑。六月庚戌,太祖命令崇政院直学士李珽驰往许州看视病情,说:"好好地告诉他朕的意思,不要乱了我的邻近藩镇。"李珽到达许州,对将吏们说:"皇上手里掌管一百万军队,离这里不过几百里。冯公忠诚纯正,不要使皇上有所怀疑。你们赤胆忠心,报效国家,何愁没有荣华富贵!"由此众人不敢提出不同意见。冯行袭想要派人代受诏书,李珽说:"头朝东穿上朝会时的礼服,就是受诏的礼仪了。"于是就在卧室内宣布诏书,对冯行袭说:"您好好地保养自己,不要办理公务,这是您子孙的福分啊。"冯行袭哭泣谢恩,于是解下节度使、观察使印交给李珽,让他代管军府。太祖听到这情况,说:"我本来知道李珽能办事,冯行袭一族不会灭亡了。"庚辰(二十二日),冯行袭病逝。甲申(二十六日),太祖委任李珽暂时主持匡国留后事务,把冯行袭的军队全部分隶各校,冒冯姓的养子全部返归各家。

16　楚王殷求为天策上将,诏加天策上将军。殷始开天策府,以弟賨为左相,存为右相。殷遣将侵荆南,军于油口,高季昌击破之,斩首五千级,逐北至白田而还。

17　吴水军指挥使敖骈围吉州刺史彭玕弟瑊于赤石,楚兵救瑊,虏骈以归。

18　秋,七月戊子朔,蜀门下侍郎兼吏部尚书、同平章事韦庄卒。

19　吴越王镠表"宦者周延诰等二十五人,唐末避祸至此,非刘、韩之党,乞原之"。上曰:"此属吾知其无罪,但今革弊之初,不欲置之禁掖,可且留于彼,谕以此意。"

20　岐王与邠、泾二帅各遣使告晋,请合兵攻定难节度使李仁福。晋王遣振武节度使周德威将兵会之,合五万众围夏州,仁福婴城拒守。

21　八月,以刘守光兼义昌节度使。

22　镇、定自帝践祚以来,虽不输常赋,而贡献甚勤。会赵王镕母何氏卒,庚申,遣使吊之,且授起复官。时邻道吊客皆在馆,使者见晋使,归,言于帝曰:"镕潜与晋通,镇、定势强,恐终难制。"帝深然之。

23　壬戌,李仁福来告急。甲子,以河南尹兼中书令张全义为西京留守,帝恐晋兵袭西京,以宣化留后李思安为东北面行营都指挥使,将兵万人屯河阳。丙寅,帝发洛阳;己巳,至陕。辛未,以镇国节度使杨师厚为西路行营招讨使,会感化节度使康怀贞将兵三万屯三原。帝忧晋兵出泽州逼怀州,既而闻其在绥、银碛中,曰:"无足虑也。"甲申,遣夹马指挥使李遇、刘绾自鄜、延趋银、夏,邀其归路。

16　楚王马殷请求担任天策上将,后梁太祖诏令加官马殷天策上将军。马殷开始设置天策府,任命他的弟弟马赍为左相、马存为右相。马殷派遣将领率兵侵犯荆南,驻扎在油口,高季昌把楚兵打败,斩下首级五千个,追赶逃兵到白田才返回。

17　吴水军指挥使敖骈在赤石洞包围吉州刺史彭玕的弟弟彭瑊,楚军救援彭瑊,俘虏敖骈而回。

18　秋季,七月戊子朔(初一),前蜀门下侍郎兼吏部尚书、同平章事韦庄去世。

19　吴越王钱镠上表称“宦官周延诲等二十五人,唐末避祸来到这里,他们不是刘季述、韩全诲的党羽,乞求原宥赦免他们”。后梁太祖说:“这些宦官我知道他们没有罪,但现在革除各种弊端刚开始,不想把他们安置在宫中,可以姑且留在他那里,把这个意思告诉吴越王钱镠。”

20　岐王李茂贞与邠州李继徽、泾州刘知俊两帅各派遣使者通告晋王李存勖,请求合兵攻打定难节度使李仁福。李存勖派遣振武节度使周德威领兵会同他们,合兵五万包围夏州,李仁福环城抗拒防守。

21　八月,后梁太祖任命刘守光兼义昌节度使。

22　镇州、定州自后梁太祖即位以来,虽然没有输送正常租税,但进献物品很勤。适逢赵王王镕的母亲何氏去世,庚申(初三),太祖派遣使者前去吊唁,并且在王镕守丧期间起用授予官职。当时邻近各道的吊客都在馆舍,后梁使者看见晋王李存勖的使者,回到洛阳后,向太祖进言说:“王镕暗中与晋通好,镇、定势力强大,恐怕终究难以控制。”太祖深以为是。

23　壬戌(初五),定难节度使李仁福前来告急。甲子(初七),后梁任命河南尹兼中书令张全义为西京留守,后梁太祖担心晋王李存勖的军队袭击西京洛阳,任命宣化留后李思安为东北面行营都指挥使,率兵一万人驻扎河阳。丙寅(初九),太祖从洛阳出发;己巳(十二日),到达陕州。辛未(十四日),任命镇国节度使杨师厚为西路行营招讨使,会同感化节度使康怀贞率兵三万在三原驻扎。太祖担忧晋王的军队出泽州进逼怀州,不久听说晋王的军队在绥州、银州的沙漠里,说:“不值得忧虑了。”甲申(二十七日),太祖派遣夹马指挥使李遇、刘绾自鄜州、延州奔赴银州、夏州,拦截晋兵的归路。

24 吴越王镠筑捍海石塘,广杭州城,大修台馆。由是钱唐富庶盛于东南。

25 九月己丑,上发陕;甲午,至洛阳,疾复作。

26 李遇等至夏州,岐、晋兵皆解去。

27 冬,十月,遣镇国节度使杨师厚、相州刺史李思安将兵屯泽州以图上党。

28 吴越王镠之巡湖州也,留沈行思为巡检使,与盛师友俱归。行思谓同列陈璙曰:"王若以师友为刺史,何以处我?"时璙已得镠密旨遣行思诣府,乃绐之曰:"何不自诣王所论之!"行思从之。既至数日,璙送其家亦至,行思恨璙卖己。镠自衣锦军归,将吏迎谒,行思取锻槌击璙,杀之,因诣镠,与师友论功,夺左右槊,欲刺师友,众执之。镠斩行思,以师友为婺州刺史。

29 十一月己丑,以宁国节度使、同平章事王景仁充北面行营都指挥招讨使,潞州副招讨使韩勍副之,以李思安为先锋将,趣上党。寻遣景仁等屯魏州,杨师厚还陕。

30 蜀主更太子宗懿名曰元坦。庚戌,立假子宗裕为通王,宗范为夔王,宗钤为昌王,宗寿为嘉王,宗翰为集王;立其子宗仁为普王,宗辂为雅王,宗纪为褒王,宗智为荣王,宗泽为兴王,宗鼎为彭王,宗杰为信王,宗衍为郑王。

初,唐末宦官典兵者多养军中壮士为子以自强,由是诸将亦效之。而蜀主尤多,惟宗懿等九人及宗特、宗平真其子;宗裕、宗钤、宗寿皆其族人;宗翰姓孟,蜀主之姊子;宗范姓张,其母周氏为蜀主妾;自馀假子百二十人皆功臣,虽冒姓连名而不禁婚姻。

24　吴越王钱镠修筑抵御海潮的石塘，扩大杭州城，大修楼台馆舍。由此，钱塘地区物产丰富，人口众多，盛于东南。

25　九月己丑（初三），后梁太祖自陕州出发；甲午（初八），回到洛阳，疾病复发。

26　李遇等到达夏州，岐王李茂贞、晋王李存勖的军队都解围撤走了。

27　冬季，十月，后梁派遣镇国节度使杨师厚、相州刺史李思安率兵驻扎泽州来谋取上党。

28　吴越王钱镠巡视湖州的时候，留下沈行思担任巡检使，与盛师友一同回去。沈行思对同列陈璠说："大王如果以盛师友为刺史，用什么来安置我？"当时陈璠已经得到吴越王钱镠派遣送沈行思回军府的密旨，于是欺骗他说："为什么不自己到大王的住所去陈述！"沈行思听从了陈璠的建议。到达军府数日以后，陈璠送他的家人也到了，沈行思怨恨陈璠出卖了自己。钱镠自家乡衣锦军回来，将吏前去迎接谒见，沈行思取出锻槌击打陈璠，并把他杀死，于是谒见钱镠，与盛师友争论功劳大小，夺左右兵士的长矛，想要刺杀盛师友，众人把沈行思逮住。钱镠杀了沈行思，任命盛师友为婺州刺史。

29　十一月己丑（初三），后梁任命宁国节度使、同平章事王景仁充任北面行营都指挥招讨使，潞州副招讨使韩勍任他的副手，以李思安担任先锋将，奔赴上党。随即派遣王景仁等驻扎魏州，杨师厚回陕州。

30　前蜀主王建把太子王宗懿的名字改为王元坦。庚戌（二十四日），前蜀主王建立养子王宗裕为通王，王宗范为夔王，王宗钤为昌王，王宗寿为嘉王，王宗翰为集王；立他的亲子王宗仁为普王，王宗辂为雅王，王宗纪为褒王，王宗智为荣王，王宗泽为兴王，王宗鼎为彭王，王宗杰为信王，王宗衍为郑王。

起初，唐末主管军权的宦官大多收养军中的壮士为儿子来加强自己的势力，从此，各军的将领也仿效他们。而前蜀主王建的养子尤其多，只有王宗懿等九人及王宗特、王宗平是他的亲儿子；王宗裕、王宗钤、王宗寿都是他的族人；王宗翰姓孟，是王建姐姐之子；王宗范姓张，他的母亲周氏是王建之妾；其馀养子一百二十人都是功臣，虽然冒作王姓并且兄弟连名，但不禁止相互结为婚姻。

31 上疾小愈，辛亥，校猎于伊、洛之间。

32 上疑赵王镕贰于晋，且欲因邺王绍威卒除移镇、定。会燕王守光发兵屯涞水，欲侵定州，上遣供奉官杜廷隐、丁延徽监魏博兵三千分屯深、冀，声言恐燕兵南寇，助赵守御；又云分兵就食。赵将石公立戍深州，白赵王镕，请拒之。镕遽命开门，移公立于外以避之。公立出门指城而泣曰："朱氏灭唐社稷，三尺童子知其为人。而我王犹恃姻好，以长者期之，此所谓开门揖盗者也。惜乎，此城之人今为虏矣！"

梁人有亡奔真定，以其谋告镕者，镕大惧，又不敢先自绝，但遣使诣洛阳，诉称"燕兵已还，与定州讲和如故，深、冀民见魏博兵入，奔走惊骇，乞召兵还"。上遣使诣真定慰谕之。未几，廷隐等闭门尽杀赵戍兵，乘城拒守。镕始命石公立攻之，不克，乃遣使求援于燕、晋。

镕使者至晋阳，义武节度使王处直使者亦至，欲共推晋王为盟主，合兵攻梁。晋王会将佐谋之，皆曰："镕久臣朱温，岁输重赂，结以婚姻，其交深矣。此必诈也，宜徐观之。"王曰："彼亦择利害而为之耳。王氏在唐世犹或臣或叛，况肯终为朱氏之臣乎？彼朱温之女何如寿安公主！今救死不赡，何顾婚姻！我若疑而不救，正堕朱氏计中。宜趣发兵赴之，晋、赵叶力，破梁必矣。"乃发兵，遣周德威将之，出井陉，屯赵州。

镕使者至幽州，燕王守光方猎，幕僚孙鹤驰诣野谓守光曰："赵人来乞师，此天欲成王之功业也。"守光曰："何故？"对曰："比常患其与朱温胶固。温之志非尽吞河朔不已，今

31　后梁太祖病情稍愈,辛亥(二十五日),到伊水、洛水之间设围打猎。

32　后梁太祖怀疑赵王王镕有二心于晋,并且想趁着邺王罗绍威去世移调镇、定两处节度使。恰巧燕王刘守光发兵驻扎涞水,想要侵犯定州,梁太祖派遣供奉官杜廷隐、丁延徽监督魏博兵三千分别驻扎深州、冀州,声称担心燕兵南犯,前来帮助赵兵防守抵御;又说分兵到粮多之处就地取得给养。赵将石公立戍守深州,禀报赵王王镕,请求拒绝他们。王镕突然命令打开深州城门,把石公立转移到城外躲避起来。石公立出了城门,指着城流眼泪说:"朱氏灭唐社稷,三尺高的小孩都知道他的为人。可是我王尚且仗恃联姻通好,以长者之心期待他,这就是所说的开门请强盗进来啊。可惜啊,这城内的人现在成为俘虏了!"

梁人有逃奔到真定的,把后梁太祖想要移调镇、定的图谋告诉王镕,王镕非常害怕,又不敢先自己断绝与后梁的关系,只是派遣使者到洛阳,诉说:"燕兵已经撤走,与定州讲和像从前一样,深州、冀州人民看见魏博军队进城,奔走惊慌,乞求把魏博军队召回。"太祖派遣使者到真定慰劳宣谕他们。过了不久,杜廷隐等关闭城门,把赵的戍防兵士全部杀死,登城抵御防守。王镕才命令石公立攻打,不能攻取,于是派遣使者向燕、晋求援。

王镕的使者到晋阳,义武节度使王处直的使者也到了,想要共同推举晋王李存勖为盟主,合兵攻后梁。晋王会同将佐商议对策,都说:"王镕长期向朱温称臣,每年输送众多的财物,结为儿女姻亲,他们的交情太深了。这一定是欺骗手段,应当慢慢观察他们的动静。"李存勖说:"他也是择其利害而为之罢了。王氏在唐代尚且有时臣属、有时叛变,怎么肯愿意始终做朱氏的臣子呢?他朱温的女儿怎么比得上寿安公主!现在救死都不够,哪里还顾得上婚姻!我如果怀疑他而不去援救,正好落入朱氏的计谋之中。应当急速发兵前往,晋、赵协力,打败梁兵是肯定的了。"于是发兵,派遣周德威领兵,出井陉,驻扎赵州。

王镕的使者到幽州,燕王刘守光正在打猎,幕僚孙鹤驰往野外打猎的地方对刘守光说:"赵人前来乞求援兵,这是上天想要成全大王的功业了。"刘守光说:"这是什么缘故?"孙鹤回答说:"近来常常忧虑王镕与朱温关系牢固。朱温的志向是不全部吞并河朔不会停止,现在

彼自为雠敌,王若与之并力破梁,则镇、定皆敛衽而朝燕矣。王不出师,但恐晋人先我矣。"守光曰:"王镕数负约,今使之与梁自相弊,吾可以坐承其利,又何救焉!"自是镇、定复称唐天祐年号,复以武顺为成德军。

司天言:"来月太阴亏,不利宿兵于外。"上召王景仁等还洛阳。十二月己未,上闻赵与晋合,晋兵已屯赵州,乃命王景仁等将兵击之。庚申,景仁等自河阳渡河,会罗周翰兵,合四万,军于邢、洺。

33　虔州刺史卢光稠疾病,欲以位授谭全播,全播不受。光稠卒,其子韶州刺史延昌来奔丧,全播立而事之。吴遣使拜延昌虔州刺史,延昌受之,亦因楚王殷密通表于梁,曰:"我受淮南官,以缓其谋耳,必为朝廷经略江西。"丙寅,以延昌为镇南留后。延昌表其将廖爽为韶州刺史,爽,赣人也。吴淮南节度判官严可求请置制置使于新淦县,遣兵戍之,以图虔州。每更代,辄潜益其兵,虔人不之觉也。

34　庚午,蜀主以御史中丞周庠、户部侍郎判度支庾传素并为中书侍郎、同平章事。

35　太常卿李燕等刊定《梁律令格式》,癸酉,行之。

36　丁丑,王景仁等进军柏乡。

37　辛巳,蜀大赦,改明年元曰永平。

38　赵王镕复告急于晋,晋王以蕃汉副总管李存审守晋阳,自将兵自赞皇东下,王处直遣将将兵以从。辛巳,晋王至赵州,与周德威合,获梁刍荛者二百人,问之曰:"初发洛阳,梁主有何号令?"对曰:"梁主戒上将云:'镇州反覆,终为子孙之患。今悉以精兵付汝,镇州虽以铁为城,必为我取之。'"晋王命送于赵。

他们自己为仇敌，大王如果与王镕并力打败梁兵，那么镇州、定州都提起衣襟朝见燕王了。大王您不出兵，只怕晋人已经在我之先发兵了。"刘守光说："王镕屡次背弃盟约，现在让他与梁自相败坏，我可以坐收其利，救他做什么呢！"从此镇州王镕、定州王处直又称唐天祐年号，再将武顺改为成德军。

后梁主管观察天象的官员说："下月月亮亏缺，不利于在外面住宿军队。"后梁太祖召王景仁等回洛阳。十二月己未(初三)，太祖听说赵王王镕与晋王李存勖联合，晋兵驻扎赵州，于是命令王景仁等率兵前去攻打。庚申(初四)，王景仁等自河阳渡过黄河，会同天雄留后罗周翰的军队，合兵四万，在邢州、洺州扎营。

33　虔州刺史卢光稠病重，想要把职位授予谭全播，谭全播不接受。卢光稠病逝，他的儿子韶州刺史卢延昌到虔州奔丧，谭全播拥立并事奉他。吴派遣使者授予卢延昌虔州刺史，卢延昌接受了，也通过楚王马殷秘密地向后梁通表，说："我接受淮南的官职，借以缓和他们的图谋罢了，一定为朝廷谋划治理江西。"丙寅(初十)，后梁任命卢延昌为镇南留后。卢延昌上表委任他的部将廖爽为韶州刺史，廖爽是赣州人。吴淮南节度判官严可求请求在新淦县设置制置使，派遣军队戍守，以便谋取虔州。每次更换交替，就在暗中增加新淦县的驻兵，虔州人没有察觉。

34　庚午(十四日)，前蜀主王建任命御史中丞周庠、户部侍郎判度支庾传素同为中书侍郎、同平章事。

35　太常卿李燕等刊定《梁律令格式》，癸酉(十七日)，颁行。

36　丁丑(二十一日)，王景仁等进军柏乡。

37　辛巳(二十五日)，前蜀实行大赦，改明年年号为永平。

38　赵王王镕再次向晋告急，晋王李存勖任命蕃汉副总管李存审守卫晋阳，亲自统率军队自赞皇向东进发，王处直派遣部将率兵五千跟从。辛巳(二十五日)，李存勖率兵到达赵州，与周德威会合，俘获割草打柴的后梁兵两百人，问他们说："当初从洛阳出发的时候，梁主有什么号令?"后梁兵回答说："梁主告诫上将说：'镇州王镕反复无常，终究要成为子孙的祸患。现在把精锐部队都交付给你，镇州即使用铁铸城，也一定为我夺取。'"李存勖命令把俘获的后梁兵送到赵王王镕那里去。

　　壬午，晋王进军，距柏乡三十里，遣周德威等以胡骑迫梁营挑战，梁兵不出。癸未，复进，距柏乡五里，营于野河之北，又遣胡骑迫梁营驰射，且诟之。梁将韩勍等将步骑三万，分三道逐之，铠胄皆被缯绮，镂金银，光彩炫耀，晋人望之夺气。周德威谓李存璋曰："梁人志不在战，徒欲曜兵耳。不挫其锐，则吾军不振。"乃徇于军曰："彼皆汴州天武军，屠酤佣贩之徒耳，衣铠虽鲜，十不能当汝一。擒获一夫，足以自富，此乃奇货，不可失也。"德威自引千馀精骑击其两端，左右驰突，出入数四，俘获百馀人，且战且却，距野河而止，梁兵亦退。

　　德威言于晋王曰："贼势甚盛，宜按兵以待其衰。"王曰："吾孤军远来，救人之急，三镇乌合，利于速战，公乃欲按兵持重，何也？"德威曰："镇、定之兵，长于守城，短于野战。且吾所恃者骑兵，利于平原广野，可以驰突。今压贼垒门，骑无所展其足。且众寡不敌，使彼知吾虚实，则事危矣。"王不悦，退卧帐中，诸将莫敢言。德威往见张承业曰："大王骤胜而轻敌，不量力而务速战。今去贼咫尺，所限者一水耳，彼若造桥以薄我，我众立尽矣。不若退军高邑，诱贼离营，彼出则归，彼归则出，别以轻骑掠其馈饷，不过逾月，破之必矣。"承业入，褰帐抚王曰："此岂王安寝时耶！周德威老将知兵，其言不可忽也。"王蹶然兴曰："予方思之。"时梁兵闭垒不出，有降者，诘之，曰："景仁方多造浮桥。"王谓德威曰："果如公言。"是日，拔营，退保高邑。

壬午(二十六日)，李存勖率军前进，距离柏乡三十里，派遣周德威等率胡人骑兵逼近后梁营挑战，后梁兵不出。癸未(二十七日)，又向前推进，距柏乡五里，在野河的北面扎营，又派遣胡人骑兵逼近后梁营纵马射箭，并且辱骂他们。梁将韩勍等率领步兵、骑兵三万人马，分三路追击挑战的晋兵，铁甲头盔都披着华丽的丝织品，雕刻着金银，光彩闪烁夺目，晋兵望见不禁丧失士气。周德威对李存璋说："梁人的意思不在争战，只是显示兵威罢了。不挫伤他们的锐气，我军就不能振作。"于是在军中巡视说："他们都是汴州的天武军，是屠夫、酒徒、佣工、商贩之类罢了，衣甲虽然鲜艳，十个人不能抵挡你们一个人。擒获他们一个人，足够使自己富裕了，这是奇货，不可以失去啊。"周德威亲自带领精锐骑兵一千多人攻击后梁兵的两头，左右奔驰冲击，出入再四，俘获一百多人，边战边退，到野河为止，后梁兵也撤退了。

　　周德威向晋王进言说："贼人的声势很盛，应当按兵不动来等待他们士气衰退。"晋王李存勖说："我孤军远道而来，救别人的危急，三镇军队是乌合之众，利于速战速决，您却要按兵不动持重求稳，什么缘故呢？"周德威说："镇州、定州的军队，坚守城池是他们的长处，在城外旷野里作战是他们的短处。我军所仗恃的是骑兵，在平原旷野里作战最为有利，可以纵马奔驰冲击。现在迫近敌人的营垒墙门，战马没有施展它的四足的地方。况且敌众我寡难以持久，如果敌人知道我军的虚实，那就危险了。"李存勖不高兴，退入帐中躺在床上，诸将没有人敢说话。周德威前去见张承业，说："大王突然胜利就轻敌，不量力就追求速战。现在离敌人只有咫尺，两军不过一水之隔罢了，敌人如果造桥过河来逼近我军，我军兵众立刻就会被消灭。不如退兵到高邑，引诱敌人离开营垒，他们出来我们就回营，他们回营我们就出来，另派轻捷骑兵抄夺他们输送的粮饷，不过一个多月，打败敌人是必然无疑了。"张承业进去，掀帐拍着晋王李存勖说："现在难道是大王安稳睡觉的时候吗！周德威老将知兵，他的话不可忽视啊。"李存勖突然站起来说："我正在思考他的建议。"当时后梁兵关闭营垒不出，有来投降的便盘问他们，回答说："王景仁正在造许多浮桥。"李存勖对周德威说："果然像您说的那样。"当天，撤营退保高邑。

39 辰州蛮酋宋邺、溆州蛮酋潘金盛,恃其所居深险,数扰楚边。至是,邺寇湘乡,金盛寇武冈。楚王殷遣昭州刺史昌师周将衡山兵五千讨之。

40 宁远节度使庞巨昭、高州防御使刘昌鲁,皆唐官也。黄巢之寇岭南也,巨昭为容管观察使,昌鲁为高州刺史,帅群蛮据险以拒之,巢众不敢入境。唐嘉其功,置宁远军于容州,以巨昭为节度使,以昌鲁为高州防御使。及刘隐据岭南,二州不从,隐遣弟岩攻高州,昌鲁大破之,又攻容州,亦不克。昌鲁自度终非隐敌,是岁,致书请自归于楚,楚王殷大喜,遣横州刺史姚彦章将兵迎之。彦章至容州,裨将莫彦昭说巨昭曰:“湖南兵远来疲乏,宜撤储偫,弃城,潜于山谷以待之。彼必入城,我以全军掩之,彼外无继援,可擒也。”巨昭曰:“马氏方兴,今虽胜之,后将何如!不若具牛酒迎之。”彦昭不从,巨昭杀之,举州迎降。彦章进至高州,以兵援送巨昭、昌鲁之族及士卒千馀人归长沙。楚王殷以彦章知容州事,以昌鲁为永顺节度副使。昌鲁,邺人也。

乾化元年(辛未,911)

1 春,正月丙戌朔,日有食之。

2 柏乡比不储刍,梁兵刈刍自给,晋人日以游军抄之,梁兵不出。周德威使胡骑环营驰射而诟之,梁兵疑有伏,愈不敢出,锉屋茅坐席以饲马,马多死。丁亥,周德威与别将史建瑭、李嗣源将精骑三千压梁垒门而诟之,王景仁、韩勍怒,悉众而出。德威等转战至高邑南。李存璋以步兵陈于野河之上,梁军横亘数里,竞前夺桥,镇、定步兵御之,势不能支。晋王谓匡卫都指挥使李建及曰:“贼过桥则不可复制矣。”

39　辰州蛮的首领宋邺，溆州蛮的首领潘金盛，仗恃他们的住处深险，屡次侵扰楚的边境。到这时候，宋邺侵犯湘乡，潘金盛侵犯武冈。楚王马殷派遣昭州刺史吕师周率领衡山兵五千讨伐他们。

40　宁远节度使庞巨昭、高州防御使刘昌鲁，都是唐朝官员。黄巢侵犯岭南的时候，庞巨昭任容管观察使，刘昌鲁任高州刺史，率领群蛮据险抵抗，黄巢的军队不敢进入境内。唐廷嘉奖他们的功绩，在容州设置宁远军，任命庞巨昭为节度使，任命刘昌鲁为高州防御使。等到刘隐占岭南，两州不从，刘隐派遣他的弟弟刘岩攻打高州，刘昌鲁把他打得大败，又进攻容州，也没有攻克。刘昌鲁自己估计终究不是刘隐的敌手，这一年，写信给楚请求自愿归附，楚王马殷大喜，派遣横州刺史姚彦章率兵前往迎接他。姚彦章到达容州，副将莫彦昭劝庞巨昭说："湖南军队远来疲乏，应当撤去储备，抛弃城池，隐藏在山谷里等待他们。他们一定入城，我们用全军袭击，他们在城外没有继续到来的援兵，可以擒住了。"庞巨昭说："马氏正在兴起，现在虽然战胜了他，以后将怎么办！不如准备牛酒饭食迎接他们。"莫彦昭不从，庞巨昭把他杀死，率州迎降。姚彦章前进到达高州，用军队援助护送庞巨昭、刘昌鲁的亲族及士卒一千多人回长沙。楚王马殷任命姚彦章主持容州事务，任命刘昌鲁为永顺节度副使。刘昌鲁是邺县人。

后梁太祖乾化元年(辛未，公元911年)

1　春季，正月丙戌朔(初一)，发生日食。

2　柏乡近来不贮存草料，后梁兵割草供给自己，晋人每天用流动部队抄掠他们，后梁兵不出营寨。周德威派遣胡人骑兵环绕后梁营奔驰射箭并辱骂他们，后梁兵怀疑设有埋伏，更加不敢出营，铡碎屋茅坐席来饲养马匹，马多有饿死的。丁亥(初二)，周德威与别将史建瑭、李嗣源率领三千精锐骑兵逼近后梁军营门辱骂，王景仁、韩勍大怒，率领全体部众出战。周德威等转战到达高邑南边。晋将李存璋率步兵在野河岸边列阵，后梁军东西绵延数里，争相向前抢夺桥梁，镇州、定州的步兵抵御他们，势不能支。晋王李存勖对匡卫都指挥使李建及说："梁贼过桥就不能再遏制他们了。"

建及选卒二百,援枪大噪,力战却之。建及,许州人,姓王,李罕之之假子也。晋王登高丘以望曰:"梁兵争进而嚣,我兵整而静,我必胜。"战自巳至午,胜负未决。晋王谓周德威曰:"两军已合,势不可离,我之兴亡,在此一举。我为公先登,公可继之。"德威叩马而谏曰:"观梁兵之势,可以劳逸制之,未易以力胜也。彼去营三十馀里,虽挟糗粮,亦不暇食,日昳之后,饥渴内迫,矢刃外交,士卒劳倦,必有退志。当是时,我以精骑乘之,必大捷。于今未可也。"王乃止。

时魏、滑之兵陈于东,宋、汴之兵陈于西。至晡,梁军未食,士无斗志,景仁等引兵稍却,周德威疾呼曰:"梁兵走矣!"晋兵大噪争进,魏、滑兵先退,李嗣源帅众噪于西陈之前曰:"东陈已走,尔何久留!"梁兵互相惊怖,遂大溃。李存璋引步兵乘之,呼曰:"梁人亦吾人也,父兄子弟饷军者勿杀。"于是战士悉解甲投兵而弃之,嚣声动天地。赵人以深、冀之憾,不顾剽掠,但奋白刃追之,梁之龙骧、神捷精兵殆尽,自野河至柏乡,僵尸蔽地。王景仁、韩勍、李思安以数十骑走。晋兵夜至柏乡,梁兵已去,弃粮食、资财、器械不可胜计。凡斩首二万级。李嗣源等追奔至邢州,河朔大震。保义节度使王檀严备,然后开城纳败卒,给以资粮,散遣归本道。晋王收兵屯赵州。

杜廷隐等闻梁兵败,弃深、冀而去,悉驱二州丁壮为奴婢,老弱者坑之,城中存者坏垣而已。

癸巳,复以杨师厚为北面都招讨使,将兵屯河阳,收集散兵,旬馀,得万人。己亥,晋王遣周德威、史建瑭将三千骑趣澶、魏,张承业、李存璋以步兵攻邢州,自以大军继之,

李建及挑选步兵两百名，手执长枪大声喧噪，努力奋战把后梁兵打退。李建及是许州人，姓王，是李罕之的养子。晋王李存勖登上小土山眺望两军对战情形说："梁兵争相前进而喧哗，我兵整齐有序而安静严肃，我军一定胜利。"战斗自巳时打到午时，没有决出胜负。李存勖对周德威说："两军已经交战，势难分开，我们的兴亡，就在此一举。我为您先冲上前去，您可以随后跟上。"周德威拉住战马，直言劝诫说："观察梁兵的情势，可以逸待劳制服他，不易用力量战胜他。梁兵离开营地三十多里，即使带着干粮，也没有空闲时间吃，日落以后，饥渴在腹中相逼，箭矢兵刃在身外交加，士卒劳累疲倦，一定有退却之心。这时，我用精锐骑兵追逐他们，一定大胜。现在不可攻击啊。"李存勖这才止住。

当时，魏州、滑州的后梁兵在东边列阵，宋州、汴州的后梁兵在西边列阵。到太阳下山的时候，后梁军没有吃东西，兵士没有斗志，王景仁等带兵逐渐退却，周德威大声呼喊说："梁兵逃跑了！"晋兵大声喧噪，争相前进，魏州、滑州军队先退，李嗣源率众在西边阵前大声呼叫，说："东阵已经逃跑，你们为什么久留！"后梁兵互相惊慌恐怖，于是大溃。李存璋率领步兵追逐逃散的梁兵，大声呼唤说："梁人也是我们的人，父兄子弟运送军粮的不杀。"于是，梁兵都脱下铠甲，扔掉兵器，喧哗声惊天动地。赵人怀着后梁兵屠杀深州、冀州戍卒的仇恨，顾不上抢夺财物，只是挥舞利刃追杀后梁兵，后梁的龙骧、神捷两军的精兵几乎被全歼，从野河到柏乡，僵尸遍地。王景仁、韩勍、李思安率数十名骑兵逃走。晋兵夜里到达柏乡，后梁兵已经离开，抛弃的粮食、资财、器械不可计算。总共斩首两万级。李嗣源等追赶到邢州，河朔大为震动。保义节度使王檀严密戒备，然后打开城门接纳残兵败卒，给予钱粮，分别遣送返回本道。晋王李存勖收兵驻扎赵州。

后梁供奉官杜廷隐等听说后梁兵失败，抛弃深州、冀州就离开了，驱赶两州的全部丁壮作为奴婢，老弱的全部活埋，城中留存的只有断墙残壁。

癸巳（初八），后梁太祖又任命杨师厚为北面都招讨使，率兵驻扎河阳，收集逃散的兵卒，过了十几天，收得一万人。己亥（十四日），晋王李存勖派遣周德威、史建瑭率领三千骑兵奔赴澶州、魏州，张承业、李存璋率领步兵攻打邢州，自己统率大军在后面跟随，

移檄河北州县，谕以利害。帝遣别将徐仁溥将兵千人，自西山夜入邢州，助王檀城守。己酉，罢王景仁招讨使，落平章事。

3 蜀主之女普慈公主嫁岐王从子秦州节度使继崇，公主遣宦者宋光嗣以绢书遗蜀主，言继崇骄矜嗜酒，求归成都，蜀主召公主归宁。辛亥，公主至成都，蜀主留之，以宋光嗣为阁门南院使。岐王怒，始与蜀绝。光嗣，福州人也。

4 吕师周攀藤缘崖入飞山洞袭潘金盛，擒送武冈，斩之。

5 二月己未，晋王至魏州，攻之，不克。上以罗周翰年少，且忌其旧将佐，庚申，以户部尚书李振为天雄节度副使，命杜廷隐将兵千人卫之，自杨刘济河，间道夜入魏州，助周翰城守。癸亥，晋王观河于黎阳，梁兵万馀将渡河，闻晋王至，皆弃舟而去。

6 帝召蔡州刺史张慎思至洛阳，久未除代。蔡州右厢指挥使刘行琮作乱，纵兵焚掠，将奔淮南。顺化指挥使王存俨诛行琮，抚遏其众，自领州事，以众情驰奏。时东京留守博王友文不先请，遽发兵讨之，兵至鄢陵，帝曰："存俨方惧，若临之以兵，则飞去矣。"驰使召还。甲子，授存俨权知蔡州事。

7 乙丑，周德威自临清攻贝州，拔夏津、高唐；攻博州，拔东武、朝城；攻澶州，刺史张可臻弃城走，帝斩之。德威进攻黎阳，拔临河、淇门；逼卫州，掠新乡、共城。庚午，帝亲帅军屯白司马阪以备之。

移送檄文给河北各州县，说明利害。太祖派遣别将徐仁溥率领军队一千人，自西山在夜里进入邢州，协助保义节度使王檀守卫邢州城。己酉（二十四日），太祖罢免王景仁的招讨使及平章事职务。

3　前蜀主王建的女儿普慈公主嫁给了岐王李茂贞的侄子、秦州节度使李继崇，普慈公主派遣宦官宋光嗣把写在白绢上的书信送给王建，说李继崇骄矜嗜酒，请求回成都去，王建召普慈公主回成都。辛亥（二十六日），普慈公主到达成都，王建让她留下居住，任命宋光嗣为阁门南院使。岐王李茂贞勃然大怒，开始与前蜀断绝交往。宋光嗣是福州人。

4　楚昭州刺史吕师周带领军队攀援藤条沿着崖壁进入飞山洞袭击溆州蛮首领潘金盛，把他擒住押送到武冈斩首。

5　二月己未（初四），晋王李存勖到达魏州，发动攻击，没有攻下。后梁太祖认为天雄留后罗周翰年纪轻，并且憎恶他父亲时的将领僚佐，庚申（初五），任命户部尚书李振为天雄节度副使，命供奉官杜廷隐率兵一千人保卫他，从杨刘渡过黄河，从偏僻的小路在夜里进入魏州，帮助罗周翰防守。癸亥（初八），李存勖到黎阳观看黄河，一万多后梁兵将要渡黄河，听说晋王李存勖到来，都抛下船只而离开。

6　后梁太祖召蔡州刺史张慎思到洛阳，长期没有授官替代。蔡州右厢指挥使刘行琮发动叛乱，放任士卒焚烧抢掠，将要投奔淮南。顺化指挥使王存俨杀死刘行琮，安抚制止刘行琮的兵众，自己主持蔡州事务，把刘行琮部众情形飞驰奏报。当时东京留守博王朱友文没有事先奏请，急忙发兵讨伐，军队到达鄢陵，后梁太祖说："王存俨处在恐惧之中，如果用军队去对付他，就要远走高飞了。"派遣使者飞驰前去把朱友文召回。甲子（初九日），任命王存俨暂时主持蔡州事务。

7　乙丑（初十），周德威从临清攻打贝州，夺取夏津、高唐；攻打博州，夺取东武、朝城；攻打澶州，刺史张可臻弃城逃跑，后梁太祖把他杀了。周德威进攻黎阳，夺取临河、淇门；进逼卫州，抢掠新乡、共城。庚午（十五日），太祖亲自率领军队驻扎白司马阪来防备晋军。

8　卢龙、义昌节度使兼中书令燕王守光既克沧州,自谓得天助,淫虐滋甚。每刑人,必置诸铁笼,以火逼之,又为铁刷刷人面。闻梁兵败于柏乡,使人谓赵王镕及王处直曰:"闻二镇与晋王破梁兵,举军南下,仆亦有精骑三万,欲自将之为诸公启行。然四镇连兵,必有盟主,仆若至彼,何以处之?"镕患之,遣使告于晋王,晋王笑曰:"赵人告急,守光不能出一卒以救之。及吾成功,乃复欲以兵威离间二镇,愚莫甚焉!"诸将曰:"云、代与燕接境,彼若扰我城戍,动摇人情,吾千里出征,缓急难应,此亦腹心之患也。不若先取守光,然后可以专意南讨。"王曰:"善!"会杨师厚自磁、相引兵救邢、魏,壬申,晋解围去。师厚追之,逾漳水而还,邢州围亦解。师厚留屯魏州。

赵王镕自来谒晋王于赵州,大犒将士,自是遣其养子德明将三十七都常从晋王征讨。德明本姓张,名文礼,燕人也。

壬午,晋王发赵州,归晋阳,留周德威等将三千人戍赵州。

8　卢龙、义昌节度使兼中书令燕王刘守光攻克沧州之后，自认为得到上天佑助，荒淫暴虐更加厉害。每次惩罚人，一定要把他放置在铁笼子里，用火烤，又制作铁刷子刷人的脸。刘守光听说后梁兵在柏乡被打败，派人前去对赵王王镕及王处直说："听说两镇与晋王打败梁兵，发兵南下，我也有三万精锐骑兵，想要亲自率领为诸公前行。但是四镇的军队联合，一定要有盟主，我如果到那里去，用什么安置我?"赵王王镕很担忧，派遣使者报告晋王李存勖，晋王笑着说："赵人告急求援，刘守光不能出一兵一卒救助。等到我成功了，却又想要用军队的威力来离间两镇，真是愚蠢到极点了!"诸将说："云州、代州与燕边境接连，他们如果侵扰我边城防务，就会动摇人心，我兵千里出征，缓急实难接应，这也是心腹之患。不如先攻取刘守光，然后就可以专心一意南下讨伐了。"李存勖说："好!"当时恰巧杨师厚自磁州、相州带兵前去救援邢州、魏州，壬申(十七日)，晋兵解除包围离去。杨师厚率兵追赶，越过漳水而返回，邢州的包围也解除了。杨师厚留在魏州驻扎。

赵王王镕亲自到赵州进见晋王李存勖，对将士大加犒劳，从此派遣他的养子王德明率领三十七都的军队经常随从李存勖征战讨伐。王德明，本姓张，名文礼，是燕人。

壬午(二十七日)，晋王李存勖从赵州出发，回晋阳，留下周德威等率兵三千人守卫赵州。

卷第二百六十八　后梁纪三

起辛未(911)三月尽癸酉(913)十一月凡二年有奇

太祖神武元圣孝皇帝下
乾化元年(辛未,911)

1　三月乙酉朔,以天雄留后罗周翰为节度使。

2　清海、静海节度使兼中书令南平襄王刘隐病呕,表其弟节度副使岩权知留后;丁亥卒。岩袭位。

3　岐王聚兵临蜀东鄙,蜀主谓群臣曰:"自茂贞为朱温所困,吾常振其乏绝,今乃负恩为寇,谁为吾击之?"兼中书令王宗侃请行。蜀主以宗侃为北路行营都统。司天少监赵温珪谏曰:"茂贞未犯边,诸将贪功深入,粮道阻远,恐非国家之利。"蜀主不听,以兼侍中王宗祐、太子少师王宗贺、山南节度使唐道袭为三招讨使,左金吾大将军王宗绍为宗祐之副,帅步骑十二万伐岐。壬辰,宗侃等发成都,旌旗数百里。

4　岐王募华原贼帅温韬以为假子,以华原为耀州,美原为鼎州。置义胜军,以韬为节度使,使帅邠、岐兵寇长安。诏感化节度使康怀贞、忠武节度使牛存节以同华、河中兵讨之。己酉,怀贞等奏击韬于车度,走之。

5　夏,四月乙卯朔,岐兵寇蜀兴元,唐道袭击却之。

6　上以久疾,五月甲申朔,大赦。

太祖神武元圣孝皇帝下
后梁太祖乾化元年(辛未,公元911年)

1　三月乙酉朔(初一),后梁任命天雄留后罗周翰为天雄节度使。

2　清海、静海节度使兼中书令南平襄王刘隐病情紧急,上表委任他的弟弟节度副使刘岩暂时主持留后事务;丁亥(初三),刘隐病故。刘岩继位。

3　岐王李茂贞聚集军队到前蜀东部的边界地方,前蜀主王建对文武群臣说:"自从李茂贞被朱温所困,我经常接济他的困乏,现在却忘恩负义来进行侵犯,谁替我攻打他?"兼中书令王宗侃请求前去。王建任命王宗侃为北路行营都统。司天少监赵温珪劝谏说:"李茂贞没有侵犯边境,各将领贪图立功,率兵深入,运粮道路艰险遥远,恐怕不是国家的利益。"前蜀主不听,任命兼侍中王宗祐、太子少师王宗贺、山南节度使唐道袭为三招讨使,左金吾大将军王宗绍为王宗祐的副手,率领步兵、骑兵十二万,讨伐岐王李茂贞。壬辰(初八),王宗侃等从成都出发,旌旗招展连绵数百里。

4　岐王李茂贞招募华原贼帅温韬作为养子,以华原为耀州,美原为鼎州。设置义胜军,任命温韬为义胜节度使,派他率领邠州、岐州的军队侵犯长安。后梁太祖诏令感化节度使康怀贞、忠武节度使牛存节带领同华、河中军队前去讨伐。己酉(二十五日),康怀贞等奏报在车度攻打温韬,把他赶跑。

5　夏季,四月乙卯朔(初一),岐兵侵犯前蜀兴元,唐道袭把岐兵击退。

6　后梁太祖因为长期患病,五月甲申朔(初一),大赦天下。

7　甲辰，以清海留后刘岩为节度使。岩多延中国士人置于幕府，出为刺史，刺史无武人。

8　蜀主如利州，命太子监国。六月癸丑朔，至利州。

9　燕王守光尝衣赭袍，顾谓将吏曰："今天下大乱，英雄角逐，吾兵强地险，亦欲自帝，何如？"孙鹤曰："今内难新平，公私困竭，太原窥吾西，契丹伺吾北，遽谋自帝，未见其可。大王但养士爱民，训兵积谷，德政既修，四方自服矣。"守光不悦。

又使人讽镇、定，求尊己为尚父，赵王镕以告晋王。晋王怒，欲伐之，诸将皆曰："是为恶极矣，行当族灭，不若阳为推尊以骄之。"乃与镕及义武王处直、昭义李嗣昭、振武周德威、天德宋瑶六节度使共奉册推守光为尚书令、尚父。

守光不寤，以为六镇实畏己，益骄，乃具表其状曰："晋王等推臣，臣荷陛下厚恩，未之敢受。窃思其宜，不若陛下授臣河北都统，则并、镇不足平矣。"上亦知其狂愚，乃以守光为河北道采访使，遣阁门使王瞳、受旨史彦群册命之。

守光命僚属草尚父、采访使受册仪。乙卯，僚属取唐册太尉仪献之，守光视之，问何得无郊天、改元之事，对曰："尚父虽贵，人臣也，安有郊天、改元者乎？"守光怒，投之于地，曰："我地方二千里，带甲三十万，直作河北天子，谁能禁我！尚父何足为哉！"命趣具即帝位之仪，械系瞳、彦群及诸道使者于狱，既而皆释之。

7　甲辰(二十一日),后梁任命清海留后刘岩为清海节度使。刘岩多延请中原读书人安置在幕府,出任刺史,刺史中没有武人。

8　前蜀主王建前往利州,命令太子王元坦代主国政。六月癸丑朔(初一),王建到达利州。

9　燕王刘守光曾经穿唐代皇帝所穿的赤褐色袍服,回头对将吏们说:"现在天下大乱,英雄武力竞争,我兵马强壮,地势险要,也想自己称帝,怎么样?"孙鹤说:"现在内部危难刚平定,公家私人都困苦竭蹶,太原晋王李存勖窥伺我们的西部,契丹王阿保机窥伺我们的北部,匆忙谋划自己称帝,未见其可行之处。大王只要尊养读书人,爱恤老百姓,训练军队,积贮粮食,修行德政,四方自然服从了。"刘守光不高兴。

刘守光又派人婉言劝说镇州王镕、定州王处直,要求他们尊奉自己为"尚父",赵王王镕把这件事告诉晋王李存勖。晋王勃然大怒,想要讨伐刘守光,诸将都说:"这个刘守光作恶到极点了,应当诛灭他的全族,不如假装推尊他为尚父来让他恶贯满盈。"于是与王镕、义武节度使王处直、昭义节度使李嗣昭、振武节度使周德威、天德节度使宋瑶,六镇节度使共同奉册推尊刘守光为尚书令、尚父。

刘守光不醒悟,以为六镇节度使确实畏惧自己,更加骄横,于是上表给后梁太祖详细陈情:"晋王等推尊我,我承受陛下的深恩,没有敢接受。我私下考虑适宜的办法,不如陛下任命我为河北都统,那么,并州、镇州不值得平定了。"后梁太祖也知道刘守光狂妄愚蠢,于是任命刘守光为河北道采访使,派遣阁门使王瞳、崇政院受旨史彦群前去册命他。

刘守光命令属官草拟尚父、采访使承受册封的礼仪。乙卯(初三),属官取唐代册封太尉的礼仪呈献,刘守光看后,问怎么能没有南郊祀天、改变年号的事宜,属官回答说:"尚父虽然尊贵,也是天子的臣属,哪里有南郊祀天、改变年号的事呢?"刘守光勃然大怒,把册仪扔在地上,说:"我的领地两千里,披甲的将士三十万,径直作河北的天子,谁能禁止我!尚父怎么值得做呢!"命令赶快准备即皇帝位的礼仪,把阁门使王瞳、崇政院受旨史彦群及各道的使者用刑具拘系,投入狱中,不久又把他们都释放了。

10　帝命杨师厚将兵三万屯邢州。

11　蜀诸将击岐兵,屡破之。秋,七月,蜀主西还,留御营使昌王宗锷屯利州。

12　辛丑,帝避暑于张宗奭第,乱其妇女殆遍。宗奭子继祚不胜愤耻,欲弑之。宗奭止之曰:"吾家顷在河阳,为李罕之所围,啖木屑以度朝夕,赖其救我,得有今日,此恩不可忘也。"乃止。甲辰,还宫。

13　赵王镕以杨师厚在邢州,甚惧,会晋王于承天军。晋王谓镕父友也,事之甚恭。镕以梁寇为忧,晋王曰:"朱温之恶极矣,天将诛之,虽有师厚辈不能救也。脱有侵轶,仆自帅众当之,叔父勿以为忧。"镕捧卮为寿,谓晋王为四十六舅。镕幼子昭诲从行,晋王断衿为盟,许妻以女。由是晋、赵之交遂固。

14　八月庚申,蜀主至成都。

15　燕王守光将称帝,将佐多窃议以为不可,守光乃置斧质于庭曰:"敢谏者斩!"孙鹤曰:"沧州之破,鹤分当死,蒙王生全,以至今日,今日敢爱死而忘恩乎! 窃以为今日之帝未可也。"守光怒,伏诸质上,令军士剐而啖之。鹤呼曰:"不出百日,大兵当至!"守光命以土窒其口,寸斩之。

甲子,守光即皇帝位,国号大燕,改元应天。以梁使王瞳为左相,卢龙判官齐涉为右相,史彦群为御史大夫。受册之日,契丹陷平州,燕人惊扰。

16　岐王使刘知俊、李继崇将兵击蜀,乙亥,王宗侃、王宗贺、唐道袭、王宗绍与之战于青泥岭,蜀兵大败,马步使王宗浩奔兴州,溺死于江,道袭奔兴元。先是,步军都指挥使王宗绾城西县,号安远军,宗侃、宗贺等收散兵走保之,知俊、

10 后梁太祖命令杨师厚率兵三万到邢州驻扎。

11 前蜀的各位将领攻击岐王李茂贞的军队，屡次把岐兵打败。秋季，七月，前蜀主王建向西返回成都，留下御营使昌王王宗钞在利州驻扎。

12 辛丑（二十日），后梁太祖在张宗奭的私宅里避暑，几乎奸淫了张宗奭家的全部妇女。张宗奭的儿子张继祚不能忍受愤恨耻辱，想要杀死太祖。张宗奭阻止儿子说："我家不久前在河阳，被李罕之围困，靠吃木屑来度时日，仰赖他救我，才能有今天，这个恩情不可以忘掉。"这才作罢。甲辰（二十三日），太祖回宫。

13 赵王王镕因杨师厚在邢州，非常害怕，往承天军会见晋王李存勖。李存勖认为王镕是父亲李克用的朋友，侍奉王镕很恭敬。王镕为后梁的侵犯忧虑，李存勖说："朱温的罪恶到了顶点，老天爷将要杀死他，即使有杨师厚等也不能救他。倘使有侵犯袭击，我亲自率众抵挡他，叔父不要因为这事担忧。"王镕捧卮敬酒，祝晋王长寿，称晋王为四十六舅。王镕的小儿子王昭诲跟随前来，李存勖撕断衣衿结盟，答应把女儿嫁给王昭诲。从此，晋、赵的关系就巩固了。

14 八月庚申（初九），前蜀主王建回到成都。

15 燕王刘守光将要自称皇帝，将佐大多私下议论以为不可，刘守光于是在大厅里摆置刀斧、砧板，说："敢进谏的斩首！"孙鹤说："沧州被攻破的时候，孙鹤本该当死，蒙大王保全性命，以至今天，今日岂敢贪生怕死而忘记恩情啊！我以为今天的皇帝是不可以做的。"刘守光勃然大怒，把孙鹤按伏在砧板上，命令军士剐下他的肉并且吃掉。孙鹤大声呼喊说："不出百日，一定有大兵来到。"刘守光命令军士用土塞他的嘴，一寸寸地剐斩。

甲子（十三日），刘守光即皇帝位，国号大燕，改年号为应天。任命后梁的使者王瞳为左相，卢龙判官齐涉为右相，史彦群为御史大夫。受册命这天，契丹攻下平州，燕人惊慌扰乱。

16 岐王李茂贞派刘知俊、李继崇率兵攻前蜀，乙亥（二十四日），王宗侃、王宗贺、唐道袭、王宗绍在青泥岭与岐兵交战，前蜀兵大败，马步使王宗浩逃奔兴州，淹死在嘉陵江，唐道袭逃奔兴元。在这以前，步军都指挥使王宗绾修筑西县城，号称安远军，王宗侃、王宗贺等收集逃散的兵车奔赴西县保守，刘知俊、

继崇追围之。众议欲弃兴元,道袭曰:"无兴元则无安远,利州遂为敌境矣。吾必以死守之。"蜀主以昌王宗锷为应援招讨使,定戎团练使王宗播为四招讨马步都指挥使,将兵救安远军,壁于廉、让之间,与唐道袭合击岐兵,大破之于明珠曲。明日又战于鼍口,斩其成州刺史李彦琛。

17　九月,帝疾稍愈,闻晋、赵谋入寇,自将拒之。戊戌,以张宗奭为西都留守。庚子,帝发洛阳。甲辰,至卫州,方食,军前奏晋军已出井陉。帝遽命辇北趣邢洺,昼夜倍道兼行。丙午,至相州,闻晋兵不出,乃止。相州刺史李思安不意帝猝至,落然无具,坐削官爵。

18　湖州刺史钱镖酗酒杀人,恐吴越王镠罪之,冬,十月辛亥朔,杀都监潘长、推官锺安德,奔于吴。

19　晋王闻燕主守光称帝,大笑曰:"俟彼卜年,吾当问其鼎矣。"张承业请遣使致贺以骄之,晋王遣太原少尹李承勋往。承勋至幽州,用邻藩通使之礼。燕之典客者曰:"吾王帝矣,公当称臣庭见。"承勋曰:"吾受命于唐朝为太原少尹,燕王自可臣其境内,岂可臣他国之使乎!"守光怒,囚之数日,出而问之曰:"臣我乎?"承勋曰:"燕王能臣我王,则我请为臣;不然,有死而已!"守光竟不能屈。

20　蜀主如利州,命太子监国。决云军虞候王琮败岐兵,执其将李彦太,俘斩三千五百级。乙卯,捉生将彭君集破岐二寨,俘斩三千级。王宗侃遣裨将林思谔自中巴间行至泥溪,见蜀主告急,蜀主命开道都指挥使王宗弼将兵救安远,及刘知俊战于斜谷,破之。

李继崇追赶包围西县。众人商议想放弃兴元,唐道袭说:"没有兴元就没有安远,利州就成为敌人的地方了。我们一定要拼死守卫。"前蜀主任命昌王王宗钤为应援招讨使,定戎团练使王宗播为四招讨马步都指挥使,率兵救援安远军,在廉水、让水之间扎营,与唐道袭协同攻击岐兵,在明珠曲大败岐兵。第二天,又在兔口交战,斩杀岐王的成州刺史李彦琛。

17 九月,后梁太祖的病逐渐痊愈,听说晋、赵图谋进犯,亲自统率军队前往抵御。戊戌(十八日),任命张宗奭为西都留守。庚子(二十日),后梁太祖从洛阳出发。甲辰(二十四日),到达卫州,正在吃饭,军前奏报晋军已经从井陉出发。太祖马上命令乘坐辇车向北奔赴邢洺,日夜兼程。丙午(二十六日),到达相州,听说晋兵没有出发,这才停止前进。相州刺史李思安没有想到后梁太祖突然到来,冷冷落落的样子,一切没有准备,因此削夺官职爵位。

18 湖州刺史钱镖酒醉逞凶杀人,担心吴越王钱镠治罪,冬季,十月辛亥朔(初一),杀死都监潘长、推官钟安德,投奔吴王杨隆演。

19 晋王李存勖听说燕主刘守光自称皇帝,放声大笑说:"等他占卜在位年数的时候,我应该已取而代之了。"张承业请示派遣使者表示祝贺来使他骄傲自负,李存勖派大原少尹李承勋前往。李承勋到达幽州,用相邻藩国交往通行的礼仪。燕掌管接待使者事务的官员说:"我大王已经即位称帝了,您应当称臣在朝廷上觐见。"李承勋说:"我承受唐朝的命令担任太原少尹,燕王自可统属他境内百姓,怎么能统属别国的使者呢!"刘守光勃然大怒,监禁他几天,放出来并向他说:"向我称臣吗?"李承勋说:"燕王能够让我晋王称臣,那么我请求称臣;不然,唯有一死而已!"刘守光最终不能使他屈服。

20 前蜀主王建前往利州,命太子王元坦代理国事。决云军虞候王琮打败岐兵,逮住岐将李彦太,俘获斩杀岐兵三千五百人。乙卯(初五),捉生将彭君集攻下岐兵的两个营寨,俘获斩杀岐兵三千人。王宗侃派遣副将林思谔自中巴穿小路到达泥溪,见王建报告紧急军情,王建命令开道都指挥使王宗弼率兵救安远,与刘知俊在斜谷交战,把刘知俊打败。

21　甲寅夜,帝发相州,乙卯,至洹水。是夜,边吏言晋、赵兵南下,帝即时进军,丙辰,至魏县。或告云:"沙陀至矣!"士卒恟惧,多逃亡,严刑不能禁。既而复告云无寇,上下始定。戊午,贝州奏晋兵寇东武,寻引去。帝以夹寨、柏乡屡失利,故力疾北巡,思一雪其耻,意郁郁,多躁忿,功臣宿将往往以小过被诛,众心益惧。既而晋、赵兵竟不出。十一月壬午,帝南还。

22　燕主守光集将吏谋攻易定,幽州参军景城冯道以为未可。守光怒,系狱,或救之,得免。道亡奔晋,张承业荐于晋王,以为掌书记。丁亥,王处直告难于晋。

23　怀州刺史开封段明远妹为美人。戊子,帝至获嘉,明远馈献丰备,帝悦。

24　庚寅,保塞节度使高万兴奏遣都指挥使高万金将兵攻盐州,刺史高行存降。

25　壬辰,帝至洛阳,疾复作。

26　蜀王宗弼败岐兵于金牛,拔十六寨,俘斩六千馀级,擒其将郭存等。丙申,王宗锷、王宗播败岐兵于黄牛川,擒其将苏厚等。丁酉,蜀主自利州如兴元。援军既集,安远军望其旗,王宗侃等鼓噪而出,与援军夹攻岐兵,大破之,拔二十一寨,斩其将李廷志等。己亥,岐兵解围遁去。唐道袭先伏兵于斜谷邀击,又破之。庚子,蜀主西还。

岐王左右石简颙谮刘知俊于岐王,王夺其兵。李继崇言于王曰:"知俊壮士,穷来归我,不宜以谗废之。"王为之诛简颙以安之。继崇召知俊举族居于秦州。

21　甲寅(初四)夜里,后梁太祖从相州出发,乙卯(初五),到达洹水。这天晚上,边境官吏说晋王、赵王的军队南下,太祖立刻率领军队前进,丙辰(初六),到达魏县。有人报告说:"沙陀兵到了!"后梁兵震动恐惧,多数逃跑,严厉惩罚也不能禁止。过了不久,又报告说没有敌人,后梁军上下才安定下来。戊午(二十日),贝州奏报晋兵侵犯东武,不久撤离。后梁太祖因潞州夹寨、柏乡屡次失败,所以尽力快速巡视北部边界,想完全洗刷过去的耻辱,神情忧郁烦闷,经常急躁发怒,功臣老将往往因为小过失被杀,众人心里更加畏惧。不久,晋、赵的军队最终没有出来。十一月壬午(初二),后梁太祖南下返回。

22　燕主刘守光召集将吏商量进攻易州、定州,幽州参军景城人冯道认为不可行。刘守光勃然大怒,把冯道拘禁在监狱,有人救他,得以释放。冯道逃奔到晋,张承业向晋王李存勖推荐,任命他为掌书记。丁亥(初七),王处直向晋王报告遇到危难。

23　怀州刺史开封人段明远的妹妹是太祖的美人。戊子(初八),后梁太祖到达获嘉,段明远进献财物丰富齐备,太祖非常高兴。

24　庚寅(初十),保塞节度使高万兴奏报派遣都指挥使高万金率兵攻盐州,盐州刺史高行存投降。

25　壬辰(十二日),后梁太祖回到洛阳,病又发作。

26　前蜀将王宗弼在金牛打败岐兵,攻取十六寨,俘获斩杀六千多人,擒获岐将郭存等。丙申(十六日),前蜀王宗钋、王宗播在黄牛川打败岐兵,擒获岐将苏厚等。丁酉(十七日),前蜀主王建自利州前往兴元。援军已经聚集,安远军望见援军旗帜,王宗侃等擂鼓呐喊冲出,与援军夹攻岐兵,把岐兵打得大败,攻下二十一寨,斩杀岐将李廷志等。己亥(十九日),岐兵解除对安远军的包围而逃跑。唐道袭预先在斜谷埋伏军队进行拦击,又把岐兵打败。庚子(二十日),王建西行返回成都。

岐王左右亲信石简颙向岐王李茂贞说刘知俊的坏话,岐王夺了刘知俊的兵权。李继崇对岐王说:"刘知俊是壮士,处境困难前来归顺,不应该因为谗言罢免他。"岐王为此杀了石简颙来安抚刘知俊。李继崇召刘知俊率全族到秦州居住。

27　戊申,燕主守光将兵二万寇易定,攻容城。王处直
告急于晋。

28　十二月乙卯,以朗州留后马殷为永顺节度使、同平
章事。

29　镇南留后卢延昌游猎无度,百胜军指挥使黎球杀
之,自立;将杀谭全播,全播称疾请老,乃免。丙辰,以球为虔
州防御使。未几,球卒,牙将李彦图代知州事,全播愈称疾
笃。刘岩闻全播病,发兵攻韶州,破之,刺史廖爽奔楚,楚王
殷表为永州刺史。

30　丁巳,蜀主至成都。

31　戊午,以静海留后曲美为节度使。

32　癸亥,以静江行军司马姚彦章为宁远节度副使,权
知容州,从楚王殷之请也。刘岩遣兵攻容州,殷遣都指挥使
许德勋以桂州兵救之。彦章不能守,乃迁容州士民及其府藏
奔长沙,岩遂取容管及高州。

33　甲子,晋王遣蕃汉马步总管周德威将兵三万攻燕,
以救易定。

34　是岁,蜀主以内枢密使潘炕为武泰节度使,炕从弟
宣徽南院使峭为内枢密使。

二年(壬申,912)

1　春,正月,德威东出飞狐,与赵王将王德明、义武将程岩
会于易水。丙戌,三镇兵进攻燕祁沟关,下之;戊子,围涿州。
刺史刘知温城守,刘守奇之客刘去非大呼于城下,谓知温曰:
"河东小刘郎来为父讨贼,何豫汝事而坚守邪?"守奇免胄劳之,
知温拜于城上,遂降。周德威疾守奇之功,谮诸晋王,王召之,
守奇恐获罪,与去非及进士赵凤来奔,上以守奇为博州刺史。
去非、凤,皆幽州人也。先是,燕主守光籍境内丁壮,悉文面为兵,

27　戊申(二十八日),燕主刘守光率兵两万侵犯易州、定州,攻打容城。王处直向晋王告急求救。

28　十二月乙卯(初五),后梁任命朗州留后马賨为永顺节度使、同平章事。

29　镇南留后卢延昌出游打猎没有节制,百胜军指挥使黎球把他杀了,自立为留后;将要杀谭全播,谭全播称说有病请求告老,才免杀身之祸。丙辰(初六),后梁任命黎球为虔州防御使。不久,黎球死了,牙将李彦图代理主持虔州事务,谭全播更称病情沉重。刘岩听说谭全播病了,发兵攻打韶州,并把州城攻克,韶州刺史廖爽逃奔楚,楚王马殷上表任命廖爽为永州刺史。

30　丁巳(初七),前蜀主王建回到成都。

31　戊午(初八),后梁任命静海留后曲美为静海节度使。

32　癸亥(十三日),后梁任命静江行军司马姚彦章为宁远节度副使,暂时主持容州事务,这是依从楚王马殷的请求。刘岩派遣军队进攻容州,马殷派遣都指挥使许德勋率领桂州兵前去救援。姚彦章不能守住州城,于是迁移容州士民及其库贮财物投奔长沙,刘岩终于取得了容管及高州。

33　甲子(十四日),晋王李存勖派遣蕃汉马步总管周德威率领三万军队攻燕,借以救援易州、定州。

34　这一年,前蜀主王建任命内枢密使潘炕为武泰节度使,潘炕的堂弟宣徽南院使潘峭为内枢密使。

后梁太祖乾化二年(壬申,公元912年)

1　春季,正月,周德威自代州东出飞狐口,与赵王的部将王德明、义武将领程岩在易水会合。丙戌(初七),三镇军队进攻燕的祁沟关,夺取祁沟关;戊子(初九),三镇军队包围涿州。涿州刺史刘知温据城防守,刘守奇的门客刘去非在城下大声呼喊,对刘知温说:"河东小刘郎来为他的父亲讨伐叛国作乱的贼子,与你的事有什么相干而坚决固守呢?"刘守奇脱下头盔慰劳他,刘知温在城上叩拜,于是投降。周德威嫉妒刘守奇的功劳,在晋王李存勖面前诬陷他,晋王召见刘守奇,刘守奇担心获罪,与刘去非及进士赵凤前来投奔,后梁太祖任命刘守奇为博州刺史。刘去非、赵凤都是幽州人。在这以前,燕主刘守光检查登记境内的成年男子,全部在脸上刺字为兵,

虽士人不免,凤诈为僧奔晋,守奇客之。

丁酉,德威至幽州城下,守光来求救。二月,帝疾小愈,议自将击镇、定以救之。

2　帝闻岐、蜀相攻,辛酉,遣光禄卿卢玭等使于蜀,遗蜀主书,呼之为兄。

3　甲子,帝发洛阳。从官以帝诛戮无常,多惮行,帝闻之,益怒。是日,至白马顿,赐从官食,多未至,遣骑趣之于路。左散骑常侍孙骘、右谏议大夫张衍、兵部郎中张俦最后至,帝命扑杀之。衍,宗奭之侄也。

丙寅,帝至武陟。段明远供馈有加于前。丁卯,至获嘉,帝追思李思安去岁供馈有阙,贬柳州司户,告辞称明远之能曰:“观明远之忠勤如此,见思安之悖慢何如!”寻长流思安于崖州,赐死。明远后更名凝。

乙亥,帝至魏州,命都招讨使宣义节度使杨师厚、副使前河阳节度使李周彝围枣强,招讨应接使平卢节度使贺德伦、副使天平留后袁象先围蓨县。德伦,河西胡人;象先,下邑人也。

戊寅,帝至贝州。

4　辰州蛮酋宋邺、昌师益皆帅众降于楚,楚王殷以邺为辰州刺史,师益为溆州刺史。

5　帝昼夜兼行,三月辛巳,至下博南,登观津冢。赵将符习引数百骑巡逻,不知是帝,遽前逼之。或告曰:“晋兵大至矣!”帝弃行幄,亟引兵趣枣强,与杨师厚军合。习,赵州人也。

枣强城小而坚,赵人聚精兵数千人守之,师厚急攻之,数日不下,城坏复修,死伤者以万数。城中矢石将竭,谋出降,有一卒奋曰:“贼自柏乡丧败已来,视我镇人裂眦,今往归之,

即使是读书人也不能免,赵凤假装是僧人逃奔晋地,刘守奇收他为门客。

丁酉(十八日),周德威率兵到达幽州城下,燕主刘守光派人来请求救援。二月,后梁太祖的病稍愈,商议亲自率领军队前去攻击镇州、定州来救援刘守光。

2 后梁太祖听说岐王李茂贞、蜀主王建互相攻战,辛酉(十二日),派遣光禄卿卢玭等出使蜀,给蜀主书信,称蜀主王建为兄。

3 甲子(十五日),后梁太祖从洛阳出发。随从的官员因太祖随意杀戮,多数害怕随行,太祖听到这些话,更加愤怒。这一天,到达白马顿,赏赐随从的官员吃饭,多数没有到,派遣骑兵在路上催促。左散骑常侍孙骘、右谏议大夫张衍、兵部郎中张儁最后到达,太祖命令把他们杀死。张衍是张宗奭的侄子。

丙寅(十七日),后梁太祖到达武陟县。怀州刺史段明远供应进献比以前更加丰盛。丁卯(十八日),后梁太祖到达获嘉,追想李思安去年供应进献的财物短缺,降为柳州司户,告辞时称赞段明远的能力说:“看段明远如此忠诚勤勉,可见李思安何等狂悖急慢!”不久,把李思安流放到崖州,赐令自尽。段明远后来改名段凝。

乙亥(二十六日),后梁太祖到达魏州,命都招讨使及宣义节度使杨师厚、副使及前河阳节度使李周彝包围枣强,招讨应接使及平卢节度使贺德伦、副使及天平留后袁象先包围蓨县。贺德伦是河西胡人,袁象先是下邑人。

戊寅(二十九日),后梁太祖到达贝州。

4 辰州蛮首领宋邺、昌师益都率众降楚,楚王马殷任命宋邺为辰州刺史,昌师益为溆州刺史。

5 后梁太祖日夜兼程,三月辛巳(初二),到达下博南,登上观津冢。赵将符习带领数百名骑兵巡逻到这里,不知道后梁太祖,立即上前逼近。有人报告说:“晋兵大批人马来到了!”太祖抛弃出行用的帐幕,赶快带兵奔赴枣强,与杨师厚的军队会合。符习是赵州人。

枣强城小而坚固,赵人聚集精锐军队数千人据城防守,杨师厚紧急攻打,数日没有攻下,城墙坏了又修复,后梁兵死伤以万计。城中箭矢石块将要用完,商量出城投降,有一士兵奋力高呼说:“梁贼自柏乡失败以来,视我镇州人如眼中死敌,现在前去归顺他们,

如自投虎狼之口耳。困穷如此,何用身为!我请独往试之。"夜,缒城出,诣梁军诈降,李周彝召问城中之备,对曰:"非半月未易下也。"因请曰:"某既归命,愿得一剑,效死先登,取守城将首。"周彝不许,使荷担从军。卒得间举担击周彝首,踣地,左右救至,得免。帝闻之,愈怒,命师厚昼夜急攻,丙戌,拔之,无问老幼皆杀之,流血盈城。

初,帝引兵渡河,声言五十万。晋忻州刺史李存审屯赵州,患兵少,裨将赵行实请入土门避之,存审不可。及贺德伦攻蓨县,存审谓史建瑭、李嗣肱曰:"吾王方有事幽蓟,无兵此来,南方之事委吾辈数人。今蓨县方急,吾辈安得坐而视之!使贼得蓨县,必西侵深、冀,患益深矣。当与公等以奇计破之。"存审乃引兵扼下博桥,使建瑭、嗣肱分道擒生。建瑭分其麾下为五队,队各百人,一之衡水,一之南宫,一之信都,一之阜城,自将一队深入,与嗣肱遇梁军之樵刍者皆执之,获数百人。明日会于下博桥,皆杀之,留数人断臂纵去,曰:"为我语朱公:晋王大军至矣!"时蓨县未下,帝引杨师厚兵五万,就贺德伦共攻之。丁亥,始至县西,未及置营,建瑭、嗣肱各将三百骑,效梁军旗帜服色,与樵刍者杂行,日且暮,至德伦营门,杀门者,纵火大噪,弓矢乱发,左右驰突,既暝,各斩馘执俘而去。营中大扰,不知所为。断臂者复来曰:"晋军大至矣!"帝大骇,烧营夜遁,迷失道,委曲行百五十里,戊子旦乃至冀州。蓨之耕者皆荷锄奋梃逐之,委弃军资器械不可胜计。既而复遣骑觇之,曰:"晋军实未来,此乃史先锋游骑耳。"帝不胜惭愤,由是病增剧,不能乘肩舆。留贝州旬馀,诸军始集。

如同自己投入虎狼口中罢了。艰难窘迫到这个地步,要身体做什么！我请求独自前去试试他们。"夜里,用绳索缒出城去,前往后梁军营假装投降,李周彝召他来询问城中戒备情形,回答说:"没有半月的时间,是不容易攻下的。"于是请求说:"我既已归服受命,希望得到一把利剑,拼死抢先登城,取下守城将领的首级。"李周彝没有允许,派他挑担随从军队。这个士兵得空挥起扁担猛击李周彝的脑袋,李周彝跌倒在地,左右的人前来营救,才得免死。后梁太祖听说这件事,更加愤怒,命令杨师厚日夜加紧攻城,丙戌(初七),把城攻克,不管老幼全部杀死,鲜血流满全城。

起初,后梁太祖带兵渡过黄河,声称五十万大军。晋忻州刺史李存审驻扎赵州,忧虑兵少,副将赵行实请入土门躲避,李存审没有同意。等到贺德伦进攻蓚县,李存审对史建瑭、李嗣肱说:"我王正在幽州、蓟州有事,没有军队到这里来,南方的战事委托给我等数人。现在蓚县正吃紧,我等怎能坐视不管！使梁贼夺得蓚县,一定西来进攻深州、冀州,危害更加深重了。应当与您等用奇计打败他们。"李存审于是带兵把守下博桥,派史建瑭、李嗣肱分道活捉后梁兵。史建瑭把他的部下分为五队,每队各一百人,一队往衡水,一队往南宫,一队往信都,一队往阜城,自己带领一队深入敌军,与李嗣肱带领的军队遇见打柴割草的后梁兵全都捉拿,俘获数百人。第二天在下博桥会合,把俘获的后梁兵都杀死,只留数人把胳膊砍掉后放走,说:"替我告诉朱公:晋王的大军到了！"当时蓚县没有攻下,后梁太祖带领杨师厚率兵五万,会同贺德伦的军队一起攻城。丁亥(初八),才到蓚县西边,没有来得及扎营,史建瑭、李嗣肱各率领三百骑兵,模仿后梁军的旗帜和衣服颜色,与打柴割草的后梁兵混杂行走,太阳快要落山的时候,到达贺德伦的营门,杀死守门人,放声呐喊,弓箭乱发,左右奔驰突击,天黑以后,各自割取敌人左耳、带着俘虏离去。后梁军营中非常混乱,不知道发生了什么事。被晋军砍断胳膊的后梁兵又来报告:"晋军大队人马到了！"太祖大为惊惧,烧毁营垒,连夜逃跑,迷失道路,曲折行走一百五十里,戊子(初九)黎明才到达冀州。蓚县的农民都拿锄举棒追逐后梁兵,后梁军抛弃的军用物资器械不能尽数。不久,太祖又派遣骑兵前去侦察晋军的动静,回来报告说:"晋军其实没有来,这只是史先锋的流动骑兵罢了。"太祖承受不了心中的羞惭和愤恨,从此病情加重,不能乘坐轿子。太祖在贝州留住十几天,各路军队才聚集。

6 义昌节度使刘继威年少,淫虐类其父,淫于都指挥使张万进家,万进怒,杀之。诘旦,召大将周知裕,告其故。万进自称留后,以知裕为左都押牙。庚子,遣使奉表请降,亦遣使降于晋。晋王命周德威安抚之。知裕心不自安,遂来奔,帝为之置归化军,以知裕为指挥使,凡军士自河朔来者皆隶之。辛丑,以万进为义昌留后。甲辰,改义昌为顺化军,以万进为节度使。

7 乙巳,帝发贝州;丁未,至魏州。

8 戊申,周德威遣裨将李存晖等攻瓦桥关,其将吏及莫州刺史李严皆降。严,幽州人也,涉猎书传,晋王使傅其子继岌,严固辞。晋王怒,将斩之,教练使孟知祥徒跣入谏曰:"强敌未灭,大王岂宜以一怒戮向义之士乎!"乃免之。知祥,迁之弟子,李克让之婿也。

9 吴镇南节度使刘威,歙州观察使陶雅,宣州观察使李遇,常州刺史李简,皆武忠王旧将,有大功,以徐温自牙将秉政,内不能平。李遇尤甚,常言:"徐温何人,吾未尝识面,一旦乃当国邪!"

馆驿使徐玠使于吴越,道过宣州,温使玠说遇入见新王,遇初许之,玠曰:"公不尔,人谓公反。"遇怒曰:"君言遇反,杀侍中者非反邪!"侍中,谓威王也。温怒,以淮南节度副使王檀为宣州制置使,数遇不入朝之罪,遣都指挥使柴再用帅昇、润、池、歙兵纳檀于宣州,昇州副使徐知诰为之副。遇不受代,再用攻宣州,逾月不克。

10 夏,四月癸丑,以楚王殷为武安、武昌、静江、宁远节度使,洪、鄂四面行营都统。

6 义昌节度使刘继威年纪轻，荒淫暴虐像他的父亲刘守光，在都指挥使张万进家淫乱，张万进大怒，杀死刘继威。第二天早晨，张万进召请大将周知裕，告诉他杀死刘继威的缘故。张万进自称义昌留后，委任周知裕为左都押牙。庚子(二十一日)，张万进派遣使者向后梁太祖进表请求归降，也派遣使者向晋投降。晋王命令周德威安抚他。周知裕心里自感不安，于是前来投奔，后梁太祖为他设置归化军，任命周知裕为指挥使，凡是自河朔来的军士都隶属于他。辛丑(二十二日)，后梁任命张万进为义昌留后。甲辰(二十五日)，改义昌为顺化军，任命张万进为顺化节度使。

7 乙巳(二十六日)，后梁太祖自贝州出发；丁未(二十八日)，到达魏州。

8 戊申(二十九日)，周德威派遣副将李存晖等进攻瓦桥关，瓦桥关的将吏及莫州刺史李严全都投降。李严是幽州人，广泛阅读书籍传记，晋王李存勖让他教授自己的儿子李继岌，李严坚决推辞。晋王非常生气，要杀死李严，教练使孟知祥赤脚进入劝谏说："强大的敌人没有消灭，大王难道应该因一时愤怒屠杀向归正义的人吗!"这才宽免了李严。孟知祥是孟迁弟弟的儿子，晋王李克用之弟李克让的女婿。

9 吴镇南节度使刘威，歙州观察使陶雅，宣州观察使李遇，常州刺史李简，都是武忠王杨行密的旧将，建有大功，因徐温自右牙指挥使主持政事，内心不平。李遇尤其厉害，常说："徐温是什么人，我不曾见过面，一日之间竟当政了!"

馆驿使徐玠出使吴越，路过宣州，徐温让徐玠劝说李遇到广陵朝见新王，李遇开始应允了，徐玠说："您不这样，人家说您谋反。"李遇勃然大怒说："您说我李遇谋反，杀死侍中的人不是谋反吗!"侍中，是说威王杨渥。徐温大怒，任命淮南节度副使王檀为宣州制置使，数说李遇不到朝廷来的罪状，派遣都指挥使柴再用率领昇州、润州、池州、歙州的军队送王檀到宣州，昇州副使徐知诰做他的副手。李遇不接受替代，柴再用攻打宣州，过了一个月没有攻克。

10 夏季，四月癸丑(初五)，后梁任命楚王马殷为武安、武昌、静江、宁远节度使，洪、鄂四面行营都统。

11 乙卯，博王友文来朝，请帝还东都。丁巳，发魏州；己未，至黎阳，以疾淹留；乙丑，至滑州。

12 维州羌胡董琢反，蜀主遣保銮军使赵绰讨平之。

13 己巳，帝至大梁。

14 帝闻岭南与楚相攻，甲戌，以右散骑常侍韦戬等为潭、广和叶使，往解之。

15 戊寅，帝发大梁。

16 周德威白晋王，以兵少不足攻城，晋王遣李存审将吐谷浑、契苾骑兵会之。李嗣源攻瀛州，刺史赵敬降。

17 五月甲申，帝至洛阳，疾甚。

18 司空、门下侍郎、同平章事薛贻矩卒。

19 燕主守光遣其将单廷珪将精兵万人出战，与周德威遇于龙头冈。廷珪曰：“今日必擒周杨五以献。”杨五者，德威小名也。既战，见德威于陈，援枪单骑逐之，枪及德威背，德威侧身避之，奋挝反击廷珪坠马，生擒，置于军门。燕兵退走，德威引骑乘之，燕兵大败，斩首三千级。廷珪，燕骁将也，燕人失之，夺气。

20 己丑，蜀大赦。

21 李遇少子为淮南牙将，遇最爱之，徐温执之，至宣州城下示之，其子啼号求生，遇由是不忍战。温使典客何荛入城，以吴王命说之曰：“公本志果反，请斩荛以徇；不然，随荛纳款。”遇乃开门请降，温使柴再用斩之，夷其族。于是诸将始畏温，莫敢违其命。

徐知诰以功迁昇州刺史。知诰事温甚谨，安于劳辱，或通夕不解带，温以是特爱之，每谓诸子曰：“汝辈事我能如知诰乎？”时诸州长吏多武夫，专以军旅为务，不恤民事；知诰在昇州，独选用廉

11 乙卯(初七),博王朱友文到魏州行宫朝见,请后梁太祖回东都。丁巳(初九),太祖自魏州出发;己未(十一日),到达黎阳,因病停留;乙丑(十七日),到达滑州。

12 维州羌胡董琢谋反,前蜀主王建派遣保銮军使赵绰前往讨伐平定。

13 己巳(二十一日),后梁太祖到达大梁。

14 后梁太祖听说岭南与楚互相攻击,甲戌(二十六日),任命右散骑常侍韦戢等为潭、广和叶使,前往进行调解。

15 戊寅(三十日),后梁太祖由大梁出发。

16 周德威禀报晋王,因为兵少不足以攻城,晋王派遣李存审率领吐谷浑、契苾的骑兵前去会合。李嗣源攻打瀛州,刺史赵敬投降。

17 五月甲申(初六),后梁太祖回到洛阳,病情严重。

18 司空、门下侍郎、同平章事薛贻矩去世。

19 燕主刘守光派遣他的部将单廷珪率领精锐军队一万人出城迎战,在龙头冈与周德威相遇。单廷珪说:“今天一定要擒住周杨五作为战利品进献!”杨五是周德威的小名。交战后,单廷珪见周德威在阵中,持枪单马追赶,枪尖刺到周德威的脊背,周德威侧身避开,奋力挥杖反击单廷珪落马,生擒单廷珪,放在军营门前。燕兵退走,周德威带领骑兵追逐,燕兵大败,斩杀三千人。单廷珪是燕的勇将,燕人失掉了他,大丧士气。

20 己丑(十一日),蜀实行大赦。

21 吴宣州刺史李遇的小儿子担任淮南牙将,李遇最喜欢他,徐温将他逮捕,押到宣州城下给李遇看,他的小儿子号哭哀求活命,李遇因此不忍心再战。徐温派典客何荛进入宣州城内,用吴王杨隆演的命令劝说他,说:“您本来的意思如果是谋反,请斩我何荛向众宣示;不是这样,随我何荛出城归顺投降。”李遇于是打开城门,请求归降,徐温派柴再用把他斩首,杀了他全族。于是各个将领开始畏惧徐温,没有人敢于违抗他的命令。

徐知诰因功升任昇州刺史。徐知诰为徐温做事非常谨慎,任劳任怨,有时通宵不解衣带,徐温因此特别喜爱他,常对诸子说:“你们为我做事能够像徐知诰吗?”当时各州长官多是武夫,只以征战为职责,不体察民间之事;徐知诰在昇州,只选用廉洁奉公的

吏，修明政教，招延四方士大夫，倾家赀无所爱。洪州进士宋齐丘，好纵横之术，谒知诰，知诰奇之，辟为推官，与判官王令谋、参军王翃专主谋议，以牙吏马仁裕、周宗、曹悰为腹心。仁裕，彭城人；宗，涟水人也。

22　闰月壬戌，帝疾增甚，谓近臣曰："我经营天下三十年，不意太原馀孽更昌炽如此！吾观其志不小，天复夺我年，我死，诸儿非彼敌也，吾无葬地矣！"因哽咽，绝而复苏。

23　高季昌潜有据荆南之志，乃奏筑江陵外郭，增广之。

24　丙寅，蜀门下侍郎、同平章事王锴罢为兵部尚书。

25　帝长子郴王友裕早卒。次假子博王友文，帝特爱之，常留守东都，兼建昌宫使。次郢王友珪，其母亳州营倡也，为左右控鹤都指挥使。次均王友贞，为东都马步都指挥使。

初，元贞张皇后严整多智，帝敬惮之。后殂，帝纵意声色，诸子虽在外，常征其妇入侍，帝往往乱之。友文妇王氏色美，帝尤宠之，虽未以友文为太子，帝意常属之。友珪心不平。友珪尝有过，帝挞之，友珪益不自安。帝疾甚，命王氏召友文于东都，欲与之诀，且付以后事。友珪妇张氏亦朝夕侍帝侧，知之，密告友珪曰："大家以传国宝付王氏怀往东都，吾属死无日矣。"夫妇相泣。左右或说之曰："事急计生，何不改图，时不可失！"

六月丁丑朔，帝命敬翔出友珪为莱州刺史，即令之官。已宣旨，未行敕。时左迁者多追赐死，友珪益恐。

官吏,修明政治教化,招请四方士大夫,用尽所有家财也无所吝惜。洪州进士宋齐丘,喜好纵横家游说之术,进见徐知诰,徐知诰认为他是奇才,任用为推官,与判官王令谋、参军王翃专门主持出谋划策,以牙吏马仁裕、周宗、曾悰为左右亲信。马仁裕是彭城人,周宗是涟水人。

22 闰五月壬戌(十五日),后梁太祖的病情加重,对亲近官员说:"我经营谋取天下三十年,想不到太原李克用的馀孽更加兴旺强大如此!我看他的志向不小,上天又削除我的年寿,我死了,诸儿不是他们的敌手,我没有葬身之地了!"于是哽咽失声,呼吸停止后又苏醒过来。

23 荆南节度使高季昌暗中有盘踞荆南的志向,于是奏请修筑江陵的外城,把它增广扩大。

24 丙寅(十九日),前蜀门下侍郎、同平章事王锴被免职,降为兵部尚书。

25 后梁太祖的长子郴王朱友裕早死。次养子博王朱友文,特别受太祖喜爱,经常留守东都大梁,兼建昌宫使。其次是郢王朱友珪,担任左右控鹤都指挥使,他的母亲是亳州营妓。其次是均王朱友贞,担任东都马步都指使。

当初,元贞张皇后严肃端正,聪明多智,后梁太祖对她恭敬而畏惧。张皇后死后,后梁太祖纵情歌舞女色,诸子即使在外地,也常征召他们的妻子入宫侍奉,太祖往往与她们淫乱。朱友文的妻子王氏容貌美丽,太祖尤其宠爱她,虽然没有立朱友文为太子,太祖的意向时常专注于他。朱友珪心里愤愤不平。朱友珪曾经犯有过错,太祖用鞭子打了他,朱友珪更加不能自安。后梁太祖病情严重,命王氏到东都大梁召朱友文来西都洛阳,想要与他诀别,并且托付后事。朱友珪的妻子张氏也日夜侍奉在太祖身边,知道这件事,秘密告知朱友珪说:"皇上把传国宝玺交给王氏带往东都,我们的死没有几天了。"夫妇两人相对流泪。左右有人劝解他们说:"事急生计,何不另外设法,时机不可错过!"

六月丁丑朔(初一),后梁太祖命敬翔将朱友珪调出任莱州刺史,立即让他赴任。已经传旨,但没有颁行敕书。当时贬官者大多追命赐死,朱友珪越发恐慌。

戊寅，友珪易服微行入左龙虎军，见统军韩勍，以情告之。勍亦见功臣宿将多以小过被诛，惧不自保，遂相与合谋。勍以牙兵五百人从友珪杂控鹤士人，伏于禁中，中夜斩关入，至寝殿，侍疾者皆散走。帝惊起，问："反者为谁？"友珪曰："非他人也。"帝曰："我固疑此贼，恨不早杀之。汝悖逆如此，天地岂容汝乎！"友珪曰："老贼万段！"友珪仆夫冯廷谔刺帝腹，刃出于背。友珪自以败毡裹之，瘗于寝殿，秘不发丧。遣供奉官丁昭溥驰诣东都，命均王友贞杀友文。

己卯，矫诏称："博王友文谋逆，遣兵突入殿中，赖郢王友珪忠孝，将兵诛之，保全朕躬。然疾因震惊，弥致危殆，宜令友珪权主军国之务。"韩勍为友珪谋，多出府库金帛赐诸军及百官以取悦。

辛巳，丁昭溥还，闻友文已死，乃发丧，宣遗制，友珪即皇帝位。

时朝廷新有内难，中外人情恟恟。许州军士更相告变，匡国节度使韩建皆不之省，亦不为备。丙申，马步都指挥使张厚作乱，杀建，友珪不敢诘，甲辰，以厚为陈州刺史。

26　秋，七月丁未，大赦。

27　天雄节度使罗周翰幼弱，军府事皆决于牙内都指挥使潘晏。北面都招讨使、宣义节度使杨师厚军于魏州，久欲图之，惮太祖威严，不敢发。至是，师厚馆于铜台驿，潘晏入谒，执而杀之，引兵入牙城，据位视事。壬子，制以师厚为天雄节度使，徙周翰为宣义节度使。

28　以侍卫诸军使韩勍领匡国节度使。

29　甲寅，加吴越王镠尚父。

戊寅(初二)，朱友珪改换服装隐藏身份，进入左龙虎军，会见左龙虎统军韩勍，把实情告诉他。韩勍也见功臣老将多因小过被杀，惧怕不能保全自己，于是与朱友珪共同策划。韩勍领牙兵五百人随从朱友珪混杂在控鹤军士中进入皇宫，埋伏在宫内，半夜砍断门闩进入，到达寝殿，侍候病人的都逃散了。后梁太祖惊起，问："谋反的是谁？"朱友珪说："不是别人。"太祖说："我原来怀疑你这贼子，只恨没有早把你杀死。你如此叛逆，天地难道容你吗！"朱友珪说："把老贼碎尸万段！"朱友珪的马夫冯廷谔猛刺太祖的肚子，刀尖从背上穿出。朱友珪亲自用毁坏的毡子把太祖裹起来，埋在寝殿里，封锁消息，不发丧。派遣供奉官丁昭溥驰往东都大梁，命令均王朱友贞杀死朱友文。

　　己卯(初三)，朱友珪假造诏令称："博王朱友文谋反，派兵冲入殿中，朕依赖郢王朱友珪忠诚孝敬，率领军队把朱友文杀死，保全朕身。但朕病因为震动惊恐，更加危险，应令朱友珪暂时主持军队国家事务。"韩勍替朱友珪谋划，大量取出府库内的金帛赐给各军及百官来取悦于人。

　　辛巳(初五)，供奉官丁昭溥返回，朱友珪听说朱友文已死，这才发丧，宣布先帝遗留的制书，朱友珪即皇帝位。

　　当时朝廷新出现内部的变故，内外人情纷扰不安。许州军士轮番报告发生事变，匡国节度使韩建不检查，也不防备。丙申(二十日)，马步都指挥使张厚发动叛乱，杀死韩建，朱友珪不敢追究，甲辰(二十八日)，任命张厚为陈州刺史。

　　26　秋季，七月丁未(初二)，后梁宣布大赦。

　　27　天雄节度使罗周翰年幼懦弱，军府事务都由牙内都指挥使潘晏决定。北面都招讨使、宣义节度使杨师厚在魏州驻扎，长期以来就想要谋取天雄，惧怕后梁太祖的威严，不敢动手。到这时，杨师厚在铜台驿借宿，潘晏进见，杨师厚把潘晏逮捕并且杀死，带兵进入牙城，占据天雄节度使的职位办公治事。壬子(初七)，颁布制书，任命杨师厚为天雄节度使，调任罗周翰为宣义节度使。

　　28　后梁任命侍卫诸军使韩勍兼匡国节度使。

　　29　甲寅(初九)，后梁加封吴越王钱镠为尚父。

30 甲子,以均王友贞为开封尹、东都留守。

31 蜀太子元坦更名元膺。

32 丙寅,废建昌宫使,以河南尹张宗奭为国计使,凡天下金谷旧隶建昌宫者悉主之。

33 八月,龙骧军三千人戍怀州者,溃乱东走,所过剽掠。戊子,遣东京马步军都指挥使霍彦威、左耀武指挥使杜晏球讨之,庚寅,击破乱军,执其都将刘重遇于鄢陵,甲午,斩之。

34 郢王友珪既篡立,诸宿将多愤怒,虽曲加恩礼,终不悦。告哀使至河中,护国节度使冀王朱友谦泣曰:"先帝数十年开创基业,前日变起宫掖,声闻甚恶,吾备位藩镇,心窃耻之。"友珪加友谦侍中、中书令,以诏书自辨,且征之。友谦谓使者曰:"所立者为谁? 先帝晏驾不以理,吾且至洛阳问罪,何以征为!"戊戌,以侍卫诸军使韩勍为西面行营招讨使,督诸军讨之。友谦以河中附于晋以求救,九月丁未,以感化节度使康怀贞为河中都招讨使,更以韩勍副之。

35 友珪以兵部尚书知崇政院事敬翔,太祖腹心,恐其不利于己,欲解其内职,恐失人望,庚午,以翔为中书侍郎、同平章事,壬申,以户部尚书李振充崇政院使。翔多称疾不预事。

36 康怀贞等与忠武节度使牛存节合兵五万屯河中城西,攻之甚急。晋王遣其将李存审、李嗣肱、李嗣恩将兵救之,败梁兵于胡壁。嗣恩,本骆氏子也。

37 吴武忠王之疾病也,周隐请召刘威,威由是为帅府所忌。或潛之于徐温,温将讨之。威幕客黄讷说威曰:"公受谤虽深,反本无状,若轻舟入觐,则嫌疑皆亡矣。"威从之。陶雅闻李遇败,

30 甲子(十九日),后梁任命均王朱友贞为开封尹、东都留守。

31 前蜀太子王元坦改名元膺。

32 丙寅(二十一日),后梁撤销建昌宫使,任命河南尹张宗奭为国计使,凡天下钱粮过去隶于建昌宫的,全部由他掌管。

33 八月,驻防怀州的龙骧军三千人,离散叛乱向东逃跑,经过的地方抄抢掠夺。戊子(十三日),派遣东京马步军都指挥使霍彦威、左耀武指挥使杜晏球率兵讨伐,庚寅(十五日),霍彦威等打败叛乱的军队,在鄢陵捉住他们的都将刘重遇,甲午(十九日),把刘重遇斩首。

34 郢王朱友珪篡夺帝位以后,众位老将大多愤怒,虽然极力增加恩赏礼遇,但他们终究不高兴。告哀使到达河中,护国节度使冀王朱友谦流着泪说:"先帝数十年开创的根基事业,日前变起皇宫披廷,名声很坏,我充数藩镇,内心感到耻辱。"朱友珪诏令朱友谦加官为侍中、中书令,用诏书为自己辩解,并且召他到东都。朱友谦对使者说:"所立的人是谁?先帝去世不理丧事,我将要到洛阳去问他的罪,要他征召做什么!"戊戌(二十三日),朱友珪任命侍卫诸军使韩勍为西面行营招讨使,督率诸军讨伐朱友谦。朱友谦将河中归附于晋以求救援,九月丁未(初三),朱友珪任命感化节度使康怀贞为河中招讨使,改命韩勍做他的副手。

35 朱友珪因兵部尚书、知崇政院事敬翔是太祖的心腹,担心他对自己不利,想要解除他崇政院使的职务,又怕丧失众望,庚午(二十六日),任命敬翔为中书侍郎、同平章事,壬申(二十八日),任命户部尚书李振为崇政院使。敬翔便常声称有病,不参与政事。

36 康怀贞等与忠武节度使牛存节合兵五万,在河中城西扎营,攻城很是急迫。晋王李存勖派遣他的部将李存审、李嗣肱、李嗣恩率领军队前去救援,在胡壁打败后梁兵。李嗣恩原是骆氏的儿子。

37 吴武忠王杨行密病重的时候,周隐请求召刘威,刘威因此被淮南帅府的人所忌恨。有人在徐温面前诬陷刘威,徐温将要派兵讨伐他。刘威的幕客黄讷劝告他说:"您受到诽谤虽然深重,但谋反是更无理的,如果您乘轻便小船到广陵进见,那么嫌疑就会消除了。"刘威依从了他。歙州观察使陶雅听说宣州观察使李遇战败,

亦惧,与威偕诣广陵,温待之甚恭,如事武忠王之礼,优加官爵,雅等悦服,由是人皆重温。讷,苏州人也。温与威、雅帅将吏请于李俨,承制加嗣吴王隆演太师、吴王,以温领镇海节度使、同平章事,淮南行军司马如故。温遣威、雅还镇。

38　辛巳,蜀改剑南东川曰武德军。

39　朱友谦复告急于晋,冬,十月,晋王自将自泽潞而西,遇康怀贞于解县,大破之,斩首千级,追至白径岭而还。梁兵解围,退保陕州。友谦身自至猗氏谢晋王,从者数十人,撤武备,诣晋王帐,拜之为舅。晋王夜置酒张乐,友谦大醉。晋王留宿帐中,友谦安寝,鼾息自如。明旦复置酒而罢。

40　杨师厚既得魏博之众,又兼都招讨使,宿卫劲兵多在麾下,诸镇兵皆得调发,威势甚重,心轻郢王友珪,遇事往往专行不顾。友珪患之,发诏召之,云"有北边军机,欲与卿面议"。师厚将行,其腹心皆谏曰:"往必不测。"师厚曰:"吾知其为人,虽往,如我何!"乃帅精兵万馀人,渡河趣洛阳,友珪大惧。丁亥,至都门,留兵于外,与十馀人入见,友珪喜,甘言逊词以悦之,赐与巨万。癸巳,遣还。

41　十一月,赵将王德明将兵三万掠武城,至于临清,攻宗城,下之。癸丑,杨师厚伏兵唐店,邀击,大破之,斩首五千馀级。

42　甲寅,葬神武元圣孝皇帝于宣陵,庙号太祖。

43　吴淮南节度副使陈璋等将水军袭楚岳州,执刺史苑玫。楚王殷遣水军都指挥使杨定真救岳州。璋等进攻

也很惧怕，与刘威同行往广陵，徐温待他们很恭敬，如同事奉武忠王杨行密的礼节，从优加官晋爵，陶雅等心悦诚服，因此人们都推重徐温。黄讷是苏州人。徐温与刘威、陶雅率领将吏向李俨请求，承用制书加封吴王继承人杨隆演为太师、吴王，任命徐温为镇海节度使、同平章事，淮南行军司马的官职如旧。徐温派遣刘威、陶雅各回本镇。

38　辛巳，前蜀改剑南东川为武德军。

39　朱友谦又向晋告急，冬季，十月，晋王李存勖亲自率领军队自泽潞向西进发，在解县遇到康怀贞，把后梁兵打得大败，斩杀一千人，追到白径岭才回来。后梁兵解除对河中的包围，撤退保卫陕州。朱友谦亲自到猗氏县感谢李存勖，随从数十人，撤去兵器，前往晋王的营帐，拜晋王为舅舅。晋王晚上摆设酒宴歌舞，朱友谦喝得大醉。晋王让他留宿在自己的帐幕里，朱友谦安睡，鼾息声平静自如。第二天早晨晋王又摆酒宴饮，尽兴才散。

40　杨师厚得到魏博的军队后，又兼任北面都招讨使，宫中警卫的精壮兵士多在他的部下，各镇的军队都能够调发，声威权势很重，心中轻视郢王朱友珪，遇到事情往往独断专行不顾其他。朱友珪对他很担忧，颁发诏书召他，说："有北边军事机要，想要与您当面商议。"杨师厚将要起程，他的心腹亲信都劝他说："前去一定会发生意想不到的事。"杨师厚说："我知道朱友珪的为人，即使前去，能拿我怎么办！"于是率领精锐军队一万多人，渡过黄河，直奔洛阳，朱友珪大为惊惧。丁亥（十三日），杨师厚率兵到达洛阳外城城门前，把军队留在门外，与十几个人入城观见，朱友珪欢喜，用甜蜜恭顺的言词讨杨师厚高兴，赏赐的财物多达数万。癸巳（十九日），朱友珪遣送杨师厚返回。

41　十一月，赵将王德明率领三万军队抢掠武城县，直到临清，攻打宗城，并把宗城夺取。癸丑（初九），杨师厚在唐店埋伏军队，进行拦击，大败赵兵，斩杀五千多人。

42　甲寅（初十），后梁安葬神武元圣孝皇帝于宣陵，庙号太祖。

43　吴淮南节度副使陈璋等率领水军袭击楚岳州，捉住岳州刺史苑玫。楚王马殷派遣水军都指挥使杨定真救援岳州。陈璋等进攻

荆南,高季昌遣其将倪可福拒之。吴恐楚人救荆南,遣抚州刺史刘信帅江、抚、袁、吉、信五州兵屯吉州,为璋声援。

44 十二月戊寅,蜀行营都指挥使王宗汾攻岐文州,拔之,守将李继夔走。

45 是岁,隰州都将刘训杀刺史,以州降晋,晋王以为瀛州刺史。训,永和人也。

46 虔州防御使李彦图卒,州人奉谭全播知州事,遣使内附,诏以全播为百胜防御使、虔韶二州节度开通使。

47 高季昌出兵,声言助梁伐晋,进攻襄州,山南东道节度使孔勍击败之。自是朝贡路绝。勍,兖州人也。

均王上上
乾化三年(癸酉,913)

1 春,正月丁巳,晋周德威拔燕顺州。

2 癸亥,郢王友珪朝享太庙。甲子,祀圜丘,大赦,改元凤历。

3 吴陈璋攻荆南,不克而还,荆南兵与楚兵会于江口以邀之。璋知之,舟二百艘骈为一列,夜过,二镇兵遽出追之,不能及。

4 晋周德威拔燕安远军,蓟州将成行言等降于晋。

5 二月壬午,蜀大赦。

6 郢王友珪既得志,遽为荒淫,内外愤怒,友珪虽啗以金缯,终莫之附。驸马都尉赵岩,犨之子,太祖之婿也,左龙虎统军、侍卫亲军都指挥使袁象先,太祖之甥也。岩奉使至大梁,均王友贞密与之谋诛友珪,岩曰:“此事成败,在招讨杨令公耳。得其一言谕禁军,吾事立办。”均王乃遣腹心马慎交之魏州说杨师厚曰:“郢王篡弑,人望属在大梁,公若因而成之,

荆南,高季昌派遣他的部将倪可福率兵抵御。吴恐怕楚人援救荆南,派遣抚州刺史刘信率领江、抚、袁、吉、信五州的军队驻防吉州,作为陈璋的声援。

44 十二月戊寅(初五),蜀行营都指挥使王宗汾攻打岐王李茂贞所辖文州,夺取州城,守将李继夔逃跑。

45 这一年,隰州都将刘训杀死刺史,献州降晋,晋王李存勖任命刘训为瀛州刺史。刘训是永和人。

46 虔州防御史李彦图去世,州人尊奉谭全播主持州中事务,谭全播派遣使者内附于后梁,朱友珪诏令任命谭全播为百胜防御使及虔韶二州节度开通使。

47 高季昌出兵,扬言助后梁伐晋,进攻襄州,山南东道节度使孔勍把他打败。自这以后,荆南入后梁进贡的道路断绝。孔勍是兖州人。

均王上上
后梁均王(末帝)乾化三年(癸酉,公元913年)

1 春季,正月丁巳(十四日),晋周德威攻克燕顺州。

2 癸亥(二十日),郢王朱友珪朝谒祭祀太庙。甲子(二十一日),祭天,实行大赦,改年号为凤历。

3 吴淮南节度副使陈璋进攻荆南,没有攻克就返回,荆南军队与楚兵在荆江口会合来拦击。陈璋知道情况,把两百艘船并列连接成一列,夜间过江,荆南、楚两镇军队急忙冲出追赶,没能追上。

4 晋周德威攻克燕安远军,蓟州将领成行言等向晋投降。

5 二月壬午(初九),前蜀实行大赦。

6 郢王朱友珪得志以后,马上变得荒淫无度,引起朝内外愤怒,朱友珪虽用金帛引诱,但始终没有人依附他。驸马都尉赵岩是赵犨的儿子,后梁太祖的女婿,左龙虎统军、侍卫亲军都指挥使袁象先是后梁太祖的外甥。赵岩奉命出使到大梁,均王朱友贞秘密地与他谋划杀死朱友珪,赵岩说:"这件事的成败,操在都招讨使杨师厚令公手中。得他一句话晓谕禁军,我的事马上就办。"均王朱友贞于是派遣心腹马慎交到魏州劝导杨师厚说:"郢王朱友珪杀父篡位,众望专注在大梁均王朱友贞身上,您如果能够因此成功,

此不世之功也。"且许事成之日赐犒军钱五十万缗。师厚与将佐谋之,曰:"方郢王弑逆,吾不能即讨;今君臣之分已定,无故改图,可乎?"或曰:"郢王亲弑君父,贼也;均王举兵复雠,义也。奉义讨贼,何君臣之有!彼若一朝破贼,公将何以自处乎?"师厚曰:"吾几误计。"乃遣其将王舜贤至洛阳,阴与袁象先谋,遣招讨马步都虞候谯人朱汉宾将兵屯滑州为外应。赵岩归洛阳,亦与象先密定计。

友珪治龙骧军溃乱者,搜捕其党,获者族之,经年不已。时龙骧军有戍大梁者,友珪征之,均王因使人激怒其众曰:"天子以怀州屯兵叛,追汝辈欲尽坑之。"其众皆惧,莫知所为。丙戌,均王奏龙骧军疑惧,未肯前发。戊子,龙骧将校见均王,泣请可生之路,王曰:"先帝与汝辈三十馀年征战,经营王业。今先帝尚为人所弑,汝辈安所逃死乎!"因出太祖画像示之而泣曰:"汝能自趣洛阳雪雠耻,则转祸为福矣。"众皆踊跃呼万岁,请兵仗,王给之。

庚寅旦,袁象先等帅禁兵数千人突入宫中。友珪闻变,与妻张氏及冯廷谔趋北垣楼下,将逾城,自度不免,令廷谔先杀妻,后杀己,廷谔亦自刭。诸军十馀万大掠都市,百司逃散,中书侍郎、同平章事杜晓、侍讲学士李珽皆为乱兵所杀,门下侍郎、同平章事于兢、宣政使李振被伤。至晡乃定。

象先、岩赍传国宝诣大梁迎均王,王曰:"大梁国家创业之地,何必洛阳!"乃即帝位于大梁,复称乾化三年,追废友珪为庶人,复博王友文官爵。

7　丙申,晋李存晖攻燕檀州,刺史陈确以城降。

这是非凡的功勋啊。"并且答应事成之日赏赐给他犒劳将士的钱五十万缗。杨师厚与将佐商议这件事,说:"当郢王杀父叛逆的时候,我不能立即讨伐;现在君臣名分已定,无故改变主意,可以吗?"有人说:"郢王亲自杀死君父,是贼;均王发兵复仇,是正义的。尊奉正义,讨伐逆贼,有什么君臣之分!他们如果一旦打败逆贼,您将怎么安顿自己呢?"杨师厚说:"我几乎打错算盘。"于是派遣他的部将王舜贤到洛阳,暗中与左龙虎统军、侍卫亲军都指挥使袁象先商量,派遣招讨马步都虞候谯人朱汉宾率兵驻守滑州作为外应。驸马都尉赵岩返回洛阳,也与袁象先秘密制定计策。

朱友珪惩治龙骧军内逃散作乱的人,搜捕他们的党羽,逮住的灭族,常年不停。当时龙骧军有戍守大梁的,朱友珪召他们回洛阳,均王朱友贞于是派人激怒他们说:"天子因戍守怀州的龙骧军叛变,追拿你们打算全部活埋。"龙骧军的兵众都很害怕,不知道怎么办。丙戌(十三日),均王奏报大梁的龙骧军怀疑恐惧,不肯起程。戊子(十五日),龙骧军将校进见均王,流着泪请求指示生存的道路,均王说:"先帝与你们三十多年南征北战,筹划经营帝王事业。现在先帝尚且被人杀死,你们到何处能够逃脱死亡呢!"于是拿出后梁太祖的画像给他们看,并且流着泪说:"你们能够自己奔赴洛阳报仇雪耻,就转祸为福了。"龙骧军兵众跳跃高呼万岁,请求发给兵器,均王发给了他们。

庚寅(十七日)早晨,袁象先等率领禁军数千人冲入宫中。朱友珪听说兵变,与妻子张氏及冯廷谔跑到北垣墙楼下,将要越过城墙,自己估计不能免死,命令冯廷谔先把妻子张氏杀死,后杀死自己,冯廷谔也自杀。诸军十多万人大肆抢掠市中财物,百官逃散,中书侍郎及同平章事杜晓、侍讲学士李珽都被乱兵杀死,门下侍郎及同平章事于兢、宣政使李振被打伤。直到太阳落山才安定下来。

袁象先和赵岩带着传国宝玺前往大梁迎接均王朱友贞,均王说:"大梁是国家创立基业的地方,何必到洛阳去!"于是,在东都大梁即帝位,又把年号改为乾化三年,追废朱友珪为平民,恢复博王朱友文的官爵。

7 丙申(二十三日),晋将李存晖率兵攻打燕檀州,檀州刺史陈确献城投降。

8　蜀唐道袭自兴元罢归，复为枢密使。太子元膺廷疏道袭过恶，以为不应复典机要，蜀主不悦。庚子，以道袭为太子太保。

9　三月甲辰朔，晋周德威拔燕卢台军。

10　丁未，帝更名锽；久之，又名瑱。

11　庚戌，加杨师厚兼中书令，赐爵邺王，赐诏不名，事无巨细必咨而后行。

12　帝遣使招抚朱友谦，友谦复称藩，奉梁年号。

13　丙辰，立皇弟友敬为康王。

14　乙丑，晋将刘光濬克古北口，燕居庸关使胡令圭等奔晋。

15　戊辰，以保义留后戴思远为节度使，镇邢州。

16　燕主守光命大将元行钦将骑七千，牧马于山北，募山北兵以应契丹；又以骑将高行珪为武州刺史，以为外援。晋李嗣源分兵徇山后八军，皆下之。晋王以其弟存矩为新州刺史总之。以燕纳降军使卢文进为裨将。李嗣源进攻武州，高行珪以城降。元行钦闻之，引兵攻行珪，行珪使其弟行周质于晋军以求救，李嗣源引兵救之，行钦解围去。嗣源与行周追至广边军，凡八战，行钦力屈而降。嗣源爱其骁勇，养以为子。嗣源进攻儒州，拔之，以行珪为代州刺史。行周留事嗣源，常与嗣源假子从珂分将牙兵以从。从珂母魏氏，镇州人，先适王氏，生从珂，嗣源从晋王克用战河北，得魏氏，以为姜，故从珂为嗣源子，及长，以勇健知名，嗣源爱之。

17　吴行营招讨使李涛帅众二万出千秋岭，攻吴越衣锦军。吴越王镠以其子湖州刺史传瓘为北面应援都指挥使以救之，睦州刺史传璙为招讨收复都指挥使，将水军攻吴东洲以分其兵势。

8　前蜀唐道袭从兴元罢免回成都,复任枢密使。太子王元膺在朝廷上逐条分列唐道袭的过失罪恶,以为不应当再掌管国家机密要事,前蜀主王建不高兴。庚子(二十七日),任命唐道袭为太子太保。

9　三月甲辰朔(初一),晋周德威夺取燕卢台军。

10　丁未(初四),后梁帝均王朱友贞更名为锽;很久以后,又改名为瑱。

11　庚戌(初七),后梁加官杨师厚兼中书令,赐爵邺王,赐诏不称名,事无大小一定要先咨询过他然后施行。

12　后梁帝派遣使者招抚朱友谦,朱友谦又称藩镇,尊奉梁朝年号。

13　丙辰(十三日),后梁帝立皇弟朱友敬为康王。

14　乙丑(二十二日),晋将刘光濬攻克古北口,燕居庸关使胡令圭等投奔晋。

15　戊辰(二十五日),后梁帝任命保义留后戴思远为保义节度使,镇守邢州。

16　燕主刘守光命大将元行钦率领七千骑兵,在山北牧马,招募山北军队来接应契丹;又任命骑兵将领高行珪为武州刺史,以为外援。晋将李嗣源分兵巡行山后八军,全部攻克。晋王任命他的弟弟李存矩为新州刺史总管山后八军。委任燕纳降军使卢文进为副将。李嗣源进攻武州,高行珪献城投降。元行钦听到高行珪投降,带兵攻打高行珪,高行珪派他的弟弟高行周到晋军营中作为人质,请求发兵援救,李嗣源带兵救援高行珪,元行钦解围离去。李嗣源与高行周追赶到广边军,总共打了八仗,元行钦力尽投降。李嗣源喜爱元行钦勇猛善战,收为养子。李嗣源进攻儒州,夺取州城,委任高行珪为代州刺史。高行周留下事奉李嗣源,常与李嗣源养子李从珂分率牙兵随从左右。李从珂的母亲魏氏是镇州人,先嫁与王氏,生从珂,李嗣源随从晋王李克用在河北作战,得到魏氏,收为妾,所以从珂成为李嗣源的儿子,李从珂长大以后,以勇健善战知名,李嗣源非常喜欢他。

17　吴行营招讨使李涛率领两万军队从千秋岭出来,进攻吴越衣锦军。吴越王钱镠任命他的儿子湖州刺史钱传瓘为北面应援都指挥使,率兵前去救援;睦州刺史钱传璙为招讨收复都指挥使,率领水军进攻吴东洲来分散吴军的兵势。

18　夏,四月癸未,以袁象先领镇南节度使、同平章事。

19　晋周德威进军逼幽州南门,壬辰,燕主守光遣使致书于德威以请和,语甚卑而哀。德威曰:"大燕皇帝尚未郊天,何雌伏如是邪! 予受命讨有罪者,结盟继好,非所闻也。"不答书。守光惧,复遣人祈哀,德威乃以闻于晋王。

20　千秋岭道险狭,钱传瓘使人伐木以断吴军之后而击之,吴军大败,虏李涛及士卒三千馀人以归。

21　己亥,晋刘光濬拔燕平州,执刺史张在吉。五月,光濬攻营州,刺史杨靖降。

22　乙巳,蜀主以兵部尚书王锴为中书侍郎、同平章事。

23　杨师厚与刘守奇将汴、滑、徐、兖、魏、博、邢、洺之兵十万大掠赵境,师厚自柏乡入攻土门,趣赵州,守奇自贝州入趣冀州,所过焚掠。庚戌,师厚至镇州,营于南门外,燔其关城。壬子,师厚自九门退军下博,守奇引兵与师厚会攻下博,拔之。晋将李存审、史建瑭戍赵州,兵少,赵王告急于周德威。德威遣骑将李绍衡会赵将王德明同拒梁军。师厚、守奇自弓高渡御河而东,逼沧州,张万进惧,请迁于河南。师厚表徙万进镇青州,以守奇为顺化节度使。

24　吴遣宣州副指挥使花虔将兵会广德镇遏使涡信屯广德,将复寇衣锦军。吴越钱传瓘就攻之。

25　六月壬申朔,晋王遣张承业诣幽州,与周德威议军事。

26　丙子,蜀主以道士杜光庭为金紫光禄大夫、左谏议大夫,封蔡国公,进号广成先生。光庭博学善属文,蜀主重之,颇与议政事。

18　夏季,四月癸未(十一日),后梁帝任命袁象先兼镇南节度使、同平章事。

19　晋周德威率领大军进逼幽州南门,壬辰(二十日),燕主刘守光派遣使者给周德威送去书信,请求和解,言辞卑下悲哀。周德威说:"大燕皇帝还没有到南郊祭天,怎么屈居人下如此呢!我受天命讨伐有罪的人,结成同盟,继续友好,不是我所要听到的。"没有复信。刘守光畏惧,又派人前去祈求怜悯,周德威这才把此事向晋王报告。

20　千秋岭道路险峻狭窄,钱传瓘派人砍伐树木截断吴军的后路,然后发动攻击,把吴军打得大败,俘虏李涛及甲士步卒三千多人,带回杭州。

21　己亥(二十七日),晋将刘光濬攻克燕平州,捉住平州刺史张在吉。五月,刘光濬率兵进攻营州,营州刺史杨靖投降。

22　乙巳(初四),前蜀主王建任命兵部尚书王锴为中书侍郎、同平章事。

23　杨师厚与刘守奇率领汴州、滑州、徐州、兖州、魏州、博州、邢州、洺州的十万军队大肆掳掠赵地,杨师厚自柏乡进入攻击土门,奔赴赵州,刘守奇自贝州进入奔赴冀州,所过地方都焚烧抢掠。庚戌(初九),杨师厚到达镇州,在南门外扎营,焚烧镇州关城。壬子(十一日),杨师厚自九门退兵到下博,刘守奇带兵与杨师厚会同进攻下博,将城夺取。晋李存审、史建瑭戍守赵州,兵少,赵王向周德威告急。周德威派遣骑将李绍衡会同赵将王德明一起抵御后梁军。杨师厚、刘守奇自弓高渡过御河向东进发,逼近沧州,张万进畏惧,请求迁往河南。杨师厚上表请调张万进镇守青州,任命刘守奇为顺化节度使。

24　吴派遣宣州副指挥使花虔率领军队会同广德镇遏使涡信驻防广德,将要再次侵犯衣锦军。吴越钱传瓘率兵前去攻打。

25　六月壬申朔(初一),晋王派遣张承业前往幽州,与周德威商议军事。

26　丙子(初五),前蜀主王建任命道士杜光庭为金紫光禄大夫、左谏议大夫,封蔡国公,进号广成先生。杜光庭学识渊博,长于写作,王建推崇他,常与他商议政事。

27　吴越钱传瓘拔广德,虏花虔、涡信以归。

28　戊子,以张万进为平卢节度使。

29　辛卯,燕主守光遣使诣张承业,请以城降,承业以其无信,不许。

30　蜀太子元膺,猳喙齙齿,目视不正,而警敏知书,善骑射,性狷急猜忍。蜀主命杜光庭选纯静有德者使侍东宫,光庭荐儒者许寂、徐简夫,太子未尝与之交言,日与乐工群小嬉戏无度,僚属莫敢谏。

秋,七月,蜀主将以七夕出游。丙午,太子召诸王大臣宴饮,集王宗翰、内枢密使潘峭、翰林学士承旨高阳毛文锡不至,太子怒曰:“集王不来,必峭与文锡离间也。”大昌军使徐瑶、常谦,素为太子所亲信,酒行,屡目少保唐道袭,道袭惧而起。丁未旦,太子入白蜀主曰:“潘峭、毛文锡离间兄弟。”蜀主怒,命贬逐峭、文锡,以前武泰节度使兼侍中潘炕为内枢密使。

太子出,道袭入,蜀主以其事告之,道袭曰:“太子谋作乱,欲召诸将、诸王,以兵锢之,然后举事耳。”蜀主疑焉,遂不出。道袭请召屯营兵入宿卫,许之。内外戒严。

太子初不为备,闻道袭召兵,乃以天武甲士自卫,捕潘峭、毛文锡至,挝之几死,囚诸东宫;又捕成都尹潘峤,囚诸得贤门。戊申,徐瑶、常谦与怀胜军使严璘等各帅所部兵奉太子攻道袭。至清风楼,道袭引屯营兵出拒战,道袭中流矢,逐至城西,斩之。杀屯营兵甚众,中外惊扰。

潘炕言于蜀主曰:“太子与唐道袭争权耳,无他志也。陛下宜面谕大臣以安社稷。”蜀主乃召兼中书令王宗侃、王宗贺、前利州团练使王宗鲁,使发兵讨为乱者徐瑶、常谦等。宗侃等陈于西毬场门,兼侍中王宗黯自大安门梯城而入,与瑶、

27　吴越钱传璙率兵攻克广德,俘虏花虔、涡信而撤兵。

28　戊子(十七日),后梁任命张万进为平卢节度使。

29　辛卯(二十日),燕主刘守光派遣使者拜访张承业,请求献城投降,张承业因他没有信用,不答应。

30　前蜀太子王元膺,生就了一张公猪嘴,牙齿外露,眼睛斜视,但是机警灵敏,通晓诗书,善于骑马射箭,性情褊狭急躁,多疑残忍。蜀主王建命杜光庭选择学问纯正、性情安详、有德行的人,让他们事奉太子,杜光庭推荐儒生许寂、徐简夫,太子与他们未曾交谈过,每天与乐工下人玩耍,没有节制,属官没有人敢于劝谏。

秋季,七月,王建将要在七夕出去游玩。丙午(初六),太子王元膺召集诸王及文武大臣在一起设宴饮酒,集王王宗翰、内枢密使潘峭、翰林学士承旨高阳人毛文锡没有到,太子勃然大怒,说:"集王不来,一定是潘峭与毛文锡从中挑拨离间。"大昌军使徐瑶、常谦,一向为太子所亲近信任,依次斟酒劝饮之间,多次瞪少保唐道袭,唐道袭畏惧而起身。丁未(初七)早晨,太子入宫禀报王建说:"潘峭、毛文锡挑拨离间我们兄弟。"王建大怒,命将潘峭、毛文锡贬官放逐,任命前武泰节度使兼侍中潘炕为内枢密使。

太子出宫以后,唐道袭入宫觐见,王建把刚才这事告诉他,唐道袭说:"太子图谋作乱,想要召集诸将、诸王,用兵禁锢他们,然后发动叛乱罢了。"王建产生怀疑,于是七夕不出去游玩了。唐道袭请召驻防营兵进宫值宿警卫,王建应允。成都城内外戒备森严。

太子王元膺开始没有作准备,听说唐道袭召集军队,于是带领天武甲士进行自卫,逮捕潘峭、毛文锡,把他们几乎打死,还把他们囚禁在东宫里;又逮捕成都尹潘峤,把他囚禁在得贤门。戊申(初八),大昌军使徐瑶、常谦与怀胜军使严璠等各率自己所属的军队随从太子进攻唐道袭。到达清风楼,唐道袭带领驻防营兵出来抵御战斗,唐道袭被乱箭射中,追赶到城西,把唐道袭杀死。并杀死很多驻防营兵,成都城内外惊慌扰乱。

内枢密使潘炕向前蜀主王建进言说:"太子只是与唐道袭争夺权力罢了,没有其他心思。陛下应该当面告谕诸王文武大臣来安定国家。"王建于是召兼中书令王宗侃、王宗贺及前利州团练使王宗鲁,命他们发兵讨伐发动叛乱的徐瑶、常谦等人。王宗侃等在西毬场门列阵,兼侍中王宗黯自大安门攀梯登城,进入宫内,与徐瑶、

谦战于会同殿前,杀数十人。瑶死,谦与太子奔龙跃池,匿于舰中。己酉,太子出就舟人丐食,舟人以告蜀主,亟遣集王宗翰往慰抚之。比至,太子已为卫士所杀。蜀主疑宗翰杀之,大恸不已。左右恐事变,会张格呈慰谕军民榜,读至"不行斧钺之诛,将误社稷之计",蜀主收涕曰:"朕何敢以私害公!"于是下诏废太子元膺为庶人。宗翰奏诛手刃太子者,元膺左右坐诛死者数十人,贬窜者甚众。

庚戌,赠唐道袭太师,谥忠壮,复以潘峭为枢密使。

31　甲子,晋五院军使拔莫州,擒燕将毕元福。八月乙亥,李信拔瀛州。

32　赐高季昌爵勃海王。

33　晋王与赵王镕会于天长。

34　楚宁远节度使姚彦章将水军侵吴鄂州,吴以池州团练使吕师造为水陆行营应援使,未至,楚兵引去。

35　九月甲辰,以御史大夫姚洎为中书侍郎、同平章事。

36　燕主守光引兵夜出,复取顺州。

37　吴越王镠遣其子传瓘、传璙及大同节度使传瑛攻吴常州,营于潘葑。徐温曰:"浙人轻而怯。"帅诸将倍道赴之。至无锡,黑云都将陈祐言于温曰:"彼谓吾远来罢倦,未能决战,请以所部乘其无备击之。"乃自他道出敌后,温以大军当其前,夹攻之,吴越大败,斩获甚众。

38　高季昌造战舰五百艘,治城堑,缮器械,为攻守之具,招聚亡命,交通吴、蜀,朝廷浸不能制。

常谦在会同殿前面进行战斗，杀死数十人。徐瑶战死，常谦与太子逃奔龙跃池，隐藏在战船中。己酉（初九）早晨，太子从战船中出来，向船夫讨饭吃，船夫把这事报告王建，王建急忙派遣集王王宗翰前去慰问安抚。等到来到龙跃池，太子已被卫士杀死。王建怀疑是王宗翰杀了太子，痛哭不止。左右的官员担心发生事变，恰巧同平章事张格进呈"慰谕军民榜"，读到"不对悖逆作乱的人实行杀戮，将要贻误国家的大计"时，王建止住涕泪说："朕怎么敢因私情危害国家公事！"于是，颁布诏书，废黜太子王元膺为平民。王宗翰奏请把亲手杀死太子的人斩首，结果王元膺左右的人被诛杀的有几十个人，降职流放的人很多。

庚戌（初十），前蜀主追赠唐道袭为太师，谥号忠壮，又任命潘峭为枢密使。

31 甲子（二十四日），晋五院军使李信攻克莫州，生擒燕将毕元福。八月乙亥（初六），李信攻克瀛州。

32 后梁帝赐高季昌爵为勃海王。

33 晋王与赵王王镕在天长会见。

34 楚宁远节度使姚彦章率领水军侵犯吴鄂州，吴任命池州团练使吕师造为水陆行营应援使，还没有到达，楚兵退走。

35 九月甲辰（初五），后梁任命御史大夫姚洎为中书侍郎、同平章事。

36 燕主刘守光带领军队在夜里出击，又夺回顺州。

37 吴越王钱镠派遣他的儿子钱传瓘、钱传璙及大同节度使钱传瑛进攻吴常州，在无锡县潘葑扎营。徐温说："浙人轻浮而且怯懦。"率领诸将日夜兼程赶路奔赴常州。到达无锡时，黑云都将陈祐向徐温进言说："他们以为我军远道而来一定疲乏劳倦，不能进行决战，请准许我带领部下乘他们没有戒备攻击他们。"于是从别的道路绕到敌人后面，徐温带领大军挡在吴越军队的前面，前后夹攻，把吴越军打得大败，杀死俘获吴越兵很多。

38 荆南节度使高季昌制造战船五百艘，修挖城垣壕沟，整治铠甲器械，作为进攻守卫的工具，招集逃亡在外的人，交结吴、蜀，后梁朝廷渐渐不能控制。

39 冬，十月己巳朔，燕主守光帅众五千夜出，将入檀州；庚午，周德威自涿州引兵邀击，大破之。守光以百馀骑逃归幽州，其将卒降者相继。

40 蜀潘炕屡请立太子，蜀主以雅王宗辂类己，信王宗杰才敏，欲择一人立之。郑王宗衍最幼，其母徐贤妃有宠，欲立其子，使飞龙使唐文扆讽张格上表请立宗衍。格夜以表示功臣王宗侃等，诈云受密旨，众皆署名。蜀主令相者视诸子，亦希旨言郑王相最贵。蜀主以为众人实欲立宗衍，不得已许之，曰：“宗衍幼懦，能堪其任乎？”甲午，立宗衍为太子。受册毕，潘炕以朝廷无事，称疾请老，蜀主不许；涕泣固请，乃许之。国有大疑，常遣使就第问之。

41 岭南节度使刘岩求婚于楚，楚王许以女妻之。

42 卢龙巡属皆入于晋，燕主守光独守幽州城，求援于契丹。契丹以其无信，竟不救。守光屡请降于晋，晋人疑其诈，终不许。至是，守光登城谓周德威曰：“俟晋王至，吾则开门泥首听命。”德威使白晋王。十一月甲辰，晋王以监军张承业权知军府事，自诣幽州，辛酉，单骑抵城下，谓守光曰：“朱温篡逆，余本与公合河朔五镇之兵兴复唐祚。公谋之不臧，乃效彼狂僭。镇、定二帅皆俛首事公，而公曾不之恤，是以有今日之役。丈夫成败须决所向，公将何如？”守光曰：“今日俎上肉耳，惟王所裁。”王悯之，与折弓矢为誓，曰：“但出相见，保无他也。”守光辞以他日。

39　冬季，十月己巳朔(初一)，燕主刘守光率领五千兵众在夜里出发，将要进入檀州；庚午(初二)，周德威自涿州带兵拦击，把燕兵打得大败。刘守光带领一百多骑兵逃回幽州，他的将领兵卒投降的接连不断。

40　前蜀潘炕屡次请求立太子，前蜀主王建认为雅王王宗辂像自己，信王王宗杰才思敏捷，想要选择一人立为太子。郑王王宗衍年龄最小，他的母亲徐贤妃深受蜀王宠爱，想要立自己的儿子，派飞龙使唐文扆示意同平章事张格上表请立王宗衍。张格在夜里把写好的表章给功臣王宗侃等看，欺骗他们说是承受了蜀主的密旨，众人都署了名。前蜀主让相面的人观察各个儿子的面貌，相面人也迎合所谓密旨说郑王相貌最尊贵。前蜀主以为众人确实想要立王宗衍为太子，不得已答应了他们，说："王宗衍年幼懦弱，能够胜任他的职务吗?"甲午(二十六日)，立王宗衍为太子。受册完毕，潘炕以朝廷没有什么事情，声称有病，请求告老辞官，王建不准许；潘炕流着眼泪坚决请求，才答应了他。国家有了大的疑难事情，常派遣使者到他家里请教。

41　岭南节度使刘岩向楚王求婚，楚王马殷应允把女儿嫁给他。

42　卢龙节度使的管辖属地都被晋占有，燕主刘守光独自据守幽州城，向契丹请求救援。契丹认为他没有信用，最终没有救援。刘守光多次向晋请求归降，晋人怀疑他欺诈，始终不接受他投降。到这时候，刘守光登上城楼，对周德威说："等晋王到了，我就打开城门，伏首听命。"周德威派遣使者禀报晋王。十一月甲辰(初六)，晋王任命监军张承业代理主持军府事务，自己亲往幽州，辛酉(二十三日)，晋王单骑到达幽州城下，对刘守光说："朱温篡唐叛逆，我本来想要与您会合河朔五镇的军队共同兴复唐室的国运。您图谋不善，竟然效法朱温狂妄僭越。镇州王镕、定州王处直两帅，都驯服恭顺地事奉您，然而您却从来不体恤他们，所以才有今天这场战斗。男子汉无论成功还是失败，必须决定去向，您将要怎么办?"刘守光说："今天我是砧板上的肉罢了，只听大王裁决。"晋王怜悯刘守光，与他折断弓箭起誓，说："只要您出城相见，我保证没有别的事情。"刘守光用改换他日来推托。

　　先是，守光爱将李小喜多赞成守光之恶，言听计从，权倾境内。至是，守光将出降，小喜止之。是夕，小喜逾城诣晋军，且言城中力竭。壬戌，晋王督诸军四面攻城，克之，擒刘仁恭及其妻妾，守光帅妻子亡去。癸亥，晋王入幽州。

　　43　以宁国节度使王景仁为淮南西北行营招讨应接使，将兵万馀侵庐、寿。

在这以前,刘守光的爱将李小喜多佐助促成刘守光的恶行,刘守光对李小喜言听计从,李小喜的权势倾动境内。到这个时候,刘守光将要出城投降,李小喜止住了他。这天晚上,李小喜越过城墙,前往晋军投降,并且说幽州城内已经力量用尽。壬戌(二十四日),晋王李存勖统率诸军从四面同时攻城,夺取了幽州城,擒获刘仁恭及他的妻妾,刘守光带着妻子儿女逃走。癸亥(二十五日),晋王进入幽州。

　　43　后梁任命宁国节度使王景仁为淮南西北行营招讨应接使,率领军队一万多人侵犯庐州、寿州。

卷第二百六十九 后梁纪四

起癸酉(913)十二月尽丁丑(917)六月凡三年有奇

均王上
乾化三年(癸酉,913)

1 十二月,吴镇海节度使徐温、平卢节度使朱瑾帅诸将拒之,遇于赵步。吴征兵未集,温以四千馀人与景仁战,不胜而却。景仁引兵乘之,将及于隘,吴吏士皆失色,左骁卫大将军宛丘陈绍援枪大呼曰:"诱敌太深,可以进矣。"跃马还斗,众随之,梁兵乃退。温拊其背曰:"非子之智勇,吾几困矣。"赐之金帛,绍悉以分麾下。吴兵既集,复战于霍丘,梁兵大败,王景仁以数骑殿,吴人不敢逼。梁之渡淮而南也,表其可涉之津,霍丘守将朱景浮表于木,徙置深渊。及梁兵败还,望表而涉,溺死者太半,吴人聚梁尸为京观于霍丘。

2 庚午,晋王以周德威为卢龙节度使,兼侍中,以李嗣本为振武节度使。

燕主守光将奔沧州就刘守奇,涉寒,足肿,且迷失道,至燕乐之境,昼匿坑谷,数日不食,令妻祝氏乞食于田父张师造家。师造怪妇人异状,诘知守光处,并其三子擒之。

均王上

后梁均王(末帝)乾化三年(癸酉,公元913年)

1 十二月,吴国镇海节度使徐温、平卢节度使朱瑾率领诸将抵御后梁王景仁,两军在赵步相遇。当时,吴国征集的士卒还未到齐,徐温率领着四千馀士卒与王景仁交战,终因寡不敌众而战败退却。王景仁乘胜率兵追击,快追到险要的地方,吴国的官兵都惊恐失色,这时,吴国的左骁卫大将军宛丘人陈绍举起枪来高声疾呼,说:"诱敌太深了,可以进攻了。"于是他跃上战马,回头还击后梁军,吴国的士卒也跟着他一起与后梁军作战,后梁军才撤退。事后徐温拍着陈绍的背说:"若不是你聪明勇敢,我们几乎就要陷入困境了。"于是赏赐给陈绍很多金帛,陈绍全部将赏赐分给部下。吴国的军队征集起来以后,又与后梁军战于霍丘,结果后梁军大败,王景仁和几个骑兵走在队伍的后面,吴国的士卒不敢逼近。后梁军在渡过淮水向南进攻时,在水浅的渡津作了标志,吴军霍丘守将朱景将这些标志浮在木头上移到水深的地方。等到后梁军战败回逃的时候,都按照过河时设置的标志涉水渡河,结果被溺死的士卒有一半以上,吴国人把被溺死的后梁军尸体集中起来在霍丘封筑成高土冢,以此来炫耀自己军队所取得的胜利。

2 庚午(初三),晋王李存勖任命周德威为卢龙节度使兼侍中,任命李嗣本为振武节度使。

燕主刘守光被周德威击败后,将要向南投奔沧州刘守奇,由于步行过河,水寒冷,脚肿了,而且迷失了道路,行至燕乐县境内时,白天藏匿在坑谷之中,好几天都没有吃上饭,就让他的妻子祝氏到老农张师造家讨饭。老农张师造觉得刘守光的妻子祝氏相貌很特殊,结果打听到了刘守光的住处,于是连刘守光的三个儿子一并捉拿起来。

癸酉,晋王方宴,将吏擒守光适至,王语之曰:"主人何避客之深邪!"并仁恭置之馆舍,以器服膳饮赐之。王命掌书记王缄草露布,缄不知故事,书之于布,遣人曳之。

晋王欲自云、代归,赵王镕及王处直请由中山、真定趣井陉,王从之。庚辰,晋王发幽州,刘仁恭父子皆荷校于露布之下。守光父母唾其面而骂之曰:"逆贼,破我家至此!"守光俯首而已。甲申,至定州,舍于关城。丙戌,晋王与王处直谒北岳庙。是日,至行唐,赵王镕迎谒于路。

四年(甲戌,914)

1 春,正月戊戌朔,赵王镕诣晋王行帐上寿置酒。镕愿识刘太师面,晋王命吏脱仁恭及守光械,引就席同宴,镕答其拜,又以衣服鞍马酒馔赠之。己亥,晋王与镕畋于行唐之西,镕送境上而别。

2 丙午,蜀主命太子判六军,开崇勋府,置僚属,后更谓之天策府。

3 壬子,晋王以练绤刘仁恭父子,凯歌入于晋阳,丙辰,献于太庙,自临斩刘守光。守光呼曰:"守光死不恨,然教守光不降者,李小喜也。"王召小喜证之,小喜瞋目叱守光曰:"汝内乱禽兽行,亦我教邪!"王怒其无礼,先斩之。守光曰:"守光善骑射,

癸酉（初六），晋王将要举行宴会的时候，将吏正好将刘守光押送到，晋王对他们说："主人为什么要这样畏避客人呢！"于是将刘守光的父亲刘仁恭和刘守光一并安置到客舍居住，并赏赐给他们衣食用具。随后晋王又命令掌书记王缄起草晓示天下的报捷文书"露布"。王缄不知露布的旧例，便把情况书写在布匹上，派人拉着。

晋王打算经过云州、代州回晋阳，赵王王镕和王处直请求经由中山、真定，并取道井陉返回晋阳，晋王听从了他们的意见。庚辰（十三日），晋王从幽州出发，刘仁恭父子都戴着枷锁在露布之下。刘守光的母亲和父亲将唾沫唾在他的脸上并骂他说："逆贼，把我的家败坏到这种地步！"刘守光只是低着头而已。甲申（十七日），行至定州，住在关口的城楼里面。丙戌（十九日），晋王和王处直拜谒北岳庙。这一天，行至行唐，赵王王镕在路上迎接谒见了晋王。

后梁均王（末帝）乾化四年（甲戌，公元914年）

1　春季，正月戊戌朔（初一），赵王王镕到晋王的军帐中为晋王上寿敬酒。王镕希望能见刘太师一面，晋王命令看守刘仁恭、刘守光的官吏卸下他们的枷械，并把他们领到帐中同宴，王镕回拜了他们，又赠送给他们衣服、鞍马、酒馔。己亥（初二），晋王和王镕在行唐的西面打猎，随后王镕把晋王送到边境上才分别。

2　丙午（初九），前蜀主王建命令太子兼管六军，始建崇勋府，设置僚属，后来改名称为天策府。

3　壬子（十五日），晋王用白绢捆绑着刘仁恭父子，高奏凯歌进入了晋阳城，丙辰（十九日），晋王将俘虏刘仁恭父子献于太庙，并亲临刑场斩杀刘守光。临刑前刘守光高声呼喊说："我刘守光死而无恨，然而教我刘守光不降服的人是李小喜。"晋王把李小喜召来证明刘守光的话是否事实，李小喜怒目斥骂刘守光说："你乱伦的禽兽行为也是我教的吗！"晋王对他出言无礼的行为十分生气，于是先斩杀了李小喜。刘守光说："我刘守光善于骑马射箭，

王欲成霸业,何不留之使自效!"其二妻李氏、祝氏让之曰:
"皇帝,事已如此,生亦何益!"即伸颈就戮。守光至死号泣哀
祈不已。王命节度副使卢汝弼等械仁恭至代州,刺其心血以
祭先王墓,然后斩之。

或说赵王镕曰:"大王所称尚书令,乃梁官也,大王既与
梁为仇,不当称其官。且自太宗践阼已来,无敢当其名者。
今晋王为盟主,勋高位卑,不若以尚书令让之。"镕曰"善!"乃
与王处直各遣使推晋王为尚书令,晋王三让,然后受之,始开
府置行台如太宗故事。

4　高季昌以蜀夔、万、忠、涪四州旧隶荆南,兴兵取之,
先以水军攻夔州。时镇江节度使兼侍中嘉王宗寿镇忠州,夔
州刺史王成先请甲,宗寿但以白布袍给之。成先帅之逆战,
季昌纵火船焚蜀浮桥,招讨副使张武举铁絚拒之,船不得进。
会风反,荆南兵焚溺死者甚众。季昌乘战舰,蒙以牛革,飞石
中之,折其尾,季昌易小舟而遁。荆南兵大败,俘斩五千级。
成先密遣人奏宗寿不给甲之状,宗寿获之,召成先,斩之。

5　帝以岐人数为寇,二月,徙感化节度使康怀英为永平
节度使,镇长安。怀英即怀贞也,避帝名改焉。

6　夏,四月丙子,蜀主徙镇江军治夔州。

7　丁丑,司空兼门下侍郎、同平章事于兢坐挟私迁补军
校,罢为工部侍郎,再贬莱州司马。

大王要成就霸业,为什么不留下我,让我为您效劳呢!"刘守光的两个妻子李氏和祝氏责备他说:"皇上,事已如此,活着又有什么好处呢!"随即伸出脖子接受砍戮。刘守光至死都不停地号泣求饶。晋王命令节度副使卢汝弼等给刘仁恭戴上枷锁押送到代州,刺取了他的心血祭祀了先王李克用陵墓,然后将他斩杀。

有人劝赵王王镕说:"大王的称号尚书令是梁国的官名,大王既然与梁国为仇敌,就不应当再用梁国的官名。况且自从唐太宗登位以来,没有敢称这种官名的。现在晋王为盟主,功高位低,不如用尚书令这个官位来推崇他。"王镕说:"很对。"于是与王处直各自派遣使者去推举晋王为尚书令,晋王再三辞让,最后才接受了,并像过去的唐太宗一样,开建府署,辟置行台。

4　高季昌因为前蜀的夔州、万州、忠州、涪州四州过去隶属荆南,打算用武力来夺取这些地方,一开始用水军攻打夔州。当时前蜀镇江节度使兼侍中嘉王王宗寿镇守忠州,夔州刺史王成先请求率领甲士作战,王宗寿只把穿白布袍的士卒配备给他。王成先率领这些白袍士卒迎战高季昌,高季昌放出火船焚烧了前蜀的浮桥,前蜀招讨副使张武架起铁索桥来阻拦高季昌的火船,结果火船无法通过。这时正好遇上风向调转,荆南高季昌的部队被火烧死和被水淹死的士卒很多。高季昌改乘战船逃跑,并给船蒙上牛皮,但被飞石击中,船尾被砸断,高季昌又改乘小船逃跑。在这次战役中,荆南兵大败,被俘虏和斩杀的共有五千人左右。夔州刺史王成先秘密派人向前蜀主奏告王宗寿不配备戴甲给士卒的情况,结果被王宗寿获知,于是召见王成先,并斩杀了他。

5　后梁帝因为岐人曾多次来侵犯,二月,调感化节度使康怀英为永平节度使,镇守长安。康怀英即康怀贞,因为避讳后梁帝均王朱友贞的名字而改为康怀英。

6　夏季,四月丙子(初十),前蜀主王建将镇江军的治所迁到夔州。

7　丁丑(十一日),司空兼门下侍郎、同平章事于兢因为犯了徇私调迁补授军校的罪,被罢免为工部侍郎,后来又贬任莱州司马。

8　吴袁州刺史刘崇景叛,附于楚。崇景,威之子也。楚将许贞将万人援之,吴都指挥使柴再用、米志诚帅诸将讨之。

9　楚岳州刺史许德勋将水军巡边,夜分,南风暴起,都指挥使王环乘风趣黄州,以绳梯登城,径趣州署,执吴刺史马邺,大掠而还。德勋曰:"鄂州将邀我,宜备之。"环曰:"我军入黄州,鄂人不知,奄过其城,彼自救不暇,安敢邀我!"乃展旗鸣鼓而行,鄂人不敢逼。

10　五月,朔方节度使兼中书令颍川王韩逊卒,军中推其子洙为留后。癸丑,诏以洙为节度使。

11　吴柴再用等与刘崇景、许贞战于万胜冈,大破之,崇景、贞弃袁州遁去。

12　晋王既克幽州,乃谋入寇。秋,七月,会赵王镕及周德威于赵州,南寇邢州,李嗣昭引昭义兵会之。杨师厚引兵救邢州,军于漳水之东。晋军至张公桥,裨将曹进金来奔。晋军退,诸镇兵皆引归。八月,晋王还晋阳。

13　蜀武泰节度使王宗训镇黔州,贪暴不法,擅还成都。庚辰,见蜀主,多所邀求,言辞狂悖。蜀主怒,命卫士殴杀之。戊子,以内枢密使潘峭为武泰节度使、同平章事,翰林学士承旨毛文锡为礼部尚书,判枢密院。

峡上有堰,或劝蜀主乘夏秋江涨,决之以灌江陵,毛文锡谏曰:"高季昌不服,其民何罪?陛下方以德怀天下,忍以邻国之民为鱼鳖食乎!"蜀主乃止。

8　吴国的袁州刺史刘景崇背叛吴国,归附于楚。刘景崇是刘威的儿子。楚将许贞率领一万人马来援救他,吴国的都指挥使柴再用、米志诚率领许多将领来讨伐他。

9　楚国的岳州刺史许德勋率领水军在楚吴边境上巡逻,到了半夜的时候,突然刮起了南风,楚国的都指挥使王环乘风直捣吴国的黄州,用绳梯登上了城墙,然后直奔州署,俘获了吴国刺史马邺,大肆抢劫之后返回。许德勋说:"鄂州的军队很可能阻截我们,应该防备他们的进攻。"王环说:"我军进入黄州时,鄂人根本不知道,这次路过是突然通过州城,此时他们自救不暇,哪里还敢阻截我们!"于是举起旗敲起鼓列队而行,鄂人根本没敢逼近他们。

10　五月,朔方节度使兼中书令颍川王韩逊去世,军中推选他的儿子韩洙为留后。癸丑(十七日),后梁帝正式颁诏任用韩洙为朔方节度使。

11　吴国都指挥使柴再用与刘崇景、许贞在万胜冈作战,结果柴再用大败敌军,刘崇景和许贞放弃了袁州而逃跑。

12　晋王攻克幽州以后,打算深入侵犯。秋季,七月,晋王在赵州会见赵王王镕和周德威,并向南入侵邢州,李嗣昭率领昭义军和他们会师。杨师厚从魏州率领军队去援救邢州,在漳水东面安营扎寨。晋王军队行至张公桥时,副将曹进金却前去投奔后梁军。后来,晋军撤退,燕、赵、潞诸镇的军队也都率兵回营。八月,晋王回到了晋阳。

13　前蜀武泰节度使王宗训镇守黔州,贪婪残暴不守法度,擅自回到成都。庚辰(十六日),他见到前蜀主王建以后,提出很多要求,而且说话时语言狂妄悖谬。王建十分生气,便命令他的卫士把王宗训活活打死。戊子(二十四日),任命内枢密使潘峭为武泰节度使、同平章事,翰林学士承旨毛文锡为礼部尚书,兼管枢密院。

川江三峡上有一座挡水的低坝,有人劝说王建趁夏秋川江水涨时,打开低坝,直灌江陵。毛文锡进谏说:"高季昌虽然不顺服,但他的百姓们有什么罪呢?陛下正要用崇高的品德来怀柔天下,怎么能忍心把邻国的百姓当成鱼鳖的食物呢!"王建于是停止了水灌江陵的计划。

14　帝以福王友璋为武宁节度使。前节度使王殷,友珪所置也,惧,不受代,叛附于吴。九月,命淮南西北面招讨应接使牛存节及开封尹刘郡将兵讨之。冬,十月,存节等军于宿州。吴平卢节度使朱瑾等将兵救徐州,存节等逆击,破之,吴兵引归。

15　十一月乙巳,南诏寇黎州,蜀主以夔王宗范、兼中书令宗播、嘉王宗寿为三招讨以击之。丙辰,败之于潘仓嶂,斩其酋长赵嵯政等。壬戌,又败之于山口城。十二月乙亥,破其武侯岭十三寨。辛巳,又败之于大渡河,俘斩数万级,蛮争走渡水,桥绝,溺死者数万人。宗范等将作浮梁济大渡河攻之,蜀主召之令还。

16　癸未,蜀兴州刺史兼北路制置指挥使王宗铎攻岐阶州及固镇,破细砂等十一寨,斩首四千级。甲申,指挥使王宗俨破岐长城关等四寨,斩首二千级。

17　岐静难节度使李继徽,为其子彦鲁所毒而死,彦鲁自为留后。

贞明元年(乙亥,915)

1　春,正月己亥,蜀主御得贤门受蛮俘,大赦。初,黎、雅蛮酋刘昌嗣、郝玄鉴、杨师泰,虽内属于唐,受爵赏,号鵰金堡三王,而潜通南诏,为之诇导。镇蜀者多文臣,虽知其情,不敢诘。至是,蜀主数以漏泄军谋,斩于成都市,毁鵰金堡。自是南诏不复犯边。

14 后梁帝任命福王朱友璋为武宁节度使。以前的武宁节度使王殷是朱友珪所立的,他因为害怕,不敢接受替代的制命,便背叛后梁而归附了吴国。九月,后梁命淮南西北面招讨应接使牛存节和开封尹刘郭率兵讨伐王殷。冬季,十月,牛存节等驻扎在宿州。这时吴国派遣平卢节度使朱瑾等率兵援救徐州,牛存节等率兵迎战,结果朱瑾的部队被击败,吴国的军队撤回。

15 十一月乙巳(十三日),南诏国侵犯黎州,前蜀主派遣夔王王宗范、兼中书令王宗播、嘉王王宗寿为三招讨,阻击南诏的侵略军。丙辰(二十四日),在潘仓嶂打败了南诏侵略军,斩杀了南诏首长赵嵯政等。壬戌(三十日),又在山口城击败了南诏军队。十二月乙亥(十三日),攻下了南诏武侯岭等十三个营寨。辛巳(十九日),又在大渡河击败了南诏军队,俘获和斩杀了数万南诏士卒,南诏人争先恐后地抢着过河逃跑,桥被压断,又有数万人被水淹死。王宗范等将要制成浮桥渡过大渡河继续攻打南诏军队,前蜀主通知王宗范等命令他们撤回。

16 癸未(二十一日),前蜀兴州刺史兼北路制置指挥使王宗铎向岐国的阶州和固镇发起进攻,结果细砂等十一个营寨被王宗铎攻下,斩杀了四千人。甲申(二十二日),指挥使王宗俨又攻下了岐国长城关等四个营寨,斩杀了两千人。

17 岐国静难节度使李继徽被他的儿子李彦鲁毒死,李彦鲁自己当了留后官。

后梁均王(末帝)贞明元年(乙亥,公元915年)

1 春季,正月己亥(初八),前蜀主驾临得贤门接受蛮夷的俘虏,宣布大赦。起初,黎、雅蛮夷酋长刘昌嗣、郝玄鉴、杨师泰三人,虽然向内归属于唐,也曾受过唐的封爵和赏赐,号称"銅金堡三王",实际上却偷偷地私通南诏,并为南诏充当侦察和向导。镇守蜀地的人多数是文官,虽然知道他们的情况,但不敢去问个究竟。此时,前蜀主责备他们泄漏军机,在成都把他们斩了,并且捣毁了銅金堡。从此以后,南诏不敢再侵犯前蜀的边境。

2　二月，牛存节等拔彭城，王殷举族自焚。

3　三月丁卯，以右仆射兼门下侍郎、同平章事赵光逢为太子太保，致仕。

4　天雄节度使兼中书令邺王杨师厚卒。师厚晚年矜功恃众，擅割财赋，选军中骁勇，置银枪效节都数千人，给赐优厚，欲以复故时牙兵之盛。帝虽外加尊礼，内实忌之，及卒，私于宫中受贺。租庸使赵岩、判官邵赞言于帝曰："魏博为唐腹心之蠹，二百馀年不能除去者，以其地广兵强之故也。罗绍威、杨师厚据之，朝廷皆不能制。陛下不乘此时为之计，所谓'弹疽不严，必将复聚'，安知来者不为师厚乎！宜分六州为两镇以弱其权。"帝以为然，以平卢节度使贺德伦为天雄节度使。置昭德军于相州，割澶、卫二州隶焉，以宣徽使张筠为昭德节度使，仍分魏州将士府库之半于相州。筠，海州人也。二人既赴镇，朝廷恐魏人不服，遣开封尹刘鄩将兵六万自白马济河，以讨镇、定为名，实张形势以胁之。

魏兵皆父子相承数百年，族姻磐结，不愿分徙。德伦屡趣之，应行者皆嗟怨，连营聚哭。己丑，刘鄩屯南乐，先遣澶州刺史王彦章将龙骧五百骑入魏州，屯金波亭。魏兵相与谋曰："朝廷忌吾军府强盛，欲设策使之残破耳。吾六州历代藩镇，兵未尝远出河门，一旦骨肉流离，生不如死。"是夕，军乱，纵火大掠，围金波亭，王彦章斩关而走。诘旦，乱兵入牙城，杀贺德伦之亲兵五百人，劫德伦置楼上。有效节军校张彦者，

2　二月，牛存节等攻下了彭城，王殷全族都自焚。

3　三月丁卯(初七)，封右仆射兼门下侍郎、同平章事赵光逢为太子太保，并准许他退休。

4　天雄节度使兼中书令邺王杨师厚去世。杨师厚在晚年时常居功自傲，擅自夺取财赋，并挑选军中勇敢善战的士卒设置私人军队数千人，号称银枪效节都，供给赏赐十分优厚，打算恢复过去牙兵的盛况。后梁帝虽然表面上对他尊礼有加，内心却很忌恨他，到他死后，在宫中暗自接受庆贺。租庸使赵岩、判官邵赞对后梁帝说："魏博是唐朝心腹中的蠹虫，之所以两百馀年来不能铲除它，主要原因是这个地方地广兵强。罗绍威、杨师厚占据这块地方以后，朝廷都不能够控制它。陛下如果不乘此时对这件事作重新考虑，就像所说的'割除疽疮不净，必将重新瘭结'，怎么能够知道未来的天雄节度使不像杨师厚呢！应当将魏博六州分为两镇，削弱它的权力。"后梁帝认为言之有理，于是任命原平卢节度使贺德伦为天雄节度使。在相州增置了昭德军，割出澶、卫二州隶属相州，任命原宣徽使张筠为昭德节度使，又将魏州的将士、府库财产的一半分给相州。张筠是海州人。贺德伦、张筠已经赴任，但朝廷又害怕魏州人不服，于是又派遣开封尹刘鄩率兵六万，从白马渡过黄河，以讨伐镇州、定州为名，其实是虚张声势用武力来强迫魏人服从。

魏州的士卒数百年来都是父子相承，族与族之间婚姻盘结，不愿意分离。天雄节度使贺德伦多次催促他们分离，但应该离开的人都哀叹怨恨，甚至几座营聚集在一起号啕大哭。己丑(二十九日)，开封尹刘鄩的军队驻扎在南乐，先派澶州刺史王彦章率领龙骧骑兵五百人进入魏州，驻扎在金波亭。魏州的士卒们互相谋划说："朝廷非常忌恨我们的军府强盛，打算用计策让我们军府自行残破。我们六个州历代都是一个藩镇，士卒从来没有远出过河门，一旦骨肉流离，生不如死。"当天晚上，魏军叛乱，放火掠夺，包围了金波亭，澶州刺史王彦章砍开城门逃出。第二天早晨，魏州乱兵进入了后梁军主将居住的牙城，杀了贺德伦的亲兵五百人，并劫持了贺德伦，把他放到了牙城的城楼上。有个效节军军校叫张彦，

自帅其党,拔白刃,止剽掠。

夏,四月,帝遣供奉官扈异抚谕魏军,许张彦以刺史。彦请复相、澶、卫三州如旧制。异还,言张彦易与,但遣刘鄩加兵,立当传首。帝由是不许,但以优诏答之。使者再返,彦裂诏书抵于地,戟手南向诟朝廷,谓德伦曰:"天子愚暗,听人穿鼻。今我兵甲虽强,苟无外援,不能独立,宜投款于晋。"遂逼德伦以书求援于晋。

5 李继徽假子保衡杀李彦鲁,自称静难留后,举邠、宁二州来附。诏以保衡为感化节度使,以河阳留后霍彦威为静难节度使。

6 吴徐温以其子牙内都指挥使知训为淮南行军副使、内外马步诸军副使。

7 晋王得贺德伦书,命马步副总管李存审自赵州进据临清。五月,存审至临清,刘鄩屯洹水。贺德伦复遣使告急于晋,晋王引大军自黄泽岭东下,与存审会于临清,犹疑魏人之诈,按兵不进。德伦遣判官司空颋犒军,密言于晋王曰:"除乱当除根。"因言张彦凶狡之状,劝晋王先除之,则无虞矣。王默然。颋,贝州人也。

晋王进屯永济,张彦选银枪效节五百人,皆执兵自卫,诣永济谒见,王登驿楼语之曰:"汝陵胁主帅,残虐百姓,数日中迎马诉冤者百馀辈。我今举兵而来,以安百姓,非贪人土地。汝虽有功于我,不得不诛以谢魏人。"遂斩彦及其党七人,馀众股栗。王召谕之曰:"罪止八人,馀无所问。自今

率领自己的同伙，拔出刀，制止抢劫活动。

夏季，四月，后梁帝派遣供奉官扈异前往抚慰魏军，并答应让张彦做刺史。张彦请求恢复相、澶、卫三州隶属天雄的旧制。扈异回到朝廷以后说，张彦容易对付，只需命令刘𬩽派兵增援，马上就可以拿回张彦的首级来。后梁帝因此没有同意张彦的请求，仅仅以褒扬的诏书回答他。使者返回魏军时，张彦将诏书撕碎扔在地上，用手指着南面怒骂朝廷，并对贺德伦说："天子愚昧昏庸，听凭别人牵着鼻子走。现在我的军队虽然还很强盛，但是如果没有外援，仍然不能自立，应当向晋王表示亲善。"于是逼着贺德伦写信向后晋王求援。

5　李继徽的养子李保衡杀死了李彦鲁，自称静难留后，并带着邠、宁二州归附后梁。后梁帝下诏，任命李保衡为感化节度使，任命河阳留后霍彦威为静难节度使。

6　吴国的镇海节度使徐温让他的儿子牙内都指挥使徐知训出任淮南行军副使和内外马步诸军副使。

7　晋王接到贺德伦的信以后，便命令马步副总管李存审从赵州出发去占据临清。五月，李存审到达临清，后梁开封尹刘𬩽的军队驻扎在洹水。贺德伦又派出使者向晋王告急，晋王亲率大军从黄泽岭东下，在临清与李存审会师，这时他们仍然怀疑魏人有诈，所以按兵不进。贺德伦派判官司空颋前去慰劳晋王军队，秘密地对晋王说："除乱当除根。"进而把张彦凶残狡诈的情况告诉了晋王，劝说晋王首先把张彦除掉，就没有什么忧患了。晋王听了之后没有说什么。司空颋是贝州人。

晋王率领军队向前推进，驻扎在永济，张彦挑选了银枪效节五百人，都全副武装，加强自卫，到永济拜见晋王，晋王登上驿站的城楼对他说："你欺凌逼迫主帅，残害百姓，连日来迎马诉冤的就有百馀批。我今天率兵而来，目的是安定百姓，并非来贪图别人的土地。你虽然对我有功，但为了向魏州百姓谢罪，不得不将你杀掉。"于是晋王斩了张彦及他的七个同伙，其馀的乱兵吓得腿都发抖，十分恐惧。晋王把他们召集来对他们说："有罪的只有八人，其馀的一概不追究。从今以后

当竭力为吾爪牙。"众皆拜伏,呼万岁。明日,王缓带轻裘而进,令张彦之卒擐甲执兵,翼马而从,仍以为帐前银枪都。众心由是大服。

刘鄩闻晋军至,选兵万馀人,自洹水趣魏县。晋王留李存审屯临清,遣史建瑭屯魏县以拒之,王自引亲军至魏县,与鄩夹河为营。

帝闻魏博叛,大悔惧,遣天平节度使牛存节将兵屯杨刘,为鄩声援。会存节病卒,以匡国节度使王檀代之。

8 岐王遣彰义节度使刘知俊围邠州,霍彦威固守拒之。

9 六月庚寅朔,贺德伦帅将吏请晋王入府城慰劳。既入,德伦上印节,请王兼领天雄军,王固辞,曰:"比闻汴寇侵逼贵道,故亲董师徒,远来相救;又闻城中新罹涂炭,故暂入存抚。明公不垂鉴信,乃以印节见推,诚非素怀。"德伦再拜曰:"今寇敌密迩,军城新有大变,人心未安,德伦心腹纪纲为张彦所杀殆尽,形孤势弱,安能统众!一旦生事,恐负大恩。"王乃受之。德伦帅将吏拜贺,王承制以德伦为大同节度使,遣之官。德伦至晋阳,张承业留之。

时银枪效节都在魏城犹骄横,晋王下令:"自今有朋党流言及暴掠百姓者,杀无赦!"以沁州刺史李存进为天雄都巡按使。有讹言摇众及强取人一钱已上者,存进皆枭首磔尸于市。旬日,城中肃然,无敢喧哗者。存进本姓孙,名重进,振武人也。

你们应当竭力成为我的亲信。"大家听后都跪伏在地感谢,高呼万岁。第二天,晋王宽带轻衣,十分从容地继续前进,命令张彦的士卒身披铠甲手拿武器,跟随在晋王的两侧,把他们仍然作为帐前银枪都。乱军士兵从此更加顺服了晋王。

刘鄩听到晋军到来,选出一万多士卒从洹水直达魏县。晋王留下李存审的军队驻扎在临清,同时派遣史建瑭屯兵魏县来抵御刘鄩,晋王亲自率领随身护卫的士兵到了魏县,与刘鄩在漳河的两岸安营扎寨。

后梁帝听说魏博这个重要军镇投降了晋王,感到十分悔恨和恐惧,于是派遣天平节度使牛存节率兵驻扎在杨刘,声援刘鄩。不久,牛存节病死,又用匡国节度使王檀代替了他。

8 岐王李茂贞派遣彰义节度使刘知俊包围了邠州,后梁将霍彦威坚守在邠州抵御。

9 六月庚寅朔(初一),贺德伦率领将吏请求晋王入府慰劳士卒。晋王入府以后,贺德伦送上天雄军府印和天雄旌节,请求晋王兼管天雄军,晋王一再辞让说:"近来听说汴梁的强寇侵略逼近您的军镇,所以亲自督率士卒,远道来相救;又听说城中百姓最近遭到严重残害和灾难,所以暂时进城安抚一下。您不能理解、信任,而是用印节来表示推让,这确实不是我的心愿。"贺德伦又一再拜谢说:"现在寇敌逼近,军营中最近又有大的变化,人心未安,我的亲信臣仆都被张彦杀死,形势十分孤弱,怎么能统率大家呢!一旦发生事情,唯恐辜负晋王的大恩。"晋王于是接受了他的印节。贺德伦带领将吏拜贺,晋王按照规制任命贺德伦为大同节度使,并派他立即赴任。贺德伦到了晋阳,被张承业留了下来。

这个时候,银枪效节都在魏州城仍然很骄横,于是晋王下令:"从今以后如有结为朋党、传播流言和以暴力掠夺百姓的人,坚决杀掉,决不宽容!"任命沁州刺史李存进为天雄都巡按使。凡有传播流言蜚语来动摇民众及用武力强夺别人一钱以上的人,李存进都在市集将其砍头裂尸示众。过了十来天,城中非常安静,没有敢吵吵嚷嚷的人。李存进本姓孙,名叫重进,是振武人。

晋王多出征讨，天雄军府事皆委判官司空颋决之。颋恃才挟势，睚眦必报，纳贿骄侈。颋有从子在河南，颋密使人召之，都虞候张裕执其使者以白王，王责颋曰："自吾得魏博，庶事悉以委公，公何得见欺如是！独不可先相示邪！"捣令归第。是日，族诛于军门，以判官王正言代之。正言，郓州人也。

魏州孔目吏孔谦，勤敏多计数，善治簿书，晋王以为支度务使。谦能曲事权要，由是宠任弥固。魏州新乱之后，府库空竭，民间疲弊，而聚三镇之兵，战于河上，殆将十年，供亿军须，未尝有阙，谦之力也。然急征重敛，使六州愁苦，归怨于王，亦其所为也。

张彦之以魏博归晋也，贝州刺史张源德不从，北结沧德，南连刘鄩以拒晋，数断镇、定粮道。或说晋王："请先发兵万人取源德，然后东兼沧景，则海隅之地皆为我有。"晋王曰："不然。贝州城坚兵多，未易猝攻。德州隶于沧州而无备，若得而戍之，则沧、贝不得往来，二垒既孤，然后可取。"乃遣骑兵五百，昼夜兼行，袭德州。刺史不意晋兵至，逾城走，遂克之，以辽州守捉将马通为刺史。

秋，七月，晋人夜袭澶州，陷之。刺史王彦章在刘鄩营，晋人获其妻子，待之甚厚，遣间使诱彦章，彦章斩其使，晋人尽灭其家。晋王以魏州将李岩为澶州刺史。

晋王经常出征打仗，天雄军府的事情都委托判官司空颋处理。司空颋依仗他的才干和势力，小怨小忿都要报复，收纳贿赂，骄横奢侈。他有个侄儿在黄河以南，司空颋秘密派人把他召来，都虞候张裕抓住司空颋的使者，报告了晋王，晋王谴责司空颋说："自从我得到魏博以后，日常事务都委托你来处理，你怎么能如此欺骗我！难道不可以事先向我报告吗！"作了一个揖，让他回家。就在这一天，在军门将司空颋的整个家族都杀掉，随即让判官王正言代替了他的职务。王正言是郓州人。

魏州孔目吏孔谦，勤劳敏捷，多计谋，善于管理簿记账册，晋王任命他为支度务使。孔谦能够婉转变通，讨好有权势的要人，因此对他的宠信和任用越来越稳固。魏州新遭动乱以后，府库财物空竭，民间疲惫凋敝，而集中并、魏、镇三镇的士卒，在黄河边作战将近十年，军队的供给从未有过短缺，这些全靠孔谦之力。然而紧急征集重敛财物，使魏博六州的百姓愁苦不堪，以致百姓归怨于晋王，也是孔谦所为。

张彦献魏博叛归晋国时，贝州刺史张源德不听从他，并北面联合沧州、德州，南面连接刘鄩来抵御晋军，曾多次断绝镇州、定州的粮路。有人劝晋王说："请先派兵万人夺取张源德占据的贝州，然后再向东夺取沧州、景州，这样沿海一带的地方都可以归我们晋国所有。"晋王说："不像你们所说的那样。贝州城防坚固，兵士很多，不易突然袭击。德州隶属沧州，且没有防备，如能夺取并派兵防守，这样沧州、贝州就不能往来，两个州孤立之后，就可以夺取。"于是晋王派遣五百骑兵，昼夜兼行，前往袭击德州。德州刺史没想到晋军会到来，翻越城墙逃走，德州被晋军攻下，晋王任命辽州守捉将马通为德州刺史。

秋季，七月，晋军在一个晚上偷袭澶州，并将它攻破。此时澶州刺史王彦章正在刘鄩的军营中，晋人在城内俘获了王彦章的妻子儿女，待他们十分优厚，又派出秘密使者前去引诱王彦章，王彦章杀了晋使，晋人把他的全家都杀死。晋王任命魏州将领李岩为澶州刺史。

晋王劳军于魏县，因帅百馀骑循河而上，觇刘鄩营。会天阴晦，鄩伏兵五千于河曲丛林间，鼓噪而出，围王数重。王跃马大呼，帅骑驰突，所向披靡。裨将夏鲁奇等操短兵力战，自午至申乃得出，亡其七骑，鲁奇手杀百馀人，伤夷遍体，会李存审救兵至，乃得免。王顾谓从骑曰："几为虏嗤。"皆曰："适足使敌人见大王之英武耳。"鲁奇，青州人也，王以是益爱之，赐姓名曰李绍奇。

刘鄩以晋兵尽在魏州，晋阳必虚，欲以奇计袭取之，乃潜引兵自黄泽西去。晋人怪鄩军数日不出，寂无声迹，遣骑觇之，城中无烟火，但时见旗帜循堞往来。晋王曰："吾闻刘鄩用兵，一步百计，此必诈也。"更使觇之，乃缚刍为人，执旗乘驴在城上耳。得城中老弱者诘之，云军去已二日矣。晋王曰："刘鄩长于袭人，短于决战，计彼行才及山下。"亟发骑兵追之。会阴雨积旬，黄泽道险，堇泥深尺馀，士卒援藤葛而进，皆腹疾足肿，死者什二三。晋将李嗣恩倍道先入晋阳，城中知之，勒兵为备。鄩至乐平，糇粮且尽，又闻晋有备，追兵在后，众惧，将溃，鄩谕之曰："今去家千里，深入敌境，腹背有兵，山谷高深，如坠井中，去将何之？惟力战庶几可免，不则以死报君亲耳。"众泣而止。周德威闻鄩西上，

晋王在魏县慰劳军队，趁机率领百馀骑兵沿河而上，偷偷地侦察刘郭的军营。此时正好遇上天气阴暗，刘郭在河流拐弯处的丛林中埋伏下五千士兵，一边呼叫一边击鼓冲了出来，把晋王包围了好几层。晋王策马腾跃，大声疾呼，率领骑兵突围，所向披靡。副将夏鲁奇等手持刀剑与刘郭的围兵奋力战斗，从午时一直打到申时才逃出去，有七名骑兵在战斗中死亡，夏鲁奇亲手杀死百馀人，他自己遍体伤痕，正好这时李存审的援兵赶到，这才得免于难。晋王回过头来对随从骑兵说："差点儿被奴才们讥笑。"骑兵们说："这次正足以让敌人见见大王的英勇威武。"夏鲁奇是青州人，晋王因此更加喜爱他，并赐姓名叫李绍奇。

刘郭认为晋军都在魏州作战，晋阳城一定空虚，打算用奇计袭取晋阳，于是偷偷地率兵从黄泽出发向西开进。晋军奇怪刘郭军队好多天没有出来，寂静无声，也没有什么活动迹象，于是派出骑兵去侦察刘郭的军营，结果城中没有烟火，只是有时看到旗帜顺着城堞来回走动。晋王说："我听说刘郭用兵，一步百计，这里面一定有诈。"于是又派出一些人去侦察，发现是用草捆绑成的草人打着旗帜骑着驴在城上来回走动。后来抓到城里年老体弱的人查问，都说刘郭军队已经离开两天了。晋王说："刘郭擅长于偷袭别人，但在决战上有所欠缺，估计刘郭的军队刚刚走到山下。"于是晋王迅速派出骑兵去追赶刘郭。这时正好遇上十几天来阴雨连绵，黄泽的道路更加艰险，泥草有一尺多深，士卒们都是拉着藤葛向前推进，好多人都腹泻脚肿，有十分之二三的士卒因此而死亡。晋将李嗣恩领兵日夜兼行，抢先进人晋阳城，晋阳城内的人得知他回来，便整顿军队，防备刘郭的进攻。刘郭行到乐平时，干粮将要吃完，又听说晋阳已有防备，追兵又在后面，士卒们都感到害怕，行将溃散，刘郭告谕他的将士们说："现在我们离开家乡已有一千多里，深入了敌境，前面和背后都有敌兵，这里山高谷深，就像掉在井里一样，下一步将怎么办呢？只有奋力战斗，也许可以免于不幸，否则就只能以死来回报君王、父老了。"将士们停止了哭泣。晋将周德威听说刘郭率军自黄泽西上，

自幽州引千骑救晋阳，至土门，郓已整众下山，自邢州陈宋口逾漳水而东，屯于宗城。郓军往还，马死殆半。

时晋军乏食，郓知临清有蓄积，欲据之以绝晋粮道，德威急追郓，再宿，至南宫，遣骑擒其斥候者数十人，断腕而纵之，使言曰："周侍中已据临清矣！"郓军大骇。诘朝，德威略郓营而过，入临清，郓引军趋贝州。时晋王出师屯博州，刘郓军堂邑，周德威攻之，不克。翌日，郓军于莘县，晋军躔之，郓治莘城，堑而守之，自莘及河筑甬道以通馈饷。晋王营于莘西三十里，烟火相望，一日数战。

晋王爱元行钦骁健，从代州刺史李嗣源求之，嗣源不得已献之，以为散员都部署，赐姓名曰李绍荣。绍荣尝力战深入，剑中其面，未解，高行周救之得免。王复欲求行周，重于发言，密使人以官禄啖之，行周辞曰："代州养壮士，亦为大王耳，行周事代州，亦犹事大王也。代州脱行周兄弟于死，行周不忍负之。"乃止。

10　绛州刺史尹皓攻晋之隰州，八月，又攻慈州，皆不克。王檀与昭义留后贺瓖攻澶州，拔之，执李岩，送东都。帝以杨师厚故将杨延直为澶州刺史，使将兵万人助刘郓，且招诱魏人。

11　晋王遣李存审将兵五千击贝州。张源德有卒三千，每夕分出剽掠，州民苦之，请堑其城以安耕耘。存审乃发八县丁夫堑而围之。

于是率领一千骑兵从幽州出发前往援救晋阳,行至土门时,刘鄩已经整顿部队下了山,从邢州陈宋口渡过漳河水向东而去,驻扎在宗城。刘鄩这次一去一回,战马死掉将近一半。

这时,晋军缺乏军粮,刘鄩得知临清有晋军的积蓄,打算占据临清来断绝晋军的粮道,周德威紧急追赶刘鄩的军队,两天两夜赶到南宫,然后派出骑兵抓了刘鄩的十多个探子,把他们的手腕打断以后放了他们,让他们回去告诉刘鄩说:"周德威已经占据了临清。"刘鄩的士卒十分惊骇。第二天早晨,周德威率军劫掠刘鄩的军营而过,进入临清,刘鄩率领部队迅速逃到了贝州。这时,晋王率军驻扎在博州,刘鄩驻扎在堂邑,周德威率军攻打刘鄩,没有攻下。第二天,刘鄩驻扎在莘县,晋王接踵而来,刘鄩整治莘县城防,挖了壕沟坚守着,并从莘县到黄河筑起了甬道,用来运送粮饷。晋王则在莘县以西三十里安下军营,两军烟火相望,每天都要打好几次仗。

晋王特别喜爱元行钦的勇猛刚健,便向代州刺史李嗣源索求,李嗣源不得已,把元行钦献给晋王,晋王任命他为散员都部署,并赐给他姓名叫李绍荣。李绍荣曾深入敌军奋力作战,不幸面部被剑刺中,但他没有放松战斗,幸好高行周率军救了他,才免于一死。晋王又打算索求高行周,但难以启齿,便秘密派人去用官禄来引诱他,高行周推辞说:"代州刺史李嗣源培养的壮士也是为了大王,我事奉李代州也就同事奉大王一样。李代州从死亡中解救了行周兄弟,我不忍心辜负了他。"晋王才作罢。

10 绛州刺史尹皓攻打晋王的隰州,八月,又攻打慈州,都没有攻克。王檀与昭义留后贺瓌一起攻打澶州,把澶州攻克,并抓获了晋王任命的澶州刺史李岩,将他押送到东都。后梁帝任命杨师厚旧部杨延直为澶州刺史,让他率一万士卒去援助刘鄩,并招诱魏州人前去。

11 晋王派遣马步副总管李存审率领五千士卒去攻打贝州。贝州刺史张源德有三千士卒,每天夜晚出去抢劫,贝州百姓甚为痛苦,请求李存审挖壕沟阻止他们出城骚扰,以使百姓能安居耕耘。李存审便发动贝州八县的丁夫,挖堑壕把城围起来。

　　刘郭在莘久，馈运不给，晋人数抵其寨下挑战，郭不出。晋人乃攻绝其甬道，以千馀斧斩寨木，梁人惊扰而出，因俘获而还。

　　帝以诏书让郭老师费粮，失亡多，不速战，郭奏："臣比欲以奇兵捣其腹心，还取镇、定，期以旬时再清河朔。无何天未厌乱，淫雨积旬，粮竭士病。又欲据临清断其馈饷，而周杨五奄至，驰突如神。臣今退保莘县，享士训兵以俟进取。观其兵数甚多，便习骑射，诚为劲敌，未易轻也。苟有隙可乘，臣岂敢偷安养寇！"帝复问郭决胜之策，郭曰："臣今无策，惟愿人给十斛粮，贼可破矣。"帝怒，责郭曰："将军蓄米，欲破贼邪，欲疗饥邪？"乃遣中使往督战。

　　郭集诸将问曰："主上深居禁中，不知军旅，徒与少年新进辈谋之。夫兵在临机制变，不可预度。今敌尚强，与战必不利，奈何？"诸将皆曰："胜负当一决，旷日何待！"郭默然，不悦，退，谓所亲曰："主暗臣谀，将骄卒惰，吾未知死所矣！"他日，复集诸将于军门，人置河水一器于前，令饮之，众莫之测。郭谕之曰："一器犹难，滔滔之河，可胜尽乎？"众失色。

　　后数日，郭将万馀人薄镇、定营，镇、定人惊扰。晋李存审以骑兵二千横击之，李建及以银枪千人助之，郭大败，奔还。晋人逐之，及寨下，俘斩千计。

刘郭在莘县驻守了很长时间,军粮供给跟不上,晋军曾多次到他的营寨下挑战,刘郭的部队不出来。于是晋军断绝了他的甬道,一千多人手持刀斧砍伐刘郭的寨木,后梁的士卒惊恐地逃出营寨,被晋人俘获回去。

后梁帝下诏书谴责刘郭劳师费粮,造成伤亡大,又不速战,刘郭回奏说:"我们本来计划用奇兵攻打他的心腹晋阳,回师时夺取镇、定二州,以十天为期,清除河朔一带的敌人。但天时不利,十多天阴雨连绵,军粮匮乏,士卒疲病。此后,又打算占据临清断绝晋军的粮饷,然而周德威突然来到,奔驰如神。我现在退保莘县,让士卒们一边休息一边训练,以待下一步继续作战。我看到晋军的士卒很多,又善于骑射,确实是一支强敌,从来没有敢轻视。如果有机可乘,我哪敢偷安养寇!"后梁帝又向刘郭询问取得胜利的策略,刘郭回答说:"我今天还没有什么好的策略,只希望能得到每人十斛粮食,这样敌人就可以打败。"后梁帝十分生气,谴责刘郭说:"将军你储备粮食,是准备打败敌人呢,还是打算防止饥饿呢?"于是派遣中使前往督战。

刘郭召集诸军将领问他们说:"主上深居宫中,不了解军队作战,仅仅和一些新提升的年轻人商量对策。作战在于随机应变,不能预先估计。现在敌军还很强大,和他们作战一定于我们不利,怎么办呢?"诸位将领都说:"不管胜负应当决一死战,这样一直拖下去又能等到什么呢!"刘郭没有说话,不高兴,退下来对他亲近的人说:"主上昏暗愚昧,臣下阿谀奉承,将帅骄傲,士兵懈惰,我不知将要死在什么地方!"一天,刘郭在军营门口又召集诸军将领,每人面前放了一杯河水,让他们喝掉,众将领不解其中的意思。刘郭给他们解释说:"一杯水都难以喝掉,滔滔不绝的河水难道能够喝尽吗?"诸将都吓得变了脸色。

几天以后,刘郭率领一万多士卒逼近镇、定的军营,镇、定二州的人都感到害怕。晋将李存审率领两千骑兵拦腰截击刘郭,李建及率领一千多银枪军前来援助,结果刘郭被打得大败,奔逃回去。晋军奋力追赶,一直追到刘郭的营寨之下,俘虏和斩杀了一千多人。

12　刘岩逆妇于楚,楚王殷遣永顺节度使存送之。

13　乙未,蜀主以兼中书令王宗绾为北路行营都制置使、兼中书令王宗播为招讨使,攻秦州;兼中书令王宗瑶为东北面招讨使,同平章事王宗翰为副使,攻凤州。

14　庚戌,吴以镇海节度使徐温为管内水陆马步诸军都指挥使、两浙都招讨使、守侍中、齐国公,镇润州,以昇、润、常、宣、歙、池六州为巡属,军国庶务参决如故。留徐知训居广陵秉政。

15　初,帝为均王,娶河阳节度使张归霸女为妃,即位,欲立为后。后以帝未南郊,固辞。九月壬午,妃疾甚,册为德妃,是夕,卒。

康王友敬,目重瞳子,自谓当为天子,遂谋作乱。冬,十月辛亥夜,德妃将出葬,友敬使腹心数人匿于寝殿。帝觉之,跣足逾垣而出,召宿卫兵索殿中,得而手刃之。壬子,捕友敬,诛之。

帝由是疏忌宗室,专任赵岩及德妃兄弟汉鼎、汉杰、从兄弟汉伦、汉融,咸居近职,参预谋议,每出兵必使之监护。岩等依势弄权,卖官鬻狱,离间旧将相,敬翔、李振虽为执政,所言多不用。振每称疾不预事,以避赵、张之族,政事日紊,以至于亡。

16　刘鄩遣卒诈降于晋,谋赂膳夫以毒晋王,事泄,晋王杀之,并其党五人。

12 刘岩到楚国迎接他的妻子,楚王马殷派永顺节度使马存护送他们。

13 乙未(初七),前蜀主王建任命兼中书令王宗绾为北路行营都制置使,兼中书令王宗播为招讨使,一起攻打秦州;任命兼中书令王宗瑶为东北面招讨使,同平章事王宗翰为副使,一起攻打凤州。

14 庚戌(二十二日),吴国任命镇海节度使徐温为管内水陆马步诸军都指挥使、两浙都招讨使、守侍中、齐国公,镇守润州,并把昇、润、常、宣、歙、池六州都作为他的巡察范围,国家的各种军政事务他都参与决策,和过去一样。把徐知训留在广陵掌管那里的政务。

15 当初,后梁帝做均王时,娶了河阳节度使张归霸的女儿作为妃子,即位以后,打算把她立为皇后。皇后认为皇帝没有去南郊祭祀天帝,所以一直辞让。九月壬午(二十四日),张妃病危,于是册封她为德妃,当天晚上她就病死了。

康王朱友敬,眼睛里有两个瞳子,自己说他可以当天子,于是就阴谋发动叛乱。冬季,十月辛亥(二十四日)夜晚,德妃将要出葬,朱友敬派了几个心腹偷偷藏在寝殿。后梁帝发现之后,光着脚翻墙逃了出去,召集宿卫兵在寝殿里搜查,只要抓住叛乱的人就马上杀死。壬子(二十五日),抓获了朱友敬,并把他杀死。

后梁帝因此猜忌、疏远了宗室人员,只信用赵岩及德妃的兄弟张汉鼎、张汉杰,从兄弟张汉伦、张汉融,让他们担任了亲近皇帝的官职,参与朝廷谋议,每次出兵一定派他们监护。赵岩等依仗势力玩弄权术,贪赃枉法,在旧有将相中挑拨离间,敬翔、李振虽然主持政务,但他们所说的话很多都不被采用。李振经常装病不去参与政事,以此来回避赵岩、张归霸家族,后来后梁政事越来越乱,以致灭亡。

16 刘鄩派遣士卒去晋王那里诈降,企图贿赂为晋王做饭的厨师来毒死晋王,后来事情败露,晋王杀死了这些士卒及其同党五人。

17　十一月己未夜，蜀宫火。自得成都以来，宝货贮于百尺楼，悉为煨烬。诸军都指挥使兼中书令宗侃等帅卫兵欲入救火，蜀主闭门不内。庚申旦，火犹未熄，蜀主出义兴门见群臣，命有司聚太庙神主，分巡都城，言讫，复入宫闭门。将相皆献帷幕饮食。

18　壬戌，蜀大赦。

19　乙丑，改元。

20　己巳，蜀王宗翰引兵出青泥岭，克固镇，与秦州将郭守谦战于泥阳川。蜀兵败，退保鹿台山。辛未，王宗绾等败秦州兵于金沙谷，擒其将李彦巢等，乘胜趣秦州。兴州刺史王宗铎克阶州，降其刺史李彦安。甲戌，王宗绾克成州，擒其刺史李彦德。蜀军至上染坊，秦州节度使李继崇遣其子彦秀奉牌印迎降。宗绾入秦州，表排陈使王宗俦为留后。刘知俊攻霍彦威于邠州，半岁不克，闻秦州降蜀，知俊妻子皆迁成都。知俊解围还凤翔，终惧及祸，夜帅亲兵七十人，斩关而出，庚辰，奔于蜀军。王宗绾自河池、两当进兵，会王宗瑶攻凤州，癸未，克之。

21　岐义胜节度使、同平章事李彦韬知岐王衰弱，十二月，举耀、鼎二州来降。彦韬即温韬也。乙未，诏改耀州为崇州，鼎州为裕州，义胜军为静胜军，复彦韬姓温氏，名昭图，官任如故。

22　丁未，蜀大赦，改明年元曰通正。置武兴军于凤州，割文、兴二州隶之，以前利州团练使王宗鲁为节度使。

17 十一月己未(初三)夜晚,前蜀的宫中失火。自从前蜀得到成都以来,一些宝物奇货都储藏在百尺楼里,这次大火,全部化为灰烬。诸军都指挥使兼中书令王宗侃等率领卫兵打算进入宫中救火,但蜀主关起门来不让他们进去。庚申(初四日)的早晨,大火还没有熄灭,蜀主走出义兴门会见了群臣,并命令有关部门把太庙神主都聚集起来,又让他们去视察都城,说完以后,又回到宫中,把宫门关闭起来。将相们都向蜀主进献帷幕和食物。

18 壬戌(初六),前蜀实行大赦。

19 乙丑(初九),后梁帝改换了年号。

20 己巳(十三日),前蜀王宗翰率兵出青泥岭,攻克固镇,与秦州将领郭守谦在泥阳川交战。前蜀兵败退,撤到鹿台山坚守。辛未(十五日),王宗绾等率军在金沙谷击败秦州士兵,抓获了他们的将领李彦巢等,乘胜开赴秦州。兴州刺史王宗铎攻克阶州,阶州刺史李彦安投降。甲戌(十八日),王宗绾攻下成州,俘获刺史李彦德。前蜀军行至上染坊,秦州节度使李继崇派他的儿子李彦秀拿着牌印迎降于前蜀军。王宗绛进入秦州,上表荐排阵使王宗俦为秦州留后。后梁将领刘知俊在邠州进攻霍彦威,半年也没有攻克,后来听说秦州已经投降前蜀军,刘知俊的妻子儿女都迁往成都。刘知俊撤军回到凤翔,很害怕祸及己身,于是在夜晚率领七十个亲信,砍开城门逃出军营,庚辰(二十四日),投奔前蜀军。王宗绾从河池、两当率兵前进,适逢王宗瑶攻打凤州,癸未(二十七日),攻克凤州。

21 岐国义胜节度使、同平章事李彦韬知道岐王很衰弱,十二月,率领耀州、鼎州来投降。李彦韬就是温韬。乙未(初九),后梁帝下诏改耀州为崇州,改鼎州为裕州,改义胜军为静胜军,恢复李彦韬姓温,名叫昭图,他所任的一切官职和原来一样。

22 丁未(二十一日),前蜀实行大赦,改明年为通正元年。在凤州设置了武兴军,割出文州、兴州隶属于凤州,任命前利州团练使王宗鲁为凤州节度使。

23　是岁,清海、建武节度使兼中书令刘岩,以吴越王镠为国王而己独为南平王,表求封南越王及加都统,帝不许。岩谓僚属曰:"今中国纷纷,孰为天子! 安能梯航万里,远事伪庭乎!"自是贡使遂绝。

二年(丙子,916)

1　春,正月,宣武节度使、守中书令、广德靖王全昱卒。

2　帝闻前河南府参军李愚学行,召为左拾遗,充崇政院直学士。衡王友谅贵重,李振等见,皆拜之,愚独长揖,帝闻而让之,曰:"衡王于朕,兄也,朕犹拜之,卿长揖,可乎?"对曰:"陛下以家人礼见衡王,拜之宜也。振等陛下家臣。臣于王无素,不敢妄有所屈。"久之,竟以抗直罢为邓州观察判官。

3　蜀主以李继崇为武泰节度使、兼中书令、陇西王。

4　二月辛丑夜,吴宿卫将马谦、李球劫吴王登楼,发库兵讨徐知训。知训将出走,严可求曰:"军城有变,公先弃众自去,众将何依!"知训乃止。众犹疑惧,可求阖户而寝,鼾息闻于外,府中稍安。壬寅,谦等陈于天兴门外,诸道副都统朱瑾自润州至,视之,曰:"不足畏也。"返顾外众,举手大呼,乱兵皆溃,擒谦、球,斩之。

5　帝屡趣刘鄩战,鄩闭壁不出。晋王乃留副总管李存审守营,自劳军于贝州,声言归晋阳。鄩闻之,奏请袭魏州,

23 这一年,清海、建武节度使兼中书令刘岩任命吴越王钱镠为吴越国王,而自己则为南平王,并上表请求封自己为南越王并加都统,后梁帝没有答应。刘岩对他的僚属们说:"现在中原杂乱纷纷,谁为天子! 怎能长途跋涉,经历险阻来事奉伪庭呢?"从此和朝廷断绝了贡献和使臣。

后梁均王(末帝)贞明二年(丙子,公元916年)

1 春季,正月,后梁朝宣武节度使、守中书令、广德靖王朱全昱去世。

2 后梁帝听说原来的河南府参军李愚学问与操行都很好,于是召他来担任左拾遗官,并让他担任崇政院直学士。衡王朱友谅位尊身贵,李振等人见了都要向他跪拜,李愚见了只行拱手礼,后梁帝听说以后责备他,说:"衡王朱友谅是我的兄长,我见了他都要跪拜,而你却行拱手礼,这样可以吗?"李愚回答说:"陛下是以本家人的礼节来见衡王的,向他跪拜是应该的。李振等是陛下的家臣。我和衡王素无来往,不敢妄自屈节。"李愚见了衡王一直是这样,后梁帝竟以他固执抗命而罢他为邓州观察判官。

3 前蜀主任命李继崇为武泰节度使、兼中书令、陇西王。

4 二月辛丑(十六日)夜,吴国的宿卫将马谦、李球劫持着吴王杨隆演登上城楼,并派守库士兵去讨伐徐知训。徐知训将要逃出城外,严可求劝他说:"军城发生变化,你首先丢弃了众将士而自己逃跑,众将士又将依靠谁呢?"徐知训因此才没有出走。此时众将士仍然犹豫害怕,但严可求却关起门来去睡觉,在门外边都可以听见他的鼾声,这样府中才稍微安定了一些。壬寅(十七日),马谦等在天兴门外摆开阵势,此时诸道副都统朱瑾从润州来到,看了看马谦摆出的阵势,说:"不必害怕。"回过头来对着外面的人众举手高呼,乱兵纷纷溃散,然后抓获了马谦和李球,将他们斩杀。

5 后梁帝曾多次催促刘郭作战,但刘郭却闭门不出。于是晋王留副总管李存审坚守军营,他亲自去贝州慰劳包围张源德的军队,并扬言回归晋阳。刘郭听到之后,上奏请求袭击魏州,

帝报曰："今扫境内以属将军，社稷存亡，系兹一举，将军勉之！"郭令澶州刺史杨延直引兵万人会于魏州，延直夜半至城南，城中选壮士五百潜出击之，延直不为备，溃乱而走。诘旦，郭自莘县悉众至城东，与延直馀众合，李存审引营中兵踵其后，李嗣源以城中兵出战，晋王亦自贝州至，与嗣源当其前。郭见之，惊曰："晋王邪！"引兵稍却，晋王躞之，至故元城西，与李存审遇。晋王为方陈于西北，存审为方陈于东南，郭为圆陈于其中间，四面受敌，合战良久，梁兵大败，郭引数十骑突围走。梁步卒凡七万，晋兵环而击之，败卒登木，木为之折，追至河上，杀溺殆尽。郭收散卒自黎阳渡河，保滑州。

匡国节度使王檀密疏请发关西兵袭晋阳，帝从之，发河中、陕、同华诸镇兵合三万，出阴地关，奄至晋阳城下，昼夜急攻。城中无备，发诸司丁匠及驱市人乘城拒守，城几陷者数四，张承业大惧。代北故将安金全退居太原，往见承业曰："晋阳根本之地，若失之，则大事去矣。仆虽老病，忧兼家国，请以库甲见授，为公击之。"承业即与之。金全帅其子弟及退将之家得数百人，夜出北门，击梁兵于羊马城内。梁兵大惊，引却。昭义节度使李嗣昭闻晋阳有寇，遣牙将石君立将五百骑救之。君立朝发上党，夕至晋阳。梁兵扼汾河桥，君立击破之，径至城下大呼曰："昭义侍中大军至矣。"遂

后梁帝告诉他说:"现在全国都交给你,社稷存亡,在此一举,希望你努力去作战。"于是刘鄩命令澶州刺史杨延直率领一万人开赴魏州,杨延直半夜时到达魏州城南,城中晋军选拔了五百壮士偷偷出城袭击杨延直的军队,杨延直没有防备,溃散逃跑。第二天早晨,刘鄩的全部军队从莘县来到魏州城东,和杨延直剩下的军队会合,李存审率领营中的军队紧跟在他们的后面,李嗣源率领城中的部队出城迎战后梁军,这时晋王也从贝州到达,与李嗣源的军队正好在刘鄩军队的前面。刘鄩看到,惊讶地说:"是晋王啊!"于是刘鄩引兵稍作退却,晋王率军紧随其后,一直到了旧元城的西面,与李存审的部队相遇。晋王的军队在西北面摆出方阵,李存审在东南面摆出方阵,刘鄩的军队则在他们的中间摆开圆阵,刘鄩军队四面受敌,双方交战很久,后梁军大败,刘鄩率数十骑兵冲出了包围逃跑。后梁军有七万多步卒,被晋军包围住攻打,后梁军败兵爬上了树,以致树被压断,晋军一直追到黄河边上,后梁军几乎全部被杀死或淹死。刘鄩收集起被击散的军队从黎阳渡过黄河,退守滑州。

匡国节度使王檀秘密上疏建议派关西军队袭击晋阳,后梁帝听从了他的意见,派河中、陕、同华诸镇军队共计三万人,出阴地关,突然到达晋阳城下,昼夜急攻。由于城中没有准备,于是派出各司的工匠以及市民们登城拒守,城墙有好几处几乎被攻陷,监军张承业感到非常害怕。这时原来代北的将领安金全退居在太原,前去拜见张承业,并对他说:"太原是晋王的根本之地,如果失守,国家大事就全部完了。我虽年老有病,但仍为国担忧,请求把库存兵甲交给我,我为你去攻打后梁军。"张承业将库存兵甲交给了安金全。安金全率领着他的子弟以及退下来将领的家人共有几百人,乘夜间出晋阳北门,在羊马城内向后梁军发起了进攻。后梁军将士感到非常惊恐,引兵退却。晋昭义节度使李嗣昭听说晋阳被敌人侵袭,派牙将石君立率领五百骑兵前往援救。石君立早上从上党出发,晚上就赶到了晋阳。后梁军扼守汾河桥,石君立击败了他们,直奔晋阳城下高声大呼说:"昭义侍中大军已经到来。"于是

入城。夜，与安金全等分出诸门击梁兵，梁兵死伤什二三。诘朝，王檀引兵大掠而还。晋王性矜伐，以策非己出，故金全等赏皆不行。

梁兵之在晋阳城下也，大同节度使贺德伦部兵多逃入梁军，张承业恐其为变，收德伦，斩之。

帝闻刘鄩败，又闻王檀无功，叹曰："吾事去矣！"

6　三月乙卯朔，晋王攻卫州，壬戌，刺史米昭降之。又攻惠州，刺史靳绍走，擒斩之，复以惠州为磁州。晋王还魏州。

7　上屡召刘鄩不至，己巳，即以鄩为宣义节度使，使将兵屯黎阳。

8　夏，四月，晋人拔洺州，以魏州都巡检使袁建丰为洺州刺史。

9　刘鄩既败，河南大恐，鄩复不应召，由是将卒皆摇心。帝遣捉生都指挥使李霸帅所部千人戍杨刘，癸卯，出宋门，其夕，复自水门入，大噪，纵火剽掠，攻建国门，帝登楼拒战。龙骧四军都指挥使杜晏球以五百骑屯毬场，贼以油沃幕，长木揭之，欲焚楼，势甚危。晏球于门隙窥之，见贼无甲胄，乃出骑击之，决力死战，俄而贼溃走。帝见骑兵击贼，呼曰："非吾龙骧之士乎，谁为乱首？"晏球曰："乱者惟李霸一都，馀军不动。陛下但帅控鹤守宫城，迟明，臣必破之。"

率军开进晋阳城。当天夜晚,石君立与安金全等率兵分别从晋阳城各门出击后梁军,后梁军被打死打伤的有十分之二三。次日晨,王檀领兵在晋阳城外大肆抢劫一番后撤回。晋王的性情喜欢居功自夸,因为这次晋阳解围的谋略不是他想出来的,所以对安金全等也就都没有奖赏。

当后梁兵重重包围在晋阳城下时,大同节度使贺德伦军队的士兵有很多人逃奔后梁军,张承业害怕贺德伦策划兵变,就将他抓了起来,并斩杀了他。

后梁帝听说刘郭战败,又听说王檀也没有成功,叹息地说:"我的事业就要完了。"

6　三月乙卯朔(初一),晋王进攻卫州,壬戌(初八),卫州刺史米昭投降了晋王。晋王又攻惠州,惠州刺史靳绍逃走,晋王抓住他斩了,把惠州改为磁州。晋王回到魏州。

7　后梁帝曾多次要召见刘郭,刘郭始终没有到,己巳(十五日),后梁帝任命刘郭为宣义节度使,并让他率兵驻扎在黎阳。

8　夏季,四月,晋人攻下洺州,并任命魏州都巡检使袁建丰为洺州刺史。

9　刘郭被打败后,河南地区的人们都十分害怕,刘郭又多次没有接受后梁帝的召见,因此将帅部卒都有些动摇。后梁帝派遣捉生都指挥使李霸率领他的部队一千人驻扎在杨刘,癸卯(十九日),他率领部队开出宋门,当天晚上,又率部队从水门入城,大声喧闹,放火剽掠,攻打梁宫的建国门,后梁帝登上建国门楼抵抗。龙骧四军都指挥使杜晏球率领五百骑兵驻扎在毬场,李霸的叛军把帐篷上浇上油,用长竿子架起来,准备烧毁城楼,形势十分危急。杜晏球从门缝里看到李霸的军队没有穿戴铠甲、头盔,于是率领骑兵向李霸发起进攻,士卒们奋力作战,一会儿李霸的叛军就被打败逃走了。后梁帝看到有骑兵去抗击反叛的军队,便高声地说:"这不是我的龙骧将士吗,谁是叛军的首领?"杜晏球回答说:"叛乱者只有李霸一个,其他的军队都没有动。陛下只管率领控鹤禁军守住宫城,等到天明,我一定能够击败叛军。"

既而晏球讨乱者，阖营皆族之，以功除单州刺史。

10 五月，吴越王镠遣浙西安抚判官皮光业自建、汀、虔、郴、潭、岳、荆南道入贡。光业，日休之子也。

11 六月，晋人攻邢州，保义节度使阎宝拒守。帝遣捉生都指挥使张温将兵五百救之，温以其众降晋。

12 秋，七月甲寅朔，晋王至魏州。

13 上嘉吴越王镠贡献之勤，壬戌，加镠诸道兵马元帅。朝议多言镠之入贡，利于市易，不宜过以名器假之。翰林学士窦梦徵执麻以泣，坐贬蓬莱尉。梦徵，棣州人也。

14 甲子，吴润州牙将周郊作乱，入府，杀大将秦师权等，大将陈祐等讨斩之。

15 八月丁酉，以太子少保致仕赵光逢为司空兼门下侍郎、同平章事。

16 丙午，蜀主以王宗绾为东北面都招讨，集王宗翰、嘉王宗寿为第一、第二招讨，将兵十万出凤州；以王宗播为西北面都招讨，武信军节度使刘知俊、天雄节度使王宗俦、匡国军使唐文裔为第一、第二、第三招讨，将兵十二万出秦州，以伐岐。

17 晋王自将攻邢州，昭德节度使张筠弃相州走，晋人复以相州隶天雄军，以李嗣源为刺史。晋王遣人告阎宝以相州已拔，又遣张温帅援兵至城下谕之，宝举城降。晋王以宝为东南面招讨使，领天平节度使、同平章事；以李存审为安国节度使，镇邢州。

18 契丹王阿保机帅诸部兵三十万，号百万，自麟、胜攻晋蔚州，陷之，虏振武节度使李嗣本。遣使以木书求货于大同防御使李存璋，存璋斩其使。契丹进攻云州，存璋悉力拒之。

接着,杜晏球就率军讨伐李霸的反叛军队,并将叛军全营将士以及他们的家属全部诛灭,杜晏球也因此功被提拔为单州刺史。

10 五月,吴越王钱镠派遣浙西安抚判官皮光业从建州、汀州、虔州、郴州、潭州、岳州、荆南一路向后梁朝廷入贡。皮光业是皮日休的儿子。

11 六月,晋王对邢州发起进攻,保义节度使阎宝在邢州抗拒坚守。后梁帝派捉生都指挥使张温率领五百士卒前往救援,张温却率领军队投降了晋王。

12 秋季,七月甲寅朔(初一),晋王到达魏州。

13 后梁帝嘉许吴越王钱镠贡献殷勤,壬戌(初九),加封钱镠为诸道兵马元帅。朝廷里很多人认为钱镠入贡,是贪利市场的贸易,不应当过分地用名爵封赏。翰林学士窦梦徵拿着麻布丧服哭泣,后梁帝认为他犯了罪,贬他为蓬莱尉。窦梦徵是棣州人。

14 甲子(十一日),吴国润州牙将周郊发动叛乱,进入府署,杀了大将秦师权等人,大将陈祐等出兵讨伐周郊,并把他斩杀。

15 八月丁酉(十五日),任命退任太子少保赵光逢为司空,兼任门下侍郎、同平章事。

16 丙午(二十四日),前蜀主任命王宗绾为东北面都招讨,集王王宗翰、嘉王王宗寿为第一、第二招讨,率领十万大军从凤州出发;任命王宗播为西北面都招讨,武信军节度使刘知俊、天雄节度使王宗俦、匡国军使唐文裔为第一、第二、第三招讨,率领十二万大军从秦州出发,前往讨伐岐王。

17 晋王亲自率领军队进攻邢州,昭德节度使张筠丢弃相州逃跑,晋王又将相州隶属于天雄军,任命李嗣源为相州刺史。晋王派人告诉后梁保义军节度使阎宝说相州已被攻下,又派降将张温率领援兵到邢州城下向他指明利害,阎宝便献城投降了晋王。晋王任命阎宝为东南面招讨使,领天平节度使、同平章事;任命李存审为安国节度使,镇守邢州。

18 契丹王阿保机率领三十万大军,号称百万,从麟州、胜州出发向晋王的蔚州发动进攻,并攻下了蔚州,俘虏了振武节度使李嗣本。阿保机又派出使者向大同防御使李存璋送去了木刻的书信向他索求货财,李存璋斩杀了使者。契丹又向云州发起了进攻,李存璋倾全力抗拒。

19 九月,晋王还晋阳。王性仁孝,故虽经营河北,而数还晋阳省曹夫人,岁再三焉。

20 晋人以兵逼沧州,顺化节度使戴思远弃城奔东都,沧州将毛璋据城降晋,晋王命李嗣源将兵镇抚之,嗣源遣璋诣晋阳。晋王徙李存审为横海节度使,镇沧州,以嗣源为安国节度使。嗣源以安重海为中门使,委以心腹,重海亦为嗣源尽力。重海,应州胡人也。

21 晋王自将兵救云州,行至代州,契丹闻之,引去,王亦还。以李存璋为大同节度使。

22 晋人围贝州逾年,张源德闻河北诸州皆为晋有,欲降。谋于其众,众以穷而后降,恐不免死,不从。共杀源德,婴城固守。城中食尽,啖人为粮,乃谓晋将曰:"出降惧死,请擐甲执兵而降,事定而释之。"晋将许之,其众三千出降,既释甲,围而杀之,尽殪。晋王以毛璋为贝州刺史。于是河北皆入于晋,惟黎阳为梁守。

23 晋王如魏州。

24 吴光州将王言杀刺史载肇,吴王遣楚州团练使李厚讨之。庐州观察使张崇不俟命,引兵趣光州,言弃城走。以李厚权知光州。崇,慎县人也。

25 庚申,蜀新宫成,在旧宫之北。

26 天平节度使兼中书令琅邪忠毅王王檀,多募群盗,置帐下为亲兵,己卯,盗乘檀无备,突入府杀檀。节度副使裴彦帅府兵讨诛之,军府由是获安。

19　九月,晋王回到晋阳。晋王的性情仁厚孝敬,所以他虽然经营着河北,但还经常回到晋阳去看望曹夫人,每年有两三次。

20　晋人派兵威胁沧州,顺化节度使戴思远放弃沧州城跑到东都,沧州将领毛璋带领全城投降晋王,晋王命令李嗣源率兵前去镇守安抚沧州,李嗣源派毛璋去晋阳。晋王调李存审为横海节度使,镇守沧州,任命李嗣源为安国节度使。李嗣源又任用安重诲为中门使,把他当作自己的心腹,安重诲也尽力为李嗣源效力。安重诲是应州的胡人。

21　晋王亲自率兵去援救云州,走到代州时,契丹人听说晋王来救,就领兵离去,晋王也就还师。之后晋王又任命李存璋为大同节度使。

22　晋人包围贝州已一年有余,张源德听说河北诸州都已经归晋王所有,所以打算投降晋国。于是他就和大家商量,大家认为当弹尽粮绝的时候投降,恐怕仍不能免于一死,所以没有听从张源德的意见。大家一起杀死了张源德,全城士卒绕城坚守。后来城中的粮食吃完了,以至以人为粮,这时他们才对晋国将领说:“我们出去投降,又害怕被你们杀死,请求让我们穿着甲胄,拿着兵器出去投降,等到事情安定然后就把我们放了。”晋国将领答应了他们的请求,贝州士卒三千余人出城投降了晋军,他们把兵甲放下以后,晋军包围了他们,并全部杀死。然后晋王任命毛璋为贝州刺史。从此以后河北地区都归晋国所有,只有黎阳还被后梁占据着。

23　晋王到达魏州。

24　吴国光州将领王言杀死了光州刺史载肇,吴王派遣楚州团练使李厚前往讨伐王言。庐州观察使张崇没等接到命令就率兵赶往光州,王言弃城逃跑。吴王让李厚暂时管理光州。张崇是慎县人。

25　庚申(初八),前蜀的新宫落成,它的位置在旧宫的北面。

26　天平节度使兼中书令琅邪忠毅王王檀招募了很多盗贼,安置在他的帐下充当亲兵,己卯(二十七日),盗贼乘王檀没有防备,突然进入王檀军府将王檀杀死。天平节度副使裴彦率领军府的部队讨伐盗贼,并把他们都诛杀了,因此,军府才获得了安定。

27　冬,十月甲申,蜀王宗绾等出大散关,大破岐兵,俘斩万计,遂取宝鸡。己丑,王宗播等出故关,至陇州。丙寅,保胜节度使兼侍中李继崇畏岐王猜忌,帅其众二万,弃陇州奔于蜀军。蜀兵进攻陇州,以继崇为西北面行营第四招讨。刘知俊会王宗绾等围凤翔,岐兵不出。会大雪,蜀主召军还。复李继岌姓名曰桑弘志。弘志,黎阳人也。

28　丁酉,以礼部侍郎郑珏为中书侍郎、同平章事。珏,綮之侄孙也。

29　己亥,蜀大赦。

30　晋王遣使如吴,会兵以击梁。十一月,吴以行军副使徐知训为淮北行营都招讨使,及朱瑾等将兵趣宋、亳与晋相应。既渡淮,移檄州县,进围颍州。

31　十二月戊申,蜀大赦,改明年元曰天汉,国号大汉。

32　楚王殷闻晋王平河北,遣使通好,晋王亦遣使报之。

33　是岁,庆州叛附于岐,岐将李继陟据之。诏以左龙虎统军贺瓌为西面行营马步都指挥使,将兵讨之,破岐兵,下宁、衍二州。

34　河东监军张承业既贵用事,其侄瑾等五人自同州往依之,晋王以承业故,皆擢用之。承业治家甚严,有侄为盗,杀贩牛者,承业立斩之,王亟使救之,已不及。王以瑾为麟州刺史,承业谓瑾曰:"汝本车度一民,与刘开道为贼,惯为不法,今若不悛,死无日矣!"由此瑾所至不敢贪暴。

27　冬季,十月甲申(初二),前蜀王宗绾等率领军队开出大散关,大败岐兵,俘虏和斩杀了一万多人,夺取了宝鸡。己丑(初七),王宗播等率兵开出故关,到达陇州。丙寅,岐国保胜节度使兼侍中李继岌害怕岐王对他有所猜忌,于是率领部下两万士卒放弃陇州,投奔前蜀军。前蜀兵对陇州发起进攻,并任命李继岌为西北面行营第四招讨。前蜀将刘知俊会合王宗绾等围攻凤翔,岐兵不敢出城作战。这时正遇上下大雪,于是前蜀主下诏撤回军队。前蜀主恢复了李继岌的姓名,叫桑弘志。桑弘志是黎阳人。

28　丁酉(十五日),后梁帝任命礼部侍郎郑珏为中书侍郎、同平章事。郑珏是郑綮的侄孙。

29　己亥(十七日),前蜀实行大赦。

30　晋王派遣使者出使吴国,商量两国共同攻打后梁。十一月,吴国任命行军副使徐知训为淮北行营都招讨使,和朱瑾等率兵开赴宋、亳和晋军配合。过了淮河以后,将讨伐后梁的檄文传布到各州县,进兵包围了颍州。

31　十二月戊申(二十七日),前蜀实行大赦,改明年的年号为天汉,国号为大汉。

32　楚王马殷听说晋王攻下河北一带,便派出使者要求互通友好,晋王也派使者回报楚王。

33　这一年,庆州又背叛后梁归属于岐,岐将李继陟率兵占据了这个地方。后梁帝下诏任命左龙虎统军贺瑰为西面行营马步都指挥使,让他率兵讨伐庆州,结果打败岐兵,并攻下宁、衍两州。

34　河东监军张承业既显贵又当权,他的侄儿张瑾等五人从同州来投靠他,晋王因为张承业的缘故,都予以提拔任用。张承业治家非常严格,他有个侄儿成为强盗,杀死贩牛人,张承业立刻将他处死,晋王派人去解救,但已经来不及了。晋王任命张瑾为麟州刺史,张承业对张瑾说:"你本来是车度的一个普通百姓,曾与刘开道一起作贼,一贯不守法,现在如果你还不改悔,不知哪天你就会被杀死。"从此以后,张瑾无论到了哪里,都不敢贪暴。

35　吴越牙内先锋都指挥使钱传珦逆妇于闽,自是闽与吴越通好。

36　闽铸铅钱,与铜钱并行。

37　初,燕人苦刘守光残虐,军士多归于契丹,及守光被围于幽州,其北边士民多为契丹所掠,契丹日益强大。契丹王阿保机自称皇帝,国人谓之天皇王,以妻述律氏为皇后,置百官。至是,改元神册。

述律后勇决多权变,阿保机行兵御众,述律后常预其谋。阿保机尝度碛击党项,留述律后守其帐,黄头、臭泊二室韦乘虚合兵掠之。述律后知之,勒兵以待其至,奋击,大破之,由是名震诸夷。述律后有母有姑,皆踞榻受其拜,曰:“吾惟拜天,不拜人也。”晋王方经营河北,欲结契丹为援,常以叔父事阿保机,以叔母事述律后。

刘守光末年衰困,遣参军韩延徽求援于契丹,契丹主怒其不拜,使牧马于野。延徽,幽州人,有智略,颇知属文。述律后言于契丹主曰:“延徽能守节不屈,此今之贤者,奈何辱以牧圉!宜礼而用之。”契丹主召延徽与语,悦之,遂以为谋主,举动访焉。延徽始教契丹建牙开府,筑城郭,立市里,以处汉人,使各有配偶,垦艺荒田。由是汉人各安生业,逃亡者益少。契丹威服诸国,延徽有助焉。

顷之,延徽逃奔晋阳。晋王欲置之幕府,掌书记王缄疾之。延徽不自安,求东归省母,过真定,止于乡人王德明家,德明问所之,延徽曰:“今河北皆为晋有,当复诣契丹耳。”

35　吴越牙内先锋都指挥使钱传璙从闽国娶了妻子,从此以后闽与吴越互通友好往来。

36　闽国开始铸造铅钱,与过去使用的铜钱并行。

37　起初,燕人苦于刘守光对他们的残酷虐待,军士中有很多人归属契丹,刘守光被围困在幽州时,幽州北面的士民们有很多被契丹人抢夺过去,契丹人日益强大起来。契丹王阿保机自称皇帝,契丹国人称他为天皇王,以他的妻子述律氏为皇后,设置了百官。至此,契丹王改年号为神册。

述律后勇敢果断,善于权变,阿保机每兴师动众,述律后经常参与谋划。阿保机曾经穿过沙漠攻打党项,留下述律后守卫帐幕,黄头、臭泊二室韦打算乘阿保机不在而合伙率兵抢掠帐幕。述律后知道了这件事后,整治兵众等待他们到来,率兵奋力反击,大破二室韦的士兵,由此,述律后名震诸夷。述律后有母亲、婆婆,述律后都坐在床上接受她们的礼拜,说:“我只拜天,是不拜人的。”晋王李存勖刚刚治理河北时,打算结交契丹作为后援,所以经常把阿保机当作叔父来侍奉,把述律后当作叔母来侍奉。

刘守光的末年衰败困窘,曾派遣参军韩延徽到契丹国去求援,契丹主对于他不行跪拜礼十分生气,于是就把韩延徽发配到野外牧马。韩延徽是幽州人,很有智谋,也很会写文章。述律后对契丹主说:“韩延徽能够保持气节而不屈服,是当今的贤者,怎么能侮辱他而让他去放马呢!应当以礼相待而起用他。”契丹主召见韩延徽,并和他谈话,非常喜欢他,于是把他当作主要的参谋人物,只要一有举动,就要去和他商量。韩延徽开始教契丹建牙开府,修筑城廓,设立市场里巷,用来安置汉民,使每个人都有配偶,开垦种植荒田。从此以后,汉族人都各自安居乐业,逃亡的人越来越少。契丹能够威服各国,韩延徽给予了很大帮助。

没多久,韩延徽逃奔到晋阳。晋王打算把他安置在自己的幕府里,掌书记王缄很嫉妒他。韩延徽感到不能自安,所以请求回幽州看望母亲,路过真定时,在同乡人王德明家住下,王德明问他下一步到哪里去,韩延徽说:“现在河北地区都归晋国所有,应当重新回到契丹国去。”

德明曰:"叛而复往,得无取死乎!"延徽曰:"彼自吾来,如丧手目;今往诣之,彼手目复完,安肯害我!"既省母,遂复入契丹。契丹主闻其至,大喜,如自天而下,拊其背曰:"向者何往?"延徽曰:"思母,欲告归,恐不听,故私归耳。"契丹主待之益厚。及称帝,以延徽为相,累迁至中书令。

晋王遣使至契丹,延徽寓书于晋王,叙所以北去之意,且曰:"非不恋英主,非不思故乡,所以不留,正惧王缄之谗耳。"因以老母为托,且曰:"延徽在此,契丹必不南牧。"故终同光之世,契丹不深入为寇,延徽之力也。

三年(丁丑,917)

1　春,正月,诏宣武节度使袁象先救颍州,既至,吴军引还。

2　二月甲申,晋王攻黎阳,刘鄩拒之,数日,不克而去。

3　晋王之弟威塞军防御使存矩在新州,骄惰不治,侍婢预政。晋王使募山北部落骁勇者及刘守光亡卒以益南讨之军。又率其民出马,民或鬻十牛易一战马,期会迫促,边人嗟怨。存矩得五百骑,自部送之,以寿州刺史卢文进为裨将。行者皆惮远役,存矩复不存恤。甲午,至祁沟关,小校宫彦璋与士卒谋曰:"闻晋王与梁人确斗,骑兵死伤不少。吾侪

王德明说:"你背叛了契丹国,而今又要返回去,这不是去找死吗?"韩延徽说:"契丹国自从我出走后,国王如同失去了手臂眼睛;今天我再返回契丹国,契丹国王的手臂眼睛又完备了吗,他怎么能够杀害我呢!"等他看望了母亲以后,就又重新回到了契丹国。契丹国主听说韩延徽回来非常高兴,就好像韩延徽从天而降,国王抚着韩延徽的背说:"前一段你走到哪里去了?"韩延徽说:"我很思念母亲,本想请假回去看看,但又害怕国王不答应我,所以我就私自回去了。"从此以后,契丹国主待他更加优厚。契丹国主称皇帝时,就任命韩延徽为宰相,一直提拔到中书令。

晋王派出使者到契丹国,韩延徽借机给晋王写信,追叙了当初所以北去契丹的原因,并且说:"不是我不留恋英明的君主,也不是我不思念故乡,我之所以不能留在晋国,正是害怕王缄嫉妒我而说我的坏话。"因此又以老母相托,信中又说:"有我韩延徽在此,契丹国一定不会向南侵扰。"所以在后唐庄宗同光时期,契丹始终不向南面深入侵扰,靠的是韩延徽之力。

后梁均王(末帝)贞明三年(丁丑,公元 917 年)

1 春季,正月,后梁帝下诏命令宣武节度使袁象先前往援救颍州,到达颍州之后,吴军已自己撤退。

2 二月甲申(初五),晋王率兵进攻黎阳,刘郭率兵抗拒,双方交战了好几天,晋军因攻不下而退去。

3 晋王的弟弟威塞军防御使李存矩驻守新州,他骄横懒惰,不能治理,他的奴婢侍从们经常干预政事。晋王命他到山北面的部落地区去招募一些勇敢善战的人以及刘守光的逃兵,来扩充向南讨伐的军队。他又强迫百姓出马,百姓们有的用十头牛去换一匹战马,加上期限非常紧迫,以致边境的百姓悲叹愤怒。李存矩征得五百匹战马,自己带领送往前方,派寿州刺史卢文进为裨将。前去送马的人们都对这趟长途差役害怕和忧虑,李存矩又对他们不加体恤。甲午(十五日),行到祁沟关,小校宫彦璋和士卒们谋划说:"我听说晋王的军队和梁国的军队旗鼓相当,晋王的骑兵又死伤不少。我们

捐父母妻子,为人客战,千里送死,而使长复不矜恤,奈何?"众曰:"杀使长,拥卢将军还新州,据城自守,其如我何!"因执兵大噪,趣传舍。诘朝,存矩寝未起,就杀之。文进不能制,抚膺哭其尸曰:"奴辈既害郎君,使我何面复见晋王!"因为众所拥,还新州,守将杨全章拒之。又攻武州,雁门以北都知防御兵马使李嗣肱击败之。周德威亦遣兵追讨,文进帅其众奔契丹。晋王闻存矩不道以致乱,杀侍婢及幕僚数人。

4　初,幽州北七百里有渝关,下有渝水通海。自关东北循海有道,道狭处才数尺,旁皆乱山,高峻不可越。北至进牛口,旧置八防御军,募土兵守之。田租皆供军食,不入于蓟,幽州岁致缯纩以供战士衣。每岁早获,清野坚壁以待契丹,契丹至,辄闭壁不战,俟其去,选骁勇据隘邀之,契丹常失利走。土兵皆自为田园,力战有功则赐勋加赏,由是契丹不敢轻入寇。及周德威为卢龙节度使,恃勇不修边备,遂失渝关之险,契丹每刍牧于营、平之间。德威又忌幽州旧将有名者,往往杀之。

吴王遣使遗契丹主以猛火油,曰:"攻城,以此油然火焚楼橹,敌以水沃之,火愈炽。"契丹主大喜,即选骑三万欲攻幽州,述律后哂之曰:"岂有试油而攻一国乎!"因指帐前树谓契丹主曰:"此树无皮,可以生乎?"契丹主曰:"不可。"述律后曰:"幽州城亦犹是矣。吾但以三千骑伏其旁,掠其四野,使城中无食,不过

舍弃了父母妻儿，为别人在异乡作战，这真是千里送死，而使长又不怜惜我们，怎么办呢?"大家都说:"杀死使长，拥护卢将军回到新州，据城自守，他们能把我们怎么样呢!"于是拿起武器，大声疾呼，直奔传舍。次日晨，李存矩睡觉还没有起床，就被这些人给杀死了。卢文进未能制止，自己捶着胸哭李存矩说:"奴辈害了郎君，让我以什么脸面去见晋王呢!"于是被大家拥簇回到新州，新州守将杨全章拒绝接纳。他们又攻打武州，结果又被雁门以北都知防御兵马使李嗣肱打败。晋将周德威也派兵追讨，卢文进率众投奔契丹。晋王听说李存矩因为治理不得法而导致叛乱，于是杀了李存矩的奴婢侍从及幕僚数人。

4 当初，在幽州以北七百里的地方有一个渝关，渝关下有一条渝水直通于海。从关东北顺着海有一条路，这条路的狭窄处只有几尺宽，旁边都是高低起伏的山峰，高峻不可攀越。北至进牛口，过去在这里设置有八防御军，招募当地民兵来把守。这里的田租都供给军用，不需送到蓟县，幽州每年往这里运送布帛和棉絮，做成衣服供士兵穿戴。这里每年都收获很早，坚壁清野后等待契丹的入侵，契丹军来了，他们就关起壁垒不出去作战，等到契丹军离开，就选拔一些勇敢善战的士卒占据隘口阻截他们，契丹军经常失利而退走。这里的士兵们都自己耕种田园，奋力作战而立功者，会加赏封官，因此，契丹人也不敢轻易进来侵略。周德威任卢龙节度使时，他依仗自己勇敢而从不修整边防设备，于是慢慢失掉了渝关的险要，契丹人也经常来营州、平州之间放牧和割草。周德威还嫉妒幽州旧将领中有名望的人，往往把他们杀掉。

吴王派遣使者送给契丹主"猛火油"，说:"攻城时，用这种油点燃焚烧城楼，敌人用水来浇它，火势更旺。"契丹主特别高兴，便选拔三万骑兵准备攻打幽州，述律后讥笑他说:"哪里有为了试验油而攻打一个国家的!"因此指着军帐前面的树对契丹主说:"这棵树没有树皮，它还可以生长吗?"契丹主回答说:"不可以。"述律后说:"幽州城也和这棵树一样。我们只用三千骑兵埋伏在幽州城的旁边，抢掠了它的四周，使城中没有粮食可吃，不用

数年,城自困矣,何必如此躁动轻举!万一不胜,为中国笑,吾部落亦解体矣。"契丹主乃止。

三月,卢文进引契丹兵急攻新州,刺史安金全不能守,弃城走。文进以其部将刘殷为刺史,使守之。晋王使周德威合河东、镇、定之兵攻之,旬日不克。契丹主帅众三十万救之,德威众寡不敌,大为契丹所败,奔归。

5　楚王殷遣其弟存攻吴上高,俘获而还。

6　契丹乘胜进围幽州,声言有众百万,毡车毳幕弥漫山泽。卢文进教之攻城,为地道,昼夜四面俱进,城中穴地然膏以邀之。又为土山以临城,城中熔铜以洒之,日杀千计,而攻之不止。周德威遣间使诣晋王告急,王方与梁相持河上,欲分兵则兵少,欲勿救恐失之,谋于诸将,独李嗣源、李存审、阎宝劝王救之。王喜曰:"昔太宗得一李靖犹擒颉利,今吾有猛将三人,复何忧哉!"存审、宝以为虏无辎重,势不能久,俟其野无所掠,食尽自还,然后蹑而击之。李嗣源曰:"周德威社稷之臣,今幽州朝夕不保,恐变生于中,何暇待虏之衰!臣请身为前锋以赴之。"王曰:"公言是也。"即日,命治兵。夏,四月,晋王命嗣源将兵先进,军于涞水,阎宝以镇、定之兵继之。

7　吴昇州刺史徐知诰治城市府舍甚盛。五月,徐温行部至昇州,爱其繁富。润州司马陈彦谦劝温徙镇海军治所于昇州,温

几年,幽州城自然会处于困境,何必如此轻举妄动!万一打不胜,被中原各国所讥笑,我们的部落也就会解体。"契丹主于是停止了对幽州城的进攻。

三月,卢文进引契丹兵猛攻新州,新州刺史安金全不能坚守,弃城逃跑。卢文进因此任命他的部将刘殷为新州刺史,让他坚守新州。晋王派周德威会合河东、镇州、定州的部队向新州发起进攻,十几天都未能攻克。契丹主率领三十万大军前往援救,周德威由于寡不敌众,被契丹主打得大败,赶快逃奔回去。

5 楚王马殷派遣他的弟弟马存前往攻打吴国的上高,俘获了很多人口、财物而回。

6 契丹乘胜前进包围了幽州,声言他们有百万大军,挂毡毯的大车和毡帐布满了山上山下。卢文进教他们攻城的方法,挖地道,白天黑夜四面一起进攻,城里挖地穴点燃膏油来阻截他们。又在城边垒起土山以居高临城,城中熔铜来泼洒敌人,每天杀死的人将近一千,就这样还进攻不止。周德威秘密派出使者到晋王那里告急,此时晋王刚和后梁军相持在河上,想分兵救援,又觉得兵力太少,打算不去救援,又怕失去幽州,于是和诸将商量,只有李嗣源、李存审、阎宝劝晋王去解救幽州。晋王高兴地说:"从前唐太宗得到一个李靖还能抓获颉利可汗,今天我有猛将三人,又有什么可忧患的呢!"李存审、阎宝认为敌人没有带多少军用物资,这种形势不会维持太久,等到他们在野外掠夺不到什么,粮食吃完的时候,就会自己撤回去,然后紧追其后攻打他们。李嗣源说:"周德威是国命所系的大臣,现在幽州朝夕难保,恐怕这段时间里就会发生变化,哪有时间等待敌人的衰弱!我请求亲自做前锋赶赴前线作战。"晋王说:"你说得很对。"当天就让他整理军队。夏季,四月,晋王命令李嗣源领兵率先前进,在涞水驻扎下来,阎宝率领镇州、定州的军队跟在后面。

7 吴国昇州刺史徐知诰建造修治的城市府舍非常豪华。五月,徐温巡行到昇州,他非常喜欢这里的繁华富裕。润州司马陈彦谦劝说徐温把镇海军的治所迁移到昇州,徐温

从之，徙知诰为润州团练使。知诰求宣州，温不许，知诰不乐。宋齐丘密言于知诰曰："三郎骄纵，败在朝夕。润州去广陵隔一水耳，此天授也。"知诰悦，即之官。三郎，谓温长子知训也。温以陈彦谦为镇海节度判官。温但举大纲，细务悉委彦谦，江、淮称治。彦谦，常州人也。

8　高季昌与孔勍修好，复通贡献。

听从了他的意见,把徐知诰调任为润州团练使。徐知诰请求调到宣州,徐温没有答应,徐知诰很不高兴。宋齐丘偷偷对徐知诰说:"三郎骄傲放纵,迟早要失败的。润州离广陵只是一水之隔,这是上天授与你的。"徐知诰听后高兴起来,于是马上去上任。三郎,指的是徐温的长子徐知训。于是徐温任命陈彦谦为镇海节度判官。徐温只抓大事,具体事情全部委托陈彦谦来办理,从此江、淮地区也可称得上是管理得不错的地方。陈彦谦是常州人。

　　8　高季昌和孔勍重新和好,又恢复了过去的进奉。

卷第二百七十　后梁纪五

起丁丑(917)七月尽己卯(919)九月凡二年有奇

均王中
贞明三年(丁丑,917)

1　秋,七月庚戌,蜀主以桑弘志为西北面第一招讨,王宗宏为东北面第二招讨。己未,以兼中书令王宗侃为东北面都招讨,武信节度使刘知俊为西北面都招讨。

2　晋王以李嗣源、阎宝兵少,未足以敌契丹,辛未,更命李存审将兵益之。

3　蜀飞龙使唐文扆居中用事,张格附之,与司徒、判枢密院事毛文锡争权。文锡将以女适左仆射兼中书侍郎、同平章事庾传素之子,会亲族于枢密院用乐,不先表闻,蜀主闻乐声,怪之,文扆从而谮之。八月庚寅,贬文锡茂州司马,其子司封员外郎询流维州,籍没其家;贬文锡弟翰林学士文晏为荣经尉。传素罢为工部尚书,以翰林学士承旨庾凝绩权判内枢密院事。凝绩,传素之再从弟也。

4　清海、建武节度使刘岩即皇帝位于番禺,国号大越,大赦,改元乾亨。以梁使赵光裔为兵部尚书,节度副使杨洞潜为兵部侍郎,节度判官李殷衡为礼部侍郎,并同平章事。建三庙,追尊祖安仁曰太祖文皇帝,父谦曰代祖圣武皇帝,兄隐曰烈宗襄皇帝,以广州为兴王府。

5　契丹围幽州且二百日,城中危困。李嗣源、阎宝、李存审步骑七万会于易州,存审曰:"虏众吾寡,虏多骑,吾多步,若平原相遇,

均王中

后梁均王(末帝)贞明三年(丁丑,公元917年)

1　秋季,七月庚戌(初三),前蜀主王建任命桑弘志为西北面第一招讨,王宗宏为东北面第二招讨。己未(十六日),任命兼中书令王宗侃为东北面都招讨,武信节度使刘知俊为西北面都招讨。

2　晋王李存勖认为李嗣源、阎宝的兵力较少,不足与契丹国抗衡,辛未(二十八日),又命令李存审率兵去加强他们的兵力。

3　前蜀飞龙使唐文扆在朝中掌权,张格依附于他,与司徒、判枢密院事毛文锡争夺权力。毛文锡准备把他的女儿嫁给左仆射兼中书侍郎、同平章事庾传素的儿子,亲族聚会在枢密院演奏音乐,没有事先奏明前蜀主,前蜀主听到音乐声,感到很奇怪,唐文扆趁机说毛文锡的坏话。八月庚寅(十三日),将毛文锡降为茂州司马,把毛文锡的儿子司封员外郎毛询流放到维州,并把他全家的财产没收归公;把毛文锡的弟弟翰林学士毛文晏贬为荣经县尉。把庾传素降为工部尚书,让翰林学士承旨庾凝绩暂管内枢密院的事情。庾凝绩是庾传素的本家弟弟。

4　清海、建武节度使刘岩在番禺称帝,国号为大越,实行大赦,改年号为乾亨。任命后梁使者赵光裔为兵部尚书,节度副使杨洞潜为兵部侍郎,节度判官李殷衡为礼部侍郎,三人一并为同平章事。新修了三座祖庙,追尊祖父刘安仁为太祖文皇帝,父亲刘谦为代祖圣武皇帝,哥哥刘隐为烈宗襄皇帝,并把广州改为兴王府。

5　契丹围困幽州将近两百天,幽州城内十分危难。晋将李嗣源、阎宝、李存审率领步兵、骑兵七万名在易州会师,李存审说:"敌众我寡,敌人的骑兵多,我们的步兵多,如果在平原上两军相遇,

虏以万骑蹂吾陈,吾无遗类矣。"嗣源曰:"虏无辎重,吾行必载粮食自随,若平原相遇,虏抄吾粮,吾不战自溃矣。不若自山中潜行趣幽州,与城中合势,若中道遇虏,则据险拒之。"甲午,自易州北行,庚子,逾大房岭,循涧而东。嗣源与养子从珂将三千骑为前锋,距幽州六十里,与契丹遇,契丹惊却,晋兵翼而随之。契丹行山上,晋兵行涧下,每至谷口,契丹辄邀之,嗣源父子力战,乃得进。至山口,契丹以万馀骑遮其前,将士失色。嗣源以百馀骑先进,免胄扬鞭,胡语谓契丹曰:"汝无故犯我疆场,晋王命我将百万众直抵西楼,灭汝种族!"因跃马奋挝,三入其陈,斩契丹酋长一人。后军齐进,契丹兵却,晋兵始得出。李存审命步兵伐木为鹿角,人持一枝,止则成寨。契丹骑环寨而过,寨中发万弩射之,流矢蔽日,契丹人马死伤塞路。将至幽州,契丹列陈待之。存审命步兵陈于其后,戒勿动,先令赢兵曳柴然草而进,烟尘蔽天,契丹莫测其多少。因鼓噪合战,存审乃趣后陈起乘之,契丹大败,席卷其众自北山去,委弃车帐铠仗羊马满野,晋兵追之,俘斩万计。辛丑,嗣源等入幽州,周德威见之,握手流涕。

契丹以卢文进为幽州留后,其后又以为卢龙节度使,文进常居平州,帅奚骑岁入北边,杀掠吏民。晋人自瓦桥运粮输蓟城,虽

敌人用一万名骑兵践踏我们的阵地,我们一个人也别想活着回去。"李嗣源说:"敌人没有多少军需,我们行军必须随军拉着粮食,如果在平原上两军相遇,敌人一定会抢我们的粮食,我军将不战自败。不如从山中偷偷地直抵幽州,形成和幽州城内结合的形势,如果在途中遇上敌人,我们就占据险要的地方来抵御他们。"甲午(十七日),李嗣源、阎宝、李存审率兵从易州向北出发,庚子(二十三日),翻过大房岭,沿着山涧向东进发。李嗣源和他的养子李从珂率领三千骑兵为前锋部队,在距离幽州六十里的地方,与契丹军队相遇,契丹军队感到惊恐而退却,晋军从两翼紧随其后。契丹军在山上走,晋军在山涧走,每到一个谷口,契丹军就拦截晋军,李嗣源父子奋力战斗,才能继续前进。到达山口时,契丹部队用一万多骑兵挡在晋军前面,晋军将士吓得脸都变了色。李嗣源带领百馀骑兵率先前进,他脱掉甲胄,扬鞭上马,并用契丹语对契丹人说:"你们无故侵犯我们的边界,晋王命令我率兵百万直捣西楼,消灭你们种族!"于是跃马奋击,三次冲入契丹军阵,斩杀契丹酋长一人。晋军后面的部队一起冲上来,契丹军队退却,晋军才得以出了山口。李存审命令步兵伐木做成防御营寨的鹿角,每人手持一根,部队停下来时,就做成营寨。契丹军队绕着晋军的营寨经过,晋军从营寨中万箭齐发,射击契丹军,飞出来的箭遮天蔽日,契丹死伤的人马几乎把路堵塞。晋军快要到达幽州时,契丹军早已严阵以待。李存审命令兵步在契丹军的后面摆好阵势,告诫他们暂不要动,他先命令疲弱的军队拖着木柴拿着点燃的柴草前进,使烟雾遮天,契丹人不知道晋军到底有多少人马。在这种情况下晋军击鼓呼喊,一起出战,李存审催促后面的军队乘势追击,契丹被打得大败,席卷其全部士卒从北山逃跑,满山遍野都是契丹军丢弃了的战车、帐篷、铠甲、羊、马等,晋军乘胜追击,俘获和斩杀的契丹兵数以万计。辛丑(二十四日),李嗣源等进入幽州,周德威见到他,握着他的手痛哭流涕。

契丹任命卢文进为幽州留后,后来又任命他为卢龙节度使,卢文进经常居住在平州,每年都要率领奚地的骑兵入侵晋国的北部,烧杀抢掠百姓。晋国人从瓦桥运输粮食到蓟城,虽然

以兵援之,不免抄掠。契丹每入寇,则文进帅汉卒为向导,卢龙巡属诸州为之残弊。

6　刘鄩自滑州入朝,朝议以河朔失守责之,九月,落鄩平章事,左迁亳州团练使。

7　冬,十月己亥,加吴越王镠天下兵马元帅。

8　晋王还晋阳。王连岁出征,凡军府政事一委监军使张承业,承业劝课农桑,畜积金谷,收市兵马,征租行法不宽贵戚,由是军城肃清,馈饷不乏。王或时须钱蒱博及给赐伶人,而承业靳之,钱不可得。王乃置酒钱库,令其子继岌为承业舞,承业以宝带及币马赠之。王指钱积呼继岌小名谓承业曰:"和哥乏钱,七哥宜以钱一积与之,带马未为厚也。"承业曰:"郎君缠头皆出承业俸禄,此钱,大王所以养战士也,承业不敢以公物为私礼。"王不悦,凭酒以语侵之,承业怒曰:"仆老敕使耳!非为子孙计,惜此库钱,所以佐王成霸业也,不然,王自取用之,何问仆为?不过财尽民散,一无所成耳。"王怒,顾李绍荣索剑,承业起,挽王衣泣曰:"仆受先王顾托之命,誓为国家诛汴贼,若以惜库物死于王手,仆下见先王无愧矣。今日就王请死!"阎宝从旁解承业手令退,承业奋拳殴宝踣地,骂曰:"阎宝,朱温之党,受晋大恩,曾不尽忠为报,顾欲以谄媚自容邪!"曹太夫人闻之,遽令召王,王惶恐叩头,谢承业曰:"吾以酒失忤七哥,必且得罪于太夫人,七哥为吾痛饮以分其过。"王连饮四卮,

有部队护送,但也不免被契丹人所抄掠。每逢契丹人侵略,卢文进就带领汉族士兵作为向导,属于卢龙巡守的各州都被抢劫得残破不堪。

6 刘鄩从滑州回到朝廷,朝廷决定以失守河朔而处罚他,九月,解除刘鄩的平章事,贬官出任亳州团练使。

7 冬季,十月己亥(二十三日),后梁帝加封吴越王钱镠为天下兵马元帅。

8 晋王回到晋阳。由于晋王连年出征,凡军府政事一律委托监军使张承业办理,张承业积极督促农桑生产,储备钱粮,收买兵马,征收赋税,执法严格,从不宽容权贵亲戚,因此晋阳城内平静,军队粮饷不缺。晋王有时候需要钱去博戏或者赏赐给乐官、伶人,张承业吝惜得不肯给他,晋王也拿不到钱。于是晋王在钱库里摆了一桌酒席,让他的儿子李继岌给张承业跳舞,张承业把饰有珍宝的带子和币马赠送给李继岌。晋王指着库里积存的钱物高声叫着李继岌的小名对张承业说:"和哥缺钱,七哥你应当用一堆钱送给他,宝带、币马不算丰厚。"张承业说:"我送给少爷的彩礼,都是从我的俸禄里支出的,钱库里的钱,是大王用来给养战士的,我不敢用公物作为个人的私礼。"晋王听了很不高兴,借酒用话讽刺他,张承业生气地说:"我是皇上的老臣,并不是为我的子孙打算,我之所以珍惜这库里的钱,是为了帮助大王成就霸业,不然的话,大王可以自己随便取用,何必还问我呢? 不过钱财用完,百姓也就会远离你,你的事业将一无所成。"晋王十分生气,回过头来向李绍荣要剑,张承业站起来,拉住晋王的衣服,哭着说:"我受先王临终之命,发誓为国家诛灭汴梁朱氏,如果因为吝惜库存的钱物而死于大王手下,我在地下见到先王也就无愧了。今日请大王处死好了!"阎宝从旁拉开张承业的手,让他退下,张承业气愤地使劲用拳把阎宝打倒在地,并且骂他说:"阎宝,你是朱温的同党,降晋后晋国对你有大恩大德,你不尽忠报国,反而想用谄媚的手段来求得安身吗!"曹太夫人听说这件事后,急忙让人去召晋王,晋王惊慌地直叩头,向张承业道歉,说:"我因为喝多了酒而顶撞了七哥,这也必然得罪于太夫人,请七哥为了减轻我的过错而痛饮几杯。"于是晋王连饮四大杯,

承业竟不肯饮。王入宫，太夫人使人谢承业曰："小儿忤特进，适已笞之矣。"明日，太夫人与王俱至承业第谢之。未几，承制授承业开府仪同三司、左卫上将军、燕国公。承业固辞不受，但称唐官以至终身。

掌书记卢质，嗜酒轻傲，尝呼王诸弟为豚犬，王衔之。承业恐其及祸，乘间言曰："卢质数无礼，请为大王杀之。"王曰："吾方招纳贤才以就功业，七哥何言之过也？"承业起立贺曰："王能如此，何忧不得天下！"质由是获免。

晋王元妃卫国韩夫人，次燕国伊夫人，次魏国刘夫人。刘夫人最有宠，其父成安人，以医卜为业。夫人幼时，晋将袁建丰掠得之，入于王宫，性狡悍淫妒。从王在魏，父闻其贵，诣魏宫上谒，王召袁建丰示之。建丰曰："始得夫人时，有黄须丈人护之，此是也。"王以语夫人，夫人方与诸夫人争宠，以门地相高，耻其家寒微，大怒曰："妾去乡时略可记忆，妾父不幸死乱兵，妾守尸哭之而去，今何物田舍翁敢至此！"命笞刘叟于宫门。

9　越主岩遣客省使刘瑭使于吴，告即位，且劝吴王称帝。

10　闰月戊申，蜀主以判内枢密院庾凝绩为吏部尚书、内枢密使。

11　十一月丙子朔，日南至，蜀主祀圜丘。

12　晋王闻河冰合，曰："用兵数岁，限一水不得渡，今冰自合，天赞我也。"亟如魏州。

而张承业却一杯也不肯喝。晋王入宫后，曹太夫人派人去向张承业道歉，并说："小儿顶撞了特进，刚才已经责打了他。"第二天，曹太夫人和晋王一起来到张承业的府第向他道歉。不久，按照先帝的遗旨，授予张承业开府仪同三司、左卫上将军、燕国公。张承业一再推辞不接受，一直到死都只称唐官。

掌书记卢质嗜酒而且轻傲，曾经称呼晋王的弟弟们为猪狗，晋王怀恨在心。张承业害怕他因此招致祸患，抽空对晋王说："卢质曾经多次无礼，请代为大王杀掉他。"晋王说："我正在招贤纳士来完成我的功业，七哥为什么要说这样过分的话？"张承业站起来祝贺他说："大王能够如此，还怕得不到天下吗！"卢质因此得以免祸。

晋王的元妃是卫国的韩夫人，其次是燕国的伊夫人，再次是魏国的刘夫人。刘夫人最受晋王宠爱，她的父亲是成安人，以行医占卜为业。刘夫人小的时候，被晋将袁建丰抢了回来，把她送进了王宫，刘夫人性情狡猾泼悍，放荡，好忌妒人。她跟随晋王在魏国，其父听说她已经显贵，就到魏宫拜见晋王，晋王召袁建丰来辨认。袁建丰说："当初得到刘夫人时，有一个黄须老头保护着她，就是这个老人。"晋王把这番话告诉了刘夫人，刘夫人这时正和其他几位夫人争宠，互相比门第高低，对她的出身寒微感到耻辱，她非常生气地说："我离开家乡时的情景还大概记得，我的父亲不幸死于兵乱，我曾守着他的尸体痛哭，然后才离开了他，今天哪里来的什么乡巴佬敢到这里！"于是让人在宫门口把刘老头儿打了一顿。

9　越主刘岩派客省使刘瑭出使吴国，告诉吴王他已经即位，并且劝吴王也称帝。

10　闰十月戊申（初二），前蜀主任命判内枢密院庚凝绩为吏部尚书、内枢密使。

11　十一月丙子朔（初一），正逢冬至，前蜀主去圜丘祭天。

12　晋王听说黄河上的冰已结满河床，说："打了好几年仗，由于受黄河的限制，不能渡河作战，如今河床自己结满了冰，这是天助我们。"于是他很快地赶到魏州。

13　蜀主以刘知俊为都招讨使，诸将皆旧功臣，多不用其命，且疾之，故无成功。唐文扆数毁之，蜀主亦忌其才，尝谓所亲曰："吾老矣，知俊非尔辈所能驭也。"十二月辛亥，收知俊，称其谋叛，斩于炭市。

14　癸丑，蜀大赦，改明年元曰光天。

15　壬戌，以张宗奭为天下兵马副元帅。

16　帝论平庆州功，丁卯，以左龙虎统军贺瓌为宣义节度使、同平章事，寻以为北面行营招讨使。

17　戊辰，晋王畋于朝城。是日，大寒，晋王视河冰已坚，引步骑稍渡。梁甲士三千戍杨刘城，缘河数十里，列栅相望，晋王急攻，皆陷之。进攻杨刘城，使步兵斩其鹿角，负蒉苇塞堑，四面进攻，即日拔之，获其守将安彦之。

先是，租庸使、户部尚书赵岩言于帝曰："陛下践阼以来，尚未南郊，议者以为无异藩侯，为四方所轻。请幸西都行郊礼，遂谒宣陵。"敬翔谏曰："自刘郓失利以来，公私困竭，人心惴恐。今展礼圜丘，必行赏赍，是慕虚名而受实弊也。且劲敌近在河上，乘舆岂宜轻动！俟北方既平，报本未晚。"帝不听。己巳，如洛阳，阅车服，饰宫阙。郊祀有日，闻杨刘失守，道路讹言晋军已至大梁，扼汜水矣，从官皆忧其家，相顾涕泣。帝惶骇失图，遂罢郊祀，奔归大梁。

18　甲戌，以河南尹张宗奭为西都留守。

13　前蜀主任用刘知俊为都招讨使，其他将领都是原来的有功之臣，很多人不听从他的命令，而且还嫉妒他，所以他没建立什么战功。唐文扆经常诋毁他，前蜀主也嫉妒他的才能，曾对亲近的人说："我已经老了，刘知俊不是你们这些人所能驾驭的。"十二月辛亥(初六)，拘捕了刘知俊，说他想阴谋叛乱，在炭市把他斩杀。

14　癸丑(初八)，前蜀大赦，改明年的年号为光天。

15　壬戌(十七日)，后梁帝任命张宗奭为天下兵马副元帅。

16　后梁帝评议平定庆州的战功，丁卯(二十二日)，任命左龙虎统军贺瑰为宣义节度使、同平章事，不久又任命他为北面行营招讨使。

17　戊辰(二十三日)，晋王在朝城打猎。这一天，天气特别冷，晋王看到黄河的冰已经很坚固，就率领骑兵逐渐过河。后梁军三千士卒驻扎在杨刘城，沿河数十里，栅垒相望，晋王迅速发起进攻，全部攻克了这些栅垒。接着进攻杨刘城，派出步兵先砍开鹿角，然后用芦苇塞满防御的堑壕，从四面发起进攻，当天就攻下了杨刘城，并抓获守将安彦之。

在杨刘城失守以前，后梁租庸使、户部尚书赵岩曾对后梁帝说："陛下即位以来，还没有去南郊祭天，议论这件事的人认为陛下和诸侯没什么两样，被四方所轻视。请陛下去西都行郊祀礼，接着谒拜宣陵。"敬翔进谏说："自从刘郭失利以来，公私都处于十分困难的时刻，人心惶惶。现在要去祭祀圆丘，必定要施行赏赐，这是为了图虚名，而受实害。况且晋国劲敌近在黄河边上，御驾车马哪里能轻易出动！等到北方平定以后，再去郊祀也不晚。"后梁帝没有听从敬翔的进谏。己巳(二十四日)，后梁帝到了洛阳，视察了御用的车子和章服，装饰了宫阙。去南郊祭祀的日子已定，突然听说杨刘城失守，道路上的人都传说晋军已经到了大梁，并扼住氾水，跟从后梁帝出行的官员们都很担忧自己的家，相互对视哭泣。后梁帝恐慌而失去了主意，于是停止了郊祀，奔回大梁。

18　甲戌(二十九日)，后梁帝任命河南尹张宗奭为西都留守。

19 是岁,闽王审知为其子牙内都指挥使延钧娶越主岩之女。

四年(戊寅,918)

1 春,正月乙亥朔,蜀大赦,复国号曰蜀。

2 帝至大梁。晋兵侵掠至郓、濮而还。敬翔上疏曰:"国家连年丧师,疆土日蹙。陛下居深宫之中,所与计事者皆左右近习,岂能量敌国之胜负乎!先帝之时,奄有河北,亲御豪杰之将,犹不得志。今敌至郓州,陛下不能留意。臣闻李亚子继位以来,于今十年,攻城野战,无不亲当矢石,近者攻杨刘,身负束薪为士卒先,一鼓拔之。陛下儒雅守文,晏安自若,使贺瓌辈敌之,而望攘逐寇仇,非臣所知也。陛下宜询访黎老,别求异策。不然,忧未艾也。臣虽驽怯,受国重恩,陛下必若乏才,乞于边垂自效。"疏奏,赵、张之徒言翔怨望,帝遂不用。

3 吴以右都押牙王祺为虔州行营都指挥使,将洪、抚、袁、吉之兵击谭全播。严可求以厚利募赣石水工,故吴兵奄至虔州城下,虔人始知之。

4 蜀太子衍好酒色,乐游戏。蜀主尝自夹城过,闻太子与诸王斗鸡击毬喧呼之声,叹曰:"吾百战以立基业,此辈其能守之乎!"由是恶张格,而徐贤妃为之内主,竟不能去也。信王宗杰有才略,屡陈时政,蜀主贤之,有废立意。二月癸亥,宗杰暴卒,蜀主深疑之。

19　这一年,闽王王审知给他的儿子牙内都指挥使王延钧娶了越主刘岩的女儿。

后梁均王(末帝)贞明四年(戊寅,公元918年)

1　春季,正月乙亥朔(初一),前蜀大赦,恢复国号为蜀。

2　后梁帝回到大梁。晋军一直侵掠到郓州、濮州以后才回去。敬翔上疏说:"国家连年战事失利,疆土日益缩小。陛下深居宫中,和您一起共商大事的人都是您的左右亲幸之人,怎么能估量到敌国的胜负呢!先帝在世的时候,拥有河北的全部疆土,亲自驾驭着豪杰将士,仍不得志。今天敌人已经到了郓州,还不能引起陛下的注意。我听说李存勖继位以来,到今年已经十年了,每当攻城作战,无不亲自冲锋陷阵,最近攻打杨刘城时,亲自背着柴束走在士卒的前面,结果一鼓攻下杨刘城。陛下温文儒雅自守,安然自若,而派贺瓌之流去抵挡敌人,期望他们驱逐敌寇,我不知道他们能做什么。陛下应当广泛询访老人,另外寻找一些别的方法。如果不能这样,忧患就不能停止。我虽然胆小无才,但国家给我的恩情很大,陛下如果一定缺乏人才,我请求到边疆为国效力。"他的奏书送给后梁帝以后,赵岩、张归霸之流说敬翔是在发泄怨恨,后梁帝不听他的。

3　吴王任命右都押牙王祺为虔州行营都指挥使,并让他率领洪、抚、袁、吉的部队去攻打谭全播。严可求用厚禄招募了一些熟悉赣石之险的水工,所以吴兵全部到达虔州城下时,虔州人才知道。

4　前蜀太子王衍嗜酒好色,喜欢游戏。前蜀主曾经从夹城路过,听到太子和诸王斗鸡击毬喧闹的声音,叹息地说:"我身经百战建立的基业,这些人能够守得住吗?"因此对当时拥立王衍为太子的张格产生厌恶感,但因为徐贤妃在内为之做主,所以就没有废除太子。信王王宗杰很有才略,经常陈述对时政的意见,前蜀主很器重他,因而产生了废立太子的想法。二月癸亥(二十日),王宗杰突然病死,前蜀主对他的死感到十分怀疑。

5　河阳节度使、北面行营排陈使谢彦章将兵数万攻杨刘城。甲子,晋王自魏州轻骑诣河上。彦章筑垒自固,决河水,弥浸数里,以限晋兵,晋兵不得进。彦章,许州人也。安彦之散卒多聚于兖、郓山谷为群盗,以观二国成败,晋王招募之,多降于晋。

6　己亥,蜀主以东面招讨使王宗侃为东、西两路诸军都统。

7　三月,吴越王镠初立元帅府,置官属。

8　夏,四月癸卯朔,蜀主立子宗平为忠王,宗特为资王。

9　岐王复遣使求好于蜀。

10　己酉,以吏部侍郎萧顷为中书侍郎、同平章事。

11　保大节度使高万金卒。癸亥,以忠义节度使高万兴兼保大节度使,并镇鄜、延。

12　司空兼门下侍郎、同平章事赵光逢告老,己巳,以司徒致仕。

13　蜀主自永平末得疾,昏瞀,至是增剧。以北面行营招讨使兼中书令王宗弼沉静有谋,五月,召还,以为马步都指挥使。乙亥,召大臣入寝殿,告之曰:“太子仁弱,朕不能违诸公之请,逾次而立之。若其不堪大业,可置诸别宫,幸勿杀之。但王氏子弟,诸公择而辅之。徐妃兄弟,止可优其禄位,慎勿使之掌兵预政,以全其宗族。”

内飞龙使唐文扆久典禁兵,参预机密,欲去诸大臣,遣人守宫门。王宗弼等三十余人日至朝堂,不得入见,文扆屡以蜀主之命慰抚之,伺蜀主殂,即作难。遣其党内皇城使潘在迎侦察外事,

5　后梁河阳节度使、北面行营排阵使谢彦章率领好几万兵向杨刘城发起进攻。甲子(二十一日),晋王率领轻骑从魏州直达黄河边上。谢彦章修筑起壁垒坚守阵地,并决黄河口,河水弥漫了好几里,用来阻止晋军,晋军不能前进。谢彦章是许州人。安彦之被打败以后,他的士卒很多人聚集在兖州、郓州一带的山谷之中成为强盗,坐观梁、晋两国的成败,后来晋王招募他们,其中有不少人就投靠了晋王。

6　己亥,前蜀主任命东面招讨使王宗侃为东、西两路诸军都统。

7　三月,吴越王钱镠开始设置元帅府,并任命官属。

8　夏季,四月癸卯朔(初一),前蜀主立子王宗平为忠王,王宗特为资王。

9　岐王又派出使者到前蜀,请求互通友好。

10　己酉(初七),后梁帝任命吏部侍郎萧顷为中书侍郎、同平章事。

11　后梁保大节度使高万金去世。癸亥(二十一日),任命忠义节度使高万兴兼任保大节度使,并让他镇守鄜州和延州。

12　后梁司空兼门下侍郎、同平章事赵光逢因老辞官,己巳(二十七日),以司徒的职分退休回乡。

13　前蜀主王建自从永平末年得病以来,一直视力昏暗不明,到现在更加严重了。因为北面行营招讨使兼中书令王宗弼沉着有谋略,五月把他召回,任命为马步都指挥使。乙亥(初三),王建召大臣们到他的寝殿,告诉他们说:"太子王衍没有什么能耐,但我不能违背诸位的请求,越过次序而立了他。如果他担不起大业,可以把他安置在别的宫中,但不要把他杀死。只要是王氏子弟,诸位可以选择辅助他们当中有才能的人。徐妃的兄弟们,只可以给他们优厚的俸禄和官位,一定要小心,不要让他们掌握兵权和参与政事,以成全他们的宗族。"

内飞龙使唐文扆掌管皇帝的亲兵时间已经很长,常参与一些机密的事情,他打算除去诸大臣,于是派人把守宫门。王宗弼等三十余人每天都到朝堂,但不得入见前蜀主,唐文扆每次都以前蜀主的名义来慰抚他们,等前蜀主一死,他就发难。他还派出同党内皇城使潘在迎到外面去侦察,

在迎以其谋告宗弼等。宗弼等排闼入，言文扆之罪，以天册府掌书记崔延昌权判六军事，召太子入侍疾。丙子，贬唐文扆为眉州刺史。翰林学士承旨王保晦坐附会文扆，削官爵，流泸州。在迎，炕之子也。

丙申，蜀主诏中外财赋、中书除授、诸司刑狱案牍专委庾凝绩，都城及行营军旅之事委宣徽南院使宋光嗣。

丁酉，削唐文扆官爵，流雅州。辛丑，以宋光嗣为内枢密使，与兼中书令王宗弼、宗瑶、宗绾、宗夔并受遗诏辅政。初，蜀主虽因唐制置枢密使，专用士人，及唐文扆得罪，蜀主以诸将多许州故人，恐其不为幼主用，故以光嗣代之。自是宦者始用事。

六月壬寅，蜀主殂。癸卯，太子即皇帝位。尊徐贤妃为太后，徐淑妃为太妃。以宋光嗣判六军诸卫事。

乙卯，杀唐文扆、王保晦。命西面招讨副使王全昱杀天雄节度使唐文裔于秦州，免左保胜军使领右街使唐道崇官。

14　吴内外马步都军使、昌化节度使、同平章事徐知训，骄倨淫暴。威武节度使、知抚州李德诚有家妓数十，知训求之，德诚遣使谢曰："家之所有皆长年，或有子，不足以侍贵人，当更为公求少而美者。"知训怒，谓使者曰："会当杀德诚，并其妻取之！"

知训狎侮吴王，无复君臣之礼。尝与王为优，自为参军，使王为苍鹘，总角弊衣执帽以从。又尝泛舟浊河，王先起，知训以弹弹之。又尝赏花于禅智寺，知训使酒悖慢，王惧而泣，

潘在迎把唐文扆的阴谋告诉了王宗弼等人。于是王宗弼等推开宫门进去，向前蜀主说明了唐文扆的罪行，前蜀主让天册府掌书记崔延昌暂管六军事，让太子入宫侍候在自己的病榻前。丙子(初四)，把唐文扆降为眉州刺史。翰林学士承旨王保晦因附会唐文扆，也削了他的官位，把他流放到泸州。潘在迎是潘炕的儿子。

丙申(二十四日)，前蜀主下诏，将中外财赋、中书除授官职、诸司刑狱案牍的事情专门委派给庾凝绩管理，将都城以及行营军旅的事情委派给宣徽南院使宋光嗣来管理。

丁酉(二十五日)，削了唐文扆的官职爵位，流放到雅州。辛丑(二十九日)，任命宋光嗣为内枢密使，并和兼中书令王宗弼、王宗瑶、王宗绾、王宗夔一同受遗诏辅政。当初，前蜀主虽然依照唐制设置了枢密使，专用有官位的读书人，到唐文扆犯罪之时，前蜀主认为好多将领都是许州的旧友，害怕他们不能听从幼主的命令，所以用宦者宋光嗣取代士人做枢密使。从此宦者开始掌握权力。

六月壬寅(初一)，前蜀主去世。癸卯(初二)，太子王衍即皇帝位。尊崇徐贤妃为太后，徐淑妃为太妃。任命宋光嗣管六军诸卫事。

乙卯(十四日)，杀了唐文扆、王保晦。又命令西面招讨副使王全昱在秦州杀了天雄节度使唐文裔，免去左保胜军使领右街使唐道袭的官。

14　吴国内外马步都军使、昌化节度使、同平章事徐知训傲慢淫暴。威武节度使、抚州知州李德诚家里有几十个女艺人，徐知训想要过来，李德诚派使者前往道歉说："我家的女艺人年龄都大了，有的已经有了孩子，不足以侍候贵人，应当重新为您寻找一些年轻美丽的女子。"徐知训十分生气，对使者说："以后我要杀了李德诚，连同他的妻子也一起要过来。"

徐知训对吴王杨隆演戏弄轻慢，没有君臣之礼。曾和吴王扮作优伶，他自己当参军，让吴王当僮奴，把头发扎为两个丫角，穿着破旧的衣服，手里拿着帽子，跟在他后面。徐知训又曾和吴王在浊河上划船，吴王先起来，徐知训用弹子儿弹他。徐知训也曾和吴王在禅智寺一起赏花，徐知训喝酒时很狂悖傲慢，吴王都被他吓哭了，

四座股栗。左右扶王登舟,知训乘轻舟逐之,不及,以铁挝杀王亲吏。将佐无敢言者,父温皆不之知。

知训及弟知询皆不礼于徐知诰,独季弟知谏以兄礼事之。知训尝召兄弟饮,知诰不至,知训怒曰:"乞子不欲酒,欲剑乎!"又尝与知诰饮,伏甲欲杀之,知谏蹑知诰足,知诰阳起如厕,遁去,知训以剑授左右刁彦能使追杀之。彦能驰骑及于中涂,举剑示知诰而还,以不及告。

平卢节度使、同平章事、诸道副都统朱瑾遣家妓通候问于知训,知训强欲私之,瑾已不平。知训恶瑾位加己上,置静淮军于泗州,出瑾为静淮节度使,瑾益恨之,然外事知训愈谨。瑾有所爱马,冬贮于幄,夏贮于帱。宠妓有绝色。知训过别瑾,瑾置酒,自捧觞,出宠妓使歌,以所爱马为寿,知训大喜。瑾因延之中堂,伏壮士于户内,出妻陶氏拜之,知训答拜,瑾以笏自后击之踣地,呼壮士出斩之。瑾先系二悍马于庑下,将图知训,密令人解纵之,马相蹄啮,声甚厉,以是外人莫之闻。瑾提知训首出,知训从者数百人皆散走。瑾驰入府,以首示吴王曰:"仆已为大王除害。"王惧,以衣障面,走入内,曰:"舅自为之,我不敢知!"瑾曰:"婢子不足与成大事!"以知训首击柱,

四座的人害怕得两腿发抖。吴王的左右侍从扶着他登船,徐知训乘轻便的船追逐,因没有追上吴王,就用铁器打死了吴王亲近的官吏。将佐们没有敢说话的,徐知训的父亲徐温都不知道这些事。

　　徐知训和他的弟弟徐知询都对徐温的养子徐知诰没有礼貌,唯独三弟徐知谏对徐知诰以兄礼相待。徐知训曾经召集他的兄弟们一起喝酒,徐知诰没有参加,徐知训十分生气地说:"讨饭的家伙不想喝酒,难道想吃剑吗!"后来徐知训又曾和徐知诰一起喝酒,埋伏了甲兵,准备杀死徐知诰,徐知谏暗踩徐知诰的脚以示意,徐知诰假装起来上厕所而逃走,徐知训把剑交给他的亲信习彦能,让他去追赶徐知诰把他杀掉。习彦能骑马追到半路上,只是举起剑来向徐知诰表示一下就回去了,回来后告诉徐知训说是没有追上。

　　平卢节度使、同平章事、诸道副都统朱瑾派他家里的女艺人去问候徐知训,徐知训打算强行归为己有,朱瑾已经愤愤不平。徐知训又恨朱瑾的地位比自己高,于是在泗州设置了静淮军,派朱瑾出任静淮节度使,朱瑾因此更加仇恨徐知训,但从外表上对待徐知训更加谨慎。朱瑾有匹非常喜爱的马,冬天把它圈在用布做的帐篷里,夏天把它圈在用纱做的葛帐里。朱瑾的宠妓很漂亮。徐知训路过朱瑾家时向他告别,朱瑾摆了酒席,自己捧着酒杯敬酒,让宠妓出来唱歌,并把自己所喜爱的马送给徐知训为他祝寿,徐知训十分高兴。朱瑾领着徐知训进了中堂,让他的勇士们埋伏在户内,然后让他的妻子陶氏出来拜见徐知训,徐知训答拜,朱瑾用笏板从后面把徐知训打倒在地,呼叫出勇士们砍下他的脑袋。在此之前,朱瑾在庑下拴了两匹暴躁的马,在准备杀徐知训时,秘密地让人去把马解开,两匹马相互踢咬,声音很大,所以外面的人没有听见里面的事情。朱瑾提着徐知训的脑袋出来时,徐知训的数百随从都逃跑了。朱瑾又骑着马直奔王府,把徐知训的头拿出来给吴王看,并对吴王说:"我已经为大王除掉了祸害。"吴王感到害怕,用衣服遮住了脸不敢看,向里面走,说:"舅舅你自己干的,我也不敢细问明白!"朱瑾说:"这小子不足以和他共成大事!"于是用徐知训的头击打房柱,

挺剑将出，子城使翟虔等已阖府门勒兵讨之，乃自后逾城，坠而折足，顾追者曰："吾为万人除害，以一身任患。"遂自刭。

徐知诰在润州闻难，用宋齐丘策，即日引兵济江。瑾已死，因抚定军府。时徐温诸子皆弱，温乃以知诰代知训执吴政，沉朱瑾尸于雷塘而灭其族。

瑾之杀知训也，泰宁节度使米志诚从十馀骑问瑾所向，闻其已死，乃归；宣谕使李俨贫而困，寓居海陵。温疑其与瑾通谋，皆杀之。严可求恐志诚不受命，诈称袁州大破楚兵，将吏皆入贺，伏壮士于戟门，擒志诚，斩之，并其诸子。

15　壬戌，晋王自魏州劳军于杨刘，自泛舟测河水，其深没枪。王谓诸将曰："梁军非有战意，但欲阻水以老我师，当涉水攻之。"甲子，王引亲军先涉，诸军随之，襄甲横枪，结陈而进。是日水落，深才及膝。匡国节度使、北面行营排陈使谢彦章帅众临岸拒之，晋兵不得进，乃稍引却，梁兵从之。及中流，鼓噪复进，彦章不能支，稍退登岸，晋兵因而乘之，梁兵大败，死伤不可胜纪，河水为之赤，彦章仅以身免。是日，晋人遂陷滨河四寨。

16　蜀唐文扆既死，太傅、门下侍郎、同平章事张格内不自安，或劝格称疾俟命，礼部尚书杨玢自恐失势，谓格曰："公有援立大功，不足忧也。"庚午，贬格为茂州刺史，玢为荣经尉；吏部侍郎许寂、户部侍郎潘峤皆坐格党贬官。格寻

然后拔出剑来准备出王府，子城使翟虔等已经关上了府门，率兵准备讨伐朱瑾，于是朱瑾从后面翻越城墙，结果摔下去脚骨折断，他回过头对追赶的人们说："我为万人除害，我一个人来承担大家的忧患。"说完就自杀了。

徐知诰在润州听说徐知训遇难，就采用了宋齐丘的计策，当天率兵渡过了长江。后来朱瑾已死，他就安定了军府。这时，徐温的几个儿子都没有什么能耐，徐温于是让徐知诰代徐知训去管理吴国政事，把朱瑾的尸体沉在了雷塘里，并诛灭了他的家族。

朱瑾杀了徐知训以后，泰宁节度使米志诚带着十几个骑兵打听朱瑾的去向，听说他已经死了，才返了回去；宣谕使李俨十分贫穷困窘，寄住在海陵。徐温怀疑他们与朱瑾同谋，所以要把他们杀掉。严可求害怕米志诚不接受命令，谎称袁州兵把楚兵打得大败，所在将吏都入朝祝贺，让勇士们埋伏在戟门口，等米志诚来到，把他抓获杀死，并把他的几个儿子也杀死。

15　壬戌(十九日)，晋王从魏州去杨刘慰劳军队，他亲自划船到黄河上测量水的深浅，河水的深度只淹没了枪。晋王对各将说："梁军没有作战的真意，只是想用水阻止我军过河，使我军士气衰落，应当涉水过河向梁军发起进攻。"甲子(二十一日)，晋王率亲信部队首先过河，各路军都跟着，士卒们提起衣服，横背着枪，组成军阵向前推进。这一天，河水下落，水深刚到膝盖。后梁匡国节度使、北面行营排阵使谢彦章率领军队在河岸边抵御晋军，晋军不能继续前进，就稍稍向后退却，后梁军紧随着他们。到了河中间，晋军击鼓呐喊，重新进击，谢彦章顶不住，又退回河岸，晋军乘胜追击，后梁军大败，死伤的士卒不可胜数，黄河水都染成红色，谢彦章只身逃去，免于一死。这一天，晋军攻陷了临河的四个营寨。

16　前蜀的唐文扆被杀以后，太傅、门下侍郎、同平章事张格内心感到不安，有人劝张格假装称病，等待命令。礼部尚书杨玢害怕自己失去势力，对张格说："你有拥立王衍做皇帝的大功，不必担忧。"庚午(二十七日)，把张格降为茂州刺史，把杨玢降为荣经县尉；吏部侍郎许寂、户部侍郎潘峤都因与张格同党被降了官位。张格不久

再贬维州司户，庾凝绩奏徙格于合水镇，令茂州刺史顾承郾伺格阴事。王宗侃妻以格同姓，欲全之，谓承郾母曰："戒汝子，勿为人报仇，他日将归罪于汝。"承郾从之。凝绩怒，因公事抵承郾罪。

秋，七月壬申朔，蜀主以兼中书令王宗弼为钜鹿王，宗瑶为临淄王，宗绾为临洮王，宗播为临颍王，宗裔、宗夔及兼侍中宗黯皆为琅邪郡王。甲戌，以王宗侃为乐安王。丙子，以兵部尚书庾传素为太子少保兼中书侍郎、同平章事。蜀主不亲政事，内外迁除皆出于王宗弼。宗弼纳贿多私，上下咨怨。宋光嗣通敏善希合，蜀主宠任之，蜀由是遂衰。

17 吴徐温入朝于广陵，疑诸将皆预朱瑾之谋，欲大行诛戮。徐知诰、严可求具陈徐知训过恶，所以致祸之由，温怒稍解，乃命网瑾骨于雷塘而葬之，责知训将佐不能匡救，皆抵罪。独刁彦能屡有谏书，温赏之。戊戌，以知诰为淮南节度行军副使、内外马步都军副使、通判府事，兼江州团练使。以徐知谏权润州团练事。温还镇金陵，总吴朝大纲，自馀庶政，皆决于知诰。

知诰悉反知训所为，事吴王尽恭，接士大夫以谦，御众以宽，约身以俭。以吴王之命，悉蠲天祐十三年以前逋税，馀俟丰年乃输之。求贤才，纳规谏，除奸猾，杜请托。于是士民翕然归心，虽宿将悍夫无不悦服。先是，吴有丁口钱，又计亩输钱，钱重物轻，民甚苦之。齐丘说知诰，以为"钱非耕桑所得，

被贬为维州司户,庾凝绩上奏请求把张格迁到合水镇,并命令茂州刺史顾承郾侦察张格的隐私。王宗侃的妻子和张格是同姓,想保全张格,于是对顾承郾的母亲说:"要告诫你的儿子,不要替别人报仇,否则将来会归罪于你。"顾承郾听从了他母亲的话。庾凝绩知道以后,十分生气,按公事失职判了顾承郾的罪。

秋季,七月壬申朔(初一),前蜀主封兼中书令王宗弼为钜鹿王,王宗瑶为临淄王,王宗绾为临洮王,王宗播为临颍王,王宗裔、王宗夔以及兼侍中王宗黯都为琅琊郡王。甲戌(初三),封王宗侃为乐安王。丙子(初五),任命兵部尚书庾传素为太子少保兼中书侍郎、同平章事。前蜀主不亲自处理政事,内外官员的变动都由王宗弼来处理。王宗弼收到的贿赂很多,都归为私有,上上下下都有怨气。宋光嗣聪明且善于迎合,前蜀主十分宠爱信赖他,前蜀由此也就逐渐衰弱。

17 吴国的徐温回到广陵朝见吴王,他怀疑诸将都参与了朱瑾的谋划,准备大开杀戒。徐知诰、严可求一起陈述了徐知训的罪恶和导致被杀的原因之后,徐温的怒气才稍缓解一些,于是让人到雷塘打捞起朱瑾的尸骨埋葬,并谴责徐知训的左右将领不能匡救他,让他们都承担了应有的罪责。唯独刁彦能多次写有规劝徐知训的谏书,徐温很赏识他。戊戌(二十七日),任命徐知诰为淮南节度行军副使、内外马步都军副使、通判府事,兼江州团练使。让徐知谏暂管润州团练的事情。后来徐温又回到金陵镇守,总管吴国大事,其馀的政事,全都由徐知诰来决定。

徐知诰和徐知训的所作所为截然相反,事奉吴王特别恭敬,接见士大夫很谦虚,以宽容驱使众人,以节俭约束自己。用吴王的命令,全部免除天祐十三年以前所拖欠的租税,其馀的等到年景丰收时再交纳。他访求贤才,接受规劝,铲除奸猾,杜绝请托。因此百姓们很自然地归心于他,就连那些耆宿老将和强悍勇士也无不悦服。在此以前,吴国规定交丁口钱,又要按照耕种的田地亩数交钱,这样钱重物轻,百姓们感到十分困苦。宋齐丘劝说徐知诰,他认为"钱并不是耕种养桑可以得到的,

今使民输钱,是教民弃本逐末也。请蠲丁口钱,自馀税悉输谷帛,绸绢匹直千钱者当税三千。"或曰:"如此,县官岁失钱亿万计。"齐丘曰:"安有民富而国家贫者邪!"知诰从之。由是江、淮间旷土尽辟,桑柘满野,国以富强。

知诰欲进用齐丘而徐温恶之,以为殿直、军判官。知诰每夜引齐丘于水亭屏语,常至夜分,或居高堂,悉去屏障,独置大炉,相向坐,不言,以铁箸画灰为字,随以匕灭去之,故其所谋,人莫得而知也。

18 虔州险固,吴军攻之,久不下,军中大疫,王祺病,吴以镇南节度使刘信为虔州行营招讨使,未几,祺卒。谭全播求救于吴越、闽、楚。吴越王镠以统军使传球为西南面行营应援使,将兵二万攻信州;楚将张可求将万人屯古亭,闽兵屯雩都以救之。信州兵才数百,逆战,不利,吴越兵围其城。刺史周本,启关张虚幕于门内,召僚佐登城楼作乐宴饮,飞矢雨集,安坐不动。吴越疑有伏兵,中夜,解围去。吴以前舒州刺史陈璋为东南面应援招讨使,将兵侵苏、湖,钱传球自信州南屯汀州。晋王遣间使持帛书会兵于吴,吴人辞以虔州之难。

19 晋王谋大举入寇,周德威将幽州步骑三万,李存审将沧景步骑万人,李嗣源将邢洺步骑万人,王处直遣将将易定步骑万人,及麟、胜、云、蔚、新、武等州诸部落奚、契丹、室韦、吐谷浑,皆以兵会之。八月,并河东、魏博之兵,大阅于魏州。

现在让百姓们交钱,就是让百姓们弃本逐末。请求免除丁口钱,其余的税钱全部折合谷帛交纳,细绢每匹值一千钱的可以当三千税钱。"有人说:"这样下去,朝廷每年失掉的钱就有亿万。"宋齐丘说:"哪里有百姓富足了而国家还贫穷的呢?"徐知诰听从了他的意见。从此以后,江、淮之间空旷的土地也全部开垦出来,遍野都种植上了桑树柘树,国家因此富足起来。

徐知诰打算起用宋齐丘,但遭到徐温的反对,于是提拔他为殿直、军判官。徐知诰每天晚上都领宋齐丘到水亭密谈,经常谈到半夜,有时候在殿堂,把屏障撤去,摆上一个大火炉,相向而坐,都不说话,用铁箸在灰上写字,随即就用勺子把字涂掉,所以,他们所谋划的事情,外面的人们无法得知。

18 虔州非常险要而坚固,吴军久攻不下,后来军中流行瘟疫,王祺也病了,于是吴王任命镇南节度使刘信为虔州行营招讨使。没过多久,王祺病死。谭全播请求吴越、闽、楚援救。吴越王钱镠任命统军使钱传球为西南面行营应援使,让他率领两万大军前往攻打信州;楚将张可求率领一万人驻扎在古亭,闽军驻扎在零都,准备援救谭全播。信州的驻军只有数百人,迎战吴越军,失败了,于是吴越的军队包围了信州城。信州刺史周本打开城门,在城门里面支起空帐篷,叫他手下的官吏登上城楼在音乐声中摆开宴席作乐饮宴,吴越军向城楼上射出的箭如雨一般密集,但信州官吏们安坐不动。吴越人怀疑有伏兵,到了半夜,他们解围撤了回去。吴王任命前舒州刺史陈璋为东南面应援招讨使,并让他率兵入侵苏州、湖州,钱传球从信州南下驻扎在汀州。晋王派出秘密使者拿着丝帛书信去吴国请求会师,吴人以攻打虔州艰难为由推辞。

19 晋王准备大举入侵后梁,周德威率幽州三万骑兵和步卒,李存审率一万沧州、景州骑兵、步卒,李嗣源率一万邢州、洺州骑兵、步卒,王处直派将率一万易州、定州骑兵、步卒,以及麟、胜、云、蔚、新、武等州的奚、契丹、室韦、吐谷浑各部落,都率军与他会合汇集起来。八月,又汇合河东、魏博的部队,在魏州举行盛大的阅兵。

20 蜀诸王皆领军使,彭王宗鼎谓其昆弟曰:"亲王典兵,祸乱之本。今主少臣强,才间将兴,缮甲训士,非吾辈所宜为也。"因固辞军使,蜀主许之,但营书舍、植松竹自娱而已。

21 泰宁节度使张万进,轻险好乱。时嬖幸用事,多求赂于万进,万进闻晋兵将出,己酉,遣使附于晋,且求援。以亳州团练使刘鄩为兖州安抚制置使,将兵讨之。

22 甲子,蜀顺德皇后殂。

23 乙丑,蜀主以内给事王廷绍、欧阳晃、李周辂、朱光葆、宋承蕴、田鲁俦等为将军及军使,皆干预政事,骄纵贪暴,大为蜀患,周庠切谏,不听。晃患所居之隘,夜,因风纵火,焚西邻军营数百间,明旦,召匠广其居。蜀主亦不之问。光葆,光嗣之从弟也。

24 晋王自魏州如杨刘,引兵略郓、濮而还,循河而上,军于麻家渡。贺瓌、谢彦章将梁兵屯濮州北行台村,相持不战。

晋王好自引轻骑迫敌营挑战,危窘者数四,赖李绍荣力战翼卫之,得免。赵王镕及王处直皆遣使至书曰:"元元之命系于王,本朝中兴系于王,奈何自轻如此!"王笑谓使者曰:"定天下者,非百战何由得之! 安可深居帷房以自肥乎!"

一旦,王将出营,都营使李存审扣马泣谏曰:"大王当为天下自重。彼先登陷陈,将士之职也,存审辈宜为之,非大王之事也。"王为之揽辔而还。他日,伺存审不在,策马

20 前蜀各位亲王都统率军队，彭王王宗鼎对他的兄弟说："亲王掌管部队，是祸乱之本。现在主上年轻而大臣们都很强悍，进谗离间的事将要增多，修缮武器，训练士卒，都不是我们所应当做的。"因此他坚决辞去军使职务，前蜀主答应了他的请求，只让他管理书舍、种植松竹来自寻乐趣。

21 后梁泰宁节度使张万进不怕危险，喜欢动乱。当时，皇帝宠爱的人掌权，很多人都向张万进索取贿赂，张万进听说晋国的军队将要出去作战，己酉(初九)，张万进派使者归附于晋国，并请求晋国给予援助。后梁帝任命亳州团练使刘鄩为兖州安抚制置使，并让他率兵讨伐张万进。

22 甲子(二十四日)，前蜀顺德皇后去世。

23 乙丑(二十五日)，前蜀主任命内给事王廷绍、欧阳晃、李周辂、朱光葆、宋承蕴、田鲁俦等为将军及军使，这些人都干预政事，骄横贪暴，成为前蜀的大患，周庠曾恳切地劝谏，但前蜀主不听。欧阳晃对他的住处狭小感到不快，有一个夜晚，他借风放火，把西邻军的营寨烧了几百间，第二天早晨，他就叫一些工匠把他的住处扩大。前蜀主对这件事情也不闻不问。宋光葆是宋光嗣的堂弟。

24 晋王从魏州到了杨刘，率兵抢掠郓、濮以后回去，他沿着黄河而上，驻扎在麻家渡。贺瓌、谢彦章率后梁兵驻扎在濮州北面的行台村，两军相持不战。

晋王喜欢亲自率领轻骑逼近敌人的营寨去挑战，有好几次处境十分危险窘迫，幸亏依靠李绍荣奋力抗战保卫，才幸免于难。赵王王镕和王处直都曾派出使者给晋王送信说："百姓的性命和您连在一起，国家的兴旺也和您联系在一起，怎么能自己轻率到这个地步！"晋王笑着对使者说："安定天下，不经百战怎么能办到！怎么可以深居帷房养肥自己呢！"

一天早晨，晋王准备出营作战，都营使李存审拉住他的马一边哭一边劝说："大王应当为了天下多加保重自己。那些率先作战冲锋陷阵的事是将士们的职责，是我李存审这类人做的，不是大王应做的事情。"晋王为了他拉住缰绳返回营寨。又一天，晋王乘李存审不在，骑着马

急出，顾谓左右曰："老子妨人戏！"王以数百骑抵梁营，谢彦章伏精甲五千于隄下。王引十馀骑度隄，伏兵发，围王数十重，王力战于中，后骑继至者攻之于外，仅得出。会李存审救至，梁兵乃退，王始以存审之言为忠。

25　吴刘信遣其将张宣等夜将兵三千袭楚将张可求于古亭，破之。又遣梁诠等击吴越及闽兵，二国闻楚兵败，俱引归。

26　梅山蛮寇邵州，楚将樊须击走之。

27　九月壬午，蜀内枢密使宋光嗣以判六军让兼中书令王宗弼，蜀主许之。

28　吴刘信昼夜急攻虔州，斩首数千级，不能克。使人说谭全播，取质纳赂而还。徐温大怒，杖信使者。信子英彦典亲兵，温授英彦兵三千，曰："汝父居上游之地，将十倍之众，不能下一城，是反也！汝可以此兵往，与父同反！"又使昇州牙内指挥使朱景瑜与之俱，曰："全播守卒皆农夫，饥窘逾年，妻子在外，重围既解，相贺而去，闻大兵再往，必皆逃遁，全播所守者空城耳，往必克之。"

29　冬，十一月壬申，蜀葬神武圣文孝德明惠皇帝于永陵，庙号高祖。

30　越主岩祀南郊，大赦，改国号曰汉。

31　刘信闻徐温之言，大惧，引兵还击虔州。先锋始至，虔兵皆溃，谭全播奔雩都，追执之。吴以全播为右威卫将军，领百胜节度使。

迅速跑了出去,回过头对他的左右说:"那老家伙妨碍别人游戏!"晋王率领好几百骑兵直抵后梁军营寨,后梁将领谢彦章在河堤下埋伏了五千馀精锐部队。晋王率领十几个骑兵刚过河堤,谢彦章的伏兵冲了出来,把晋王包围了十来层,晋王在包围圈中奋力作战,他的后援骑兵在包围圈外面攻打,晋王才仅能冲出了包围圈。这时李存审的援救部队也正好赶到,后梁军才撤了回去,晋王到这时才开始认识到李存审原来给他讲的话完全是一片忠心。

25 吴国刘信派他的将领张宣等率领三千士卒在一个晚上在古亭袭击了楚将张可求,并攻下古亭。他又派梁诠等去袭击吴越和闽国的部队,两国部队听说楚军已被打败,也就率兵退却了。

26 梅山蛮侵略邵州,楚将樊须率兵把他们击退。

27 九月壬午(十二日),前蜀内枢密使宋光嗣把判六军的官位让给了兼中书令王宗弼,前蜀主同意了。

28 吴将刘信昼夜猛攻虔州,杀死了好几千人,但仍没有攻下。于是他派人去游说谭全播,领取人质,接收了贿赂就撤兵了。徐温非常生气,把刘信的使者打了一顿。刘信的儿子刘英彦掌管亲兵,徐温交给刘英彦三千士兵,说:"你的父亲处在上游的地方,率领着十倍于虔州的士卒,都不能攻下一个城,这是一种反叛!你可以率领这些军队前往,与你的父亲一起反叛。"同时又派昇州牙内指挥使朱景瑜同他一起去,说:"谭全播的士卒都是农夫出身,饥寒交迫已经一年多了,妻子又在包围圈的外面,重重包围已经解除,都互相庆贺离去,只要他们听说吴军还要来,一定都会逃跑,谭全播所守的城也就成了空城,只要我们再去,就一定能够攻陷。"

29 冬季,十一月壬申(初三),前蜀在永陵埋葬了神武圣文孝德明惠皇帝王建,庙号为高祖。

30 越主刘岩到南郊去祭祀,实行大赦,改国号叫汉。

31 刘信听到徐温所说的话以后,十分害怕,又率兵返回去攻打虔州。先头部队刚刚到达,虔州的军队就都溃逃了,谭全播逃到了雩都,刘信的部队追上把他抓获。吴国任命谭全播为右威卫将军,领百胜节度使。

先是，吴越王镠常自虔州入贡，至是道绝，始自海道出登、莱，抵大梁。

32　初，吴徐温自以权重而位卑，说吴王曰："今大王与诸将皆为节度使，虽有都统之名，不足相临制，请建吴国，称帝而治。"王不许。

严可求屡劝温以次子知询代徐知诰知吴政，知诰与骆知祥谋，出可求为楚州刺史。可求既受命，至金陵，见温，说之曰："吾奉唐正朔，常以兴复为辞。今朱、李方争，朱氏日衰，李氏日炽。一旦李氏有天下，吾能北面为之臣乎？不若先建吴国以系民望。"温大悦，复留可求参总庶政，使草具礼仪。知诰知可求不可去，乃以女妻其子续。

33　晋王欲趣大梁，而梁军扼其前，坚壁不战百馀日。十二月庚子朔，晋王进兵，距梁军十里而舍。

初，北面行营招讨使贺瓌善将步兵，排陈使谢彦章善将骑兵，瓌恶其与己齐名。一日，瓌与彦章治兵于野，瓌指一高地曰："此可以立栅。"至是，晋军适置栅于其上，瓌疑彦章与晋通谋。瓌屡欲战，谓彦章曰："主上悉以国兵授吾二人，社稷是赖。今强寇压吾门，而逗遛不战，可乎？"彦章曰："强寇凭陵，利在速战。今深沟高垒，据其津要，彼安敢深入！若轻与之战，万一蹉跌，则大事去矣。"瓌益疑之，密谮之于帝，与行营马步都虞候曹州刺史朱珪谋，因享士，伏甲，杀彦章及濮州刺史孟审澄、别将侯温裕，以谋叛闻。审澄、温裕，

在此以前,吴越王钱镠经常由虔州向朝廷入贡,现在这条道路断绝,于是开始从海上到达登州、莱州,然后再到大梁。

32　起初,吴国的徐温自认为权力虽大,但地位却很低,劝吴王说:"现在大王和各将领都是节度使,虽然有都统的名义,但不能临事辖制,请建立吴国,称皇帝,来治理这一带。"吴王没有答应。

严可求曾多次劝说徐温用次子徐知询取代徐知诰来管理吴国政事,徐知诰和骆知祥谋划,派严可求出朝任楚州刺史。严可求接受命令,到金陵,见到徐温,劝徐温说:"我遵循唐朝的历法,一直以使国家复兴为说辞。现在朱、李争权夺利,朱氏一天天衰落下去,李氏一天天兴旺起来。一旦李氏统治了天下,我们能够甘心做他的大臣吗?不如先建立吴国,顺应民心所望。"徐温十分高兴,又把严可求留在身边,让他参谋总管各种政务,并让他起草准备建立国家的礼仪。徐知诰知道严可求不可能去出任楚州刺史,于是就把自己的女儿嫁给了严可求的儿子严续。

33　晋王打算夺取大梁,后梁军阻挡在前面,一百多天坚守壁垒不出来作战。十二月庚子朔(初一),晋王率兵推进,在距离后梁军十里的地方停了下来。

当初,北面行营招讨使贺瑰擅长率领步兵,而排阵使谢彦章擅长率领骑兵,贺瑰对谢彦章与自己齐名耿耿于怀。一天,贺瑰和谢彦章在野外练兵,贺瑰指着一块高地说:"这里可以立栅垒来防御敌人。"现在,晋军恰恰在这块高地上立起了栅垒,贺瑰怀疑谢彦章与晋军通谋。贺瑰几次想出战,对谢彦章说:"主上把国家的军队全部交给我们两人,江山社稷依靠我们。今天强大的敌人逼压在我们门前,我们却停留不战,这样可以吗?"谢彦章说:"强大的敌人前来入侵欺凌,速战速决最有利于他们。现在我们深沟高垒,占据着渡口的要害地方,他们怎么敢深入进来!如果我们轻率地和他们作战,万一有什么失误,大事就办不成了。"贺瑰更加怀疑谢彦章,就秘密在后梁帝面前说了谢彦章的坏话,并和行营马步都虞候曹州刺史朱珪谋划,趁着设宴请客,暗藏武士,杀死谢彦章和濮州刺史孟审澄、别将侯温裕,并以谢彦章谋划叛乱上奏后梁帝。孟审澄、侯温裕,

亦骑将之良者也。丁未，以朱珪为匡国留后，癸丑，又以为平
卢节度使兼行营马步副指挥使以赏之。

晋王闻彦章死，喜曰："彼将帅自相鱼肉，亡无日矣。贺
瓖残虐，失士卒心，我若引兵直指其国都，彼安得坚壁不动！
幸而一与之战，蔑不胜矣。"王欲自将万骑直趣大梁，周德威
曰："梁人虽屠上将，其军尚全，轻行徼利，未见其福。"不从。
戊午，下令军中老弱悉归魏州，起师趋汴。庚申，毁营而进，
众号十万。

34　辛酉，蜀改明年元曰乾德。

35　贺瓖闻晋王已西，亦弃营而蹑之。晋王发魏博白丁
三万从军，以供营栅之役，所至，营栅立成。壬戌，至胡柳陂。
癸亥旦，候者言梁兵自后至矣。周德威曰："贼倍道而来，未
有所舍，我营栅已固，守备有馀，既深入敌境，动须万全，不可
轻发。此去大梁至近，梁兵各念其家，内怀愤激，不以方略制
之，恐难得志。王宜按兵勿战，德威请以骑兵扰之，使彼不得
休息，至暮营垒未立，樵爨未具，乘其疲乏，可一举灭也。"王
曰："前在河上恨不见贼，今贼至不击，尚复何待，公何怯也！"
顾李存审曰："敕辎重先发，吾为尔殿后，破贼而去！"即以亲
军先出。德威不得已，引幽州兵从之，谓其子曰："吾无死
所矣。"

贺瓖结陈而至，横亘数十里。王帅银枪都陷其陈，冲
荡击斩，往返十馀里。行营左厢马军都指挥使、郑州防御使
王彦章军先败，西走趣濮阳。晋辎重在陈西，望见梁旗帜，

都是骑兵中的优秀将领。丁未(初八),后梁帝任命朱珪为匡国留后,癸丑(十四日),又任命他为平卢节度使兼行营马步副指挥使,作为对他的奖赏。

晋王听说谢彦章被杀死,高兴地说:"他们的将帅自相残杀,不要多久就会灭亡。贺瓌残暴肆虐,失去了士卒的心,我们如果率兵直捣他的国都,他们怎么能坚守不动呢! 如果有幸和他们打一仗,可以保证战无不胜。"晋王打算亲自率领一万骑兵直捣大梁,周德威说:"梁军虽然杀了良将,但他的军队还是很完整的,如果想轻率行动侥幸取胜,未必能有好处。"晋王没有听从他的意见。戊午(十九日),下达命令,让军中所有的老弱将士全回魏州,他率兵直奔汴梁。庚申(二十一日),把军营毁掉,率兵前进,号称十万大军。

34 辛酉(二十二日),前蜀改明年年号为乾德。

35 贺瓌听说晋王已率兵向西行动,于是也放弃营垒跟在晋军后面。晋王征调魏博三万平民百姓随从部队,让他们为部队修筑栅垒,部队一到,栅垒等工程立即就修好。壬戌(二十三日),到达胡柳陂。癸亥(二十四日)早晨,探子报告后梁的军队从后面跟了上来。周德威说:"敌人急行军赶来,没有休息,我军栅垒已很坚固,而且守备也有富馀,我们既然已经深入敌人境界,一定要考虑周全,不可以轻率行动。这里离大梁城很近,后梁的士卒们都很思念家人,心中愤怒又激动,如果不用谋略来制服他们,恐怕很难如愿以偿。大王应该按兵不动,我请求用骑兵先去骚扰一下,使他们得不到休息,到晚上营垒还没有修好,柴火锅灶还没准备齐全,乘他们疲乏的时候,可以一举消灭。"晋王说:"从前在黄河上遗憾没有看到敌人,现在敌人来了又不打,还等待什么,你怕什么呢!"回过头对李存审说:"让兵甲、粮草先出发,我为你殿后,消灭了敌人就离开!"于是带领他的亲信部队先行出战。周德威不得已率领幽州的军队跟从着晋王,临行前对他的儿子说:"我不知会死在什么地方啊。"

贺瓌将军队组织成战阵赶到,横跨数十里。晋王率领禁卫军银枪都攻打后梁军的战阵,奋勇冲杀,往返十多里。行营左厢马军都指挥使、郑州防御使王彦章的军队先被击败,向西逃到濮阳。晋军的武器、粮草在阵地的西面,他们看见后梁军的旗帜,

惊溃，入幽州陈，幽州兵亦扰乱，自相蹈藉，周德威不能制，父子皆战死。魏博节度副使王缄与辎重俱行，亦死。

晋兵无复部伍。梁兵四集，势甚盛。晋王据高丘收散兵，至日中，军复振。陂中有土山，贺瑰引兵据之。晋王谓将士曰："今日得此山者胜，吾与汝曹夺之。"即引骑兵先登，李从珂与银枪大将李建及以步卒继之，梁兵纷纷而下，遂夺其山。

日向晡，贺瑰陈于山西，晋兵望之有惧色。诸将以为诸军未尽集，不若敛兵还营，诘朝复战。天平节度使、东南面招讨使阎宝曰："王彦章骑兵已入濮阳，山下惟步卒，向晚皆有归志，我乘高趣下击之，破之必矣。今王深入敌境，偏师不利，若复引退，必为所乘。诸军未集者闻梁再克，必不战自溃。凡决胜料敌，惟观情势，情势已得，断在不疑。王之成败，在此一战。若不决力取胜，纵收馀众北归，河朔非王有也。"昭义节度使李嗣昭曰："贼无营垒，日晚思归，但以精骑扰之，使不得夕食，俟其引退，追击可破也。我若敛兵还营，彼归整众复来，胜负未可知也。"李建及擐甲横槊而进曰："贼大将已遁，王之骑军一无所失，今击此疲乏之众，如拉朽耳。王但登山，观臣为王破贼。"王愕然曰："非公等言，吾几误计。"嗣昭、建及以骑兵大呼陷陈，诸军继之，梁兵大败。元城令吴琼，贵乡令胡装，各帅白丁万人，于山下曳柴扬尘，鼓噪以助其势。梁兵自相腾藉，弃甲山积，死亡者几三万人。

惊恐逃散，逃兵进入了周德威率领的幽州阵营，幽州军队的阵营也被扰乱，自相践踏，周德威不能制止，周德威父子都战死。魏博节度副使王缄和武器、粮草同行，结果也战死。

晋国的军队队形散乱，后梁军从四面集合起来，攻势甚猛。晋王占据在高丘收集散兵，到了中午，军队才又重新振作起来。陂中有一座土山，贺瓌率兵占据了它。晋王对他的将士们说："今天得到这座山的人就可以取得胜利，我和你们一起夺取。"于是他率骑兵首先登上了山，李从珂和银枪大将李建及率领步兵跟在他的后面也登上了山，后梁兵见势纷纷下山，于是晋军夺取了这座山。

到了傍晚，贺瓌的军队在山的西面列阵，晋军望见面带惧色。晋军有些将领认为部队的散兵还没有全部集合起来，不如先收兵回营，明早再继续战斗。天平节度使、东南面招讨使阎宝说："王彦章的骑兵已经到了濮阳，山下只有步卒，傍晚时都想回家，我们居高临下攻打，一定会打败他们。如今大王已经深入敌境，配合部队又出师不利，如果再率兵撤退，一定会被打败。一些尚未集合全的部队听说又被梁军打败，一定会不战自败。凡与敌人决战一争胜负，只有认真观察形势，形势已搞清楚，就要果断，不能疑惑。大王的成功与失败，在此一举。如果不能决一死战，夺取胜利，即使收复散兵回到北面，河朔一带也就不归大王所有了。"昭义节度使李嗣昭说："敌人没有营垒，天晚都想回家，只要用精锐的骑兵去骚扰，使他们不能吃晚饭，等他们退却时，我们就追击，这样就可以打败他们。我们如果收兵回营，他们就会整理好部队卷土重来，胜负就不可知了。"李建及穿起铠甲横执武器进前，说："敌人的大将已经逃跑，大王的骑兵一无所失，现在攻打这些疲乏的士卒，就像摧毁腐朽之物一样轻而易举。大王只管登山，观看臣下为王破敌。"晋王惊讶地说："如果不是你们这么说，我几乎耽误大计。"李嗣昭、李建及率骑兵高声呼喊着冲向后梁军的阵营，其他部队在后面紧跟，后梁军大败。元城令吴琼、贵乡令胡装，各率一万多平民百姓在山下拉着柴，弄得灰尘弥漫，击鼓呼喊助威。后梁军士卒自相踩踏，丢弃的铠甲堆积如山，被杀死的人几乎达三万。

装,证之曾孙也。是日,两军所丧士卒各三之二,皆不能振。

晋王还营,闻周德威父子死,哭之恸,曰:"丧吾良将,是吾罪也。"以其子幽州中军兵马使光辅为岚州刺史。

李嗣源与李从珂相失,见晋军桡败,不知王所之,或曰:"王以北渡河矣。"嗣源遂乘冰北渡,将之相州。是日,从珂从王夺山,晚战皆有功。甲子,晋王进攻濮阳,拔之。李嗣源知晋军之捷,复来见王于濮阳,王不悦,曰:"公以吾为死邪?渡河安之?"嗣源顿首谢罪。王以从珂有功,但赐大钟酒以罚之。自是待嗣源稍薄。

36　初,契丹主之弟撒剌阿拨号北大王,谋作乱于其国。事觉,契丹主数之曰:"汝与吾如手足,而汝兴此心,我若杀汝,则与汝何异!"乃因之期年而释之。撒剌阿拨帅其众奔晋,晋王厚遇之,养为假子,任为刺史。胡柳之战,以其妻子来奔。

晋军至德胜渡,王彦章败卒有走至大梁者,曰:"晋人战胜,将至矣。"顷之,晋兵有先至大梁问次舍者,京城大恐。帝驱市人登城,又欲奔洛阳,遇夜而止。败卒至者不满千人,伤夷逃散,各归乡里,月馀仅能成军。

五年(己卯,919)

1　春,正月辛巳,蜀主祀南郊,大赦。

胡装是胡证的曾孙。在这一天,两军损失的士卒各有三分之二,都不能重新振作起来。

晋王回到军营,听说周德威父子都已战死,哭得十分悲痛,说:"丧失了我的好将领,这是我的罪过。"于是把他的儿子幽州中军兵马使周光辅升任为岚州刺史。

李嗣源和李从珂失去联系,李嗣源看到晋军被挫败,也不知道晋王去了哪里,有人说:"晋王已经向北渡过了黄河。"于是李嗣源也踏着冰向北渡过黄河,准备到相州去。这一天,李从珂跟着晋王夺下了土山,晚上战斗中也有功劳。甲子(二十五日),晋王进攻濮阳,予以攻克。李嗣源听到晋军胜利的消息,又到濮阳来见晋王,晋王很不高兴,说:"你以为我死了吗?过了黄河准备去哪里?"李嗣源叩头谢罪。晋王认为李从珂战斗有功,只赐给他一大盅酒作为惩罚。从此以后晋王对待李嗣源冷淡了一些。

36　起初,契丹主的弟弟撒剌阿拨号称北大王,打算在国内作乱。事情被发觉后,契丹主责备他说:"我和你亲如手足,而你却起了这种心,我如果杀了你,这和你有何差别!"于是把他关了一年就又释放了他。后来撒剌阿拨率领他的部众投奔到晋国,晋王给他的待遇非常丰厚,并把他作为养子,任命他为刺史。在胡柳之战的时候,他带着妻子儿女投奔后梁。

晋军到了德胜渡,王彦章败散的士卒有逃到大梁的,他们说:"晋军取得胜利,将要来到这里。"不一会儿,晋国的散兵也有先到大梁询问住处的,大梁人误认为晋军已到,于是京城大恐慌。后梁帝赶快驱赶京城的人登上城墙戍守,又打算逃到洛阳,只因已是夜晚才作罢。后梁军被击败的散卒回到大梁的不到千人,被打伤逃散的人各自都回到了家乡,一个多月以后才又回到部队。

后梁均王(末帝)贞明五年(己卯,公元919年)

1　春季,正月辛巳(十二日),前蜀主到南郊去祭祀,实行大赦。

2 晋李存审于德胜南北筑两城而守之。晋王以存审代周德威为内外蕃汉马步总管。晋王还魏州,遣李嗣昭权知幽州军府事。

3 汉主岩立越国夫人马氏为皇后,殷之女也。

4 三月丙戌,蜀北路行营都招讨、武德节度使王宗播等自散关击岐,渡渭水,破岐将孟铁山。会大雨而还,分兵戍兴元、凤州及威武城。戊子,天雄节度使、同平章事王宗昱攻陇州,不克。

5 蜀主奢纵无度,日与太后、太妃游宴于贵臣之家,及游近郡名山,饮酒赋诗,所费不可胜纪。仗内教坊使严旭强取士民女子内宫中,或得厚赂而免之,以是累迁至蓬州刺史。太后、太妃各出教令卖刺史、令、录等官,每一官阙,数人争纳赂,赂多者得之。

6 晋王自领卢龙节度使,以中门使李绍宏提举军府事,代李嗣昭。绍宏,宦者也,本姓马,晋王赐姓名,使与知岚州事孟知祥俱为中门使。知祥又荐教练使雁门郭崇韬能治剧,王以为中门副使。崇韬倜傥有智略,临事敢决,王宠待日隆。先是,中门使吴珪、张虔厚相继获罪,及绍宏出幽州,知祥惧祸,称疾辞位,王乃以知祥为河东马步都虞候,自是崇韬专典机密。

7 诏吴越王镠大举讨淮南。镠以节度副大使传瓘为诸军都指挥使,帅战舰五百艘,自东洲击吴。吴遣舒州刺史彭彦章及裨将陈汾拒之。

8 吴徐温帅将吏藩镇请吴王称帝,吴王不许。夏,四月戊戌朔,即吴国王位。大赦,改元武义。建宗庙社稷,置百官,宫殿文物皆用天子礼。以金继土,腊用丑。改谥武忠王曰孝武王,

2 晋将李存审在德胜渡南北修筑了两座城坚守阵地。晋王任命李存审代周德威为内外蕃汉马步总管。晋王回到魏州以后，派李嗣昭到幽州管理军府事。

3 汉主刘岩立越国夫人马氏为皇后，她是楚王马殷的女儿。

4 三月丙戌（十八日），前蜀北路行营都招讨、武德节度使王宗播等从散关进攻岐国，他们渡过渭水，打败岐将孟铁山。后来赶上大雨才撤回部队，分兵驻扎在兴元、凤州和威武城三地。戊子（二十日），天雄节度使、同平章事王宗昱进攻陇州，没有攻下。

5 前蜀主奢侈放纵没有节制，每天和太后、太妃在显贵的大臣家里游玩饮宴，以及到附近郡县的名山去玩，饮酒赋诗，所花费用不可胜数。仗内教坊使严旭强行把士人平民的女儿抢回送入宫中，有些人为了保全女儿，向严旭送上厚礼，严旭的官一直升到蓬州刺史。太后、太妃都各自发出教令卖刺史、县令、录事参军等官职，每一官位，都有好多人争抢着送礼，礼送得多的人就可以买上。

6 晋王亲自领管卢龙节度使，任命中门使李绍宏管理军府事，代替了李嗣昭。李绍宏是个宦官，本姓马，晋王赏赐给他李姓，让他和主持岚州事务的孟知祥都任中门使。孟知祥又推荐教练使雁门人郭崇韬，说他能够管理难度大的事，晋王任命他为中门副使。郭崇韬很洒脱倜傥，有才智谋略，临事果断，晋王对他的宠信优待一天天增加。在此之前，中门使吴珪、张虔厚相继犯罪，到李绍宏出镇幽州以后，孟知祥害怕遭遇灾祸，就装病辞官，晋王便任命孟知祥为河东马步都虞候，从此以后，郭崇韬专门管理国家机密。

7 后梁帝下诏，命令吴越王钱镠大举讨伐淮南。钱镠任命节度副大使钱传瓘为诸军都指挥使，率领五百艘战船，从东洲攻打吴国。吴国派遣舒州刺史彭彦章及副将陈汾抵御后梁军。

8 吴国徐温带领将帅以及藩镇官吏请求吴王杨隆演称帝，吴王没有答应。夏季，四月戊戌朔（初一），吴王登王位。实行大赦，改年号为武义。修建宗庙和社稷坛台，设置朝廷百官，宫殿的礼乐典章全用天子的礼制。以金行继承唐的土行，腊月用丑。改谥武忠王杨行密为孝武王，

庙号太祖,威王曰景王,尊母为太妃。以徐温为大丞相、都督中外诸军事、诸道都统、镇海宁国节度使,守太尉兼中书令、东海郡王。以徐知诰为左仆射、参政事兼知内外诸军事,仍领江州团练使。以扬府左司马王令谋为内枢密使,营田副使严可求为门下侍郎,盐铁判官骆知祥为中书侍郎,前中书舍人卢择为吏部尚书兼太常卿,掌书记殷文圭为翰林学士,馆驿巡官游恭为知制诰,前驾部员外郎杨迢为给事中。择,醴泉人;迢,敬之之孙也。

9 钱传瓘与彭彦章遇,传瓘命每船皆载灰、豆及沙,乙巳,战于狼山江。吴船乘风而进,传瓘引舟避之,既过,自后随之。吴回船与战,传瓘使顺风扬灰,吴人不能开目。及船舷相接,传瓘使散沙于己船而散豆于吴船,豆为战血所渍,吴人践之皆僵仆。传瓘因纵火焚吴船,吴兵大败。彦章战甚力,兵尽,继之以木,身被数十创,陈汾按兵不救,彦章知不免,遂自杀。传瓘俘吴裨将七十人,斩首千馀级。吴人诛汾,丛没家赀,以其半赐彦章家,禀其妻子终身。

10 贺瓌攻德胜南城,百道俱进,以竹笮联艨艟十馀艘,蒙以牛革,设睥睨、战格如城状,横于河流,以断晋之救兵,使不得渡。晋王自引兵驰往救之,陈于北岸,不能进。遣善游者马破龙入南城,见守将氏延赏,延赏言矢石将尽,陷在顷刻。晋王积金帛于军门,募能破艨艟者,众莫知为计,亲将李建及曰:“贺瓌悉众而来,

庙号为太祖;改谥威王杨渥为景王;尊他的母亲为太妃。任命徐温为大丞相,都督中外诸军事、诸道都统、镇海宁国节度使,仍担任太尉兼中书令、东海郡王。任命徐知诰为左仆射、参政事兼知内外诸军事,仍然领江州团练使。任命扬府左司马王令谋为内枢密使,营田副使严可求为门下侍郎,盐铁判官骆知祥为中书侍郎,前中书舍人卢择为吏部尚书兼太常卿,掌书记殷文圭为翰林学士,馆驿巡官游恭为知制诰,前驾部员外郎杨迢为给事中。卢择是醴泉人,杨迢是杨敬之的孙子。

9 钱传瓘和彭彦章两军相遇,钱传瓘命令每只船上都要装载上灰土、豆子以及沙子,乙巳(初八),两军在长江边狼山交战。吴国的船乘风而进,钱传瓘率领船只躲避开吴船,等吴国的船只过去之后,钱传瓘又从吴船的后面紧跟着。吴国的船回过头来与钱传瓘交战,钱传瓘让士卒们顺风扬灰,弄得吴国士卒睁不开眼。等到两军船舷相靠近的时候,钱传瓘让士卒们在自己的船上撒沙子,向吴国的船上撒豆子,这些豆子上沾满了战斗中流的血,吴国士卒踩上这些沾满血的豆子,一动就都摔倒在地。钱传瓘因此放火烧了吴军的船只,结果吴军大败。彭彦章抵抗十分努力,武器用完后他又拿着木头继续作战,结果身上受伤数十处,陈汾按兵不救,彭彦章知道免不了一死,于是就自杀了。钱传瓘俘获了吴军副将七十多人,斩杀了一千多人。吴国人斩杀了陈汾,把他的家产集中起来全部没收,将陈汾一半家产赏赐给彭彦章家,供养他的妻子儿女终身。

10 后梁将贺瓌率领兵众攻打德胜南城,四面八方一起推进,用竹筏将十馀艘战船连在一起,蒙上牛皮,并像城墙一样做了一些短墙和支架等,横摆在黄河上,以断绝晋军的援兵,使他们不能渡河。晋王亲自率兵前往援救,在黄河北岸摆开阵势,但不能前进。他派善于游泳的马破龙进入南城,见守将氏延赏,氏延赏对他说这里的弓箭石头都快用完了,不用多久就会被攻克。晋王在军营门口堆了不少金钱丝帛,招募能够击破战船的人,大家都不知道怎么办好,晋王的禁军将领李建及说:"贺瓌率领他的全部军队来战,

冀此一举。若我军不渡,则彼为得计。今日之事,建及请以死决之。"乃选效节敢死士得三百人,被铠操斧,帅之乘舟而进。将至艨艟,流矢雨集,建及使操斧者入艨艟间,斧其竹笮,又以木罂载薪,沃油然火,于上流纵之,随以巨舰实甲士,鼓噪攻之。艨艟既断,随流而下,梁兵焚溺者殆半,晋兵乃得渡。瓌解围走,晋兵逐之,至濮州而还。瓌退屯行台村。

11　蜀主命天策府诸将无得擅离屯戍。五月丁卯朔,左散旗军使王承谔、承勋、承会违命,蜀主皆原之。自是禁令不行。

12　楚人攻荆南,高季昌求救于吴,吴命镇南节度使刘信等帅洪、吉、抚、信步兵自浏阳趣潭州,武昌节度使李简等帅水军攻复州。信等至潭州东境,楚兵释荆南引归。简等入复州,执其知州鲍唐。

13　六月,吴人败吴越兵于沙山。

14　秋,七月,吴越王镠遣钱传瓘将兵三万攻吴常州,徐温帅诸将拒之,右雄武统军陈璋以水军下海门出其后。壬申,战于无锡。会温病热,不能治军,吴越攻中军,飞矢雨集,镇海节度判官陈彦谦迁中军旗鼓于左,取貌类温者,摆甲胄,号令军事,温得少息。俄倾,疾稍间,出拒之。时久旱草枯,吴人乘风纵火,吴越兵乱,遂大败,杀其将何逢、吴建,斩首万级。传瓘遁去,追至山南,复败之。陈璋败吴越于香弯。

希望在此一举。如果我军不渡过黄河，正好让他们得志。今天的事情，我李建及请求和他们决一死战。"于是他选拔了敢死效节亲兵三百人，穿上铠甲，拿上刀斧，并领着这些勇士们乘船出发。快接近艨艟战船的时候，像雨一样密集的箭向他们射来，李建及让拿刀斧的人冲入战船之间，砍断竹筻，又用木罂装上柴草，浇上油点燃，从上游顺水放下，随后又用大的战船载满士卒，一边击鼓，一边大声呼叫向后梁军发起进攻。后梁军战船的竹筻被砍断，便都随流漂了下去，士卒被烧死淹死的将近一半，晋军便渡过了黄河。贺瓌突围逃跑，晋军在后面追赶，一直追到濮州才返回去。贺瓌退驻在行台村。

11　前蜀主命令天策府的各位将领不得擅自离开自己驻守的边境。五月丁卯朔（初一），左散旗军使王承谔、王承勋、王承会违犯了命令，前蜀主全都原谅了他们。从此以后，前蜀主颁布的禁令就行不通了。

12　楚军向荆南发起进攻，高季昌请求吴国援救，吴王命令镇南节度使刘信等率领洪、吉、抚、信四州的步兵从浏阳直奔潭州，命令武昌节度使李简等率领水军进攻复州。刘信等到了潭州的东边时，楚军放弃进攻荆南而率兵回营。李简等进入复州，抓获了复州知州鲍唐。

13　六月，吴国军队在沙山把吴越军打败。

14　秋季，七月，吴越王钱镠派钱传瓘率领三万多士卒向吴国的常州进攻，徐温率各军将领抵御，右雄武统军陈璋率领水军从下面的海门跟在吴越军的后面。壬申（初七），两军在无锡交战。这时恰好徐温生病发烧，不能统率军队，吴越军攻打吴军中军，射出的箭就像雨一样密集，镇海节度判官陈彦谦把中军的战旗战鼓迁在左边，找了一个长相和徐温很像的人，穿上铠甲，指挥作战，这样徐温才得以休息一阵。不久，徐温的病稍有好转，就出去抵御吴越兵。这个时候，由于久旱草枯，吴军乘风放火，吴越的军队乱成一团，被吴军打败，吴军杀死了吴越军的将领何逢、吴建，斩杀了一万人。钱传瓘逃跑，吴军追到山的南面，又把吴越军打败。陈璋在香弯也击败了吴越军。

温募生获叛将陈绍者赏钱百万,指挥使崔彦章获之。绍勇而多谋,温复使之典兵。

初,衣锦之役,吴马军指挥曹筠叛奔吴越,徐温赦其妻子,厚遇之,遣间使告之曰:"使汝不得志而去,吾之过也,汝无以妻子为念。"及是役,筠复奔吴。温自数昔日不用筠言者三,而不问筠去来之罪,归其田宅,复其军职。筠内愧而卒。

知诰请帅步卒二千,易吴越旗帜铠仗,蹑败卒而东,袭取苏州。温曰:"尔策固善;然吾且求息兵,未暇如汝言也。"诸将皆以为:"吴越所恃者舟楫,今大旱,水道涸,此天亡之时也,宜尽步骑之势,一举灭之。"温叹曰:"天下离乱久矣,民困已甚,钱公亦未易可轻。若连兵不解,方为诸君之忧。今战胜以惧之,戢兵以怀之,使两地之民各安其业,君臣高枕,岂不乐哉! 多杀何为?"遂引还。

吴越王镠见何逢马,悲不自胜,故将士心附之。宠姬郑氏父犯法当死,左右为之请,镠曰:"岂可以一妇人乱我法。"出其女而斩之。镠自少在军中,夜未尝寐,倦极则就圆木小枕,或枕大铃,寐熟辄欹而寤,名曰"警枕"。置粉盘于卧内,有所记则书盘中,比老不倦。或寝方酣,外有白事者,令侍女振纸即寤。时弹铜丸于楼墙之外,以警直更者。尝微行,夜叩北城门,吏不肯启关,曰:"虽大王来亦不可启。"乃自他门入。明日,召北门吏,厚赐之。

徐温赏赐百万招募能够活捉叛将陈绍的人，结果指挥使崔彦章抓获了陈绍。陈绍作战勇敢而且计谋多，徐温重新让他统率部队。

当初在衣锦作战时，吴军的马军指挥曹筠背叛投奔到吴越，徐温没有治他妻子儿子的罪，反而对他们很好，后来派出密使去告诉曹筠说："你因为不得志而离开吴军，这是我的过错，你不必挂念你的妻子孩子。"在这次战争中，曹筠又回到了吴军。徐温再三地责备自己过去没有听从曹筠进言的过错，却没有过问曹筠来去之罪，并把他的田地和住宅归还给他，恢复了他的军职。曹筠因内心深感惭愧而死。

徐知诰请求率领两千名步卒，换上吴越军队的铠甲、旗帜，跟在吴越败兵的后边，向东面出发，袭取苏州。徐温说："你的计策是好的，然而我想让士卒休息一下，没有时间按你讲的去办。"各将领都认为："吴越的军队主要依靠的是船只，现在天气大旱，水路干涸，这是老天灭亡他们的时候，应当将我们的步兵和骑兵全部调动起来，一举消灭他们。"徐温感叹地说："天下战乱很长时间了，百姓的困苦已非常严重，钱公也不可以轻易小看他。如果连续不断地作战，不肯松懈，才正是诸位所担忧的。现在战胜了他们，让他们害了怕，我们息兵不战以怀柔，使得两地的百姓们各安其业，君臣们都高枕无忧，难道这不是好事吗！一直打仗杀害百姓又为了什么呢？"于是领兵回去。

吴越王钱镠看到了何逢的战马，悲痛得不能控制自己，所以将士们的心能归服他。钱镠宠姬郑氏的父亲犯了国法应当处死，左右大臣都为他请求免死，钱镠说："怎么能因为一个妇人乱了我的国法。"把郑氏逐出，并将郑氏之父斩杀。钱镠从小就在军队中，黑夜从未上床睡过，实在困倦的时候就枕上一个小圆木，或枕上一个大铃休息一下，睡着后小木枕或大铃一斜，他就又醒了，他把这种枕头叫作"警枕"。此外，他还在卧室内放一个粉盘，如有什么需要记下来的就写在粉盘中，一直到老也是这样孜孜不倦。有时睡得正香甜的时候，如果外面有人来报告事情，他让侍女振动纸张就能醒来。有时他把铜丸弹到楼墙的外面，用这种办法来提醒打更的人。有一次他悄悄出去，半夜里敲北城门，守门官不肯开门，说："即使是大王来也不能给开。"于是他从别的门进去。第二天，召见北城门官，很丰厚地赏赐了他。

15　丙戌，吴王立其弟濛为庐江郡公，溥为丹阳郡公，浔为新安郡公，澈为鄱阳郡公，子继明为庐陵郡公。

16　晋王归晋阳，以巡官冯道为掌书记。中门使郭崇韬以诸将陪食者众，请省其数。王怒曰："孤为效死者设食，亦不得专，可令军中别择河北帅，孤自归太原！"即召冯道令草词以示众。道执笔逡巡不为，曰："大王方平河南，定天下，崇韬所请未至大过，大王不从可矣，何必以此惊动远近，使敌国闻之，谓大王君臣不和，非所以隆威望也。"会崇韬入谢，王乃止。

17　初，唐灭高丽，天祐初，高丽石窟寺眇僧躬乂，聚众据开州称王，号大封国，至是，遣佐良尉金立奇入贡于吴。

18　八月乙未朔，宣义节度使贺瑰卒。以开封尹王瓒为北面行营招讨使。瓒将兵五万，自黎阳渡河掩击澶、魏，至顿丘，遇晋兵而旋。瓒为治严，令行禁止。据晋人上游十八里杨村，夹河筑垒，运洛阳竹木造浮桥，自滑州馈运相继。晋蕃汉马步副总管、振武节度使李存进亦造浮梁于德胜，或曰："浮梁须竹笮、铁牛、石囷，我皆无之，何以能成！"存进不听，以苇笮维巨舰，系于土山巨木，逾月而成，人服其智。

19　吴徐温遣使以吴王书归无锡之俘于吴越，吴越王镠亦遣使请和于吴。自是吴国休兵息民，三十馀州民乐业者二十馀年。吴王及徐温屡遗吴越王镠书，劝镠自王其国，镠不从。

15　丙戌(二十一日),吴王立他的弟弟杨濛为庐江郡公,杨溥为丹阳郡公,杨浔为新安郡公,杨澈为鄱阳郡公,立他的儿子杨继明为庐陵郡公。

16　晋王回到晋阳以后,任命巡官冯道为掌书记。中门使郭崇韬认为陪晋王吃饭的人太多,请求减少一些人数。晋王很生气地说:"我为保卫国家而不怕牺牲的人准备了饭菜,也不能自作主张,可以让军中另外选择河北的统帅,我自己回太原去!"于是马上召见冯道,让他起草告示来告诉大家。冯道拿起笔迟疑徘徊,一直不写,说:"大王刚刚平定河南,安定了天下,郭崇韬所请求的也不是什么大的过错,大王不听从就算了,何必以此惊动远近,如果让敌国知道,就会说大王君臣不和,这不是扩大威望的好办法。"正好郭崇韬进来谢罪,晋王才停止让冯道写告示。

17　当初,唐朝消灭了高丽,天祐初年,高丽石窟寺的瞎眼和尚躬乂聚众占据了开州,并在那里自称为王,号大封国,至今,派佐良尉金立奇向吴国纳贡。

18　八月乙未朔(初一),宣义节度使贺瓌去世。任命开封尹王瓒为北面行营招讨使。王瓒率领五万士卒从黎阳渡过黄河,乘其不备而袭击了澶州、魏州,一直到了顿丘,遇到晋军才退回来。王瓒管理军队非常严格,令行禁止。他占据了在晋军上游十八里处的杨村,在黄河两岸修筑营垒,从洛阳运来竹木制造浮桥,从滑州接连不断地运来粮食。晋蕃汉军马步副总管、振武节度使李存进也在德胜制造浮桥,有人说:"制造浮桥需要竹笮、铁牛、石囷,这些东西我们都没有,怎么能成功!"李存进不听这些人的话,他用苇绳拴住大的战船,再拴在土山上的大树上,一个多月就修成了浮桥,人们都佩服他的聪明。

19　吴国徐温派遣使者拿着吴王的信到吴越,归还在无锡作战时的俘虏,吴越王钱镠也派遣使者请求和吴国友好往来。从此以后,吴国停止了作战,让百姓得到了休息,三十几个州的百姓安居乐业了二十多年。吴王和徐温曾多次给吴越王钱镠去信,劝说钱镠在国内称王,钱镠没有听从他们的话。

20　九月丙寅，诏削刘岩官爵，命吴越王镠讨之。镠虽受命，竟不行。

21　吴庐江公濛有材气，常叹曰："我国家而为他人所有，可乎！"徐温闻而恶之。

20 九月丙寅(初二),后梁帝下诏书解除刘岩的官职,并命令吴越王钱镠去讨伐他。钱镠虽然接受了命令,但没有去执行。

21 吴国庐江公杨濛很有才气,常叹息地说:"我们的国家为他人所占有,这样可以吗!"徐温听了杨濛的话后,对他产生了厌恶感。

卷第二百七十一　后梁纪六

起己卯(919)十月尽壬午(922)凡三年有奇

均王下
贞明五年(己卯,919)

1　冬,十月,出濛为楚州团练使。

2　晋王如魏州,发徒数万,广德胜北城,日与梁人争,大小百馀战,互有胜负。左射军使石敬瑭与梁人战于河壖,梁人击敬瑭,断其马甲,横冲兵马使刘知远以所乘马授之,自乘断甲者徐行为殿。梁人疑有伏,不敢迫,俱得免,敬瑭以是亲爱之。敬瑭、知远,其先皆沙陀人。敬瑭,李嗣源之婿也。

3　刘鄩围张万进于兖州经年,城中危窘,晋王方与梁人战河上,力不能救。万进遣亲将刘处让乞师于晋,晋王未之许,处让于军门截耳曰:"苟不得请,生不如死!"晋王义之,将为出兵,会鄩已屠兖州,族万进,乃止。以处让为行台左骁卫将军。处让,沧州人也。

4　十一月,吴武宁节度使张崇寇安州。

5　丁丑,以刘鄩为泰宁节度使、同平章事。

6　辛卯,王瓒引兵至戚城,与李嗣源战,不利。

7　梁筑垒贮粮于潘张,距杨村五十里。十二月,晋王自将骑兵自河南岸西上,邀其饷者,俘获而还。梁人伏兵于要路,晋兵大败。晋王以数骑走,梁数百骑围之,李绍荣

均王下
后梁均王（末帝）贞明五年（己卯，公元 919 年）

1 冬季，十月，吴国派杨潆出任楚州团练使。

2 晋王到魏州，派数万名士卒扩建德胜北城，每天都和后梁争战，大小战争不下百次，互有胜负。左射军使石敬瑭和后梁军在黄河边上交战，后梁军攻打石敬瑭，击断了石敬瑭战马的铠甲，横冲兵马使刘知远把自己的战马给了石敬瑭，自己骑着断了甲的马在军队的后面慢慢走。后梁军怀疑晋军有伏兵，不敢靠近，因此他们都幸免于难，因此，石敬瑭更加宠爱刘知远。石敬瑭、刘知远的祖先都是沙陀人。石敬瑭是李嗣源的女婿。

3 刘郭在兖州包围张万进已经一年多了，城中危机窘困，这时晋王正和后梁军在黄河上作战，无力解救兖州。张万进派遣他的亲信将领刘处让向晋王请求援兵，晋王没有答应，刘处让在军营门口割掉自己的耳朵，说："如果不答应请求，活着不如死了。"晋王认为他很义气，准备出兵援救兖州，这时正好刘郭已经攻下兖州，灭了张万进家族，才停止出兵援助。晋王任命刘处让为行台左骁卫将军。刘处让是沧州人。

4 十一月，吴国武宁节度使张崇率兵侵犯安州。

5 丁丑（十三日），后梁帝任命刘郭为泰宁节度使、同平章事。

6 辛卯（二十七日），王瓒率兵到了戚城，与李嗣源交战，没有取胜。

7 后梁军在潘张修筑营垒，储蓄粮食，潘张离杨村五十里。十二月，晋王率领骑兵从黄河南岸向西行进，阻截后梁军的送粮人，俘虏了送粮人而返。后梁军在要害路段埋伏了士兵，晋军大败。晋王领着几个骑兵逃走，后梁军用几百骑兵包围了他们，晋将李绍荣

识其旗,单骑奋击救之,仅免。戊戌,晋王复与王瓒战于河南,瓒先胜,获晋将石君立等。既而大败,乘小舟渡河,走保北城,失亡万计。帝闻石君立勇,欲将之,系于狱而厚饷之,使人诱之。君立曰:"我晋之败将,而为用于梁,虽竭诚效死,谁则信之! 人各有君,何忍反为仇雠用哉!"帝犹惜之,尽杀所获晋将,独置君立。晋王乘胜遂拔濮阳。帝召王瓒还,以天平节度使戴思远代为北面招讨使,屯河上以拒晋人。

8 己酉,蜀雄武节度使兼中书令王宗朗有罪,削夺官爵,复其姓名曰全师朗,命武定节度使兼中书令桑弘志讨之。

9 吴禁民私畜兵器,盗贼益繁。御史台主簿京兆卢枢上言:"今四方分争,宜教民战。且善人畏法禁而奸民弄干戈,是欲偃武而反招盗也。宜团结民兵,使之习战,自卫乡里。"从之。

六年(庚辰,920)

1 春,正月戊辰,蜀桑弘志克金州,执全师朗,献于成都,蜀主释之。

2 吴张崇攻安州,不克而还。

崇在庐州,贪暴不法。庐江民讼县令受赇,徐知诰遣侍御史知杂事杨廷式往按之,欲以威崇,廷式曰:"杂端推事,其体至重,职业不可不行。"知诰曰:"何如?"廷式曰:"械系张崇,使吏如昇州,簿责都统。"知诰曰:"所按者县令耳,何至于是!"廷式曰:"县令微官,张崇使之取民财转献都统耳,岂可舍大而诘小乎?"知诰谢之曰:"固知小事不足相烦。"以是益重之。廷式,泉州人也。

认出是自己军队的旗帜，就一个人骑马去奋力解救晋王，仅使晋王免于一死。戊戌(初五)，晋王又和王瓒在黄河南岸交战，王瓒先取得胜利，俘获了晋将石君立等。过了一阵，王瓒的军队被晋军打败，王瓒乘小船渡过黄河，跑回北城坚守，这次战败，有一万多士卒逃跑或被杀。后梁帝听说石君立非常勇敢，打算让他做自己的将领，把他关在监狱里，给他丰厚的待遇，并派人去劝诱他。石君立说："我是晋军的败将，如果在梁国被起用，虽竭诚效死，有谁能相信我呢！每个人都有自己的君主，怎么能忍心被仇人所利用呢！"后梁帝还是很爱惜他，把俘获的其他晋将全部杀掉，只留下了石君立。晋王乘胜前进，一举攻下了濮阳。后梁帝把王瓒召回，任命天平节度使戴思远代理北面招讨使，驻扎在黄河抵御晋军。

8　己酉(十六日)，前蜀国雄武节度使兼中书令王宗朗犯了罪，前蜀主解除了他的官爵，恢复了他的姓名叫全师朗，命令武定节度使兼中书令桑弘志讨伐他。

9　吴国禁止百姓私藏武器，盗贼越来越多。御史台主簿京兆人卢枢上奏说："现在四方纷争，应当教百姓熟习战争。况且善良的人是惧怕法律禁令的，而不安分守己的人舞弄干戈，这是想禁止争斗反而招来盗贼啊。应当团结百姓士卒，让他们熟习战斗，各自保卫自己的家乡。"吴王听从了卢枢的意见。

后梁均王(末帝)贞明六年(庚辰，公元920年)

1　春季，正月戊辰(初五)，前蜀将桑弘志攻克金州，抓获全师朗，送到成都，前蜀主把他释放了。

2　吴将张崇进攻安州，没有攻下，率兵返回。

张崇在庐州，贪暴不法。庐江的百姓上诉庐江县令，说他接受了贿赂，徐知诰派侍御史知杂事杨廷式前往检查，打算以此来威胁张崇一下，杨廷式说："杂端推事这个官，身份是很重要的，这是本职工作，不可不做。"徐知诰说："那怎么办呢？"杨廷式说："给张崇戴上刑具，派一个官吏去昇州，据罪状诘责都统。"徐知诰说："现在查办的只不过是一个县令，何至于如此！"杨廷式说："县令虽然是个小官，但张崇让他收取的民财都转献给了都统，难道可以舍去大官而去诘责一个小官吗？"徐知诰道歉说："本来知道小事不足以麻烦你。"徐知诰因此更加器重杨廷式。杨廷式是泉州人。

3　晋王自得魏州，以李建及为魏博内外牙都将，将银枪效节都。建及为人忠壮，所得赏赐，悉分士卒，与同甘苦，故能得其死力，所向立功，同列疾之。宦者韦令图监建及军，潜于晋王曰："建及以私财骤施，此其志不小，不可使将牙兵。"王疑之。建及知之，行之自若。三月，王罢建及军职，以为代州刺史。

4　汉杨洞潜请立学校，开贡举，设铨选，汉主岩从之。

5　夏，四月乙亥，以尚书左丞李琪为中书侍郎、同平章事。琪，珽之弟也，性疏俊，挟赵岩、张汉杰之势，颇通贿赂。萧顷与琪同为相，顷谨密而阴伺琪短。久之，有以摄官求仕者，琪辄改摄为守，顷奏之。帝大怒，欲流琪远方，赵、张左右之，止罢为太子少保。

6　河中节度使冀王友谦以兵袭取同州，逐忠武节度使程全晖，全晖奔大梁。友谦以其子令德为忠武留后，表求节钺，帝怒，不许。既而惧友谦怨望，己酉，以友谦兼忠武节度使。制下，友谦已求节钺于晋王，晋王以墨制除令德忠武节度使。

7　吴宣王重厚恭恪，徐温父子专政，王未尝有不平之意形于言色，温以是安之。及建国称制，尤非所乐，多沉饮鲜食，遂成寝疾。

五月，温自金陵入朝，议当为嗣者。或希温意言曰："蜀先主谓武侯：'嗣子不才，君宜自取。'"温正色曰："吾果有意取之，当在诛张颢之初，岂至今日邪！使杨氏无男，有女亦当立之。敢妄言者斩！"乃以王命迎丹杨公溥监国，徙溥兄濛为舒州团练使。

3　自从晋王得到魏州以后,任命李建及为魏博内外牙都将,统率禁卫军银枪效节都。李建及为人忠诚壮节,得到的赏赐全部分给士卒,与士卒们同甘共苦,所以能够得到士卒们对他尽心尽力,只要他出去作战,一定会立功,同行们很嫉妒他。宦官韦令图监视李建及的军队,偷偷地对晋王说:"李建及用自己的财物多次分给士卒,如此看来,他的志向不小,不能让他率领禁卫军了。"晋王产生了怀疑。李建及知道后,行动像若无其事一样。三月,晋王免去李建及的军职,任命他为代州刺史。

4　南汉杨洞潜请求建立学校,开设贡举,量才授官,南汉主刘岩听从了他的意见。

5　夏季,四月乙亥,后梁帝任命尚书左丞李琪为中书侍郎、同平章事。李琪是李珽的弟弟,他的性情开朗出众,依仗赵岩、张汉杰的势力,颇通贿赂。萧顷和李琪同为宰相,萧顷谨慎秘密地观察李琪的短处。过了很久,有人想将试用的官改为正式的官,李琪就给他改试用官为守官,萧顷把这件事上奏给后梁帝。后梁帝十分生气,想把李琪流放到远方,经赵岩、张汉杰帮助,才未流放,降为太子少保。

6　河中节度使冀王朱友谦率兵袭击并夺取了同州,赶走了忠武节度使程全晖,程全晖逃到了大梁。朱友谦任命他的儿子朱令德为忠武留后,并上表皇帝请求赐发符节和斧钺,后梁帝十分生气,没有答应。后来后梁帝害怕朱友谦心怀不满,己酉(十七日),任命朱友谦兼任忠武节度使。后梁帝的命令下达时,朱友谦已向晋王请求到符节和斧钺,归降于晋王,于是晋王直接发出亲笔手令解除了原忠武节度使,任命朱令德为忠武节度使。

7　吴宣王很厚道,而且谦恭谨慎,徐温父子掌管全权,宣王从来没有不平之意表现在脸色上,徐温因此就安然自在。到了建国称王以后,宣王更没有什么所高兴的,经常喝酒,很少吃饭,慢慢就卧床生病了。

五月,徐温从金陵回朝,商议谁当为继承王位的人。有人迎合徐温的心意说:"蜀先主刘备对武侯说:'嗣子没有才能,您可以自代王位。'"徐温端庄严肃地说:"我如果真有心取代王位,是在杀掉张颢的时候,哪能等到今日!即使杨氏没有儿子,有女儿也应当立她为王。再有敢胡说的,一律杀掉。"于是以宣王之命迎接丹杨公杨溥回来代行处理政事,调杨溥的哥哥杨濛任舒州团练使。

己丑，宣王殂。六月戊申，溥即吴王位。尊母王氏曰太妃。

8 丁巳，蜀以司徒兼门下侍郎、同平章事周庠同平章事，充永平节度使。

9 帝以泰宁节度使刘鄩为河东道招讨使，帅感化节度使尹皓、静胜节度使温昭图、庄宅使段凝攻同州。

10 闰月庚申朔，蜀主作高祖原庙于万里桥，帅后妃、百官用褒味作鼓吹祭之。华阳尉张士乔上疏谏，以为非礼，蜀主怒，欲诛之，太后以为不可，乃削官流黎州，士乔感愤，赴水死。

11 刘鄩等围同州，朱友谦求救于晋。秋，七月，晋王遣李存审、李嗣昭、李建及、慈州刺史李存质将兵救之。

12 乙卯，蜀主下诏北巡，以礼部尚书兼成都尹长安韩昭为文思殿大学士，位在翰林承旨上。昭无文学，以便佞得幸，出入宫禁，就蜀主乞通、渠、巴、集数州刺史卖之以营居第，蜀主许之。识者知蜀之将亡。

八月戊辰，蜀主发成都，被金甲，冠珠帽，执弓矢而行，旌旗兵甲，亘百馀里。雒令段融上言："不宜远离都邑，当委大臣征讨。"不从。九月，次安远城。

13 李存审等至河中，即日济河。梁人素轻河中兵，每战必穷追不置。存审选精甲二百，杂河中兵，直压刘鄩垒，鄩出千骑逐之，知晋人已至，大惊，自是不敢轻出。晋人军于朝邑。

河中事梁久，将士皆持两端。诸军大集，刍粟踊贵，友谦诸子说友谦且归款于梁，以退其师，友谦曰："昔晋王亲赴吾急，秉烛夜战。今方与梁相拒，又命将星行，分我资粮，岂可负邪！"

己丑(二十八日),宣王去世。六月戊申(十八日),杨溥登吴王位。尊称他的母亲王氏为太妃。

8　丁巳(二十七日),前蜀主让司徒兼门下侍郎、同平章事周庠参议国事,并让他担任永平节度使。

9　后梁帝任命泰宁节度使刘鄩为河东道招讨使,率领感化节度使尹皓、静胜节度使温昭图、庄宅使段凝一起攻打同州。

10　闰五月庚申朔(初一),前蜀主在万里桥修建了高祖原庙,带领后妃、百官,供上高祖生前最喜欢吃的食品,击鼓吹乐来祭祀高祖。华阳尉张士乔上书劝说前蜀主,认为这样做不合祭礼,前蜀主十分生气,打算把他杀掉,太后认为不能杀,于是免了他的官职,把他流放到黎州,张士乔感到愤怒,跳水自杀。

11　刘鄩等包围了同州,朱友谦请求晋国援救。秋季,七月,晋王派遣李存审、李嗣昭、李建及、慈州刺史李存质率兵前去援救。

12　乙卯(二十六日),前蜀主颁发诏书,准备到北边巡视,任命礼部尚书兼成都尹长安人韩昭为文思殿大学士,地位在翰林承旨之上。韩昭没有文才,用花言巧语、阿谀逢迎得到前蜀主宠幸,出入宫禁,在接近前蜀主时请求卖掉通、渠、巴、集四州刺史官爵,用来修建他的住宅,前蜀主答应了。明白这件事的人知道前蜀将要灭亡。

八月戊辰(初十),前蜀主从成都出发,他身披金甲,头戴珠帽,手执弓箭而行,随从的旌旗兵甲,连接起来有数百里长。雒县县令段融上书说:"不宜远离都城,应委派大臣出去征讨。"前蜀主不听。九月,军队驻扎在安远城。

13　李存审等到了河中,当天过了黄河。后梁军平时很轻视河中兵,每次战斗都要穷追不舍。李存审挑选了二百名精兵,其中又搀杂了一些河中兵,一直逼近刘鄩的军营,刘鄩率领一千骑兵出去追逐,发现晋军已经来到,十分吃惊,从此以后,刘鄩不敢轻易出动。晋军驻扎在朝邑。

河中事奉后梁时间已经很长,将士们都是脚踩两只船。各路军队都集中在河中,粮草价格昂贵,朱友谦的儿子们劝说朱友谦诚心归服后梁,以此来让后梁军撤兵,朱友谦说:"从前晋王亲自率兵解救我的危急,手持火把连夜作战。现在正和后梁军相持,晋王又命令将帅披星戴月赶来援救,还给我们物资粮食,我们怎么能辜负他呢!"

晋人分兵攻华州，坏其外城。李存审等按兵累旬，乃进逼刘郭营，郭等悉众出战，大败，收馀众退保罗文寨。又旬馀，存审谓李嗣昭曰："兽穷则搏，不如开其走路，然后击之。"乃遣人牧马于沙苑。郭等宵遁，追击至渭水，又破之，杀获甚众。存审等移檄告谕关右，引兵略地至下邽，谒唐帝陵，哭之而还。

河中兵进攻崇州，静胜节度使温昭图甚惧。帝使供奉官窦维说之曰："公所有者华原、美原两县耳，虽名节度使，实一镇将，比之雄藩，岂可同日语也，公有意欲之乎?"昭图曰："然。"维曰："当为公图之。"即教昭图表求移镇，帝以汝州防御使华温琪权知静胜留后。

14　冬，十月辛酉，蜀主如武定军，数日，复还安远。

15　十一月戊子朔，蜀主以兼侍中王宗俦为山南节度使、西北面都招讨、行营安抚使，天雄节度使、同平章事王宗昱、永宁军使王宗晏、左神勇军使王宗信为三招讨以副之，将兵伐岐。出故关，壁于咸宜，入良原。丁酉，王宗俦攻陇州，岐王自将万五千人屯汧阳。癸卯，蜀将陈彦威出散关，败岐兵于箭筈岭，蜀兵食尽，引还。宗昱屯泰州，宗俦屯上邽，宗晏、宗信屯威武城。

庚戌，蜀主发安远城；十二月庚申，至利州，阆州团练使林思谔来朝，请幸所治，从之。癸亥，泛江而下，龙舟画舸，辉映江渚，州县供办，民始愁怨。壬申，至阆州，州民何康女色美，将嫁，蜀主取之，赐其夫家帛百匹，夫一恸而卒。癸未，至梓州。

晋军分兵去攻打华州,破坏了华州的外城。李存审等按兵不动,几十天后才逼近刘鄩的军营,刘鄩等率领全军出来迎战,被打得大败,只好收拾剩下的军队退守罗文寨。又过了十几天,李存审对李嗣昭说:"野兽到了最困难的时候就会拼死搏斗,不如放开一条路让他们逃走,然后从后面追击他们。"于是李嗣昭派人到沙苑去放马。刘鄩等乘夜逃跑,李嗣昭率兵追击到渭水,又将刘鄩的军队打败,斩杀和俘获很多。李存审等张贴檄文,告示关右,同时率兵攻占了很多地方,一直到下邽,谒拜了唐帝的陵墓,在陵前痛哭一番后返回。

河中的军队向崇州发起进攻,静胜节度使温昭图非常害怕。后梁帝派供奉官窦维劝他说:"你仅仅有华原、美原两个县罢了,虽然名为节度使,其实是一个镇将,和一些强大的藩来比,怎么可以同日而语,你想扩大一点吗?"温昭图说:"当然。"窦维说:"让我为你来谋划。"于是就让温昭图上书请求改换个地方,后梁帝让汝州防御使华温琪代理静胜留后。

14 冬季,十月辛酉(初三),前蜀主去了武定军,几天以后又回到安远。

15 十一月戊子朔(初一),前蜀主任命兼侍中王宗俦为山南节度使、西北面都招讨、行营安抚使,任命天雄节度使、同平章事王宗昱、永宁军使王宗晏、左神勇军使王宗信为三名招讨,来辅助王宗俦讨伐岐。他们率兵出故关,在咸宜修筑壁垒,后进入良原。丁酉(初十),王宗俦向陇州发起进攻,岐王亲自率领一万五千士兵驻扎在汧阳。癸卯(十六日),前蜀将陈彦威从散关出兵,在箭筈岭击败了岐兵,前蜀军的粮食吃完后,才率兵回去。王宗昱驻扎在泰州、王宗俦驻扎在上邽,王宗晏和王宗信驻扎在威武城。

庚戌(二十三日),前蜀主从安远城出发;十二月庚申(初三),到达利州,阆州团练使林思谔来朝拜前蜀主,并请求前蜀主巡视阆州,前蜀主答应了他的请求。癸亥(初六),顺江而下,龙舟彩船,光辉照映在江的两岸,这些都是沿江的州县供应的,老百姓开始发愁抱怨。壬申(十五日),前蜀主到了阆州,阆州的百姓何康有个很漂亮的女儿,将要出嫁,前蜀主就娶了她,然后赏赐给她的夫家一百匹丝帛,那个未婚夫极其悲痛而死。癸未(二十六日),前蜀主到了梓州。

16　赵王镕自恃累世镇成德，得赵人心，生长富贵，雍容自逸，治府第园沼，极一时之盛，多事嬉游，不亲政事，事皆仰成于僚佐，深居府第，权移左右。行军司马李蔼、宦者李弘规用事于中外，宦者石希蒙尤以谄谀得幸。

初，刘仁恭使牙将张文礼从其子守文镇沧州，守文诣幽州省其父，文礼于后据城作乱，沧人讨之，奔镇州。文礼好夸诞，自言知兵，赵王镕奇之，养以为子，更名德明，悉以军事委之。德明将行营兵从晋王，镕欲寄以腹心，使都指挥使符习代还，以为防城使。

镕晚年好事佛及求仙，专讲佛经，受符箓，广斋醮，合炼仙丹。盛饰馆宇于西山，每往游之。登山临水，数月方归，将佐士卒陪从者常不下万人，往来供顿，军民皆苦之。是月，自西山还，宿鹊营庄，石希蒙劝王复之他所。李弘规言于王曰："晋王夹河血战，栉风沐雨，亲冒矢石，而王专以供军之资奉不急之费。且时方艰难，人心难测，王久虚府第，远出游从，万一有奸人为变，闭关相距，将若之何？"王将归，希蒙密言于王曰："弘规妄生猜间，出不逊语以劫胁王，专欲夸大于外，长威福耳。"王遂留，信宿无归志。弘规乃教内牙都将苏汉衡帅亲军，摞甲拔刃，诣帐前白王曰："士卒暴露已久，愿从王归！"弘规因进言曰："石希蒙劝王游从不已，且闻欲阴谋弑逆，请诛之以谢众。"王不听，牙兵遂大噪，斩希蒙首，诉于前。王怒且惧，亟归府。是夕，遣其长子副大使昭祚与王德明将兵围弘规及李蔼之第，族诛之，连坐者数十家。又杀苏汉衡，收其党与，穷治反状，亲军大恐。

16　赵王王镕依仗世代镇守成德，颇得赵地人心，生活富裕，地位显贵，容仪温文尔雅，悠然自得，他治理的府第园池，在当时是最好的，他经常游玩，不问政事，一切政事都依靠僚佐来处理，他深居府第，把大权交给了他的左右官员。行军司马李蔼、宦官李弘规掌管内外事务，宦官石希蒙全靠阿谀奉承得到宠爱。

当初，刘仁恭派牙将张文礼随他的儿子刘守文去镇守沧州，刘守文到幽州去看望父亲，张文礼随后占据了沧州城发动叛乱，沧州人讨伐他，他逃到了镇州。张文礼喜欢吹大话，自称会打仗，赵王王镕认为他很奇特，于是收为养子，并改名为德明，把全部的军事委托给他。德明率领着行军部队跟随着晋王，王镕想委派一个亲信去，于是派都指挥使符习替代德明，让他回来，任防城使。

王镕晚年信佛，喜欢求仙，专门讲习佛经，学习道家符箓，广设斋坛向神佛祈祷，炼金丹。在西山把馆宇装饰得非常华丽，经常去那里游玩。他登山观水，几个月后才回来，陪他的左右将士经常不下一万人，来往食宿，耗资巨大，军民都深受其苦。这个月，从西山回返，住在鹊菅庄，石希蒙劝王镕再到别的地方去玩。李弘规对王镕说："晋王在黄河两岸和梁军血战，栉风沐雨，亲自冒着箭石率兵前进，而大王专门把供给军队用的物质挪用于一些不急的事情。况且时下正处在困难时期，人心难测，大王如果长期离开府第，远出游玩，万一有奸人叛变，关起关门，把我们隔在外面，该怎么办呢？"赵王准备回去，石希蒙又偷偷地和赵王说："李弘规胡乱猜想，口出不逊之言来威胁大王，专门把外面的事情夸大，长敌人的威风。"于是赵王又留了下来，连续住了两夜还不想回去。李弘规于是让内牙都将苏汉衡率领亲信部队穿甲持刀，到帐篷前面对赵王说："士卒们离家在外已经很长时间了，都希望跟从大王回去。"李弘规因此也劝赵王说："石希蒙劝大王没完没了地游玩，而且还听说他准备谋害大王，请把他杀掉来向大家认错。"赵王不听，于是卫队士卒大声喧哗起来，杀了石希蒙，拿着他的头到赵王面前诉说。赵王十分生气也很害怕，于是赶快回到了府第。当天晚上赵王就派他的长子副大使王昭祚和王德明率兵包围了李弘规和李蔼的住宅，把他们的全家全部杀掉，受牵连的有几十家。又将苏汉衡杀掉，拘捕了他的党羽，彻底追究他们反叛的情况，赵王的亲信部队感到十分惊恐。

17　吴金陵城成，陈彦谦上费用册籍，徐温曰："吾既任公，不复会计。"悉焚之。

18　初，闽王审知承制加其从子泉州刺史延彬领平卢节度使。延彬治泉州十七年，吏民安之。会得白鹿及紫芝，僧浩源以为王者之符，延彬由是骄纵，密遣使浮海入贡，求为泉州节度使。事觉，审知诛浩源及其党，黜延彬归私第。

19　汉主岩遣使通好于蜀。
20　吴越王镠遣使为其子传瑈求婚于楚，楚王殷许之。

龙德元年(辛巳,921)

1　春，正月甲午，蜀主还成都。
2　初，蜀主之为太子，高祖为聘兵部尚书高知言女为妃，无宠，及韦妃入宫，尤见疏薄，至是遣还家，知言惊仆，不食而卒。韦妃者，徐耕之孙也，有殊色，蜀主适徐氏，见而悦之，太后因纳于后宫，蜀主不欲聚于母族，托云韦昭度之孙。初为婕好，累加元妃。

蜀主常列锦步障，击毬其中，往往远适而外人不知。爇诸香，昼夜不绝。久而厌之，更爇皂荚以乱其气。结缯为山，及宫殿楼观于其上，或为风雨所败，则更以新者易之。或乐饮缯山，涉旬不下。山前穿渠通禁中，或乘船夜归，令宫女秉蜡炬千馀居前船，却立照之，水面如昼。或酣饮禁中，鼓吹沸腾，以至达旦。以是为常。

17　吴国修筑的金陵城落成,陈彦谦将开支账册送给徐温过目,徐温说:"我既然任用你办,就不再检查核算了。"于是把那些账簿全部烧了。

18　当初闽王王审知按照规定让他的侄儿泉州刺史王延彬兼任平卢节度使。王延彬治理泉州十七年,官民都安居乐业。正好在这个时候,王延彬得到了白鹿和紫芝等祥瑞物品,僧人浩源认为这是王延彬要做闽王的征兆,王延彬因此骄傲放肆起来,他偷偷派人过海去闽王那里纳贡,并请求闽王任命他为泉州节度使。事情败露后,王审知诛灭了浩源及其同党,罢免了王延彬的官爵,打发他回了家。

19　南汉主刘岩派遣使者到蜀国去互通友好。

20　吴越王钱镠派遣使者到楚国为他的儿子钱传璙求婚,楚王马殷答应了他的请求。

后梁均王(末帝)龙德元年(辛巳,公元 921 年)

1　春季,正月甲午(初七),前蜀主回到了成都。

2　当初,前蜀主王宗衍还是太子的时候,高祖王建为王宗衍聘兵部尚书高知言的女儿为妃,王宗衍不喜欢她,韦妃入宫后,王宗衍对高氏更加疏远,这时把她送回娘家,高知言知道后,吓得摔倒,吃不下饭死去。韦妃是徐耕的孙女,长得很漂亮,前蜀主到他母亲徐氏那里,见到此女十分喜欢,因此太后就把她留在后宫,前蜀主不愿意娶母亲家族的人为妻,于是就假托说是韦昭度的孙女。开始任她为婕妤,后来逐渐升为正妃。

前蜀主经常挂起锦缎围成一个屏幕,在里面击毬,从远道来的人往往不知道他在里面。他经常烧香,昼夜不绝。时间长了,又讨厌烧香,改用烧皂荚来改变室内气味。他还把缯帛堆成山的样子,然后在上面做一些宫殿楼观,有时经风吹雨淋坏了,就用新的把坏的换掉。有时在缯山上饮酒作乐,一住十来天还不想下来。在缯山的前面挖一条渠,一直通往前蜀主的宫内,有时晚上乘船回宫中,命令宫女们手拿着一千多支蜡烛在前面的船上,脸朝后面站着,水面上如同白天一样明亮。有时在宫中大吃大喝,鼓乐沸腾,通宵达旦。这种情况是经常的。

3　甲辰，徙静胜节度使温昭图为匡国节度使，镇许昌。昭图素事赵岩，故得名藩。

4　蜀主、吴主屡以书劝晋王称帝，晋王以书示僚佐曰："昔王太师亦尝遗先王书，劝以唐室已亡，宜自帝一方。先王语余云：'昔天子幸石门，吾发兵诛贼臣，当是之时，威振天下，吾若挟天子据关中，自作九锡禅文，谁能禁我！顾吾家世忠孝，立功帝室，誓死不为耳。汝他日当务以复唐社稷为心，慎勿效此曹所为！'言犹在耳，此议非所敢闻也。"因泣。

既而将佐及藩镇劝进不已，乃令有司市玉造法物。黄巢之破长安也，魏州僧传真之师得传国宝，藏之四十年，至是，传真以为常玉，将鬻之，或识之，曰："传国宝也。"传真乃诣行台献之，将佐皆奉觞称贺。

张承业在晋阳闻之，诣魏州谏曰："吾王世世忠于唐室，救其患难，所以老奴三十馀年为王捃拾财赋，召补兵马，誓灭逆贼，复本朝宗社耳。今河北甫定，朱氏尚存，而王遽即大位，殊非从来征伐之意，天下其谁不解体乎！王何不先灭朱氏，复列圣之深雠，然后求唐后而立之，南取吴，西取蜀，汛扫宇内，合为一家，当是之时，虽使高祖、太宗复生，谁敢居王上者？让之愈久则得之愈坚矣。老奴之志无他，但以受先王大恩，欲为王立万年之基耳。"王曰："此非余所愿，奈群下意何。"承业知不可止，恸哭曰："诸侯血战，本为唐家，今王自取之，误老奴矣！"即归晋王邑，成疾，不复起。

3 甲辰(十七日),后梁帝调静胜节度使温昭图任匡国节度使,镇守许昌。温昭图一向事奉赵岩,所以他可以称藩。

4 前蜀主、吴主曾多次写信劝晋王称帝,晋王把这些书信让他的僚属们看,并说:"从前王太师也曾给先王送去书信,劝他说唐室已经灭亡,应该自己称帝,占据一方。先王对我说:'从前天子巡视石门时,我派兵去诛灭了敌臣贼子,当时,威震天下,我如果在那时挟持天子,占据关中,自己起草赐封九锡和禅让的文告,谁能禁止我! 但是我家世代效忠皇帝,常为朝廷立功,我誓死不能这样做。你以后应当全心全意恢复唐朝社稷,小心不要效法这些人的做法!'先王对我讲的话好像还在耳边,这种建议我听都不敢听。"说完就哭了。

不久,晋王的左右将佐以及藩镇官吏们不断地劝他称帝,于是他让有关部门购买玉石制作传国宝物。以前黄巢攻破长安的时候,魏州僧人传真的师傅得到过传国之宝,珍藏了四十年,到现在,传真以为是一块普通的玉石,将准备把它卖掉,有人认出这块宝玉来,对传真说:"这是传国之宝。"于是传真就到行台献上宝玉,晋王的左右将佐们都举杯祝贺。

张承业在晋阳听说这件事后,到魏州劝晋王说:"大王世世代代忠效唐朝王室,解救了唐朝的不少患难,所以老奴我三十多年来为大王收集财赋,招兵买马,誓死消灭叛逆之人,恢复唐朝的宗庙社稷。现在黄河以北刚刚安定下来,朱氏还存在,大王就急急忙忙登帝位,和你当初奋力作战的意思大不一样,这样天下的人心怎么能不离散呢! 大王何不先灭掉朱氏,报了各位先王的深仇,然后寻到唐王室的后人拥立为帝,向南夺取吴国,向西夺取蜀国,横扫天下,合为一家,到那时候,即使高祖、太宗起死回生,又有谁敢坐在你的上面呢? 谦让的时间越长,所得到的就越牢固。老奴我没有别的想法,只是因为接受了先王的大恩,愿为大王创建万年大业的基础。"晋王听了以后说:"这并不是我的愿望,只是对左右大臣的意见无可奈何。"张承业知道阻止不了,痛哭着说:"诸侯们浴血奋战,本来是为了恢复唐朝大业,现在大王自己取得帝位,欺骗了老奴我啊。"马上把自己的封地交还给晋王,后来张承业得了病,没能再出来做官。

5　二月,吴改元顺义。

6　赵王既杀李弘规、李蔼,委政于其子昭祚。昭祚性骄愎,既得大权,向时附弘规者皆族之。弘规部兵五百人欲逃,聚泣偶语,未知所之。会诸军有给赐,赵王忿亲军之杀石希蒙,独不时与,众益惧。王德明素蓄异志,因其惧而激之曰:"王命我尽坑尔曹。吾念尔曹无罪并命,欲从王命则不忍,不然又获罪于王,奈何?"众皆感泣。

是夕,亲军有宿于潭城西门者,相与饮酒而谋之。酒酣,其中骁健者曰:"吾曹识王太保意,今夕富贵决矣!"即逾城入。赵王方焚香受箓,二人断其首而出,因焚府第。军校张友顺帅众诣德明第,请为留后,德明复姓名曰张文礼,尽灭王氏之族,独置昭祚之妻普宁公主以自托于梁。

7　三月,吴人归吴越王镠从弟龙武统军镒于钱唐,镠亦归吴将李涛于广陵。徐温以涛为右雄武统军,镠以镒为镇海节度副使。

8　张文礼遣使告乱于晋王,且奉笺劝进,因求节钺。晋王方置酒作乐,闻之,投杯悲泣,欲讨之。僚佐以为文礼罪诚大,然吾方与梁争,不可更立敌于肘腋,宜且从其请以安之。王不得已,夏,四月,遣节度判官卢质承制授文礼成德留后。

9　陈州刺史惠王友能反,举兵趣大梁,诏陕州留后霍彦威、宣义节度使王彦章、控鹤指挥使张汉杰将兵讨之。友能至陈留,兵败,走还陈州,诸军围之。

5 二月，吴国改年号为顺义。

6 赵王把李弘规、李蔼杀掉，然后让他的儿子王昭祚掌管政权。王昭祚性情骄傲，刚愎自用，掌握大权以后，把从前顺从李弘规的人们都全家斩杀。李弘规部队的五百士卒打算逃跑，他们聚集在一起一边哭一边小声私语，不知道该往哪里去。正好这时赏赐各部队，赵王恨他的亲信部队杀死石希蒙，偏偏没有按时给他们，大家更感到害怕。太保王德明平素就怀有异心，现在利用他们心里恐惧而更加激发他们说："赵王命令我把你们这些人全部坑杀。我觉得你们没有罪却被杀死，想服从赵王的命令但又不忍心杀你们，不杀你们我又得罪了赵王，怎么办呢？"大家都感动得流下了眼泪。

这天晚上，赵王的卫兵中有人住在潭城的西门，他们在一起喝酒，并谋划杀死赵王。喝得高兴的时候，他们当中有位勇敢的人说："我们很明白王太保的意思，今晚上就能让大家富贵了！"说完他们就翻过城墙进入城内。此时赵王正在烧香，接受上帝赐给他的符命之书，两个人把他杀掉出去，焚烧了赵王的住宅。军校张友顺率领士卒来到王德明的住地，请他作留后官，王德明恢复了姓名叫张文礼，把王氏的家族全部杀掉，只留下王昭祚的妻子普宁公主，以此来托身于后梁。

7 三月，吴国把吴越王钱镠堂弟龙武统军钱镒送回钱塘，钱镠也在广陵送回吴国将领李涛。徐温任命李涛为右雄武统军，钱镠任命钱镒为镇海节度副使。

8 张文礼派遣使者告诉晋王，赵州已乱，并且拿着给晋王的信劝他称帝，并请求晋王授予符节和斧钺。这时晋王正在饮酒作乐，听到这件事后，扔掉酒杯悲痛地哭起来，准备去讨伐张文礼。晋王的左右僚臣们认为张文礼的罪过确实很大，然而晋王与后梁争战，不能再在近处树敌，应该答应他的请求来安定他们。晋王不得已，于夏季四月派节度判官卢质秉承晋王的旨意授张文礼为成德留后。

9 陈州刺史惠王朱友能反叛，率军直到大梁城，后梁帝下诏书命令陕州留后霍彦威、宣义节度使王彦章、控鹤指挥使张汉杰率兵讨伐朱友能。朱友能到了陈留以后被打败，又逃回了陈州，各路军队包围了陈州。

10　五月丙戌朔,改元。

11　初,刘郭与朱友谦为婚。郭之受诏讨友谦也,至陕州,先遣使移书,谕以祸福。待之月馀,友谦不从,然后进兵。尹皓、段凝素忌郭,因谮之于帝曰:"郭逗遛养寇,俾俟援兵。"帝信之。郭既败归,以疾请解兵柄,诏听于西都就医,密令留守张宗奭鸩之,丁亥,卒。

12　六月乙卯朔,日有食之。

13　秋,七月,惠王友能降。庚子,诏赦其死,降封房陵侯。

14　晋王既许藩镇之请,求唐旧臣,欲以备百官。朱友谦遣前礼部尚书苏循诣行台,循至魏州,入牙城,望府廨即拜,谓之拜殿。见王呼万岁舞蹈,泣而称臣。翌日,又献大笔三十枝,谓之"画日笔"。王大喜,即命循以本官为河东节度副使,张承业深恶之。

15　张文礼虽受晋命,内不自安,复遣间使因卢文进求援于契丹,又遣间使来告曰:"王氏为乱兵所屠,公主无恙。今臣已北召契丹,乞朝廷发精甲万人相助,自德、棣渡河,则晋人遁逃不暇矣。"帝疑未决。敬翔曰:"陛下不乘此衅以复河北,则晋人不可复破矣。宜徇其请,不可失也。"赵、张辈皆曰:"今强寇近在河上,尽吾兵力以拒之,犹惧不支,何暇分万人以救张文礼乎!且文礼坐持两端,欲以自固,于我何利焉!"帝乃止。

10 五月丙戌朔(初一),后梁改换年号。

11 当初,刘郭与朱友谦有姻亲关系。刘郭接受命令去讨伐朱友谦,到了陕州以后,先派遣使者给朱友谦送了一封信,给他讲明白怎么做会有祸,怎么做会有福。等待了一个多月,朱友谦不听从刘郭的意见,刘郭然后才进兵。尹皓、段凝向来很忌恨刘郭,就在后梁帝面前诬陷他说:"刘郭在那里耽搁时间,保护敌人,使敌人有时间等待援兵。"后梁帝相信了他们的话。等到刘郭战败回来,因病请求解除自己的兵权,后梁帝下诏书,让他在西都洛阳看病,并秘密让洛阳留守张宗奭用毒酒害他,丁亥(初二),刘郭死去。

12 六月乙卯朔(初一),出现日食。

13 秋季,七月,惠王朱友能投降。庚子(十七日),后梁帝下诏免去他的死罪,降他为房陵侯。

14 晋王既然同意了藩镇官吏们的请求,就访求唐朝旧臣,打算准备朝廷百官。朱友谦派前礼部尚书苏循到行台,苏循到了魏州,进入牙城,看到官府就拱手弯腰行礼,这叫作"拜殿"。见了晋王就高呼万岁,手舞足蹈,边哭边自称臣下。第二天,苏循又献给晋王三十支大笔,叫作"画日笔"。晋王十分高兴,马上就恢复苏循的原职,任命他为河东节度副使,张承业对苏循特别反感。

15 张文礼虽然接受了晋王的命令,但心里很不安,又秘密派使者通过卢文进向契丹求援,同时秘密派使者来告诉后梁说:"王氏被敌兵杀死,但公主十分安全。现在我已经向北面招请契丹人,请求朝廷派出一万精锐部队相助,从德州、棣州渡过黄河,这样晋人就没有空隙逃跑了。"后梁帝犹疑不决。敬翔说:"陛下如果不乘这个机会收复黄河以北,那么晋人是很难再被攻破的。应当顺从他们的请求,机不可失啊!"赵岩、张汉杰等人都说:"现在强大的敌人离我们很近,就在黄河边上,用我们的全部兵力来抵抗他们,还怕支持不下来,哪有时间分出一万多士卒去援救张文礼呢!况且张文礼脚踩两只船,打算以此来巩固自己,对于我们有什么好处呢!"于是后梁帝停止了对张文礼的援救。

晋人屡于塞上及河津获文礼蜡丸绢书,晋王皆遣使归之,文礼惭惧。文礼忌赵故将,多所诛灭。符习将赵兵万人从晋王在德胜,文礼请召归,以他将代之,且以习子蒙为都督府参军,遣人赍钱帛劳行营将士以悦之。习见晋王,泣涕请留,晋王曰:"吾与赵王同盟讨贼,义犹骨肉,不意一旦祸生肘腋,吾诚痛之。汝苟不忘旧君,能为之复雠乎?吾以兵粮助汝。"习与部将三十馀人举身投地恸哭曰:"故使授习等剑,使之攘除寇敌。自闻变故以来,冤愤无诉,欲引剑自刭,顾无益于死者。今大王念故使辅佐之勤,许之复冤,习等不敢烦霸府之兵,愿以所部径前搏取凶竖,以报王氏累世之恩,死不恨矣!"

八月庚申,晋王以习为成德留后,又命天平节度使阎宝、相州刺史史建瑭将兵助之,自邢洺而北。文礼先病腹疽,甲子,晋兵拔赵州,刺史王铤降,晋王复以为刺史,文礼闻之,惊惧而卒。其子处瑾秘不发丧,与其党韩正时谋悉力拒晋。九月,晋兵渡滹沱,围镇州,决漕渠以灌之,获其深州刺史张友顺。壬辰,史建瑭中流矢卒。

晋王欲自分兵攻镇州,北面招讨使戴思远闻之,谋悉杨村之众袭德胜北城,晋王得梁降者,知之。冬,十月己未,晋王命李嗣源伏兵于戚城,李存审屯德胜,先以骑兵诱之,伪示羸怯。梁兵竞进,晋王严中军以待之。梁兵至,晋王以铁骑三千奋击,梁兵大败,思远走趣杨村,士卒为晋兵所杀伤及自相蹴藉、坠河陷冰,失亡二万馀人。晋王以李嗣源为蕃汉内外马步副总管、同平章事。

晋人曾多次在边境上和黄河的渡口边抓获张文礼送给契丹和后梁国的用蜡丸密封、用白绢书写的书信,晋王每次都派使者给张文礼送回去,张文礼感到惭愧惧怕。张文礼十分忌恨赵王原来的将领们,将他们大多数都诛杀了。符习率领一万多赵国士卒随从着晋王在德胜,张文礼请求将符习召回,由别的将领代替,并且用符习的儿子符蒙作为都督府参军,张文礼还派人带着钱财物品去慰劳前线将士,以讨好他们。符习见到晋王以后,一边哭泣一边请求留下,晋王说:"我和赵王曾经订立同盟共同抗敌,其情义像骨肉一般,不料一下子在身边发生祸端,我确实痛心。你如果没有忘记过去的君主,能为他报仇吗? 我将援助你士卒和粮食。"符习和三十多位部将一起跪在地上边哭边说:"王镕交给我符习等人宝剑,让我们消灭敌寇。自从发生患难以来,深冤大恨无处可诉,本想引剑自杀,但又想到这样对死去的人没有什么好处。现在大王怀念王镕对你的辅佐之恩,答应为王镕报仇,我符习等不敢麻烦尊府的士兵,我愿意率领我的部下前去冲杀敌人,来报答王氏对我世世代代的恩情,这样死去我也没什么悔恨的!"

八月庚申(初七),晋王任命符习为成德留后,又命令天平节度使阎宝、相州刺史史建瑭率兵帮助他,从邢州、洺州向北进发。张文礼原先肚子上长了个毒疮,甲子(十一日),晋军攻下了赵州,赵州刺史王铤投降了晋军,晋王又把他任命为赵州刺史,张文礼听说以后,惊恐而死。张文礼的儿子张处瑾不发布张文礼死亡的消息,而与他的同党韩正时谋划如何全力抵御晋军。九月,晋军渡过了滹沱河,包围了镇州,并把漕渠挖开,用水灌镇州,抓获了深州刺史张友顺。壬辰(初十),史建瑭被流箭击中而身亡。

晋王打算分出一部分兵力去攻打镇州,后梁北面招讨使戴思远听说以后,谋划用杨村的人马去袭击德胜北城,晋王抓到投降的后梁兵后才知道了这件事。冬季,十月己未(初七),晋王命令李嗣源在戚城埋伏下士卒,命令李存审驻扎在德胜,先用骑兵去引诱后梁军,假装害怕。后梁兵于是争先恐后地向前推进,晋王率领主力部队严阵以待。后梁兵到了以后,晋王命令三千名铁骑奋力出击,后梁兵大败,戴思远逃往杨村,他的士卒有的被晋军杀死杀伤,有的在逃跑时自相践踏,有的掉在河中的冰窟窿里,损失了两万多人。晋王任命李嗣源为蕃汉内外马步副总管、同平章事。

16 初,义武节度使兼中书令王处直未有子,妖人李应之得小儿刘云郎于陉邑,以遗处直曰:"是儿有贵相。"使养为子,名之曰都。及壮,便佞多诈,处直爱之,置新军,使典之。处直有孽子郁,无宠,奔晋,晋王克用以女妻之,累迁至新州团练使。馀子皆幼,处直以都为节度副大使,欲以为嗣。

及晋王存勖讨张文礼,处直以平日镇、定相为唇齿,恐镇亡而定孤,固谏,以为方御梁寇,宜且赦文礼。晋王答以文礼弑君,义不可赦;又潜引梁兵,恐于易定亦不利。处直患之,以新州地邻契丹,乃潜遣人语郁,使赂契丹,召令犯塞,务以解镇州之围。其将佐多谏,不听。郁素疾都冒继其宗,乃邀处直求为嗣,处直许之。

军府之人皆不欲召契丹,都亦虑郁夺其处,乃阴与书吏和昭训谋劫处直。会处直与张文礼使者宴于城东,暮归,都以新军数百伏于府第,大噪劫之,曰:"将士不欲以城召契丹,请令公归西第。"乃并其妻妾幽之西第,尽杀处直子孙在中山及将佐之为处直腹心者。都自为留后,具以状白晋王。晋王因以都代处直。

17 吴徐温劝吴王祀南郊,或曰:"礼乐未备。且唐祀南郊,其费巨万,今未能办也。"温曰:"安有王者而不事天乎!吾闻事天贵诚,多费何为!唐每郊祀,启南门,灌其枢用脂百斛。此乃季世奢泰之弊,又安足法乎!"甲子,吴王祀南郊,配以太祖。乙丑,大赦。加徐知诰同平章事,领江州观察使。寻以江州为奉化军,以知诰领节度使。

16 起初，义武节度使兼中书令王处直没有儿子，妖人李应之在陉邑得到一个名叫刘云郎的小孩儿，把他送给了王处直，并且说："这个小孩儿有贵人相。"让他收养为儿子，并起名叫王都。王都长大后，很会阿谀逢迎，弄虚作假，王处直特别喜欢他，后来王处直新建了一支军队，让他来统率。另外，王处直还有一个非嫡妻所生的儿子，名叫王郁，没有得到王处直的宠爱，于是就投奔到晋国，晋王李克用把自己的女儿嫁给了他，一直把他提拔到新州团练使。王处直的其他儿子都还幼小，王处直又任命王都为节度副大使，准备把他立为继承人。

晋王李存勖讨伐张文礼的时候，王处直认为平时镇州、定州唇齿相依，恐怕镇州失守后定州就十分孤单，因此坚决劝说晋王，认为现在正在防御后梁军的侵略，应该对张文礼宽大处理。晋王回答说，因为张文礼有弑君之罪，从道义上讲不能宽大；王处直又想暗中勾引后梁军，但又怕对易州、定州不利。王处直对这件事十分忧虑，他认为新州与契丹相邻，于是偷偷派人对王郁说，让他贿赂契丹，使契丹人侵略晋国的边境，以此来解镇州之围。王郁的左右将领们曾多次劝说，王郁没有听从。王郁平素非常嫉妒王都冒其宗族继承家业，于是就以此来请求王处直把自己立为继承人，王处直答应了他的请求。

军府的人们都不愿招致契丹人入侵，王都也忧虑王郁夺取他的地位，于是与书吏和昭训密谋劫持王处直。正好遇上王处直与张文礼在城东喝酒吃饭，王处直晚上回来，王都将他统领的几百名新军士卒埋伏在王处直的住地，一起冲出来边呼边嚷将王处直劫持，并说："将士们不愿以城招致契丹人的入侵，请您回到西院。"于是把他和他的妻妾们幽禁在西院，并杀掉王处直在中山的全部子孙和他身边的心腹将佐。王都自称为留后，并将这些情况全部告诉了晋王。晋王就让王都代替了王处直的职位。

17 吴国徐温劝说吴王去南郊祭祀，有人说："现在礼乐还没有准备好。况且唐朝在南郊祭祀时，耗资巨万，现在也办不到。"徐温说："哪有做了王不祭祀天的！我听说事奉上天贵在心诚，多耗费又有什么用呢！每当唐朝在南郊祭天，打开南门时，都要用一百斛油脂灌大门的枢纽。这都是衰世挥霍无度的弊病，怎么能效法呢！"甲子（十二日），吴王在南郊祭天，并以太祖配享。乙丑（十三日），实行大赦。加封徐知诰为同平章事，兼任江州观察使。不久以后又改江州为奉化军，让徐知诰兼任节度使。

　　徐温闻寿州团练使崔太初苛察失民心，欲征之，徐知诰曰："寿州边隅大镇，征之恐为变，不若使之入朝，因留之。"温怒曰："一崔太初不能制，如他人何!"征为右雄武大将军。

　　18　十一月，晋王使李存审、李嗣源守德胜，自将兵攻镇州。张处瑾遣其弟处琪、幕僚齐俭谢罪请服，晋王不许，尽锐攻之，旬日不克。处瑾使韩正时将千骑突围出，趣定州，欲求救于王处直，晋兵追至行唐，斩之。

　　19　契丹主既许卢文进出兵，王郁又说之曰："镇州美女如云，金帛如山，天皇王速往，则皆己物也，不然，为晋王所有矣。"契丹主以为然，悉发所有之众而南。述律后谏曰："吾有西楼羊马之富，其乐不可胜穷也，何必劳师远出以乘危徼利乎？吾闻晋王用兵，天下莫敌，脱有危败，悔之何及!"契丹主不听。十二月辛未，攻幽州，李绍宏婴城自守。契丹长驱而南，围涿州，旬日拔之，擒刺史李嗣弼，进攻定州。王都告急于晋，晋王自镇州将亲军五千救之，遣神武都指挥使王思同将兵戍狼山之南以拒之。

　　20　高季昌遣都指挥使倪可福以卒万人修江陵外郭，季昌行视，责功程之慢，杖之。季昌女为可福子知进妇，季昌谓其女曰："归语汝舅：吾欲威众办事耳。"以白金数百两遗之。

　　21　是岁，汉以尚书左丞倪曙同平章事。

徐温听说寿州团练使崔太初因苛刻繁琐失掉民心,打算追究他的责任,徐知诰说:"寿州是边陲大镇,如果追究崔太初,恐怕引起动乱,不如派人去让他回朝,这样把他留在朝廷。"徐温十分生气地说:"一个崔太初都不能制服,其他人又怎么样呢!"于是调他为右雄武大将军。

　　18　十一月,晋王派李存审、李嗣源镇守德胜,他亲自率兵攻打镇州。后梁将领张处瑾派其弟张处琪、幕僚齐俭向晋王认罪并请求投降,晋王没有答应,率领全部精锐部队继续进攻镇州,结果十几天也没攻下来。张处瑾派韩正时率领一千多骑兵冲出包围圈,直奔定州,打算向王处直请求援救,晋军一直追到行唐,把韩正时俘获斩杀。

　　19　契丹主已经允许卢文进出兵援救张文礼,王郁又劝他说:"镇州美女如云,金帛如山,天皇王如能迅速赶到,那里的美女金帛都归您所有,不然的话,就归晋王所有了。"契丹主认为王郁说得对,于是带领全部人马向南进发。述律后劝他说:"我们有西楼羊马之富,这里的乐趣已不可穷尽,何必要劳师远征而且冒着危险去求得那些利益呢?我听说晋王用兵,天下无敌,如有危险或被击败,后悔也就来不及了。"契丹主没有听从述律后的劝说。十二月辛未(二十日),契丹人向幽州发起进攻,晋将李绍宏环城自守。契丹人向南深入,包围了涿州,十几天后攻下,抓获了涿州刺史李嗣弼,又前进攻打定州。王都向晋王告急,晋王从镇州率领五千亲军前往援救,并派遣神武都指挥使王思同率兵驻扎在狼山以南来抵御契丹人。

　　20　后梁高季昌派都指挥使倪可福带领一万多士卒去修筑江陵的外城,高季昌巡察时,指责工程进展太慢,用棍杖打了倪可福。高季昌的女儿是倪可福的儿子倪知进的妻子,高季昌对他的女儿说:"回去告诉你公公说,我打算用威势迫使众人给我办事。"并将数百两白金送给了她。

　　21　这一年,南汉任命尚书左丞倪曙为同平章事。

22　辰、溆蛮侵楚，楚宁远节度副使姚彦章讨平之。

二年(壬午，922)

1　春，正月壬午朔，王都省王处直于西第，处直奋拳殴其胸，曰："逆贼，我何负于汝？"既无兵刃，将噬其鼻，都掣袂获免。未几，处直忧愤而卒。

2　甲午，晋王至新城南，候骑白契丹前锋宿新乐，涉沙河而南。将士皆失色，士卒有亡去者，主将斩之不能止。诸将皆曰："虏倾国而来，吾众寡不敌；又闻梁寇内侵，宜且还师魏州以救根本，或请释镇州之围，西入井陉避之。"晋王犹豫未决。郭崇韬曰："契丹为王郁所诱，本利货财而来，非能救镇州之急难也。王新破梁兵，威振夷、夏，契丹闻王至，心沮气索，苟挫其前锋，遁走必矣。"李嗣昭自潞州至，亦曰："今强敌在前，吾有进无退，不可轻动以摇人心。"晋王曰："帝王之兴，自有天命，契丹其如我何！吾以数万之众平定山东，今遇此小虏而避之，何面目以临四海！"乃自帅铁骑五千先进。至新城北，半出桑林，契丹万馀骑见之，惊走。晋王分军为二逐之，行数十里，获契丹主之子。时沙河桥狭冰薄，契丹陷溺死者甚众。是夕，晋王宿新乐。契丹主车帐在定州城下，败兵至，契丹举众退保望都。

晋王至定州，王都迎谒于马前，请以爱女妻王子继岌。

22 辰州、溆浦的蛮夷侵略楚国,楚宁远节度副使姚彦章率军击败他们。

后梁均王(末帝)龙德二年(壬午,公元 922 年)

1 春季,正月壬午朔(初一),王都到西院看望王处直,王处直愤怒地用拳打王都的胸部,说:"逆贼,我什么地方对不起你?"王处直手中没有武器,就用嘴咬他的鼻子,王都用衣服挡住才避免咬伤。没过多久,王处直因忧愤而死。

2 甲午(十三日),晋王到达新城南面,侦察的骑兵回来说契丹军的前锋驻扎在新乐,准备过了沙河向南进军。将士们听后都感到害怕,士卒们有临阵逃跑的,主将把逃跑的杀了,也无法禁止。诸将都说:"契丹人把全国的军队都调这里来,我们寡不敌众;又听说梁军入侵,应当把部队调回魏州以解决关键问题,或者撤了包围镇州的部队,向西进入井陉来回避一下。"晋王犹豫不决。郭崇韬说:"契丹人被王都所诱惑,本来是为了夺取货财来的,他们并不能解救镇州的危难。大王最近击败梁军,威震夷、夏,契丹人听到大王已经到来,一定会灰心丧气,如果能挫败其前锋部队,后面的部队就一定会逃跑。"李嗣昭从潞州来到这里,也说:"现在强敌在前,我们只能前进,不能后退,不能轻易动摇人心。"晋王说:"帝王的兴起,自有天命,契丹人能把我怎么样呢!我曾用数万军队平定了太行山以东地区,现在遇到这样小的敌人就回避他们,我还有什么面目来见天下人呢!"于是他亲自率领五千骑兵率先前进。到了新城北面,一半军队刚走出桑林,契丹军一万多骑兵看到,都吓得逃跑了。晋王将部队分为两路追逐他们,追出数十里,抓获了契丹主的儿子。当时沙河桥窄冰薄,契丹人掉在河里淹死了很多。当天晚上,晋王住在新乐。契丹主随军带的车帐扎在定州城下,败兵到来,契丹军全部退到望都坚守。

晋王来到定州,王都到马前去迎接,请求把自己的爱女嫁给晋王的儿子李继岌。

戊戌，晋王引兵趣望都，契丹逆战，晋王以亲军千骑先进，遇奚酋秃馁五千骑，为其所围。晋王力战，出入数四，自午至申不解。李嗣昭闻之，引三百骑横击之，虏退，王乃得出。因纵兵奋击，契丹大败，逐北至易州。会大雪弥旬，平地数尺，契丹人马无食，死者相属于道。契丹主举手指天，谓卢文进曰："天未令我至此。"乃北归。晋王引兵蹑之，随其行止，见其野宿之所，布藁于地，回环方正，皆如编剪，虽去，无一枝乱者，叹曰："虏用法严乃能如是，中国所不及也。"晋王至幽州，使二百骑蹑契丹之后，曰："虏出境即还。"骑恃勇追击之，悉为所擒，惟两骑自他道走免。

契丹主责王郁，縶之以归，自是不听其谋。

晋代州刺史李嗣肱将兵定妫、儒、武等州，授山北都团练使。

3　晋王之北攻镇州也，李存审谓李嗣源曰："梁人闻我在南兵少，不攻德胜，必袭魏州。吾二人聚于此何为？不若分军备之。"遂分军屯澶州。戴思远果悉杨村之众趣魏州，嗣源引兵先之，军于狄公祠下，遣人告魏州，使为之备。思远至魏店，嗣源遣其将石万全将骑兵挑战。思远知有备，乃西渡洹水，拔成安，大掠而还。又将兵五万攻德胜北城，重堑复垒，断其出入，昼夜急攻之，李存审悉力拒守。晋王闻德胜势危，二月，自幽州赴之，五日至魏州。思远闻之，烧营遁还杨村。

戊戌(十七日)，晋王率兵直捣望都，契丹兵迎战，晋王率亲军一千多骑兵率先前进，正好遇上奚族首领秃馁率领的五千多骑兵，被秃馁所包围。晋王奋力冲战，出入好几次，从午时起一直战到申时都没有冲开包围。李嗣昭听说以后，率领三百骑兵从侧面攻打秃馁部队，秃馁的部队退走，晋王才从包围中解救出来。于是放手让士卒奋力追击，契丹大败，一直向北追到易州。此时正好遇上十几天下大雪，平地积雪有几尺厚，契丹军的人马都没有吃的，冻饿死的人一个挨着一个在道路上。契丹主举起手指着天，对卢文进说："老天没有让我到这里来。"于是向北回去。晋王带兵跟踪，契丹人走，晋军也走，契丹人休息，晋军也休息，晋王看到他们在野地睡觉的地方，在地上铺上草，环绕的方方正正，都像编起来用剪刀剪过似的，虽然他们已经离开这里，地上铺的草还没有一根乱的，于是晋王感叹地说："契丹人执法很严格，所以才能这样，这是中原地区的部队所不如的。"晋王到了幽州以后，派出二百骑兵跟在契丹军的后面，并告诉他们说："契丹人出了边境以后你们就返回来。"这些骑兵依仗他们勇敢，边追边打，结果被契丹人全部抓获，只有两个骑兵从别的路上逃跑才没有被抓获。

　　契丹主责怪王郁，把他捆着带回来，从此以后契丹主不再听他的计谋了。

　　晋国代州刺史李嗣肱平定了妫、儒、武等州，晋王授予他山北都团练使。

　　3　晋王北攻镇州的时候，李存审对李嗣源说："梁人听说我们在南边的兵少，他们不攻德胜，必袭魏州。我们两个人都集中在这里干什么呢？不如把军队分开来防备梁军的进攻。"于是两人就把军队分开，一部分驻扎在澶州。戴思远果然率领全部杨村的军队直奔魏州，李嗣源率兵走在他们的前面，驻扎在狄公祠，并派人通告了魏州方面，使他们有所准备。戴思远到了魏店，李嗣源派出将领石万全率骑兵出击挑战。戴思远知道晋军有了防备，就向西渡过洹水，攻下成安，大肆抢掠后返回。后来戴思远又率领五万士卒向德胜北城发起进攻，在城外挖了一条条壕沟，又修筑了层层墙垒，切断了晋军的出入之路，昼夜连续进攻，李存审全力坚守。晋王听说德胜的形势危急，二月，从幽州出发，五天到达魏州。戴思远听说晋王率军将要到来，就烧毁了军营逃回杨村。

4　蜀主好为微行，酒肆、倡家靡所不到。恶人识之，乃下令士民皆著大裁帽。

5　晋天平节度使兼侍中阎宝筑垒以围镇州，决滹沱水环之。内外断绝，城中食尽，丙午，遣五百馀人出求食。宝纵其出，欲伏兵取之。其人遂攻长围，宝轻之，不为备，俄数千人继至。诸军未集，镇人遂坏长围而出，纵火攻宝营，宝不能拒，退保赵州。镇人悉毁晋之营垒，取其刍粟，数日不尽。晋王闻之，以昭义节度使兼中书令李嗣昭为北面招讨使，以代宝。

6　夏，四月，蜀军使王承纲女将嫁，蜀主取之入宫。承纲请之，蜀主怒，流于茂州。女闻父得罪，自杀。

7　甲戌，张处瑾遣兵千人迎粮于九门，李嗣昭设伏于故营，邀击之，杀获殆尽，馀五人匿墙墟间，嗣昭环马而射之，镇兵发矢中其脑，嗣昭箙中矢尽，拔矢于脑以射之，一发而殪。会日暮，还营，创流血不止，是夕卒。晋王闻之，不御酒肉者累日。嗣昭遗命：悉以泽、潞兵授判官任圜，使督诸军攻镇州。号令如一，镇人不知嗣昭之死。圜，三原人也。

晋王以天雄马步都指挥使、振武节度使李存进为北面招讨使。命嗣昭诸子护丧归葬晋阳，其子继能不受命，帅父牙兵数千，自行营拥丧归潞州。晋王遣母弟存渥驰骑追谕之，兄弟俱忿，欲杀存渥，存渥逃归。嗣昭七子：继俦、继韬、继达、继忠、继能、继袭、继远。继俦为泽州刺史，当袭爵，素懦弱。

4 前蜀主喜欢微服出行，酒肆、歌舞艺人的家里无所不去。后来他怕人们认出他来，就下令让士民们都戴大帽子。

5 晋国天平节度使兼侍中阎宝修筑墙垒把镇州包围起来，并引滹沱水环绕在镇州四周。镇州城断绝了与外界的联系，城内的粮食也快吃完了，丙午，镇州城派五百多人出城找食物。阎宝让他们出来，打算用伏兵把他们抓获。但这些人出来后就攻打工事，阎宝轻视他们，没有任何防备，不一会儿又有数千人到来。这时阎宝的军队还没有集合，镇州人毁坏了阎宝的包围工事冲了出去，并放火攻击阎宝的军营，阎宝不能抵御，退到赵州坚守。镇州人把晋军修筑的墙垒等工事全部毁掉，并把他们的粮草拿走，好几天都拿不完。晋王听说此事，调昭义节度使兼中书令李嗣昭为北面招讨使，代替阎宝。

6 夏季，四月，前蜀国军使王承纲的女儿将要出嫁，前蜀主把她娶进宫内。王承纲请求不要让女儿入宫，前蜀主非常生气，于是把王承纲流放到茂州。王承纲的女儿听说父亲被治罪，就自杀了。

7 甲戌（二十四日），张处瑾派出一千多士卒到九门外迎接夺取晋军的粮食，李嗣昭在旧营设下伏兵，阻击迎粮的士卒，差不多把梁军全都杀死或捕获，剩下的五人隐藏在墙垒的废墟间，李嗣昭骑着马围着用箭射他们，镇州的士卒也射箭还击，击中了李嗣昭的脑部，李嗣昭箭袋子里的箭用完了，从脑袋上拔下那根箭来继续射杀镇州人，一箭就射杀一个。这时太阳正好落山，李嗣昭回到了军营里，被射伤的地方流血不止，当天晚上李嗣昭就死了。晋王听说后，好几天不食酒肉。李嗣昭的遗言说："把泽州、潞州的兵全部交给判官任圜，让他率领诸军继续攻打镇州。"任圜发布的命令和以前完全一样，镇州人不知道李嗣昭被射死。任圜是三原人。

晋王任命天雄马步都指挥使、振武节度使李存进为北面招讨使。命令李嗣昭的儿子们护送李嗣昭的灵柩回晋阳，并把他安葬在那里，他的儿子李继能不接受归葬晋阳的命令，而率领他父亲的几千名牙兵，从军营护丧送回潞州。晋王派遣他的同母弟弟李存渥骑马急速追上李继能，并给他讲明要护丧到晋阳，李继能的兄弟们都感到忿怒，想杀掉李存渥，李存渥逃回。李嗣昭有七个儿子：李继俦、李继韬、李继达、李继忠、李继能、李继袭、李继远。李继俦是泽州刺史，应当接替父亲的爵位，他平素比较软弱。

继韬凶狡,囚继俦于别室,诈令士卒劫己为留后,继韬阳让,以事白晋王。晋王以用兵方殷,不得已,改昭义军曰安义,以继韬为留后。

8 阎宝惭愤,疽发于背,甲戌卒。

9 汉主岩用术者言,游梅口镇避灾。其地近闽之西鄙,闽将王延美将兵袭之,未至数十里,侦者告之,岩遁逃仅免。

10 五月乙酉,晋李存进至镇州,营于东垣渡,夹滹沱水为垒。

11 晋卫州刺史李存儒,本姓杨,名婆儿,以俳优得幸于晋王。颇有膂力,晋王赐姓名,以为刺史。专事掊敛,防城卒皆征月课纵归。八月,庄宅使段凝与步军都指挥使张朗引兵夜渡河袭之,诘旦登城,执存儒,遂克卫州。戴思远又与凝攻陷淇门、共城、新乡,于是澶州之西,相州之南,皆为梁有。晋人失军储三之一,梁军复振。帝以张朗为卫州刺史。朗,徐州人也。

12 九月戊寅朔,张处瑾使其弟处球乘李存进无备,将兵七千人奄至东垣渡。时晋之骑兵亦向镇州城,两不相遇。镇兵及存进营门,存进狼狈引十馀人斗于桥上,镇兵退,晋骑兵断其后,夹击之,镇兵殆尽,存进亦战没。晋王以蕃汉马步总管李存审为北面招讨使。

镇州食竭力尽,处瑾遣使诣行台请降,未报,存审兵至城下。丙午夜,城中将李再丰为内应,密投縆以纳晋兵,比明毕登,执处瑾兄弟家人及其党高濛、李翥、齐俭送行台,赵人皆请而食之,磔张文礼尸于市。赵王故侍者得赵王遗骸于灰烬中,晋王命祭而葬之。以赵将符习为成德节度使,乌震为赵州刺史,赵仁贞为深州刺史,李再丰为冀州刺史。震,信都人也。

李继韬凶暴狡猾,把李继俦囚禁在另外一个房间里,假装让士卒们劫持他请为留后,李继韬再公开谦让一番,然后把这件事报告晋王。晋王因为战争正在高潮,在不得已的情况下,改昭义军为安义,任命李继韬为留后。

8 阎宝战败后感到悲愤,背上长了个毒疮,在甲戌(二十四日)那一天病死。

9 南汉国主刘岩按照五行家的话,到梅口镇去躲避灾难。这个地方接近闽的西部边境,闽将王延美率兵来袭击他,走到离刘岩还有几十里的地方时,侦察的人告诉了刘岩,刘岩赶紧逃跑,才免遭袭击。

10 五月乙酉(初六),晋将李存进到达镇州,在东垣渡安营扎寨,在滹沱水两侧修筑营垒。

11 晋国卫州刺史李存儒,本姓杨,名婆儿,因为会演戏,得到晋王的宠爱。他颇有膂力,晋王赐给他姓名,并任命为刺史。他专门搜刮民财,保卫城池的士卒们每月征交了课钱后李存儒才放他们回家。八月,后梁庄宅使段凝和步军都指挥使张朗率兵连夜渡过黄河袭击,第二天早晨登城,抓获李存儒,攻下卫州。戴思远又和段凝攻下了淇门、共城、新乡,到这时,澶州以西、相州以南的地区都归后梁所有。晋军失去了三分之一的军用储备,后梁军又振作起来。后梁帝任命张朗为卫州刺史。张朗是徐州人。

12 九月戊寅朔(初一),张处瑾派其弟张处球乘李存进没有准备,率兵七千突然到达东垣渡。这时晋国的骑兵也向镇州城开进,但两军并没有相遇。镇州的士卒赶到李存进的营门,李存进十分狼狈地率领着十几个人在桥上作战,镇州的士卒被击退,晋国的骑兵切断了他们后面的部队,前后夹攻,镇州的士卒几乎被消灭光,李存进也战死。晋王任命蕃汉马步总管李存审为北面招讨使。

镇州城内食尽力竭,张处瑾派出使者到行台请求投降,还没有得到回报,李存审的部队已兵临城下。丙午(二十九日)夜晚,镇州城中将李再丰为内应,秘密地用绳子从城墙上把晋军放进来,到天亮就全部登上了城,抓获了张处瑾的兄弟家人以及他的同党高濛、李翥、齐俭等,把他们送到了行台,赵人都请求把他们斩杀吃掉,张文礼的尸体在市上被车裂。赵王原来的侍者在灰烬中找到了赵王的遗骸,晋王命令祭祀赵王,并将遗骸埋葬。晋王任命赵将符习为成德节度使,乌震为赵州刺史,赵仁贞为深州刺史,李再丰为冀州刺史。乌震是信都人。

符习不敢当成德,辞曰:"故使无后而未葬,习当斩衰以葬之,俟礼毕听命。"既葬,即诣行台。赵人请晋王兼领成德节度使,从之。晋王割相、卫二州置义宁军,以习为节度使。习辞曰:"魏博霸府,不可分也,愿得河南一镇,习自取之。"乃以为天平节度使、东南面招讨使。加李存审兼侍中。

13　十一月戊寅,晋特进、河东监军使张承业卒,曹太夫人诣其第,为之行服,如子侄之礼。晋王闻其丧,不食者累日。命河东留守判官何瓒代知河东军府事。

14　十二月,晋王以魏博观察判官晋阳张宪兼镇冀观察判官,权镇州军府事。

魏州税多逋负,晋王以让司录济阴赵季良,季良曰:"殿下何时当平河南?"王怒曰:"汝职在督税,职之不修,何敢预我军事!"季良对曰:"殿下方谋攻取而不爱百姓,一旦百姓离心,恐河北亦非殿下之有,况河南乎!"王悦,谢之。自是重之,每预谋议。

15　是岁,契丹改元天赞。

16　大封王躬乂,性残忍,海军统帅王建杀之,自立,复称高丽王,以开州为东京,平壤为西京。建俭约宽厚,国人安之。

符习不敢接受成德节度使,他辞让说:"原来的节度使没有儿子而且还未安葬,我符习应当服重丧然后替他安葬,等到葬礼完毕之后,我再听从大王的命令。"安葬以后,他马上就到了行台。赵人请求晋王兼领成德节度使,晋王答应了赵人的请求。晋王割出相、卫二州设置了义宁军,任命符习为义宁军节度使。符习又辞让说:"魏博是大王的府邸,不能分割,我希望得到黄河以南的一个镇,我符习自己去攻占。"于是晋王任命他为天平节度使、东南面招讨使。加任李存审兼侍中。

13 十一月戊寅(初二),晋特进、河东监军使张承业去世,曹太夫人到张承业的住地为他服丧,和他的儿子、侄儿们服的丧礼一样。晋王听到张承业死的消息后,好几天都不吃饭。晋王命令河东留守判官何瓒代理河东军府事。

14 十二月,晋王任命魏博观察判官晋阳人张宪兼任镇冀观察判官,代理镇州军府事。

魏州的赋税拖欠得很多,晋王因此责怪司录济阴人赵季良,赵季良说:"殿下什么时候能平定黄河以南?"晋王十分生气地说:"你的职务是监督税赋,自己的职务都没干好,怎么敢干预我的军事!"赵季良回答说:"殿下只谋划攻取而不爱惜百姓,一旦百姓对你离心,恐怕连黄河以北也不能归殿下所有,更何况黄河以南呢!"晋王十分高兴,并且很感谢他。从此以后,晋王对赵季良很重视,每次商量大事都让他参与谋划。

15 这一年,契丹改年号为天赞。

16 大封王躬乂,性情残忍,海军统帅王建把他杀死,自己继位,仍然称高丽王,并以开州为东京,平壤为西京。王建生活节俭,对人宽厚,国内人民十分安定。

卷二百七十二　后唐纪一

癸未(923)一年

庄宗光圣神闵孝皇帝上
同光元年(癸未,923)

1　春,二月,晋王下教置百官,于四镇判官中选前朝士族,欲以为相。河东节度判官卢质为之首,质固辞,请以义武节度判官豆卢革、河东观察判官卢程为之。王即召革、程拜行台左、右丞相,以质为礼部尚书。

梁主遣兵部侍郎崔协等册命吴越王镠为吴越国王。丁卯,镠始建国,仪卫名称多如天子之制,谓所居曰宫殿,府署曰朝廷,教令下统内曰制敕,将吏皆称臣,惟不改元,表疏称吴越国而不言军。以清海节度使兼侍中传瓘为镇海、镇东留后,总军府事。置百官,有丞相、侍郎、郎中、员外郎、客省等使。

2　李继韬虽受晋王命为安义留后,终不自安,幕僚魏琢、牙将申蒙复从而间之曰:“晋朝无人,终为梁所并耳。”会晋王置百官,三月,召监军张居翰、节度判官任圜赴魏州,琢、蒙复说继韬曰:“王急召二人,情可知矣。”继韬弟继远亦劝继韬自托于梁。继韬乃使继远诣大梁,请以泽潞为梁臣。梁主大喜,更命安义军曰匡义,以继韬为节度使、同平章事。继韬以二子为质。

安义旧将裴约戍泽州,泣谕其众曰:“余事故使逾二纪,见其分财享士,志灭仇雠。不幸捐馆,枢犹未葬,而郎君遽背君亲,

庄宗光圣神闵孝皇帝上
后唐庄宗同光元年(癸未,公元923年)

1 春季,二月,晋王下达告谕设置百官,在河东、魏博、易定、镇冀四镇判官中选拔前朝的士族,打算任命为丞相。河东节度判官卢质名列榜首,卢质坚决辞让,请求让义武节度判官豆卢革、河东观察判官卢程来充任。于是晋王马上召见豆卢革和卢程,并拜他们为行台左右丞相,任命卢质为礼部尚书。

后梁国主派遣兵部侍郎崔协等传达命令,任命吴越王钱镠为吴越国王。丁卯(二十二日),钱镠开始建国,仪仗与卫士的名称都和天子的制度一样,把居住的地方叫作宫殿,府署叫作朝廷,命令下达到所管辖范围内曰制敕,将吏都为钱镠的臣下,只是没有改年号,上表疏时称为吴越国,不称军节度。任命清海节度使兼侍中钱传瓘为镇海、镇东留后,总管军府的事务。设置百官,有丞相、侍郎、郎中、员外郎、客省等使。

2 李继韬虽然接受晋王的命令为安义留后,但始终心里不安,他的幕僚魏琢、牙将申蒙又从中挑拨说:"晋国没有继承的人,最终是会被梁国所兼并的。"这时正好晋王在筹置百官,三月,晋王让监军张居翰、节度判官任圜赶赴魏州,魏琢、申蒙又劝李继韬说:"晋王急着召见这两个人,其情可知啊。"李继韬的弟弟李继远也劝李继韬要依靠后梁。李继韬派李继远到大梁,请求把泽州、潞州归属后梁而成为后梁的臣属。后梁主很高兴,于是下令把安义军改为匡义军,任命李继韬为匡义节度使、同平章事。李继韬把他的两个儿子作为人质。

安义军的旧将领裴约戍守在泽州,边哭边对部下说:"我事奉原来的节度使二十四年多,亲眼看见他把财物分给士卒共享,他立志消灭仇敌。但不幸去世,灵柩还没有安葬,他的儿子就背叛父亲和其他亲人,

吾宁死不能从也!"遂据州自守。梁主以其骁将董璋为泽州刺史,将兵攻之。

继韬散财募士,尧山人郭威往应募。威使气杀人,系狱,继韬惜其才勇而逸之。

3　契丹寇幽州,晋王问帅于郭崇韬,崇韬荐横海节度使李存审。时存审卧病,己卯,徙存审为卢龙节度使,舆疾赴镇。以蕃汉马步副总管李嗣源领横海节度使。

4　晋王筑坛于魏州牙城之南,夏,四月己巳,升坛,祭告上帝,遂即皇帝位,国号大唐,大赦,改元。尊母晋国太夫人曹氏为皇太后,嫡母秦国夫人刘氏为皇太妃。以豆卢革为门下侍郎,卢程为中书侍郎,并同平章事;郭崇韬、张居翰为枢密使,卢质、冯道为翰林学士,张宪为工部侍郎、租庸使,又以义武掌书记李德休为御史中丞。德休,绛之孙也。

诏卢程诣晋阳册太后、太妃。初,太妃无子,性贤,不妒忌。太后为武皇侍姬,太妃常劝武皇善待之,太后亦自谦退,由是相得甚欢。及受册,太妃诣太后宫贺,有喜色,太后怏怏不自安。太妃曰:"愿吾儿享国久长,吾辈获没于地,园陵有主,馀何足言!"因相向歔欷。

豆卢革、卢程皆轻浅无他能,上以其衣冠之绪,霸府元僚,故用之。

初,李绍宏为中门使,郭崇韬副之。至是,自幽州召还,崇韬恶其旧人位在己上,乃荐张居翰为枢密使,以绍宏为宣徽使,绍宏由是恨之。居翰和谨畏事,军国机政皆崇韬掌之。支度务使孔谦自谓才能勤效,应为租庸使。众议以谦人微地寒,不当遽总重任,故崇韬荐张宪,以谦副之,谦亦不悦。

我宁死也不能服从!"于是他占据泽州坚守。后梁主任命勇将董璋为泽州刺史,并让他率兵攻打裴约。

李继韬分散财物来招募士卒,尧山人郭威前往应募。郭威因一气之下而杀死了人,被捆起来送往监狱,李继韬珍惜郭威的才能和勇气,把他放了。

3 契丹人侵略幽州,晋王问郭崇韬谁可以率兵作战,郭崇韬推荐横海节度使李存审。李存审这时正卧床生病,己卯(初五),调李存审为卢龙节度使,用车子拉着他带病的身体前往。并任命蕃汉马步副总管李嗣源兼任横海节度使。

4 晋王在魏州牙城的南面修筑祭祀用的坛宇,夏季,四月己巳(二十五日),晋王登上祭坛,祭告上帝,随即登皇帝宝位,国号为大唐,实行大赦,改年号。尊其母晋国太夫人曹氏为皇太后,尊其父的正妻秦国夫人刘氏为皇太妃。任命豆卢革为门下侍郎,卢程为中书侍郎,两人都为同平章事;任命郭崇韬、张居翰为枢密使,卢质、冯道为翰林学士,张宪为工部侍郎、租庸使,又任命义武节度掌书记李德休为御史中丞。李德休是李绛的孙子。

后唐帝下诏命令卢程到晋阳册封太后、太妃。当初,太妃没有儿子,性格贤惠,从不嫉妒。太后做武皇帝侍姬时,太妃经常劝说武皇帝要很好地对待她,太后也很谦让,因此两个人相处得很欢洽。到了受命册封时,太妃到太后的宫里祝贺,脸上显得很高兴,太后反而显出羞愧的样子,感到不安。太妃说:"希望我们的儿子能够长久地做皇帝,我们死后埋在地下,园陵有主,还有什么说的!"两个人因此又面对着面哭了一会儿。

豆卢革、卢程两人都很浅薄,没有其他才能,后唐帝认为他们是仕宦世家,过去霸府的僚属,所以就起用了他们。

当初,李绍宏为中门使,郭崇韬为中门副使。到现在,李绍宏又从幽州召回,郭崇韬很忌恨原来和他在一起的人职位比自己高,就推荐张居翰为枢密使,李绍宏为宣徽使,李绍宏因此而怀恨郭崇韬。张居翰和顺谨慎,怕惹事,军政大权都由郭崇韬掌握。支度务使孔谦自称有才能,而且勤劳效力,应当担任租庸使。大家认为孔谦地位低微,出身贫寒,不应当很快地提拔他担当重任,所以郭崇韬推荐张宪担任租庸使,孔谦为副使,孔谦心中也不高兴。

以魏州为兴唐府,建东京;又于太原府建西京,又以镇州为真定府,建北都。以魏博节度判官王正言为礼部尚书,行兴唐尹;太原马步都虞候孟知祥为太原尹,充西京副留守;潞州观察判官任圜为工部尚书,兼真定尹,充北京副留守;皇子继岌为北都留守、兴圣宫使,判六军诸卫事。时唐国所有凡十三节度、五十州。

闰月,追尊皇曾祖执宜曰懿祖昭烈皇帝,祖国昌曰献祖文皇帝,考晋王曰太祖武皇帝。立宗庙于晋阳,以高祖、太宗、懿宗、昭宗泊懿祖以下为七室。

5 甲午,契丹寇幽州,至易定而还。

时契丹屡入寇,钞掠馈运,幽州食不支半年,卫州为梁所取,潞州内叛,人情岌岌,以为梁未可取,帝患之。会郓州将卢顺密来奔。先是,梁天平节度使戴思远屯杨村,留顺密与巡检使刘遂严、都指挥使燕颙守郓州。顺密言于帝曰:"郓州守兵不满千人,遂严、颙皆失众心,可袭取也。"郭崇韬等皆以为"悬军远袭,万一不利,虚弃数千人,顺密不可从"。帝密召李嗣源于帐中谋之曰:"梁人志在吞泽潞,不备东方,若得东平,则溃其心腹。东平果可取乎?"嗣源自胡柳有渡河之惭,常欲立奇功以补过,对曰:"今用兵岁久,生民疲弊,苟非出奇取胜,大功何由可成!臣愿独当此役,必有以报。"帝悦。壬寅,遣嗣源将所部精兵五千自德胜趣郓州。比及杨刘,日已暮,阴雨道黑,将士皆不欲进,高行周曰:"此天赞我也,彼必无备。"夜,渡河至城下,郓人不知,李从珂先登,杀守卒,启关纳外兵,进攻牙城,城中大扰。癸卯旦,嗣源兵尽入,遂拔牙城,刘遂严、燕颙奔大梁。嗣源禁焚掠,抚吏民,

后唐把魏州升为兴唐府，在这里建东京；又在太原府建西京，同时把镇州升为真定府，建北都。任命魏博节度判官王正言为礼部尚书，兼任兴唐尹；任命太原马步都虞候孟知祥为太原尹，同时担任西京副留守；任命潞州观察判官任圜为工部尚书，兼真定尹，同时担任北京副留守；任命皇子李继发为北都留守、兴圣宫使，兼管六军诸卫事。当时的唐国共有十三个节度、五十个州。

　　闰三月，后唐帝追尊曾祖父李执宜为懿祖昭烈皇帝，追尊祖父李国昌为献祖文皇帝，追尊父亲晋王为太祖武皇帝。在晋阳建立宗庙，从高祖、太宗、懿宗、昭宗至懿祖以下，共七个庙宇。

　　5　甲午(二十日)，契丹人侵略幽州，行至易定又退回。

　　这时契丹人经常入侵后唐，强夺他们的粮食，幽州一年的粮食不够半年用，卫州被后梁夺取，潞州内部也发生叛乱，人们都感到很危险，认为不能消灭后梁，后唐帝也为此担忧。这时正好后梁郓州将领卢顺密来投奔。在此之前，后梁天平节度使戴思远驻扎在杨村，留下卢顺密和巡检使刘遂严、都指挥使燕颙驻守郓州。卢顺密告诉后唐帝说："驻守郓州的士兵不足一千人，刘遂严和燕颙都失掉了民心，可以攻取郓州。"郭崇韬等都认为"孤军远征，万一不利，白白丢掉数千人，卢顺密的话不可听从"。后唐帝秘密召见李嗣源，在帷帐中谋划说："梁人的计划是吞并泽州、潞州，东边没有什么防备，如果能取得东平，就击败了他的心腹之地。东平可以夺取吗？"李嗣源自从在胡柳战役中因为没有跟从晋王，率兵北渡黄河，一直感到惭愧，经常打算建立奇功来弥补过去的过错，于是他回答后唐帝说："现在打了一年多仗，百姓们很疲惫，如果不出奇制胜，怎能成就大的功业！我希望一个人挑起这次战役的重担，一定会有好消息报告皇帝。"后唐帝很高兴。壬寅(二十八日)，派遣李嗣源率领他所属部队的五千精锐士卒从德胜直取郓州。到达杨刘时，太阳已经落山，阴雨绵绵，道路漆黑，将士们都不想继续前进了，高行周说："这是天助我也，他们一定毫无准备。"黑夜，渡过黄河到了城下，郓州人根本不知道，李从珂首先登上城门，杀死守城门的士卒，打开城门让队伍进去，接着进攻牙城，城中大乱。癸卯(二十九日)早晨，李嗣源的部队全部进入城内，攻取了牙城，刘遂严、燕颙逃奔到大梁。李嗣源禁止士卒在城内焚烧抢掠，安抚百姓，

执知州事节度副使崔笃、判官赵凤送兴唐。帝大喜曰："总管真奇才,吾事集矣。"即以嗣源为天平节度使。

梁主闻郓州失守,大惧,斩刘遂严、燕颙于市,罢戴思远招讨使,降授宣化留后。遣使诘让北面诸将段凝、王彦章等,趣令进战。敬翔知梁室已危,以绳内靴中,入见梁主曰:"先帝取天下,不以臣为不肖,所谋无不用。今敌势益强,而陛下弃忽臣言,臣身无用,不如死。"引绳将自经。梁主止之,问所欲言,翔曰:"事急矣,非用王彦章为大将,不可救也。"梁主从之,以彦章代思远为北面招讨使,仍以段凝为副。

帝闻之,自将亲军屯澶州,命蕃汉马步都虞候朱守殷守德胜,戒之曰:"王铁枪勇决,乘愤激之气,必来唐突,宜谨备之!"守殷,王幼时所役苍头也。

又遣使遗吴王书,告以已克郓州,请同举兵击梁。五月,使者至吴,徐温欲持两端,将舟师循海而北,助其胜者。严可求曰:"若梁人邀我登陆为援,何以拒之?"温乃止。

6 梁主召问王彦章以破敌之期,彦章对曰:"三日。"左右皆失笑。彦章出,两日,驰至滑州。辛酉,置酒大会,阴遣人具舟于杨村。夜,命甲士六百,皆持巨斧,载冶者,具韝炭,乘流而下。会饮尚未散,彦章阳起更衣,引精兵数千循河南岸趋德胜。天微雨,朱守殷不为备,舟中兵举锁烧断之,因以巨斧斩浮桥,而彦章引兵急击南城。浮桥断,南城遂破,

只把知州事节度副使崔筼、判官赵凤押送到兴唐。后唐帝十分高兴地说："总管你真是奇才,我们的事情成功了。"马上任命李嗣源为天平节度使。

后梁主听说郓州失守,十分害怕,在大街上把刘遂严、燕颙斩了,罢免了戴思远的招讨使官职,降为宣化留后。梁主派遣使者去责问驻守在北面的段凝、王彦章等将领,让他们前进作战。敬翔知道后梁王室已经很危险了,于是把绳子装在靴子里进宫内求见后梁主,说:"先帝夺取天下的时候,不认为我敬翔没有才能,无论什么谋划都让我参与。现在敌人的势力更加强大,而陛下不听或忽视我的话,我已经没有什么用了,不如死去。"把绳子从靴子里取出来就要上吊自缢。后梁主赶快劝阻,并问他有什么话想说,敬翔说:"现在的事情十分紧急,不用王彦章为大将,不能挽救梁王室的危亡。"后梁主听从了他的建议,让王彦章代替戴思远为北面招讨使,仍然用段凝为副招讨使。

后唐帝听说这件事后,亲自率领亲军驻守在澶州,命令蕃汉马步都虞候朱守殷坚守德胜,并告诫他说:"王铁枪勇敢果断,他们乘士卒愤怒激动的气势,一定会来骚扰,应当谨慎小心地防备他们!"朱守殷是后唐帝小时候所用的奴仆。

后唐帝又派遣使者给吴王送去书信,告诉吴王说郓州已经被攻破,请他一起率兵攻打后梁。五月,使者到达吴国,徐温打算脚踩两只船,率领水上部队沿海向北而行,帮助取得胜利的一方。严可求说:"如果梁军请求我们登上陆地援助他们,用什么理由拒绝他们呢?"于是徐温才停止了行动。

6 后梁主召见王彦章,问他多长时间可以击败敌人,王彦章回答说:"三天。"左右大臣都哑然失笑。王彦章率兵出发,用了两天时间,飞速到达滑州。辛酉(十八日),王彦章大办宴会,并秘密派人在杨村准备舟船。晚上,命令六百名士卒都拿着大斧,船上载着冶炼的工匠,准备了吹火用的皮囊和炭,顺流而下。这时宴会还没有结束,王彦章表面上是出去换衣服,实际上他率领数千精兵沿着黄河南岸直奔德胜。这时天下着小雨,朱守殷没有一点防备,王彦章船上的士兵将城门的锁用火烧断,用大斧把浮桥砍断,王彦章率兵迅速向南城发起进攻。浮桥被砍断,南城就被攻破,

时受命适三日矣。守殷以小舟载甲士济河救之,不及。彦章进攻潘张、麻家口、景店诸寨,皆拔之,声势大振。

帝遣宦者焦彦宾急趣杨刘,与镇使李周固守,命守殷弃德胜北城,撤屋为筏,载兵械浮河东下,助杨刘守备,徙其刍粮薪炭于澶州,所耗失殆半。王彦章亦撤南城屋材浮河而下,各行一岸,每遇湾曲,辄于中流交斗,飞矢雨集,或全舟覆没,一日百战,互有胜负。比及杨刘,殆亡士卒之半。己巳,王彦章、段凝以十万之众攻杨刘,百道俱进,昼夜不息,连巨舰九艘,横亘河津以绝援兵。城垂陷者数四,赖李周悉力拒之,与士卒同甘苦,彦章不能克,退屯城南,为连营以守之。

杨刘告急于帝,请日行百里以赴之。帝引兵救之,曰:"李周在内,何忧!"日行六十里,不废畋猎,六月乙亥,至杨刘。梁兵堑垒重复,严不可入,帝患之,问计于郭崇韬,对曰:"今彦章据守津要,意谓可以坐取东平。苟大军不南,则东平不守矣。臣请筑垒于博州东岸以固河津,既得以应接东平,又可以分贼兵势。但虑彦章诇知,径来薄我,城不能就。愿陛下募敢死之士,日令挑战以缀之,苟彦章旬日不东,则城成矣。"时李嗣源守郓州,河北声问不通,人心渐离,不保朝夕。会梁右先锋指挥使康延孝密请降于嗣源,延孝者,太原胡人,有罪,亡奔梁,时隶段凝麾下。嗣源遣押牙临漳范延光送延孝蜡书诣帝,延光因言于帝曰:"杨刘控扼已固,梁人必不能取,请筑垒马家口以通郓州之路。"帝从之,

此时正好是接受命令以后的第三天。朱守殷用小船载着士卒渡过黄河来援救，但已来不及了。王彦章又向潘张、麻家口、景店诸寨发起进攻，都攻了下来，王彦章的声势大振。

后唐帝派遣宦官焦彦宾迅速赶到杨刘，与杨刘镇使李周在那里坚守，命令朱守殷放弃德胜北城，把房屋拆掉做成木筏，载着士兵和武器从黄河上向东漂下，帮助杨刘坚守，把德胜的粮草薪炭运往澶州，损失了将近一半。王彦章也把德胜南城的房屋拆掉，做成木筏，顺着黄河漂下去，王彦章和朱守殷各走一岸，每遇上黄河弯曲的地方，就在河中间战斗，射出的箭像雨一般密集，有时整船覆没，一日交战百馀次，两军互有胜负。到达杨刘时，朱守殷的士卒有一半伤亡。己巳（二十六日），王彦章、段凝率领十万大军向杨刘发起进攻，四面八方一起推进，昼夜不停，把九艘大船连在一起，横放在黄河的渡口上，来阻挡朱守殷的援兵。杨刘城几次都差一点被攻陷，全靠李周与士卒同甘共苦，全力抵御，王彦章才没攻下，于是率兵退到城南驻扎，把营寨连起来坚守。

杨刘方面向后唐帝告急，请求皇帝日行百里赶快到达杨刘。后唐帝率兵前往援救，说："有李周在那里，有什么忧虑的！"于是日行六十里，在路上还照常打猎，六月乙亥（初二），到达杨刘。后梁军修筑了重重营垒，防守十分严密，很难深入，后唐帝十分担忧，就问郭崇韬怎么办好，郭崇韬回答说："现在王彦章据守着重要的渡口，他的意思是想坐取东平。如果大军不向南开进，那么东平就难以坚守。我请求在博州东岸修筑营垒来巩固黄河的渡口，这样既可以接应东平，又可以分散敌人的兵力。只是忧虑王彦章侦察到我们的情况，直接逼近我们，到那时我们的城还修不好。希望陛下招募敢死的士卒，每天让他们挑动敌人出动来牵制他们，如果王彦章十几天不向东去，城垒就可以修好。"这时李嗣源在郓州坚守，黄河以北的消息一点也不通，人心离散，朝不保夕。这时正好后梁军右先锋指挥使康延孝秘密请求投降李嗣源，康延孝是太原地区的胡人，因为有罪，逃奔到后梁，当时属于段凝的部下。李嗣源派押牙临漳人范延光把康延孝请求投降的信用蜡封好送到后唐皇帝那里，范延光因此对后唐帝说："杨刘把守的很坚固，梁军一定攻不下来，请在马家口修筑城堡，打通通往郓州的道路。"后唐帝听从了他的意见，

遣崇韜将万人夜发,倍道趣博州,至马家口渡河,筑城昼夜不息。帝在杨刘,与梁人昼夜苦战。崇韬筑新城凡六日,王彦章闻之,将兵数万人驰至,戊子,急攻新城,连巨舰十餘艘于中流以绝援路。时板筑仅毕,城犹卑下,沙土疏恶,未有楼橹及守备。崇韬慰劳士卒,以身先之,四面拒战,遣间使告急于帝。帝自杨刘引大军救之,陈于新城西岸,城中望之增气,大呼叱梁军,梁人断绁敛舰。帝舣舟将渡,彦章解围,退保邹家口。郓州奏报始通。

李嗣源密表请正朱守殷覆军之罪,帝不从。

7　秋,七月丁未,帝引兵循河而南,彦章等弃邹家口,复趋杨刘。甲寅,游弈将李绍兴败梁游兵于清丘驿南。段凝以为唐兵已自上流渡,惊骇失色,面数彦章,尤其深入。

8　乙卯,蜀侍中魏王宗侃卒。

9　戊午,帝遣骑将李绍荣直抵梁营,擒其斥候,梁人益恐,又以火筏焚其连舰。王彦章等闻帝引兵已至邹家口,己未,解杨刘围,走保杨村。唐兵追击之,复屯德胜。梁兵前后急攻诸城,士卒遭矢石、溺水、喝死者且万人,委弃资粮、铠仗、锅幕,动以千计。杨刘比至围解,城中无食已三日矣。

10　王彦章疾赵、张乱政,及为招讨使,谓所亲曰:"待我成功还,当尽诛奸臣以谢天下!"赵、张闻之,私相谓曰:"我辈宁死于沙陀,不可为彦章所杀。"相与协力倾之。段凝素疾彦章之能而诏附赵、张,在军中与彦章动相违戾,百方沮桡之,惟恐其有功,

派郭崇韬率领万人连夜出发,兼程直奔博州,到马家口渡过黄河,昼夜不停地在那里修筑城堡。后唐帝则在杨刘,与后梁军昼夜苦战。郭崇韬修筑新城共用了六天时间,王彦章听到此事,便率领数万大军直奔新城,戊子(十五日),对新城发起紧急攻击,把十馀艘战船连起来放到河的中间,断绝郭崇韬的援兵。当时马家口城垒的板墙刚刚修好,但城墙很低小,修墙用的沙土质量也不好,还没有修建瞭望台和守备设施。郭崇韬慰劳士卒,以身率先,四面抗战,同时也派出密使向后唐帝告急。后唐帝从杨刘率领大军前来援救,在新城西岸摆开阵势,城里的士卒望见援兵来到,斗志倍增,大声斥骂后梁军,后梁军砍断了连接战船的绳子收回了战船。后唐帝的船刚要渡河,王彦章撤除了包围,退到邹家口坚守。郓州向后唐帝奏报的道路才打通。

李嗣源秘密上表请求治朱守殷覆军之罪,后唐帝没有接受。

7　秋季,七月丁未(初五),后唐帝率领军队沿着黄河向南开进,王彦章等放弃了邹家口,又开赴杨刘。甲寅(十二日),游弈将李绍兴在清丘驿的南面击败了后梁军的流动部队。段凝以为后唐兵已从上游渡过了黄河,惊惧失色,当面指责王彦章不应当深入郓州境内。

8　乙卯(十三日),前蜀侍中魏王王宗侃去世。

9　戊午(十六日),后唐帝派骑将李绍荣直捣后梁营,抓获后梁军的哨兵,后梁军更加恐惧,李绍荣又用火点着木筏焚烧了后梁军连在一起的战船。王彦章等听说后唐帝率兵已经到达邹家口,己未(十七日),撤去了杨刘的包围,逃到杨村去坚守。后唐军追击后梁军,又驻扎在德胜。后梁军先后紧急攻打后唐的几座城,士卒们因箭石射击、溺水、中暑而死的将近一万人,丢弃的物资、粮食、铠甲、武器、军锅、幕帐等,常常以千计。等到杨刘解除包围时,城中已经三天没有粮食吃了。

10　王彦章很憎恨赵岩、张汉杰干扰国政,他当了招讨使后,对其亲信说:“等我成功返回,将杀掉全部奸臣,以此来答谢天下百姓!”赵岩、张汉杰听到这些话,私下议论说:“我们宁愿被沙陀族杀死,也不能被王彦章所杀。”相互协力合作,准备搞倒王彦章。段凝平素就很嫉妒王彦章的才能,因而献媚依附赵、张,在军中动不动就和王彦章作对,千方百计地败坏损伤王彦章的声誉,惟恐他建立战功,

潜伺彦章过失以闻于梁主。每捷奏至,赵、张悉归功于凝,由是彦章功竟无成。及归杨村,梁主信谗,犹恐彦章旦夕成功难制,征还大梁,使将兵会董璋攻泽州。

甲子,帝至杨刘劳李周曰:"微卿善守,吾事败矣。"

11　中书侍郎、同平章事卢程以私事干兴唐府,府吏不能应,鞭吏背。光禄卿兼兴唐少尹任团,圜之弟,帝之从姊婿也,诣程诉之。程骂曰:"公何等虫豸,欲倚妇力邪!"团诉于帝。帝怒曰:"朕误相此痴物,乃敢辱吾九卿!"欲赐自尽。卢质力救之,乃贬右庶子。

12　裴约遣间使告急于帝,帝曰:"吾兄不幸生此枭獍,裴约独能知逆顺。"顾谓北京内牙马步军都指挥使李绍斌曰:"泽州弹丸之地,朕无所用,卿为我取裴约以来。"八月壬申,绍斌将甲士五千救之,未至,城已陷,约死,帝深惜之。

13　甲戌,帝自杨刘还兴唐。
14　梁主命于滑州决河,东注曹、濮及郓以限唐兵。

15　初,梁主遣段凝监大军于河上,敬翔、李振屡请罢之,梁主曰:"凝未有过。"振曰:"俟其有过,则社稷危矣。"至是,凝厚赂赵、张求为招讨使,翔、振力争以为不可。赵、张主之,竟代王彦章为北面招讨使,于是宿将愤怒,士卒亦不服。天下兵马副元帅张宗奭言于梁主曰:"臣为副元帅,虽衰朽,犹足为陛下扞御北方。段凝晚进,功名未能服人,众议讻讻,恐贻国家深忧。"敬翔曰:"将帅系国安危,今国势已尔,陛下岂可尚不留意邪!"梁主皆不听。

经常偷偷地监视王彦章的过失，然后报告梁主。每次送来捷报，赵、张都把功劳说成是段凝的，因此王彦章竟没有建立功业。他回到杨村后，后梁主相信了谗言，又怕王彦章一旦取得成功难以控制，于是把他调回大梁，让他率兵和董璋一起攻打泽州。

甲子(二十二日)，后唐帝到杨刘去慰劳李周说："要不是你善于防守，我的事业早失败了。"

11　中书侍郎、同平章事卢程因私事求于兴唐府，兴唐府的官吏们没有答应，他就用鞭子抽打府吏们的背。光禄卿兼兴唐少尹任团是任圜的弟弟，后唐帝的叔伯姐姐的女婿，到了卢程那里去诉说。卢程骂他说："你怎么这样下贱，难道想依仗你老婆的力量吗!"任团把此事告给了后唐帝。后唐帝非常生气地说："我错看了这蠢东西，胆敢污辱我的九卿!"打算命令他自杀。卢质全力解救，才将他贬为右庶子。

12　裴约秘密派使者向后唐帝告急，后唐帝说："我哥哥不幸生下这个忘恩负义的家伙，只有裴约能够知道他的逆顺。"回头对北京内牙马步军都指挥使李绍斌说："泽州这块弹丸之地，我没什么用处，你为我去把裴约取回来。"八月壬申(初一)，李绍斌率领五千士卒前往援救裴约，还没有到达泽州，泽州城已被攻破，裴约也战死，后唐帝十分痛惜。

13　甲戌(初三)，后唐帝从杨刘回到兴唐。

14　后梁主命令从滑州把黄河河堤打开，把水引向东面灌注曹、濮以及郓州三城，以隔断后唐兵。

15　当初，后梁主曾派遣段凝在黄河上监督大军作战，敬翔、李振多次请求罢免他，后梁主说："段凝没有过错。"李振说："等到他有了过错时，国家就危险了。"这时，段凝用厚礼贿赂赵岩、张汉杰，请求出任招讨使，敬翔、李振据理力争，认为不能任命段凝。最后由赵、张做主，竟用段凝代替了王彦章北面招讨使的职务，于是老将们很愤怒，士卒们也不服气。天下兵马副元帅张宗奭对后梁主说："我做天下兵马副元帅，虽然已经老了，但足以为陛下抵御北方侵略者。段凝是个晚辈，他的功名不能服人，大家对此议论纷纷，恐怕要给国家带来深深的忧患。"敬翔也说："军队的将帅关系到国家的安危，现在国家的形势已经危急，陛下怎么还不留意呢!"后梁主都没有听从。

戊子,凝将全军五万营于王村,自高陵津济河,剽掠澶州诸县,至于顿丘。

梁主命王彦章将保銮骑士及他兵合万人,屯兖、郓之境,谋复郓州,以张汉杰监其军。

16 庚寅,帝引兵屯朝城。

戊戌,康延孝帅百馀骑来奔,帝解所御锦袍玉带赐之,以为南面招讨都指挥使,领博州刺史。帝屏人问延孝以梁事,对曰:"梁朝地不为狭,兵不为少,然迹其行事,终必败亡。何则?主既暗懦,赵、张兄弟擅权,内结宫掖,外纳货赂,官之高下唯视赂之多少,不择才德,不校勋劳。段凝智勇俱无,一旦居王彦章、霍彦威之右,自将兵以来,专率敛行伍以奉权贵。每出一军,不能专任将帅,常以近臣监之,进止可否动为所制。近又闻欲数道出兵,令董璋引陕、虢、泽、潞之兵自石会关趣太原,霍彦威以汝、洛之兵自相、卫、邢、洺寇镇定,王彦章、张汉杰以禁军攻郓州,段凝、杜晏球以大军当陛下,决以十月大举。臣窃观梁兵聚则不少,分则不多。愿陛下养勇蓄力以待其分兵,帅精骑五千自郓州直抵大梁,擒其伪主,旬月之间,天下定矣。"帝大悦。

17 蜀主以文思殿大学士韩昭、内皇城使潘在迎、武勇军使顾在珣为狎客,陪侍游宴,与宫女杂坐,或为艳歌相唱和,或谈嘲谑浪,鄙俚亵慢,无所不至,蜀主乐之。在珣,彦朗之子也。

时枢密使宋光嗣等专断国事,恣为威虐,务徇蜀主之欲以盗其权。宰相王锴、庾传素等各保宠禄,无敢规正。潘在迎每劝蜀主诛谏者,无使谤国。嘉州司马刘赞献陈后主三阁图,

戊子(十七日),段凝率领五万大军驻扎在王村,从高陵津渡过黄河,掠夺抢劫了澶州各县,然后到了顿丘。

后梁主命令王彦章率领保銮骑士和其他兵力共一万人驻扎在兖州、郓州境内,打算夺回郓州,并派张汉杰监督他的军队。

16　庚寅(十九日),后唐帝率兵驻扎在朝城。

戊戌(二十七日),康延孝率领一百多骑兵来投奔后唐帝,后唐帝脱下穿的锦袍玉带赏赐给他,并任命他为南面招讨都指挥使,兼任博州刺史。后唐帝让周围的人退下,然后向康延孝询问后梁的事情,康延孝回答说:"梁朝的地盘不算小,兵力也不算少,然而看他过去所干的事情,最后必然会灭亡。为什么呢?梁主愚昧软弱,赵、张兄弟独揽大权,里面勾结皇宫的人员,外面接受贿赂,官职的高低只由贿赂的多少而定,对才能和品德不加选择,也不管有无功劳。段凝智勇全然没有,一夜之间竟升到王彦章、霍彦威的上面,自从段凝率兵以来,他任意约束士卒,以此来讨好权贵。梁王每次出兵,不能把军权交给将帅,经常用亲信的大臣来监督军队,军队是否可以前进,常受这些人制约。最近又听说梁主打算四面出击,命令董璋率领陕州、虢州、泽州、潞州的军队从石会关直驱太原,命令霍彦威率领汝州、洛州的军队从相州、卫州、邢州、洺州侵犯镇定,命令王彦章、张汉杰率领禁卫军攻打郓州,命令段凝、杜晏球率领大军抵挡陛下,决定在十月大举进攻。我自己认为梁兵集中在一起确实不少,但一分散开就不多了。希望陛下养精蓄锐来等待他们分兵作战,到那时您率领五千精锐的骑兵从郓州出发直捣大梁,抓获其伪主,十天一个月之间,天下即可平定。"后唐帝十分高兴。

17　前蜀主把文思殿大学士韩昭、内皇城使潘在迎、武勇军使顾在珣当作陪伴嬉游饮宴的人,经常陪侍前蜀主玩乐吃喝,他们和宫女们杂坐在一起,有时作一些艳歌相唱和,有时高谈阔论,戏谑放荡,轻慢粗俗,无所不为,前蜀主很喜欢他们这样做。顾在珣是顾彦朗的儿子。

当时枢密使宋光嗣等专断国家大事,任意施威肆虐,专门顺从前蜀主的欲望来盗用他的权力。宰相王锴、庾传素等人各自保护自己的优宠和俸禄,不敢规劝纠正。潘在迎经常劝前蜀主诛杀那些进谏的人,不要使他们诽谤国家。嘉州司马刘赞献上陈后主三阁图,

并作歌以讽；贤良方正蒲禹卿对策语极切直。蜀主虽不罪，亦不能用也。

九月庚戌，蜀主以重阳宴近臣于宣华苑，酒酣，嘉王宗寿乘间极言社稷将危，流涕不已。韩昭、潘在迎曰："嘉王好酒悲。"因谐笑而罢。

18　帝在朝城，梁段凝进至临河之南，澶西、相南，日有寇掠。自德胜失利以来，丧刍粮数百万，租庸副使孔谦暴敛以供军，民多流亡，租税益少，仓廪之积不支半岁。泽、潞未下。卢文进、王郁引契丹屡过瀛、涿之南，传闻俟草枯冰合，深入为寇，又闻梁人欲大举数道入寇，帝深以为忧，召诸将会议。宣徽使李绍宏等皆以为郓州城门之外皆为寇境，孤远难守，有之不如无之，请以易卫州及黎阳于梁，与之约和，以河为境，休兵息民，俟财力稍集，更图后举。帝不悦，曰："如此吾无葬地矣。"乃罢诸将，独召郭崇韬问之。对曰："陛下不栉沐，不解甲，十五馀年，其志欲以雪家国之雠耻也。今已正尊号，河北士庶日望升平，始得郓州尺寸之地，不能守而弃之，安能尽有中原乎！臣恐将士解体，将来食尽众散，虽画河为境，谁为陛下守之！臣尝细询康延孝以河南之事，度己料彼，日夜思之，成败之机决在今岁。梁今悉以精兵授段凝，据我南鄙，又决河自固，谓我猝不能渡，恃此不复为备。使王彦章侵逼郓州，其意冀有奸人动摇，变生于内耳。段凝本非将材，不能临机决策，无足可畏。降者皆言大梁无兵，陛下若留兵守魏，固保杨刘，

并作歌加以讽喻；贤良方正蒲禹卿在考场上回答考官的话也很恳切直爽。前蜀主虽然没有罪怪他们，但也不起用他们。

九月庚戌（初九），前蜀主因为重阳节在宣华苑宴请亲近的大臣，酒喝得正高兴时，嘉王王宗寿乘空极力陈说国家将要危亡，痛哭不已。韩昭、潘在迎说："嘉王喜欢在喝酒后哭泣。"因此一笑了之。

18 后唐帝在朝城，后梁将段凝率兵进军到临河县南面，澶州西面、相州南面每天都有敌人来侵犯。自从德胜失利以来，损失粮草数百万，租庸副使孔谦凶暴地收取赋税来供应军需，很多百姓都逃跑了，收上来的租税越来越少，仓库里的积蓄支持不了半年。泽州、潞州尚未攻下。卢文进、王郁率领契丹人曾多次经过瀛、涿的南面，传说等到草枯结冰就进一步深入后唐境，又听说后梁主准备从四面八方大举进攻后唐，后唐帝为此深深忧患，于是召集诸位将领商议对策。宣徽使李绍宏等都认为郓州城门之外都是敌人占领区，孤立遥远，难以坚守，占有不如放弃，请求用这些地方换取后梁的卫州和黎阳，和后梁定约和好，以黄河为界，停止战争，让百姓得到休息，等到财力稍有积蓄时，再进一步计划以后的行动。后唐帝听后，很不高兴，说："这样下去，我都要没有葬身之地了。"于是停止与诸位将领商议，单独召见郭崇韬来问他。郭崇韬回答说："陛下不梳头洗脸、不解甲已经十五年多，您的志向是想雪洗国家的深仇大恨。现在已经名正言顺地做了皇帝，黄河以北的士卒百姓们天天盼望天下太平，现在刚刚得到郓州这块很小的地方，不能坚守而要放弃它，这样怎么能将中原大地全部占有呢！我所担心的是将士们灰心丧气，将来粮食吃完了，大家都离散，虽然划河为界，又有谁来为陛下坚守阵地呢！我曾详细地向康延孝询问过黄河以南的情况，揣度自己，估计敌人，日夜思考这些事情，我认为成败的机会就在今年。梁国现在将全部精锐部队交给了段凝，占领我们的南边，又把河堤决开，以此来保护自己，说我们不能马上渡过黄河，他依靠这些有利条件就没有再设防。他们派王彦章逼近郓州，目的是希望有奸人动摇，在我们内部发生变化。段凝本来不是什么将材，他不能临阵决策，没有什么可畏惧的。投降过来的人都说大梁没有什么军队，如果陛下留下部分兵力坚守魏州，保卫杨刘，

自以精兵与郓州合势，长驱入汴，彼城中既空虚，必望风自溃。苟伪主授首，则诸将自降矣。不然，今秋谷不登，军粮将尽，若非陛下决志，大功何由可成！谚曰：'当道筑室，三年不成。'帝王应运，必有天命，在陛下勿疑耳。"帝曰："此正合朕志。丈夫得则为王，失则为虏，吾行决矣！"司天奏："今岁天道不利，深入必无功。"帝不听。

王彦章引兵逾汶水，将攻郓州，李嗣源遣李从珂将骑兵逆战，败其前锋于递坊镇，获将士三百人，斩首二百级，彦章退保中都。戊辰，捷奏至朝城，帝大喜，谓郭崇韬曰："郓州告捷，足壮吾气。"己巳，命将士悉遣其家属归兴唐。

19　冬，十月辛未朔，日有食之。
20　帝遣魏国夫人刘氏、皇子继岌归兴唐，与之诀曰："事之成败，在此一决。若其不济，当聚吾家于魏宫而焚之！"仍命豆卢革、李绍宏、张宪、王正言同守东京。

壬申，帝以大军自杨刘济河，癸酉，至郓州，中夜，进军逾汶，以李嗣源为前锋，甲戌旦，遇梁兵，一战败之，追至中都，围其城。城无守备，少顷，梁兵溃围出，追击，破之。王彦章以数十骑走，龙武大将军李绍奇单骑追之，识其声，曰："王铁枪也！"拔矟刺之，彦章重伤，马踬，遂擒之，并擒都监张汉杰、曹州刺史李知节、裨将赵廷隐、刘嗣彬等二百馀人，斩首数千级。廷隐，开封人；嗣彬，知俊之族子也。

彦章尝谓人曰："李亚子斗鸡小儿，何足畏！"至是，帝谓彦章曰："尔常谓我小儿，今日服未？"又问："尔名善将，何不守兖州？中都无壁垒，何以自固？"彦章对曰："天命已去，

亲自率领精锐部队与郓州会合起来,长驱直入汴梁,城中本来就很空虚,一定会望风自溃。如果伪主投降或者被杀,那么他们的各将领自然也会投降。不然的话,今年秋天五谷不丰收,军粮将要吃完,如果陛下不下定决心,大的功业怎么可以成功!俗话说:'当道筑室,三年不成。'帝王顺应天运,一定会有天命,关键是陛下不能再迟疑了。"后唐帝说:"这些正合乎我的想法。大丈夫成则为王,败则为寇,我已经决定行动了!"司天上奏说:"今年天道不利,深入敌境一定不会成功。"后唐帝没有听信。

王彦章率兵过了汶水,即将向郓州发起进攻,李嗣源派遣李从珂率领骑兵迎战,并在递坊镇打败了王彦章的前锋部队,抓获了三百多名将士,斩杀了二百多人,王彦章退守中都。戊辰(二十七日),捷报上奏到朝城,后唐帝十分高兴,对郭崇韬说:"郓州首战告捷,这足以壮大我们的士气。"己巳(二十八日),命令将士们把全部家属送回兴唐府。

19 冬季,十月辛未朔(初一),出现日食。

20 后唐帝送魏国夫人刘氏、皇子李继岌回到兴唐府,和他们诀别说:"事情的成败,在此一举。如果不能成功,就把我们全家集合起来到魏宫全部自焚!"仍然命令豆卢革、李绍宏、张宪、王正言共同坚守东京。

壬申(初二),后唐帝率领大军从杨刘渡过黄河,癸酉(初三),到达郓州,半夜,继续进军,过了汶水,命令李嗣源为前锋部队,甲戌(初四)早晨,与后梁军相遇,一战就打败了后梁军,一直追到中都,包围了中都城。城中没有防备,不一会儿,后梁军冲出包围,后唐军奋勇追击,打败了后梁军。王彦章率领几十个骑兵逃跑,龙武大将军李绍奇单人独马追击他,李绍奇听出是王彦章的声音,说:"王铁枪!"于是拔槊刺向王彦章,王彦章负重伤,马跌倒,抓获了王彦章,同时抓获了后梁军都监张汉杰、曹州刺史李知节、副将赵廷隐、刘嗣彬等二百多人,斩杀了好几千人。赵廷隐是开封人,刘嗣彬是刘知俊同族的后代。

王彦章曾经对人说:"李存勖是个斗鸡小儿,有什么可怕的!"到了现在,后唐帝李存勖对王彦章说:"你常说我是小儿,今天服不服?"又问王彦章说:"你名为善战将领,为什么不坚守兖州?中都没有修筑防御工事,怎么能保卫住?"王彦章回答说:"天命已去,

无足言者。"帝惜彦章之材,欲用之,赐药傅其创,屡遣人诱谕之。彦章曰:"余本匹夫,蒙梁恩,位至上将,与皇帝交战十五年。今兵败力穷,死自其分,纵皇帝怜而生我,我何面目见天下之人乎! 岂有朝为梁将,暮为唐臣! 此我所不为也。"帝复遣李嗣源自往谕之,彦章卧谓嗣源曰:"汝非邈佶烈乎?"彦章素轻嗣源,故以小名呼之。于是诸将称贺,帝举酒属嗣源曰:"今日之功,公与崇韬之力也。向从绍宏辈语,大事去矣。"

帝又谓诸将曰:"向所患惟王彦章,今已就擒,是天意灭梁也。段凝犹在河上,进退之计,宜何向而可?"诸将以为:"传者虽云大梁无备,未知虚实。今东方诸镇兵皆在段凝麾下,所馀空城耳,以陛下天威临之,无不下者。若先广地,东傅于海,然后观衅而动,可以万全。"康延孝固请亟取大梁。李嗣源曰:"兵贵神速。今彦章就擒,段凝必未之知,就使有人走告,疑信之间尚须三日。设若知吾所向,即发救兵,直路则阻决河,须自白马南渡,数万之众,舟楫亦难猝办。此去大梁至近,前无山险,方陈横行,昼夜兼程,信宿可至。段凝未离河上,友贞已为吾擒矣。延孝之言是也,请陛下以大军徐进,臣愿以千骑前驱。"帝从之。令下,诸军皆踊跃愿行。

是夕,嗣源帅前军倍道趣大梁。乙亥,帝发中都,舁王彦章自随。遣中使问彦章曰:"吾此行克乎?"对曰:"段凝有精兵六万,虽主将非材,亦未肯遽尔倒戈,殆难克也。"帝知其终不为用,遂斩之。

没有什么好说的。"后唐帝很珍惜王彦章的才能,打算起用他,赐药让他治疗伤口,并多次派人去诱导他。王彦章说:"我本是一个平民,承蒙梁国的恩爱,把我提拔成上将,与你们皇帝交战了十五年。今天兵败力穷,死是预料之中的事,纵使皇帝可怜我让我活着,我拿什么面目去见天下的人呢!哪里有早晨还是梁国的将领,晚上就变成唐朝的大臣的道理!这事我是不能干的。"后唐帝又派李嗣源亲自去说服他,王彦章躺着对李嗣源说:"你不是邈佶烈吗?"王彦章平素很轻视李嗣源,所以用小名来叫他。这时,各位将领都在向后唐帝祝贺这次胜利,后唐帝也举杯对李嗣源说:"今日之功,全靠你和郭崇韬的力量。如果从前我听了李绍宏等人的话,就耽误了我的大事了。"

后唐帝又对各位将领说:"原来我所忧患的只有王彦章,今天他已被抓获,这是天意要消灭梁国。段凝目前还在黄河边上,是进是退,应该向哪个方向去才好呢?"各位将领认为:"传话的人虽然说梁国没有什么防备,但不知道是虚是实。现在东方各镇的兵力都集中到段凝的军队里,所剩下的全是空城,用陛下的天威去攻打这些城池,没有攻不下的。如果先扩大我们占据的地方,东面靠近海边,然后乘空行动,这样可以万无一失。"康延孝则坚决请求急速攻取大梁。李嗣源说:"兵贵神速。现在王彦章已被抓获,段凝一定还不知道,即使有人跑去告诉他,段凝是信是疑也需要三天时间来决定。假使他知道了我军所向,就会发兵援救,如果我们从直路去,有决口的黄河阻挡,需要从白马以南渡过黄河,几万军队,船只和船桨也难以很快地找到。从这里去大梁最近,前面也没有高山险要的地方,把部队排成方阵,所向无阻,这样昼夜兼程,过两个晚上就能到达。段凝还没离开黄河边,朱友贞就会被我们抓获。康延孝所讲的是对的,请求陛下率领大军慢慢推进,我愿率领一千骑兵作为前锋。"后唐帝听从了他的意见。命令下达后,各路军队都踊跃希望出发。

这天晚上,李嗣源率领前锋部队快速直奔大梁。乙亥(初五),后唐帝从中都出发,抬着王彦章跟随在后面。后唐帝派中使问王彦章说:"我们此行能取得胜利吗?"王彦章回答说:"段凝率领有精锐部队六万人,虽然主将没有才能,但也不会马上投降,恐怕很难去败他们。"后唐帝知道他最终也不会被利用,于是就把他杀掉了。

丁丑，至曹州，梁守将降。

王彦章败卒有先至大梁，告梁主以"彦章就擒，唐军长驱且至"者，梁主聚族哭曰："运祚尽矣！"召群臣问策，皆莫能对。梁主谓敬翔曰："朕居常忽卿所言，以至于此。今事急矣，卿勿以为怼。将若之何？"翔泣曰："臣受先帝厚恩，殆将三纪，名为宰相，其实朱氏老奴，事陛下如郎君。臣前后献言，莫匪尽忠。陛下初用段凝，臣极言不可，小人朋比，致有今日。今唐兵且至，段凝限于水北，不能赴救。臣欲请陛下出避狄，陛下必不听从；请陛下出奇合战，陛下必不果决。虽使良、平更生，谁能为陛下计者？臣愿先赐死，不忍见宗庙之亡也。"因与梁主相向恸哭。

梁主遣张汉伦驰骑追段凝军。汉伦至滑州，坠马伤足，复限水不能进。

时城中尚有控鹤军数千，朱珪请帅之出战，梁主不从，命开封尹王瓒驱市人乘城为备。

初，梁陕州节度使邵王友诲，全昱之子也，性颖悟，人心多向之。或言其诱致禁军欲为乱，梁主召还，与其兄友谅、友能并幽于别第。及唐师将至，梁主疑诸兄弟乘危谋乱，并皇弟贺王友雍、建王友徽尽杀之。

梁主登建国楼，面择亲信厚赐之，使衣野服，赍蜡诏，促段凝军，既辞，皆亡匿。或请幸洛阳，收集诸军以拒唐，唐虽得都城，势不能久留。或请幸段凝军，控鹤都指挥使皇甫麟曰："凝本非将才，官由幸进，今危窘之际，望其临机制胜，

丁丑(初七),后唐军到达曹州,后梁军驻守在那里的将领投降了后唐军。

王彦章的败卒有先跑回大梁的,有人告诉后梁主"王彦章已经被后唐军抓获,后唐军长驱直入,即将到来",后梁主把全家集合在一起边哭边说:"世运已经完了!"又召集大臣们问他们有什么办法,大臣们都回答不上来。后梁主对敬翔说:"我平时忽视你的话,才到了今天这步。现在事情非常紧急,你不要怨恨过去。该怎么办呢?"敬翔边哭边说:"我蒙受先帝的厚恩,差不多三十多年了,名为宰相,其实是朱家的老奴,事奉陛下如同少主人一般。我前前后后贡献的意见,无一不是忠心耿耿。陛下当初起用段凝时,我极力建议不可使用,小人们相依附勾结,所以才导致有今天这样。现在唐军将要到来,段凝隔在黄河以北,不能赶来援救。我打算请陛下出去到北面契丹那里躲避一下,陛下一定不会听从我的意见;如果请求陛下出奇兵与唐军交战,陛下一定不会果断决定。即使使汉代的张良、陈平重返人世,谁又能为陛下想出好办法来呢?我希望陛下赐我先死,我不忍心看到国家的灭亡。"于是和后梁主面对面痛哭一场。

后梁主派出张汉伦骑马急追段凝的军队。张汉伦到滑州时,从马上掉下来摔伤了脚,后来又被水挡住不能前进。

当时城中还有几千控鹤,朱珪请求率领这些军队出去迎战,后梁主没有答应,而命令开封尹王瓒驱赶市民登城守备。

当初,后梁陕州节度使邵王朱友海是朱全昱的儿子,生性聪明,人心多归向他。有人说他引诱禁卫军打算叛乱,后梁主就把他召了回来,和他的哥哥朱友谅、朱友能一起关在别的房子里。后唐军将要到来时,后梁主怀疑他们弟兄们会乘危谋乱,于是把他们和皇弟贺王朱友雍、建王朱友徽全部杀掉。

后梁主登上开封城建国楼,当面选择亲信,丰厚地赏赐他们,让他们穿上老百姓的衣服,又送给他们一份用蜡封的诏书,让他们去催促段凝的军队,一旦告别,这些人就都逃跑躲藏起来了。有人请求后梁主到洛阳,把各军集合起来抵御后唐军,后唐军虽然占领了都城,但形势不允许他们久留。有人请求到段凝的军队那里,控鹤都指挥使皇甫麟说:"段凝本来就不是将才,他的官位是因为他妹妹才晋升的,现在正值危难之际,希望他面对情势灵活机动地取得胜利,

转败为功,难矣。且凝闻彦章败,其胆已破,安知能终为陛下尽节乎?"赵岩曰:"事势如此,一下此楼,谁心可保!"梁主乃止。复召宰相谋之,郑珏请自怀传国宝诈降以纾国难,梁主曰:"今日固不敢爱宝,但如卿此策,竟可了否?"珏俯首久之,曰:"但恐未了。"左右皆缩颈而笑。梁主日夜涕泣,不知所为。置传国宝于卧内,忽失之,已为左右窃之迎唐军矣。

戊寅,或告唐军已过曹州,尘埃涨天,赵岩谓从者曰:"吾待温许州厚,必不负我。"遂奔许州。

梁主谓皇甫麟曰:"李氏吾世雠,理难降首,不可俟彼刀锯。吾不能自裁,卿可断吾首。"麟泣曰:"臣为陛下挥剑死唐军则可矣,不敢奉此诏。"梁主曰:"卿欲卖我邪?"麟欲自刭,梁主持之曰:"与卿俱死。"麟遂弑梁主,因自杀。梁主为人温恭约,无荒淫之失,但宠信赵、张,使擅威福,疏弃敬、李旧臣,不用其言,以至于亡。

己卯旦,李嗣源军至大梁,攻封丘门,王瓒开门出降,嗣源入城,抚安军民。是日,帝入自梁门,百官迎谒于马首,拜伏请罪,帝慰劳之,使各复其位。李嗣源迎贺,帝喜不自胜,手引嗣源衣,以头触之曰:"吾有天下,卿父子之功也,天下与尔共之。"帝命访求梁主,顷之,或以其首献。

李振谓敬翔曰:"有诏洗涤吾辈,相与朝新君乎?"翔曰:"吾二人为梁宰相,君昏不能谏,国亡不能救,新君若问,将何辞以对?"

立下扭转败局的功劳是很难的。况且段凝听到王彦章已被击败，他的胆子已被吓破，怎么知道他能够在最后时刻为陛下尽忠尽节呢?"赵岩说:"事态发展到现在这样，一下此楼，谁的心都难保证!"后梁主决定不到段凝那里。后来又召来宰相郑珏商量，郑珏请求自己拿着传国之宝去假装投降后唐军来缓解国难，后梁主说:"今天固然我不敢再爱国宝，只是如果按你的这一办法去办，真能解除国难吗?"郑珏低下头，好久才说:"恐怕不能。"后梁主的左右大臣们都缩着脖子发笑。后梁主日夜哭泣，不知道怎么办好。他把传国之宝放在卧室里，有一天忽然不见了，原来是左右大臣们偷去迎接后唐军去了。

戊寅(初八)，有人报告说后唐军已经过了曹州，满天都是尘埃，赵岩对跟从他的人说:"我对待温韬很好，他一定不会对不起我。"于是跑到了许州。

后梁主对皇甫麟说:"李氏是我世世代代的仇人，理难投降他们，不能等着让他们来杀害我。如果我不能自杀，你可以把我的头砍下来。"皇甫麟哭着说:"我为陛下挥剑抗战死于唐军之手是可以的，但不敢接受这个诏令。"后梁主说:"你打算出卖我吗?"皇甫麟想自杀，后梁主拉住他说:"我和你一起死。"皇甫麟于是杀了梁主，随即自杀。后梁主为人温和恭敬，而且简朴，没有荒淫方面的过失，只是特别宠爱和相信赵岩、张汉杰，使他们独断专行，作威作福，丢弃和疏远了敬翔、李振等旧臣，不听他们的意见，所以最终导致灭亡。

己卯(初九)早晨，李嗣源的军队到达大梁城，向封丘门发起进攻，王瓒开门出来投降，李嗣源进入城内，安抚城内军民。这一天，后唐帝从梁门进入城内，后梁国的百官在后唐帝马前迎接，并跪在那里请罪，后唐帝慰劳他们，恢复各自旧有的官位。李嗣源出来迎接并祝贺后唐帝，后唐帝喜不自胜，用手拉着李嗣源的衣服，用头撞了一下李嗣源说:"我取得天下，是你父子二人的功劳，我和你们共享天下。"后唐帝命令访求后梁主，不一会儿，有人拿着后梁主的脑袋献给了后唐帝。

李振对敬翔说:"如果唐帝下诏洗雪我们，我们朝见新的君主吗?"敬翔说:"我们两人是梁国的宰相，君主昏庸不能接受进谏，国家要灭亡了不能拯救，如果新的君主问我们，将用什么话来回答呢?"

是夕未曙，或报翔曰："崇政李太保已入朝矣。"翔叹曰："李振谬为丈夫！朱氏与新君世为仇雠，今国亡君死，纵新君不诛，何面目入建国门乎！"乃缢而死。

庚辰，梁百官复待罪于朝堂，帝宣敕赦之。

赵岩至许州，温昭图迎谒归第，斩首来献，尽没岩所赍之货。昭图复名韬。

辛巳，诏王瓒收朱友贞尸，殡于佛寺，漆其首，函之，藏于太社。

段凝自滑州济河入援，以诸军排陈使杜晏球为前锋。至封丘，遇李从珂，晏球先降。壬午，凝将其众五万至封丘，亦解甲请降。凝帅诸大将先诣阙待罪，帝劳赐之，慰谕士卒，使各复其所。凝出入公卿间，扬扬自得无愧色，梁之旧臣见者皆欲龁其面，抶其心。

丙戌，诏贬梁中书侍郎同平章事郑珏为莱州司户，萧顷为登州司户，翰林学士刘岳为均州司马，任赞为房州司马，姚顗为复州司马，封翘为唐州司马，李怿为怀州司马，窦梦徵为沂州司马，崇政学士刘光素为密州司户，陆崇为安州司户，御史中丞王权为随州司户：以其世受唐恩而仕梁贵显故也。岳，崇龟之从子；顗，万年人；翘，敖之孙；怿，京兆人；权，龟之孙也。

段凝、杜晏球上言："伪梁要人赵岩、赵鹄、张希逸、张汉伦、张汉杰、张汉融、朱珪等，窃弄威福，残蠹群生，不可不诛。"诏："敬翔、李振首佐朱温，共倾唐祚；契丹撒剌阿拨叛兄弃母，负恩背国，宜与岩等并族诛于市。自馀文武将吏一切不问。"又诏追废朱温、朱友贞为庶人，毁其宗庙神主。

这天晚上天还未亮的时候，有人来报告敬翔说："崇政使太保李振已经入朝投降了。"敬翔叹息道："李振枉为大丈夫！朱氏与新君世世代代为仇敌，现在国亡君死，即使新的君主不杀掉我，我还有什么脸再进入大梁的建国门呢！"于是自缢而死。

庚辰（初十），后梁百官又在朝廷大堂内等待治罪，后唐帝宣布赦免他们。

赵岩到了许州，温昭图迎接他到住所，杀了他把头献给了后唐帝，把赵岩所送的东西全部没收。温昭图恢复了原名温韬。

辛巳（十一日），后唐帝下诏命令王瓒收回朱友贞的尸体，停放在佛寺里，给他的头部涂上油漆，然后入殓，藏在太社里面。

段凝从滑州渡过黄河前往增援，命令诸军排阵使杜晏球为前锋。到封丘后，遇上李从珂的部队，杜晏球率先投降了后唐军。壬午（十二日），段凝率领其五万大军到达封丘，也脱去铠甲请求投降。段凝带领着将领们到宫门等待治罪，后唐帝慰劳赏赐了他们，并去安慰晓谕士卒，让他们都各自回到自己住的地方。段凝出入于后唐公卿之间，扬扬自得，脸上没有一点愧色，后梁的旧臣们见了，都想咬他的脸，挖他的心。

丙戌（十六日），后唐帝下诏贬后梁中书侍郎同平章事郑珏为莱州司户，萧顷为登州司户，翰林学士刘岳为均州司马，任赞为房州司马，姚顗为复州司马，封翘为唐州司马，李怿为怀州司马，窦梦徵为沂州司马，崇政学士刘光素为密州司户，陆崇为安州司户，御史中丞王权为随州司户：贬他们是因为以上这些人世世代代蒙受唐朝的恩德，却又在后梁担任显贵官职的缘故。刘岳是刘崇龟的侄儿，姚顗是万年人，封翘是封敖的孙子，李怿是京兆人，王权是王龟的孙子。

段凝、杜晏球上书后唐帝说："伪梁的要害人物赵岩、赵鹄、张希逸、张汉伦、张汉杰、张汉融、朱珪等窃取权力，作威作福，残害百姓，不可不杀。"后唐帝下诏："敬翔、李振带头帮助朱温颠覆唐帝；契丹撒剌阿拨叛兄弃母，辜负恩德，背叛国家，应当和赵岩等在街市上诛灭全族。其馀的文武将吏一概不追究。"又下诏追废朱温、朱友贞为平民，毁掉他们的宗庙神主。

帝之与梁战于河上也,梁拱宸左厢都指挥使陆思铎善射,常于笴上自镂姓名,射帝,中马鞍,帝拔箭藏之。至是,思铎从众俱降,帝出箭示之,思铎伏地待罪,帝慰而释之,寻授龙武右厢都指挥使。

以豆卢革尚在魏,命枢密使郭崇韬权行中书事。

梁诸藩镇稍稍入朝,或上表待罪,帝皆慰释之。宋州节度使袁象先首来入朝,陕州留后霍彦威次之。象先辇珍货数十万,遍赂刘夫人及权贵、伶官、宦者,旬日,中外争誉之,恩宠隆异。己丑,诏伪庭节度、观察、防御、团练使、刺史及诸将校,并不议改更,将校官吏先奔伪庭者一切不问。

庚寅,豆卢革至自魏。甲午,加崇韬守侍中,领成德节度使。崇韬权兼内外,谋猷规益,竭忠无隐,颇亦荐引人物,豆卢革受成而已,无所裁正。

丙申,赐滑州留后段凝姓名曰李绍钦,耀州刺史杜晏球曰李绍虔。

乙酉,梁西都留守河南尹张宗奭来朝,复名全义,献币马千计。帝命皇子继岌、皇弟存纪等兄事之。帝欲发梁太祖墓,斲棺焚其尸,全义上言:"朱温虽国之深雠,然其人已死,刑无可加,屠灭其家,足以为报,乞免焚斲以存圣恩。"帝从之,但铲其阙室,削封树而已。

戊戌,加天平节度使李嗣源兼中书令。以北京留守继岌为东京留守、同平章事。

21　帝遣使宣谕谕诸道,梁所除节度使五十馀人皆上表入贡。

后唐帝和后梁军在黄河上作战时，后梁拱宸左厢都指挥使陆思铎善于射箭，经常在箭杆上亲自刻上姓名，他射后唐帝时，射中后唐帝的马鞍，后唐帝把箭拔下收藏了起来。到现在，陆思铎跟随大家一起投降，后唐帝拿出当初的箭给他看，陆思铎跪地等待治罪，后唐帝安慰他，把他释放了，不久，后唐帝授他为龙武右厢都指挥使。

因豆卢革还在魏州，后唐帝命枢密使郭崇韬代理中书事务。

后梁的各藩镇都逐渐进朝投降，有的上表请求治罪，后唐帝都安慰、释放了他们。宋州节度使袁象先首先入朝投降，陕州留后霍彦威稍晚一点。袁象先用车拉着数十万珍宝财货，贿赂了刘夫人以及权贵、伶官、宦者等人，十几天来，朝内外都争相说他好，受到后唐帝格外的宠爱。己丑（十九日），后唐帝下诏，后梁的节度使、观察使、防御使、团练使、刺史以及各位将校官员，一律不更改，将校官吏中原先投奔后梁的人一律不追究。

庚寅（二十日），豆卢革从魏州来。甲午（二十四日），加封郭崇韬为守侍中，兼任成德节度使。郭崇韬的权力兼管内外，谋划经营，全心全意，没有一点隐瞒，他也很能引荐人物，豆卢革只能接受已定的谋略，不能删裁改正。

丙申（二十六日），后唐帝赐给滑州留后段凝姓名叫李绍钦，赐给耀州刺史杜晏球姓名叫李绍虔。

乙酉，后梁西都留守河南尹张宗奭前来朝见，后唐帝恢复了他的名字叫张全义，张全义所献钱币、马匹数以千计。后唐帝命令皇子李继岌、皇弟李存纪等把他当作兄长来对待。后唐帝打算挖掘后梁太祖的坟墓，破开他的棺材，烧了他的尸体，张全义上书说："朱温虽然是国家的大仇人，然而他已经死去，无法再给他加什么刑罚，诛灭了他的全家，已经够报仇的了，请求不要砍开他的棺材和焚烧他的尸体，以此来存留下皇帝对他的恩情。"后唐帝听从了他的意见，只是铲除了他坟上的阙室，砍掉了他坟上的树木而已。

戊戌（二十八日），后唐帝加封天平节度使李嗣源兼任中书令。任命北京留守李继岌为东京留守、同平章事。

21　后唐帝派遣使者去各道宣谕，说后梁主任命的五十多名节度使都已向后唐帝上表进贡。

　　楚王殷遣其子牙内马步都指挥使希范入见，纳洪、鄂行营都统印，上本道将吏籍。

　　荆南节度使高季昌闻帝灭梁，避唐庙讳，更名季兴，欲自入朝，梁震曰："唐有吞天下之志，严兵守险，犹恐不自保，况数千里入朝乎？且公朱氏旧将，安知彼不以仇敌相遇乎！"季兴不从。

　　22　帝遣使以灭梁告吴、蜀，二国皆惧。徐温尤严可求曰："公前沮吾计，今将奈何？"可求笑曰："闻唐主始得中原，志气骄满，御下无法，不出数年，将有内变，吾卑辞厚礼，保境安民以待之耳。"唐使称诏，吴人不受。帝易其书，用敌国之礼，曰"大唐皇帝致书于吴国主"，吴人复书称"大吴国主上大唐皇帝"，辞礼如笺表。

　　23　吴人有告寿州团练使锺泰章侵市官马者，徐知诰以吴王之命，遣滁州刺史王稔巡霍丘，因代为寿州团练使，以泰章为饶州刺史。徐温召至金陵，使陈彦谦诘之者三，皆不对。或问泰章："何以不自辨？"泰章曰："吾在扬州，十万军中号称壮士，寿州去淮数里，步骑不下五千，苟有他志，岂王稔单骑能代之乎！我义不负国，虽黜为县令亦行，况刺史乎！何为自辨以彰朝廷之失！"徐知诰欲以法绳诸将，请收泰章治罪。徐温曰："吾非泰章，已死于张颢之手，今日富贵，安可负之？"命知诰为子景通娶其女以解之。

　　24　彗星见舆鬼，长丈馀，蜀司天监言国有大灾。蜀主诏于玉局化设道场，右补阙张云上疏，以为："百姓怨气上彻于天，故彗星见。此乃亡国之征，非祈禳可弭。"蜀主怒，流云黎州，卒于道。

楚王马殷派他的儿子牙内马步都指挥使马希范入见后唐帝，交回洪、鄂行营都统印符，并送上本道将吏的花名册。

　　荆南节度使高季昌听说后唐帝消灭了后梁，为避后唐庙讳，改名叫高季兴，他打算亲自入朝，梁震说："唐有吞并天下的志向，你用重兵把守着险要的地方还担心不能保全自己，何况长途跋涉数千里去入朝？而且你是朱氏的旧将，怎么能知道他不以仇敌来对待你呢！"高季兴没有听从他的意见。

　　22　后唐帝派遣使者把消灭了后梁的事去告诉了吴、前蜀，两国都感到害怕。徐温责怪严可求说："你以前阻止我的计策，现在怎么办？"严可求边笑边说："听说唐主刚刚取得中原地区，意满骄傲，使用下面的人时根本没有法度，不出数年，内部将会产生变化，我们对他们说话时恭敬谦虚些，送上一些丰厚的礼物，守卫好我们的国境，使百姓得到安宁，以此来等待他们发生变化。"后唐使到吴国说是唐帝下的诏书，吴人不接受。后来后唐帝改变了书信规格，用对待平等国家的口气，说"大唐皇帝致书于吴国主"，吴人回信时称"大吴国主上大唐皇帝"，信中的用辞和礼节就像下级对待上级一样。

　　23　吴国有人上告寿州团练使锺泰章侵占或卖掉了官马，徐知诰用吴王的命令派遣滁州刺史王稔去巡察霍丘，从而代为寿州团练使，改锺泰章任饶州刺史。徐温把锺泰章叫回金陵，让陈彦谦责问他，连续三次，他都不回答。有人问锺泰章说："你为什么自己不辩解一下呢？"锺泰章说："我在扬州时，在十万大军中号称壮士，寿州离淮水只有几里远，步兵、骑兵不下五千人，我如有别的想法，难道王稔能靠他单人匹马代替了我！我的情义是不辜负国家，把我贬为县令也行，何况刺史呢！为什么要自己辩解来张扬朝廷的过失呢！"徐知诰打算对其他几位将领绳之以法，并请求把锺泰章抓起来治罪。徐温说："如果不是锺泰章，我早已死在张颢的手下，现在我富贵了，怎么可以对不起他呢？"于是命令徐知诰为他的儿子徐景通娶了锺泰章的女儿，并以此解脱了锺泰章的罪过。

　　24　舆鬼星附近出现彗星，有一丈多长，前蜀国的司天监说国家将会有大灾。前蜀主下诏书，让在玉局化修筑道场，右补阙张云上疏，他认为："百姓的怨气上升到天上，所以才出现了彗星。这是国家灭亡的征兆，不是祈求祛除灾难可以解决的。"前蜀主非常生气，把张云流放到黎州，结果死在路上。

25　郭崇韬上言："河南节度使、刺史上表者但称姓名，未除新官，恐负忧疑。"十一月，始降制以新官命之。

26　滑州留后李绍钦因伶人景进纳货于宫掖，除泰宁节度使。

帝幼善音律，故伶人多有宠，常侍左右。帝或时自傅粉墨，与优人共戏于庭，以悦刘夫人，优名谓之"李天下"。尝因为优，自呼曰"李天下，李天下"，优人敬新磨遽前批其颊。帝失色，群优亦骇愕，新磨徐曰："理天下者只有一人，尚谁呼邪？"帝悦，厚赐之。帝尝畋于中牟，践民稼，中牟令当马前谏曰："陛下为民父母，奈何毁其所食，使转死沟壑乎！"帝怒，叱去，将杀之。敬新磨追擒至马前，责之曰："汝为县令，独不知吾天子好猎邪？奈何纵民耕种，以妨吾天子之驰骋乎？汝罪当死！"因请行刑，帝笑而释之。

诸伶出入宫掖，侮弄缙绅，群臣愤嫉，莫敢出气，亦反有相附托以希恩泽者，四方藩镇争以货赂结之。其尤蠹政害人者，景进为之首。进好采间阎鄙细事闻于上，上亦欲知外间事，遂委进以耳目。进每奏事，常屏左右问之，由是进得施其谗慝，干预政事。自将相大臣皆惮之，孔岩常以兄事之。

27　壬寅，岐王遣使致书，贺帝灭梁，以季父自居，辞礼甚倨。

28　癸卯，河中节度使朱友谦入朝，帝与之宴，宠锡无算。

25　郭崇韬上书说:"河南节度使、刺史中上表的人只称姓名,没有授给新官,恐怕他们心中还有些担心和疑虑。"十一月,开始发布皇帝的命令,任命给他们新官。

26　滑州留后李绍钦通过伶人景进向皇宫贡献了财货,结果被任命为泰宁节度使。

后唐帝小时候就喜欢音乐,所以伶人备受宠爱,经常侍奉在他左右。后唐帝有时候也自己涂上粉墨,和优伶一起在宫庭里玩,来讨刘夫人高兴,他艺名为"李天下"。因为他在演戏时,自己喊自己"李天下,李天下",有一个叫敬新磨的戏子突然上前打他的脸。后唐帝突然变了脸色,众戏子也感到害怕,敬新磨慢慢地说:"治理天下的人只有一个,你还呼谁呢?"后唐帝听了很高兴,于是赏赐给他丰厚的礼物。后唐帝曾经在中牟打猎,践踏了百姓的庄稼,中牟县令站在他的马前进谏说:"陛下是老百姓的父母,怎么能够毁坏了他们所吃的东西,是想让他们饿死后把尸体扔到山沟里吗!"后唐帝听了十分生气,大声斥责让他离去,准备杀死他。敬新磨赶快追上他,并把他抓回后唐帝的马前,责骂他说:"你当县令,难道不知道我们的天子喜欢打猎吗? 为什么你要任意让百姓耕种,来妨碍我们的天子驰骋打猎呢? 你罪当处死!"因此请求后唐帝把他杀掉,后唐帝笑了笑就把他给释放了。

优伶们常出入于皇宫,捉弄欺负士大夫,大臣们非常愤恨,但又不敢对他们生气,反而有人依附或拜托他们求得后唐帝的恩泽,四面八方的藩镇官员们也争相贿赂、巴结。害政害人最严重的,景进是第一个。景进喜欢采集一些民间小事说给后唐帝听,后唐帝也想知道一些外面的事情,于是把景进当作自己的耳目。景进每次去后唐帝那里报告事情,后唐帝都要让左右的人们退下去后才问他,因此景进也乘机说别人一些坏话,干预政事。从将相大臣往下的官员们都害怕他,孔岩常把他当作兄长来对待他。

27　壬寅(初二),岐王派遣使者给后唐帝送来信,信中对后唐帝消灭了后梁国表示祝贺,岐王以叔父自居,信中的话语和礼仪也很傲慢。

28　癸卯(初三),河中节度使朱友谦入朝拜见后唐帝,后唐帝设宴款待了他,给他的赏赐无法计算。

29　张全义请帝迁都洛阳,从之。

30　乙巳,赐朱友谦姓名曰李继麟,命继岌兄事之。

31　以康延孝为郑州防御使,赐姓名曰李绍琛。

32　废北都,复为成德军。

33　赐宣武节度使袁象先姓名曰李绍安。

匡国节度使温韬入朝,赐姓名曰李绍冲。绍冲多赉金帛赂刘夫人及权贵伶宦,旬日,复遣还镇。郭崇韬曰:"国家为唐雪耻,温韬发唐山陵殆遍,其罪与朱温相埒耳,何得复居方镇,天下义士其谓我何!"上曰:"入汴之初,已赦其罪。"竟遣之。

34　戊申,中书奏以:"国用未充,请量留三省、寺、监官,馀并停,俟见任者满二十五月,以次代之。其西班上将军以下,令枢密院准此。"从之。人颇咨怨。

35　初,梁均王将祀南郊于洛阳,闻杨刘陷而止,其仪物具在。张全义请上亟幸洛阳,谒庙毕即祀南郊。从之。

36　丙辰,复以梁东京开封府为宣武军汴州。梁以宋州为宣武军,诏更名归德军。

37　诏文武官先诣洛阳。

38　议者以郭崇韬勋臣为宰相,不能知朝廷典故,当用前朝名家以佐之。或荐礼部尚书薛廷珪,太子少保李琪,尝为太祖册礼使,皆著宿有文,宜为相。崇韬奏廷珪浮华无相业,琪倾险无士风;尚书左丞赵光胤廉洁方正,自梁未亡,北人皆称其有宰相器。豆卢革荐礼部侍郎韦说谙练朝章。丁巳,

29　张全义请求后唐帝把京都迁到洛阳,后唐帝听从了他的意见。

30　乙巳(初五),后唐帝赐给朱友谦姓名叫李继麟,让李继岌把他当作兄长来对待。

31　后唐帝任命康延孝为郑州防御使,赐给他姓名叫李绍琛。

32　撤消了北都,改回成德军。

33　后唐帝赐给宣武节度使袁象先姓名叫李绍安。

匡国节度使温韬入朝拜见后唐帝,后唐帝赐给他姓名叫李绍冲。李绍冲把许多金帛送给刘夫人和一些权贵伶官,十几天后,又派他返回原来的镇所。郭崇韬说:"国家为唐朝洗除了耻辱,温韬几乎挖遍了唐朝皇帝的陵墓,他的罪过和朱温相等,怎么能让他又去管方镇,天下的义士会说我们些什么呢!"后唐帝说:"在进入大梁之初就已经赦免了他的罪行。"最终还是派他去了。

34　戊申(初八),中书上奏认为:"国家的财用还不够充实,请求酌量留下三省、寺、监官员,其余的机构一律撤消,等到现任的官员任满二十五个月以后,按照次序来代替他们。武官们职位在上将军以下的,命令枢密院也按照这一方法执行。"后唐帝接受了这个意见。但官员们挺多叹息埋怨的。

35　当初,后梁国均王朱友贞在洛阳将要去南郊祭天时,听说杨刘被攻陷而停止,但祭祀用的东西都还在。张全义请求后唐帝赶快巡幸洛阳,谒拜太庙以后就到南郊祭天。后唐帝听从了他的意见。

36　丙辰(十六日),后唐帝又把后梁东京开封府改为宣武军汴州。后梁国以宋州为宣武军,后唐帝下诏改名为归德军。

37　后唐帝下诏命令文武官员先到洛阳。

38　有人议论说任命功臣郭崇韬为宰相,他不了解朝廷典章制度,应当用前朝名家来辅佐他。有人推荐礼部尚书薛廷珪,太子少保李琪,他们曾当过太祖的册礼使,都是师长宿儒,而且有文才,应当为宰相。郭崇韬上奏说薛廷珪华而不实,没有做宰相的本事;而李琪险诈,没有士大夫的风范;尚书左丞赵光胤廉洁正直,后梁朝还没有灭亡的时候,北方人都说他有做宰相的才略。豆卢革推荐礼部侍郎韦说,说他熟悉朝廷的典章制度。丁巳(十七日),

以光胤为中书侍郎,与说并同平章事。光胤,光逢之弟;说,岠之子;廷珪,逢之子也。光胤性轻率,喜自矜;说谨重守常而已。

赵光逢自梁朝罢相,杜门不交宾客,光胤时往见之,语及政事。他日,光逢署其户曰:"请不言中书事。"

39 租庸副使孔谦畏张宪公正,欲专使务,言于郭崇韬曰:"东京重地,须大臣镇之,非张公不可。"崇韬即奏以宪为东京副留守,知留守事。戊午,以豆卢革判租庸,兼诸道盐铁转运使。谦弥失望。

40 己未,加张全义守尚书令,高季兴守中书令。时季兴入朝,上待之甚厚,从容问曰:"朕欲用兵于吴、蜀,二国何先?"季兴以蜀道险难取,乃对曰:"吴地薄民贫,克之无益,不如先伐蜀。蜀土富饶,又主荒民怨,伐之必克。克蜀之后,顺流而下,取吴如反掌耳。"上曰:"善!"

41 辛酉,复以永平军大安府为西京京兆府。

42 甲子,帝发大梁;十二月庚午,至洛阳。

43 吴越王镠以行军司马杜建徽为左丞相。

44 壬申,诏以汴州宫苑为行宫。

45 以耀州为顺义军,延州为彰武军,邓州为威胜军,晋州为建雄军,安州为安远军。自馀藩镇,皆复唐旧名。

46 庚辰,御史台奏:"朱温篡逆,删改本朝《律令格式》,悉收旧本焚之,今台司及刑部、大理寺所用皆伪廷之法。闻定州敕库独有本朝《律令格式》具在,乞下本道录进。"从之。

后唐帝任命赵光胤为中书侍郎，与韦说同为同平章事。赵光胤是赵光逢的弟弟，韦说是韦岫的儿子，薛廷珪是薛逢的儿子。赵光胤性格轻率，喜欢自夸，韦说谨慎庄重，遵守常法。

赵光逢自从后梁朝罢免了他宰相以后，关起门来不和外面宾客交往，赵光胤有时去看望他，谈话中涉及政事。有一天，赵光逢在他的门上写上："请不要谈中书省的事。"

39　租庸副使孔谦对张宪的公正很害怕，他想一个人专管租庸使一司的事务，于是他对郭崇韬说："东京是个重要的地方，需要一个大臣去镇守，这个人非张公不可。"郭崇韬于是上奏请求任命张宪为东京副留守，主管留守的事务。戊午（十八日），任命豆卢革兼任租庸使，同时还兼任诸道盐铁转运使。孔谦大失所望。

40　己未（十九日），后唐帝让张全义试任尚书令，让高季兴试任中书令。当时高季兴入朝拜见后唐帝，后唐帝对他很好，后唐帝从容地问他："我计划向吴国和蜀国发起进攻，这两国里先打哪个呢？"高季兴认为前蜀国道险，难以夺取，于是回答说："吴国地薄民穷，夺取它没有什么好处，不如先攻打蜀国。蜀国的土地富饶，再加上蜀主荒淫，百姓们都怨恨他，攻打他一定会取得胜利。攻下蜀国以后，顺流而下，再夺取吴国，这样就易如反掌。"后唐帝说："很好！"

41　辛酉（二十一日），后唐帝又把过去后梁国的永平军大安府改为西京京兆府。

42　甲子（二十四日），后唐帝从大梁出发；十二月庚午（初一），到达洛阳。

43　吴越王钱镠任命行军司马杜建徽为左丞相。

44　壬申（初三），后唐帝下诏书把汴州的宫苑作为行宫。

45　后唐帝把耀州改为顺义军，延州改为彰武军，邓州改为威胜军，晋州改为建雄军，安州改为安运军。其馀的藩镇，都恢复了唐朝时的旧名称。

46　庚辰（十一日），御史台上奏说："朱温篡夺君位，删改了本朝的《律令格式》，烧掉了旧的法律书，现在台司及刑部、大理寺所用的全是伪朝廷的法律条文。听说只有定州国库里保存有完整的本朝《律令格式》，请求下令定州，让他们抄录一份送上。"后唐帝听从了他的意见。

47　李继韬闻上灭梁，忧惧，不知所为，欲北走契丹，会有诏征诣阙。继韬将行，其弟继远曰：“兄以反为名，何地自容！往与不往等耳，不若深沟高垒，坐食积粟，犹可延岁月。入朝，立死矣。”或谓继韬曰：“先令公有大功于国，主上于公，季父也，往必无虞。”继韬母杨氏，善蓄财，家赀百万，乃与杨氏偕行，赍银四十万两，他货称是，大布赂遗。伶人宦官争为之言曰：“继韬初无邪谋，为奸人所惑耳。嗣昭亲贤，不可无后。”杨氏复入宫见帝，泣请其死，以其先人为言；又求哀于刘夫人，刘夫人亦为之言。及继韬入见待罪，上释之，留月馀，屡从游畋，宠待如故。皇弟义成节度使、同平章事存渥深诋诃之，继韬心不自安，复赂左右求还镇，上不许。继韬潜遣人遗继远书，教军士纵火，冀天子复遣己抚安之，事泄，辛巳，贬登州长史，寻斩于天津桥南，并其二子。遣使斩李继远于上党，以李继达充军城巡检。

召权知军州事李继俦诣阙，继俦据有继韬之室，料简妓妾，搜校货财，不时即路。继达怒曰：“吾家兄弟父子同时诛死者四人，大兄曾无骨肉之情，贪淫如此，吾诚羞之，无面视人，生不如死！”甲申，继达衰服，帅麾下百骑坐戟门呼曰：“谁与吾反者？”因攻牙宅，斩继俦。节度副使李继珂闻乱，募市人，得千馀，攻子城。继达知事不济，开东门，归私第，尽杀其妻子，将奔契丹，出城数里，从骑皆散，乃自刭。

47　李继韬听说后唐帝消灭了后梁国，又担忧又害怕，不知怎么办好，想向北逃到契丹人那里，正好此时后唐帝下诏让他到朝廷。李继韬准备出发上朝，他的弟弟李继远说："哥哥因为反叛而闻名，哪里容得下你！你去和不去一个样，不如挖沟修垒，坐吃存粮，这样还可以延长一些活的时间。如果你入朝，立刻就会被杀死。"也有人对李继韬说："你的父亲对国家曾经立过大功，皇帝对于你来说就如同叔父，你去朝廷一定不会出什么事。"李继韬的母亲杨氏，善于理财，家产万贯，于是李继韬和他的母亲一同前往，携带了四十万两银子，其他礼物带的也相当可观，还有不少货币，一起送去贿赂皇宫里的人。皇宫里的伶人、宦官们都争着为他们说好话，说："李继韬当初并没有什么邪恶阴谋，只是被一些奸诈邪恶的坏人所迷惑。李嗣昭是个好人，不能无后。"杨氏又亲自进宫去拜见后唐帝，并按照她先人的话边哭边请求后唐帝赐死；后来她又请求刘夫人同情她，刘夫人也为她说好话。李继韬去拜见后唐帝请求治罪时，后唐帝把他给赦免了，李继韬在皇宫里住了一个多月，经常跟着后唐帝出去游玩打猎，所受宠爱和原来一样。后唐帝的弟弟义成节度使、同平章事李存渥经常毁谤李继韬，李继韬感到心中很不安，于是他又贿赂后唐帝的左右，请求让他回原来的方镇，后唐帝没有答应。后来李继韬秘密派人送给他弟弟李继远一封信，请他弟弟让士卒们在军营放火，希望后唐帝再派自己回去安抚士卒，事情败露之后，辛巳（十二日），把他贬为登州长史，不久在天津桥南斩杀了他，同时还斩杀了他的两个儿子。后唐帝又派使者去上党斩杀了李继远，让李继达担任军城巡检。

后来后唐帝又召代理知军州事李继俦到朝廷，自李继韬被杀后，李继俦占据了李继韬的家室，他挑选了一些妓妾，搜寻了一些钱财，没有即时上路。李继达生气地说："我家兄弟父子同时被斩杀了四人，大哥没有一点骨肉之情，这样贪财好色，我真感到害羞，无脸见人，活着不如死去！"甲申（十五日），李继达穿着丧服，率领他部下一百馀骑兵坐在李继俦家大门口呼喊说："谁和我一起造反？"于是攻打李继俦的家，杀了李继俦。节度副使李继珂听说李继达叛乱，于是招募了一千多市民，向子城发起进攻。李继达知道已经没有什么办法，于是他打开东门，跑回了自己的家，把他的妻子儿女全部杀掉，准备投奔契丹，他出城走了几里路以后，跟从他的骑兵们都逃散了，于是他也自杀了。

48 甲申，吴王复遣司农卿洛阳卢蘋来奉使，严可求豫料帝所问，教蘋应对，既至，皆如可求所料。蘋还，言唐主荒于游畋，啬财拒谏，内外皆怨。

49 高季兴在洛阳，帝左右伶官求货无厌，季兴忿之。帝欲留季兴，郭崇韬谏曰："陛下新得天下，诸侯不过遣子弟将佐入贡，惟高季兴身自入朝，当褒赏以劝来者。乃羁留不遣，弃信亏义，沮四海之心，非计也。"乃遣之。季兴倍道而去，至许州，谓左右曰："此行有二失：来朝一失，纵我去一失。"过襄州，节度使孔勍留宴，中夜，斩关而去。丁酉，至江陵，握梁震手曰："不用君言，几不免虎口。"又谓将佐曰："新朝百战方得河南，乃对功臣举手云，'吾于十指上得天下'，矜伐如此，则他人皆无功矣，其谁不解体！又荒于禽色，何能久长！吾无忧矣。"乃缮城积粟，招纳梁旧兵，为战守之备。

48　甲申(十五日),吴王又派遣司农卿洛阳人卢蘋出使后唐,严可求预料到后唐帝要问卢蘋些什么,教卢蘋怎样回答,卢蘋来到,果然都如严可求所料。卢蘋回去说,后唐帝整天游玩打猎,又吝啬财产,拒绝劝谏,内外都很怨恨他。

49　高季兴在洛阳时,后唐帝的左右大臣以及伶人宦官们贪得无厌地向高季兴索取财物,高季兴十分憎恨这些人。后唐帝打算留下高季兴,郭崇韬劝后唐帝说:"陛下刚刚取得天下,诸侯们都不过是派子弟或将佐们来朝入贡,只有高季兴亲自来朝,应当表扬奖励他,以此来劝那些不亲自来的诸侯。如把他扣留下来不让他回去,这样背信弃义,让天下灰心失望,这不是长远之计。"于是后唐帝派高季兴回去。高季兴出来后日夜兼程,到了许州以后,对跟随他的人们说:"这次行动有两个失误:我入朝是一个失误,朝廷把我放了又是一个失误。"路过襄州时,节度使孔勍留高季兴吃饭,到了半夜,高季兴冲出关口逃跑。丁酉(二十八日),到了江陵,高季兴握着梁震的手说:"没听你的话,差点儿逃不出虎口。"他又对将佐们说:"新朝皇上经过百战刚得到黄河以南地区,他举起手来对有功之臣们说:'我靠我十个指头夺得了天下。'如此居功自夸,别人都没有一点功劳,这样谁不灰心!而且皇上还迷恋于捕猎和女色,怎么能够长久统治天下呢!我没有什么担忧的。"于是他修缮城池,积蓄粮食,招纳原来后梁国的旧兵,做战斗的准备。

卷二百七十三　后唐纪二

起甲申（924）尽乙酉（925）十月凡一年有奇

庄宗光圣神闵孝皇帝中
同光二年（甲申，924）

1　春，正月甲辰，幽州奏契丹入寇，至瓦桥。以天平军节度使李嗣源为北面行营都招讨使，陕州留后霍彦威副之，宣徽使李绍宏为监军，将兵救幽州。

2　孔谦复言于郭崇韬曰："首座相公万机事繁，居第且远，租庸簿书多留滞，宜更图之。"豆卢革尝以手书假省库钱数十万，谦以手书示崇韬，崇韬微以讽革。革惧，奏请崇韬专判租庸，崇韬固辞。上曰："然则谁可者？"崇韬曰："孔谦虽久典金谷，若遽委大任，恐不叶物望，请复用张宪。"帝即命召之。谦弥失望。

3　岐王闻帝入洛，内不自安，遣其子行军司马彰义节度使兼侍中继曙入贡，始上表称臣。帝以其前朝耆旧，与太祖比肩，特加优礼，每赐诏但称岐王而不名。庚戌，加继曙中书令，遣还。

4　敕："内官不应居外，应前朝内官及诸道监军并私家先所畜者，不以贵贱，并遣诣阙。"时在上左右者已五百人，至是殆及千人，皆给赡优厚，委之事任，以为腹心。内诸司使，自天祐以来以士人代之，至是复用宦者，浸干政事。

庄宗光圣神闵孝皇帝中

后唐庄宗同光二年(甲申,公元 924 年)

1 春季,正月甲辰(初五),幽州上奏说契丹人入侵,到了瓦桥。后唐帝任命天平军节度使李嗣源为北面行营都招讨使,陕州留后霍彦威为副招讨使,宣徽使李绍宏为监军,让他们率军援救幽州。

2 孔谦又对郭崇韬说:"首座相公豆卢革日理万机,事务繁忙,而且居住的地方离朝廷很远,租庸簿册等积压很多,应当另外选择人来充当租庸使。"当时,豆卢革亲手写借条向省库借钱数十万,孔谦拿豆卢革亲手写的借条给郭崇韬看,郭崇韬只是稍微劝说了一下豆卢革。豆卢革感到害怕,上奏请求郭崇韬专门代管租庸事务,郭崇韬坚决辞让。后唐帝问说:"那么谁可以呢?"郭崇韬回答说:"孔谦虽然管理金谷事务时间较长,但如果急急忙忙委此大任,恐怕不孚众望,请再度起用张宪。"后唐帝立即下令召见张宪。孔谦更加失望。

3 岐王听说后唐帝进入洛阳,内心感到不安,于是派遣他的儿子行军司马彰义节度使兼侍中李继曮向后唐帝进贡,开始上表称臣。后唐帝认为他是前朝旧老,和太祖是同辈人,于是特加厚礼,每次下诏书时只称岐王而不称其名。庚戌(十一日),加封李继曮为中书令,并把他送回去。

4 后唐帝下敕:"宦官不应在外面居住,前朝宦官以及各道监军和私人家里所养的人,不论贵贱,一律遣送回朝廷。"当时在后唐帝左右已有五百人,到这个时候几乎多达千人,后唐帝都赐给他们优厚的待遇,委派他们担任一定的职务,把他们当作心腹。自天祐以来朝内都用一般官吏代替宦官担任宫内各司使,此时又起用宦官,宦官逐渐干预政事。

既而复置诸道监军,节度使出征或留阙下,军府之政皆监军决之,陵忽主帅,怙势争权,由是藩镇皆愤怒。

5　契丹出塞。召李嗣源旋师,命泰宁节度使李绍钦、泽州刺史董璋戍瓦桥。

6　李继曮见唐甲兵之盛,归,语岐王,岐王益惧,癸丑,表请正藩臣之礼,优诏不许。

7　孔谦恶张宪之来,言于豆卢革曰:"钱谷细事,一健吏可办耳。魏都根本之地,顾不重乎!兴唐尹王正言操守有馀,智力不足,必不得已,使之居朝廷,众人辅之,犹愈于专委方面也。"革为之言于崇韬,崇韬乃奏留张宪于东京。甲寅,以正言为租庸使。正言昏懦,谦利其易制故也。

8　李存审奏契丹去,复得新州。

9　戊午,敕盐铁、度支、户部三司并隶租庸使。

10　上遣皇弟存渥、皇子继岌迎太后、太妃于晋阳,太妃曰:"陵庙在此,若相与俱行,岁时何人奉祀!"遂留不来。太后至,庚申,上出迎于河阳;辛酉,从太后入洛阳。

11　二月己巳朔,上祀南郊,大赦。孔谦欲聚敛以求媚,凡赦文所蠲者,谦复征之。自是每有诏令,人皆不信,百姓愁怨。

郭崇韬初至汴、洛,颇受藩镇馈遗,所亲或谏之,崇韬曰:"吾位兼将相,禄赐巨万,岂藉外财!但以伪梁之季,贿赂成风,今河南藩镇,皆梁之旧臣,主上之仇雠也,若拒,其意能无惧乎!吾特为国家藏之私室耳。"及将祀南郊,崇韬首献劳军钱

不久又设置各道监军,节度使出去打仗或留在朝廷时,军府的政事都由监军来裁决,他们凌驾在主帅之上,仗势争权夺利,因此各藩镇对他们都十分愤恨。

5　契丹军开出边境。后唐帝命令李嗣源率兵回师,命令泰宁节度使李绍钦、泽州刺史董璋驻守在瓦桥。

6　李继曮见后唐军十分强大,回来告诉岐王,岐王更加感到害怕,癸丑(十四日),岐王上表请求以藩臣的礼节来对待自己,后唐帝下诏没有答应。

7　孔谦不满张宪的到来,于是对豆卢革说:"钱谷这些小事,一个精干的官吏即可以办理。魏都是个很重要的地方,怎么能反过来不重视呢!兴唐尹王正言品行有余,才能不足,不得已的话,可以让他身居朝廷,大家来辅佐他,还是胜过专门委任他担一方的军政事务。"豆卢革为孔谦在郭崇韬面前推荐王正言,于是郭崇韬上奏请求把张宪留在东京。甲寅(十五日),任命王正言为租庸使。王正言糊涂软弱,孔谦是贪图他容易被控制,才提名他出任租庸使的。

8　李存审奏告后唐帝契丹人已经离去,重新得到新州。

9　戊午(十九日),后唐帝下敕:盐铁、度支、户部三司一并隶属于租庸使管辖。

10　后唐帝派遣他的弟弟李存渥、他的儿子李继岌到晋阳迎接太后、太妃,太妃说:"祖宗陵庙在这里,如果我们都一起去,每年祭祀的时候谁来这里奉祀祖宗!"于是她留了下来。太后即将到时,庚申(二十一日),后唐帝到河阳去迎接;辛酉(二十二日),后唐帝随从太后一起进入洛阳。

11　二月己巳朔(初一),后唐帝到南郊去祭天,同时对全国罪犯实行大赦。孔谦打算搜刮民财来讨好后唐帝,凡赦文中免除征收的人,孔谦仍然要向他们征收。从此以后,每次后唐帝下发诏令,人们都不相信,百姓们忧愁怨恨。

郭崇韬刚到汴梁、洛阳时,接受了很多藩镇给他的馈赠,他的亲信中有人规劝他,郭崇韬说:"我的职位兼管军政,俸禄百万,我怎么能搜刮外财呢!只是因为梁朝末期,贿赂成风,现在黄河以南的藩镇官吏都是原来梁朝的旧臣,都是皇帝的仇人,如果拒绝他们,他们心里能不害怕吗!我只是为国家先收藏在我的家里。"等到后唐帝快要到南郊祭天时,郭崇韬带头贡献慰劳军队的钱

十万缗。先是,宦官劝帝分天下财赋为内外府,州县上供者入外府,充经费;方镇贡献者入内府,充宴游及给赐左右。于是外府常虚竭无馀而内府山积。及有司办郊祀,乏劳军钱,崇韬言于上曰:"臣已倾家所有以助大礼,愿陛下亦出内府之财以助有司。"上默然久之,曰:"吾晋阳自有储积,可令租庸辇取以相助。"于是取李继韬私第金帛数十万以益之,军士皆不满望,始怨恨,有离心矣。

12　河中节度使李继麟请榷安邑、解县盐,每季输省课。己卯,以继麟充制置两池榷盐使。

13　辛巳,进岐王爵为秦王,仍不名、不拜。

14　郭崇韬知李绍宏怏怏,乃置内句使,掌句三司财赋,以绍宏为之,冀弭其意,而绍宏终不悦,徒使州县增移报之烦。

崇韬位兼将相,复领节旄,以天下为己任,权侔人主,旦夕车马填门。性刚急,遇事辄发,嬖幸侥求,多所摧抑,宦官疾之,朝夕短之于上,崇韬扼腕,欲制之不能。豆卢革、韦说尝问之曰:"汾阳王本太原人徙华阴,公世家雁门,岂其枝派邪?"崇韬因曰:"遭乱,亡失谱谍,尝闻先人言,上距汾阳四世耳。"革曰:"然则固从祖也。"崇韬由是以膏粱自处,多甄别流品,引拔浮华,鄙弃勋旧。有求官者,崇韬曰:"深知公功能,然门地寒素,不敢相用,恐为名流所嗤。"由是嬖幸疾之于内,勋旧怨之于外。崇韬屡请以枢密使让李绍宏,上不许;又请分枢密院事归内诸司以轻其权,而宦官谤之不已。崇韬郁郁不得志,

十万缗。在此之前,宦官们曾劝说后唐帝把国家的财赋分为内外二府,州县贡献的收入外府,充当国家经费用;方镇贡献的收入内府,供皇帝宴席、游玩以及赏赐左右大臣用。这样,外府的费用经常短缺无馀,而内府的财赋则堆积如山。等到有关部门去筹办郊祀时,缺乏慰劳军队的费用,郭崇韬对后唐帝说:"我已经把所有的家产拿出来资助郊祀大礼,希望陛下也拿出内府一些钱财来帮助有司。"后唐帝沉默了好大一会儿说:"我在晋阳自有积蓄,可以让租庸使用车拉点来资助有司。"于是在李继韬的住地取了数十万金帛来帮助有司,军队士卒们对此很不满意,开始怨恨,并产生了叛离的想法。

12 河中节度使李继麟请求代管安邑、解县的盐务,每季给省内送一次盐赋。己卯(十一日),任命李继麟为制置两池榷盐使。

13 辛巳(十三日),进封岐王李茂贞为秦王,并且允许他朝见时不称名,不下拜。

14 郭崇韬知道李绍宏心中不快,于是设置了内句使,掌管考核三司财赋,让李绍宏任内句使,希望消除他的不满,但李绍宏始终不高兴,结果,只是使州县里增加了移报手续的麻烦。

郭崇韬掌握军政大权,又掌握着使臣所持的旌节,他以天下为己任,其权力和皇帝相等,每天早晚门前的车马都是满满的。郭崇韬性情刚愎而急躁,遇事就发脾气,后唐帝宠爱的人想求他办事,多数都遭到失败,宦官们很憎恨他,每天在后唐帝那里说他的短处,郭崇韬感到很愤怒,想制服他们但又不能。豆卢革、韦说曾经问他说:"汾阳王本是太原人,后迁到华阴,您世世代代在雁门,难道是他的枝派吗?"郭崇韬因此回答他们说:"因遭动乱,谱谍丢失,曾经听先人说,上距汾阳王只有四世。"豆卢革说:"既然如此,那么本是同一祖宗了。"从此,郭崇韬以出身豪门而悠然自处,同时也辨别一些人的门第,推荐选拔一些华而不实的人,辞退一些过去有功劳的故旧。有人向郭崇韬请求封官,郭崇韬说:"我很了解你的功绩和才能,但因出身寒门,不敢起用,害怕名流们讥笑。"因此,宫廷内皇帝宠幸的人忌恨他,朝廷外过去的功臣们怨恨他。郭崇韬曾多次请求把枢密使让给李绍宏,后唐帝始终没有答应;他又请求把一部分枢密院的事情分给朝内各司,以此来减轻他的一些权力,但宦官们却没完没了地指责他的过失。郭崇韬感到愁闷不得志,

与所亲谋赴本镇以避之,其人曰:"不可。蛟龙失水,蝼蚁足以制之。"

先是,上欲以刘夫人为皇后,而有正妃韩夫人在,太后素恶刘夫人,崇韬亦屡谏,上以是不果。于是所亲说崇韬曰:"公若请立刘夫人为皇后,上必喜。内有皇后之助,则伶宦辈不能为患矣。"崇韬从之,与宰相帅百官共奏刘夫人宜正位中宫。癸未,立魏国夫人刘氏为皇后。皇后生于寒微,既贵,专务蓄财,其在魏州,薪苏果茹皆贩鬻之。及为后,四方贡献皆分为二,一上天子,一上中宫。以是宝货山积,惟用写佛经,施尼师而已。

是时皇太后诰,皇后教,与制敕交行于藩镇,奉之如一。

15　诏蔡州刺史朱勍浚索水,通漕运。

16　三月己亥朔,蜀主宴近臣于怡神亭,酒酣,君臣及宫人皆脱冠露髻,喧哗自恣。知制诰京兆李龟祯谏曰:"君臣沉湎,不忧国政,臣恐启北敌之谋。"不听。

17　乙巳,镇州言契丹将犯塞,诏横海节度使李绍斌、北京左厢马军指挥使李从珂帅骑兵分道备之;天平节度使李嗣源屯邢州。绍斌本姓赵,名行实,幽州人也。

18　丙午,加高季兴兼尚书令,进封南平王。

19　李存审自以身为诸将之首,不得预克汴之功,感愤,疾益甚,屡表求入觐,郭崇韬抑而不许。存审疾亟,表乞生睹龙颜,乃许之。初,帝尝与右武卫上将军李存贤手搏,存贤不尽其技,帝曰:"汝能胜我,当授藩镇。"存贤乃奉诏,仅仆帝而止。

于是和他的亲信们商量准备到本镇上回避一下，亲信中有人说："不可以。蛟龙离开了水，蝼蚁都可以制服它。"

在此以前，后唐帝打算把刘夫人立为皇后，因有正妃韩夫人在，皇太后平素又恨刘夫人，郭崇韬也曾多次劝说后唐帝，因此后唐帝才没有把刘夫人立为皇后。于是，亲信们劝郭崇韬说："您如果请求立刘夫人为皇后，皇帝一定很高兴。这样，内有皇后的帮助，那些伶官们就不会成为您的忧患了。"郭崇韬听从了这些人的意见，于是和宰相带领百官一起上奏，请求立刘夫人为中宫皇后。癸未（十五日），后唐帝立魏国夫人刘氏为皇后。皇后出身很贫寒，等到她显贵以后，专力集蓄财物，她在魏州时，连柴草果菜都进行贩卖。等到立为皇后以后，四方送给朝廷的贡品都分为二份，一份送给皇帝，一份留在中宫。因此财宝堆积如山，只用来抄写佛经或馈赠尼师而已。

这时，皇太后下发的诰令，皇后下发的教令，和皇帝下发的制敕在藩镇中相互交行，藩镇的官吏们奉之如一。

15　后唐帝下诏，命令蔡州刺史朱勍治理索水，使索水成为水上运输道路。

16　三月己亥朔（初一），前蜀主在怡神亭宴请亲近的大臣们，喝酒喝得正高兴时，君主、大臣以及宫人都脱掉了帽子，露出发结，喧哗吵闹，为所欲为。知制诰京兆李龟祯劝前蜀主说："君主大臣沉湎于酒，不担忧国家的政事，我恐怕这会促使北面敌人算计我们。"前蜀主不听他的规劝。

17　乙巳（初七），镇州报告说契丹人将要侵犯边境，后唐帝下诏，命令横海节度使李绍斌、北京左厢马军指挥使李从珂率领骑兵分路防备；命令天平节度使李嗣源驻守在邢州。李绍斌本姓赵，名行实，幽州人。

18　丙午（初八），加封高季兴兼任尚书令，晋封为南平王。

19　李存审自认身为诸将之首，没有得到参与攻克汴梁之功，感到激愤，病情加重，曾多次上表请求朝见皇帝，郭崇韬扣压住不许他入朝。李存审的病情更加厉害，上表请求在活着的时候能见到后唐帝，因此才答应了他的请求。当初，后唐帝曾和右武卫上将军李存贤空手搏击，李存贤没有使出全部技能，后唐帝说："你如能胜我，当授予你节度使之职。"于是李存贤按照他说的，但仅把他击得向前倾跌就住了手。

及许存审入觐,帝以存贤为卢龙行军司马,旬日除节度使,曰:"手搏之约,吾不食言矣。"

20　庚戌,幽州奏契丹寇新城。

21　勋臣畏伶官之谗,皆不自安。蕃汉内外马步副总管李嗣源求解兵柄,帝不许。

22　自唐末丧乱,搢绅之家或以告赤鬻于族姻,遂乱昭穆,至有舅、叔拜甥、侄者,选人伪滥者众。郭崇韬欲革其弊,请令铨司精加考核。时南郊行事官千二百人,注官者才数十人,涂毁告身者十之九。选人或号哭道路,或馁死逆旅。

23　唐室诸陵先为温韬所发,庚申,以工部郎中李途为长安按视诸陵使。

24　皇子继岌代张全义判六军诸卫事。

25　夏,四月己巳朔,群臣上尊号曰昭文睿武至德光孝皇帝。

26　帝遣客省使李严使于蜀,严盛称帝威德,有混一天下之志。且言朱氏篡窃,诸侯曾无勤王之举。王宗俦以其语侵蜀,请斩之,蜀主不从。宣徽北院使宋光葆上言:"晋王有凭陵我国家之志,宜选将练兵,屯戍边鄙,积糗粮,治战舰以待之。"蜀主乃以光葆为梓州观察使,充武德节度留后。

27　乙亥,加楚王殷兼尚书令。

28　庚辰,赐前保义留后霍彦威姓名李绍真。

29　秦忠敬王李茂贞卒,遗奏以其子继曧权知凤翔军府事。

等到允许李存审入见时,后唐帝任命李存贤为卢龙行军司马,过了十几天任命他为节度使,说:"手搏之约,我不能说话不算数。"

20 庚戌(十二日),幽州上奏说契丹人侵犯新城。

21 有功之臣都害怕伶官毁谤,内心都感到不安。蕃汉内外马步副总管李嗣源请求解除兵权,后唐帝没有答应他。

22 自从唐末衰乱以来,士大夫之家有的人将朝廷授官的文凭卖给同族或者亲戚,于是乱了礼教次序,甚至有舅舅拜见外甥、叔叔拜见侄儿的,在候选、候补的人员中,弄虚作假的人很多。郭崇韬想革除这种弊病,请求让吏部严加考核。当时参加祭天的行事官有一千两百多人,其中按资叙授官的才几十个人,而涂改委任官职文凭的人占十分之九。候选、候补官员的人有的在道路上号啕大哭,有的饿死在旅馆。

23 唐室先祖的陵墓早先被温韬所挖,庚申(二十二日),任命工部郎中李途为长安按视诸陵使。

24 皇子李继岌代替张全义管理六军诸卫事。

25 夏季,四月己巳朔(初一),群臣给后唐帝上尊号为昭文睿武至德光孝皇帝。

26 后唐帝派遣客省使李严出使前蜀,李严极力夸耀后唐帝的威德,说后唐帝有统一天下的志向。而且还说朱氏企图篡夺政权,但诸侯王们都没有一点儿为他尽力的举动。王宗俦认为他的话是在攻击前蜀,请求把他斩杀,但前蜀主没有听从他的意见。宣徽北院使宋光葆对前蜀主说:"晋王有进一步逼迫我国的野心,我们应当选将练兵,在边境上驻守军队,积蓄粮秣,建造战船,以防他来侵略。"于是前蜀主任命宋光葆为梓州观察使,并担任武德节度使留后。

27 乙亥(初七),封楚王马殷兼任尚书令。

28 庚辰(十二日),后唐帝赐给原保义留后霍彦威姓名叫李绍真。

29 秦忠敬王李茂贞死,他留下的奏文中希望任命他的儿子李继曤代理凤翔军府事。

30　初,安义牙将杨立有宠于李继韬,继韬诛,常邑邑思乱。会发安义兵三千戍涿州,立谓其众曰:"前此潞兵未尝戍边,今朝廷驱我辈投之绝塞,盖不欲置之潞州耳。与其暴骨沙场,不若据城自守,事成富贵,不成为群盗耳。"因聚噪攻子城东门,焚掠市肆。节度副使李继珂、监军张弘祚弃城走,立自称留后,遣将士表求旌节。诏以天平节度使李嗣源为招讨使,武宁节度使李绍荣为部署,帐前都指挥使张廷蕴为马步都指挥使以讨之。

31　孔谦贷民钱,使以贱估偿丝,屡檄州县督之。翰林学士承旨、权知汴州卢质上言:"梁赵岩为租庸使,举贷诛敛,结怨于人。陛下革故鼎新,为人除害,而有司未改其所为,是赵岩复生也。今春霜害稼,茧丝甚薄,但输正税,犹惧流移,况益以称贷,人何以堪! 臣惟事天子,不事租庸,敕旨未颁,省牒频下,愿早降明命!"帝不报。

32　汉主引兵侵闽,屯于汀、漳境上。闽人击之,汉主败走。

33　初,胡柳之役,伶人周匝为梁所得,帝每思之。入汴之日,匝谒见于马前,帝甚喜。匝涕泣言曰:"臣之所以得生全者,皆梁教坊使陈俊、内园栽接使储德源之力也,愿就陛下乞二州以报之。"帝许之。郭崇韬谏曰:"陛下所与共取天下者,皆英豪忠勇之士。今大功始就,封赏未及一人,而先以伶人为刺史,恐失天下心。"以是不行。逾年,伶人屡以为言,

30　当初,安义牙将杨立很受李继韬宠爱,李继韬被杀以后,杨立经常闷闷不乐,打算叛乱。正巧这时朝廷准备派三千安义兵去戍守涿州,杨立对他的士卒们说:"在此之前潞州的士卒从没有戍守过边境,现在朝廷把我们这些人驱赶到很远的边塞去,大概是不想让我们在潞州了。我们与其死在沙漠边塞,不如据城自守,事情如果成功了,大家就会富贵起来,事情如果不成功,我们就集合起来做盗贼。"因此聚众鼓噪,攻打子城的东门,烧掠街上的商店。节度副使李继珂、监军张弘祚弃城逃走,杨立自称为留后官,并派遣他的将士们上表请求后唐帝发给留后官应持有的旄节信物。后唐帝下诏任命天平节度使李嗣源为招讨使,武宁节度使李绍荣为部署,帐前都指挥使张廷蕴为马步都指挥使前去讨伐杨立。

31　孔谦将钱借贷给百姓,然后让百姓们用低价的丝来偿还贷款,而且经常下发檄文让州县的官吏们来督促。翰林学士承旨、代理汴州知州卢质上书后唐帝说:"梁国的赵岩曾任租庸使,因为他利用借款来向百姓搜刮财物,和百姓们结下怨仇。陛下破旧立新,为民除害,但有关部门没有改掉他们的所作所为,这就像赵岩又复活一样。今年春季因霜寒损害了庄稼,收获的茧丝也很少,只收正税还怕有人逃亡躲税,何况又增加了借贷,百姓怎么能忍受得了! 臣下只事奉天子,不事奉租庸使,敕旨还没有颁发,租庸使就频繁地下达文书,希望能够及早颁发明确的命令!"但后唐帝没有答复他。

32　南汉主率兵入侵闽州,军队驻扎在汀州、漳州的边境上。闽州人还击,南汉主被击败逃走。

33　当初在胡柳战役中,乐官周匝被梁人抓获,后唐帝经常思念他。到后唐军进入汴梁的那天,周匝在马前拜见后唐帝,后唐帝十分高兴。周匝在后唐帝面前哭诉说:"臣之所以能够安全活到今天,全靠梁教坊使陈俊、内园栽接使储德源的帮助,希望陛下能把两个州封赏给他们,以此来报答他们的恩情。"后唐帝答应了他的请求。郭崇韬劝后唐帝说:"陛下要封赏的应该是那些和你共同夺取天下的人,这些人都是英豪忠勇之士。今天大功刚刚告成,这些人中还没有一个人得到封赏,而首先任命一个乐官为刺史,恐怕要失掉天下人们的心。"因此周匝的建议没有实行。一年之后,乐官经常提起这件事,

帝谓崇韬曰:"吾已许周匝矣,使吾惭见此三人。公言虽正,当为我屈意行之。"五月壬寅,以俊为景州刺史,德源为宪州刺史。时亲军有从帝百战未得刺史者,莫不愤叹。

34 乙巳,右谏议大夫薛昭文上疏,以为:"诸道僭窃者尚多,征伐之谋,未可遽息。又,士卒久从征伐,赏给未丰,贫乏者多,宜以四方贡献及南郊羡馀,更加颁赉。又,河南诸军皆梁之精锐,恐僭窃之国潜以厚利诱之,宜加收抚。又,户口流亡者,宜宽徭薄赋以安集之。又,土木不急之役,宜加裁省。又请择隙地牧马,勿使践京畿民田。"皆不从。

35 戊申,蜀主遣李严还。初,帝因严入蜀,令以马市宫中珍玩,而蜀法禁锦绮珍奇不得入中国,其粗恶者乃听入中国,谓之"入草物"。严还,以闻,帝怒曰:"王衍宁免为入草之人乎!"严因言于帝曰:"衍童呆荒纵,不亲政务,斥远故老,昵比小人。其用事之臣王宗弼、宋光嗣等,谄谀专恣,黩货无厌,贤愚易位,刑赏紊乱,君臣上下专以奢淫相尚。以臣观之,大兵一临,瓦解土崩,可翘足而待也。"帝深以为然。

36 帝以潞州叛故,庚戌,诏天下州镇无得修城浚隍,悉毁防城之具。

37 壬子,新宣武节度使兼中书令、蕃汉马步总管李存审卒于幽州。存审出于寒微,常戒诸子曰:"尔父少提一剑去乡里,四十年间,位极将相,其间出万死获一生者非一,破骨出镞者凡百馀。"

后唐帝对郭崇韬说:"我已经答应过周匝,我感到很不好意思见到这三个人。你所讲的都很正确,但还应当看在我的面子上委屈执行一下。"五月壬寅(初五),后唐帝任命陈俊为景州刺史,储德源为宪州刺史。当时亲军中有跟从后唐帝转战南北而没有封得刺史的人,他们无不愤怒叹息。

34 乙巳(初八),右谏议大夫薛昭文给后唐帝上疏,认为:"诸道官吏中和朝廷对抗的人很多,征伐的手段,不可一下子止息不用。此外,士卒们长时间出征作战,赏给不丰厚,很多人都很贫穷,应当把各方的贡品以及南郊祭祀的剩馀物品赏赐给他们。再者,黄河以南的各路军队都是过去梁国的精锐部队,恐怕那些和朝廷对抗的藩镇官吏们会偷偷地用丰厚的利益来引诱他们,朝廷应当加以安抚。还有,举家离乡背井的人们,应当放宽和减少他们的徭役赋税,以此来安慰他们,并把他们再聚集回来。又有,不是急需的土木劳役,应当加以裁减。最后,请求选择一些没用的空地去放马,不要使马践踏了京畿的民田。"后唐帝都没有听从他的意见。

35 戊申(十一日),前蜀主派李严回到本国。当初,后唐帝派李严进入前蜀,让他用马来交换前蜀宫中珍贵的玩赏器物,但前蜀法规定前蜀国上好的丝织品以及珍贵少见的器物不能流入中原地区的国家,但做工比较粗劣的可以让流入中原地区的国家,当地人称之为"入草物"。李严回到后唐后,把这些情况告诉了后唐帝,后唐帝很生气地说:"王衍难道不是入草之人吗?"李严于是对后唐帝说:"王衍像小孩子一样痴愚,昏乱放纵,不亲自处理政事,把一些过去的老人排斥得很远,亲近小人。他用的那些掌权的大臣王宗弼、宋光嗣等,靠奉承皇帝而专横跋扈,贪得无厌,贤愚颠倒,刑赏混乱,君臣上下相互都崇尚奢侈荒淫。以我来看,大兵一来,他们就会土崩瓦解,我们可以在极短的时间内得到蜀国。"后唐帝深感他讲得对。

36 后唐帝因为潞州反叛的缘故,庚戌(十三日),下诏命令全国各州镇不得擅自修筑深沟城垒,全部拆毁原来的防城设施。

37 壬子(十五日),新上任的宣武节度使兼中书令、蕃汉马步总管李存审在幽州去世。李存审出身贫寒,他经常告诫孩子们说:"你们的父亲小时候拿着一把剑离开了家乡,四十多年来,爵位一直升到将相,在这期间,死里逃生不是一两次,剖开骨头取出箭头就有一百多次。"

因授以所出镞,命藏之,曰:"尔曹生于膏粱,当知尔父起家如此也。"

38　幽州言契丹将入寇,甲寅,以横海节度使李绍斌充东北面行营招讨使,将大军渡河而北。契丹屯幽州东南城门之外,虏骑充斥,馈运多为所掠。

39　壬戌,以李继曮为凤翔节度使。

40　乙丑,以权知归义留后曹义金为节度使。时瓜、沙与吐蕃杂居,义金遣使间道入贡,故命之。

41　李嗣源大军前锋至潞州,日已暝,泊军方定,张廷蕴帅麾下壮士百馀辈逾堑坎城而上,守者不能御,即斩关延诸军入。比明,嗣源及李绍荣至,城已下矣,嗣源等不悦。丙寅,嗣源奏潞州平。六月丙子,磔杨立及其党于镇国桥。潞州城池高深,帝命夷之。

42　丙戌,以武宁节度使李绍荣为归德节度使、同平章事,留宿卫,宠遇甚厚。帝或时与太后、皇后同至其家。帝有幸姬,色美,尝生子矣,刘后妒之。会绍荣丧妻,一日,侍禁中,帝问绍荣:"汝复娶乎? 为汝求婚。"后因指幸姬曰:"大家怜绍荣,何不以此赐之?"帝难言不可,微许之。后趣绍荣拜谢,比起,顾幸姬,已肩舆出宫矣。帝为之托疾不食者累日。

43　壬辰,以天平节度使李嗣源为宣武节度使,代李存审为蕃汉内外马步总管。

44　秋,七月壬寅,蜀以礼部尚书许寂为中书侍郎、同平章事。

因而把从身上取出的箭头交给了他的孩子们,命令他们把箭头收藏起来,说:"你们生活在富裕的家庭里,应当知道你们的父亲起家是很不容易的。"

38 幽州方面报告说契丹人又将入侵,甲寅(十七日),命令横海节度使李绍斌出任东北面行营招讨使,并让他率领大军渡过黄河向北进军。契丹的军队驻扎在幽州东南城门外,到处都是敌人的骑兵,他们所用的粮草大多是从当地抢夺来的。

39 壬戌(二十五日),任命李继暚为凤翔节度使。

40 乙丑(二十八日),任命代理归义留后曹义金为归义节度使。当时,瓜州、沙州的人和吐蕃人杂居在一起,曹义金派遣使者从小道上朝入贡,所以后唐帝才任命他为节度使。

41 李嗣源率领的部队的前锋到达潞州时已经夕阳西下,军队刚刚安顿好,张廷蕴就率军中一百多名壮士越过沟坎登城,守城的人无力抵抗,于是他们边攻边杀,一直攻进城内。等到天亮的时候,李嗣源和李绍荣到达潞州,潞州城已经被攻下,李嗣源等不大高兴。丙寅(二十九日),李嗣源上奏皇帝说潞州已经平定。六月,丙子(初九),在镇国桥杀死了杨立及其同党。潞州城高池深,后唐帝命令夷平。

42 丙戌(十九日),后唐帝任命武宁节度使李绍荣为归德节度使、同平章事,并把他留在宫中,担任警卫,后唐帝非常喜欢他,给他的待遇十分丰厚。后唐帝有时和太后、皇后一起到他家串门。后唐帝有个宠姬,长得很漂亮,曾生过一个儿子,刘皇后很嫉妒她。这时李绍荣的妻子正好去世,一天,李绍荣在宫中侍奉后唐帝,后唐帝就问李绍荣说:"你还再娶妻子吗?我为你去求婚。"皇后因此就指着后唐帝的宠姬对后唐帝说:"皇帝可怜绍荣,为什么不把小妾赏赐给他呢?"皇帝难以拒绝,只是含含糊糊答应了。皇后赶快让李绍荣拜谢皇帝,等到李绍荣起身,皇帝回头看宠姬时,宠姬已经坐轿子出了皇宫。后唐帝因为这件事情托病,好几天都没吃饭。

43 壬辰(二十五日),后唐帝任命天平节度使李嗣源为宣武节度使,并代替李存审为蕃汉内外马步总管。

44 秋季,七月壬寅(初五),前蜀主任命礼部尚书许寂为中书侍郎、同平章事。

45　孔谦复短王正言于郭崇韬，又厚赂伶官，求租庸使，终不获，意怏怏。癸卯，表求解职，帝怒，以为避事，将置于法，景进救之，得免。

46　梁所决河连年为曹、濮患，甲辰，命右监门上将军娄继英督汴、滑兵塞之。未几，复坏。

47　庚申，置威塞军于新州。

48　契丹恃其强盛，遣使就帝求幽州以处卢文进。时东北诸夷皆役属契丹，惟勃海未服。契丹主谋入寇，恐勃海掎其后，乃先举兵击勃海之辽东，遣其将秃馁及卢文进据营、平等州以扰燕地。

49　八月戊辰，蜀主以右定远军使王宗锷为招讨马步使，帅二十一军屯洋州。乙亥，以长直马军使林思锷为昭武节度使，戍利州以备唐。

50　租庸使王正言病风，恍惚不能治事，景进屡以为言。癸酉，以副使、卫尉卿孔谦为租庸使，右威卫大将军孔循为副使。循即赵殷衡也，梁亡，复其姓名。谦自是得行其志，重敛急征以充帝欲，民不聊生。癸未，赐谦号丰财赡国功臣。

51　帝复遣使者李彦稠入蜀，九月己亥，至成都。

52　癸卯，帝猎于近郊。时帝屡出游猎，从骑伤民禾稼，洛阳令何泽伏于丛薄，俟帝至，遮马谏曰："陛下赋敛既急，今稼穑将成，复蹂践之，使吏何以为理？民何以为生！臣愿先赐死。"帝慰而遣之。泽，广州人也。

45　孔谦又在郭崇韬面前说王正言的坏话，同时用丰厚的礼物来贿赂那些伶人宦官，想求得租庸使，最终还是没有得到，心里很不高兴。癸卯(初六)，他给后唐帝上表请求解除他的职务，后唐帝看了很生气，认为他想逃避事务，准备依法处理他，后来景进到后唐帝面前求情解救，才使他免于处分。

46　当初后梁把黄河的堤坝打开，连续几年使曹州、濮州受害，甲辰(初七)，后唐帝命令右监门上将军娄继英去监督汴州、滑州地方的士卒，让他们把决口堵住。但没过多久，河堤又被冲坏了。

47　庚申(二十三日)，在新州设置了威塞军。

48　契丹人依仗自己的强大，派遣使者到后唐帝那里请求用幽州安置卢文进。当时，东北地区各夷族都已经归属契丹，并受其役使，只有勃海国还没有降服。契丹主谋划入侵后唐，又怕勃海国人从后面截获他们，于是先发兵攻打勃海国的辽东地区，并派遣其将领秃馁和卢文进占据营州、平州等地来干扰后唐的燕地。

49　八月戊辰(初二)，前蜀主任命右定远军使王宗锷为招讨马步使，率领二十一军驻扎在洋州。乙亥(初九)，任命长直马军使林思锷为昭武节度使，率兵戍守在利州，防备后唐军的侵略。

50　后唐租庸使王正言中风得病，神志恍惚，不能处理政事，景进在后唐帝面前反复说这件事情。癸酉(初七)，后唐帝任命租庸副使、卫尉卿孔谦为租庸使，任命右威卫大将军孔循为租庸副使。孔循就是赵殷衡，后梁灭亡时才恢复了真实姓名。孔谦从此才实现他的愿望，他为了满足后唐帝的欲望而对百姓们加重赋税，紧急征集，民不聊生。癸未(十七日)，后唐帝赏赐给孔谦号叫丰财赡国功臣。

51　后唐帝又派遣使者李彦稠进入前蜀国，九月己亥(初三)，李彦稠到达成都。

52　癸卯(初七)，后唐帝在近郊打猎。当时后唐帝经常出去游玩打猎，随从的骑兵们践踏了老百姓的庄稼。洛阳令何泽趴在草木丛生的地方等待着皇帝的到来，等后唐帝来到后，他拦住马规劝后唐帝说："陛下征集赋税时很紧急，而现在庄稼就要熟了，又来践踏它，这让官吏们怎样去治理？又让百姓们怎么生活！臣下希望皇上先赐我一死。"后唐帝安慰了他并把他送走了。何泽是广州人。

53　契丹攻渤海，无功而还。

54　蜀前山南节度使兼中书令王宗俦以蜀主失德，与王宗弼谋废立，宗弼犹豫未决。庚戌，宗俦忧愤而卒。宗弼谓枢密使宋光嗣、景润澄等曰："宗俦教我杀尔曹，今日无患矣。"光嗣辈俯伏泣谢。宗弼子承班闻之，谓人曰："吾家难乎免矣。"

55　乙卯，蜀主以前镇江军节度使张武为峡路应援招讨使。

56　丁巳，幽州言契丹入寇。

57　冬，十月辛未，天平节度使李存霸、平卢节度使符习言："属州多称直奉租庸使帖指挥公事，使司殊不知，有紊规程。"租庸使奏，近例皆直下。敕："朝廷故事，制敕不下支郡，牧守不专奏陈。今两道所奏，乃本朝旧规。租庸所陈，是伪廷近事。自今支郡自非进奉，皆须本道腾奏，租庸征催亦须牒观察使。"虽有此敕，竟不行。

58　易定言契丹入寇。

59　蜀宣徽北院使王承休请择诸军骁勇者万二千人，置驾下左、右龙武步骑四十军，兵械给赐皆优异于他军，以承休为龙武军马步都指挥使，以裨将安重霸副之，旧将无不愤耻。重霸，云州人，以狡佞贿赂事承休，故承休悦之。

60　吴越王镠复修本朝职贡，壬午，帝因梁官爵而命之。镠厚贡献，并赂权要，求金印、玉册、赐诏不名、称国王。有司言："故事惟天子用玉册，王公皆用竹册。又，非四夷无封国王者。"帝皆曲从镠意。

53 契丹人向勃海国发起进攻，无功而还。

54 前蜀国前山南节度使兼中书令王宗俦认为前蜀主已经丧失了品德，与王宗弼谋划把前蜀主废掉，王宗弼犹豫不决。庚戌（十四日），王宗俦因为忧愁愤恨而死。王宗弼对枢密使宋光嗣、景润澄等说："王宗俦曾让我杀掉你们，今日王宗俦一死就没有什么后患了。"宋光嗣等人边哭边跪向王宗弼表示感谢。王宗弼的儿子王承班听说这件事后对人们说："我家难免一场灾难了。"

55 乙卯（十九日），前蜀主任命前镇江军节度使张武为峡路应援招讨使。

56 丁巳（二十一日），幽州方面报告契丹人入侵。

57 冬季，十月辛未（初六），天平节度使李存霸、平卢节度使符习上奏说："所属州官多称他们只按照租庸使的牒帖来行公事，节度使司根本不知道这一情况，这样把规程打乱了。"租庸使上奏说，近来租庸使的牒帖都是直接下发到各州，不通过节度观察使。后唐帝下命令说："按朝廷旧例，命令都不下发到各州，各州官吏也不能单独上奏。今天天平、平卢两道所讲的事情，是本朝过去的规定。租庸使所讲的是梁朝的近事。从今以后，不是各支郡亲自进奉的，都必须先移交本道，然后再由本道上奏，租庸使催办征收赋税时也要书写牒文报告观察使。"虽然下达了这道命令，实际上并没有执行。

58 易定方面报告说契丹人入侵。

59 前蜀国宣徽北院使王承休请准许在各军中选择一万两千名勇敢善战的士卒，安置在属于国主管辖的左、右龙武步骑四十军里，武器及供给都要优于其他军队，任命王承休为龙武军马步都指挥使，副将安重霸为副指挥使，旧将们对此事无不感到愤怒耻辱。安重霸是云州人，他用狡诈、巴结、贿赂的手段来事奉王承休，所以王承休特别喜欢他。

60 吴越王钱镠又开始向本朝贡献物品，壬午（十七日），后唐帝根据他在后梁时的官爵重新任命了他。钱镠贡献的物品很多，并且贿赂那些掌握大权的人们，请求后唐帝发给他金印、玉册，赐诏允许他朝见不称姓名，称为国王。主管官吏说："按旧的规定，只有天子用玉册，王公们都用竹册。而且，不是四方夷族，一律不封国王。"但皇帝还是委曲顺从了钱镠的意思。

61 吴王如白沙观楼船,更命白沙曰迎銮镇。徐温自金陵来朝。先是,温以亲吏翟虔为阁门、宫城、武备等使,使察王起居,虔防制王甚急。至是,王对温名雨为水,温请其故。王曰:"翟虔父名,吾讳之熟矣。"因谓温曰:"公之忠诚,我所知也,然翟虔无礼,宫中及宗室所须多不获。"温顿首谢罪,请斩之,王曰:"斩则太过,远徙可也。"乃徙抚州。

62 十一月,蜀主遣其翰林学士欧阳彬来聘。彬,衡山人也。又遣李彦稠东还。

63 癸卯,帝帅亲军猎于伊阙,命从官拜梁太祖墓。涉历山险,连日不止,或夜合围。士卒坠崖谷死及折伤者甚众。丙午,还宫。

64 蜀以唐修好,罢威武城戍,召关宏业等二十四军还成都。戊申,又罢武定、武兴招讨刘潜等三十七军。

65 丁巳,赐护国节度使李继麟铁券,以其子令德、令锡皆为节度使,诸子胜衣者即拜官,宠冠列藩。

66 庚申,蔚州言契丹入寇。

67 辛酉,蜀主罢天雄军招讨,命王承骞等二十九军还成都。

68 十二月乙丑朔,蜀主以右仆射张格兼中书侍郎、同平章事。初,格之得罪,中书吏王鲁柔乘危窘之,及再为相用事,杖杀之。许寂谓人曰:"张公才高而识浅,戮一鲁柔,他人谁敢自保! 此取祸之端也。"

61 吴王到白沙观看叠层的大船,下命令把白沙改名叫迎銮镇。徐温从金陵来朝拜吴王。在此以前,徐温让他的亲信官吏翟虔担任阁门、宫城、武备等使,让他观察吴王的起居,翟虔防卫、限制吴王很严格。到现在,吴王对徐温说"雨"字时总要改为"水"字,徐温请吴王解释一下这个缘故。吴王说:"这是翟虔父亲的名字,我避讳这个字已很熟练了。"吴王因此对徐温说:"你对我的忠诚,我是很了解的,然而翟虔无礼,宫中以及宗室所需要的东西多数都得不到。"徐温听后赶快低头认罪,请求把翟虔斩了,吴王说:"杀他太过分了,把他迁徙到很远的地方就可以了。"于是把翟虔徙到了抚州。

62 十一月,前蜀主派遣其翰林学士欧阳彬来后唐互通友好。欧阳彬是衡山人。又送李彦稠从蜀回国。

63 癸卯(初九),后唐帝率领他的亲军在伊阙打猎,命令跟随他的官吏们谒拜后梁太祖的坟墓。后唐帝一行在伊阙翻山越岭,连日不停,有时夜里合围野兽。随从后唐帝的士卒有不少人掉在深崖峡谷中摔死,有不少人被摔伤。丙午(十二日),回到皇宫中。

64 前蜀主认为已经和后唐帝互通友好了,于是就撤了戍守在威武城的士卒,又把关宏业等二十四军调回成都。戊申(十四日),又撤了武定、武兴招讨刘潜等三十七军。

65 丁巳(二十三日),后唐帝赐给护国节度使李继麟世世代代享受特殊待遇的铁契,并任命他的儿子李令德、李令锡都为节度使,李继麟的儿子中凡长大成人的都给封了官,他家受到的宠爱在所有藩镇中是居于首位的。

66 庚申(二十六日),蔚州方面报告说契丹人入侵。

67 辛酉(二十七日),前蜀主撤了天雄军的招抚讨伐任务,命令王承骞等二十九军回到成都。

68 十二月乙丑朔(初一),前蜀主任命右仆射张格兼任中书侍郎、同平章事。当初,张格犯了罪的时候,中书吏王鲁柔乘机威逼过他,等他又当了宰相掌握了权力时,就用杖打死了王鲁柔。许寂对人们说:"张公才能虽高但见识短浅,杀死一个王鲁柔,其他人谁能保全自己! 这是他自取祸难的开始。"

69　蜀主罢金州屯戍，命王承勋等七军还成都。

70　己巳，命宣武节度使李嗣源将宿卫兵三万七千人赴汴州，遂如幽州御契丹。

71　庚午，帝及皇后如张全义第，全义大陈贡献。酒酣，皇后奏称："妾幼失父母，见老者辄思之，请父事全义。"帝许之。全义惶恐固辞，再三强之，竟受皇后拜，复贡献谢恩。明日，后命翰林学士赵凤草书谢全义，凤密奏："自古无天下之母拜人臣为父者。"帝嘉其直，然卒行之。自是后与全义日遣使往来问遗不绝。

72　初，唐僖、昭之世，宦官虽盛，未尝有建节者。蜀安重霸劝王承休求秦州节度使，承休言于蜀主曰："秦州多美妇人，请为陛下采择以献。"蜀主许之。庚午，以承休为天雄节度使，封鲁国公；以龙武军为承休牙兵。

73　乙亥，蜀主以前武德节度使兼中书令徐延琼为京城内外马步都指挥使。延琼以外戚代王宗弼居旧将之右，众皆不平。

74　壬午，北京言契丹寇岚州。

75　辛卯，蜀主改明年元曰咸康。

76　卢龙节度使李存贤卒。

77　是岁，蜀主徙普王宗仁为卫王，雅王宗辂为幽王，褒王宗纪为赵王，荣王宗智为韩王，兴王宗泽为宋王，彭王宗鼎为鲁王，忠王宗平为薛王，资王宗特为莒王；宗辂、宗智、宗平皆罢军役。

69 前蜀主撤了戍守在金州的部队，下令让王承勋等七军回到成都。

70 己巳(初五)，后唐帝命令宣武节度使李嗣源率领三万七千名警卫部队士兵赶到汴州，不久又去幽州抵御契丹人的侵略。

71 庚午(初六)，后唐帝和皇后到张全义的住处，张全义把贡献给皇帝的物品全部摆出来。酒喝得正高兴的时候，皇后奏请后唐帝说："妾从小失去父母，一见老人就想念自己的父母，请允许我把张全义当作父亲来侍奉。"后唐帝答应了她的请求。张全义惶恐不安，一再推辞，皇后再三坚持，最后张全义接受了皇后的拜礼，于是又拿出一些贡品送给皇后表示感谢恩德。第二天，皇后命令翰林学士赵凤写信感谢张全义，赵凤秘密上奏后唐帝说："自古以来没有作为天下之母的皇后拜大臣作父亲的。"后唐帝表扬他耿直，但最终还是按皇后的意思办了。从此以后，皇后和张全义每天都派遣使者往来问候、馈赠东西，从来没有间断过。

72 当初，唐朝僖宗、昭宗的时候，宦官们虽然十分强盛，但从未有担任过节度使的。前蜀国安重霸劝王承休请求出任秦州节度使，王承休对前蜀主说："秦州美丽的妇人特别多，我请求为陛下去选择一些贡献上来。"前蜀主答应了他的请求。庚午(初六)，前蜀主任命王承休为天雄节度使，并封他为鲁国公；以龙武军作为王承休的卫队。

73 乙亥(十一日)，前蜀主任命原来的武德节度使兼中书令徐延琼为京城内外马步都指挥使。徐延琼以外戚的身份代替王宗弼位列旧将领的上面，大家都感到不平。

74 壬午(十八日)，北京太原方面报告说契丹人入侵岚州。

75 辛卯(二十七日)，前蜀主改明年的年号为咸康。

76 卢龙节度使李存贤去世。

77 在这一年里，前蜀主调普王宗仁为卫王，雅王宗辂为豳王，褒王宗纪为赵王，荣王宗智为韩王，兴王宗泽为宋王，彭王宗鼎为鲁王，忠王宗平为薛王，资王宗特为莒王；同时撤了宗辂、宗智、宗平三人的军队职务。

三年(乙酉,925)

1 春,正月甲午朔,蜀大赦。

2 丙申,敕有司改葬昭宗及少帝,竟以用度不足而止。

3 契丹寇幽州。

4 庚子,帝发洛阳。庚戌,至兴唐。

5 诏平卢节度使符习治酸枣遥隄以御决河。

6 初,李嗣源北征,过兴唐,东京库有供御细铠,嗣源牒副留守张宪取五百领,宪以军兴,不暇奏而给之。帝怒曰:"宪不奉诏,擅以吾铠给嗣源,何意也!"罚宪俸一月,令自往军中取之。

帝以义武节度使王都将入朝,欲辟毬场,宪曰:"比以行宫阙廷为毬场,前年陛下即位于此,其坛不可毁,请辟毬场于宫西。"数日,未成,帝命毁即位坛。宪谓郭崇韬曰:"此坛,主上所以礼上帝,始受命之地也,若之何毁之!"崇韬从容言于帝,帝立命两虞候毁之。宪私于崇韬曰:"忘天背本,不祥莫大焉。"

7 二月甲戌,以横海节度使李绍斌为卢龙节度使。

8 丙子,李嗣源奏败契丹于涿州。

9 上以契丹为忧,与郭崇韬谋,以威名宿将零落殆尽,李绍斌位望素轻,欲徙李嗣源镇真定,为绍斌声援,崇韬深以为便。时崇韬领真定,上欲徙崇韬镇汴州,崇韬辞曰:"臣内典枢机,外预大政,富贵极矣,何必更领藩方?且群臣或从陛下岁久,身经

后唐庄宗同光三年(乙酉,公元 925 年)

1　春季,正月甲午朔(初一),前蜀国实行大赦。

2　丙申(初三),后唐帝下令有司,改葬昭宗和少帝,最后终于因费用不足而停止。

3　契丹人入侵幽州。

4　庚子(初七),后唐帝从洛阳出发。庚戌(十七日),皇帝到达兴唐。

5　后唐帝下诏,命令平卢节度使符习在离酸枣较远的地方修筑河堤以防御黄河决口。

6　当初,李嗣源北征契丹时,路过兴唐,东京的武库中有供给皇帝用的精细的铠甲,李嗣源写了牒文给副留守张宪,取走五百具铠甲,张宪因军队在行军中,没有时间奏告后唐帝就给了李嗣源。后唐帝知道这件事后很生气地说:"张宪不遵守诏令,擅自把我的铠甲给了李嗣源,这是什么意思!"于是罚了张宪一个月的俸禄,并命令他亲自去军中把铠甲取回。

后唐帝因为义武节度使王都即将来朝拜,打算开辟一块毬场,张宪说:"近来把行宫阙廷作为毬场,前年陛下在那里即位,这个坛不能毁掉,请在室宫的西面开辟毬场。"几天过去了,毬场还没有修成,后唐帝下令毁掉即位时用的坛。张宪对郭崇韬说:"这个坛是皇帝用来给上帝祭祀的,是皇帝一开始受命于上帝的地方,怎么能把它毁掉呢!"郭崇韬很从容地把这件事告诉了后唐帝,后唐帝反而马上命令马军虞候和步军虞候把坛毁掉。张宪私下对郭崇韬说:"忘天背本,这是最大的不吉祥。"

7　二月甲戌(十一日),任命横海节度使李绍斌为卢龙节度使。

8　丙子(十三日),李嗣源奏告后唐帝在涿州击败了契丹人。

9　后唐帝认为契丹人的存在是个忧患,于是就和郭崇韬谋划防守他们,后唐帝认为有名望的老将们差不多都不在了,李绍斌的威望平时也不高,于是就想调李嗣源去镇守真定,作为李绍斌的后援,郭崇韬深感这样做是很适宜的。当时郭崇韬兼管真定,后唐帝想调郭崇韬去兼守汴州,郭崇韬推辞说:"臣下在朝内掌管重要的事情,在朝外又参与重大政事,富贵到了极点,何必还要再代管藩镇呢?况且朝廷大臣们有的已经跟从陛下许多年了,身经

百战，所得不过一州。臣无汗马之劳，徒以侍从左右，时赞圣谟，致位至此，常不自安。今因委任勋贤，使臣得解旌节，乃大愿也。且汴州关东冲要，地富人繁，臣既不至治所，徒令他人摄职，何异空城！非所以固国基也。"上曰："深知卿忠尽，然卿为朕画策，袭取汶阳，保固河津，既而自此路直趋大梁，成朕帝业，岂百战之功可比乎？今朕贵为天子，岂可使卿曾无尺寸之地乎！"崇韬固辞不已，上乃许之。庚辰，徙李嗣源为成德节度使。

10　汉主闻帝灭梁而惧，遣宫苑使何词入贡，且觇中国强弱。甲申，词至魏。及还，言帝骄淫无政，不足畏也。汉主大悦，自是不复通中国。

11　帝性刚好胜，不欲权在臣下，入洛之后，信伶宦之谗，颇疏忌宿将。李嗣源家在太原，三月丁酉，表卫州刺史李从珂为北京内牙马步都指挥使以便其家。帝怒曰："嗣源握兵权，居大镇，军政在吾，安得为其子奏请！"乃黜从珂为突骑指挥使，帅数百人戍石门镇。嗣源忧恐，上章申理，久之方解。辛丑，嗣源乞至东京朝觐，不许。郭崇韬以嗣源功高位重，亦忌之，私谓人曰："总管令公非久为人下者，皇家子弟皆不及也。"密劝帝召之宿卫，罢其兵权，又劝帝除之，帝皆不从。

12　己酉，帝发兴唐，自德胜济河，历杨村、戚城，观昔时战处，指示群臣以为乐。

百战,所得到也不过是一个州官。我无汗马功劳,只是陛下的左右侍从,随时辅佐圣上谋划一些事情,爵位升到这样高,我心中经常感到不安。现在乘委任有功或贤能的人之机,让我解脱现在职位,这才是我最大的希望啊。况且汴州是关东的要害地方,人多地富,我既然不到官府所在地,只能命令别人代为管理,这和空一个城有什么两样!这不是巩固国家的办法。"后唐帝说:"我深知你对我一片忠心,然而你为我出谋划策,夺取了汶阳,保住并且巩固了黄河的渡口,以后又从这条路直奔大梁,成全了我的帝业,难道百战之功可以和你相比吗?今天我贵为天子,怎么可以使你没有寸土之地呢!"郭崇韬坚决推辞,后唐帝于是答应了他的请求。庚辰(十七日),调李嗣源为成德节度使。

10 南汉主听到后唐帝消灭了后梁感到很害怕,于是派宫苑使何词来朝进贡,并偷偷地察看一下中原的强弱。甲申(二十一日),何词到了魏都。他回去后对南汉主说,后唐帝骄傲荒淫,不管政事,不必害怕。南汉主听了非常高兴,从此以后断绝了和中原的来往。

11 后唐帝性情刚愎好胜,不愿意权力低于臣下,到了洛阳之后,听信了伶人宦官的谗言,所以对过去那些老的将领颇疏远忌恨。李嗣源家在太原,三月丁酉(初五),他上表后唐帝,请求调卫州刺史李从珂为北京内牙马步都指挥使,这样对他照顾家里比较方便。后唐帝看了之后很生气地说:"李嗣源掌握兵权,身居大镇,军政大权在我手中,他怎么能为他的儿子提出请求呢!"于是贬李从珂为突骑指挥使,让他率领几百人戍守在石门镇。李嗣源对这件事又担忧又害怕,于是上书申辩理由,很长时间才缓解了和后唐帝的关系。辛丑(初九),李嗣源请求到东京去朝见,后唐帝没有答应。郭崇韬认为李嗣源功高位重,也很嫉妒他,私下对人说:"总管令公李嗣源并不是久为人下的人,皇家子弟都比不了他。"于是偷偷劝后唐帝把李嗣源召来,让他任警卫官,罢免了他的军权,以后又劝后唐帝把李嗣源除掉,后唐帝都没有听从他的意见。

12 己酉(十七日),皇帝从兴唐出发,从德胜渡过黄河,经历杨村、戚城,去观看了一下过去打过仗的地方,并指示群臣要以此为乐。

13 洛阳宫殿宏邃,宦者欲上增广嫔御,诈言宫中夜见鬼物,上欲使符咒者攘之,宦者曰:"臣昔逮事咸通、乾符天子,当是时,六宫贵贱不减万人。今掖庭太半空虚,故鬼物游之耳。"上乃命宦者王允平、伶人景进采择民间女子,远至太原、幽、镇,以充后庭,不啻三千人,不问所从来。上还自兴唐,载以牛车,累累盈路。张宪奏:"诸营妇女亡逸者千馀人,虑扈从诸军挟匿以行。"其实皆入宫矣。

庚辰,帝至洛阳。辛酉,诏复以洛阳为东都,兴唐府为邺都。

14 夏,四月癸亥朔,日有食之。

15 初,五台僧诚惠以妖妄惑人,自言能降伏天龙,命风召雨。帝尊信之,亲帅后妃及皇弟、皇子拜之,诚惠安坐不起,群臣莫敢不拜。时大旱,帝自邺都迎诚惠至洛阳,使祈雨,士民朝夕瞻仰,数旬不雨。或谓诚惠:"官以师祈雨无验,将焚之。"诚惠逃去,惭惧而卒。

16 庚寅,中书侍郎、同平章事赵光胤卒。

17 太后自与太妃别,常忽忽不乐,虽娱玩盈前,未尝解颜。太妃既别太后,亦邑邑成疾。太后遣中使医药相继于道,闻疾稍加,辄不食,又谓帝曰:"吾与太妃恩如兄弟,欲自往省之。"帝以天暑道远,苦谏,久之乃止,但遣皇弟存渥等往迎侍。五月丁酉,北都奏太妃薨。太后悲哀不食者累日,帝宽譬不离左右。太后自是得疾,又欲自往会太妃葬,帝力谏而止。

13 洛阳的宫殿修建得宏伟深邃，宦官们打算让后唐帝增加侍妾和宫女，于是就假装说宫中夜里发现鬼物，后唐帝打算让巫觋们来驱逐这些鬼物，宦官说："我过去事奉懿宗、僖宗，在那个时候，六宫里的侍妾宫女无论贵贱，合计不下万人。现在妃嫔们居住的地方有一大半是空的，所以鬼物就来这里游玩了。"于是后唐帝命令宦官王允平、伶人景进去民间挑选女子，远的地方到了太原、幽州、镇州，回来后把这些女子安排在妃嫔们住的地方，不只三千人，也不问她们从什么地方来的。后唐帝从兴唐回来时，用牛车拉着很多女子，满路上接连不断，到处都是。张宪上奏说："魏州各营妇女逃亡的有一千多人，可能是那些扈从的军队士卒们挟持着把她们藏起来，然后把她们带走了。"其实是都进入宫内了。

庚辰，后唐帝到了洛阳。辛酉(二十九日)，下诏又把洛阳改为东都，兴唐府为邺都。

14 夏季，四月癸亥朔(初一)，出现日食。

15 当初，五台山的僧人诚惠用虚妄的邪术来迷惑人，他自己说能制服天上的龙，能呼风唤雨。后唐帝尊敬相信他，并亲自带领皇后、皇妃以及皇弟、皇子们去拜见诚惠，诚惠安稳地坐在那里也不起来，跟随后唐帝去的大臣们没有一个敢不跪拜的。当时天气正值大旱，后唐帝从邺都把诚惠迎接到洛阳，请他祈雨，士民们从早到晚都来看他祈雨，结果好几十天过去了也没下雨。有人对诚惠说："皇上请你来祈雨，结果没有应验，他将会烧死你。"诚惠听后就逃跑了，因感到惭愧害怕而死。

16 庚寅(二十八日)，中书侍郎、同平章事赵光胤去世。

17 太后自从和太妃分别之后，经常恍恍惚惚不高兴，虽然娱乐玩耍的东西在她面前到处都是，但也不能使她开颜而笑。太妃和太后分别之后，也闷闷不乐而生病。太后派遣宫廷医生连续不断地去给她看病，后来听说太妃的病情加重，她愁得连饭也吃不下去，于是她对后唐帝说："我和太妃恩如姐妹，我想亲自去看望一下她。"后唐帝借口天气热，道路远，苦苦规劝她不要去，好长时间才阻止了太后，只是派遣皇弟李存渥等前去侍奉。五月丁酉(初六)，北都上奏说太妃去世。太后听说后十分悲哀，连续几天吃不下饭，后唐帝守在太后身边安慰解释。太后因此得病，又想亲自去给太妃送葬，后唐帝极力劝阻，她才没有去。

18　闽王审知寝疾,命其子节度副使延翰权知军府事。

19　自春夏大旱,六月壬申,始雨。

20　帝苦溽暑,于禁中择高凉之所,皆不称旨。宦者因言:"臣见长安全盛时,大明、兴庆宫楼观以百数。今日宅家曾无避暑之所,宫殿之盛曾不及当时公卿第舍耳。"帝乃命宫苑使王允平别建一楼以清暑。宦者曰:"郭崇韬常不伸眉,为孔谦论用度不足,恐陛下虽欲营缮,终不可得。"上曰:"吾自用内府钱,无关经费。"然犹虑崇韬谏,遣中使语之曰:"今岁盛暑异常,朕昔在河上,与梁人相拒,行营卑湿,被甲乘马,亲当矢石,犹无此暑。今居深宫之中而暑不可度,奈何?"对曰:"陛下昔在河上,勍敌未灭,深念雠耻,虽有盛暑,不介圣怀。今外患已除,海内宾服,故虽珍台闲馆犹觉郁蒸也。陛下傥不忘艰难之时,则暑气自消矣。"帝默然。宦者曰:"崇韬之第,无异皇居,宜其不知至尊之热也。"帝卒命允平营楼,日役万人,所费巨万。崇韬谏曰:"今两河水旱,军食不充,愿且息役,以俟丰年。"帝不听。

21　帝将伐蜀,辛卯,诏天下括市战马。

22　吴镇海节度判官、楚州团练使陈彦谦有疾,徐知诰恐其遗言及继嗣事,遗之医药金帛,相属于道。彦谦临终,密留书遗徐温,请以所生子为嗣。

18 闽王王审知得病卧床，命令他的儿子节度副使王延翰代管军府事。

19 从春天到夏天一直大旱，六月壬申（十一日），才开始下了雨。

20 后唐帝受不了盛夏湿热的气候，在皇宫里选择地高凉爽的地方避暑，都不满意。宦官们因此对后唐帝说："我记得长安在全盛时期，大明、兴庆等高大的建筑就有数百座。如今皇上竟没有个避暑的地方，宫殿的华丽还不如当时公卿们的住宅。"后唐帝于是命令宫苑使王允平另外修建一座楼，用来避暑。宦官们说："郭崇韬经常愁眉不展，是因为孔谦议论费用不足，恐怕陛下虽然想修建一座楼来避暑，但最后怕建不成。"后唐帝说："我自己用内府的钱来修建，和租庸使管的经费无关。"但后唐帝心里仍然忧虑郭崇韬来劝谏，于是派宫中的使者对郭崇韬转达他的话说："今年暑热异常，朕过去在黄河边与梁军对垒，行军的军营低下潮湿，穿着铠甲骑着马，亲自抵挡箭石，也没感到这么热。现在深居宫中而难以度过这个暑天，怎么办呢？"郭崇韬回答说："陛下过去在黄河边时，强敌还没有消灭，深深思念的是洗除耻辱和杀敌报仇，那时虽然也有酷暑，但您也不在意。现在外面的忧患已经消除，国内诸侯都臣服天子，所以虽然有珍贵的高台和空闲的馆所，仍然觉得很闷热。陛下倘若没有忘记艰难的时候，那么暑热就会自然消除。"后唐帝听后没有说什么话。宦官们说："郭崇韬的宅第，和皇宫没有什么两样，因此他不了解圣上的暑热。"后唐帝最终还是命令王允平修筑楼阁，每天参加修建楼阁的人有一万多，所耗费的钱财十分巨大。郭崇韬劝后唐帝说："今年两河干旱，军队的供给也不充足，希望能够停止修建，等到丰年时再开始动工。"后唐帝没有听从他的规劝。

21 后唐帝将讨伐前蜀国，辛卯（三十日），下诏天下，收买战马。

22 吴镇海节度判官、楚州团练使陈彦谦身体有病，徐知诰害怕他留下遗言谈及继嗣的事，于是送给他药品和金银丝帛，运送物品的车在路上接连不断。陈彦谦临终时偷偷留下了一封遗书送给了徐温，请求能让他的亲生儿子继承他的爵位。

23　太后疾甚。秋,七月甲午,成德节度使李嗣源以边事稍弭,表求入朝省太后,帝不许。壬寅,太后殂。帝哀毁过甚,五日方食。

24　八月癸未,杖杀河南令罗贯。初,贯为礼部员外郎,性强直,为郭崇韬所知,用为河南令。为政不避权豪,伶宦请托,书积几案,一不报,皆以示崇韬,崇韬奏之,由是伶宦切齿。河南尹张全义亦以贯高伉,恶之,遣婢诉于皇后,后与伶宦共毁之,帝含怒未发。会帝自往寿安视坤陵役者,道路泥泞,桥多坏。帝问主者为谁,宦官对属河南。帝怒,下贯狱。狱吏榜掠,体无完肤,明日,传诏杀之。崇韬谏曰:“贯坐桥道不修,法不至死。”帝怒曰:“太后灵驾将发,天子朝夕往来,桥道不修,卿言无罪,是党也!”崇韬曰:“陛下以万乘之尊,怒一县令,使天下谓陛下用法不平,臣之罪也。”帝曰:“既公所爱,任公裁之。”拂衣起入宫,崇韬随之,论奏不已。帝自阖殿门,崇韬不得入。贯竟死,暴尸府门,远近冤之。

25　丁亥,遣吏部侍郎李德休等赐吴越国王玉册、金印,红袍御衣。

26　九月,蜀主与太后、太妃游青城山,历丈人观、上清宫,遂至彭州阳平化、汉州三学山而还。

27　乙未,立皇子继岌为魏王。

23　太后病得很厉害。秋季,七月甲午(初三),成德节度使李嗣源以边境战事逐渐停下来为理由,上表请求进朝廷看望一下太后,但后唐帝没有答应他的请求。壬寅(十一日),太后去世。后唐帝由于过分的悲痛,五天以后才开始吃饭。

24　八月癸未(二十三日),河南县令罗贯被用杖打死。起初,罗贯任礼部员外郎,性情刚直,被郭崇韬赏识,任用他去当河南县令。他在任河南县令期间,处理政事从不回避那些有权有势之家,伶人宦官们请求托办事情的书信堆满了桌子,他一个也不给回答,把这些书信全部拿去让郭崇韬看,郭崇韬把这些事上奏给后唐帝,因此那些伶人宦官们对罗贯恨得咬牙切齿。河南尹张全义也认为罗贯很高傲,十分讨厌罗贯,派奴婢去告诉皇后,皇后和伶人宦官们一起诋毁罗贯,后唐帝听了虽然内心很生气,但还没有发作出来。正好这时后唐帝亲自前往寿安察看修筑坤陵的人们,这里的道路泥泞,桥梁多数也毁坏。后唐帝就问主管这里的是谁,宦官们回答后唐帝说是河南县令罗贯。后唐帝听了十分生气,下令把罗贯抓入监狱。狱吏们用棍子打他,打得罗贯体无完肤,第二天,后唐帝下诏要把罗贯杀死。郭崇韬劝后唐帝说:"罗贯犯了桥路不修的罪,但按照法律也不应该定死罪。"后唐帝很生气地说:"太后的灵驾很快就要出发,天子经常往来于这段路间,这里的桥路不修治,你说他无罪,就是他的同党。"郭崇韬说:"陛下是国家最尊崇的人,为一个县令生气,让天下人说陛下用法不平,这是我的罪过。"后唐帝说:"既是你喜欢的人,那任凭你来裁决。"于是后唐帝拂袖而起,进入宫中,郭崇韬跟随着没完没了地向后唐帝论说奏请。后唐帝亲自把殿门关了,郭崇韬不能进入宫中。最后罗贯还是被处死,在府门前把他的尸体示众,远近人们都认为他死得冤枉。

25　丁亥(二十七日),后唐帝派遣吏部侍郎李德休等前去赏赐给吴越国王玉册、金印、红袍御衣。

26　九月,前蜀主和太后、太妃到青城山游玩,经过丈人观、上清宫,又到了彭州阳平化、汉州三学山,后来才回去。

27　乙未(初五),立皇子李继岌为魏王。

28　丁酉,帝与宰相议伐蜀,威胜节度使李绍钦素谄事宣徽使李绍宏,绍宏荐:"绍钦有盖世奇才,虽孙、吴不如,可以大任。"郭崇韬曰:"段凝亡国之将,奸谄绝伦,不可信也。"众举李嗣源,崇韬曰:"契丹方炽,总管不可离河朔。魏王地当储副,未立殊功,请依故事,以为伐蜀都统,成其威名。"帝曰:"儿幼,岂能独往,当求其副。"既而曰:"无以易卿。"庚子,以魏王继岌充西川四面行营都统,崇韬充东北面行营都招讨制置等使,军事悉以委之。又以荆南节度使高季兴充东南面行营都招讨使,凤翔节度使李继曕充都供军转运应接等使,同州节度使李令德充行营副招讨使,陕州节度使李绍琛充蕃汉马步军都排陈斩斫使兼马步军都指挥使,西京留守张筠充西川管内安抚应接使,华州节度使毛璋充左厢马步都虞候,邠州节度使董璋充右厢马步都虞候,客省使李严充西川管内招抚使,将兵六万伐蜀,仍诏季兴自取夔、忠、万三州为巡属。都统置中军,以供奉官李从袭充中军马步都指挥监押,高品李廷安、吕知柔充魏王府通谒。辛丑,以工部尚书任圜、翰林学士李愚并参预都统军机。

29　自六月甲午雨,罕见日星,江河百川皆溢,凡七十五日乃霁。

30　郭崇韬以北都留守孟知祥有荐引旧恩,将行,言于上曰:"孟知祥信厚有谋,若得西川而求帅,无逾此人者。"又荐邺都副留守张宪谨重有识,可为相。戊申,大军西行。

31　蜀安重霸劝王承休请蜀主东游秦州。承休到官,即毁府署,作行宫,大兴力役,强取民间女子教歌舞,图形遗韩昭,使言于蜀主。又献花木图,盛称秦州山川土风之美。蜀主将如秦州,

28　丁酉(初七),后唐帝与宰相商议讨伐前蜀,威胜节度使李绍钦平时巴结讨好宣徽使李绍宏,李绍宏推荐说:"李绍钦有盖世奇才,孙子、吴起都不如他,可以委任他干大事。"郭崇韬说:"李绍钦是亡国之将,他奸诈献媚到了无与伦比的地步,不能相信他。"大家又推举李嗣源,郭崇韬说:"契丹方面正打得激烈,总管李嗣源不能离开河朔。魏王应当是君位的继承人,但他没有立过什么特殊功劳,请按照过去的惯例,任命他为讨伐蜀国的统帅,成全他的威名。"后唐帝说:"儿子还小,怎么能让他单独前去,应当给他寻找一个副统帅。"后来后唐帝又说:"没有人可以代替你。"庚子(初十),任命魏王李继岌出任西川四面行营都统,郭崇韬担任东北面行营都招讨制置等使,军队的全部事务都委托给郭崇韬。又任命荆南节度使高季兴担任东南面行营都招讨使,凤翔节度使李继曮担任都供军转运应接等使,同州节度使李令德担任行营副招讨使,陕州节度使李绍琛担任蕃汉马步军都排阵斩斫使兼马步军都指挥使,西京留守张筠担任西川管内安抚应接使,华州节度使毛璋担任左厢马步都虞候,邠州节度使董璋担任右厢马步都虞候,客省使李严担任西川管内招抚使,率兵六万前往讨伐蜀国,同时下诏让高季兴率兵夺取夔、忠、万三州作为荆南巡属。都统设置在中军,让供奉官李从袭担任中军马步都指挥监押,又让德高且有学问的李廷安、吕知柔担任魏王府的通谒。辛丑(十一日),让工部尚书任圜、翰林学士李愚一并参与都统军中的机要事情。

29　自从六月甲午下雨以来,很少能看见太阳和星星,江河百川到处溢流,雨下了七十五天才停下来。

30　郭崇韬为了报答北都留守孟知祥过去引荐他的旧恩,临出发以前,对后唐帝说:"孟知祥忠厚诚实,又有谋略,如果能夺得西川而寻求统帅,那没有人能够超过他。"郭崇韬还推荐邺都副留守张宪稳重有见识,可以任他为相。戊申(十八日),大军向西出发。

31　前蜀国安重霸劝王承休请求前蜀主到东面的秦州去游玩。王承休到任后,马上就拆除了府署的房子,修建行宫,大兴土木,让人们来服劳役,他还强夺民女教她们唱歌跳舞,并画出这些歌舞的图像送给韩昭,请韩昭言于前蜀主。王承休又将秦州产的好花木画成图画献上,盛夸秦州山川土风的美丽。前蜀主将要去秦州游玩,

群臣谏者甚众，皆不听。王宗弼上表谏，蜀主投其表于地。太后涕泣不食，止之，亦不能得。前秦州节度判官蒲禹卿上表几二千言，其略曰："先帝艰难创业，欲传之万世。陛下少长富贵，荒色惑酒。秦州人杂羌、胡，地多瘴疠，万众困于奔驰，郡县罢于供亿。凤翔久为仇雠，必生衅隙。唐国方通欢好，恐怀疑贰。先皇未尝无故盘游，陛下率意频离宫阙。秦皇东狩，銮驾不还；炀帝南巡，龙舟不返。蜀都强盛，雄视邻邦，边庭无烽火之虞，境内有腹心之疾，百姓失业，盗贼公行。昔李势屈于桓温，刘禅降于邓艾，山河险固，不足凭恃。"韩昭谓禹卿曰："吾收汝表，俟主上西归，当使狱吏字字问汝！"王承休妻严氏美，蜀主私焉，故锐意欲行。

32　冬，十月，排陈斩斫使李绍琛与李严将骁骑三千、步兵万人为前锋，招讨判官陈乂至宝鸡，称疾乞留。李愚厉声曰："陈乂见利则进，惧难则止。今大军涉险，人心易摇，宜斩以徇！"由是军中无敢顾望者。乂，蓟州人也。

33　癸亥，蜀主引兵数万发成都，甲子，至汉州。武兴节度使王承捷告唐兵西上，蜀主以为群臣同谋沮己，犹不信，大言曰："吾方欲耀武。"遂东行。在道与群臣赋诗，殊不为意。

34　丁丑，李绍琛攻蜀威武城，蜀指挥使唐景思将兵出降。城使周彦裡等知不能守，亦降。景思，秦州人也。得城中粮二十万斛。绍琛纵其败兵万馀人逸去，因倍道趣凤州。李严飞书以谕王承捷。李继曮竭凤翔蓄积以馈军，不能充，人情忧恐。郭崇韬入散关，指其山曰："吾辈进无成功，不得复还此矣。当尽力一决。今馈运将竭，宜先取凤州，因其粮。"

大臣中有很多人劝说,前蜀主不听。王宗弼上表前蜀主进行规劝,前蜀主把他的表章扔在地上。太后痛哭吃不下饭,劝他不要去,前蜀主也没有听从。原来的秦州节度判官蒲禹卿给前蜀主上表将近两千多字,他的大概意思是说:"先帝创业时十分艰难,打算流传万世。陛下从小生长在富贵人家,迷恋于酒色。秦州是羌、胡人杂居的地方,经常流行恶性疟疾等传染病,百姓到处奔跑谋生,疲惫不堪,郡县断绝了按需要而供给的东西。凤翔很长时期以来和这里有仇,一定会积嫌变成仇敌。和唐国刚刚互通友好,因无事出兵,恐怕也会引起怀疑。先帝从来没有无故去游玩过,陛下经常随意就离开宫殿。秦始皇向东巡狩,车马未归;隋炀帝南巡,龙舟不返。蜀都很强大,虎视邻邦,边境上虽没有烽火的忧患,境内却有腹心之疾,百姓失业,盗贼横行。从前李势屈从了桓温,刘禅投降了邓艾,山河虽然险要牢固,但仍不能够依赖。"韩昭对蒲禹卿说:"我先收起你上的表章,等到主上回成都时,一定让狱吏一字一句来问你!"王承休的妻子严氏长得很美丽,前蜀主与她私通,所以他坚决想去。

　　32　冬季,十月,排阵斩斫使李绍琛和李严率领勇敢善战的三千骑兵、一万步兵为前锋,招讨判官陈义到了宝鸡说身体有病,请求留在那里。李愚生气地说:"陈义见到利益就前进,害怕困难就停止。现在大军爬山涉险,人心很容易动摇,应当把他杀掉示众!"因此,军中再没有敢踌躇不前进的。陈义是蓟州人。

　　33　癸亥(初四),前蜀主率领数万大军从成都出发。甲子(初五),到达汉州。武兴节度使王承捷报告说后唐兵从西面上来,前蜀主以为是大臣们合谋阻止他,对王承捷所讲的不大相信,于是他夸口说:"我正想炫耀一下武力,显示一下我的威风。"于是向东前进。在路上还和大臣们吟诗赋歌,根本不在意。

　　34　丁丑(十八日),李绍琛率军向前蜀威武城进攻,前蜀指挥使唐景思率兵出去投降。城使周彦裈等知道难以坚守,也投降了。唐景思是秦州人。李绍琛夺得城中的粮食二十万斛。李绍琛放走了前蜀军败兵一万馀人,然后兼程直奔凤州。李严飞速向王承捷报信。后唐凤翔节度使李继曮把凤翔积蓄的粮食全部馈送军士,但还不能满足,人心有点担忧和害怕。郭崇韬进入散关后,指着这里的山说:"我们如果进攻不能成功,就不能再回到这里来。应当尽力决一死战。现在运来的粮食快要吃完了,应当首先夺取凤州,用那里的粮食。"

诸将皆言蜀地险固,未可长驱,宜按兵观衅。崇韬以问李愚,愚曰:"蜀人苦其主荒淫,莫为之用。宜乘其人心崩离,风驱霆击,彼皆破胆,虽有险阻,谁与守之! 兵势不可缓也。"是日李绍琛告捷,崇韬喜,谓李愚曰:"公料敌如此,吾复何忧!"乃倍道而进。戊寅,王承捷以凤、兴、文、扶四州印节迎降,得兵八千,粮四十万斛。崇韬曰:"平蜀必矣。"即以都统牒命承捷摄武兴节度使。

己卯,蜀主至利州,威武败卒奔还,始信唐兵之来。王宗弼、宋光嗣言于蜀主曰:"东川、山南兵力尚完,陛下但以大军扼利州,唐人安敢悬兵深入!"从之。庚辰,以随驾清道指挥使王宗勋、王宗俨、兼侍中王宗昱为三招讨,将兵三万逆战。从驾兵自绵、汉至深渡,千里相属,皆怨愤,曰:"龙武军粮赐倍于他军,他军安能御敌!"

李绍琛等过长举,兴州都指挥使程奉琏将所部兵五百来降,且请先治桥栈以俟唐军,由是军行无险阻之虞。辛巳,兴州刺史王承鉴弃城走,绍琛等克兴州,郭崇韬以唐景思摄兴州刺史。乙酉,成州刺史王承朴弃城走。李绍琛等与蜀三招讨战于三泉,蜀兵大败,斩首五千级,馀众溃走。又得粮十五万斛于三泉,由是军食优足。

35　戊子,葬贞简太后于坤陵。

36　蜀主闻王宗勋等败,自利州倍道西走,断桔柏津浮梁。命中书令、判六军诸卫事王宗弼将大军守利州,且令斩王宗勋等三招讨。

各位将领都说蜀地险要坚固，不可长驱直入，应当按兵不动，观察一下蜀兵的动向。郭崇韬以此询问李愚，李愚回答说："蜀人对蜀主荒淫无度感到很苦恼，都不想为他效力。应当乘蜀国人心涣散时迅速发起进攻，这样他们都会被吓破了胆，虽然有险阻，又有谁来为他坚守呢！战机不可迟缓。"当天李绍琛又传来捷报，郭崇韬听了之后十分高兴，于是对李愚说："你料敌如此，我还有什么可忧患的！"因此率军兼程前进。戊寅（十九日），王承捷持凤、兴、文、扶四州的印节来投降，后唐军得到八千多降兵，粮食四十万斛。郭崇韬说："平定蜀国是必定无疑了。"因此以都统的命令让王承捷代理武兴节度使。

己卯（二十日），前蜀主到达利州，威武城被打败的士卒逃了回来，他才相信后唐兵已经到来。王宗弼、宋光嗣对前蜀主说："东川、山南的军队还是很完整的，陛下只要用大军据守利州，唐人怎么敢孤军深入！"前蜀主听从了他们的意见。庚辰（二十一日），前蜀主任命随驾清道指挥使王宗勋、王宗俨、兼侍中王昱为三招讨，率兵三万迎战后唐军。随驾的士卒从绵、汉出发到达深渡，相连千里，士卒们都很怨恨，说："皇帝赏赐给龙武军的粮草是其他军的好几倍，其他军队怎么能来抵御敌军呢？"

李绍琛等率军经过长举，兴州都指挥使程奉琏率领他的所属部队五百人前来投降，请求首先修治桥梁和栈道，等待后唐军的到来，这样后唐军行进就不用担心有什么险阻。辛巳（二十二日），兴州刺史王承鉴弃城逃走，李绍琛等攻下了兴州，郭崇韬任命唐景思代理兴州刺史。乙酉（二十六日），成州刺史王承朴弃城逃走。李绍琛等和前蜀国三个招讨在三泉作战，前蜀军大败，五千多人被斩首，其馀的士卒都溃逃。李绍琛在三泉又夺得十五万斛粮食，军队的粮食又富足起来。

35　戊子（二十九日），在坤陵埋葬了贞简太后。

36　前蜀主听说王宗勋等战败，从利州快速向西逃跑，沿途拆除了桔柏津的浮桥。前蜀主命令中书令、判六军诸卫事王宗弼率领大军坚守在利州，命令将王宗勋等三个招讨斩杀。

李绍琛昼夜兼行趣利州。蜀武德留后宋光葆遗郭崇韬书："请唐兵不入境，当举巡属内附。苟不如约，则背城决战以报本朝。"崇韬复书抚纳之。己丑，魏王继岌至兴州，光葆以梓、绵、剑、龙、普五州，武定节度使王承肇以洋、蓬、壁三州，山南节度使王宗威以梁、开、通、渠、麟五州，阶州刺史王承岳以阶州，皆降。承肇，宗侃之子也。自馀城镇皆望风款附。

天雄节度使王承休与副使安重霸谋掩击唐军，重霸曰："击之不胜，则大事去矣。蜀中精兵十万，天下险固，唐兵虽勇，安能直度剑门邪！然公受国恩，闻难不可不赴，愿与公俱西。"承休素亲信之，以为然。重霸请略羌人买文、扶州路以归，承休从之，使重霸将龙武军及所募兵万二千人以从。将行，州人饯于城外。承休上道，重霸拜于马前曰："国家竭力以得秦、陇，若从开府还朝，谁当守之？开府行矣，重霸请为公留守。"承休业已上道，无如之何，遂与招讨副使王宗讷自扶、文而南。其地皆不毛，羌人抄之，且战且行，士卒冻馁，比至茂州，馀众二千而已。重霸遂以秦、陇来降。

37　高季兴常欲取三峡，畏蜀峡路招讨使张武威名，不敢进。至是，乘唐兵势，使其子行军司马从诲权军府事，自将水军上峡取施州。张武以铁锁断江路，季兴遣勇士乘舟斫之。会风大起，舟絓于锁，不能进退，矢石交下，坏其战舰，季兴轻舟遁去。既而闻北路陷败，以夔、忠、万三州遣使诣魏王降。

李绍琛昼夜兼程直奔利州。前蜀国武德留后宋光葆送给郭崇韬一封信,信中说:"请求唐军不要进入境内,如果办到,我就将管辖范围内的地方全部归附于唐军。如果不能按约定办,我就背城一战,以此来报答蜀主。"郭崇韬回信表示愿如约接纳他们。己丑(三十日),魏王李继岌到达兴州,宋光葆率梓、绵、剑、龙、普五州,武定节度使王承肇率洋、蓬、壁三州,山南节度使王宗威率梁、开、通、渠、麟五州,阶州刺史王承岳率阶州,全部投降了后唐军。王承肇是王宗侃的儿子。其馀城镇都望风归附后唐军。

　　天雄节度使王承休和副使安重霸谋划伏击后唐军,安重霸说:"袭击如果不能取得胜利,那么大事就完了。蜀国有十万精兵,天下险要牢固,唐军虽然勇敢,怎么能够顺利到达剑门呢!国家对你的恩情很大,听到国家有危难不可不赴难,我希望和你一起向西回朝。"王承休平素很信任安重霸,认为他讲得对。安重霸请求贿赂一下羌族人,买通文、扶两州的道路以便回朝时通过,王承休也听从了他的意见,并让安重霸率领龙武军以及招募来的一万两千多士卒跟随他一起回朝。临行前,州人在城外为他们饯行。王承休上路后,安重霸在他的马前跪拜说:"国家用全部力量夺得秦、陇两州,如果我也跟随你回朝,谁来坚守这里呢?你走之后,我请求为你坚守在这里。"王承休已经上路,对安重霸没有办法,于是与招讨副使王宗汭从扶、文两州向南前进。这里都是不毛之地,羌族人从后面抄袭他们,王承休率军边战边走,士卒们又冻又饿,到茂州时只剩下两千人。之后安重霸就率秦、陇二州投降了后唐军。

　　37　高季兴经常想夺取三峡,只是害怕前蜀峡路招讨使张武的威名,不敢前进。到这个时候,乘后唐军的威势,让其子行军司马高从诲代管军府事务,他亲自率领水军进入三峡夺取施州。张武用铁链子封锁了长江上的通路,高季兴派遣勇士乘船去砍断了铁锁链。这时正好刮起大风,高季兴军队的船只挂在了铁链子上,不能进退,前蜀军用箭石一起攻击,打坏了高季兴军队的战船,高季兴乘坐轻便的小船逃离。后来张武听说北路陷落战败,因此让夔、忠、万三州派使者到魏王那里请求投降。

38　郭崇韬遗王宗弼等书，为陈利害。李绍琛未至利州，宗弼弃城引兵西归。王宗勋等三招讨追及宗弼于白芀，宗弼怀中探诏书示之曰："宋光嗣令我杀尔曹。"因相持而泣，遂合谋送款于唐。

38　郭崇韬给王宗弼等送去一封信,向他们说明利害关系。此时李绍琛还没有到达利州,王宗弼就弃城率兵向西撤退。王宗勋等三个招讨在白芀追上了王宗弼,王宗弼从怀中取出诏书给他们看,并对他们说:"宋光嗣命令我杀死你们。"三个招讨使和王宗弼一起哭了起来,最后他们合谋准备与唐军议和。

卷第二百七十四　后唐纪三

起乙酉(925)十一月尽丙戌(926)三月不满一年

庄宗光圣神闵孝皇帝下

同光三年(乙酉,925)

1　十一月丙申,蜀主至成都,百官及后宫迎于七里亭。蜀主入妃嫔中作回鹘队入宫。丁酉,出见群臣于文明殿,泣下沾襟,君臣相视,竟无一言以救国患。

戊戌,李绍琛至利州,修桔柏浮梁。昭武节度使林思谔先弃城奔阆州,遣使请降。甲辰,魏王继岌至剑州,蜀武信节度使兼中书令王宗寿以遂、合、渝、泸、昌五州降。

王宗弼至成都,登大玄门,严兵自卫。蜀主及太后自往劳之,宗弼骄慢无复臣礼。乙巳,劫迁蜀主及太后后宫诸王于西宫,收其玺绶,使亲吏于义兴门邀取内库金帛,悉归其家。其子承涓杖剑入宫,取蜀主宠姬数人以归。丙午,宗弼自称权西川兵马留后。

李绍琛进至绵州,仓库民居已为蜀兵所燔,又断绵江浮梁,水深,无舟楫可渡,绍琛谓李严曰:"吾悬军深入,利在速战。乘蜀人破胆之时,但得百骑过鹿头关,彼且迎降不暇。若俟修缮桥梁,必留数日,或教王衍坚闭近关,折吾兵势,傥延旬浃,则胜负未可知矣。"乃与严乘马浮渡江,从兵得济者仅千人,溺死者亦千馀人,遂入鹿头关。丁未,进据汉州,居三日,后军始至。

庄宗光圣神闵孝皇帝下

后唐庄宗同光三年(乙酉,公元 925 年)

1　十一月丙申(初七),前蜀主回到成都,朝廷百官和宫中妃嫔到七里亭迎接前蜀主。前蜀主走到妃嫔的中间效仿回鹘人排的队回到宫中。丁酉(初八),前蜀主在文明殿会见大臣,泪水沾湿了衣襟,君臣相视,竟没有一个人说一句解救国难的话。

戊戌(初九),李绍琛到达利州,修好了桔柏的浮桥。昭武节度使林思谔在此以前已经弃城逃到阆州,现在又派遣使者来请求投降。甲辰(十五日),魏王李继岌到了剑州,前蜀国的武信节度使兼中书令王宗寿率遂、合、渝、泸、昌五州投降。

王宗弼到成都后,登上了大玄门,严兵自卫。前蜀主和太后亲自去慰劳他,王宗弼很傲慢,都没有向前蜀主回拜臣下之礼。乙巳(十六日),王宗弼劫持前蜀主、太后以及后宫诸王,把他们迁至西宫,没收了他们的玺印,同时让前蜀主的亲信官吏在义兴门领取内库的金帛,全部运到自己家。王宗弼的儿子王承涓持剑进入宫中,领着几个前蜀主宠爱的姬妾回到家中。丙午(十七日),王宗弼自称代理西川兵马留后。

李绍琛进至绵州,那里的仓库民居已被前蜀兵烧毁,绵江浮桥也被前蜀兵切断,由于水深,又没有用来过河的舟船,李绍琛对李严说:"我们孤军深入敌境,只有速战才对我们有利。乘蜀军心惊胆战时,只需要一百个骑兵速过鹿头关,他们连出来投降的时间都没有。如果等修好桥再进攻,一定要在这里住几天,或许有人教王衍牢固地封锁鹿头关,挫我军士气,倘若延缓十天,那么胜负就难以预测了。"于是就和李严骑马渡江,跟从他们的士卒渡过去的仅有一千人,被淹死的也有一千馀人,接着他们就攻进鹿头关。丁未(十八日),占据了汉州,在那里住了三天,后面的部队才到达。

宗弼遣使以币马牛酒劳军，且以蜀主书遗李严曰："公来吾即降。"或谓严："公首建伐蜀之策，蜀人怨公深入骨髓，不可往。"严不从，欣然驰入成都，抚谕吏民，告以大军继至。蜀君臣后宫皆恸哭。蜀主引严见太后，以母妻为托。宗弼犹乘城为守备，严悉命撤去楼橹。

己酉，魏王继岌至绵州，蜀主命翰林学士李昊草降表，又命中书侍郎、同平章事王锴草降书，遣兵部侍郎欧阳彬奉之以迎继岌及郭崇韬。

王宗弼称蜀君臣久欲归命，而内枢密使宋光嗣、景润澄、宣徽使李周辂、欧阳晃荧惑蜀主。皆斩之，函首送继岌。又责文思殿大学士、礼部尚书、成都尹韩昭佞谀，枭于金马坊门。内外马步都指挥使兼中书令徐延琼、果州团练使潘在迎、嘉州刺史顾在珣及诸贵戚皆惶恐，倾其家金帛妓妾以赂宗弼，仅得免死。凡素所不快者，宗弼皆杀之。

辛亥，继岌至德阳。宗弼遣使奉笺，称已迁蜀主于西第，安抚军城，以俟王师。又使其子承班以蜀主后宫及珍玩赂继岌及郭崇韬，求西川节度使，继岌曰："此皆我家物，奚以献为！"留其物而遣之。

李绍琛留汉州八日以俟都统，甲寅，继岌至汉州，王宗弼迎谒。乙卯，至成都。丙辰，李严引蜀主及百官仪卫出降于升迁桥，蜀主白衣、衔璧、牵羊，草绳萦首，百官衰绖、徒跣、舆櫬，

王宗弼派遣使者拿着钱财、马牛、酒肉去慰劳后唐军,并把前蜀主的信送给李严,信中说:"你来了我就投降。"有人对李严说:"你首先提出讨伐蜀国的策略,蜀国人对你恨之入骨,你千万不可去。"李严没有听从这个人的意见,仍高高兴兴地直奔成都,他到了成都,安抚慰恤那里官吏和百姓,告诉他们大军将相继到来。前蜀国的君主大臣以及后宫妻妾们听后都痛哭流涕。前蜀主领着李严去见太后,把他的母亲和妻子托付给他。王宗弼仍然坚守在城上,李严命令他撤除所有的高台。

己酉(二十日),魏王李继岌到达绵州,前蜀主命令翰林学士李昊起草送给后唐帝的降表,又命令中书侍郎、同平章事王锴起草送给后唐军的降书,派遣兵部侍郎欧阳彬拿着这些表章、书信迎接李继岌和郭崇韬。

王宗弼说前蜀国的君主大臣早就想归服于后唐,而内枢密使宋光嗣、景润澄、宣徽使李周辂、欧阳晃迷惑前蜀主。他把这些人都斩杀,把他们的头装起来送交李继岌。又对文思殿大学士、礼部尚书、成都尹韩昭的奸巧谄谀进行了谴责,并将他在金马坊门外处以极刑。内外马步都指挥使兼中书令徐延琼、果州团练使潘在迎、嘉州刺史顾在珣以及皇宫贵戚都惶恐不安,用家里的全部金帛妓妾来贿赂王宗弼,这样才得以免死。王宗弼杀了他平素不喜欢的所有人。

辛亥(二十二日),李继岌到达德阳。王宗弼派遣使者送去书信,说已经把前蜀主迁到他西边的住宅里,安抚了城中的军队,以等待大王军队的到来。又派他的儿子王承班用前蜀主妻妾及珍贵玩物来贿赂李继岌和郭崇韬,请求能任用他为西川节度使,李继岌说:"这些都是我家的东西,怎么用这些东西作为贡献呢!"把他送来的东西留下而把他又送走了。

李绍琛在汉州住了八天等待李继岌的到来,甲寅(二十五日),李继岌到达汉州,王宗弼拜迎李继岌。乙卯(二十六日),李继岌到达成都。丙辰(二十七日),李严领着前蜀主以及百官、仪仗和卫士在升迁桥投降,前蜀主穿着白衣服,口里含着玉璧,手里牵着羊,用草绳攀绕着头表示前蜀国已经战败灭亡,自己应当处死,百官身穿丧服,光着脚,用车子拉着空棺,表示战败国亡,请求死罪,

号哭俟命。继岌受璧,崇韬解缚,焚榇,承制释罪。君臣东北向拜谢。丁巳,大军入成都。崇韬禁军士侵掠,市不改肆。自出师至克蜀,凡七十日。得节度十,州六十四,县二百四十九,兵三万,铠仗、钱粮、金银、缯锦共以千万计。

高季兴闻蜀亡,方食,失匕箸,曰:"是老夫之过也。"梁震曰:"不足忧也。唐主得蜀益骄,亡无日矣,安不知其不为吾福!"

楚王殷闻蜀亡,上表称:"臣已营衡麓之间为菟裘之地,愿上印绶以保馀龄。"上优诏慰谕之。

2 平蜀之功,李绍琛为多,位在董璋上。而璋素与郭崇韬善,崇韬数召璋与议军事。绍琛心不平,谓璋曰:"吾有平蜀之功,公等朴樕相从,反咕嗫于郭公之门,谋相倾害。吾为都将,独不能以军法斩公邪?"璋诉于崇韬。十二月,崇韬表璋为东川节度使,解其军职。绍琛愈怒,曰:"吾冒白刃,陵险阻,定两川,璋乃坐有之邪!"乃见崇韬言:"东川重地,任尚书有文武才,宜表为帅。"崇韬怒曰:"绍琛反邪?何敢违吾节度!"绍琛惧而退。

初,帝遣宦者李从袭等从魏王继岌伐蜀。继岌虽为都统,军中制置补署一出郭崇韬,崇韬终日决事,将吏宾客趋走盈庭,而都统府惟大将晨谒外,牙门索然,从袭等固耻之。及破蜀,蜀之贵臣大将争以宝货、妓乐遗崇韬及其子廷诲,魏王所得,不过匹马、束帛、唾壶、麈柄而已,从袭等益不平。

他们都大声号哭着等待李继岌的命令。李继岌接受了前蜀主的玉璧，郭崇韬解开了前蜀主脖子上的草绳，并把那些空棺都烧掉，按照后唐帝的旨意，免除他们的罪过，并释放了他们。前蜀国君臣都向着东北面拜谢了后唐帝。丁巳（二十八日），后唐军进入成都。郭崇韬禁止士卒进行抢掠，街市上照常贸易往来。从后唐出兵到攻克前蜀国，共用了七十天。夺取十个节度使领地、六十四个州、二百四十九个县，俘获了三万士卒，铠仗、钱粮、金银、缯帛等数以千万计。

高季兴听说前蜀国已被消灭，他正要吃饭，跌落了勺子和筷子，他说："这是老夫我的过错啊！"梁震说："不必担忧。唐主得到蜀国以后就会更加骄傲，不过多久就会灭亡，哪里能知道这不是我们的福气呢！"

楚王马殷听说前蜀国被消灭，上表后唐帝说："我已经把衡麓地区治理成我告老退隐的地方，希望交出印绶来保全我的有生之年。"后唐帝下了一道嘉奖诏书安慰了他一番。

2　平定前蜀国的功劳，李绍琛最多，爵位也在董璋之上。但是董璋平素和郭崇韬很好，因此郭崇韬经常召来董璋一起商议军事。李绍琛心中不平，就对董璋说："我有平定蜀国的功劳，你们是平庸的随从人员，反倒在郭公之门窃窃私语，相互谋划排挤陷害别人。我身为都将，难道不能以军法把你杀掉吗？"董璋把这些话告诉了郭崇韬。十二月，郭崇韬上表后唐帝任命董璋为东川节度使，解除了他的军职。李绍琛对此更加愤怒，说："我冒着生命危险，翻越险阻，平定了东川、西川，董璋却坐享其成了！"于是就找到郭崇韬说："东川是个重要的地方，尚书任圜文武双才，应当上表皇上任他为帅。"郭崇韬听后很生气地说："李绍琛想造反吗？怎么敢违犯我的指挥！"李绍琛感到害怕而退了回去。

当初，后唐帝派遣宦官李从袭等跟从魏王李继岌前往讨伐前蜀。李继岌虽然身为都统，但军中的经营谋划、委任官职等全部由郭崇韬掌管，郭崇韬整天处理事务，将吏宾客你来我往，门庭若市，而都统住的地方只有大将早晨来谒拜，牙门里冷冷清清，李从袭等感到羞辱。攻破前蜀国后，前蜀国的贵臣将领争着给郭崇韬和他的儿子郭廷诲送宝物、艺妓，而魏王李继岌所得到的，只不过是一些马匹、束帛、唾壶、麈柄而已，李从袭等更加愤愤不平了。

王宗弼之自为西川留后也,赂崇韬求为节度使,崇韬阳许之,既而久未得,乃帅蜀人列状见继岌,请留崇韬镇蜀。从袭等因谓继岌曰:"郭公父子专横,今又使蜀人请己为帅,其志难测,王不可不为之备。"继岌谓崇韬曰:"主上倚侍中如山岳,不可离庙堂,岂肯弃元老于蛮夷之域乎!且此非余之所敢知也,请诸人诣阙自陈。"由是继岌与崇韬互相疑。

会宋光葆自梓州来,诉王宗弼诬杀宋光嗣等。又,崇韬征犒军钱数万缗于宗弼,宗弼靳之,士卒怨怒,夜,纵火喧噪。崇韬欲诛宗弼以自明,己巳,白继岌收宗弼及王宗勋、王宗渥,皆数其不忠之罪,族诛之,籍没其家。蜀人争食宗弼之肉。

3 辛未,闽忠懿王审知卒,子延翰自称威武留后。汀州民陈本聚众三万围汀州,延翰遣右军都监柳邕等将兵二万讨之。

4 癸酉,王承休、王宗汭至成都,魏王继岌诘之曰:"居大镇,拥强兵,何以不拒战?"对曰:"畏大王神武。"曰:"然则何以不降?"对曰:"王师不入境。"曰:"所俱入羌者几人?"对曰:"万二千人。"曰:"今归者几人?"对曰:"二千人。"曰:"可以偿万人之死矣。"皆斩之,并其子。

5 丙子,以知北都留守事孟知祥为西川节度使、同平章事,促召赴洛阳。帝议选北都留守,枢密承旨段徊等恶邺都留守张宪,不欲其在朝廷,皆曰:"北都非张宪不可。宪虽有宰相器,今国家新得中原,宰相在天子目前,事有得失,

王宗弼自己当西川留后的时候,贿赂郭崇韬请求做西川节度使,郭崇韬表面上答应,但过了很久王宗弼还没有得到这个官,于是就带着蜀人来见李继岌,列举了很多理由,请求留下郭崇韬镇守蜀地。李从袭等因此对李继岌说:"郭公父子十分专横,现在又让蜀人为自己请求统帅,他的志向难以猜透,大王对他不可没有防备。"李继岌对郭崇韬说:"主上依靠你如靠大山,不可让你离开庙堂,难道肯把元老丢弃在这蛮夷地区吗! 再说这些不是我所敢知道的,请诸位到宫廷里自己去陈说吧。"从此李继岌和郭崇韬之间就相互产生了猜疑。

　　这时正好宋光葆从梓州来到,他诉说了王宗弼诬杀宋光嗣等的情况。又赶上郭崇韬向王宗弼征收数万缗钱想用来慰劳军队,但王宗弼吝惜不肯给,士卒非常愤怒,晚上,在王宗弼的住处放火喧闹。郭崇韬想杀了王宗弼来表明自己清白,己巳(初十),郭崇韬告诉李继岌把王宗弼、王宗勋、王宗渥抓起来,谴责他们的不忠之罪,然后就把他们以及他们的家属全部斩杀,并没收了他们的家产。王宗弼被杀之后,前蜀人争抢着吃王宗弼的肉。

　　3　辛未(十二日),闽国忠懿王王审知去世,他的儿子王延翰自称威武留后。汀州百姓陈本纠集三万多人包围了汀州,王延翰派遣右军都监柳邕等率领两万士卒前去讨伐。

　　4　癸酉(十四日),王承休、王宗汭到达成都,魏王李继岌责问说:"你们驻守大镇,拥有强兵,为什么不抵抗?"回答道:"害怕大王的神明威武。"李继岌问:"那么为什么不投降?"答道:"大王的军队没有进入境内。"李继岌问:"你们进入羌地共有多少人?"答曰:"一万两千人。"李继岌又问:"现在回来的有多少人?"他们回答说:"两千人。"李继岌最后说:"为了报答那一万人,把他们处死。"于是就把他们以及他们的儿子全部杀死了。

　　5　丙子(十七日),任命知北都留守事孟知祥为西川节度使、同平章事,并催促他去洛阳。后唐帝和人商议推选一个北都留守,枢密承旨段徊等厌恶邺都留守张宪,不想让他回朝廷,于是段徊等说:"北都留守非张宪不可。张宪虽然有做宰相的才能,但是现在国家刚刚得到中原地区,宰相天天在天子眼前,万一事情有所得失,

可以改更,比之北都独系一方安危,不为重也。"乃徙宪为太原尹,知北都留守事。以户部尚书王正言为兴唐尹,知邺都留守事。正言昏耄,帝以武德使史彦琼为邺都监军。彦琼,本伶人也,有宠于帝。魏、博等六州军旅金谷之政皆决于彦琼,威福自恣,陵忽将佐,自正言以下皆诣事之。

6　初,帝得魏州银枪效节都近八千人,以为亲军,皆勇悍无敌。夹河之战,实赖其用,屡立殊功,常许以灭梁之日大加赏赉。既而河南平,虽赏赉非一,而士卒恃功,骄恣无厌,更成怨望。是岁大饥,民多流亡,租赋不充,道路涂潦,漕辇艰涩,东都仓廪空竭,无以给军士。租庸使孔谦日于上东门外望诸州漕运,至者随以给之。军士乏食,有雇妻鬻子者,老弱采蔬于野,百十为群,往往馁死,流言怨嗟,而帝游畋不息。己卯,猎于白沙,皇后、皇子、后宫毕从。庚辰,宿伊阙;辛巳,宿潭泊;壬午,宿龛涧;癸未,还宫。时大雪,吏卒有僵仆于道路者。伊、汝间饥尤甚,卫兵所过,责其供饷,不得,则坏其什器,撤其室庐以为薪,甚于寇盗,县吏皆窜匿山谷。

7　有白龙见于汉宫,汉主改元白龙,更名曰龑。

8　长和骠信郑旻遣其布燮郑昭淳求婚于汉,汉主以女增城公主妻之。长和即唐之南诏也。

可以更改，和北都独当一面的安危来比，宰相不是什么重要职务。"于是调张宪出任太原尹，主持北都留守事务。任命户部尚书王正言为兴唐尹，主持邺都留守事务。王正言年老糊涂，因此后唐帝任命武德使史彦琼为邺都监军。史彦琼本来是个艺人，在后唐帝面前很受宠。魏、博等六州军旅的钱粮大政都由史彦琼来决定，他作威作福，恣情放纵，欺侮将佐，自王正言以下的人，都巴结事奉他。

6　当初，后唐帝得到魏州禁卫军近八千人，把他们当作自己的亲信部队，这些人作战十分勇敢，天下无敌。在黄河两岸作战时，确实全靠他们，他们曾多次建立大功，后唐帝经常答应等到消灭了梁国，大加赏赐。在平定了河南以后，虽然赏赐有所不同，但士卒们依仗有功，骄傲放纵，贪得无厌，反而对后唐帝心怀不满。这一年，庄稼收成不好，老百姓离乡背井，收上来的粮租赋税很不够，道路上到处是积水，水陆两路都不畅通，东都的粮仓已被吃空，没有东西可以供给士卒。租庸使孔谦每天在上东门外瞭望诸州从水上运来的粮食，只要一到，随时就发给他们。士卒们由于缺乏粮食，有人嫁妻卖子，年老和体弱者在野外挖采野菜来充饥，有的十几人为一群，有的百来人为一群，这些人往往被饿死在外，人们经常说一些带有诽谤性的话，慨叹愤恨，而后唐帝却在外面不停地游玩打猎。己卯（二十日），后唐帝在白沙打猎，皇后、皇子以及后宫妃妾都跟随着他。庚辰（二十一日），住在伊阙；辛巳（二十二日），住在潭泊；壬午（二十三日），住在龛涧；癸未（二十四日），回到宫内。当时正下大雪，官吏士卒有人冻僵跌倒在道路上。伊、汝之间受的灾尤其严重，凡禁卫所经过的地方，都要当地百姓供给粮饷，如果得不到，就破坏他们的日常用具，把他们的房屋拆掉当作烧火柴，比盗贼敌人都厉害，县里的官吏都逃到山谷之间躲藏起来。

7　有人在南汉宫里看见白龙，于是南汉主就把年号改为"白龙"，自己也改名叫龑。

8　长和骠信郑旻派遣他的布燮郑昭淳向南汉求婚，南汉主把他的女儿增城公主嫁给了他。长和就是唐朝时的南诏国。

9　成德节度使李嗣源入朝。

10　闰月己丑朔,孟知祥至洛阳,帝宠待甚厚。

11　帝以军储不足,谋于群臣,豆卢革以下皆莫知为计。吏部尚书李琪上疏,以为:"古者量入以为出,计农而发兵,故虽有水旱之灾而无匮乏之忧。近代税农以养兵,未有农富给而兵不足,农捐瘠而兵丰饱者也。今纵未能蠲省租税,苟除折纳、纽配之法,农亦可以小休矣。"帝即敕有司如琪所言,然竟不能行。

12　丁酉,诏蜀朝所署官四品以上降授有差,五品以下才地无取者悉纵归田里。其先降及有功者,委崇韬随事奖任。又赐王衍诏,略曰:"固当裂土而封,必不薄人于险。三辰在上,一言不欺。"

13　庚子,彰武、保大节度使兼中书令高万兴卒,以其子保大留后允韬为彰武留后。

14　帝以军储不充,欲如汴州,谏官上言:"不如节俭以足用,自古无就食天子。今杨氏未灭,不宜示以虚实。"乃止。

15　辛亥,立皇弟存美为邕王,存霸为永王,存礼为薛王,存渥为申王,存义为睦王,存确为通王,存纪为雅王。

16　郭崇韬素疾宦官,尝密谓魏王继岌曰:"大王他日得天下,骒马亦不可乘,况任宦官! 宜尽去之,专用士人。"吕知柔窃听,闻之,由是宦官皆切齿。

9　成德节度使李嗣源回到朝中。

10　闰月己丑朔(初一),孟知祥到达洛阳,后唐帝对待他十分优厚。

11　因为军队的储备不充足,后唐帝与大臣商议,豆卢革以下的大臣都想不出办法。吏部尚书李琪向后唐帝上疏,他认为:"古时候是根据收入的多少来决定支出的多少,根据农时的忙闲来发动战争,所以即使发生了水旱灾害,也不会出现缺乏粮草的忧虑。近来是靠农民的税赋来供养军队,没有农民富足而军队供需不足,或农民因饥饿而死而军队士卒却丰衣足食的情况。现在即使不能减少农民的租税,如果能够免除折纳和纽配的交租方法,农民也可以稍微得到休整。"后唐帝马上按照李琪所讲的敕令主管官吏,然而终究没能执行。

12　丁酉(初九),后唐帝下诏,凡前蜀的官员在四品以上者按不同情况降职安排,凡在五品以下而又没有什么才能可取者一律放回家乡。率先投降的和有功劳的人,委托郭崇韬按照具体情况来奖励和委任。后唐帝又赐诏王衍,大概意思说:"肯定会分封土地给你,不会在你有难的时候薄待于你。日、月、星三辰在上,一句话也不敢欺骗你。"

13　庚子(十二日),彰武、保大节度使兼中书令高万兴去世,任命他的儿子保大留后高允韬为彰武留后。

14　军队储备不足,后唐帝打算到汴州,谏官上书说:"不如通过节俭满足军队需要,自古就没有找天子吃饭的军队。现在杨氏还没有消灭,不应把虚实暴露给他们。"于是打消了念头。

15　辛亥(二十三日),立皇弟李存美为邕王,李存霸为永王,李存礼为薛王,李存渥为申王,李存义为睦王,李存确为通王,李存纪为雅王。

16　郭崇韬平素就嫉恨宦官,曾暗中对魏王李继岌说:"大王他日得到天下,骗了的马都不能骑,更何况任用宦官!应当把他们全部辞去,专门起用士人。"吕知柔正好在外面偷听到郭崇韬的话,因此宦官对郭崇韬都恨得咬牙切齿。

时成都虽下，而蜀中盗贼群起，布满山林。崇韬恐大军既去，更为后患，命任圜、张筠分道招讨，以是淹留未还。帝遣宦者向延嗣促之，崇韬不出郊迎，及见，礼节又倨，延嗣怒。李从袭谓延嗣曰："魏王，太子也；主上万福，而郭公专权如是。郭廷诲拥徒出入，日与军中饶将、蜀土豪杰狎饮，指天画地，近闻白其父请表己为蜀帅，又言'蜀地富饶，大人宜善自为谋'。今诸军将校皆郭氏之党，王寄身于虎狼之口，一朝有变，吾属不知委骨何地矣。"因相向垂涕。延嗣归，具以语刘后。后泣诉于帝，请早救继岌之死。

前此帝闻蜀人请崇韬为帅，已不平，至是闻延嗣之言，不能无疑。帝阅蜀府库之籍，曰："人言蜀中珍货无算，何如是之微也？"延嗣曰："臣闻蜀破，其珍货皆入于崇韬父子，崇韬有金万两，银四十万两，钱百万缗，名马千匹，他物称是，廷诲所取，复在其外。故县官所得不多耳。"帝遂怒形于色。及孟知祥将行，帝语之曰："闻郭崇韬有异志，卿到，为朕诛之。"知祥曰："崇韬，国之勋旧，不宜有此。俟臣至蜀察之，苟无他志则遣还。"帝许之。

壬子，知祥发洛阳。帝寻复遣衣甲库使马彦珪驰诣成都观崇韬去就，如奉诏班师则已，若有迁延跋扈之状，则与继岌图之。彦珪见皇后，说之曰："臣见向延嗣言蜀中事势忧在朝夕，今上当断不断，夫成败之机，间不容发，安能缓急禀命于三千里外乎！"皇后复言于帝，帝曰："传闻之言，未知

当时成都虽然被攻取,但蜀中盗贼四起,布满山林。郭崇韬担心大军撤离,成为后患,命令任圜、张筠分路去招抚讨伐他们,郭崇韬于是停留下来没有回洛阳。唐帝派宦官向延嗣催促,郭崇韬没有到郊外去迎接,见了向延嗣后,礼节又十分傲慢,向延嗣十分生气。李从袭对向延嗣说:"魏王是太子,主上多福,而郭公如此独裁。郭廷诲和他的同党们经常往来,每天和军队中勇敢的将领、蜀地的豪杰喝酒胡混,指天画地、胡吹乱捧,近来又听说他让父亲郭崇韬上表请求为蜀帅,又说'蜀地非常富饶,大人应当为自己妥善地谋划一番'。现在诸军将领都是郭氏的同党,大王寄身在虎狼之口,一旦有变,我们都不知道自己的骨头丢在什么地方啊。"于是面对面地痛哭流涕。向延嗣回到洛阳之后,把这些情况全部告诉了刘后。刘后边哭边告诉给后唐帝,并请求及早挽救李继岌,使他免于一死。

在此以前后唐帝听到蜀人请求郭崇韬做他们的统帅,心中已经愤愤不平,这时又听到向延嗣的这番话,不能不表示怀疑。后唐帝查看前蜀府库的账簿时,说:"人们都说蜀中的珍宝无法计算,为什么账簿上这么少呢?"向延嗣说:"我听说蜀国被攻破以后,那里的珍宝都到了郭崇韬父子的手中,郭崇韬有黄金一万两,白银四十万两,钱百万缗,名贵的马一千匹,其他的东西与此相当,至于郭廷诲所拿到的还在这些之外。所以县官们所得到的并不很多。"于是后唐帝脸上流露出愤怒的表情。等到孟知祥将要出发到成都时,后唐帝对他说:"听说郭崇韬有异心,你到了那里,帮我把他杀掉。"孟知祥说:"郭崇韬是国家的有功之臣,不应有这类事。等我到了蜀地观察他一段,如果没有异心就送他回来。"后唐帝答应了。

壬子(二十四日),孟知祥从洛阳出发。不久,后唐帝又派衣甲库使马彦珪迅速赶到成都观察郭崇韬到底愿不愿离开那里,如果能按照后唐帝的命令班师回朝则已,如果拖延时间或表现出飞扬跋扈的样子,就和李继岌一起把他杀掉。马彦珪见到皇后,劝她说:"我看如果像向延嗣所说的蜀中形势,忧患就在朝夕,现在皇上当断不断,成败的时机,间不容发,怎么能够在三千里之外执行紧急命令呢!"皇后又把这些告诉了后唐帝,后唐帝说:"道听途说的话,不能判断

虚实,岂可遽尔果决!"皇后不得请,退,自为教与继岌,令杀
崇韬。知祥行至石壕,彦珪夜叩门宣诏,促知祥赴镇,知祥窃
叹曰:"乱将作矣!"乃昼夜兼行。

17 初,楚王殷既得湖南,不征商旅,由是四方商旅辐
凑。湖南地多铅铁,殷用军都判官高郁策,铸铅铁为钱,商旅
出境,无所用之,皆易他货而去,故能以境内所馀之物易天下
百货,国以富饶。湖南民不事桑蚕,郁命民输税者皆以帛代
钱,未几,民间机杼大盛。

18 吴越王镠遣使者沈瑫致书,以受玉册、封吴越国王
告于吴,吴人以其国名与己同,不受书,遣瑫还。仍戒境上无
得通吴越使者及商旅。

明宗圣德和武钦孝皇帝上之上
天成元年(丙戌,926)

1 春,正月庚申,魏王继岌遣李继晔、李严部送王衍及
其宗族百官数千人诣洛阳。

2 河中节度使、尚书令李继麟自恃与帝故旧,且有功,
帝待之厚,苦诸伶宦求匄无厌,遂拒不与。大军之征蜀也,继
麟阅兵,遣其子令德将之以从。景进与宦官谮之曰:"继麟闻
大军起,以为讨己,故惊惧,阅兵自卫。"又曰:"崇韬所以敢倔
强于蜀者,与河中阴谋,内外相应故也。"继麟闻之惧,欲身入
朝以自明,其所亲止之,继麟曰:"郭侍中功高于我。今事势
将危,吾得见主上,面陈至诚,则谮人获罪矣。"癸亥,继麟
入朝。

是真是假,怎么可以仓促作出决定呢!"皇后的请求未得允准,只好退出,她自己给李继岌写了个告谕,命令他杀死郭崇韬。孟知祥到达石壕,马彦珪黑夜敲开他的门宣布了后唐帝的命令,催他赶往成都,孟知祥私下叹息着说:"乱子将要发生了!"于是他日夜兼程,赶赴成都。

17 当初,楚王马殷得到湖南时,不征收商人的税,因此四面八方的商人都聚集在这里。湖南盛产铅、铁,马殷采纳了军都判官高郁的策略,把铅和铁铸造成当地使用的货币,商人一离开楚境,这些货币就没有什么用处了,所以他们就用钱买成其他东西带走,这样就能够用境内所剩馀的东西换成天下的各种货物,国家因此就富裕起来了。湖南的百姓不从事桑蚕业,高郁就命令交税的人们以绢帛来代替钱,不久,民间的织布业大大盛行起来。

18 吴越王钱镠派遣使者沈瑫给吴国送来一封信,把接受玉册、被封为吴越国王的事告诉了吴国,吴国人认为他的国名和自己国家的名字相同,拒不接受吴越王的信,又把沈瑫送了回去。并且告诫边境不得让吴越国的使者和商人通过。

明宗圣德和武钦孝皇帝上之上
后唐明宗天成元年(丙戌,公元926年)

1 春季,正月庚申(初三),魏王李继岌派遣李继曮、李严带领人马把王衍及其家族、百官数千人送到洛阳。

2 河中节度使、尚书令李继麟依仗自己和后唐帝是老朋友,而且有战功,后唐帝给他的待遇也很丰厚,但苦于那些伶人宦官经常向他求乞而且贪得无厌,于是就拒绝不给。大军征伐前蜀时,李继麟检阅部队,派他的儿子李令德率领部队跟随着他。景进和宦官诬陷他说:"李继麟听说大军将要出发,他认为是来讨伐自己,所以感到惊恐害怕,并检阅他的部队准备自卫。"又说:"郭崇韬之所以敢在蜀中倨傲不屈于人,是他和河中有阴谋,内外相应的缘故。"李继麟听到这些话后感到害怕,打算亲自到朝廷里讲个明白,他的亲信阻止了他,李继麟说:"郭崇韬功劳比我高。现在的势态很危急,我得去见皇上,当面说清我对他的忠诚,这样,那些说别人坏话的人就会受到惩罚。"癸亥(初六),李继麟到了朝廷。

3 魏王继岌将发成都，令任圜权知留事，以俟孟知祥。诸军部署已定，是日，马彦珪至，以皇后教示继岌，继岌曰："大军垂发，彼无衅端，安可为此负心事！公辈勿复言。且主上无敕，独以皇后教杀招讨使，可乎？"李从袭等泣曰："既有此迹，万一崇韬闻之，中涂为变，益不可救矣。"相与巧陈利害，继岌不得已从之。甲子旦，从袭以继岌之命召崇韬计事，继岌登楼避之。崇韬方升阶，继岌从者李环挝碎其首，并杀其子廷诲、廷信。外人犹未之知。都统推官滏阳李崧谓继岌曰："今行军三千里外，初无敕旨，擅杀大将，大王奈何行此危事！独不能忍之至洛阳邪？"继岌曰："公言是也，悔之无及。"崧乃召书吏数人，登楼去梯，矫为敕书，用蜡印宣之，军中粗定。崇韬左右皆窜匿，独掌书记滏阳张砺诣魏王府恸哭久之。继岌命任圜代崇韬总军政。

4 魏王通谒李廷安献蜀乐工二百馀人，有严旭者，王衍用为蓬州刺史，帝问曰："汝何以得刺史？"对曰："以歌。"帝使歌而善之，许复故任。

5 戊辰，孟知祥至成都。时新杀郭崇韬，人情未安，知祥慰抚吏民，犒赐将卒，去留帖然。

6 闽人破陈本，斩之。

7 契丹主击女真及勃海，恐唐乘虚袭之，戊寅，遣梅老鞋里来修好。

3　魏王李继岌将从成都出发，命令任圜代管留下的事情，等待孟知祥的到来。各路军队已部署好，就在这一天里，马彦珪来到成都，把皇后的告谕拿给李继岌看，李继岌说："大军将要出发，郭崇韬也没有什么迹象，怎么可以做这种对不起人的事呢! 你们不能再说这种话了。况且皇上也没有命令，仅凭皇后的告谕就把招讨使杀死，这样做可以吗?"李从袭等哭着说："既然有了这种迹象，万一郭崇韬听说以后，中途发生了变化，那就更不可以挽救了。"于是李从袭等一起花言巧语地向李继岌陈说利害，李继岌不得已只好听从了他们的意见。甲子(初七)晨，李从袭以李继岌的命令召见郭崇韬议事，李继岌上楼躲避。郭崇韬刚要上台级，跟随李继岌的李环击碎了他的头，并杀死了他的儿子郭廷诲、郭廷信。外面的人还不知道这件事。都统推官滏阳人李崧对李继岌说："现在部队将要出发在三千里之外，一开始就没有皇上的命令而擅自杀死大将，大王怎么可以做出这种危险的事情! 难道不能忍一忍到洛阳再说吗?"李继岌说："你说得很对，但后悔也来不及了。"于是李崧召集了好几个书吏来，登上楼，然后把梯子撤去，假造了一个皇帝的命令，又用蜡摹刻了个印盖上，才对外宣谕，这样军中才稍稍安定下来。而郭崇韬的左右亲信都逃跑躲藏起来，只有掌书记滏阳人张砺到魏王府痛哭了很长时间。李继岌任命任圜代替郭崇韬总管军政。

4　魏王通谒官李廷安献上前蜀国的乐工两百馀人，其中有个叫严旭的，王衍用他为蓬州刺史，后唐帝问他说："你是怎么才当上刺史的?"严旭回答说："我用唱歌。"后唐帝让他唱歌，认为他唱得好，答应恢复他过去的职务。

5　戊辰(十一日)，孟知祥到达成都。当时刚刚杀死郭崇韬，人心还没有安定下来，孟知祥安抚官民，慰劳赏赐将士，无论他们愿意留下还是离开这里，都顺从其意愿。

6　闽人打败陈本，并斩杀了他。

7　契丹主向女真和勃海国发起进攻，但又害怕后唐兵乘虚而入，戊寅(二十一日)，派遣梅老鞋里来后唐互通友好。

8 马彦珪还洛阳,乃下诏暴郭崇韬之罪,并杀其子廷说、廷让、廷议,于是朝野骇惋,群议纷然,帝使宦者潜察之。保大节度使睦王存乂,崇韬之婿也,宦者欲尽去崇韬之党,言"存乂对诸将攘臂垂泣,为崇韬称冤,言辞怨望。"庚辰,幽存乂于第,寻杀之。

景进言:"河中人有告变,言李继麟与郭崇韬谋反;崇韬死,又与存乂连谋。"宦官因共劝帝速除之,帝乃徙继麟为义成节度使,是夜,遣蕃汉马步使朱守殷以兵围其第,驱继麟出徽安门外杀之,复其姓名曰朱友谦。友谦二子,令德为武信节度使,令锡为忠武节度使。诏魏王继岌诛令德于遂州,郑州刺史王思同诛令锡于许州,河阳节度使李绍奇诛其家人于河中。绍奇至其家,友谦妻张氏帅家人二百馀口见绍奇曰:"朱氏宗族当死,愿无滥及平人。"乃别其婢仆百人,以其族百口就刑。张氏又取铁券以示绍奇曰:"此皇帝去年所赐也,我妇人,不识书,不知其何等语也。"绍奇亦为之惭。友谦旧将史武等七人,时为刺史,皆坐族诛。

时洛中诸军饥窘,妄为谣言,伶官采之以闻于帝,故朱友谦、郭崇韬皆及于祸。成德节度使兼中书令李嗣源亦为谣言所属,帝遣朱守殷察之。守殷私谓嗣源曰:"令公勋业振主,宜自图归藩以远祸。"嗣源曰:"吾心不负天地,祸福之来,无所可避,皆委之于命耳。"时伶宦用事,勋旧人不自保,嗣源危殆者数四,赖宣徽使李绍宏左右营护,以是得全。

8　马彦珪回到洛阳,后唐帝下诏公布郭崇韬的罪行,并杀其子郭廷说、郭廷让、郭廷议,朝廷内外惊骇惋惜,议论纷纷,后唐帝派宦官偷偷地去察看情况。保大节度使睦王李存义是郭崇韬的女婿,宦官想全部清除郭崇韬的同党,说:"李存义对着诸位将领捋衣出臂,痛哭流涕,为郭崇韬申冤,他的言辞对朝廷很不满。"庚辰(二十三日),把李存义拘禁在他的住宅里,不久就把他杀掉了。

景进说:"河中有人来告发那里叛变,说李继麟和郭崇韬阴谋反叛。郭崇韬死了之后,又和李存义联合谋划。"因此宦官们一起劝说后唐帝尽快把他们清除掉,于是后唐帝调李继麟任义成节度使,当天夜里,又派遣蕃汉马步使朱守殷用兵包围了李继麟的住宅,逼迫李继麟走出徽安门外面,把他杀掉,恢复他原来的姓名朱友谦。朱友谦有两个儿子,朱令德为武信节度使,朱令锡为忠武节度使。后唐帝下诏让魏王李继岌在遂州杀掉朱令德,让郑州刺史王思同在许州杀掉朱令锡,让河阳节度使李绍奇在河中把他的家人杀掉。李绍奇来到朱友谦的家,朱友谦的妻子张氏带领两百余口家人来见李绍奇,她说:"朱氏宗族是应该杀死的,但希望不要错误地把平民也杀掉。"于是把她家的一百多名奴仆分出来,另外一百多口族人就走上了刑场。张氏又拿出后唐帝颁赐给朱友谦的世代可享受特殊待遇的铁契来给李绍奇看,并对李绍奇说:"这是皇上去年赏赐的,我是个妇道人家,不认识字,不知道这上面写的是什么。"李绍奇为之感到惭愧。朱友谦的旧将史武等七人,当时都是刺史官,也都作为同族而被杀掉。

当时洛中各军饥饿困迫,编造了些谣言,伶官们收集起来告诉后唐帝,所以朱友谦、郭崇韬都因此遭祸。成德节度使兼中书令李嗣源也属于被谣言中伤的一类人物,后唐帝派遣朱守殷去侦察他。朱守殷私下对李嗣源说:"你的功业,威震皇帝,应该自己安排一个归宿,离开是非之地。"李嗣源说:"我的良心没有对不起天地的,不管是祸是福,都没有什么可躲避的,全靠命运的安排了。"当时是伶人宦官掌权,有功劳的故旧都不能自保,李嗣源已有多次处于危险地位,全靠宣徽使李绍宏及其左右的保护营救才得以保全。

9 魏王继岌留马步都指挥使陈留李仁罕、马军都指挥使东光潘仁嗣、左厢都指挥使赵廷隐、右厢都指挥使浚仪张业、牙内指挥使文水武漳、骁锐指挥使平恩李延厚戍成都。甲申,继岌发成都,命李绍琛帅万二千人为后军,行止常差中军一舍。

10 二月己丑朔,以宣徽南院使李绍宏为枢密使。

11 魏博指挥使杨仁晸将所部兵戍瓦桥,逾年代归,至贝州,以邺都空虚,恐兵至为变,敕留屯贝州。

时天下莫知郭崇韬之罪,民间讹言云:"崇韬杀继岌,自王于蜀,故族其家。"朱友谦子建徽为澶州刺史,帝密敕邺都监军史彦琼杀之。门者白留守王正言曰:"史武德夜半驰马出城,不言何往。"又讹言云:"皇后以继岌之死归咎于帝,已弑帝矣,故急召彦琼计事。"人情愈骇。

杨仁晸部兵皇甫晖与其徒夜博不胜,因人情不安,遂作乱,劫仁晸曰:"主上所以有天下,吾魏军力也。魏军甲不去体,马不解鞍者十馀年,今天下已定,天子不念旧劳,更加猜忌。远戍逾年,方喜代归,去家咫尺,不使相见。今闻皇后弑逆,京师已乱,将士愿与公俱归,仍表闻朝廷。若天子万福,兴兵致讨,以吾魏博兵力足以拒之,安知不更为富贵之资乎!"仁晸不从,晖杀之。又劫小校,不从,又杀之。效节指挥使赵在礼闻乱,衣不及带,逾垣而走,晖追及,曳其足而下之,示以二首,在礼惧而从之。乱兵遂奉以为帅,焚掠贝州。晖,魏州人;在礼,涿州人也。诘旦,晖等拥在礼南趣临清、永济、馆陶,所过剽掠。

9　魏王李继岌留下马步都指挥使陈留人李仁军、马军都指挥使东光人潘仁嗣、左厢都指挥使赵廷隐、右厢都指挥使浚仪人张业、牙内指挥使文水人武漳、骁锐指挥使平恩人李延厚戍守在成都。甲申(二十八日)，李继岌从成都出发，命令李绍琛率领一万两千人为他的后援部队，在路上行进或休息时，经常和中军相距三十里远。

10　二月己丑朔(初一)，任命宣徽南院使李绍宏为枢密使。

11　魏博指挥使杨仁晸率领他所属的部队戍守在瓦桥，一年以后换他回来，走到贝州，后唐帝认为邺都很空虚，怕他的部队回来后发生变化，于是下令让他们驻守在贝州。

当时天下的人们还不知道郭崇韬的罪行，民间传讹说："郭崇韬杀死了李继岌，在蜀自己称了王，所以才把他的全家杀掉。"朱友谦的儿子朱建徽是澶州刺史，后唐帝秘密命令邺都监军史彦琼去杀死了他。看守城门的人对留守王正言说："史彦琼半夜骑着马出了城，没有说他向哪里去。"又有人传讹说："皇后把李继岌的死归咎于唐帝，已经把唐帝杀死了，所以火急召见史彦琼去商量事情。"人们感到更加惊骇。

杨仁晸的部下皇甫晖和他的朋友夜里赌博没能赢，因为人心不安，于是乘机作乱，他威胁杨仁晸说："主上所以能够占有天下，全靠我们魏军的力量。魏军将士不曾脱去铠甲、战马不曾解下马鞍已经有十多年了，现在天下已经平定，天子不但不想我们过去的功劳，反而更加猜忌我们。我们在边远的地方戍守了一年多，刚刚高兴地把我们换回来，离家已经很近，却不让和家人相见。现在听说皇后已经杀了皇帝，京师大乱，将士们希望和你一起回去，并且请求你上表朝廷。如果天子有福没死，兴兵讨伐我们，凭我们魏博的兵力是能抵御他们，怎么能知道这不是重新获得富贵的机会呢!"杨仁晸不从，于是皇甫晖杀了杨仁晸。皇甫晖又威胁一个小校官，小校官也不从，皇甫晖又把小校官杀死。效节指挥使赵在礼听说已叛乱，衣带还没来得及系就翻墙逃跑，皇甫晖追上，拉住他的脚把他从墙上拖下来，把杀死的两个人的头给他看，赵在礼害怕就顺从了。于是叛乱的军队就奉赵在礼为统帅，焚烧抢掠了贝州。皇甫晖是魏州人，赵在礼是涿州人。第二天早晨，皇甫晖等保护着赵在礼向南直奔临清、永济、馆陶，他们所经过的地方都被抢劫一空。

壬辰晚，有自贝州来告军乱将犯邺都者，都巡检使孙铎等亟诣史彦琼，请授甲乘城为备。彦琼疑铎等有异志，曰："告者云今日贼至临清，计程须六日晚方至，为备未晚。"孙铎曰："贼既作乱，必乘吾未备，昼夜倍道，安肯计程而行！请仆射帅众乘城，铎募劲兵千人伏于王莽河逆击之，贼既势挫，必当离散，然后可扑讨也。必俟其至城下，万一有奸人为内应，则事危矣。"彦琼曰："但严兵守城，何必逆战！"是夜，贼前锋攻北门，弓弩乱发。时彦琼将部兵宿北门楼，闻贼呼声，即时惊溃。彦琼单骑奔洛阳。

癸巳，贼入邺都，孙铎等拒战不胜，亡去。赵在礼据宫城，署皇甫晖及军校赵进为马步都指挥使，纵兵大掠。进，定州人也。

王正言方据案召吏草奏，无至者，正言怒，其家人曰："贼已入城，杀掠于市，吏皆逃散，公尚谁呼？"正言惊曰："吾初不知也。"又索马，不能得，乃帅僚佐步出府门谒在礼，再拜请罪。在礼亦拜，曰："士卒思归耳，尚书重德，勿自卑屈！"慰谕遣之。

众推在礼为魏博留后，具奏其状。北京留守张宪家在邺都，在礼厚抚之，遣使以书诱宪，宪不发封，斩其使以闻。

12 甲午，以景进为银青光禄大夫、检校右散骑常侍兼御史大夫、上柱国。

13 丙申，史彦琼至洛阳。帝问可为大将者于枢密使李绍宏，绍宏复请用李绍钦，帝许之，令条上方略。绍钦所请偏裨，皆梁旧将，己所善者，帝疑之而止。皇后曰："此小事，不足烦大将，

壬辰(初四)的晚上,有人从贝州来报告说乱军将侵犯邺都,都巡检使孙铎等急忙到了史彦琼那里,请求授予武器登城防备。史彦琼怀疑孙铎等有其他想法,说:"报告的人说乱贼今天到了临清,按照里程计算,六日晚才能到这里,到时再做防备也不晚。"孙铎说:"乱贼既然已反叛,一定乘我们没有防备的时候日夜兼程,怎么肯按里数来走呢!请仆射率领大家登上城墙,孙铎我招募一千精壮兵士埋伏在王莽河畔来袭击他们,贼势被我们挫败,一定会逃散,然后可以全面讨伐他们。如果一定要等他们来到城下才作防备,万一有内奸和他们相呼应,那就危险了。"史彦琼说:"只需用严兵守城,何必出去迎战!"当天晚上,乱兵的前锋攻打邺城北门,弓弩乱发。当时史彦琼所率部属在北门楼上,听到乱兵的呼喊声,当时就被吓散了。史彦琼单人匹马逃奔到洛阳。

癸巳(初五),乱兵进入邺都,孙铎等人奋力抵御,不能取胜,于是都逃跑了。赵在礼占据了宫城,安排皇甫晖和军校赵进为马步都指挥使,放纵士卒大肆抢掠。赵进是定州人。

王正言正伏案准备召集官吏来起草奏书,没有人来,王正言很生气,家人对他说:"乱贼已经进入城内,在街市上又杀又抢,官吏们都逃散了,您还叫谁呢?"王正言惊讶地说:"我从来不知道这个情况。"他要人备马,没有得到,于是就带领他左右的官吏走出府门拜见赵在礼,他们拜了又拜,向赵在礼请罪。赵在礼也回拜了他们,说:"只是士卒们想回家,尚书重德,不要自己卑躬屈膝!"安慰了他们一番就把他们送走了。

大家都推举赵在礼为魏博留后,把他的情况上奏给后唐帝。北京留守张宪的家在邺都,赵在礼用丰厚的礼物抚慰了他的家属,然后派遣使者送信来引诱张宪,张宪连信都没拆就把使者杀了,然后向朝廷报告。

12　甲午(初六),任命景进为银青光禄大夫、检校右散骑常侍兼御史大夫、上柱国。

13　丙申(初八),史彦琼到达洛阳。后唐帝问枢密使李绍宏谁可以任为大将,李绍宏再次请求起用李绍钦,后唐帝答应了他的请求,并命令李绍钦逐条送上他的计谋策略。李绍钦所请求使用的将佐们,都是后梁国的旧将领,也是他所喜欢的人,后唐帝对此很怀疑,于是此事就作罢了。皇后说:"这是一件小事,不必麻烦大将,

绍荣可办也。"帝乃命归德节度使李绍荣将骑三千诣邺招抚，亦征诸道兵，备其不服。

14 郭崇韬之死也，李绍琛谓董璋曰："公复欲咕嗫谁门乎？"璋惧，谢罪。魏王继岌军还至武连，遇敕使，谕以朱友谦已伏诛，令董璋将兵之遂州诛朱令德。时绍琛将后军在魏城，闻之，以帝不委己杀令德而委璋，大惊。俄而璋过绍琛军，不谒。绍琛怒，乘酒谓诸将曰："国家南取大梁，西定巴、蜀，皆郭公之谋而吾之战功也；至于去逆效顺，与国家犄角以破梁，则朱公也。今朱、郭皆无罪族灭，归朝之后，行及我矣。冤哉！天乎！奈何？"绍琛所将多河中兵，河中将焦武等号哭于军门曰："西平王何罪，阖门屠脍！我属归则与史武等同诛，决不复东矣。"是日，魏王继岌至泥溪，绍琛至剑州遣人白继岌云："河中将士号哭不止，欲为乱。"丁酉，绍琛自剑州拥兵西还，自称西川节度、三川制置等使，移檄成都，称奉诏代孟知祥，招谕蜀人，三日间众至五万。

15 戊戌，李继曋至凤翔，监军使柴重厚不以符印与之，促令诣阙。

16 己亥，魏王继岌至利州，李绍琛遣人断桔柏津。继岌闻之，以任圜为副招讨使，将步骑七千，与都指挥使梁汉颙、监军李延安追讨之。

17 庚子，邢州左右步直兵赵太等四百人据城自称安国留后。诏东北面招讨副使李绍真讨之。

18 辛丑，任圜先令别将何建崇击剑门关，下之。

李绍荣就可以办到。"于是后唐帝命令归德节度使李绍荣率领三千骑兵到邺都抚慰赵在礼等,使他们归顺朝廷,同时征集各路部队,以防备他们不服招抚。

14 郭崇韬被杀的时候,李绍琛曾经对董璋说:"你又准备到谁家门上去窃窃私语呢?"董璋很害怕,认罪道歉。魏王李继岌的军队回到武连,遇到了皇帝的使者,把朱友谦已经被杀死的情况告诉了李继岌,同时传令董璋率领部队到遂州去诛杀朱令德。当时李绍琛率领的后援部队在魏城,听到这个情况后,认为后唐帝不委派自己去杀朱令德而委派董璋,感到非常惊讶。不一会儿,董璋经过李绍琛的军队,没有拜见。李绍琛非常生气,借酒对诸位将领说:"皇上南面夺取大梁,西面平定巴、蜀,都是郭崇韬的计谋,我的战功;至于背叛梁国,归顺皇上,并和皇上一起牵制夹击敌人,最后攻破梁国,这些是朱公的功劳。现在朱、郭二人都被无罪灭族,回到朝廷,就轮到我了。冤枉啊!天啊!怎么办呢?"李绍琛所率部队大部分是河中士卒,河中将焦武等在军门口放声痛哭,并说:"西平王朱友谦有什么罪过,满门被诛杀!我们回去就和史武等一样会被诛杀,决不会再回东方来。"这一天,魏王李继岌到达泥溪,李绍琛到剑州派人告诉李继岌说:"河中的将士不停地号哭,他们想叛乱。"丁酉(初九),李绍琛从剑州率兵回到西边,他自称西川节度、三川制置等使,并张贴声讨成都的檄文,声称他代替了孟知祥,昭告蜀国百姓,三天之内就来了五万人。

15 戊戌(初十),李继曮到达凤翔,监军使柴重厚没有把符印交给李继曮,只是催促他赶快到皇帝那里去。

16 己亥(十一日),魏王李继岌到达利州,李绍琛派人破坏了桔柏津。李继岌听说以后,任命任圜为副招讨使,率领七千名步兵骑兵,和都指挥使梁汉颙、监军李延安追击讨伐他。

17 庚子(十二日),邢州左右步直兵赵太等四百人占据了邢州城,自称是安国留后。后唐帝下诏东北面招讨副使李绍真,让他讨伐赵太。

18 辛丑(十三日),任圜首先命令别将何建崇攻击剑门关,结果攻了下来。

19 李绍荣至邺都,攻其南门,遣人以赦招谕之。赵在礼以羊酒犒师,拜于城上曰:"将士思家擅归,相公诚善为敷奏,得免于死,敢不自新!"遂以赦遍谕军士。史彦琼戟手大骂曰:"群死贼,城破万段!"皇甫晖谓其众曰:"观史武德之言,上不赦我矣。"因聚噪,掠赦书,手坏之,守陴拒战。绍荣攻之不利,以状闻,帝怒曰:"克城之日,勿遗噍类!"大发诸军讨之。壬寅,绍荣退屯澶州。

20 甲辰夜,从马直军士王温等五人杀军使,谋作乱,擒斩之。从马直指挥使郭从谦,本优人也,优名郭门高。帝与梁相拒于得胜,募勇士挑战,从谦应募,俘斩而还,由是益有宠。帝选诸军骁勇者为亲军,分置四指挥,号从马直,从谦自军使积功至指挥使。郭崇韬方用事,从谦以叔父事之,睦王存义以从谦为假子。及崇韬、存义得罪,从谦数以私财飨从马直诸校,对之流涕,言崇韬之冤。及王温作乱,帝戏之曰:"汝既负我附崇韬、存义,又教王温反,欲何为也?"从谦益惧。既退,阴谓诸校曰:"主上以王温之故,俟邺都平定,尽坑若曹。家之所有宜尽市酒肉,勿为久计也。"由是亲军皆不自安。

21 乙巳,王衍至长安,有诏止之。

22 先是,帝诸弟虽领节度使,皆留京师,但食其俸。戊申,始命护国节度使永王存霸至河中。

19　李绍荣到达邺都,攻打邺都南门,并派人以皇帝的诏书宣谕赵在礼等。赵在礼用羊和酒来慰劳士卒,在城上拜他们说:"将士们思念家人擅自回来,李相公如果能真诚善意地陈奏皇上,能够免除我们死罪,我们敢不悔过自新!"于是把后唐帝的命令告诉了全军将士。史彦琼指手画脚地大骂说:"你们这些死贼,攻破城以后把你们身砍万段!"皇甫晖对大家说:"从史彦琼的话来看,皇帝是不会饶恕我们的。"因此聚众鼓噪,抢过皇帝的诏书撕碎,坚守在城上的女墙边抵抗后唐军。李绍荣攻城不利,把这些情况报告了后唐帝,后唐帝听了非常生气地说:"攻下城的那一天,一个活人也不能留下!"于是调集各路军队讨伐。壬寅(十四日),李绍荣撤退驻扎在澶州。

20　甲辰(十六日)夜晚,从马直军士王温等五人杀死了军使,阴谋作乱,后来把他们抓住杀了。从马直指挥使郭从谦,本来是个唱戏的,艺名叫郭门高。后唐帝与后梁军相持在德胜的时候,招募勇士来挑逗后梁军出战,郭从谦应召,俘获斩杀了后梁军士卒而还,因此后唐帝对他更加宠爱。后唐帝选择勇敢善战的人作为他的亲信部队,分别设置了四个指挥,号称从马直,郭从谦因战功累累,从军使一直升到指挥使。当初郭崇韬刚掌权时,郭从谦把他当作叔父来侍奉他,睦王李存乂把郭从谦当作养子。郭崇韬、李存乂获罪以后,郭从谦曾多次用自己的钱财来犒赏从马直的各军校,对着他们痛哭流涕,说郭崇韬死得冤枉。等到王温作乱时,后唐帝开玩笑地对他说:"你辜负了我而站在郭崇韬、李存乂一边,又教王温造反,你打算干什么呢?"郭从谦更加害怕。退朝后对各位军校说:"主上因王温作乱,等邺都平定以后,要全部把你们坑杀。家中所有的财产应当全部买成酒肉,不要作长远打算了。"因此,后唐帝的亲军士卒都感到心里不安。

21　乙巳(十七日),王衍到了长安,后唐帝命令他停留在那里。

22　在此之前,后唐帝的各位兄弟虽然任节度使,但都留在京师,只依靠他们的俸禄生活。戊申(二十日),开始命令护国节度使永王李存霸到河中。

23 丁未,李绍荣以诸道兵再攻邺都。庚戌,裨将杨重霸帅众数百登城,后无继者,重霸等皆死。贼知不赦,坚守无降意。朝廷患之,日发中使促魏王继岌东还。继岌以中军精兵皆从任圜讨李绍琛,留利州待之,未得还。

李绍荣讨赵在礼久无功,赵太据邢州未下。沧州军乱,小校王景戡讨定之,因自为留后。河朔州县告乱者相继。帝欲自征邺都,宰相、枢密使皆言京师根本,车驾不可轻动,帝曰:"诸将无可使者。"皆曰:"李嗣源最为勋旧。"帝心忌嗣源,曰:"吾惜嗣源,欲留宿卫。"皆曰:"他人无可者。"忠武节度使张全义亦言:"河朔多事,久则患深,宜令总管进讨。若倚绍荣辈,未见成功之期。"李绍宏亦屡言之,帝以内外所荐,甲寅,命嗣源将亲军讨邺都。

24 延州言绥、银军乱,剽州城。

25 董璋将兵二万屯绵州,会任圜讨李绍琛。帝遣中使崔延琛至成都,遇绍琛军,绐之曰:"吾奉诏召孟郎,公若缓兵,自当得蜀。"既至成都,劝孟知祥为战守备。知祥浚壕树栅,遣马步都指挥使李仁罕将四万人,骁锐指挥使李延厚将二千人讨绍琛。延厚集其众询之曰:"有少壮勇锐,欲立功求富贵者东!衰疾畏懦,厌行陈者西!"得选兵七百人以行。

是日,任圜军追及绍琛于汉州,绍琛出兵逆战。招讨掌书记张砺请伏精兵于后,以羸兵诱之,圜从之,使董璋以东川羸兵先战而却。绍琛轻圜书生,又见其兵羸,极力追之,伏兵发,大破之,斩首数千级,自是绍琛入汉州,闭城不出。

23　丁未（十九日），李绍荣用各道的士卒再次攻打邺都。庚戌（二十二日），副将杨重霸率领数百名士卒登上了邺都城，因为没有后援，杨重霸等都战死。乱兵知道罪不可赦，因此一直坚守战斗，没有一点投降的意思。朝廷对这件事十分忧虑，每天都派使者催促魏王回来。李继岌让中军精锐的部队都跟随任圜讨伐李绍琛去了，他留在利州等待他们，所以未能东回。

李绍荣讨伐赵在礼长时间没有战功，赵太占据了邢州，李绍荣也未能攻下。沧州的军队发生动乱，小校王景戡率军讨伐平定了沧州，自称留后。河朔地区的州县接连不断地有人来报告发生动乱。后唐帝打算亲自率军去讨伐邺都，宰相、枢密使都说京师是国家的根本，皇帝的车驾不能轻易出动，后唐帝说："诸位将领中没有人可以派出去了。"大家都说："李嗣源是最有功劳的旧将。"后唐帝心中忌恨李嗣源，于是说："我爱惜嗣源，想留他在宫中担任警卫。"大家又说："别人就都不行了。"忠武节度使张全义也说："河朔事多，时间长了就会变成大的忧患，应当让李总管去讨伐。如果依靠李绍荣等人，恐怕看不到他们成功的日期。"李绍宏也曾多次说这件事，后唐帝因为内外都推荐李嗣源，甲寅（二十六日），就命令李嗣源率领皇帝的亲军前去讨伐邺都。

24　延州方面报告，绥、银地区的军队叛乱，并抢劫了州城。

25　董璋率领两万士卒驻扎在绵州，正遇上任圜讨伐李绍琛。后唐帝派遣中使崔延琛到成都，遇上了李绍琛的军队，欺骗他们说："我奉皇帝命令来见孟知祥，你如果能延缓一下，自然能得到蜀地。"他到了成都，劝孟知祥做好战斗准备。孟知祥挖战壕，树栅垒，并派马步都指挥使李仁罕率领四万人、骁锐指挥使李延厚率领两千人去讨伐李绍琛。李延厚召集大家说："有年轻体壮勇敢善战而又想立功求得富贵的人站在东边！年老有病，害怕而且厌倦行军打仗的人站在西边！"最后率领选出来的七百士卒出发。

这天，任圜的军队在汉州追到李绍琛，李绍琛出兵迎战。招讨掌书记张砺请求把精锐部队埋伏在后面，用体弱的士卒去引诱他们，任圜听从了他的意见，并让董璋用东川的弱兵先去作战，然后再退却。李绍琛轻视任圜是个书生，又见他的兵弱，就奋力追击，伏兵出动，把李绍琛的军队打得大败，斩杀了好几千人，从此李绍琛进入汉州，闭城不敢出来。

26　三月丁巳朔，李绍真奏克邢州，擒赵太等。庚申，绍真引兵至邺都，营于城西北，以太等徇于邺都城下而杀之。

27　辛酉，以威武节度副使王延翰为威武节度使。

28　壬戌，李嗣源至邺都，营于城西南；甲子，嗣源下令军中，诘旦攻城。是夜，从马直军士张破败作乱，帅众大噪，杀都将，焚营舍。诘旦，乱兵逼中军，嗣源帅亲军拒战，不能敌，乱兵益炽。嗣源叱而问之曰："尔曹欲何为？"对曰："将士从主上十年，百战以得天下。今主上弃恩任威，贝州戍卒思归，主上不赦，云'克城之后，当尽坑魏博之军'。近从马直数卒喧竞，遽欲尽诛其众。我辈初无叛心，但畏死耳。今众议欲与城中合势击退诸道之军，请主上帝河南，令公帝河北，为军民之主。"嗣源泣谕之，不从。嗣源曰："尔不用吾言，任尔所为，我自归京师。"乱兵拔白刃环之，曰："此辈虎狼也，不识尊卑，令公去欲何之？"因拥嗣源及李绍真等入城，城中不受外兵，皇甫晖逆击张破败，斩之，外兵皆溃。赵在礼帅诸校迎拜嗣源，泣谢曰："将士辈负令公，敢不惟命是听！"嗣源诡说在礼曰："凡举大事，须藉兵力，今外兵流散无所归，我为公出收之。"在礼乃听嗣源、绍真俱出城，宿魏县，散兵稍有至者。

29　汉州无城堑，树木为栅。乙丑，任圜进攻其栅，纵火焚之，李绍琛引兵出战于金雁桥，兵败，与十馀骑奔绵竹，追擒之。孟知祥自至汉州犒军，与任圜、董璋置酒高会，引李绍琛槛车至座中，知祥自酌大卮饮之，谓曰："公已拥节旄，

26　三月丁巳朔(初一),李绍真奏告后唐帝攻破了邢州,抓获赵太等。庚申(初四),李绍真率兵到达邺都,在城西北安下营寨,把赵太等在邺都城下示众杀死。

27　辛酉(初五),任命威武节度副使王延翰为威武节度使。

28　壬戌(初六),李嗣源到达邺都,在城西南安下营寨;甲子(初八),李嗣源下达命令,第二天早晨攻打邺都城。这天夜里,从马直军士张破败叛乱,带领好多人大声喧闹,杀死都将,焚烧营寨。第二天早晨,叛乱的士卒逼近中军,李嗣源率领随身护卫部队抵抗,抵挡不住,乱兵的气势更加猖狂。李嗣源大声斥问他们说:"你们想干什么?"乱兵回答说:"将士跟随主上已有十年,经过百战夺得了天下。现在主上忘恩负义,欺凌士卒,驻守在贝州的士卒只是想回家,主上不能饶恕他们,还说'攻下城以后,应当把魏博的军队全部坑杀'。近来从马直责备士卒争逐喧闹,想很快地把这些士卒杀掉。我们从来没有背叛的想法,只是害怕被杀。现在大家商量想和城里的人联合起来,击退各路军队,请主上在河南称帝,您在河北称帝,成为这里军民的主上。"李嗣源边哭边把皇帝的命令告诉他们,没人听从。李嗣源说:"你们不听我的话,任你们随便干,我回京师。"叛乱的士兵拔出刀剑把他围起来,并说:"这些人都是虎狼之辈,不管尊卑,你离开这里准备去哪里呢?"于是簇拥着李嗣源和李绍真等进城,结果城里的人不让外面的兵进去,皇甫晖迎战张破败,张破败被击杀,城外的兵被打败。赵在礼率领各位校官迎接拜见了李嗣源,边哭边谢罪说:"将士们对不起您,敢不唯命是从!"李嗣源欺骗赵在礼说:"凡是发动大的事情,必须借助兵力,现在城外的士卒被打散后无处可归,我为你出去收集他们。"赵在礼同意李嗣源和李绍真一起出城,他们住在魏县,被击散的士卒有一些又回来。

29　汉州城没有防御用的壕沟,只是树立起一些木头作为栅垒。乙丑(初九),任圜进攻这些栅垒,并放火烧掉,李绍琛率兵出来在金雁桥迎战任圜,李绍琛被打败,他和十余个骑兵逃奔到绵竹,任圜乘胜追击,抓获李绍琛。孟知祥亲自到汉州慰问军队,他和任圜、董璋大摆宴席,把李绍琛的槛车拉到宴席的座位中间,孟知祥用大杯子自酌自饮,对李绍琛说:"你已经拿着皇上给你的符节,

又有平蜀之功,何患不富贵,而求入此槛车邪?"绍琛曰:"郭侍中佐命功第一,兵不血刃取两川,一旦无罪族诛,如绍琛辈安保首领! 以此不敢归朝耳。"魏王继岌既获绍琛,乃引兵倍道而东。

孟知祥获陕虢都指挥使汝阴李肇、河中都指挥使千乘侯弘实,以肇为牙内马步都指挥使,弘实副之。蜀中群盗犹未息,知祥择廉吏使治州县,蠲除横赋,安集流散,下宽大之令,与民更始。遣左厢都指挥使赵廷隐、右厢都指挥使张业将兵分讨群盗,悉诛之。

30 李嗣源之为乱兵所逼也,李绍荣有众万人,营于城南,嗣源遣牙将张虔钊、高行周等七人相继召之,欲与共诛乱者。绍荣疑嗣源之诈,留使者,闭壁不应。及嗣源入邺都,遂引兵去。嗣源在魏县,众不满百,又无兵仗。李绍真所将镇兵五千,闻嗣源得出,相帅归之,由是嗣源兵稍振。嗣源泣谓诸将曰:"吾明日当归藩,上章待罪,听主上所裁。"李绍真及中门使安重诲曰:"此策非宜。公为元帅,不幸为凶人所劫。李绍荣不战而退,归朝必以公藉口。公若归藩,则为据地邀君,适足以实谗慝之言耳。不若星行诣阙,面见天子,庶可自明。"嗣源曰:"善!"丁卯,自魏县南趣相州,遇马坊使康福,得马数千匹,始能成军。福,蔚州人也。

31 平卢节度使符习将本军攻邺都,闻李嗣源军溃,引兵归。至淄州,监军使杨希望遣兵逆击之,习惧,复引兵而西。青州指挥使王公俨攻希望,杀之,因据其城。

又有平定蜀国的功劳，为什么还忧患你富贵不了，而寻求坐这种槛车呢？”李绍琛说：“侍中郭崇韬辅佐皇帝功劳第一，没有经过战争而夺取东川、西川，突然无罪被灭族，像我李绍琛怎么能保全自己的脑袋呢！因此不敢回到朝廷。”魏王李继岌已经知道抓获了李绍琛，于是率兵日夜兼程向东进军。

　　孟知祥抓获了陕虢都指挥使汝阴李肇、河中都指挥使千乘侯弘实，然后任李肇为牙内马步都指挥使，侯弘实为牙内马步都指挥副使。蜀中的盗贼还未平息，于是孟知祥选择廉洁官吏治理各州县，免除了那些依仗权势随便增加的赋税，安置召集流散人员，颁布一些宽大的政策，让百姓重新安居乐业。同时又派遣左厢都指挥使赵廷隐、右厢都指挥使张业率兵分别去讨伐盗贼，最后全部消灭。

　　30　李嗣源被乱兵逼迫的时候，李绍荣有一万士卒驻扎在邺都城南，李嗣源派遣牙将张虔钊、高行周等七人相继去通知他，想和他联合起来消灭乱兵。李绍荣怀疑李嗣源有诈，于是把使者扣留下来，关起军营大门拒不响应。等到李嗣源进入邺都，他率兵离开这里。李嗣源在魏县时，士卒不到一百人，又没有武器。李绍真所率领的镇州五千士卒，听说李嗣源出来，一起归附了他，因此李嗣源的军队渐渐振兴起来。李嗣源边哭边对诸将说：“我明天就回藩镇去，上奏皇上请求治罪，听从皇上的裁决。”李绍真和中门使安重诲说：“这种策略不大适当。您身为元帅，不幸被乱兵劫持。李绍荣不战而退，回到朝廷后一定会以您为借口。如果您回到藩镇，那就是占据地盘来胁迫君主，正足以证实那些谗言了。不如日夜兼程回到朝廷，面见天子，这样方可不讲自明。”李嗣源说：“很好！”丁卯（十一日），从魏县出发向南直奔相州，遇到了马坊使康福，得到了几千匹马，才组织成军队。康福是蔚州人。

　　31　平卢节度使符习率军攻打邺都，听说李嗣源的军队被打败，就率兵回去了。到了淄州，监军使杨希望派兵迎面攻打他们，符习害怕，又率军向西进。青州指挥使王公俨向杨希望进攻，并杀死了他，因此占据其城。

时近侍为诸道监军者，皆恃恩与节度使争权，及邺都军变，所在多杀之。安义监军杨继源谋杀节度使孔勍，勍先诱而杀之。武宁监军以李绍真从李嗣源，谋杀其元从，据城拒之。权知留后淳于晏帅诸将先杀之。晏，登州人也。

32 戊辰，以军食不足，敕河南尹豫借夏秋税，民不聊生。

33 忠武节度使、尚书令齐王张全义闻李嗣源入邺都，忧惧不食，辛未，卒于洛阳。

34 租庸使以仓储不足，颇朘刻军粮，军士流言益甚。宰相惧，帅百官上表言："今租庸已竭，内库有馀，诸军室家不能相保，傥不赈救，惧有离心。俟过凶年，其财复集。"上即欲从之，刘后曰："吾夫妇君临万国，虽藉武功，亦由天命。命既在天，人如我何！"宰相又于便殿论之，后属耳于屏风后，须臾，出妆具及三银盆、皇幼子三人于外曰："人言宫中蓄积多，四方贡献随以给赐，所馀止此耳，请鬻以赡军！"宰相惶惧而退。

35 李绍荣自邺都退保卫州，奏李嗣源已叛，与贼合。嗣源遣使上章自理，一日数辈。嗣源长子从审为金枪指挥使，帝谓从审曰："吾深知尔父忠厚，尔往谕朕意，勿使自疑。"从审至卫州，绍荣囚，欲杀之。从审曰："公等既不亮吾父，吾亦不能至父所，请复还宿卫。"乃释之。帝怜从审，赐名继璟，待之如子。

当时后唐帝左右和宦官任诸道监军的人们,都依仗后唐帝的恩宠和节度使们争权,等到邺都的军队发生叛变时,凡仍在任监军的宦官多数被杀死。安义监军杨继源阴谋杀害节度使孔勍,结果孔勍先引诱而后就杀死了他。武宁监军认为李绍真跟随着李嗣源,阴谋杀害原来跟从李绍真的将士,占据彭城来抗拒李绍真。权知留后淳于晏率领诸位将领先杀了监军。淳于晏是登州人。

32　戊辰(十二日),因军粮不足,后唐帝下令河南尹先预借夏秋赋税,结果民不聊生。

33　忠武节度使、尚书令齐王张全义听说李嗣源进入邺都,又忧愁又害怕,连饭都吃不下去,辛未(十五日),在洛阳去世。

34　租庸使因仓库储备不足,极力压缩削减军粮,军士的流言就更加厉害。宰相感到害怕,就带领百官上奏后唐帝说:"现在收上来的租税已经用完,内库还有剩馀,各军的家室都不能相保,如果不赶快赈救,怕有离心。等到过了灾年,财产又会收集上来。"后唐帝打算听从他们的意见,刘皇后说:"我们夫妇以君主的身份面临万国,虽然借助了武力的功劳,但也是由天命的安排。命运既然由天掌握,人们能把我们怎么样!"宰相又在帝王休息的殿堂里议论这件事,皇后把耳朵贴在屏风的后面偷听,不一会儿,她把梳妆用具、三个银盆以及皇帝三个幼小的儿子抱到外面说:"人们都说宫中的积蓄多,但四面八方来的贡献随时都赏赐下去,所剩下的只有这些了,请把这些东西卖掉来赡养军队!"宰相听后十分害怕地退出宫殿。

35　李绍荣从邺都退到卫州坚守,同时上奏后唐帝说李嗣源已经叛变,与乱兵合伙。李嗣源派出使者给后唐帝送去自己解释的奏章,一天之内就有好几个人来送。李嗣源的长子李从审为金枪指挥使,后唐帝对李从审说:"我深知你父亲的忠厚,你回去告诉他我的意思,不要使他自疑。"李从审到了卫州,李绍荣把他抓了起来,想杀掉他。李从审说:"你们既不相信我的父亲,我又不能回到我父亲的住地,那么请求再把我送回禁卫军去。"于是李绍荣才放了他。后唐帝很怜爱李从审,赐给他名字叫继璟,待他就像待儿子一样。

是后嗣源所奏,皆为绍荣所遏,不得通,嗣源由是疑惧。石敬瑭曰:"夫事成于果决而败于犹豫,安有上将与叛卒入贼城,而他日得保无恙乎?大梁,天下之要会也,愿假三百骑先往取之。若幸而得之,公宜引大军亟进,如此始可自全。"突骑指挥使康义诚曰:"主上无道,军民怨怒,公从众则生,守节则死。"嗣源乃令安重诲移檄会兵。义诚,代北胡人也。

时齐州防御使李绍虔、泰宁节度使李绍钦、贝州刺史李绍英屯瓦桥,北京右厢马军都指挥使安审通屯奉化军,嗣源皆遣使召之。绍英,瑕丘人,本姓房,名知温;审通,金全之侄也。嗣源家在真定,虞候将王建立先杀其监军,由是获全。建立,辽州人也。李从珂自横水将所部兵由盂县趣镇州,与王建立军合,倍道从嗣源。嗣源以李绍荣在卫州,谋自白皋济河,分三百骑使石敬瑭将之前驱,李从珂为殿,于是军势大盛。嗣源从子从璋自镇州引兵而南,过邢州,邢人奉为留后。

36　癸酉,诏怀远指挥使白从晖将骑兵扼河阳桥,帝乃出金帛给赐诸军,枢密宣徽使及供奉内使景进等皆献金帛以助给赐。军士负物而诟曰:"吾妻子已殍死,得此何为!"甲戌,李绍荣自卫州至洛阳,帝如鹗店劳之。绍荣曰:"邺都乱兵已遣其党翟建白据博州,欲济河袭郓、汴,愿陛下幸关东招抚之。"帝从之。

37　景进等言于帝曰:"魏王未至,康延孝初平,西南犹未安。王衍族党不少,闻车驾东征,恐其为变,不若除之。"帝乃遣中使向延嗣赍敕往诛之,敕曰:"王衍一行,并从杀戮。"

此后李嗣源的所有奏书，都被李绍荣阻拦，不得通过，李嗣源也因此而疑惧。石敬瑭说："大凡事情都是由于果断而取得成功，犹豫而招致失败，哪里有上将和叛卒进入贼城而他日又安然无恙的？大梁是天下的要害地方，我希望借三百骑兵先去夺取大梁。如果侥幸攻取了大梁，您就率领大军赶快前进，只有这样才可保全自己。"突骑指挥使康义诚说："主上没有德政，军民们又怨恨又愤怒，您要顺从大家就会活下来，如果坚守节操就会死去。"于是李嗣源下令安重诲集中部队。康义诚是代北的胡人。

当时齐州防御使李绍虔、泰宁节度使李绍钦、贝州刺史李绍英驻扎在瓦桥，北京右厢马军都指挥使安审通驻扎在奉化军，李嗣源都派遣使者去召集他们。李绍英是瑕丘人，本姓房，名知温；安审通是安金全的侄儿。李嗣源的家属住在真定，虞候将王建立先杀了监军，因此李嗣源的家属才得以保全。王建立是辽州人。李从珂从横水率部队从盂县直奔镇州，与王建立的军队会合，日夜兼程地奔赴李嗣源。李嗣源因为李绍荣在卫州，所以谋划从白皋渡过黄河，分出三百名骑兵让石敬瑭率领作为前头部队，李从珂跟在军队的最后面，于是军势大盛。李嗣源的侄儿李从璋从镇州率领部队向南进军，经过邢州时，邢州人推举他为邢州留后。

36　癸酉(十七日)，后唐帝下诏让怀远指挥使白从晖率领骑兵扼守河阳桥，于是拿出一些金帛赏赐给各路军队，枢密宣徽使以及供奉内使景进等都献出一些金帛来帮助后唐帝赏赐军队。士卒们背着东西骂道："我们的妻子儿女已经饿死，拿上这些东西有什么用呢！"甲戌(十八日)，李绍荣从卫州到达洛阳，后唐帝到鹁店去慰劳他。李绍荣说："邺都的叛乱士卒已经派出他们的同伙翟建白占据了博州，打算渡过黄河来袭击郓、汴，希望陛下巡幸关东来招抚他们。"后唐帝听从了他的意见。

37　景进等对后唐帝说："魏王还没有到来，康延孝刚刚平定，西南方面还是不很安定。王衍的同党不少，如果他们听说您东征，恐怕会发生变化，不如消灭他们。"后唐帝派遣中使向延嗣拿着后唐帝的命令去诛杀他们，后唐帝的命令说："王衍一行，一并杀死。"

已印画,枢密使张居翰覆视,就殿柱揩去"行"字,改为"家"字,由是蜀百官及衍仆役获免者千馀人。延嗣至长安,尽杀衍宗族于秦川驿。衍母徐氏且死,呼曰:"吾儿以一国迎降,不免族诛,信义俱弃,吾知汝行亦受祸矣!"

38 乙亥,帝发洛阳;丁丑,次汜水;戊寅,遣李绍荣将骑兵循河而东。李嗣源亲党从帝者多亡去。或劝李继璟宜早自脱,继璟终无行意。帝屡遣继璟诣嗣源,继璟固辞,愿死于帝前以明赤诚。帝闻嗣源在黎阳,强遣继璟渡河召之,道遇李绍荣,绍荣杀之。

39 吴越王镠有疾,如衣锦军,命镇海、镇东节度使留后钱传瓘监国。吴徐温遣使来问疾,左右劝镠勿见,镠曰:"温阴狡,此名问疾,实使之觇我也。"强出见之。温果聚兵欲袭吴越,闻镠疾瘳而止。镠寻还钱塘。

40 吴以左仆射、同平章事徐知诰为侍中,右仆射严可求兼门下侍郎、同平章事。

41 庚辰,帝发汜水。

辛巳,李嗣源至白皋,遇山东上供绢数船,取以赏军。安重诲从者争舟,行营马步使陶玘斩以徇,由是军中肃然。玘,许州人也。嗣源济河,至滑州,遣人招符习,习与嗣源会于胙城,安审通亦引兵来会。知汴州孔循遣使奉表西迎帝,亦遣使北输密款于嗣源,曰:"先至者得之。"

已经盖上了后唐帝的印记和画了押,枢密使张居翰复看时,就在殿堂的柱子上勾去"行"字,改为"家"字,因此蜀国的百官以及王衍的仆役们就有一千多人免于一死。向延嗣到达长安,在秦川驿把王衍的家族全部诛杀。王衍的母亲徐氏将要被杀时,大声说:"我的儿子以一个国家迎降还免不了诛灭全家,你们背信弃义,我知道你们也要遭受这种灾难。"

38 乙亥(十九日),后唐帝从洛阳出发;丁丑(二十一日),住在汜水;戊寅(二十二日),派遣李绍荣率骑兵沿着黄河向东进军。李嗣源的亲信同伙中追随后唐帝的人大多逃跑了。有人劝说李继璟应当及早逃脱,但李继璟始终没有逃离的意思。后唐帝曾多次派遣李继璟到李嗣源那里去,李继璟坚决不去,希望死在后唐帝的面前来表明自己的忠诚。后唐帝听说李嗣源在黎阳,硬派遣李继璟渡过黄河去召他,李继璟在路上遇到李绍荣,李绍荣把他杀死了。

39 吴越王钱镠有病,他到衣锦军那里命令镇海、镇东节度使留后钱传瓘监国。吴国的徐温派遣使者来问候,钱镠的左右大臣都劝他不要见,钱镠说:"徐温阴险狡猾,这回名义上是问候我,实际上是窥探我。"他振作起来出去接见吴国使者。徐温果然集中兵力准备袭击吴越,听说钱镠病愈,就停止了行动。钱镠不久回到钱塘。

40 吴国任命左仆射、同平章事徐知诰为侍中,右仆射严可求兼任门下侍郎、同平章事。

41 庚辰(二十四日),后唐帝从汜水出发。

辛巳(二十五日),李嗣源到达白皋,遇到好几船山东去上供的绢帛,于是拿这些东西赏给了军队。跟随安重诲的人争抢船上的东西,行营马步使陶玘把他们当众斩杀,因此军中才整肃起来。陶玘是许州人。李嗣源渡过黄河,到达滑州,派人去召见符习,符习和李嗣源在胙城相会,安审通也率部队来这里相会。汴州知州孔循派遣使者拿着送给后唐帝的表书在西面迎接后唐帝的到来,同时也派遣使者向北方偷偷送信给李嗣源,说:"谁先到谁将得到汴州。"

先是，帝遣骑将满城西方邺守汴州。石敬瑭使裨将李琼以劲兵突入封丘门，敬瑭蹑其后，自西门入，遂据其城，西方邺请降。敬瑭使趣嗣源。壬午，嗣源入大梁。

是日，帝至荥泽东，命龙骧指挥使姚彦温将三千骑为前军，曰："汝曹汴人也，吾入汝境，不欲使他军前驱，恐扰汝室家。"厚赐而遣之。彦温即以其众叛归嗣源，谓嗣源曰："京师危迫，主上为元行钦所惑，事势已离，不可复事矣。"嗣源曰："汝自不忠，何言之悖也！"即夺其兵。指挥使潘环守王村寨，有囷粟数万，帝遣骑视之，环亦奔大梁。

帝至万胜镇，闻嗣源已据大梁，诸军离叛，神色沮丧，登高叹曰："吾不济矣！"即命旋师。帝之出关也，扈从兵二万五千，及还，已失万馀人，乃留秦州都指挥使张唐以步骑三千守关。癸未，帝还过罂子谷，道狭，每遇卫士执兵仗者，辄以善言抚之曰："适报魏王又进西川金银五十万，到京当尽给尔曹。"对曰："陛下赐已晚矣，人亦不感圣恩！"帝流涕而已。又索袍带赐从官，内库使张容哥称颁给已尽，卫士叱容哥曰："致吾君失社稷，皆此阉竖辈也。"抽刀逐之。或救之，获免。容哥谓同类曰："皇后吝财致此，今乃归咎于吾辈。事若不测，吾辈万段，吾不忍待也。"因赴河死。

甲申，帝至石桥西，置酒悲涕，谓李绍荣等诸将曰："卿辈事吾以来，急难富贵靡不同之，今致吾至此，皆无一策以相救乎？"诸将百馀人，皆截发置地，誓以死报，因相与号泣。是日晚，入洛城。

在此之前,后唐帝派遣骑将满城人西方邺镇守汴州。石敬瑭派副将李琼用强劲的军队突然攻入封丘门,石敬瑭跟在他们的后面从西门进入,占据了汴州城,西方邺请求投降。石敬瑭派人去报告李嗣源。壬午(二十六日),李嗣源进入大梁。

这一天,后唐帝到达荣泽的东面,命令龙骧指挥使姚彦温率领三千骑兵为前锋,并说:"你们都是汴梁人,我进入你们的境内,不想让其他部队作为前锋,唯恐打扰你们的家室。"赏赐了丰厚的礼物就派他们走了。姚彦温马上率领这部分士卒背叛了后唐帝而归服了李嗣源,他对李嗣源说:"京师危险紧迫,主上被赐名李绍荣的元行钦所迷惑,大势已去,不可再事奉皇上了。"李嗣源说:"你没有忠心,说的话何等悖乱!"于是马上夺取了他的部队。指挥使潘环驻守在王村寨,有好几万斤粮草,后唐帝派骑兵去察看,潘环也逃奔到大梁。

后唐帝到达万胜镇,听说李嗣源已经占据了大梁城,诸军离叛,神色沮丧,他登上高处叹息着说:"我不能成功了!"于是马上命令回师。后唐帝出关时,随从的部队有两万五千人,等到回师的时候已失去一万余人,于是他留下秦州都指挥使张唐率领三千骑兵步兵把守关口。癸未(二十七日),后唐帝返回时路过罌子谷,道路狭窄,每逢遇到拿着兵器仪仗的卫士,他就用友好爱惜的话安抚他们说:"刚才有人报告说魏王又进贡西川的金银五十万两,等到了京师全部分给你们。"士卒回答说:"陛下的赏赐已经晚了,人们也不会感谢圣恩了!"后唐帝只是哭泣而已。后唐帝又寻找袍带赏赐给跟从他的官吏,内库使张容哥说颁赐的东西已经用完了,卫士骂张容哥说:"使国君失去了国家,都是你们这些阉竖们干的。"于是拔出刀来追逐他。幸好有人救了他,才免于一死。张容哥对他的同伙们说:"皇后吝啬财物到了如此地步,现在又归咎于我们。如果发生意外的事情,我们将会被碎尸万段,我不能忍心等待那一天的到来。"因此,他跳进黄河淹死了。

甲申(二十八日),后唐帝到达石桥的西面,摆开酒宴,悲痛地对李绍荣等诸位将领说:"你们事奉我以来,急难同当,富贵同享,今天使我到了如此地步,都没有一个计策能救我吗?"一百多位将领都割断了头发放在地上,誓死来报答后唐帝,于是一起放声大哭。当天晚上,进入洛城。

李嗣源命石敬瑭将前军趣汜水收抚散兵，嗣源继之。李绍虔、李绍英引兵来会。

丙戌，宰相、枢密使共奏："魏王西军将至，车驾宜且控扼汜水，收抚散兵以俟之。"帝从之，自出上东门阅骑兵，戒以诘旦东行。

李嗣源命令石敬瑭率领前锋部队到汜水收集安抚那些逃散的士卒,李嗣源在后面跟着他们。李绍虔、李绍英率领部队也来相会。

丙戌(三十日),宰相、枢密使一起上奏后唐帝说:"魏王率领西面的部队即将到来,陛下的车驾应当暂且控制扼守住汜水,收集安抚逃散的士卒来等待魏王。"后唐帝听从了他们的建议,并亲自到上东门外检阅了骑兵,告诫他们明天早晨向东进军。

卷第二百七十五　后唐纪四

起丙戌(926)四月尽丁亥(927)六月凡一年有奇

明宗圣德和武钦孝皇帝上之下
天成元年(丙戌,926)

1　夏,四月丁亥朔,严办将发,骑兵陈于宣仁门外,步兵陈于五凤门外。从马直指挥使郭从谦不知睦王存乂已死,欲奉之以作乱,帅所部兵自营中露刃大呼,与黄甲两军攻兴教门。帝方食,闻变,帅诸王及近卫骑兵击之,逐乱兵出门。时蕃汉马步使朱守殷将骑兵在外,帝遣中使急召之,欲与同击贼。守殷不至,引兵憩于北邙茂林之下。乱兵焚兴教门,缘城而入,近臣宿将皆释甲潜遁,独散员都指挥使李彦卿及宿卫军校何福进、王全斌等十馀人力战。俄而帝为流矢所中,鹰坊人善友扶帝自门楼下,至绛霄殿庑下抽矢,渴懑求水,皇后不自省视,遣宦者进酪,须臾,帝殂。李彦卿等恸哭而去,左右皆散,善友敛庑下乐器覆帝尸而焚之。彦卿,存审之子;福进、全斌皆太原人也。刘后囊金宝系马鞍,与申王存渥及李绍荣引七百骑,焚嘉庆殿,自师子门出走。通王存确、雅王存纪奔南山。宫人多逃散,朱守殷入宫,选宫人三十馀人,各令自取乐器珍玩,内于其家。于是诸军大掠都城。

是日,李嗣源至罂子谷,闻之,恸哭,谓诸将曰:"主上素得士心,正为群小蔽惑至此,今吾将安归乎?"

明宗圣德和武钦孝皇帝上之下
后唐明宗天成元年（丙戌，公元 926 年）

1 夏季，四月丁亥朔（初一），后唐帝出行前的戒严等都已办好准备出发，骑兵陈列在宣仁门外，步兵陈列在五凤门外。从马直指挥使郭从谦不知道睦王李存乂已经死去，打算辅助他一起叛乱，于是率部队从军营中亮出刀刃大声疾呼，和黄甲两军攻打兴教门。这时后唐帝正在吃饭，听说兵变就率领诸王和近卫骑兵进攻，把乱军赶出兴教门。当时，蕃汉马步使朱守殷率骑兵在外面，后唐帝派中使去急召他，打算和他一起攻打乱兵。朱守殷不来，领兵在北邙山茂密的树林中休息。乱兵焚烧了兴教门，沿着城墙进入，后唐帝身边的大臣和禁卫兵都丢盔弃甲偷偷逃跑了，只有散员都指挥使李彦卿以及宿卫军校何福进、王全斌等十馀人奋力作战。不一会儿，后唐帝被流箭射中，鹰坊人善友扶着后唐帝从门楼上走下来，到了绛霄殿的屋檐下把箭拔出来，后唐帝口渴烦闷想喝水，皇后没有亲自去看望，只是派宦官送去些乳浆，很快后唐帝就死了。李彦卿等痛哭而去，左右大臣也都离去，善友收拾了屋檐下的乐器，盖住后唐帝的尸体，把他焚烧了。李彦卿是李存审的儿子，何福进、王全斌都是太原人。刘皇后装好金玉珠宝，系上马鞍，和申王李存渥、李绍荣领着七百骑兵焚烧了嘉庆殿以后从师子门出逃。通王李存确、雅王李存纪逃奔到南山。宫里的人大多数都逃跑了，朱守殷进入宫内，挑选了三十多个宫女，让她们各自拿了些乐器和珍贵的玩物，放在他家。此时各路军队把都城洗劫一空。

这一天，李嗣源到达罂子谷，听说后唐皇帝庄宗已死，痛哭一场，并对诸位将领说："主上平时很得人心，正是被这一群小人蒙蔽迷惑才到了这种地步，现在我将到哪里去呢？"

戊子，朱守殷遣使驰白嗣源，以"京城大乱，诸军焚掠不已，愿亟来救之！"乙丑，嗣源入洛阳，止于私第，禁焚掠，拾庄宗骨于灰烬之中而殡之。

嗣源之入邺也，前直指挥使平遥侯益脱身归洛阳，庄宗抚之流涕。至是，益自缚请罪。嗣源曰："尔为臣尽节，又何罪也！"使复其职。

嗣源谓朱守殷曰："公善巡徼，以待魏王。淑妃、德妃在宫，供给尤宜丰备。吾俟山陵毕，社稷有奉，则归藩为国家捍御北方耳。"

是日，豆卢革帅百官上笺劝进，嗣源面谕之曰："吾奉诏讨贼，不幸部曲叛散。欲入朝自诉，又为绍荣所隔，披猖至此。吾本无他心，诸君遽尔见推，殊非相悉，愿勿言也！"革等固请，嗣源不许。

李绍荣欲奔河中就永王存霸，从兵稍散。庚寅，至平陆，止馀数骑，为人所执，折足送洛阳。存霸亦帅众千人弃镇奔晋阳。

2　辛卯，魏王继岌至兴平，闻洛阳乱，复引兵而西，谋保据凤翔。

3　向延嗣至凤翔，以庄宗之命诛李绍琛。

4　初，庄宗命吕、郑二内养在晋阳，一监兵，一监仓库，自留守张宪以下皆承应不暇。及邺都有变，又命汾州刺史李彦超为北都巡检。彦超，彦卿之兄也。

庄宗既殂，推官河间张昭远劝张宪奉表劝进，宪曰："吾一书生，自布衣至服金紫，皆出先帝之恩，岂可偷生而不自愧乎！"昭远泣曰："此古人之事，公能行之，忠义不朽矣。"

戊子(初二)，朱守殷派使者飞速报告李嗣源，说："京城大乱，诸军烧杀抢掠不已，希望赶快来解救京城。"乙丑，李嗣源进入洛阳，住在自己的宅里，禁止焚烧抢掠，在灰烬中拾了一些庄宗的遗骨，然后把他安葬了。

李嗣源进入邺都的时候，前直指挥使平遥人侯益摆脱了李嗣源回到洛阳，庄宗抚摩着他痛哭流涕。到了现在，侯益自缚来请罪。李嗣源说："你作为一个大臣，尽忠尽节，又有什么罪呢！"又使他官复原职。

李嗣源对朱守殷说："你好好地巡逻检查，以待魏王到来。淑妃、德妃都在宫中，她们的供给应当格外丰富齐备。等皇上的陵墓修好，国家有了继承人，我就回到我的藩镇去为国家保卫北方领土。"

这一天，豆卢革率领百官送上书札劝李嗣源即皇帝位，李嗣源当面告诉他们说："我奉皇上的命令去讨伐乱贼，不幸部队背叛逃散。本想入朝亲自诉说情况，但被李绍荣所阻隔，分裂到如此地步。我本来没有其他想法，诸君突然来推举我，是根本不了解我，希望不要说了！"豆卢革等坚决请求，李嗣源还是没有答应。

李绍荣想投奔河中永王李存霸，跟从他的部队渐渐逃散了。庚寅(初四)，到了平陆，只剩下几个骑兵，被人抓获，由于伤了脚，就被送到了洛阳。李存霸也率领一千多人弃镇逃奔到晋阳。

2　辛卯(初五)，魏王李继岌到兴平，听说洛阳叛乱，又率兵回到西边，计划据守凤翔。

3　向延嗣到了凤翔，以庄宗的命令杀死李绍琛。

4　当初，庄宗命令吕、郑两个内养留在晋阳，一个监管军队，一个监管仓库，自留守张宪以下都承应不暇。等到邺都发生兵变，又命令汾州刺史李彦超为北都巡检。李彦超是李彦卿的哥哥。

庄宗死后，推官河间张昭远劝张宪奉表拥李嗣源为帝，张宪说："我是一介书生，从一个普通百姓到做大官，都是托先帝的恩情，怎么能够苟且偷生而不感到惭愧呢！"张昭远边哭边说："这是古人的事情，你如能实行，忠义不朽。"

有李存沼者，庄宗之近属，自洛阳奔晋阳，矫传庄宗之命，阴与二内养谋杀宪及彦超，据晋阳拒守。彦超知之，密告宪，欲先图之。宪曰："仆受先帝厚恩，不忍为此。徇义而不免于祸，乃天也。"彦超谋未决，壬辰夜，军士共杀二内养及存沼于牙城，因大掠达旦。宪闻变，出奔忻州。会嗣源移书至，彦超号令士卒，城中始安，遂权知太原军府。

5　百官三笺请嗣源监国，嗣源乃许之。甲午，入居兴圣宫，始受百官班见。下令称教，百官称之曰殿下。庄宗后宫存者犹千馀人，宣徽使选其美少者数百献于监国，监国曰："奚用此为？"对曰："宫中职掌不可阙也。"监国曰："宫中职掌宜谙故事，此辈安知！"乃悉用老旧之人补之，其少年者皆出归其亲戚，无亲戚者任其所适。蜀中所送宫人亦准此。

乙未，以中门使安重诲为枢密使，镇州别驾张延朗为副使。延朗，开封人也，仕梁为租庸吏，性纤巧，善事权贵，以女妻重诲之子，故重诲引之。

监国令所在访求诸王。通王存确、雅王存纪匿民间，或密告安重诲，重诲与李绍真谋曰："今殿下既监国典丧，诸王宜早为之所，以壹人心。殿下性慈，不可以闻。"乃密遣人就田舍杀之。后月馀，监国乃闻之，切责重诲，伤惜久之。

刘皇后与申王存渥奔晋阳，在道与存渥私通。存渥至晋阳，李彦超不纳，走至风谷，为其下所杀。明日，永王存霸亦至晋阳，从兵逃散俱尽，存霸削发、僧服谒李彦超，"愿为山僧，幸垂庇护。"军士争欲杀之，彦超曰："六相公来，当奏

有一个叫李存沼的人，是庄宗的近亲，他从洛阳跑到晋阳，假传庄宗的命令，偷偷和两个内养阴谋杀死张宪和李彦超，占据晋阳而坚守。李彦超知道这一情况后，悄悄地告诉了张宪，打算先把他杀掉。张宪说："先帝对我有深厚的恩情，我不忍心这样做。坚守道义而至死不变却免不了祸端，这是天命啊！"李彦超的计划还没有决定，壬辰（初六）夜晚，士卒就在牙城里杀死了两个内养和李存沼，于是在城内抢掠到天亮。张宪听说发生兵变，出逃到忻州。正好这时李嗣源的信送到这里，李彦超给士卒下了命令，城里才开始安定下来，于是他就代理太原军府。

5　百官第三次送上书札请求李嗣源称监国，代行国政，李嗣源答应了他们的请求。甲午（初八），进入兴圣宫居住，开始接受百官按次序的拜见。他下发的命令称作教，百官称他为殿下。庄宗的后宫里还有一千多人，宣徽使从中选择了几百名年轻漂亮的送给了监国李嗣源，监国说："这些人有什么用？"宣徽使回答说："宫中的主管不可缺少这些人。"监国说："宫中主管应当熟悉过去的典章制度，这些人怎么会知道！"于是全部用过去的旧官老人代替了他们，让那些年轻人都出宫回亲戚家，没有亲戚的任凭他们随便去哪里。蜀中所送来的宫人也照此办理。

乙未（初九），任命中门使安重诲为枢密使，镇州别驾张延朗为副使。张延朗是开封人，在后梁时任租庸吏，他工于心计，善事权贵，他把女儿嫁给了安重诲的儿子，所以安重诲引荐了他。

监国李嗣源命令访求还活着的各王。通王李存确、雅王李存纪藏匿在民间，有人秘密告诉安重诲，安重诲和李绍真谋划说："现在殿下已经摄政，主持办理丧事，各王应当及早安排处置，以此来统一人心。殿下性情慈善，不能告诉他。"于是秘密派人到农舍杀了他们。一个多月以后监国才听说这件事，严厉地谴责了安重诲，伤心惋惜了很久。

刘皇后和申王李存渥逃到晋阳，在路上和李存渥通奸。李存渥到了晋阳，李彦超不接纳，他又跑到风谷，被部下杀死。第二天，永王李存霸也到达晋阳，跟随他的士卒全都逃跑了，李存霸剃掉头发，穿上僧服去拜见李彦超，说："愿意成为山上的僧人，希望能得到庇护。"军士们争着想杀掉他，李彦超说："六相公李存霸既然来了，应当奏请，

取进止。"军士不听,杀之于府门之碑下。刘皇后为尼于晋阳,监国使人就杀之。薛王存礼及庄宗幼子继嵩、继潼、继蟾、继峣,遭乱皆不知所终。惟邠王存美以病风偏枯得免,居于晋阳。

6　徐温、高季兴闻庄宗遇弑,益重严可求、梁震。

梁震荐前陵州判官贵平孙光宪于季兴,使掌书记。季兴大治战舰,欲攻楚,光宪谏曰:"荆南乱离之后,赖公休息士民,始有生意,若又与楚国交恶,他国乘吾之弊,良可忧也。"季兴乃止。

7　戊戌,李绍荣至洛阳,监国责之曰:"吾何负于尔,而杀吾儿?"绍荣瞑目直视曰:"先帝何负于尔?"遂斩之,复其姓名曰元行钦。

8　监国恐征蜀军还为变,以石敬瑭为陕州留后。己亥,以李从珂为河中留后。

9　枢密使张居翰乞归田里,许之。李绍真屡荐孔循之才,庚子,以循为枢密副使。李绍宏请复姓马。

监国下教,数租庸使孔谦奸佞侵刻穷困军民之罪而斩之。凡谦所立苛敛之法皆罢之,因废租庸使及内勾司,依旧为盐铁、户部、度支三司,委宰相一人专判。又罢诸道监军使。以庄宗由宦官亡国,命诸道尽杀之。

10　魏王继岌自兴平退至武功,宦者李从袭曰:"祸福未可知,退不如进,请王亟东行以救内难。"继岌从之。还,至渭水,权西都留守张篯已断浮梁。循水浮渡,是日至渭南,腹心吕知柔等皆已窜匿。从袭谓继岌曰:"时事已去,王宜自图。"继岌徘徊流涕,乃自伏于床,命仆夫李环缢杀之。任圜代将其众而东。监国命石敬瑭慰抚之,军士皆无异言。

然后决定去留。"军士们没有听从他的话,在府门的石碑下把他杀死。刘皇后在晋阳当了尼姑,监国派人到晋阳杀了她。薛王李存礼以及庄宗幼小的儿子李继嵩、李继潼、李继蟾、李继峣在国家遭受兵乱后都不知所终。只有邕王李存美中风得病,半身不遂,才免于一死,住在晋阳。

6　徐温、高季兴听说庄宗被杀,更加器重严可求、梁震。

梁震把原来的陵州判官贵平人孙光宪推荐给高季兴,担任掌书记。高季兴大治战船,准备攻打楚国,孙光宪劝说:"荆南政治混乱之后,全靠你才使士民得以休养生息,现在刚有点生机,如果又和楚国成为仇敌,其他国家乘机钻我们空子,是非常令人担心的。"高季兴于是停止行动。

7　戊戌(十二日),李绍荣到达洛阳,监国李嗣源责备他说:"我什么地方对不起你,你杀死我的儿子?"李绍荣睁大眼睛瞪着监国说:"先帝什么地方对不起你?"于是杀死了李绍荣,并恢复了他原来的姓名元行钦。

8　监国怕征讨前蜀国的军队回来发生变故,于是任命石敬瑭为陕州留后。己亥(十三日),任命李从珂为河中留后。

9　枢密使张居翰请求回家乡,监国答应了他的请求。李绍真曾多次推荐孔循的才能,庚子(十四日),任命孔循为枢密副使。李绍宏请求恢复他姓马。

监国下发教令,谴责租庸使孔谦奸巧谄谀、侵占剥夺,使军民贫困的罪行,并将他处死。凡是孔谦制定的苛敛之法,全部废除,同时撤消了租庸使和内勾司,依照旧例设盐铁、户部、度支三司,委托宰相一人专门管理。又取消了各道的监军使。因为庄宗是由于任用宦官才导致亡国的,所以命令各道把宦官全部杀掉。

10　魏王李继岌从兴平退到武功,宦官李从袭说:"是祸是福不可预测,但后退不如前进,请王赶快东进来解救内难。"李继岌听从了他的意见。于是前进到达渭水,代理西都留守张筠已经把桥拆毁。他们顺流渡过渭水,当日到达渭南,李继岌的心腹之人吕知柔等都已逃跑躲藏起来。李从袭对李继岌说:"大势已去,王应自图。"李继岌边哭边来回走动,后来就趴伏在床上,命令仆夫李环用绳子把他勒死。任圜代替他率领部队向东前进。监国命令石敬瑭去安抚他们,士卒们都没有异议,归顺了李嗣源。

　　先是，监国命所亲李冲为华州都监，应接西师。冲擅逼华州节度使史彦镕入朝；同州节度使李存敬过华州，冲杀之，并屠其家；又杀西川行营都监李从袭。彦镕泣诉于安重海，重海遣彦镕还镇，召冲归朝。

　　自监国入洛，内外机事皆决于李绍真。绍真擅收威胜节度使李绍钦、太子少保李绍冲下狱，欲杀之。安重海谓绍真曰："温、段罪恶皆在梁朝，今殿下新平内难，冀安万国，岂专为公报仇邪！"绍真由是稍沮。辛丑，监国教，李绍冲、绍钦复姓名为温韬、段凝，并放归田里。

　　11　壬寅，以孔循为枢密使。
　　12　有司议即位礼。李绍真、孔循以为唐运已尽，宜自建国号。监国问左右："何谓国号？"对曰："先帝赐姓于唐，为唐复雠，继昭宗后，故称唐。今梁朝之人不欲殿下称唐耳。"监国曰："吾年十三事献祖，献祖以吾宗属，视吾犹子。又事武皇垂三十年，先帝垂二十年，经纶攻战，未尝不预。武皇之基业则吾之基业也，先帝之天下则吾之天下也，安有同家而异国乎！"令执政更议。吏部尚书李琪曰："若改国号，则先帝遂为路人，梓宫安所托乎？不惟殿下忘三世旧君，吾曹为人臣者能自安乎！前代以旁支入继多矣，宜用嗣子枢前即位之礼。"众从之。丙午，监国自兴圣宫赴西宫，服斩衰，于枢前即位，百官缟素。既而御衮冕受册，百官吉服称贺。

在此之前，监国命令他的亲信李冲为华州都监，来接应魏王李继岌的部队。李冲擅自逼迫华州节度使史彦镕入朝；同州节度使李存敬路过华州时，李冲杀死了他，并把他的家属也全部杀掉；他还杀死了西川行营都监李从袭。史彦镕哭着向安重诲诉说了李冲逼他的事，安重诲派史彦镕回到华州，召李冲回朝。

自从监国进入洛阳以来，内外重要的事情都由李绍真决定。李绍真擅自拘捕了威胜节度使李绍钦、太子少保李绍冲，并把他们投入监狱，打算把他们杀掉。安重诲对李绍真说："温韬、段凝的罪恶都在梁朝，现在殿下刚刚平息了内乱，希望安定万国，难道可以只为你报仇吗！"李绍真因此才没杀他们。辛丑（十五日），监国下令，恢复李绍冲、李绍钦的姓名为温韬、段凝，并且放他们回归了家乡。

11　壬寅（十六日），任命孔循为枢密使。

12　主管官吏商议监国即皇帝位的礼仪。李绍真、孔循认为唐朝的世运已经完了，应当自己建立国号。监国问左右大臣说："什么叫作国号？"回答说："先帝接受唐朝赐给的姓，为唐朝报仇，继唐昭宗之后，所以称唐。现在梁朝的人们不想让殿下的国号称作唐。"监国说："我十三岁时事奉献祖，献祖把我看作同一宗族，对我就像对待自己的儿子一样。后来又事奉武皇近三十年，事奉先帝近二十年，每次筹划治理国家的大事和攻伐征战，我未尝不参与。武皇的基业就是我的基业，先帝的天下就是我的天下，哪有同家而异国的道理！"于是命令主持政务的人们重新商议一下。吏部尚书李琪说："如果改变国号，那先帝就成了与国家没有关系的人，他的棺材往哪里安放呢？这不仅仅是殿下忘记了三世旧的君主，我们这些做大臣的心里能够自安吗！过去的朝代以旁支继承王位的有很多，应当用嗣子在棺材前面即位的礼仪即位。"大家听从了他的意见。丙午（二十日），监国从兴圣宫到西宫，穿着用粗麻布做的重丧服在棺材前面即位，百官们都穿着白丧服。不一会儿，监国穿上皇帝的礼服和礼帽，接受册书，百官们穿着吉祥的服装祝贺。

13　戊申,敕中外之臣毋得献鹰犬奇玩之类。

14　有司劾奏太原尹张宪委城之罪;庚戌,赐宪死。

15　任圜将征蜀兵二万六千人至洛阳,明宗慰抚之,各令还营。

16　甲寅,大赦,改元。量留后宫百人,宦官三十人,教坊百人,鹰坊二十人,御厨五十人,自馀任从所适。诸司使务有名无实者皆废之。分遣诸军就食近畿,以省馈运。除夏、秋税省耗。节度、防御等使,正、至、端午、降诞四节听贡奉,毋得敛百姓。刺史以下不得贡奉。选人先遭涂毁文书者,令三铨止除诈伪,馀复旧规。

17　五月丙辰朔,以太子宾客郑珏、工部尚书任圜并为中书侍郎、同平章事。圜仍判三司。圜忧公如家,简拔贤俊,杜绝侥幸,期年之间,府库充实,军民皆足,朝纲粗立。圜每以天下为己任,由是安重诲忌之。

18　武宁节度使李绍真、忠武节度使李绍琼、贝州刺史李绍英、齐州防御使李绍虔、河阳节度使李绍奇、洺州刺史李绍能,各请复旧姓名为霍彦威、苌从简、房知温、王晏球、夏鲁奇、米君立,许之。从简,陈州人也。晏球本王氏子,畜于杜氏,故请复姓王。

19　丁巳,初令百官正衙常朝外,五日一赴内殿起居。

20　宦官数百人窜匿山林,或落发为僧,至晋阳者七十馀人,诏北都指挥使李从温悉诛之。从温,帝之侄也。

21　帝以前相州刺史安金全有功于晋阳,壬戌,以金全为振武节度使、同平章事。

13　戊申(二十二日),命令朝廷内外大臣不得贡献鹰犬珍玩之类的东西。

14　有关部门检举弹劾太原尹张宪弃城之罪;庚戌(二十四日),后唐皇帝李嗣源赐张宪死。

15　任圜率领着出征前蜀的两万六千多士卒到了洛阳,后唐帝慰劳安抚他们,命令他们各自回到军营去。

16　甲寅(二十八日),大赦天下,更改年号。酌情留下后宫一百人,宦官三十人,教坊一百人,鹰坊二十人,御厨五十人,其馀的人自己愿到哪里就到哪里。各司、使、务有名无实的人都免除了他们的职务。分派各军在附近的地方供给粮食,以节省运送的费用。免除了夏、秋两季税赋的损耗。节度、防御等使,元旦、冬至、端午、皇帝生日四个节日随便贡奉,但不得剥削百姓。刺史以下不得贡奉。选拔人才时,如果有先涂改文书的人,命令三铨制止他们欺诈伪造,其馀按旧的规定办理。

17　五月丙辰朔(初一),任命太子宾客郑珏、工部尚书任圜一并为中书侍郎、同平章事。任圜同时兼管三司。任圜忧公如家,他选拔贤良有才能的人,杜绝侥幸,一年之间,府库充实,军民都很满足,朝廷的大纲要领也初具规模。任圜每干一件事,都以天下为己任,因此,安重诲很忌恨他。

18　武宁节度使李绍真、忠武节度使李绍琼、贝州刺史李绍英、齐州防御使李绍虔、河阳节度使李绍奇、沧州刺史李绍能,各自请求恢复他们的姓名为霍彦威、苌从简、房知温、王晏球、夏鲁奇、米君立,后唐帝答应了他们的请求。苌从简是陈州人。王晏球本来是姓王的儿子,寄养在姓杜的人家,所以请求恢复姓王。

19　丁巳(初二),命令百官正衔除正常朝拜外,每隔五天进内殿问一次安。

20　数百名宦官逃窜到山林里面隐藏起来,有的剃发为僧,有七十多人到了晋阳,后唐帝下诏北都指挥使李从温,把他们全部杀掉。李从温是后唐帝的侄儿。

21　后唐帝认为前相州刺史安金全对晋阳有功,壬戌(初七),任命安金全为振武节度使、同平章事。

22 丙寅，赵在礼请帝幸邺都。戊辰，以在礼为义成节度使。辞以军情未听，不赴镇。

23 李彦超入朝，帝曰："河东无虞，尔之力也。"庚午，以为建雄留后。

24 甲戌，加王延翰同平章事。

25 帝目不知书，四方奏事皆令安重诲读之，重诲亦不能尽通，乃奏称："臣徒以忠实之心事陛下，得典枢机，今事粗能晓知，至于古事，非臣所及。愿仿前朝侍讲、侍读、近代直崇政、枢密院，选文学之臣与之共事，以备应对。"乃置端明殿学士，乙亥，以翰林学士冯道、赵凤为之。

26 丙子，听郭崇韬归葬，复朱友谦官爵。两家货财田宅，前籍没者皆归之。

27 戊寅，以安重诲领山南东道节度使。重诲以襄阳要地，不可乏帅，无宜兼领，固辞。许之。

28 诏发汴州控鹤指挥使张谏等三千人戍瓦桥。六月丁酉，出城，复还，作乱，焚掠坊市，杀权知州、推官高逖。逼马步都指挥使、曹州刺史李彦饶为帅，彦饶曰："汝欲吾为帅，当用吾命，禁止焚掠。"众从之。己亥旦，彦饶伏甲于室，诸将入贺，彦饶曰："前日唱乱者数人而已。"遂执张谏等四人，斩之。其党张审琼帅众大噪于建国门，彦饶勒兵击之，尽诛其众四百人，军、州始定。即日，以军、州事牒节度推官韦俨权知，具以状闻。庚子，诏以枢密使孔循知汴州，收为乱者三千家，悉诛之。彦饶，彦超之弟也。

22　丙寅(十一日),赵在礼请求后唐帝巡幸邺都。戊辰(十三日),任命赵在礼为义成节度使。赵在礼以军情未安定为理由,没有到义成节度使镇所去。

23　李彦超入朝,后唐帝说:"河东没有忧虑,全靠你的力量了。"庚午(十五日),任命李彦超为建雄留后。

24　甲戌(十九日),加封王延翰为同平章事。

25　后唐帝不识字,四面八方的奏书都让安重诲读给他听,安重诲也不能全部通晓,于是上奏说:"臣只以忠诚的心来侍奉陛下,得以掌管朝内重要的事情,现在的事情还粗粗能够知道一些,至于过去的事情,非我所及。希望效仿前朝的侍讲、侍读,近代直崇政、枢密院,选择一些有文化的大臣来共同处理这些事情,以备应对。"于是设置了端明殿学士,乙亥(二十日),任命翰林学士冯道、赵凤为端明殿学士。

26　丙子(二十一日),允许归葬郭崇韬,恢复了朱友谦的官爵。两家的货财田宅,以前没收了的全部归还给他们。

27　戊寅(二十三日),任命安重诲兼领山南东道节度使。安重诲认为襄阳是个重要的地方,不可以没有统帅,不应当兼领,所以他坚决推辞。后唐帝答应了他的请求。

28　后唐帝下诏调汴州控鹤指挥使张谏等三千人去戍守瓦桥。六月丁酉(十二日),军队出了城,后又返回发动叛乱,焚烧抢掠街市,杀死权知州、推官高逖。逼迫马步都指挥使、曹州刺史李彦饶为统帅,李彦饶说:"你们想让我当统帅,就应当听我的命令,禁止焚烧抢掠。"大家听从了他。己亥(十四日)的早晨,李彦饶在家里暗藏了一些武士,诸位将领进来祝贺,李彦饶说:"前日提倡叛乱的人只有几个人而已。"于是把张谏等四人抓起来,并把他们斩杀。张谏的同党张审琼率领好多人在建国门大声吵嚷,李彦饶率兵攻打他们,全部杀死了这伙人,共有四百人,然后军、州才开始安定下来。当天,把军、州的事情写成公文报节度推官韦俨知道,详细写在书札里报告后唐帝。庚子(十五日),后唐帝下诏命令枢密使孔循掌管汴州,拘捕了三千家作乱的人,把他们全部处死。李彦饶是李彦超的弟弟。

29　蜀百官至洛阳，永平节度使兼侍中马全曰："国亡至此，生不如死！"不食而卒。以平章事王锴等为诸州府刺史、少尹、判官、司马，亦有复归蜀者。

30　辛丑，滑州都指挥使于可洪等纵火作乱，攻魏博戍兵三指挥，逐出之。

31　乙巳，敕："朕二名，但不连称，皆无所避。"

32　戊申，加西川节度使孟知祥兼侍中。

33　李继曮至华州，闻洛中乱，复归凤翔。帝为之诛柴重厚。

34　高季兴表求夔、忠、万三州为属郡，诏许之。

35　安重诲恃恩骄横，殿直马延误冲前导，斩之于马前，御史大夫李琪以闻。秋，七月，重诲白帝下诏，称延陵突重臣，戒谕中外。

36　于可洪与魏博戍将互相奏云作乱，帝遣使按验得实，辛酉，斩可洪于都市，其首谋滑州左崇牙全营族诛，助乱者右崇牙两长剑建平将校百人亦族诛。

37　壬申，初令百官每五日起居，转对奏事。

38　契丹主攻勃海，拔其夫馀城，更命曰东丹国。命其长子突欲镇东丹，号人皇王；以次子德光守西楼，号元帅太子。

帝遣供奉官姚坤告哀于契丹。契丹主闻庄宗为乱兵所害，恸哭曰："我朝定儿也。吾方欲救之，以勃海未下，不果往，致吾儿及此。"哭不已。虏言"朝定"，犹华言朋友也。又谓坤曰："今天子闻洛阳有急，何不救？"对曰："地远不能及。"曰："何故自立？"

29 前蜀的百官到达洛阳,永平节度使兼侍中马全说:"国家灭亡到了这种地步,活着不如死了!"绝食而死。任命平章事王锴等为诸州府刺史、少尹、判官、司马,也有些人又回到了前蜀。

30 辛丑(十六日),滑州都指挥使于可洪等放火作乱,攻打驻守在魏博部队的三个指挥,并把他们赶了出去。

31 乙巳(二十日),后唐帝敕命:"朕的名字有两个字,但只要不连称,都不需避讳。"

32 戊申(二十三日),加封西川节度使孟知祥兼任侍中。

33 李继曮到达华州,听说洛中叛乱,又回到凤翔。后唐帝为他诛杀了柴重厚。

34 高季兴上表请求夔、忠、万三州为自己属郡,后唐帝下令答应了他的请求。

35 安重诲依仗后唐帝的恩宠,十分骄横,殿直马延误冲了他的前列仪仗,于是在马前斩了马延,御史大夫李琪把这件事告诉了后唐帝。秋季,七月,安重诲称后唐帝下诏说,马延侵侮冲撞身居要职的大臣,要告诫中外。

36 于可洪和戍守在魏博的将领互相上奏说对方作乱,后唐帝派遣使者去查验落实,辛酉(初七),在都市里斩杀了于可洪,叛乱的首谋滑州左崇牙全营全部灭族,帮助作乱的右崇牙两长剑建平将校一百人也全部灭族。

37 壬申(十八日),开始命令百官每隔五天入朝问一次安,并依次上奏本部门公事。

38 契丹主向勃海发动进攻,攻下了夫馀城,下令改名叫东丹国。命令他的长子突欲镇守东丹,号人皇王;命令他的次子德光镇守西楼,号元帅太子。

后唐帝派遣供奉官姚坤告诉契丹主庄宗去世。契丹主听说庄宗被乱兵所害,痛哭地说:"世宗是我'朝定'儿。我正准备去援救他,因为勃海没有攻下来,所以没有去成,致使我儿到了如此地步。"痛哭不已。契丹人说"朝定",就是汉语里"朋友"的意思。他又对姚坤说:"现在天子听说洛阳有急事,为什么不去援救?"姚坤回答说:"因为道路太远去不了。"契丹主说:"是什么缘故自立为皇帝?"

坤为言帝所以即位之由，契丹主曰："汉儿喜饰说，毋多谈！"
突欲侍侧，曰："牵牛以躐人之田而夺之牛，可乎？"坤曰："中
国无主，唐天子不得已而立。亦犹天皇王初有国，岂强取之
乎！"契丹主曰："理当然。"又曰："闻吾儿专好声色游畋，宜其
及此。我自闻之，举家不饮酒，散遣伶人，解纵鹰犬。若亦效
吾儿所为，行自亡矣。"又曰："吾儿与我虽世旧，然屡与我战
争。于今天子则无怨，足以修好。若与我大河之北，吾不复
南侵矣。"坤曰："此非使臣之所得专也。"契丹主怒，囚之，旬
馀，复召之，曰："河北恐难得，得镇、定、幽州亦可也。"给纸笔
趣令为状，坤不可，欲杀之，韩延徽谏，乃复囚之。

39　丙子，葬光圣神闵孝皇帝于雍陵，庙号庄宗。

40　丁丑，镇州留后王建立奏涿州刺史刘殷肇不受代，
谋作乱，已讨擒之。

41　己卯，置彰国军于应州。

42　门下侍郎、同平章事豆卢革、韦说奏事帝前，或时礼
貌不尽恭。百官俸钱皆折估，而革父子独受实钱；百官自五
月给，而革父子自正月给。由是众论沸腾。说以孙为子，奏
官；受选人王参略，除近官。中旨以库部郎中萧希甫为谏议
大夫，革、说覆奏。希甫恨之，上疏言"革、说不忠前朝，阿谀
取容"；因诬"革强夺民田，纵田客杀人，说夺邻家井，取宿藏
物"。制贬革辰州刺史；说溆州刺史。庚辰，赐希甫金帛，擢
为散骑常侍。

姚坤给他讲了皇帝之所以即位的原因。契丹主说:"汉族人喜欢粉饰言辞,不必多谈了!"突欲陪从在契丹主的身旁,说:"牵牛践踏了别人的田地,田主就把他的牛夺过来,这样做可以吗?"姚坤说:"中原没有君主,唐朝天子是不得已才即位的。也就好像天皇王刚刚有了封国一样,难道是强行夺取的吗?"契丹主说:"道理应当是这样。"他又说:"听说我儿专门喜欢声色游猎,他到这种地步也是应该的。我自从听到这件事后,全家不喝酒,把伶人们都遣散了,释放了鹰犬。如果我也效仿我儿的所作所为,将会自取灭亡。"他又说:"我儿和我虽然是世代交谊,然而曾多次和我战争。我和现在的天子没有什么怨恨,足以和好。如果能够给我黄河以北的地方,我就不会再向南侵犯了。"姚坤说:"这些事情不是使臣我说了就算数的。"契丹主听了非常生气,于是就关起他来,十几天后,又召见他说:"黄河以北恐怕难以得到,得到镇、定、幽州也可以。"于是拿上纸和笔催他写下来,姚坤不肯写,契丹主想把他杀掉,韩延徽劝说,才又把姚坤关了起来。

39 丙子(二十二日),在雍陵安葬了光圣神闵孝皇帝,庙号为庄宗。

40 丁丑(二十三日),镇州留后王建立上奏说涿州刺史刘殷肇不接受替代命令,企图作乱,已经讨伐抓获了他。

41 己卯(二十五日),在应州设置了彰国军。

42 门下侍郎、同平章事豆卢革、韦说在后唐帝面前奏请事情时,有时不很恭敬。百官的俸禄都折价发放,只有豆卢革父子的俸禄拿实际钱数;百官的俸禄从五月开始给,而豆卢革父子的俸禄从正月给。因此大家议论纷纷。韦说把孙子当作儿子,上奏求官;候选官员王儳行贿赂,被任命为京畿附近的州县官。按照后唐帝的旨意,任命库部郎中萧希甫为谏议大夫,豆卢革、韦说又重新上奏。萧希甫很恨他们,于是给后唐帝上疏说"豆卢革、韦说不忠于前朝,看脸色阿谀奉承",因此又诬陷他们说:"豆卢革强夺民田,指使佃农杀人;韦说强夺邻家的水井,抢取别人窖藏的东西。"皇帝下令贬豆卢革为辰州刺史,贬韦说为溆州刺史。庚辰(二十六日),后唐帝赏赐萧希甫金帛,提拔他为散骑常侍。

43　辛巳,契丹主阿保机卒于夫馀城,述律后召诸将及酋长难制者之妻,谓曰:"我今寡居,汝不可不效我。"又集其夫泣问曰:"汝思先帝乎?"对曰:"受先帝恩,岂得不思!"曰:"果思之,宜往见之。"遂杀之。

44　癸未,再贬豆卢革费州司户,韦说夷州司户。甲申,革流陵州,说流合州。

45　孟知祥阴有据蜀之志,阅库中,得铠甲二十万,置左右牙等兵十六营,凡万六千人,营于牙城内外。

46　八月乙酉朔,日有食之。

47　丁亥,契丹述律后使少子安端少君守东丹,与长子突欲奉契丹主之丧,将其众发夫馀城。

48　初,郭崇韬以蜀骑兵分左、右骁卫等六营,凡三千人;步兵分左、右宁远等二十营,凡二万四千人。庚寅,孟知祥增置左、右冲山等六营,凡六千人,营于罗城内外;又置义宁等二十营,凡万六千人,分戍管内州县就食;又置左、右牢城四营;凡四千人,分戍成都境内。

49　王公俨既杀杨希望,欲邀节钺,扬言符习为治严急,军府众情不愿其还。习还,至齐州,公俨拒之,习不敢前。公俨又令将士上表请己为帅,诏除登州刺史。

公俨不时之官,托云军情所留。帝乃徙天平节度使霍彦威为平卢节度使,聚兵淄州,以图攻取。公俨惧,乙未,始之官。丁酉,彦威至青州,追擒之,并其族党悉斩之,支使北海韩叔嗣预焉。其子熙载将奔吴,密告其友汝阴进士李毂,毂送至正阳,痛饮而别。熙载谓毂曰:"吴若用吾为相,当长驱以定中原。"毂笑曰:"中原若用吾为相,取吴如囊中物耳。"

43　辛巳(二十七日),契丹主阿保机在夫馀城去世,述律后召见诸将以及酋长中难以制服的人的妻子,然后对他们说:"我现在一人独居,你们不可不效法我。"又召集她们的丈夫边哭边问他们说:"你们思念先帝吗?"这些人回答说:"先帝对我们有很大的恩情,怎么能不思念他呢!"述律后说:"果然思念他,就应该去见他。"于是就把他们都杀死了。

44　癸未(二十九日),再次贬豆卢革为费州司户,贬韦说为夷州司户。甲申(三十日),将豆卢革流放到陵州,把韦说流放到合州。

45　孟知祥暗中有占据蜀中的心思,在检阅军库时,得到铠甲二十万,设置了左右牙等兵十六个营,一共有一万六千人,驻扎在牙城内外。

46　八月乙酉朔(初一),出现日食。

47　丁亥(初三),契丹述律后派少子安端少君镇守东丹,她和长子突欲侍奉着契丹主的丧事,并率领大家从夫馀城出发。

48　当初郭崇韬把前蜀的骑兵分为左、右骁卫等六个营,共有三千人;步兵分为左、右宁远等二十个营,共有两万四千人。庚寅(初六),孟知祥又增设了左、右冲山等六个营,共有六千人,驻扎在城墙外加建的小城圈内外;还设置了义宁等二十个营,共有一万六千人,分别戍守在管辖内的州县,并由这些州县就近供给;又设置了左、右牢城四个营,共有四千人,分别戍守在成都境内。

49　王公俨杀死了杨希望后,打算求得后唐帝颁给他节钺,并扬言说符习管理军队非常严苛,军府里的人不愿让他回来。符习回来时到达齐州,王公俨阻挡住他,符习不敢前进。王公俨又让将士们上表后唐帝,请求自己为统帅,后唐帝下诏,任命他为登州刺史。

王公俨不按时去上任,推托说因为军情留了下来。后唐帝于是调天平节度使霍彦威为平卢节度使,把军队集中在淄州,计划攻取青州。王公俨感到害怕,乙未(十一日),才开始去上任。丁酉(十三日),霍彦威到达青州,追踪王公俨,把他抓获,并将他的家族和同党全部斩杀,支使北海人韩叔嗣也参与了这件事情。韩叔嗣的儿子韩熙载将要投奔吴国,偷偷告诉他的朋友汝阴进士李毂,李毂送他到正阳,痛饮一番然后告别。韩熙载对李毂说:"吴国如果起用我为宰相,我就长驱直入平定中原。"李毂笑着说:"中原如果用我为宰相,夺取吴国如同取囊中之物。"

50　庚子,幽州言契丹寇边,命齐州防御使安审通将兵御之。

51　九月壬戌,孟知祥置左、右飞棹兵六营,凡六千人,分戍滨江诸州,习水战以备夔、峡。

52　癸酉,卢龙节度使李绍斌请复姓赵,从之,仍赐名德钧。德钧养子延寿尚帝女兴平公主,故德钧尤蒙宠任。延寿本蓨令刘邟之子也。

53　加楚王殷守尚书令。

54　契丹述律后爱中子德光,欲立之,至西楼,命与突欲俱乘马立帐前,谓诸酋长曰:"二子吾皆爱之,莫知所立,汝曹择可立者执其辔。"酋长知其意,争执德光辔欢跃曰:"愿事元帅太子。"后曰:"众之所欲,吾安敢违。"遂立之为天皇王。突欲慍,帅数百骑欲奔唐,为逻者所遏。述律后不罪,遣归东丹。天皇王尊述律后为太后,国事皆决焉。太后复纳其偲为天皇王后。天皇王性孝谨,母病不食亦不食,侍于母前应对或不称旨,母扬眉视之,辄惧而趋避,非复召不敢见也。以韩延徽为政事令。听姚坤归复命,遣其臣阿思没骨馁来告哀。

55　壬午,赐李继曮名从曮。

56　冬,十月甲申朔,初赐文武官春冬衣。

57　昭武节度使、同平章事王延翰,骄淫残暴,己丑,自称大闽国王。立宫殿,置百官,威仪文物皆仿天子之制,群下称之曰殿下。赦境内,追尊其父审知曰昭武王。

50　庚子(十六日),幽州方面报告说契丹人侵犯边境,后唐帝命令齐州防御使安审通率兵抵御契丹人。

51　九月壬戌(初八),孟知祥设置了左、右飞棹兵六个营,共有六千人,分别戍守在沿江诸州,熟习水上作战,来防备夔、峡。

52　癸酉(十九日),卢龙节度使李绍斌请求恢复姓赵,后唐帝答应了他的请求,并且赐他名字叫德钧。赵德钧的养子延寿娶了皇帝的女儿兴平公主,所以赵德钧更加蒙受宠信。延寿本来是蓨县县令刘邲的儿子。

53　加封楚王马殷署理尚书令。

54　契丹述律后喜欢中子德光,想立他为契丹主,到了西楼,让他和突欲一起骑着马立在帐前,然后她对各位首长说:"这两个儿子我都很喜欢,不知道该立哪个为契丹主,你们选择一个可以立为契丹主的,然后拉住他的马缰绳。"酋长们知道她的心思,都争着去拉德光的马缰绳,并高兴地跳着说:"愿意事奉元帅太子。"述律后说:"大家的愿望,我怎么敢违背。"于是立德光为天皇王。突欲心中不平,率几百骑兵想投奔后唐,被巡逻的人所阻止。述律后没有治他罪,只是把他遣送回东丹。天皇王尊述律后为太后,国家的事情都由她来决定。太后又接纳她的侄女为天皇王后。天皇王的性情谨慎孝顺,他的母亲得病后不能吃饭,他也不吃饭,天天侍奉在母亲的身边,应对母亲有时不符合她的意思,母亲睁大眼睛看他时,就害怕得快步避开,不再叫他回来他就不敢再进来。任命韩延徽为政事令。同意姚坤回归后唐国复命,并派遣他的大臣阿思没骨馁来后唐国告诉契丹主去世的消息。

55　壬午(二十八日),后唐帝赐李继曮名从曮。

56　冬季,十月甲申朔(初一),开始赏赐文武官员春天和冬天穿的衣服。

57　昭武节度使、同平章事王延翰骄淫残暴,己丑(初六),自称大闽国王。修建宫殿,设置百官,礼仪细节以及礼乐典章制度都效仿天子,臣下称他为殿下。赦免境内的罪犯,追尊其父亲王审知为昭武王。

58 静难节度使毛璋，骄僭不法，训卒缮兵，有跋扈之志，诏以颍州团练使李承约为节度副使以察之。壬辰，徙璋为昭义节度使。璋欲不奉诏，承约与观察判官长安边蔚从容说谕，久之，乃肯受代。

59 庚子，幽州奏契丹卢龙节度使卢文进来奔。初，文进为契丹守平州，帝即位，遣间使说之，以易代之后，无复嫌怨。文进所部皆华人，思归，乃杀契丹戍平州者，帅其众十馀万、车帐八千乘来奔。

60 初，魏王继岌、郭崇韬率蜀中富民输犒赏钱五百万缗，听以金银缯帛充，昼夜督责，有自杀者，给军之馀，犹二百万缗。至是，任圜判三司，知成都富饶，遣盐铁判官、太仆卿赵季良为孟知祥官告国信兼三川都制置转运使。甲辰，季良至成都。蜀人欲皆不与，知祥曰："府库他人所聚，输之可也。州县租税，以赡镇兵十万，决不可得。"季良但发库物，不敢复言制置转运职事矣。

安重诲以知祥及东川节度使董璋皆据险要，拥强兵，恐久而难制；又知祥乃庄宗近姻，阴欲图之。客省使、泗州防御使李严自请为西川监军，必能制知祥。己酉，以严为西川都监，文思使太原朱弘昭为东川副使。李严母贤明，谓严曰："汝前启灭蜀之谋，今日再往，必以死报蜀人矣。"

61 旧制，吏部给告身，先责其人输朱胶绫轴钱。丧乱以来，贫者但受敕牒，多不取告身。十一月甲戌，吏部侍郎刘岳上言："告身有褒贬训戒之辞，岂可使其人初不之睹！"敕文班丞、郎、给、谏，武班大将军以上，宜赐告身。其后执政议，以为朱胶绫轴，厥费无多，朝廷受以官禄，何惜小费？乃奏："凡

58　静难节度使毛璋骄横不遵守法度,他训练士卒,修缮武器,专横暴虐,欺上压下,后唐帝下诏,任命颍州团练使李承约为节度副使去监察他。壬辰(初九),调毛璋任昭义节度使。毛璋想不执行后唐帝的命令,李承约和观察判官长安人边蔚从容劝说,很长时间,他才肯接受替代去任昭义节度使。

59　庚子(十七日),幽州奏告契丹卢龙节度使卢文进来投奔。当初,卢文进为契丹镇守平州,后唐帝即位以后,派遣密使去劝说他,因为是换代以后,所以也就没有什么疑忌和怨恨。卢文进的军队都是汉族人,想回家乡,于是杀死了契丹派往戍守平州的人,并率领他的十多万士卒、八千多辆车帐来投奔。

60　当初,魏王李继岌、郭崇韬计算蜀中富裕的百姓应当交纳犒赏钱五百万缗,任凭他们用金银缯帛来充当,昼夜督促他们上交,有的人被逼自杀,除供给军队需要外还剩下两百万缗。到这个时候,任圜管理三司,他知道成都富饶,于是派遣盐铁判官、太仆卿赵季良入蜀给孟知祥送去加封侍中的符节文书,并使他兼任三川都制置转运使。甲辰(二十一日),赵季良到达成都。蜀人打算都不给,孟知祥说:“府库的钱财是别人收集来的,交出去是可以的。州县收上来的租税,是用来赡养十万镇兵的,决不可给。”因此赵季良只拿走府库里的东西,也不敢再说制置转运的事。

安重诲认为孟知祥和东川节度使董璋都占据了险要的地方,并且拥有强大的军队,恐怕时间长了就难以控制;况且孟知祥又是庄宗较近的姻亲,因此想偷偷把他杀死。客省使、泗州防御使李严自己请求出任西川监军,说一定能够控制孟知祥。己酉(二十六日),后唐帝任命李严为西川都监,任命文思使太原人朱弘昭为东川节度副使。李严的母亲很贤明,她对李严说:“你先前出谋划策消灭蜀国,今日再去那里,蜀人一定会把你杀死作为报应。”

61　按旧的规定:吏部发委任官职的文凭时,先要求任职人交朱胶绫轴钱。丧乱以来,贫穷的人只接受皇帝发的任职命令,多数人不拿吏部发的任职文凭。十一月甲戌(二十一日),吏部侍郎刘岳上书说:“任职文凭上有褒贬训诫的话,哪里能让人初任职就不看呢!”于是后唐帝下命令文官尚书左右丞及二十四曹郎、给事中、谏议大夫,武官大将军以上,应当赐给他们任职文凭。在这以后,主管这一事务的人们又议论,认为朱胶绫轴费用不多,朝廷既然已经授予他们官禄,为什么还吝惜这些小费呢? 于是上奏后唐帝:“凡是

除官者更不输钱,皆赐告身。"当是时,所除正员官之外,其馀试衔、帖号止以宠激军中将校而已,及长兴以后,所除浸多,乃至军中卒伍,使、州、镇、戍胥吏,皆得银青阶及宪官,岁赐告身以万数矣。

62　闽王延翰蔑弃兄弟,袭位才逾月,出其弟延钧为泉州刺史。延翰多取民女以充后庭,采择不已。延钧上书极谏,延翰怒,由是有隙。父审知养子延禀为建州刺史,延翰与书使之采择,延禀复书不逊,亦有隙。十二月,延禀、延钧合兵袭福州。延禀顺流先至,福州指挥使陈陶帅众拒之,兵败,陶自杀。是夜,延禀帅壮士百馀人趣西门,梯城而入,执守门者,发库取兵仗。及寝门,延翰惊匿别室。辛卯旦,延禀执之,暴其罪恶,且称延翰与妻崔氏共弑先王,告谕吏民,斩于紫宸门外。是日,延钧至城南,延禀开门纳之,推延钧为威武留后。

63　癸巳,以卢文进为义成节度使、同平章事。

64　庚子,以皇子从荣为天雄节度使、同平章事。

65　赵季良等运蜀金帛十亿至洛阳,时朝廷方匮乏,赖此以济。

66　是岁,吴越王镠以中国丧乱,朝命不通,改元宝正。其后复通中国,乃讳而不称。

二年(丁亥,927)

1　春,正月癸丑朔,帝更名亶。

拜官授职的人改为不交钱，都赐给任职文凭。”在这个时候，除了赐给新任的正员官之外，其馀如试衔、帖号只赐给特别宠爱的军中将校而已，到了长兴以后，所授予的官越来越多，甚至军中卒伍，使、州、镇、戍中的小官吏，都得到了银印青绶，级别接近于御史台官，每年赐给的任职文凭数以万计。

62 闽王王延翰轻视欺侮他的兄弟，继承王位才一个多月，就把他的弟弟王延钧赶出去任泉州刺史。王延翰选取了很多民女来充实他的后宫，无止境地到处选取。王延钧上书极言相劝，王延翰非常生气，因此两个人有了嫌隙。他的父亲王审知的养子王延禀任建州刺史，王延翰给他写信让他帮助选取宫女，王延禀在回信时出言不逊，因此他们之间也有了矛盾。十二月，王延禀、王延钧联合兵力袭击福州。王延禀顺流而下先到福州，福州指挥使陈陶率兵抵抗他，陈陶战败自杀。这天黑夜，王延禀率领一百多壮士直奔福州西门，踩着梯子进入城内，把看守大门的人抓了起来，打开兵库，取出武器。到了寝门时，王延翰吓得藏匿在别的房间里。辛卯（初八）晨，王延禀抓获了王延翰，把他的罪恶公布于众，而且说王延翰和他的妻子崔氏共同杀害了先王，并把这些告诉了官吏百姓，然后在紫宸门外斩杀了他。这一天，王延钧到达城南，王延禀打开城门让他进去，并且尊崇王延钧为威武留后。

63 癸巳（初十），后唐帝任命卢文进为义成节度使、同平章事。

64 庚子（十七日），任命皇子李从荣为天雄节度使、同平章事。

65 赵季良等从蜀中运回十亿金帛到达洛阳，当时朝廷正钱财匮乏，全靠这些金帛来接济。

66 这一年，吴越王钱镠认为中原丧乱，朝廷的命令也通不下去，于是就改换年号为宝正。其后又和中原来往，因此也就避讳而不用这个年号了。

后唐明宗天成二年（丁亥，公元927年）

1 春季，正月癸丑朔（初一），后唐帝更改名字叫亶。

2　孟知祥闻李严来监其军，恶之。或请奏止之，知祥曰：“何必然，吾有以待之。”遣吏至绵、剑迎候。会武信节度使李绍文卒，知祥自言尝受密诏许便宜从事，壬戌，以西川节度副使、内外马步军都指挥使李敬周为遂州留后，趣之上道，然后表闻。严先遣使至成都，知祥自以于严有旧恩，冀其惧而自回，乃盛陈甲兵以示之，严不以为意。

3　安重海以孔循少侍宫禁，谓其谙练故事，知朝士行能，多听其言。豆卢革、韦说既得罪，朝廷议置相，循意不欲用河北人，先已荐郑珏，又荐太常卿崔协。任圜欲用御史大夫李琪。郑珏素恶琪，故循力沮之，谓重海曰：“李琪非无文学，但不廉耳。宰相但得端重有器度者，足以仪刑多士矣。”他日议于上前，上问谁可相者，重海以协对。圜曰：“重海未悉朝中人物，为人所卖。协虽名家，识字甚少。臣既以不学忝相位，奈何更益以协，为天下笑乎！”上曰：“宰相重任，卿辈更审议之。吾在河东时见冯书记多才博学，与物无竞，此可相矣。”既退，孔循不揖，拂衣径去，曰：“天下事一则任圜，二则任圜，圜何者！使崔协暴死则已，不死会须相之。”因称疾不朝者数日，上使重海谕之，方入。重海私谓圜曰：“今方乏人，协且备员，可乎？”圜曰：“明公舍李琪而相崔协，是犹弃苏合之丸，取蜣蜋之转也。”循与重海共事，日短琪而誉协，癸亥，竟以端明殿学士冯道及崔协并为中书侍郎、同平章事。协，邠之曾孙也。

2　孟知祥听说李严来监督他的军队,因此很憎恨他。有人请求上奏后唐帝阻止他来,孟知祥说:"何必这样呢,我有对付他的办法。"于是派遣官吏到绵州、剑州去迎候他。正好遇上武信节度使李绍文去世,孟知祥自称他曾接受过庄宗皇帝的秘密诏令,允许他见机行事,壬戌(初十),任命西川节度副使、内外马步军都指挥使李敬周为遂州留后,并催促他上路赴任,然后才上表告诉后唐帝。李严事先派遣使者到达成都,孟知祥自认为对李严有旧恩,希望他惧怕而自己返回,于是陈列重兵给李严看,李严却不以为意。

3　安重诲认为孔循从小在宫廷里侍奉,明白熟习朝廷里过去的典章制度,也知道朝廷官员的品行才能,所以好多事情都听他的话。豆卢革、韦说获罪以后,朝廷商议设立宰相,孔循的意见是不想起用河北人,一开始推荐郑珏,后又推荐太常卿崔协。任圜想起用御史大夫李琪。郑珏平素就恨李琪,所以孔循极力阻止他,于是对安重诲说:"李琪不是没有文才,只是有点不廉洁。宰相只能用端重有器度的人,这样才足以成为朝廷百官的典范。"有一天在后唐帝面前议论这件事,后唐帝问谁可以任宰相,安重诲回答说是崔协。任圜说:"安重诲不熟习朝中人员,被人所收买。崔协虽然是名家,但认识的字很少。我已经是因为没有学问而忝列相位,怎么可以再增加一个崔协而被天下人笑话呢!"后唐帝说:"宰相是个重要的职位,你们再重新商议一下。我在河东时见书记冯道多才博学,与世无争,这个人可以任宰相。"退堂时,孔循没给后唐帝行礼,一甩衣服就走了,还说:"天下的事情一也是任圜,二也是任圜,任圜是个什么人!假使崔协突然死去那也就算了,如果死不了必须让他当宰相。"因此他好几天称病不上朝,后唐帝派安重诲去给他说明情况,他才上了朝。安重诲私下对任圜说:"现在正缺人,崔协暂且作备选人员,可以吗?"任圜说:"您抛弃李琪而使崔协为宰相,这就好像抛弃了苏合香丸,选取屎壳郎推的粪球。"孔循和安重诲在一起处理政事,每天都说李琪的坏话而说崔协的好话,癸亥(十一日),终于任命端明殿学士冯道和崔协一起为中书侍郎、同平章事。崔协是崔郸的曾孙。

4 戊辰,王延禀还建州,王延钧送之,将别,谓延钧曰:"善守先人基业,勿烦老兄再下!"延钧逊谢甚恭而色变。

5 庚午,初令天下长吏每旬亲引虑系囚。

6 孟知祥礼遇李严甚厚,一日谒知祥,知祥谓曰:"公前奉使王衍,归而请兵伐蜀,庄宗用公言,遂致两国俱亡。今公复来,蜀人惧矣。且天下皆废监军,公独来监吾军,何也?"严惶怖求哀,知祥曰:"众怒不可遏也。"遂揖下,斩之。又召左厢马步都虞候丁知俊,知俊大惧,知祥指严尸谓曰:"昔严奉使,汝为之副,然则故人也,为我瘗之。"因诬奏:"严诈宣口敕,云代臣赴阙,又擅许将士优赏,臣辄已诛之。"

内八作使杨令芝以事入蜀,至鹿头关,闻严死,奔还。朱弘昭在东川,闻之,亦惧,谋归洛。会有军事,董璋使之入奏,弘昭伪辞然后行,由是得免。

7 癸酉,以皇子从厚同平章事,充河南尹,判六军诸卫事。从荣闻之,不悦。

8 己卯,加枢密使安重海兼侍中,孔循同平章事。

9 吴马军都指挥使柴再用戎服入朝,御史弹之,再用恃功不服。侍中徐知诰阳于便殿误通起居,退而自劾,吴王优诏不问,知诰固请夺一月俸。由是中外肃然。

4 戊辰(十六日),王延禀准备回建州,王延钧给他送行,将要分别的时候,王延禀对王延钧说:"要好好地守住先人事业的根基,不要麻烦我再来!"王延钧十分恭敬谦逊地谢过王延禀,脸色都变了。

5 庚午(十八日),开始命令天下长吏每隔十天就要亲自查看记录囚徒的罪状。

6 孟知祥对李严的礼节待遇都十分优厚,有一天,李严去拜见孟知祥,孟知祥对他说:"你从前奉诏出使见了王衍,回去以后又请求出兵讨伐蜀国,庄宗听了你的话,致使两国都灭亡。今天你又来到这里,蜀中的人十分害怕。况且天下都已经废掉了监军,你单独来监督我军,这是为什么呢?"李严听后十分恐惧,苦苦哀求,孟知祥说:"大家怒不可遏。"于是把他缚拿斩杀了。孟知祥又召见左厢马步都虞候丁知俊,丁知俊感到十分恐惧,孟知祥指着李严的尸体对他说:"过去李严出使蜀国,你是他的副手,然而他已成为故人,你替我把他埋葬了。"因此向后唐帝诬奏说:"李严假宣陛下的口头敕令,说是代替我,让我到陛下那里,他又擅自许诺将士优厚奖赏,我已经把他诛杀了。"

内八作使杨令芝因事去蜀中,到鹿头关后听说李严被杀死,就逃奔回来。朱弘昭在东川,听到李严被杀也很害怕,谋划回洛阳。正好这时有军事行动,董璋派他回去奏告后唐帝,朱弘昭说了些假话然后就走了,因此才得以免死。

7 癸酉(二十一日),任命皇子李从厚为同平章事,充任河南尹,兼管六军诸卫事。李从荣听说后很不高兴。

8 己卯(二十七日),加封枢密使安重诲兼任侍中,孔循为同平章事。

9 吴国马军都指挥使柴再用全副武装进入朝廷,御史弹劾他,柴再用依仗有战功而不服气。侍中徐知诰故意在吴王休息的别殿请安,退下去以后他自己弹劾自己,吴王下优待诏书,不予追问,徐知诰坚决请求扣去一个月的俸禄。因此朝廷内外得到整肃。

10　契丹改元天显，葬其主阿保机于木叶山。述律太后左右有桀黠者，后辄谓曰："为我达语于先帝！"至墓所则杀之，前后所杀以百数。最后，平州人赵思温当往，思温不行，后曰："汝事先帝尝亲近，何为不行？"对曰："亲近莫如后，后行，臣则继之。"后曰："吾非不欲从先帝于地下也，顾嗣子幼弱，国家无主，不得往耳。"乃断一腕，令置墓中。思温亦得免。

11　帝以冀州刺史乌震三将兵运粮入幽州，二月戊子，以震为河北道副招讨，领宁国节度使，屯卢台军。代泰宁节度使、同平章事房知温归兖州。

12　庚寅，以保义节度使石敬瑭兼六军诸卫副使。

13　丙申，以从马直指挥使郭从谦为景州刺史，既至，遣使族诛之。

14　高季兴既得三州，请朝廷不除刺史，自以子弟为之，不许。及夔州刺史潘炕罢官，季兴辄遣兵突入州城，杀戍兵而据之。朝廷除奉圣指挥使西方邺为刺史，不受；又遣兵袭涪州，不克。魏王继岌遣押牙韩珙等部送蜀珍货金帛四十万，浮江而下，季兴杀珙等于峡口，尽掠取之，朝廷诘之，对曰："珙等舟行下峡，涉数千里，欲知覆溺之故，自宜按问水神。"帝怒，壬寅，制削夺季兴官爵，以山南东道节度使刘训为南面招讨使、知荆南行府事，忠武节度使夏鲁奇为副招讨使，将步骑四万讨之。东川节度使董璋充东南面招讨使，新夔州刺史西方邺副之，将蜀兵下峡，仍会湖南军三面进攻。

15　三月甲寅，以李敬周为武信留后。

16　丙辰，初置监牧，蕃息国马。

10　契丹改变年号为天显,在木叶山安葬了契丹主阿保机。述律太后的左右人中有凶暴狡诈的人,太后对他们说:"替我向先帝传话!"到了先帝的墓地就把他们杀了,先后共杀死一百多人。最后该平州人赵思温去,赵思温不去,太后说:"你事奉先帝时非常亲近,为什么现在不去呢?"赵思温回答说:"我亲近也不如太后,太后去,我就跟着你。"太后说:"我不是不想跟随先帝到地下,只是看到儿子幼弱,国家又没有君主,所以不能前往。"于是砍下一只手腕,命令他放在墓中。赵思温也因此才免于一死。

11　后唐帝派冀州刺史乌震三次率兵护运粮食到幽州,二月戊子(初七),任命乌震为河北道副招讨,兼领宁国节度使,驻扎在卢台军。代理泰宁节度使、同平章事房知温回到兖州。

12　庚寅(初九),任命保义节度使石敬瑭兼任六军诸卫副使。

13　丙申(十五日),任命从马直指挥使郭从谦为景州刺史,等他到任,派遣使者把他全家诛杀了。

14　高季兴得到三州,请求朝廷不要任命刺史,自己派自家子弟去充当,后唐帝没有答应。到夔州刺史潘炕罢官时,高季兴就派兵突然进入夔州城,杀死戍守的士兵,并占据了这个地方。朝廷任命原奉圣指挥使西方邺为夔州刺史,高季兴不接受;高季兴又派兵袭击涪州,没有攻下来。魏王李继岌派遣押牙韩珙等部给朝廷送蜀中的珍宝货物金帛四十万,顺江而下,高季兴在峡口杀死韩珙等,全部强夺了这些珍宝货物,朝廷责问高季兴,高季兴回答说:"韩珙等率领的船队下行到峡口时,已经在水上行走了数千里,要想知道翻船淹死的缘故,应该自己去询问水神。"后唐帝听了非常生气,壬寅(二十一日),下令剥夺了高季兴的官爵,任命山南东道节度使刘训为南面招讨使、知荆南行府事,任命忠武节度使夏鲁奇为副招讨使,率领四万步兵骑兵去讨伐。东川节度使董璋充任东南面招讨使,新任夔州刺史西方邺为东南面副招讨使,率领蜀中的部队下行到三峡,并且会合湖南军队,三面向高季兴发起进攻。

15　三月甲寅(初三),任命李敬周为武信留后。

16　丙辰(初五),开始设置了监牧,来饲养繁殖马匹。

17 初，庄宗之克梁也，以魏州牙兵之力。及其亡也，皇甫晖、张破败之乱亦由之。赵在礼之徙滑州，不之官，亦实为其下所制。在礼欲自谋脱祸，阴遣腹心诣阙求移镇，帝乃为之除皇甫晖陈州刺史，赵进贝州刺史，徙在礼为横海节度使；以皇子从荣镇邺都，命宣徽北院使范延光将兵送之，且制置邺都军事。乃出奉节等九指挥三千五百人，使军校龙晊部之，戍卢台军以备契丹，不给铠仗，但系帜于长竿以别队伍，由是皆俯首而去。中涂闻孟知祥杀李严，军中籍籍，已有讹言。既至，会朝廷不次擢乌震为副招讨使，讹言益甚。

房知温怨震骤来代己，震至，未交印。壬申，震召知温及诸道先锋马军都指挥使、齐州防御使安审通博于东寨，知温诱龙晊所部兵杀震于席上，其众噪于营外，安审通脱身走，夺舟济河，将骑兵按甲不动。知温恐事不济，亦上马出门，甲士揽其辔曰："公当为士卒主，去欲何之？"知温绐之曰："骑兵皆在河西，不收取之，独有步兵，何能集事！"遂跃马登舟济河，与审通合谋击乱兵，乱兵遂南行。骑兵徐踵其后，部伍甚整。乱者相顾失色，列炬宵行，疲于荒泽，诘朝，骑兵四合击之，乱兵殆尽，馀众复趣故寨，审通已焚之，乱兵进退失据，遂溃。其匿于丛薄沟塍得免者什无一二。范延光还至淇门，闻卢台乱，发滑州兵复如邺都，以备奔逸。

17　当初,庄宗攻克后梁时,依靠的是魏州牙兵之力。等到他灭亡时,皇甫晖、张破败叛乱也依靠的是魏州兵力。赵在礼被调到滑州,他不到任,实际上也是因为魏兵所劫持。赵在礼自己琢磨想摆脱祸患,于是就秘密派遣心腹到后唐帝那里去请求改换个地方,后唐帝于是为他任命皇甫晖为陈州刺史、赵进为贝州刺史,调赵在礼为横海节度使;任命皇子李从荣去镇守邺都,命令宣徽北院使范延光率兵护送他去,并且设置了邺都军事。于是调出奉节等九指挥的三千五百人,派军校龙旺率领他们,戍守在卢台军以防备契丹人的侵略,但不给他们铠甲和武器,只是在长竿子上挂个旗帜以别于其他队伍,因此都俯首帖耳地离开这里。到了途中听说孟知祥杀死了李严,军中混乱起来,已经有谣言传开。到了卢台之后,正好朝廷不按寻常的顺序提拔乌震为副招讨使,军中的谣言更加厉害。

房知温怨恨乌震突然来代替自己,乌震到来以后,房知温没有交出印信符节。壬申(二十一日),乌震在东面的营寨里召集房知温以及诸先锋马军都指挥使、齐州防御使安审通来下棋,房知温引诱龙旺所属部下在席上杀死乌震,乌震的部下在营外大吵大闹,安审通脱身逃跑,抢夺了一些船只渡过黄河,率领着骑兵按兵不动。房知温害怕事情不能成功,于是也上马跑出门外,士卒拉住他的马缰绳说:"你应当成为我们的主帅,你离开这里想到哪里呢?"房知温欺骗他们说:"骑兵都在黄河以西,不去收取他们,只靠步兵,怎么能成就事业!"于是快马加鞭登舟过河,和安审通一起谋划攻打乱兵,乱兵于是就向南去了。骑兵慢慢地跟在他们的后面,队伍也很整齐。乱兵互相看着吓得脸色都变了,他们排好队,手持火炬在夜里前进,在荒滩水泽中走得很疲乏,第二天早晨,骑兵们从四面一起进攻,乱兵几乎被全部消灭,剩下的人又想返回营寨,但营寨已被安审通焚烧,乱兵们进退无路,被打得大败。他们当中藏匿在丛林山谷里得免于一死的约有十分之一二。范延光回到浚门时,听说卢台兵乱,就派滑州部队又回到邺都,准备逃跑。

18 帝遣客省使李仁矩如西川,传诏安谕孟知祥及吏民。甲戌,至成都。

19 刘训兵至荆南,楚王殷遣都指挥使许德勋等将水军屯岳州。高季兴坚壁不战,求救于吴,吴人遣水军援之。

20 夏,四月庚寅,敕卢台乱兵在营家属并全门处斩。敕至邺都,阖九指挥之门,驱三千五百家凡万馀人于石灰窑,悉斩之,永济渠为之变赤。

21 朝廷虽知房知温首乱,欲安反仄,癸巳,加知温兼侍中。

22 先是,孟知祥遣牙内指挥使文水武漳迎其妻琼华长公主及子仁赞于晋阳,及凤翔,李从晖闻知祥杀李严,止之,以闻,帝听其归蜀。丙申,至成都。

23 盐铁判官赵季良与孟知祥有旧,知祥奏留季良为副使。朝廷不得已,丁酉,以季良为西川节度副使。李昊归蜀,知祥以为观察推官。

24 江陵卑湿,复值久雨,粮道不继,将士疾疫,刘训亦寝疾。癸卯,帝遣枢密使孔循往视之,且审攻战之宜。

25 五月癸丑,以威武留后王延钧为本道节度使、琅邪王。

26 孔循至江陵,攻之不克,遣人入城说高季兴,季兴不逊。丙寅,遣使赐湖南行营夏衣万袭;丁卯,又遣使赐楚王殷鞍马玉带,督馈粮于行营,竟不能得。庚午,诏刘训等引兵还。

18 后唐帝派遣客省使李仁矩去西川传达诏令,安抚孟知祥以及那里的官民。甲戌(二十三日),到达成都。

19 刘训的部队到达荆南,楚王马殷派遣都指挥使许德勋率领水军驻扎在岳州。高季兴坚守在营寨里不出来应战,同时请求吴国援救,吴国派出水军来援助他。

20 夏季,四月庚寅(初十),后唐帝下令,凡是卢台乱兵在营寨里的家属一并满门处斩。命令到达邺都,把九指挥的门关起来,驱赶三千五百家共一万多人到石灰窑,全部斩杀,永济渠的水都被染成了红色的。

21 朝廷虽然知道房知温是首乱分子,为了安定动荡,癸巳(十三日),加封房知温兼任侍中。

22 在此以前,孟知祥派遣牙内指挥使文水人武漳到晋阳迎接他的妻子琼华长公主和儿子仁赞,走到凤翔,李从曮听说孟知祥杀死了李严,就把他们扣下,然后报告后唐帝,后唐帝同意他们回蜀中。丙申(十六日),到达成都。

23 盐铁判官赵季良和孟知祥有旧交,因此孟知祥就上奏后唐帝请求留下赵季良为副使。朝廷不得已,丁酉(十七日),任命赵季良为西川节度副使。李昊回到蜀中,孟知祥任命他为观察推官。

24 江陵地区本来就低下潮湿,又值长时间下雨,运粮的道路不能行走,粮食不能连续不断地运来,将士们都生了病,刘训也生病卧床不起。癸卯(二十三日),后唐帝派遣枢密使孔循前往视察,并察看进攻作战的事宜。

25 五月癸丑(初三),任命威武留后王延钧为本道节度使、琅邪王。

26 孔循到达江陵,进攻它而没有攻下,于是就派人进城去劝说高季兴,高季兴不退让。丙寅(十六日),后唐帝派遣使者去湖南赏赐在那里的士卒夏季衣服一万套;丁卯(十七日),又派遣使者去赏赐楚王马殷鞍马玉带,并督促他把粮食送到军营,但马殷竟不服从命令。庚午(二十日),后唐帝下诏命令刘训率兵返回。

27　楚王殷遣中军使史光宪入贡,帝赐之骏马十,美女二。过江陵,高季兴执光宪而夺之,且请举镇自附于吴。徐温曰:"为国者当务实效而去虚名。高氏事唐久矣,洛阳去江陵不远,唐人步骑袭之甚易,我以舟师沂流救之甚难。夫臣人而弗能救,使之危亡,能无愧乎!"乃受其贡物,辞其称臣,听其自附于唐。

28　任圜性刚直,且恃与帝有旧,勇于敢为,权幸多疾之。旧制,馆券出于户部,安重海请从内出,与圜争于上前,往复数四,声色俱厉。上退朝,宫人问上:"适与重海论事为谁?"上曰:"宰相。"宫人曰:"妾在长安宫中,未尝见宰相、枢密奏事敢如是者,盖轻大家耳。"上愈不悦,卒从重海议。圜因求罢三司,诏以枢密承旨孟鹄充三司副使权判。鹄,魏州人也。

29　六月庚辰,太子詹事温辇请立太子。

30　丙戌,门下侍郎、同平章事任圜罢守太子少保。

31　己丑,以宣徽北院使张延朗判三司。

32　壬辰,贬刘训为檀州刺史。

33　丙申,封楚王殷为楚国王。

34　西方邺败荆南水军于峡中,复取夔、忠、万三州。

27　楚王马殷派遣中军使史光宪进朝入贡,后唐帝赏赐给他骏马十匹,美女两名。史光宪回去路过江陵时,高季兴把史光宪抓起来,并抢去了他的马匹美女,高季兴请求率领全镇归附吴国。吴国徐温说:"为了国家应当务求实效而抛弃虚名。高氏事奉唐朝时间已很长,洛阳离江陵也不太远,唐人的步兵和骑兵袭击这里非常容易,我用水军逆流而上援救也很困难。纳人为臣而又不能去援救,使他处于危亡地步,能不感到惭愧吗!"于是接受了他的贡物,而推辞了他向吴称臣,同意他自己归附后唐。

28　任圜的性情刚直,而且依仗自己和后唐帝有旧交,做事敢做敢当,有权势而又得后唐帝宠幸的人们都嫉妒他。按旧的规定,使臣外出的费用由户部发给,而安重诲请求从枢密院发给,他和任圜在后唐帝面前争论了好几次,声色俱厉。后唐帝退朝后,宫人问后唐帝:"刚才和安重诲争论事情的是谁?"后唐帝说:"宰相。"宫人说:"妾在长安宫中,从来没有见宰相、枢密奏请事情时敢像这个样子,大概是轻视皇上吧。"后唐帝听后更加不高兴,最后听从了安重诲的建议。任圜因此请求罢去三司之职,后唐帝下诏,任命枢密承旨孟鹄充任三司副使权判。孟鹄是魏州人。

29　六月庚辰(初一),太子詹事温韬请求立太子。

30　丙戌(初七),门下侍郎、同平章事任圜被罢免为太子少保。

31　己丑(初十日),任命宣徽北院使张延朗兼管三司。

32　壬辰(十三日),贬刘训为檀州刺史。

33　丙申(十七日),封楚王马殷为楚国王。

34　西方邺在三峡中击败了荆南水军,又夺回了夔、忠、万三州。

卷第二百七十六　后唐纪五

起丁亥(927)七月尽己丑(929)凡二年有奇

明宗圣德和武钦孝皇帝中之上
天成二年(丁亥,927)

1　秋,七月,以归德节度使王晏球为北面副招讨使。

2　丙寅,升夔州为宁江军,以西方邺为节度使。

3　癸巳,以与高季兴夔、忠、万三州为豆卢革、韦说之罪,皆赐死。

4　流段凝于辽州,温韬于德州,刘训于濮州。

5　任圜请致仕居磁州,许之。

6　八月己卯朔,日有食之。

7　册礼使至长沙,楚王殷始建国,立宫殿,置百官,皆如天子,或微更其名:翰林学士曰文苑学士,知制诰曰知辞制,枢密院曰左右机要司,群下称之曰殿下,令曰教。以姚彦章为左丞相,许德勋为右丞相,李铎为司徒,崔颖为司空,拓跋恒为仆射,张彦瑶、张迎判机要司。然管内官属皆称摄,惟朗、桂节度使先除后请命。恒本姓元,避殷父讳改焉。

8　九月,帝谓安重诲曰:"从荣左右有矫宣朕旨,令勿接儒生,恐弱人志气者。朕以从荣年少临大藩,故择名儒使辅导之,今奸人所言乃如此!"欲斩之。重诲请严戒而已。

9　北都留守李彦超请复姓符,从之。

10　丙寅,以枢密使孔循兼东都留守。

明宗圣德和武钦孝皇帝中之上

后唐明宗天成二年(丁亥,公元927年)

1 秋季,七月,任命归德节度使王晏球为北面副招讨使。

2 丙寅(十七日),把夔州升为宁江军,任命西方邺为节度使。

3 癸巳,把上年给高季兴夔、忠、万三州一事定为豆卢革、韦说的罪行,把他们赐死。

4 把段凝流放到辽州,温韬流放到德州,刘训流放到濮州。

5 任圜请求退休居住在磁州,后唐帝答应了他的请求。

6 八月己卯朔(初一),出现日食。

7 册礼使到达长沙,楚王马殷开始建国,他建立宫殿,设置百官,都和天子一样,有的稍变更一下名称:翰林学士叫文苑学士,知制诰叫知辞制,枢密院叫左右机要司,臣下称国王为殿下,国王下的命令称作教令。任命姚彦章为左丞相,许德勋为右丞相,李铎为司徒,崔颖为司空,拓跋恒为仆射,张彦瑶、张迎主管机要部门。然而管内官属都称为摄,只有朗、桂节度使是先任命后请求国王批准。拓跋恒本姓元,为避马殷父亲讳才改为拓跋。

8 九月,后唐帝对安重诲说:"李从荣身边有人假传朕的旨意,让他不要接近儒生,恐怕削弱人的志气。朕因为李从荣年轻,又管理大藩,所以给他选择了名儒来辅导他,没想到现在这些奸人们竟讲出这种话!"后唐帝想把这些假传圣旨的人杀掉。安重诲请求对这些人只是严加防备而已。

9 北都留守李彦超请求恢复他姓符,后唐帝答应了他的请求。

10 丙寅(十八日),任命枢密使孔循兼任东都留守。

11　壬申，契丹来请修好，遣使报之。

12　冬，十月乙酉，帝发洛阳，将如汴州；丁亥，至荥阳。

民间讹言帝欲自击吴，又云欲制置东方诸侯。宣武节度使、检校侍中朱守殷疑惧，判官高密孙晟劝守殷反，守殷遂乘城拒守。帝遣宣徽使范延光往谕之，延光曰："不早击之，则汴城坚矣。愿得五百骑与俱。"帝从之。延光暮发，未明行二百里，抵大梁城下，与汴人战，汴人大惊。戊子，帝至京水，遣御营使石敬瑭将亲兵倍道继之。

或谓安重诲曰："失职在外之人，乘贼未破，或能为患，不如除之。"重诲以为然，奏遣使赐任圜死。端明殿学士赵凤哭谓重诲曰："任圜义士，安肯为逆！公滥刑如此，何以赞国！"使者至磁州，圜聚其族酣饮，然后死，神情不挠。

13　己丑，帝至大梁，四面进攻，吏民缒城出降者甚众。守殷知事不济，尽杀其族，引颈命左右斩之。乘城者望见乘舆，相帅开门降。孙晟奔吴，徐知诰客之。

14　戊戌，诏免三司逋负近二百万缗。

15　辛丑，吴大丞相、都督中外诸军事、诸道都统、镇海宁国节度使兼中书令东海王徐温卒。

11　壬申(二十四日),契丹来人请求互通友好,后唐派遣使者回报契丹人。

12　冬季,十月乙酉(初七),后唐帝从洛阳出发去汴州;丁亥(初九),到达荥阳。

民间谣传后唐帝打算亲自率兵攻打吴国,又传说后唐帝要制服东方诸侯。宣武节度使、检校侍中朱守殷对此疑惧,判官高密人孙晟劝朱守殷反叛,于是朱守殷登上汴州城坚守。后唐帝派遣宣徽使范延光前去诏告朱守殷,范延光说:"如不及早攻打他们,汴州就会越来越坚固。我希望率领五百骑兵一起前往。"后唐帝听从了他的建议。范延光在太阳落山时出发,第二天天还没有亮就走了两百里,直抵汴州城下,和汴州的人交锋,汴州人感到非常吃惊。戊子(初十),后唐帝到达京水,派遣御营使石敬瑭率领禁卫军日夜兼程去增援范延光。

有人对安重诲说:"那些被免除官职而在外面的人,乘乱贼还未被击败,或许能成为祸患,不如把他们消灭了。"安重诲认为说得对,于是上奏请求派遣使者去赐任圜死。端明殿学士赵凤边哭边对安重诲说:"任圜是个讲道义的人,怎么肯叛逆呢!你如此滥用刑法,将用什么辅佐国家!"前往赐任圜死的使者到达磁州,任圜把他的家族集合起来喝酒,然后死去,他的表情一点也没有屈服的样子。

13　己丑(十一日),后唐帝到汴州,四面向汴州城发起进攻,官吏和百姓从城上缒绳出来投降的很多。朱守殷知道事情不能成功,于是把他的家族全部杀掉,又伸出脖子让左右把他杀死。登上城的人望见了后唐帝圣驾,都争着打开城门出来投降。孙晟逃奔到了吴国,徐知诰以客相待。

14　戊戌(二十日),后唐帝下诏免去三司拖欠的赋税近二百万缗。

15　辛丑(二十三日),吴国大丞相、都督中外诸军事、诸道都统、镇海与宁国节度使兼中书令东海王徐温去世。

初,温子行军司马、忠义节度使、同平章事知询以其兄知诰非徐氏子,数请代之执吴政,温曰:"汝曹皆不如也。"严可求及行军副使徐玠屡劝温以知询代知诰,温以知诰孝谨,不忍也。陈夫人曰:"知诰自我家贫贱时养之,奈何富贵而弃之!"可求等言之不已。温欲帅诸藩镇入朝,劝吴王称帝,将行,有疾,乃遣知询奉表劝进,因留代知诰执政。知诰草表欲求洪州节度使,俟旦上之,是夕,温凶问至,乃止。知询亟归金陵。吴主赠温齐王,谥曰忠武。

16 山南西道节度使张筠久疾,将佐请见,不许。副使符彦琳等疑其已死,恐左右有奸谋,请权交符印。筠怒,收彦琳及判官都指挥使下狱,诬以谋反。诏取彦琳等诣阙,按之无状,释之。徙筠为西都留守。

17 癸卯,以保义节度使石敬瑭为宣武节度使,兼侍卫亲军马步都指挥使。

18 十一月庚戌,吴王即皇帝位,追尊孝武王曰武皇帝,景王曰景皇帝,宣王曰宣皇帝。

19 安重诲议伐吴,帝不从。

20 甲子,吴大赦,改元乾贞。

丙子,吴主尊太妃王氏曰皇太后,以徐知询为诸道副都统、镇海宁国节度使兼侍中,加徐知诰都督中外诸军事。

21 十二月戊寅朔,孟知祥发民丁二十万修成都城。

22 吴主立兄庐江公濛为常山王,弟鄱阳公澈为平原王,兄子南昌公玭为建安王。

当初,徐温的儿子行军司马、忠义节度使、同平章事徐知询认为他的哥哥徐知诰不是徐氏的儿子,曾多次请求代替他执掌吴国国政,徐温说:"你们都不如他。"严可求以及行军副使徐玠也屡次劝说徐温让徐知询代替徐知诰,徐温认为徐知诰孝顺谨慎,不忍心让徐知询代替他。陈夫人说:"徐知诰是从我们家贫穷时就收养了的,怎么能够富贵以后就抛弃他呢!"但严可求等仍然劝说不已。徐温打算率领诸藩镇的官员入朝劝说吴王称帝,将要出发时突然生病,于是就派遣徐知询拿着奏表去劝吴王称帝,因而留下代替徐知诰处理政事。徐知诰起草了奏表想请求出任洪州节度使,打算第二天早晨送上去,这天晚上,徐温的死讯传来,才没有上表。徐知询很快回到金陵。吴王赠徐温为齐王,谥号为忠武。

16 山南西道节度使张筠病了好长时间,将佐们请求召见,没有得到允许。副使符彦琳等怀疑他已经死去,害怕张筠的左右人员有阴谋,于是请求上交符印。张筠知道后十分生气,下令拘捕了符彦琳以及判官都指挥使等,并把他们送进监狱,以谋反来诬陷他们。后唐帝下诏要拿取符彦琳等上朝,经过核实后发现符彦琳没有谋反的证据,于是就把他们释放了。后来又调张筠为西都留守。

17 癸卯(二十五日),任命保义节度使石敬瑭为宣武节度使,兼任侍卫亲军马步都指挥使。

18 十一月庚戌(初三),吴王即皇帝位,追尊孝武王为武皇帝,景王为景皇帝,宣王为宣皇帝。

19 安重诲商议想讨伐吴国,后唐帝没有听从他的意见。

20 甲子(十七日),吴国实行大赦,改年号为乾贞。

丙子(二十九日),吴主尊太妃王氏为皇太后,任命徐知询为诸道副都统、镇海宁国节度使兼侍中,加封徐知诰都督中外诸军事。

21 十二月戊寅朔(初一),孟知祥派出二十万劳役去修建成都城。

22 吴主立其兄庐江公杨濛为常山王,立其弟鄱阳公杨澈为平原王,立其兄的儿子南昌公杨珙为建安王。

23 初,晋阳相者周玄豹尝言帝贵不可言,帝即位,欲召诣阙。赵凤曰:"玄豹言陛下当为天子,今已验矣,无所复询。若置之京师,则轻躁狂险之人必辐辏其门,争问吉凶。自古术士妄言,致人族灭者多矣,非所以靖国家也。"帝乃就除光禄卿致仕,厚赐金帛而已。

24 中书舍人马缟请用汉光武故事,七庙之外别立亲庙;中书门下奏请如汉孝德、孝仁皇例,称皇不称帝。帝欲兼称帝,群臣乃引德明、玄元、兴圣皇帝例,皆立庙京师。帝令立于应州旧宅,自高祖考妣以下皆追谥曰皇帝、皇后,墓曰陵。

25 汉主如康州。

26 是岁,蔚、代缘边粟斗不过十钱。

三年(戊子,928)

1 春,正月丁巳,吴主立子琏为江都王,璘为江夏王,璆为宜春王,宣帝子庐陵公玢为南阳王。

2 昭义节度使毛璋所为骄僭,时服赭袍,纵酒为戏,左右有谏者,剖其心而视之。帝闻之,征为右金吾卫上将军。

3 契丹陷平州。

4 二月丁丑朔,日有食之。

5 帝将如邺都,时扈驾诸军家属甫迁大梁,又闻将如邺都,皆不悦,讻讻有流言。帝闻之,不果行。

6 吴自庄宗灭梁以来,使者往来不绝。庚辰,吴使者至,安重诲以为杨溥敢与朝廷抗礼,遣使窥觇,拒而不受,自是遂与吴绝。

23　当初，晋阳有个会相面的人叫周玄豹，他曾经说后唐帝的相貌贵不可言，后唐帝即位之后，打算把他召到朝廷里来。赵凤说："周玄豹曾经说过陛下当为天子，今天已经验证，没有必要再查询他了。如果把他留在京师，那些轻举妄动、性情暴躁、狂放不拘的危险人物就一定会聚集到他的门下，争相询问吉凶。自古以来那些巫祝占卜之流经常胡说八道，致使很多人全家被诛灭，这些人根本不能用来安定国家。"后唐帝任命他为光禄卿，并以此职退休，只赏给他很多金帛而已。

24　中书舍人马缟请求用汉光武时的典章制度，七庙之外另外再立一个亲庙；中书门下上奏请求像汉孝德、孝仁皇那样，称皇不称帝。后唐帝想兼称帝，大臣们于是就引用德明、玄元、兴圣皇帝的例子，都在京师立庙。后唐帝命令在应州旧宅立庙，从高祖的父母以下都追谥为皇帝、皇后，他们的墓都称为陵。

25　南汉主到达康州。

26　这一年，蔚、代沿边境的地方一斗粮食的价钱不到十钱。

后唐明宗天成三年(戊子，公元928年)

1　春季，正月丁巳(初十)，吴主立他的儿子杨琏为江都王，杨璘为江夏王，杨璆为宜春王，宣帝的儿子庐陵公杨玢为南阳王。

2　昭义节度使毛璋的所作所为骄横越轨，有时穿着天子才能穿的赭袍，狂饮娱乐，左右有规劝他的，他就让人剖其心给他看。后唐帝听说此事，征调他为右金吾卫上将军。

3　契丹人攻陷平州。

4　二月丁丑朔(初一)，出现日食。

5　后唐帝将要到邺都，当时扈驾诸军的家属刚刚迁到大梁，听说要到邺都，都不高兴，流言议论纷纷。后唐帝听说后，没有成行。

6　吴国自从庄宗消灭了后梁国以来，使者往来不断。庚辰(初四)，吴国的使者到来，安重诲以为吴王杨溥敢和朝廷抗礼，于是派出使者去暗中窥视，并拒不接受他，从此以后就和吴国断绝了关系。

7　张筠至长安,守兵闭门拒之。筠单骑入朝,以为左卫上将军。

8　壬辰,宁江节度使西方邺攻拔归州。未几,荆南复取之。

9　枢密使、同平章事孔循,性狡佞,安重诲亲信之。帝欲为皇子娶重诲女,循谓重诲曰:"公职居近密,不宜复与皇子为婚。"重诲辞之。久之,或谓重诲曰:"循善离间人,不可置之密地。"循知之,阴遣人结王德妃,求纳其女。德妃请娶循女为从厚妇,帝许之。重诲大怒。乙未,以循同平章事,充忠武节度使兼东都留守。

重诲性强愎。秦州节度使华温琪入朝,请留阙下,帝嘉之,除左骁卫上将军,月别赐钱谷,岁馀,帝谓重诲曰:"温琪旧人,宜择一重镇处之。"重诲对以无阙。他日,帝屡言之,重诲愠曰:"臣累奏无阙,惟枢密使可代耳。"帝曰:"亦可。"重诲无以对。温琪闻之惧,数月不出。

重诲恶成德节度使、同平章事王建立,奏建立与王都交结,有异志。建立亦奏重诲专权,求入朝面言其状,帝召之。既至,言重诲与宣徽使判三司张延朗结婚,相表里,弄威福。三月辛亥,帝见重诲,气色甚怒,谓曰:"今与卿一镇自休息,以王建立代卿,张延朗亦除外官。"重诲曰:"臣披荆棘事陛下数十年,值陛下龙飞,承乏机密,数年间天下幸无事。今一旦弃之外镇,臣愿闻其罪!"帝不怿而起,以语宣徽使朱弘昭,弘昭曰:"陛下平日待重诲如左右手,奈何以小忿弃之!愿垂三思。"帝寻召重诲慰抚之。明日,建立辞归镇,帝曰:

7　张筠到了长安,把守城门的士卒关起来不让他进去。张筠单人匹马入朝,后唐帝任命他为左卫上将军。

8　壬辰(十六日),宁江节度使西方邺攻下了归州。没过多久,荆南又夺了回去。

9　枢密使、同平章事孔循性情狡猾,善于花言巧语,安重诲很亲信他。后唐帝想为他的儿子娶安重诲的女儿为妻子,孔循对安重诲说:"您身为皇上的近臣,你们关系又很密切,不应再和皇子为婚姻亲戚。"于是安重诲就推辞了女儿的婚事。过了一段时间,有人对安重诲说:"孔循善于挑拨离间,不可安排在与皇上密切接触的位置。"孔循知道这件事后,就暗暗派人去巴结王德妃,请求接纳他的女儿。王德妃请求后唐帝为皇子李从厚娶孔循的女儿为妻,后唐帝答应了她的请求。安重诲听到这件事后大发雷霆。乙未(十九日),后唐帝任命孔循为同平章事,忠武节度使兼东都留守。

安重诲性情刚愎。秦州节度使华温琪入朝,请求留在朝廷,后唐帝表彰了他,任他为左骁卫上将军,每月除了俸禄外还要赏赐他些钱谷,一年多以后,后唐帝对安重诲说:"华温琪是旧交,应该选择一个重镇来安排他。"安重诲回答说没有空缺。又一天,后唐帝又反复说起这件事,安重诲恼怒地说:"我曾多次上奏说没有空缺,只有枢密使可以代替。"后唐帝说:"也可以。"安重诲无言以对。华温琪听说这件事后感到非常害怕,好几个月不敢出门。

安重诲恨成德节度使、同平章事王建立,于是上奏说王建立和王都互相勾结,有叛变的意图。王建立也上奏安重诲独揽大权,请求入朝当面向后唐帝说明情况,于是后唐帝就召见他。他到了朝廷,说安重诲与宣徽使判三司张延朗结为婚姻亲戚,内外勾结,作威作福。三月辛亥(初五),后唐帝见了安重诲,满脸怒气,对他说:"现在给你一镇自己休息去,用王建立代替你,张延朗也放为外任。"安重诲说:"臣披荆斩棘事奉陛下数十年,正值陛下兴起,因缺乏适当人选而由臣任机要职务,几年来天下平安无事。现在一下把我抛弃在外,我希望听听有什么罪过!"后唐帝很不高兴地站起来,告诉了宣徽使朱弘昭,朱弘昭说:"陛下平日待安重诲如左右手,怎么能因小的忿怒就抛弃了他呢!希望陛下三思。"不久,后唐帝又召见安重诲安抚慰问。第二天,王建立辞掉职务想回到镇上,后唐帝说:

"卿比奏欲入分朕忧,今复去何之!"会门下侍郎兼刑部尚书、同平章事郑珏请致仕,己未,以珏为左仆射致仕。癸亥,以建立为右仆射兼中书侍郎、同平章事、判三司。

10 孟知祥屡与董璋争盐利,璋诱商旅贩东川盐入西川,知祥患之,乃于汉州置三场重征之,岁得钱七万缗,商旅不复之东川。

11 楚王殷如岳州,遣六军使袁诠、副使王环、监军马希瞻将水军击荆南,高季兴以水军逆战。至刘郎洑,希瞻夜匿战舰数十艘于港中,诘旦,两军合战,希瞻出战舰横击之,季兴大败,俘斩以千数,进逼江陵。季兴请和,归史光宪于楚。军还,楚王殷让环不遂取荆南,环曰:"江陵在中朝及吴、蜀之间,四战之地也,宜存之以为吾扦蔽。"殷悦。环每战,身先士卒,与众同甘苦。常置针药于座右,战罢,索伤者于帐前,自傅治之。士卒隶环麾下者相贺曰:"吾属得死所矣。"故所向有功。

12 楚大举水军击汉,围封州。汉主以《周易》筮之,遇《大有》,于是大赦,改元大有。命左右街使苏章将神弩三千、战舰百艘救封州。章至贺江,沉铁絙于水,两岸作巨轮挽絙,筑长堤以隐之,伏壮士于堤中。章以轻舟逆战,阳不利,楚人逐之,入堤中,挽轮举絙,楚舰不能进退,以强弩夹水射之,楚兵大败,解围遁去。汉主以章为封州团练使。

"你近来上奏说想在朝廷分担我的忧愁,今天又要到哪儿去!"正好这时门下侍郎兼刑部尚书、同平章事郑珏请求辞官归居,己未(十三日),任命郑珏为左仆射,然后让他辞官归居,癸亥(十七日),任命王建立为右仆射兼中书侍郎、同平章事、判三司。

10　孟知祥曾多次和董璋争夺盐利,董璋引诱商贩们贩东川的盐入西川,孟知祥对此十分忧虑,于是就在汉州设置了三个场地征收商人的重税,一年可以得到税钱七万缗,从此商贩们不再到东川贩盐了。

11　楚王马殷到达岳州,派遣六军使袁诠、副使王环、监军马希瞻等率领水军攻打荆南,高季兴也用水军迎战。到了刘郎洑时,马希瞻乘夜间在港中偷偷藏匿下数十艘战船,第二天早晨,两军交战,马希瞻开出战船截击,大败高季兴,俘获和斩杀数以千计,然后进逼江陵。高季兴请求讲和,并把史光宪送还楚国。楚军回去后,楚王马殷责备王环不继续前进夺取荆南,王环说:"江陵在唐以及吴、蜀之间,这里四面受敌,应当把它保存下来作为我们屏藩。"马殷听后很高兴。王环每次作战,都身先士卒,和大家同甘共苦。他经常在座位的右侧放一些针和药物,战斗结束后,他就寻找一些受伤的士卒到营帐前,亲自给他们敷药治疗。那些隶属王环的部下都互相称贺说:"我们得到了死后的归所。"所以每次作战,都会建立功勋。

12　楚国发动所有水军向南汉发起攻击,包围了南汉的封州。南汉主用《周易》来占卜这次战争,遇上"大有"卦,于是实行大赦,改年号为大有。南汉主命令左右街使苏章率领三千神射手、一百艘战船去援救封州。苏章到达贺江,把铁绳沉在水中,两岸修筑巨轮把铁绳挽在上面,又修筑了很长的堤坝把它挡起来,在堤坝中埋伏了壮士。苏章乘轻舟去迎战,假装战败,楚人追击,进入堤坝中,南汉兵把轮子上的铁绳拉开,楚军的战舰既不能进,也不能退,然后神射手们在两岸用强弩射击楚军,楚兵大败,解除了封州的包围逃跑了。南汉主任命苏章为封州团练使。

13　夏，四月，以邺都留守从荣为河东节度使、北都留守，以客省使太原冯赟为副留守，夹马指挥使新平杨思权为步军都指挥使以佐之。戊寅，以宣武节度使石敬瑭为邺都留守、天雄节度使，加同平章事；以枢密使范延光为成德节度使。丙戌，以枢密使安重诲兼河南尹，以河南尹从厚为宣武节度使，仍判六军诸卫事。

14　吴右雄武军使苗璘、静江统军王彦章将水军万人攻楚岳州，至君山，楚王殷遣右丞相许德勋将战舰千艘御之。德勋曰："吴人掩吾不备，见大军，必惧而走。"乃潜军角子湖，使王环夜帅战舰三百，绝吴归路。迟明，吴人进军荆江口，将会荆南兵攻岳州，丁亥，至道人矶。德勋命战棹都虞候詹信以轻舟三百出吴军后，德勋以大军当其前，夹击之，吴军大败，虏璘及彦章以归。

15　初，义武节度使兼中书令王都镇易定十馀年，自除刺史以下官，租赋皆赡本军。及安重诲用事，稍以法制裁之。帝亦以都篡父位，恶之。时契丹数犯塞，朝廷多屯兵于幽、易间，大将往来，都阴为之备，浸成猜阻。都恐朝廷移之他镇，腹心和昭训劝都为自全之计，都乃求婚于卢龙节度使赵德钧。又知成德节度使王建立与安重诲有隙，遣使结为兄弟，阴与之谋复河北故事，建立阳许而密奏之。都又以蜡书遗青、徐、潞、益、梓五帅，离间之。又遣人说北面副招讨使归德节度使王晏球，晏球不从。乃以金遗晏球帐下，使图之，不克。癸巳，晏球以都反状闻，诏宣徽使张延朗与北面诸将议讨之。

13 夏季,四月,后唐帝任命邺都留守李从荣为河东节度使、北都留守,客省使太原人冯赟为北都副留守,夹马指挥使新平人杨思权为步军都指挥使来辅佐李从荣。戊寅(初三),任命宣武节度使石敬瑭为邺都留守、天雄节度使,加封同平章事;枢密使范延光为成德节度使。丙戌(十一日),任命枢密使安重诲兼任河南尹,河南尹车从厚为宣武节度使,仍然兼管六军诸卫事。

14 吴国右雄武军使苗璘、静江统军王彦章率领一万水军向楚国的岳州发起进攻,到了君山,楚王马殷派遣右丞相许德勋率领一千多艘战船去抵御吴军。许德勋说:"吴军想乘我们没有防备而袭击,当他看见我们大军时,一定会感到害怕而逃跑。"于是他们偷偷地驻在角子湖,派王环在黑夜里率领三百战舰去断绝吴军的回路。天将亮的时候,吴军进军到荆江口,准备会合荆南军队一起攻打岳州,丁亥(十二日),到达道人矶。许德勋命令战棹都虞候詹信率三百轻便船只走在吴军的后面,许德勋率领大军迎在吴军的前面,前后夹攻吴军,将吴军打得大败,俘虏了苗璘、王彦章,把他们带回楚国。

15 当初,义武节度使兼中书令王都在易定镇守了十多年,自己任命刺史以下的官吏,所交的租赋都用来供养本地军队。等到安重诲掌权以后,渐渐按国家法规办事。后唐帝也因为王都是篡夺了他父亲的权位而憎恨他。当时,契丹人曾多次侵略边境,所以朝廷在幽、易之间驻扎了大量军队,对于军队将领们的行动,王都暗地里都有所防备,时间长了逐渐产生了猜疑。王都害怕朝廷把他调到其他地方,他的心腹和昭训劝他要有保全自己的办法,于是王都就向卢龙节度使赵德钧求婚。又知成德节度使王建立与安重诲之间有些矛盾,于是派遣使者去和王建立结为兄弟,同时偷偷和王建立谋划恢复河北地区原来的诸镇世袭、不给朝廷贡赋、不受朝廷征发等旧的规定,王建立表面上答应了他,但又秘密把这些情况上奏给后唐帝。王都又把用蜡封好的密信送给青、徐、潞、益、梓五个统帅,挑拨离间他们。王都还派人去劝说北面副招讨使归德节度使王晏球,王晏球没有听从他。于是把金子送到王晏球的营帐来贿赂他,使他想办法,但没有结果。癸巳(十八日),王晏球把王都谋反的情况上奏,后唐帝下诏宣徽使张延朗和北面各位将领商议讨伐王都。

16　戊戌，吴徙常山王濛为临川王。

17　庚子，诏削夺王都官爵。壬寅，以王晏球为北面招讨使，权知定州行州事，以横海节度使安审通为副招讨使，以郑州防御使张虔钊为都监，发诸道兵会讨定州。是日，晏球攻定州，拔其北关城。都以重赂求救于奚酋秃馁，五月，秃馁以万骑突入定州，晏球退保曲阳，都与秃馁就攻之。晏球与战于嘉山下，大破之，秃馁以二千骑奔还定州。晏球追至城门，因进攻之，得其西关城。定州城坚，不可攻，晏球增修西关城以为行府，使三州民输税供军食而守之。

18　辛酉，以天雄节度副使赵敬怡为枢密使。

19　王晏球闻契丹发兵救定州，将大军趣望都，遣张延朗分兵退保新乐。延朗遂之真定，留赵州刺史朱建丰将兵修新乐城。契丹已自他道入定州，与王都夜袭新乐，破之，杀建丰。乙丑，王晏球、张延朗会于行唐，丙寅，至曲阳。王都乘胜，悉其众与契丹五千骑合万馀人，邀晏球等于曲阳，丁卯，战于城南。晏球集诸将校令之曰："王都轻而骄，可一战擒也。今日，诸君报国之时也。悉去弓矢，以短兵击之，回顾者斩！"于是骑兵先进，奋挝挥剑，直冲其阵，大破之，僵尸蔽野。契丹死者过半，馀众北走。都与秃馁得数骑，仅免。卢龙节度使赵德钧邀击契丹，北走者殆无孑遗。

20　吴遣使求和于楚，请苗璘、王彦章。楚王殷归之，使许德勋饯之。德勋谓二人曰："楚国虽小，旧臣宿将犹在，愿吴朝勿以措怀。必俟众驹争皁栈，然后可图也。"时殷多内宠，嫡庶无别，诸子骄奢，故德勋语及之。

16　戊戌(二十三日),吴国调常山王杨濛为临川王。

17　庚子(二十五日),后唐帝下诏罢免王都的官爵。壬寅(二十七日),任命王晏球为北面招讨使,暂时主持定州州事,任命横海节度使安审通为北面副招讨使,郑州防御使张虔钊为都监,调各道的军队联合起来讨伐定州。这一天,王晏球向定州发起进攻,攻下了定州北关城。王都用厚礼请求奚人首领秃馁来援救,五月,秃馁率领一万骑兵突然进入定州,王晏球撤退,坚守曲阳,王都和秃馁趋进攻打。王晏球和王都、秃馁在嘉山下交战,把他们打得大败,秃馁率领两千骑兵逃奔回定州。王晏球追击到定州城门,进一步发起进攻,夺取了西关城。定州城很坚固,很难攻下,王晏球扩建西关城,并设置行府,使定州、祁州、易州三州的百姓交纳税赋供给这里的军队,让他们在这里坚守阵地。

18　辛酉(十七日),后唐帝任命天雄节度副使赵敬怡为枢密使。

19　王晏球听说契丹人出兵来援救定州,于是率领大军直奔望都,并派遣张延朗分一部分兵力退守在新乐。于是张延朗到了真定,留下赵州刺史朱建丰率领军队修筑新乐城。契丹人已从别的道路进入定州,与王都在夜晚袭击新乐,攻克后杀死了朱建丰。乙丑(二十一日),王晏球、张延朗在行唐会师,丙寅(二十二日),到达曲阳。王都乘胜把自己的全部兵力和契丹五千骑兵会合成一万多人,在曲阳阻截住王晏球等,丁卯(二十三日),两军在城南交战。王晏球召集诸位将校命令他们说:"王都轻薄而且骄傲,一战就能把他抓获。今天是诸位报效国家的时候。都扔掉弓箭,用刀剑进攻,回头看的斩首!"于是骑兵率先前进,舞鞭挥剑,直冲王都的阵地,把王都的军队打得大败,被击杀的尸体满山遍野。契丹人有一半被击杀,其馀的都逃跑了。王都和秃馁只剩下几个骑兵保护,才免于一死。卢龙节度使赵德钧阻击契丹人,那些逃走的人几乎没有一个不被杀死。

20　吴国派遣使者向楚国请求和好,并请求归还苗璘、王彦章。楚王马殷把他们送回去,并派许德勋为他们饯行。许德勋对他们两人说:"楚国虽小,旧的大臣老的将领们还都健在,希望吴国不要打什么主意。一定要等到马驹争夺马厩时,然后才可以谋取。"当时马殷在宫内有很多宠幸的人,嫡庶不分,他的儿子们也骄横奢侈,所以许德勋才对他们讲了这番话。

21　六月辛巳,高季兴复请称藩于吴,吴进季兴爵秦王,帝诏楚王殷讨之。殷遣许德勋将兵攻荆南,以其子希范为监军,次沙头。季兴从子云猛指挥使从嗣单骑造楚壁,请与希范挑战决胜,副指挥使廖匡齐出与之斗,拉杀之。季兴惧,明日,请和,德勋还。匡齐,赣人也。

22　王晏球知定州有备,未易急攻,朱弘昭、张虔钊宣言大将畏怯。有诏促令攻城。晏球不得已,乙未,攻之,杀伤将士三千人。

23　先是,诏发西川兵戍夔州,孟知祥遣左肃边指挥使毛重威将三千人往。顷之,知祥奏"夔、忠、万三州已平,请召戍兵还,以省馈运"。帝不许。知祥阴使人诱之,重威帅其众鼓噪逃归。帝命按其罪,知祥请而免之。

24　陕州行军司马王宗寿请葬故蜀主王衍,秋,七月,赠衍顺正公,以诸侯礼葬之。

25　北面招讨使安审通卒。

26　东都民有犯私曲者,留守孔循族之。或请听民造曲,而于秋税亩收五钱。己未,敕从之。

27　壬戌,契丹复遣其酋长惕隐将七千骑救定州,王晏球逆战于唐河北,大破之。甲子,追至易州。时久雨水涨,契丹为唐所俘斩及陷溺死者,不可胜数。

28　戊辰,以威武节度使王延钧为闽王。

29　契丹北走,道路泥泞,人马饥疲,入幽州境。八月壬戌,赵德钧遣牙将武从谏将精骑邀击之,分兵扼险要,生擒惕隐等数百人。馀众散投村落,村民以白梃击之,其得脱归国者不过数十人。自是契丹沮气,不敢轻犯塞。

21　六月辛巳(初八),高季兴又请求向吴国称臣,吴国给高季兴进爵为秦王,后唐帝下诏楚王马殷讨伐高季兴。马殷派许德勋率兵去攻打荆南,派他的儿子马希范为监军,驻在沙头。高季兴的侄子云猛指挥使高从嗣单人匹马到了楚军的营寨前,请求和马希范一决胜负,副指挥使廖匡齐出去和他交战,摧折他的身体,把他杀死了。高季兴听说之后感到很恐惧,第二天,请求和楚军和好,许德勋才率兵回去。廖匡齐是赣县人。

22　王晏球知道定州有防备,不能轻易急攻,朱弘昭、张虔钊扬言王晏球胆怯害怕。后唐帝下诏催促他们进攻。王晏球不得已,乙未(二十二日),向定州城发起进攻,结果有三千将士被杀伤。

23　在此之前,后唐帝下诏调西川的军队去戍守夔州,孟知祥派遣左肃边指挥使毛重威率领三千人前往夔州。不久,孟知祥上奏说:“夔、忠、万三州已经平定,请求把戍守在夔州的士卒召回去,这样可以节省军队供给的运输。”后唐帝没有答应。孟知祥偷偷派人去引诱他们,毛重威率领他的士卒喧闹着逃了回去。后唐帝命令将毛重威治罪,经过孟知祥的请求才赦免了他。

24　陕州行军司马王宗寿请求埋葬原来的前蜀主王衍,秋季,七月,追封王衍为顺正公,用诸侯的礼仪把他埋葬。

25　北面招讨使安审通去世。

26　东都的百姓中有违犯法律私自酿酒的人,东都留守孔循将其全家诛灭。有人请求让百姓自行酿酒,而在秋季税赋中每亩增收五钱。己未(十六日),后唐帝下令同意。

27　壬戌(十九日),契丹又派其首长惕隐率领七千骑兵救援定州,王晏球在唐河北面迎战,把契丹人打得大败。甲子(二十一日),追击到易州。当时因为长期下雨,河水上涨,契丹人被后唐军所俘获斩杀以及掉入河中淹死的不计其数。

28　戊辰(二十五日),后唐帝任命威武节度使王延钧为闽王。

29　契丹人败走,道路泥泞,人马又饥饿又疲乏,进入了幽州境内。八月壬戌,赵德钧派遣牙将武从谏率领精锐骑兵阻击,并分别派军队把守在险要的地方,活捉了惕隐等几百人。其馀的士卒都分散逃到村里,村里的百姓用棍子打他们,最后逃脱回国的不过几十个人。从此以后,契丹人灰心丧气,不敢轻易来侵犯边塞。

30　初，庄宗徇地河北，获小儿，畜之宫中，及长，赐姓名李继陶。帝即位，纵遣之。王都得之，使衣黄袍坐堞间，谓王晏球曰："此庄宗皇帝子也，已即帝位。公受先朝厚恩，曾不念乎？"晏球曰："公作此小数竟何益！吾今教公二策，不悉众决战，则束手出降耳，自馀无以求生也。"

31　王建立以目不知书，请罢判三司，不许。

32　乙未，吴大赦。

33　吴越王镠欲立中子传瓘为嗣，谓诸子曰："各言汝功，吾择多者而立之。"传瓘兄传璙、传璙、传璟皆推传瓘，乃奏请以两镇授传瓘。闰月丁未，诏以传瓘为镇海、镇东节度使。

34　戊申，赵德钧献契丹俘惕隐等，诸将皆请诛之，帝曰："此曹皆虏中之骁将，杀之则虏绝望，不若存之以纾边患。"乃赦惕隐等酋长五十人，置之亲卫，馀六百人悉斩之。

35　契丹遣梅老季素等入贡。

36　初，卢文进来降，契丹以蕃汉都提举使张希崇代之为卢龙节度使，守平州，遣亲将以三百骑监之。希崇本书生，为幽州牙将，没于契丹，性和易，契丹将稍亲信之，因与其部曲谋南归。部曲泣曰："归固寝食所不忘也，然虏众我寡，奈何？"希崇曰："吾诱其将杀之，兵必溃去。此去虏帐千馀里，比其知而征兵，吾属去远矣。"众曰："善！"乃先为穽，实以石灰，明日，召虏将饮，醉，并从者杀之，投诸穽中。其营在城北，亟发兵攻之，契丹众皆溃去。希崇悉举其所部二万馀口来奔，诏以为汝州刺史。

30　当初，庄宗攻占河北时，得到一个小孩儿，把他养在宫中，等到他长大赐姓名叫李继陶。明宗即后唐帝位后，把他放了回去。王都得到他后，让他穿上黄袍，坐在城上的矮墙中间，对王晏球说："这是庄宗皇帝的儿子，已经即皇帝位。你蒙受先朝的厚恩，难道你不怀念先朝吗？"王晏球说："你搞这些小动作有什么好处呢！我现在教给你两个办法，如果不率领全军出来决战，那么就束手投降，除此之外没有什么活路。"

31　王建立认为自己没有文化，请求解除判三司的官职，后唐帝没有答应。

32　乙未（二十三日），吴国实行大赦。

33　吴越王钱镠想立中子钱传瓘为继承人，于是对他的儿子们说："你们各自讲讲你们的功劳，然后我选择你们中功劳多的人立为继承人。"钱传瓘的哥哥钱传璙、钱传璙、钱传璟都一致推举钱传瓘。于是上奏请求后唐帝授给钱传瓘两个镇。闰八月丁未（初五），后唐帝下诏任命钱传瓘为镇海、镇东节度使。

34　戊申（初六），赵德钧献上了契丹的俘虏惕隐等，诸位将领都请求把他们杀掉，后唐帝说："这些人都是契丹人中的勇敢将领，杀了他们契丹人就绝望了，不如留下他们来缓解边塞的忧患。"于是赦免了惕隐等首长五十人，把他们安排在亲卫中，其馀的六百多人全部被斩杀。

35　契丹派遣梅老季素等人来入贡。

36　当初，卢文进来投降，契丹任命蕃汉都提举使张希崇代替他为卢龙节度使，驻守在平州，并派遣了亲信将领率三百骑兵去监督他。张希崇本来是个书生，任幽州牙将，后来被契丹人俘获，他的性情和气平易，契丹将领们渐渐亲近信任他，他于是和部属们谋划南归。部属们哭着说："回南方去当然是我们连睡觉吃饭都不会忘记的，然而敌众我寡，怎么办呢？"张希崇说："我引诱他们的将领然后把他们杀掉，士卒们一定会溃散逃离。这里离契丹人的营帐有一千多里，等到他们知道后调集军队来攻打我们，我们已经离开这里很远了。"大家都说："很好！"于是就先挖了些陷阱，又给里面放了石灰，第二天，召集契丹将领来饮酒，等他们喝醉以后，连跟从他们的人都一起杀掉，把他们扔进了陷阱中。他们的营寨在城北，迅速派兵去攻打，契丹兵都溃散逃跑。张希崇率领他的全部军队两万馀人来投降，后唐帝下诏任命他为汝州刺史。

37 吴王太后殂。

38 九月辛巳,荆南败楚兵于白田,执楚岳州刺史李廷规,归于吴。

39 乙未,敕以温韬发诸陵,段凝反覆,令所在赐死。

40 己亥,以武宁节度使房知温兼荆南行营招讨使,知荆南行府事。分遣中使发诸道兵赴襄阳,以讨高季兴。

41 辛丑,徙庆州防御使窦廷琬为金州刺史。冬,十月,廷琬据庆州拒命。

42 丙午,以横海节度使李从敏兼北面行营副招讨使。从敏,帝之从子也。

43 戊申,诏静难节度使李敬通发兵讨窦廷琬。

44 王都据定州,守备固,伺察严,诸将屡有谋翻城应官军者,皆不果。帝遣使者促王晏球攻城,晏球与使者联骑巡城,指之曰:"城高峻如此,借使主人听外兵登城,亦非梯冲所及。徒多杀精兵,无损于贼,如此何为!不若食三州之租,爱民养兵以俟之,彼必内溃。"帝从之。

45 十一月有司请为哀帝立庙,诏立庙于曹州。

46 平卢节度使晋忠武公霍彦威卒。

47 忠州刺史王雅取归州。

48 庚寅,皇子从厚纳孔循女为妃,循因之得之大梁,厚结王德妃之党,乞留。安重海具奏其事,力排之,礼毕,促令归镇。

37　吴国的王太后去世。

38　九月辛巳(初九),荆南军队在白田打败了楚国军队,抓获了楚国的岳州刺史李廷规,把他送到吴国。

39　乙未(二十三日),后唐帝下令,因为温韬盗挖先帝的陵墓,段凝反叛,在他们所在地赐死。

40　己亥(二十七日),任命武宁节度使房知温兼任荆南行营招讨使、知荆南行府事。并分别派遣中使调发各道军队赶赴襄阳去讨伐高季兴。

41　辛丑(二十九日),调庆州防御使窦廷琬为金州刺史。冬季,十月,窦廷琬占据庆州拒绝执行命令。

42　丙午(初五),任命横海节度使李从敏兼任北面行营副招讨使。李从敏是后唐帝的侄儿。

43　戊申(初七),后唐帝下诏,命令静难节度使李敬通出兵讨伐窦廷琬。

44　王都占据定州,守备坚固,四周巡察很严,他部下有些将领曾多次想翻城出来响应官军,但都没有成功。后唐帝派遣使者去催促王晏球进攻,王晏球同使者一起骑着马沿定州城看了看,他指着城对使者说:"城墙修得如此高大险峻,即使城主听任外面的士兵登城,也不是云梯战车能够办到的。只是白白地死伤精锐士卒,对敌人一点也不会损伤,像这样还攻城干什么呢!不如让三州将租税供给军队,爱民养兵耐心等待,他们一定从内部崩溃。"后唐帝听从了他的意见。

45　十一月,有关部门请为哀帝立庙,后唐帝下诏在曹州修庙。

46　平卢节度使晋忠武公霍彦威去世。

47　忠州刺史王雅夺取归州。

48　庚寅(十九日),皇子李从厚娶孔循的女儿为妃,孔循因此去了大梁,他用厚礼来巴结王德妃的同党,请求留在大梁。安重诲把他的情况全部上奏给后唐帝,极力排斥他留在大梁,婚礼办完,就催促命令他回到自己的镇所。

49 甲午,以中书侍郎、同平章事王建立同平章事,充平卢节度使。

50 丙申,上问赵凤:"帝王赐人铁券,何也?"对曰:"与之立誓,令其子孙长享爵禄耳。"上曰:"先朝受此赐者止三人,崇韬、继麟寻皆族灭,朕得脱如毫厘耳。"因叹息久之。赵凤曰:"帝王心存大信,固不必刻之金石也。"

51 十二月甲辰,李敬周奏拔庆州,族窦廷琬。

52 荆南节度使高季兴寝疾,命其子行军司马、忠义节度使、同平章事从诲权知军府事。丙辰,季兴卒。吴主以从诲为荆南节度使兼侍中。

53 史馆修撰张昭远上言:"臣窃见先朝时,皇弟、皇子皆喜俳优,入则饰姬妾,出则夸仆马。习尚如此,何道能贤!诸皇子宜精择师傅,令皇子屈身师事之,讲礼义之经,论安危之理。古者人君即位则建太子,所以明嫡庶之分,塞祸乱之源。今卜嗣建储,臣未敢轻议。至于恩泽赐与之间,昏姻省侍之际,嫡庶长幼,宜有所分,示以等威,绝其侥冀。"帝赏叹其言而不能用。

54 闽王延钧度民二万为僧,由是闽中多僧。

55 河东节度使、北都留守从荣,年少骄很,不亲政务,帝遣左右素与从荣善者往与之处,使从容讽导之。其人私谓从荣曰:"河南相公恭谨好善,亲礼端士,有老成之风。相公齿长,宜自策励,勿令声问出河南之下。"从荣不悦,退,告步军都指挥使杨思权曰:"朝廷之人皆推从厚而短我,我其废乎?"思权曰:

49 甲午(二十三日),起用中书侍郎、同平章事王建立共议国事,并让他充任平卢节度使。

50 丙申(二十五日),后唐帝问赵凤:"帝王赏赐给人们铁券,这是为什么呢?"赵凤回答说:"与他们立下誓言,让他们的子孙们世世代代享受爵禄。"后唐帝说:"先朝接受这种赐物的只有三个人,郭崇韬、李继麟不久就全家抄斩,朕只差一点点才得以脱险。"说完后他叹息了很长时间。赵凤说:"帝王的心中存有大的信义,本来就不必刻在金石上。"

51 十二月甲辰(初三),李敬周奏报攻取了庆州,并将窦廷琬灭族。

52 荆南节度使高季兴得病卧床,命令他的儿子行军司马、忠义节度使、同平章事高从诲代管军府事。丙辰(十五日),高季兴去世。吴主任命高从诲为荆南节度使兼任侍中。

53 史馆修撰张昭远上书说:"我见先朝时,皇弟、皇子都喜欢乐舞艺人,进门就给姬妾装饰打扮,出门就夸耀自己有仆人骏马。这些人的习俗如此,怎么能成为贤人呢!诸位皇子应当精心选择好的老师,命令皇子躬身拜他们为师,而且恭恭敬敬地侍奉他们,请他们讲习礼义的经义,论述国家安危的道理。古代人君一即帝位就立太子,是为了明确嫡庶的区别,阻塞祸乱的根源。现在通过占卜来确定继承人,我不敢轻率地议论。至于降恩赏赐、婚姻省侍等,嫡庶长幼,应有区分,明确等级权威,杜绝他们心中的侥幸的希望。"后唐帝很赞赏他的说法,但没能付诸实施。

54 闽王王延钧让两万百姓离俗出家,从此以后闽中的僧人越来越多。

55 河东节度使、北都留守李从荣,年轻骄傲,不亲自处理政务,后唐帝派遣一个平时和李从荣相处比较好的亲信去和他住在一起,让这个人心平气和地劝说和引导他。这个人私下对李从荣说:"河南相公李从厚恭敬善良,礼贤下士,有老练成熟的风度。相公您年龄比他大,应当鞭策激励自己,不要让名誉低于河南相公。"李从荣听了很不高兴,回去以后,告诉步军都指挥使杨思权说:"朝廷的人们都推崇李从厚而说我的坏话,要废掉我吗?"杨思权说:

"相公手握强兵,且有思权在,何忧!"因劝从荣多募部曲,缮甲兵,阴为自固之备。又谓帝左右曰:"君每誉弟而抑其兄,我辈岂不能助之邪!"其人惧,以告副留守冯赟,赟密奏之。帝召思权诣阙,以从荣故,亦弗之罪也。

四年(己丑,929)

1 春,正月,冯赟入为宣徽使,谓执政曰:"从荣刚僻而轻易,宜选重德辅之。"

2 王都、秃馁欲突围走,不得出。二月癸丑,定州都指挥使马让能开门纳官军,都举族自焚,擒秃馁及契丹二千人。辛亥,以王晏球为天平节度使,与赵德钧并加兼侍中。秃馁至大梁,斩于市。

3 枢密使赵敬怡卒。

4 甲子,帝发大梁。

5 丁卯,门下侍郎、同平章事崔协卒于须水。

6 庚午,帝至洛阳。

7 王晏球在定州城下,日以私财飨士,自始攻至克城未尝戮一卒。三月辛巳,晏球入朝,帝美其功。晏球谢久烦馈运而已。

8 皇子右卫大将军从璨性刚,安重诲用事,从璨不为之屈。帝东巡,以从璨为皇城使。从璨与客宴于会节园,酒酣,戏登御榻,重诲奏请诛之。丙戌,赐从璨死。

9 横山蛮寇邵州。

"相公您手里掌握着强大的兵力,而且有我杨思权在,有什么忧虑的呢!"因此劝说李从荣多招募一些士卒,理好武器,暗中为巩固自己而做好准备。杨思权又对那个皇帝的亲信说:"您经常称誉李从厚而贬低李从荣,我们难道就不能帮助他吗!"这个人感到害怕,于是就把这些情况告诉了北都副留守冯赟,冯赟又秘密上奏给后唐帝。后唐帝召杨思权到朝廷,因为李从荣的缘故,没有治他的罪。

后唐明宗天成四年(己丑,公元929年)

1　春季,正月,冯赟到朝廷任宣徽使,他对执政说:"李从荣性情刚愎而且轻举妄动,应当选择德高望重的人去辅佐他。"

2　王都、秃馁打算突破包围逃出去,但没有能成功。二月癸丑(十三日),定州都指挥使马让能打开城门让官军进去,王都的全家族人都自焚而死,抓获了秃馁以及契丹两千人。辛亥(十一日),任命王晏球为天平节度使,与赵德钧一并加封兼任侍中。秃馁被送到大梁,在街市上当众斩杀。

3　枢密使赵敬怡去世。

4　甲子(二十四日),后唐帝从大梁出发。

5　丁卯(二十七日),门下侍郎、同平章事崔协在须水去世。

6　庚午(三十日),后唐帝到达洛阳。

7　王晏球在定州城下,每天用自己的财物慰劳士卒,从开始攻城到攻下城,从来没有杀过一个士卒。三月辛巳(十一日),王晏球到了朝廷,后唐帝称赞他的功劳。王晏球只是感谢朝廷长期给他运送粮食。

8　皇子右卫大将军李从璨性情刚愎,安重诲掌权后,李从璨不服从他。后唐帝巡幸大梁时,任命李从璨为皇城使。李从璨和客人们在会节园大摆宴席,酒喝得高兴的时候,开玩笑地登上了皇帝设在会节园的床上。安重诲上奏请求诛杀李从璨。丙戌(十六日),后唐帝赐李从璨死。

9　横山地区的蛮族侵犯邠州。

10　楚王殷命其子武安节度副使、判长沙府希声知政事，总录内外诸军事，自是国政先历希声，乃闻于殷。

11　夏，四月庚子朔，禁铁锡钱。时湖南专用锡钱，铜钱一直锡钱百，流入中国，法不能禁。

12　丙午，楚六军副使王环败荆南兵于石首。

13　初令缘边置场市党项马，不令诣阙。先是，党项皆诣阙，以贡马为名，国家约其直酬之，加以馆谷赐与，岁费五十馀万缗。有司苦其耗蠹，故止之。

14　壬子，以皇子从荣为河南尹、判六军诸卫事，从厚为河东节度使、北都留守。

15　契丹寇云州。

16　甲寅，以端明殿学士、兵部侍郎赵凤为门下侍郎、同平章事。

17　五月乙酉，中书言：“太常改谥哀帝曰昭宣光烈孝皇帝，庙号景宗。既称宗则应入太庙，在别庙则不应称宗。”乃去庙号。

18　帝将祀南郊，遣客省使李仁矩以诏谕两川，令西川献钱一百万缗，东川五十万缗。皆辞以军用不足，西川献五十万缗，东川献十万缗。仁矩，帝在藩镇时客将也，为安重诲所厚，恃恩骄慢。至梓州，董璋置宴召之，日中不往，方拥妓酣饮。璋怒，从卒徒执兵入驿，立仁矩于阶下而诟之曰：“公但闻西川斩李客省，谓我独不能邪！”仁矩流涕拜请，仅而得免。既而厚赂仁矩以谢之。仁矩还，言璋不法。未几，帝复遣通事舍人李彦珣诣东川，入境，失小礼，璋拘其从者，彦珣奔还。

10　楚王马殷命令他的儿子武安节度副使、兼管长沙府的马希声处理政事,总管内外大小军事,从此以后,国家的大事先经过马希声,然后才报告马殷。

11　夏季,四月庚子朔(初一),禁止铁锡钱流通。当时湖南专用锡钱,一个铜钱值一百个锡钱,锡钱流入中原,法令难以禁止这些钱的流通。

12　丙午(初七),楚六军副使王环在石首击败了荆南的军队。

13　开始命令沿边境的地方设置市场买党项马,不让他们送到朝廷。在此以前,党项人都把马送到朝廷,以贡马为名,国家粗粗估计一下价钱都付了他们,再加上供给他们食宿,每年的耗费约五十万缗。有关部门苦于这些耗费,因此禁止他们到京城来。

14　壬子(十三日),任命皇子李从荣为河南尹、兼管六军诸卫事,任命李从厚为河东节度使、北都留守。

15　契丹人侵犯云州。

16　甲寅(十五日),任命端明殿学士、兵部侍郎赵凤为门下侍郎、同平章事。

17　五月乙酉(十七日),中书上书说:“太常改谥哀帝为昭宣光烈孝皇帝,庙号为景宗。既然称宗就应该入太庙,如在别的庙里就不应该称宗。”于是去掉了庙号。

18　后唐帝将要去南郊祭祀,派遣客省使李仁矩用后唐帝的命令诏告两川,命令西川贡献钱一百万缗,东川贡献钱五十万缗。但两川都推辞说军需不足,结果西川贡献了五十万缗,东川贡献了十万缗。李仁矩是后唐帝当初在藩镇时的一位将领,被安重诲器重,他依仗恩宠特别傲慢。他到梓州时,董璋置办酒宴招待他,等到中午还不来,正抱着艺妓饮酒。董璋非常生气,跟从董璋的士卒手执武器进了驿站,让李仁矩站在台阶下面骂他说:“你只听说西川斩杀了李严,难道说我们不能杀人吗!”李仁矩痛哭流涕地拜谢请罪,才得以免死。之后又用丰厚的礼物来贿赂李仁矩,让他回朝后不要讲出这件事。李仁矩回到朝廷后,说董璋不遵守法令。不久,后唐帝又派遣通事舍人李彦珣到东川,入境后,有失小礼,董璋就拘捕了跟从李彦珣的人,李彦珣逃了回去。

19　高季兴之叛也，其子从诲切谏，不听。从诲既袭位，谓僚佐曰："唐近而吴远，非计也。"乃因楚王殷以谢罪于唐。又遗山南东道节度使安元信书，求保奏，复修职贡。丙申，元信以从诲书闻，帝许之。

20　契丹寇云州。

21　六月戊申，复以邺都为魏州，留守、皇城使并停。

22　庚申，高从诲自称前荆南行军司马、归州刺史，上表求内附。秋，七月甲申，以从诲为荆南节度使兼侍中。己丑，罢荆南招讨使。

23　八月，吴武昌节度使兼侍中李简以疾求还江都，癸丑，卒于采石。徐知询，简婿也，擅留简亲兵二千人于金陵，表荐简子彦忠代父镇鄂州，徐知诰以龙武统军柴再用为武昌节度使。知询怒曰："刘崇俊，兄之亲，三世为濠州；彦忠吾妻族，独不得邪！"

24　初，楚王殷用都军判官高郁为谋主，国赖以富强，邻国皆疾之。庄宗入洛，殷遣其子希范入贡，庄宗爱其警敏，曰："比闻马氏当为高郁所夺，今有子如此，郁安能得之！"高季兴亦以流言间郁于殷，殷不听，乃遣使遗节度副使、知政事希声书，盛称郁功名，愿为兄弟。使者言于希声曰："高公常云'马氏政事皆出高郁'，此子孙之忧也。"希声信之。行军司马杨昭遂，希声之妻族也，谋代郁任，日谮之于希声。希声屡言于殷，称郁奢僭，且外交邻藩，请诛之。殷曰："成吾功业，皆郁力也，汝勿为此言！"希声固请罢其兵柄，乃左迁郁行军司马。郁谓所亲曰："亟营西山，吾将归老。猘子渐大，能咋人矣。"

19　高季兴背叛之后，他的儿子高从诲直言规劝，高季兴不听。高从诲继承爵位后，对他的左右僚佐说：“唐近而吴远，舍弃唐而臣服吴，这不是好方法。”于是就通过楚王马殷向后唐帝谢罪。又给山南东道节度使安元信写信，请求他上奏后唐帝，愿意重新称臣纳贡。丙申（二十八日），安元信把高从诲信的内容告诉了后唐帝，后唐帝答应了他的请求。

20　契丹侵犯云州。

21　六月戊申（十一日），又将邺都恢复为魏州，留守、皇城使一并停置。

22　庚申（二十三日），高从诲自称为前荆南行军司马、归州刺史，上表请求归附后唐。秋季，七月甲申（十七日），任命高从诲为荆南节度使兼侍中。己丑（二十二日），废止荆南招讨使。

23　八月，吴国武昌节度使兼侍中李简因病请求回到江都，癸丑（十七日），李简在采石去世。徐知询是李简的女婿，他擅自把李简的亲兵两千人留在金陵，并上表推荐李简的儿子李彦忠代替他的父亲镇守鄂州，徐知诰任命龙武统军柴再用为武昌节度使。徐知询知道以后很生气地说：“刘崇俊是哥哥的亲戚，他家三世为濠州刺史；李彦忠是我妻子的家族，难道不能任职吗！”

24　当初，楚王马殷用都军判官高郁为主要谋臣，国家依靠他富强起来，邻国都嫉妒他。庄宗进入洛阳之后，马殷派他的儿子马希范去入贡，庄宗很喜欢他的敏捷，对他说：“近来听说马氏的政权要被高郁所夺取，今天有你这样的人，高郁怎么能夺取呢！”高季兴也用流言在马殷那里诋毁高郁，马殷不听从，于是又派遣使者给节度副使、知政事马希声送去信，非常赞赏高郁的功劳和名誉，并希望与他结为兄弟。使者对马希声说：“高公高季兴经常说‘马氏政事都出于高郁’，这是子孙们的忧患啊。”马希声相信了他的话。行军司马杨昭遂是马希声妻子的同族人，他图谋取代高郁的职务，每天在马希声那里诬陷高郁。马希声也曾多次向他的父亲马殷说高郁奢侈越轨，而且广交外面的藩镇，请求把他杀掉。马殷说：“我事业能够成功，全靠高郁的力量，你不要说这些话。”马希声坚决请求罢免高郁的兵权，于是高郁被降职为行军司马。高郁对他的亲信们说：“赶快经营西山，我将要告老回乡。狗崽渐渐长大，能咬人了。”

希声闻之,益怒,明日,矫以殷命杀郁于府舍,榜谕中外,诬郁谋叛,并诛其族党。至暮,殷尚未知,是日,大雾,殷谓左右曰:"吾昔从孙儒渡淮,每杀不辜,多致兹异。马步院岂有冤死者乎?"明日,吏以郁死告,殷抚膺大恸曰:"吾老耄,政非己出,使我勋旧横罹冤酷!"既而顾左右曰:"吾亦何可久处此乎!"

25　九月,上与冯道从容语及年谷屡登,四方无事,道曰:"臣常记昔在先皇幕府,奉使中山,历井陉之险,臣忧马蹶,执辔甚谨,幸而无失。逮至平路,放辔自逸,俄至颠陨。凡为天下者亦犹是也。"上深以为然。上又问道:"今岁虽丰,百姓赡足否?"道曰:"农家岁凶则死于流殍,岁丰则伤于谷贱,丰凶皆病者,惟农家为然。臣记进士聂夷中诗云:'二月卖新丝,五月粜新谷,医得眼下疮,剜却心头肉。'语虽鄙俚,曲尽田家之情状。农于四人之中最为勤苦,人主不可不知也。"上悦,命左右录其诗,常讽诵之。

26　鄜州兵戍东川者归本道,董璋擅留其壮者,选羸老归之,仍收其甲兵。

27　癸巳,西川右都押牙孟容弟为资州税官,坐自盗抵死,观察判官冯瑑、中门副使王处回为之请,孟知祥曰:"虽吾弟犯法,亦不可贷,况他人乎!"

马希声听说以后，更加愤怒，第二天，假传马殷的命令在府舍里杀死了高郁，并张榜告示中外，诬陷说高郁要谋反，同时把高郁的全家以及他的同党全部杀死。到了晚上，马殷还不知道这件事，这一天，天气大雾，马殷对他的左右说："我从前跟从孙儒渡淮河时，每逢杀死那些无罪的人时，大多要出现这种怪现象。难道马步院有冤死的人吗?"第二天，官吏把高郁被杀的情况告诉了马殷，马殷抚摸着胸口非常悲痛地说："我已经老了，政事也不是我自己说了算，致使我过去的有功之臣横遭这些冤酷!"一会儿又回过头来对他的身边左右的人说："我怎么可以长久地在这里呢?"

25 九月，后唐帝和冯道从容地聊起近年来五谷丰登，四方无事，冯道说："我经常记起过去在先帝的幕府任掌书记时，奉命出使中山，经过井陉险要的地方，我常担忧马摔倒，非常小心谨慎地抓住缰绳，幸好没有失误。等到了平路时，放开缰绳让马自己去奔跑，不一会儿就跌倒了。凡是治理天下的道理也和这差不多。"后唐帝很赞同他的说法。后唐帝又问冯道说："今年虽然又丰收了，百姓的赡养是否充足?"冯道说："种庄稼的人遇上灾年就饿殍满道，遇上丰年又为粮食价格便宜而发愁，无论是丰年还是灾年，都有困苦，只有庄稼人是这样呵。我曾记得进士聂夷中的诗中写道：'二月卖新丝，五月粜新谷，医得眼下疮，剜却心头肉。'语言虽然粗俗，但全部说出了庄稼人的甘苦。农民是士、农、工、商四种人中最勤苦的，陛下不可不了解这些情况啊。"后唐帝听了之后非常高兴，命令他身边的人把这首诗抄录下来，经常朗读背诵它。

26 戍守在东川的郿州军队该回本道了，董璋擅自留下其中身体强壮的人，挑选一些年老体弱的人让他们回去，同时还收了他们的武器。

27 癸巳(二十七日)，西川右都押牙孟容的弟弟任资州的税赋官，因为他犯了监守自盗的罪而被判处死刑，观察判官冯瓓、中门副使王处回为他请求免除死刑，孟知祥说："即使是我的弟弟犯了法也不能饶恕，何况是别人呢!"

28　吴越王镠居其国好自大，朝廷使者曲意奉之则赠遗丰厚，不然则礼遇疏薄。尝遗安重海书，辞礼颇倨。帝遣供奉官乌昭遇、韩玫使吴越，昭遇与玫有隙，使还，玫奏："昭遇见镠，称臣拜舞，谓镠为殿下，及私以国事告镠。"安重海奏赐昭遇死。癸巳，制镠以太师致仕，自馀官爵皆削之，凡吴越进奏官、使者、纲吏，令所在系治之。镠令子传瓘等上表讼冤，皆不省。

29　初，朔方节度使韩洙卒，弟澄为留后。未几，定远军使李匡宾聚党据保静镇作乱，朔方不安。冬，十月丁酉，韩澄遣使赍绢表乞朝廷命帅。

前磁州刺史康福，善胡语，上退朝，多召入便殿，访以时事，福以胡语对。安重海恶之，常戒之曰："康福，汝但妄奏事，会当斩汝！"福惧，求外补。重海以灵州深入胡境，为帅者多遇害，戊戌，以福为朔方、河西节度使。福见上，涕泣辞之。上命重海为福更他镇，重海曰："福自刺史无功建节，尚复何求！且成命已行，难以复改。"上不得已，谓福曰："重海不肯，非朕意也。"福辞行，上遣将军牛知柔、河中都指挥使卫审峤等将兵万人卫送之。审峤，徐州人也。

30　辛亥，割阆、果二州置保宁军，壬子，以内客省使李仁矩为节度使。

先是，西川常发刍粮馈峡路，孟知祥辞以本道兵自多，难以奉他镇，诏不许，屡督之。甲寅，知祥奏称财力乏，不奉诏。

28 吴越王钱镠在他的国内喜欢自夸，朝廷派去的使者违心地奉承他，他就会赠送给一批丰厚的礼物，如果不奉承他，礼遇就很低。钱镠曾给安重诲去过一封信，信中的语言礼节都很傲慢。后唐帝派遣供奉官乌昭遇、韩玫出使吴越国，乌昭遇和韩玫有矛盾，他们完成使命回朝，韩玫上奏说："乌昭遇见到钱镠之后，称臣拜舞，称钱镠为殿下，并私下把国家大事告诉了钱镠。"安重诲奏请后唐帝赐乌昭遇死。癸巳（二十七日），后唐帝下令钱镠以太师的身份辞官归居，其馀的官爵都被罢免，凡是吴越国的进奏官、使者、纲吏等，命令这些人所在的地方官把他们抓起来治罪。钱镠命令他的儿子钱传瓘等上表诉冤，后唐帝都不理。

29 当初朔方节度使韩洙死后，他的弟弟韩澄被任命为留后。不久，定远军使李匡宾聚众占据了保静镇发动叛乱，朔方地区很不安定。冬季，十月丁酉（初二），韩澄派遣使者带着绢表请求朝廷任命主将。

原来的磁州刺史康福，精通胡语，后唐帝退朝后，经常把他叫进便殿，咨询当时的一些事情，康福用胡语回答后唐帝的提问。安重诲讨厌他这样做，经常告诫说："康福，你竟敢胡乱奏事，应该杀掉你！"康福听了很害怕，请求补缺放外任。安重诲认为灵州深入胡境，在那里当统帅的人多数被杀害，戊戌（初三），任命康福为朔方、河西节度使。康福见到后唐帝，痛哭流涕地想辞去这个职务。后唐帝命令安重诲为康福调换到其他镇去，安重诲说："康福没有功劳，从刺史升到节度使，还有什么可再求的！况且命令已经下发，难以再更改。"后唐帝不得已，对康福说："安重诲不肯更改，这并不是朕的意思。"康福告辞出发了，后唐帝派遣将军牛知柔、河中都指挥使卫审峰等率领一万多士卒护送他去。卫审峰是徐州人。

30 辛亥（十六日），分出阆、果两州来建置了保宁军。壬子（十七日），任命内客省使李仁矩为节度使。

在此之前，西川经常调拨一些粮草送给峡路，孟知祥推辞说因为本道兵多，难以供奉别的藩镇，后唐帝下诏不允许不调拨，而且曾多次催促他。甲寅（十九日），孟知祥上奏说因财力不足，不执行诏令。

31　吴诸道副都统、镇海宁国节度使兼侍中徐知询自以握兵据上流，意轻徐知诰，数与知诰争权，内相猜忌，知诰患之。内枢密使王令谋曰："公辅政日久，挟天子以令境内，谁敢不从！知询年少，恩信未洽于人，无能为也。"知询待诸弟薄，诸弟皆怨之。徐玠知知询不可辅，反持其短以附知诰。吴越王镠遗知询金玉鞍勒、器皿，皆饰以龙凤。知询不以为嫌，乘用之。知询典客周廷望说知询曰："公诚能捐宝货以结朝中勋旧，使皆归心于公，则彼谁与处！"知询从之，使廷望如江都谕意。廷望与知诰亲吏周宗善，密输款于知诰，亦以知诰阴谋告知询。知询召知诰诣金陵除父温丧，知诰称吴主之命不许，周宗谓廷望曰："人言侍中有不臣七事，宜亟入谢！"廷望还，以告知询。十一月，知询入朝，知诰留知询为统军，领镇海节度使，遣右雄武都指挥使柯厚征金陵兵还江都，知诰自是始专吴政。知询责知诰曰："先王违世，兄为人子，初不临丧，可乎？"知诰曰："尔挺剑待我，我何敢往！尔为人臣，畜乘舆服御物，亦可乎？"知询又以廷望所言诘知诰，知诰曰："以尔所为告我者，亦廷望也。"遂斩廷望。

32　壬辰，吴主加尊号曰睿圣文明光孝皇帝，大赦，改元大和。

33　康福行至方渠，羌胡出兵邀福，福击走之。至青刚峡，遇吐蕃野利、大虫二族数千帐，皆不觉唐兵至，福遣卫审峣掩击，大破之，杀获殆尽。由是威声大振，遂进至灵州，自是朔方始受代。

31　吴国诸道副都统、镇海宁国节度使兼侍中徐知询自以为手握兵权而且占据在上游，心中很轻视徐知诰，曾多次和徐知诰争权夺利，在内部互相猜忌，徐知诰很担心他。内枢密使王令谋对徐知询说："你辅佐皇上时间已经很长，挟天子以令境内，谁敢不服从！徐知询年轻，他的信义和恩德还没有润泽众人，办不了什么大事。"徐知询对待各个弟弟也很刻薄，他的弟弟们也怨恨他。徐玠知道徐知询不可辅佐，反倒掌握着他的短处而去归附徐知诰。吴越王钱镠送给徐知询用金玉制作的马鞍、马勒、器皿，都装饰上龙凤。徐知询不觉得会引起嫌疑，而使用了这些东西。掌管礼仪事务的官吏周廷望劝徐知询说："你如果能真心诚意把这些宝货捐献出来来交结朝中过去有功劳的人，使他们都和你同心同德，还有谁和徐知诰在一起呢！"徐知询听从了他的意见，并派周廷望去江都说明他的意思。周廷望和徐知诰的亲信官吏周宗很好，偷偷向徐知诰表达诚心，同时也将徐知诰的阴谋告诉了徐知询。徐知询叫徐知诰到金陵解除为父亲徐温治丧的丧服，徐知诰回告他说吴主下令不允许，周宗对周廷望说："人们说侍中有七件不像做臣子的人办的事情，应当赶快入朝谢罪！"周廷望回去以后，把这些都告诉了徐知询。十一月，徐知询回到朝廷，徐知诰留下徐知询做统军，兼领镇海节度使，并派遣右雄武都指挥使柯厚去征调金陵的士卒返回江都，徐知诰从此开始独揽吴国政权。徐知询谴责徐知诰说："先王离世，你是先王的儿子，一点儿也不去哭办父亲的丧事，那样可以吗？"徐知诰说："你拔出剑等待我，我怎么敢去呢！你为人臣，蓄积这些天子服用的东西，难道也可以吗？"徐知询又用周廷望的话来责问徐知诰，徐知诰说："把你的所作所为告诉我的人也就是周廷望。"于是斩杀了周廷望。

32　壬辰（二十七日），吴主加尊号睿圣文明光孝皇帝，全国实行大赦，改年号叫大和。

33　康福走到方渠，羌族人出兵阻截他，康福把他们打跑。到青刚峡后，遇到了吐蕃野利、大虫二族几千个营帐，但他们都不知道后唐的军队已经到来，康福派遣卫审峻乘他们没有防备袭击，把他们打得大败，几乎全部杀尽或俘获。从此康福威望大振，于是继续前进到灵州，从此朔方才开始接受康福代替为朔方节度使。

34　十二月，吴加徐知诰兼中书令，领宁国节度使。知诰召徐知询饮，以金钟酌酒赐之，曰："愿弟寿千岁。"知询疑有毒，引他器均之，跽献知诰曰："愿与兄各享五百岁。"知诰变色，左右顾，不肯受，知询捧酒不退。左右莫知所为，伶人申渐高径前为诙谐语，掠二酒合饮之，怀金钟趋出，知诰密遣人以良药解之，已脑溃而卒。

35　奉国节度使、知建州王延禀称疾退居里第，请以建州授其子继雄。庚子，诏以继雄为建州刺史。

36　安重诲既以李仁矩镇阆州，使与绵州刺史武虔裕皆将兵赴治。虔裕，帝之故吏，重诲之外兄也。重诲使仁矩诇董璋反状，仁矩增饰而奏之。朝廷又使武信节度使夏鲁奇治遂州城隍，缮甲兵，益兵戍之。璋大惧。时道路传言，又将割绵、龙为节镇，孟知祥亦惧。璋素与知祥有隙，未尝通问，至是，璋遣使诣成都，请为其子娶知祥女。知祥许之，谋并力以拒朝廷。

34　十二月,吴国加封徐知诰兼任中书令,同时代管宁国节度使。徐知诰请徐知询来喝酒,用金杯酌酒给他喝,并说:"希望弟弟能活千岁。"徐知询怀疑其中有毒,又拿其他杯子把酒平均分开,跪着献给徐知诰,并说:"希望和兄长各享五百岁。"徐知诰脸色都变了,来回看着左右大臣,终不肯接受,但徐知询捧着酒一直不退。左右大臣都不知徐知诰想干什么,伶人申渐高径直走到他们面前说了几句诙谐的话,就夺过两杯酒,倒在一起喝下去,然后怀揣金杯很快退出,徐知诰偷偷派人用良药去给申渐高解酒毒,但他已经大脑溃烂而死。

35　奉国节度使、知建州王延禀称病辞职回家乡,请求把建州授给他的儿子王继雄。庚子(初五),后唐帝下诏任命王继雄为建州刺史。

36　安重诲已经安排李仁矩去镇守阆州,让他和绵州刺史武虔裕都率兵去赴任。武虔裕是皇帝身边的旧官吏,安重诲的异姓兄弟。安重诲让李仁矩去刺探董璋谋反的情况,李仁矩添枝加叶上奏给后唐帝。朝廷又派武信节度使夏鲁奇去修治遂州的城壕,修缮武器,并增派士卒在那里戍守。董璋感到很害怕。当时路上的人传言,又将割出绵州、龙州新置节镇,孟知祥听说后也感到害怕。董璋平素和孟知祥有矛盾,不曾往来,到了这个时候,董璋派遣使者到成都,请求为他的儿子娶孟知祥的女儿为妻。孟知祥答应了他的请求,并商量团结起来一起抗拒朝廷。

卷第二百七十七　后唐纪六

起庚寅(930)尽壬辰(932)六月凡二年有奇

明宗圣德和武钦孝皇帝中之下

长兴元年(庚寅,930)

1　春,正月,董璋遣兵筑七寨于剑门。辛巳,孟知祥遣赵季良如梓州修好。

2　鸿胪少卿郭在徽奏请铸当五千、三千、一千大钱,朝廷以其指虚为实,无识妄言,左迁卫尉少卿、同正。

3　吴徙平原王潓为德化王。

4　二月乙未朔,赵季良还成都,谓孟知祥曰:"董公贪残好胜,志大谋短,终为西川之患。"

都指挥使李仁罕、张业欲置宴召知祥,先二日,有尼告二将谋以宴日害知祥,知祥诘之,无状,丁酉,推始言者军校都延昌、王行本,腰斩之。戊戌,就宴,尽去左右,独诣仁罕第,仁罕叩头流涕曰:"老兵惟尽死以报德。"由是诸将皆亲附而服之。

5　壬子,孟知祥、董璋同上表言:"两川闻朝廷于阆中建节,绵、遂益兵,无不忧恐。"上以诏书慰谕之。

6　乙卯,上祀圜丘,大赦,改元。凤翔节度使兼中书令李从曮入朝陪祀,三月壬申,制徙从曮为宣武节度使。

明宗圣德和武钦孝皇帝中之下

后唐明宗长兴元年(庚寅,公元930年)

1　春季,正月,东川节度使董璋派兵在剑门修筑七座营寨。辛巳(十六日),西川节度使孟知祥派其副使赵季良到梓州来与董璋修好,以相结纳。

2　鸿胪少卿郭在徽奏请铸造当五千、三千、一千使用的大钱,后唐朝廷以为这种指虚为实的主张,是没有见识的胡说,把他贬降为卫尉少卿,比同正员。

3　南方的吴国调迁平原王杨潆为德化王。

4　二月乙未朔(初一),赵季良从梓州返回成都,对孟知祥说:"董璋这个人贪残好胜,野心大,谋略短,终究是我们西川的祸害。"

孟知祥的部属都指挥使李仁罕、张业打算设酒席宴请他,此前两日,有尼姑密告说这两个属将阴谋在宴请时谋害孟知祥;孟知祥严加查究,没有获得证据,丁酉(初三),归罪于最先传言此事的军校都延昌和王行本,把二人都腰斩了。戊戌(初四),孟知祥去参加宴会,把随从人员都打发开,独自到李仁罕的住宅,李仁罕叩头流涕地说:"我是你的老部下,今后只有尽死命来报答你的恩德。"从此,孟知祥所部诸将都心悦诚服地亲近和依附于他。

5　壬子(十八日),孟知祥与董璋共同向后唐明宗上表称:"东川、西川听说朝廷在阆中建立节度使,在绵州、遂州增加兵力,无不感到担忧和恐惧。"后唐明宗下诏书慰抚劝导他们。

6　乙卯(二十一日),明宗在圜丘祭天,实行大赦,把年号改为长兴。凤翔节度使兼中书令李从曮入朝陪祭,三月壬申(初八),明宗下令把李从曮调迁为宣武节度使。

7　癸酉,吴主立江都王琏为太子。

8　丙子,以宣徽使朱弘昭为凤翔节度使。

9　康福奏克保静镇,斩李匡宾。

10　复以安义为昭义军。

11　帝将立曹淑妃为后,淑妃谓王德妃曰:"吾素病中烦,倦于接对,妹代我为之。"德妃曰:"中宫敌偶至尊,谁敢干之!"庚寅,立淑妃为皇后。德妃事后恭谨,后亦怜之。

初,王德妃因安重诲得进,常德之。帝性俭约,及在位久,宫中用度稍侈,重诲每规谏。妃取外库锦造地衣,重海切谏,引刘后为戒,妃由是怨之。

12　高从诲遣使奉表诣吴,告以坟墓在中国,恐为唐所讨,吴兵援之不及,谢绝之。吴遣兵击之,不克。

13　董璋恐绵州刺史武虔裕窥其所为,夏,四月甲午朔,表兼行军司马,囚之府廷。

14　宣武节度使符习,自恃宿将,论议多抗安重诲,重海求其过失,奏之。丁酉,诏习以太子太师致仕。

15　戊戌,加孟知祥兼中书令,夏鲁奇同平章事。

16　初,帝在真定,李从珂与安重诲饮酒争言,从珂殴重海,重海走免。既醒,悔谢,重海终衔之。至是,重海用事,自皇子从荣、从厚皆敬事不暇。时从珂为河中节度使、同平章事,重海屡短之于帝,帝不听。重海乃矫以帝命谕河东牙内指挥使杨彦温使逐之。是日,从珂出城阅马,彦温勒兵闭门拒之,

7　癸酉(初九),吴国君主杨溥立江都王杨琏为太子。

8　丙子(十二日),任命宣徽使朱弘昭为凤翔节度使。

9　朔方节度使康福报奏:攻克了保静镇,杀死了叛军首领李匡宾。

10　恢复安义军的旧名,仍称昭义军。

11　明宗将要立曹淑妃为皇后,淑妃对王德妃说:"我平素胸中烦热有病,厌倦那些接待应对的事,请你代替我去应承。"德妃说:"入中宫做皇后可以同天子匹偶,平起平坐,谁敢去干预!"庚寅(二十六日),立淑妃为皇后。德妃对待皇后恭顺谨慎,皇后也怜爱她。

起初,王德妃是由于枢密权臣安重诲的举荐才得以入宫的,经常感念安重诲。明宗本来习性俭朴,在位既久,宫内的费用也逐渐奢侈,安重诲时常规劝他。德妃调取到外库的锦帛做地毯,安重诲极力谏阻,并引用前朝庄宗时刘皇后的事例为戒,德妃从此嫌怨安重诲。

12　荆南高从诲派使者奉呈表章来到吴国,表示高氏祖坟在北方,害怕被后唐朝廷所讨伐,那时吴兵会来不及援助他,因此,谢绝了吴国对他的笼络。吴国便派兵进攻荆南,没有能攻下来。

13　董璋害怕绵州刺史武虔裕窥探他的行动,夏季,四月甲午朔(初一),上表推荐他兼任行军司马,把他诱至梓州,囚押在东川府廷。

14　宣武节度使符习,自恃是后唐宿将,论事议政常常与枢密使安重诲对抗,重诲寻找他的过错,奏告明宗。丁酉(初四),下诏命令符习以太子太师的荣誉名衔告老去官。

15　戊戌(初五),加封孟知祥兼任中书令,夏鲁奇任同平章事。

16　以前,后唐明宗镇守真定时,其养子李从珂与安重诲曾在饮酒时争吵,李从珂殴打安重诲,安重诲躲避,才得以免遭殴打。酒醒以后,李从珂悔悟道歉,安重诲始终记恨他。到此时,安重诲掌权用事,皇子李从荣、李从厚都尊敬他不敢怠慢。当时李从珂任河中节度使、同平章事,安重诲多次在明宗面前说他的坏话,明宗不听。安重诲便假造明宗意旨,谕令河中牙内指挥使杨彦温驱逐他。这一天,李从珂出城检阅战马,杨彦温领兵关了城门,拒绝让他进城,

从珂使人扣门,诘之曰:"吾待汝厚,何为如是?"对曰:"彦温非敢负恩,受枢密院宣耳。请公入朝。"从珂止于虞乡,遣使以状闻。使者至,壬寅,帝问重诲曰:"彦温安得此言?"对曰:"此奸人妄言耳,宜速讨之。"帝疑之,欲诱致彦温讯其事,除彦温绛州刺史。重诲固请发兵击之,乃命西都留守索自通、步军都指挥使药彦稠将兵讨之。帝令彦稠:"必生致彦温,吾欲面讯之。"召从珂诣洛阳。从珂知为重诲所构,驰入自明。

17　加安重诲兼中书令。

18　李从珂至洛阳,上责之使归第,绝朝请。

辛亥,索自通等拔河中,斩杨彦温,癸丑,传首来献。上怒药彦稠不生致,深责之。

安重诲讽冯道、赵凤奏从珂失守,宜加罪。上曰:"吾儿为奸党所倾,未明曲直,公辈何为发此言,意不欲置之人间邪?此皆非公辈之意也。"二人惶恐而退。他日,赵凤又言之,上不应。明日,重诲自言之,上曰:"朕昔为小校,家贫,赖此小儿拾马粪自赡,以至今日为天子,曾不能庇之邪?卿欲如何处之于卿为便!"重诲曰:"陛下父子之间,臣何敢言!惟陛下裁之!"上曰:"使闲居私第亦可矣,何用复言!"

丙辰,以索自通为河中节度使。自通至镇,承重诲指,籍军府甲仗数上之,以为从珂私造;赖王德妃居中保护,从珂由是得免。士大夫不敢与从珂往来,惟礼部郎中史馆修撰吕琦居相近,时往见之,从珂每有奏请,皆咨琦而后行。

李从珂命人扣门,质问他说:"我待你很厚重,你怎么能这样做?"杨彦温回答说:"我彦温不敢对您负恩,我是受枢密院的宣示。请您入朝。"李从珂暂驻扎在虞乡,派使者把情况向朝廷报告。使者到了以后,壬寅(初九),明宗向安重诲说:"杨彦温从哪里得到这种说法?"安重诲回答说:"这是坏人杨彦温的胡说,应该赶快派兵征讨他。"明宗怀疑此事,想把杨彦温引诱来讯问情况,便调杨彦温为绛州刺史。安重诲坚持请求派兵攻打杨彦温,朝廷便命令西都留守索自通、步军都指挥使药彦稠统兵讨伐他。明宗指令药彦稠:"务必把杨彦温活着抓回来,我要当面讯问他。"又召唤李从珂到京城洛阳来。李从珂知道是被安重诲所陷害,赶快入朝自己进行表白。

17 加封安重诲兼任中书令。

18 李从珂来到洛阳,明宗责令他回府第,断绝入朝请见。

辛亥(十八日),索自通等攻下河中,斩杀了杨彦温,癸丑(二十日),把他的首级传送到洛阳来献报朝廷。明宗恼怒药彦稠不把他活着送来,严厉地责备药彦稠。

安重诲指使冯道、赵凤表奏李从珂失于职守,应该加罪。明宗说:"我儿被奸党所倾害,是非曲直还未弄明白,你们二位为什么说这样的话,是不是想不让他活在人间? 这些都不是你们二位的意思哟。"冯、杨二人吓得惶恐而退。过些天,赵凤又奏谈此事,明宗不表态。第二天,安重诲自己奏言其事,明宗说:"我从前当小兵,家里贫穷,依赖这个孩子拣拾马粪养家,到了今天我当了皇帝,就不能庇护他吗? 你想怎样处置他,听你的便好了!"安重诲说:"陛下父子之间的事,为臣何敢乱说! 只能听凭陛下裁夺!"明宗说:"让他闲居在自己家里也就可以了,何必再多谈此事!"

丙辰(二十三日),任命索自通为河中节度使。索自通到了镇所,秉承安重诲的指拨,登记点收军库中铠甲兵器几次向朝廷报告,以为是李从珂私自制造;仰仗王德妃在内部保护,李从珂才得以免罪。士大夫不敢与李从珂往来,只有礼部郎中、史馆修撰吕琦和他居住相近,有时去看他,李从珂遇到有事奏请时,都是问了吕琦之后才办。

19　戊午,帝加尊号曰圣明神武文德恭孝皇帝。

20　安重海言昭义节度使王建立过魏州有摇众之语,五月丙寅,制以太傅致仕。

21　董璋阅集民兵,皆剪发黥面,复于剑门北置永定关,布列烽火。

22　孟知祥累表请割云安等十三盐监隶西川,以盐直赡宁江屯兵,辛卯,许之。

23　六月癸巳朔,日有食之。

24　辛亥,敕防御、团练使、刺史、行军司马、节度副使,自今皆朝廷除之,诸道无得奏荐。

25　董璋遣兵掠遂、阆镇戍,秋,七月戊辰,两川以朝廷继遣兵屯遂、阆,复有论奏,自是东北商旅少敢入蜀。

26　八月乙未,捧圣军使李行德、十将张俭引告密人边彦温告“安重海发兵,云欲自讨淮南;又引占相者问命”。帝以问侍卫都指挥使安众进、药彦稠,二人曰:“此奸人欲离间陛下勋旧耳。重海事陛下三十年,幸而富贵,何苦谋反!臣等请以宗族保之。”帝乃斩彦温,召重海慰抚之,君臣相泣。

27　以前忠武节度使张延朗行工部尚书,充三司使。三司使之名自此始。

28　吴徐知诰以海州都指挥使王传拯有威名,得士心,值围练使陈宣罢归,知诰许以传拯代之;既而复遣宣还海州,征传拯还江都。传拯怒,以为宣毁之,己亥,帅麾下人辞宣,因斩宣,焚掠城郭,帅其众五千来奔。知诰曰:“是吾过也。”免其妻子。涟水制置使王岩将兵入海州,以岩为威卫大将军,知海州。

19　戊午(二十五日)，明宗加尊号为圣明神武文德恭孝皇帝。

20　安重诲奏言昭义节度使王建立经过魏州时有动摇人心之语，五月丙寅(初三)，命令他以太傅职称退休。

21　董璋检阅召集来的百姓士卒，都给他们剪发黥面，又在剑门之北设置永定关，布列烽火。

22　孟知祥多次上表请求割划云安等十三个盐务监所隶属于西川，用盐值税赋来供给宁江的屯兵，辛卯(二十八日)，得到准许。

23　六月癸巳朔(初一)，出现日食。

24　辛亥(十九日)，敕命：防御、团练使、刺史、行军司马、节度副使，今后都由朝廷任命，各节度使不得奏荐。

25　董璋派兵劫掠守卫在遂州、阆州的官军，秋季，七月戊辰(初七)，两川因为朝廷继续派兵屯戍遂州、阆州，又有奏章议论此事，从此东北方向的商旅，稍微敢于入蜀。

26　八月乙未(初四)，捧圣军使李行德、十将张俭引领告密人边彦温奏告"安重诲起兵，说要自己去讨伐淮南；又召引占相者为自己算命"。明宗为此咨询于侍卫都指挥使安众进、药彦稠，二人说："这是奸人要离间对陛下有功勋的旧臣。安重诲给陛下做事三十年，有幸得到富贵，何苦要谋反！我们请求用自己的家族生命保全他。"明宗便把边彦温杀了，并召见安重诲慰抚他，君臣相对哭泣。

27　任用前忠武节度使张延朗担任工部尚书，充当主管盐铁、户部、度支的三司使。三司使的职名是从这时开始的。

28　吴国中书令徐知诰因为海州都指挥使王传拯有威名，得人心，正赶上团练使陈宣罢官归家，徐知诰许诺由王传拯代替他；接着又把陈宣派遣回海州，而征召王传拯还归江都。王传拯发怒，以为是陈宣诋毁他所致，己亥(初八)，率领部属到陈宣处辞行，借机杀了陈宣，焚烧抢掠城郭，带领部众五千人投奔他方。徐知诰说："这是我的过错。"免去王传拯的妻子儿女的罪。涟水制置使王岩领兵进入海州，便任用王岩为威卫大将军，主持海州政事。

传拯，缩之子也，其季父舆为光州刺史。传拯遣间使持书至光州，舆执之以闻，因求罢归，知诰以舆为控鹤都虞候。时政在徐氏，典兵宿卫者尤难其人，知诰以舆重厚慎密，故用之。

29 壬寅，赵凤奏："窃闻近有奸人，诬陷大臣，摇国柱石，行之未尽。"帝乃收李行德、张俭，皆族之。

30 立皇子从荣为秦王；丙辰，立从厚为宋王。

31 董璋之子光业为宫苑使，在洛阳，璋与书曰："朝廷割吾支郡为节镇，屯兵三川，是杀我必矣。汝见枢要为吾言：如朝廷更发一骑入斜谷，吾必反！与汝诀矣。"光业以书示枢密承旨李虔徽。未几，朝廷又遣别将荀咸义将兵戍阆州，光业谓虔徽曰："此兵未至，吾父必反。吾不敢自爱，恐烦朝廷调发，愿止此兵，吾父保无他。"虔徽以告安重诲，重诲不从。璋闻之，遂反。利、阆、遂三镇以闻，且言已聚兵将攻三镇。重诲曰："臣久知其如此，陛下含容不讨耳。"帝曰："我不负人，人负我则讨之。"

32 九月癸亥，西川进奏官苏愿白孟知祥云："朝廷欲大发兵讨两川。"知祥谋于副使赵季良，季良请以东川兵先取遂、阆，然后并兵守剑门，则大军虽来，吾无内顾之忧矣。知祥从之，遣使约董璋同举兵。璋移檄利、阆、遂三镇，数其离间朝廷，引兵击阆州。庚午，知祥以都指挥使李仁罕为行营都部署，汉州刺史赵廷隐副之，简州刺史张业为先锋指挥使，将兵三万攻遂州；别将牙内都指挥使侯弘实、先登指挥使孟思恭将兵四千会璋攻阆州。

王传拯是王绾的儿子,他的叔叔王舆为光州刺史。王传拯派密使拿着他的信来到光州找王舆,王舆拘留来使,上报吴主,并因此要求罢官还家,徐知诰任用王舆为控鹤都虞候。当时吴国政权掌握在徐氏手中,典兵宿卫尤其难于选用,徐知诰因为王舆为人厚重慎密,所以用他。

29 壬寅(十一日),赵凤奏称:"听说近来有奸人诬陷大臣,动摇国家的柱石,还没有完全诛尽。"明宗便下令收捕李行德、张俭,把两人的家族都诛杀了。

30 立皇子李从荣为秦王;丙辰(二十五日),令李从厚为宋王。

31 董璋之子董光业任宫苑使,在洛阳,董璋给他写信说:"朝廷把我管辖的分支地方划出另设节镇,屯兵在三川,这是一定要把我置于死地。你见到枢密要员替我传话:如果朝廷再多派一个人马进入斜谷,我就必定造反!和你诀别了。"董光业把信给枢密承旨李虔徽看了。没有多久,后唐朝廷又派别将荀咸义率兵戍镇阆州,董光业对李虔徽说:"不等这一支兵马到达,我父亲必然造反。我不敢爱惜自己的生命,恐怕让朝廷调发人马招惹麻烦,希望能够停止派遣这支人马,我父亲保证没有别的举动。"李虔徽把董光业意见报告安重诲,安重诲没有答应。董璋听说了,于是就造了反。利州、阆州、遂州三镇向朝廷报告,并说董璋已经聚集兵马将要进攻三镇。安重诲说:"我早就知道董璋要这样,陛下太宽容他,不肯讨伐啊。"明宗说:"我不亏负于人,人亏负于我便要讨伐他。"

32 九月癸亥(初三),西川进奏官苏愿向孟知祥传告:"朝廷要派大军讨伐两川。"孟知祥和节度副使赵季良谋议对策,赵季良建议让东川兵马先占领遂州、阆州,然后西川同东川合兵扼守剑门,这样,即使朝廷大军来了,我们两川也没有后顾之忧了。孟知祥听从了赵季良的意见,派使者邀约董璋共同起兵。董璋便向利州、阆州、遂州三镇送发檄文,责备他们离间朝廷与东川的关系,发兵进攻阆州。庚午(初十),孟知祥任用都指挥使李仁罕为行营都部署,汉州刺史赵廷隐做他的副手,简州刺史张业为先锋指挥使,率领三万士兵进攻遂州;又派牙内都指挥使侯弘实、先登指挥使孟思恭领兵四千会师董璋进攻阆州。

33　安重海久专大权，中外恶之者众；王德妃及武德使孟汉琼浸用事，数短重海于上。重海内忧惧，表解机务，上曰："朕无间于卿，诬罔者朕既诛之矣，卿何为尔？"甲戌，重海复面奏曰："臣以寒贱，致位至此，忽为人诬以反，非陛下至明，臣无种矣。由臣才薄任重，恐终不能镇浮言，愿赐一镇以全馀生。"上不许，重海求之不已，上怒曰："听卿去，朕不患无人！"前成德节度使范延光劝上留重海，且曰："重海去，谁能代之？"上曰："卿岂不可！"延光曰："臣受驱策日浅，且才不逮重海，何敢当此！"上遣孟汉琼诣中书议重海事，冯道曰："诸公果爱安令，宜解其枢务为便。"赵凤曰："公失言！"乃奏大臣不可轻动。

34　东川兵至阆州，诸将皆曰："董璋久蓄反谋，以金帛啖其士卒，锐气不可当，宜深沟高垒以挫之，不过旬日，大军至，贼自走矣。"李仁矩曰："蜀兵懦弱，安能当我精卒！"遂出战，兵未交而溃归。董璋昼夜攻之，庚辰，城陷，杀仁矩，灭其族。

初，璋为梁将，指挥使姚洪尝隶麾下，至是，将兵千人戍阆州，璋密以书诱之，洪投诸厕。城陷，璋执洪而让之曰："吾自行间奖拔汝，今日何相负？"洪曰："老贼！汝昔为李氏奴，扫马粪，得裔炙，感恩无穷。今天子用汝为节度使，何负于汝而反邪？汝犹负天子，吾受汝何恩，而云相负哉！汝奴材，固无耻；吾义士，岂忍为汝所为乎！吾宁为天子死，不能与人奴并生！"璋怒，然镬于前，令壮士十人刽其肉自啖之，洪至死骂不绝声。帝置洪二子于近卫，厚给其家。

33　安重诲长期掌握大权,内外怨恨他的人很多;王德妃和武德使孟汉琼渐渐有了势力,几次在明宗面前说他的坏话。安重诲心里担忧害怕,上表要求解除他的枢密机要任务,明宗对他说:"朕和你之间没有隔阂,造谣诬陷你的人,朕已经把他们诛杀了,你还要干什么呢?"甲戌(十四日),安重诲又面奏明宗说:"我出身贫寒卑贱,得到如此高位,现在被人诬告说我要谋反,假若不是陛下极度圣明,我就灭门无后了。由于我才能小责任重,恐怕终究不能压制住流言蜚语,请求陛下赐给我一个外镇使命以保全馀生。"明宗没有答应他的请求,安重诲没完没了地反复请求,明宗发怒说:"听凭你去吧,朕不愁没有人接替你!"前成德节度使范延光劝奏明宗留用安重诲,并且说:"重诲如果走了,有谁能代替他?"明宗说:"你难道不可以吗!"范延光说:"我受陛下驱使的时间还短,而且才干不及重诲,怎么敢当此重任!"明宗派孟汉琼到中书令署讨论安重诲的问题,冯道说:"诸位果真爱惜安令公,解除他的枢要任务为宜。"赵凤说:"您失言了!"于是回奏认为大臣不可轻易变动。

34　东川的兵马进到阆州,戍守的诸将都说:"董璋早就蓄谋造反,用金帛财物收买他的士兵,锐气不可阻挡,应该挖筑深沟高垒来挫败他,不用十天,朝廷大军到来,贼兵自己就要退走的。"阆州主帅李仁矩说:"蜀兵懦弱没有战斗力,怎能抵挡我军的精兵强卒!"于是便出城迎战,还没有交锋就溃败回来。董璋令军队不分昼夜攻击,庚辰(二十日),城池被攻陷,杀了李仁矩,诛灭了他的家族。

过去,董璋在后梁为将时,指挥使姚洪曾经隶属于他的部下,此时正领兵千人戍守阆州,董璋暗地给他写信诱降,姚洪把信丢入厕所。城陷后,董璋抓住姚洪,责备他说:"我主动策反来拉拢提拔你,今天你为何相负于我?"姚洪说:"老贼! 你从前在李姓富人家当奴仆,扫马粪,得点烤肉就感恩不尽。现在皇上用你当节度使,有什么亏负于你而造反呀? 你尚且负心于天子,我受你什么恩典了,你竟说起什么相负啊! 你是个奴才,本来就无耻;我是义士,岂能干你所干的事呢! 我宁可为天子死,不能同人奴共生!"董璋大怒,在他的面前烧起大锅,叫十个壮汉割他的肉自己煮来吃,姚洪至死骂声不绝。明宗把姚洪的两个儿子安置在近卫军中,优厚地抚恤他的家属。

35 甲申，以范延光为枢密使，安重海如故。

36 丙戌，下制削董璋官爵，兴兵讨之。丁亥，以孟知祥兼西南供馈使，以天雄节度石敬瑭为东川行营都招讨使，以夏鲁奇为之副。

璋使孟思恭分兵攻集州，思恭轻进，败归。璋怒，遣还成都，知祥免其官。

戊子，以石敬瑭权知东川事。庚寅，以右武卫上将军王思同为西都留守兼行营马步都虞候，为伐蜀前锋。

37 汉主遣其将梁克贞、李守鄘攻交州，拔之，执静海节度使曲承美以归，以其将李进守交州。

38 冬，十月癸巳，李仁罕围遂州，夏鲁奇婴城固守；孟知祥命都押牙高敬柔帅资州义军二万人筑长城环之。鲁奇遣马军都指挥使康文通出战，文通闻阆州陷，遂以其众降于仁罕。

戊戌，董璋引兵趣利州，遇雨，粮运不继，还阆州。知祥闻之，惊曰："比破阆中，正欲径取利州，其帅不武，必望风遁去。吾获其仓廪，据漫天之险，北军终不能西救武信。今董公僻处阆州，远弃剑阁，非计也。"欲遣兵三千助守剑门，璋固辞曰："此已有备。"

39 钱镠因朝廷册闽王使者裴羽还，附表引咎；其子传瓘及将佐屡为镠上表自诉。癸卯，敕听两浙纲使自便。

40 以宣徽北院使冯赟为左卫上将军、北都留守。

41 丁未，族诛董光业。

42 楚王殷寝疾，遣使诣阙，请传位于其子希声。朝廷疑殷已死，辛亥，以希声为起复武安节度使兼侍中。

35　甲申(二十四日),任命范延光为枢密使,安重诲任职如故。

36　丙戌(二十六日),下命令削去董璋的官爵,兴兵讨伐他。丁亥(二十七日),任用孟知祥兼职西南供馈使,任用天雄节度使石敬瑭为东川行营都招讨使,由夏鲁奇为他的副手。

董璋让孟思恭分兵攻打集州,孟思恭轻率进兵,打了败仗回来。董璋发怒,把他遣回成都,孟知祥免了他的官职。

戊子(二十八日),任命石敬瑭暂时主持东川的事务。庚寅(三十日),任用右武卫上将军王思同为西都留守兼行营马步都虞候,做伐蜀的前锋。

37　南汉主遣派他的大将梁克贞、李守鄘攻打交州,攻了下来,抓获静海节度使曲承美而归,任用他的将领李进守成交州。

38　冬季,十月癸巳(初三),李仁罕包围遂州,夏鲁奇依城抵御固守;孟知祥命都押牙高敬柔率领资州义军两万人筑起一道很长的围墙环绕包围他。夏鲁奇派马军都指挥使康文通出战,康文通听说阆州已被董璋攻陷,便带领他的部众投降了李仁罕。

戊戌(初八),董璋带领人马攻向利州,途中遇到大雨,粮秣运输跟不上,又回阆州。孟知祥听到这件事后,吃惊地说:"刚刚攻破阆州,正要挥军直下攻取利州,其主帅不敢抵抗,必然望风逃遁。我军便可缴获他的粮食仓储,占据漫天寨的险要,北方来的朝廷军队最终也一定不能西救遂州。现在董公偏僻地留处阆州,远离剑阁,不是上策。"准备派兵三千帮助守卫剑门,董璋坚决推辞说:"此事已经有了准备。"

39　吴越王钱镠乘着后唐朝廷册立闽王的使者裴羽回朝之便,附送表章表示自己有过失;他的儿子钱传瓘和将佐也屡次为钱镠上表作自我表白。癸卯(十三日),明宗下敕文,释放两浙纲使,听其自便。

40　任用宣徽北院使冯赟为左卫上将军、北都留守。

41　丁未(十七日),诛杀了董光业全家。

42　楚王马殷病危,派使者进诣朝廷,请求把职位传给其子马希声。朝廷怀疑马殷已死,辛亥(二十一日),便把马希声起用复职为武安节度使兼侍中。

43　孟知祥以故蜀镇江节度使张武为峡路行营招收讨伐使,将水军趣夔州,以左飞棹指挥使袁彦超副之。

癸丑,东川兵陷徽、合、巴、蓬、果五州。

44　丙辰,吴左仆射、同平章事严可求卒。徐知诰以其长子大将军景通为兵部尚书、参政事,知诰将出镇金陵故也。

45　汉将梁克贞入占城,取其宝货以归。

46　十一月戊辰,张武至渝州,刺史张环降之,遂取泸州,遣先锋将朱偓分兵趣黔、涪。

47　己巳,楚王殷卒,遗命诸子,兄弟相继;置剑于祠堂,曰:“违吾命者戮之!”诸将议遣兵守四境,然后发表,兵部侍郎黄损曰:“吾丧君有君,何备之有! 宜遣使诣邻道告终称嗣而已。”

48　石敬瑭入散关,阶州刺史王弘贽、泸州刺史冯晖与前锋马步都虞候王思同、步军都指挥使赵在礼引兵出人头山后,过剑门之南,还袭剑门,克之,杀东川兵三千人,获都指挥使齐彦温,据而守之。晖,魏州人也。甲戌,弘贽等破剑州,而大军不继,乃焚其庐舍,取其资粮,还保剑门。

乙亥,诏削孟知祥官爵。

己卯,董璋遣使至成都告急。知祥闻剑门失守,大惧,曰:“董公果误我!”庚辰,遣牙内都指挥使李肇将兵五千赴之,戒之曰:“尔倍道兼行,先据剑州,北军无能为也。”又遣使诣遂州,令赵廷隐将万人会屯剑州。又遣故蜀永平节度使李筠将兵四千趣龙州,守要害。时天寒,士卒恐惧,观望不进,廷隐流涕谕之曰:“今北军势盛,汝曹不力战却敌,则妻子皆为人有矣。”众心乃奋。

43　孟知祥任用原来前蜀镇江节度使张武为峡路行营招收讨伐使,带领水军夺取夔州,任用左飞棹指挥使袁彦超为他的副手。

癸丑(二十三日),东川兵攻陷徵、合、巴、蓬、果五州。

44　丙辰(二十六日),吴国左仆射、同平章事严可求去世。徐知诰任用他的长子大将军徐景通为兵部尚书、参政事,是因为徐知诰将要出镇金陵的缘故。

45　南汉大将梁克贞攻入占城,掠取了占城的财宝货物而归。

46　十一月戊辰(初九),张武到达渝州,刺史张环向他投降,于是占领了泸州,又派先锋将朱偓分兵向黔州和涪州进军。

47　己巳(初十),楚王马殷去世,遗命给几个儿子,要兄死弟继;放置一把宝剑在祠堂内,并说:"谁要是违背我的遗命,就杀了他!"他部下的诸将讨论,主张先派兵防守四面边境,然后再发布丧讯,兵部侍郎黄损说:"我们丧失了君主还有君主,有什么要防备的!应该派遣使者到各个邻郡去说明先君去世、后君接续就行了。"

48　石敬瑭进入散关,阶州刺史王弘贽、泸州刺史冯晖与前锋马步都虞候王思同、步兵都指挥使赵在礼带领军队出人头山之后,绕至剑门之南,回过头来袭击剑门,攻了下来,杀死东川兵三千人,擒获都指挥使齐彦温,占据了剑门险隘而加以防守。冯晖是魏州人。甲戌(十五日),王弘贽等攻破剑州,而大部队未能跟着上来,便烧了剑州守军的房舍,掠取了他的物资粮食,回军保卫剑门。

乙亥(十六日),明宗下诏书,削去孟知祥的官爵。

己卯(二十日),董璋派使者到成都告急。孟知祥听说剑门失守,大为恐惧,并说:"董璋果然贻误了我!"庚辰(二十一日),派牙内都指挥使李肇领兵五千去救援,并告诫他说:"你加倍赶路,先去占据剑州,北方来的军队就没有办法了。"又派使者到遂州,命令赵廷隐带领万人会师驻扎剑州。又派遣原来前蜀永平节度使李筠领兵四千奔赴龙州,把守要害。当时,天气寒冷,士兵恐惧,观望不肯前进,赵廷隐流着眼泪劝告大家说:"现在北军气势强盛,你们如不竭尽全力去抵挡敌军,那样,老婆孩子就都要为别人所有了!"兵众的心情才激奋起来。

董璋自阆州将两川兵屯木马寨。

先是,西川牙内指挥使太谷庞福诚、昭信指挥使谢锽屯来苏村,闻剑门失守,相谓曰:"使北军更得剑州,则二蜀势危矣。"遽引部兵千馀人间道趣剑州。始至,官军万馀人自北山大下,会日暮,二人谋曰:"众寡不敌,逮明则吾属无遗矣。"福诚夜引兵数百升北山,大噪于官军营后,锽帅馀众操短兵自其前急击之。官军大惊,空营遁去,复保剑门,十馀日不出。孟知祥闻之,喜曰:"吾始谓弘赟等克剑门,径据剑州,坚守其城,或引兵直趣梓州,董公必弃阆州奔还,我军失援,亦须解遂州之围。如此则内外受敌,两川震动,势可忧危;今乃焚毁剑州,运粮东归剑门,顿兵不进,吾事济矣。"

官军分道趣文州,将袭龙州,为西川定远指挥使潘福超、义胜都头太原沙延祚所败。

甲申,张武卒于渝州;知祥命袁彦超代将其兵。

朱倔将至涪州,武泰节度使杨汉宾弃黔南,奔忠州;倔追至丰都,还取涪州。知祥以成都支使崔善权武泰留后。董璋遣前陵州刺史王晖将兵三千会李肇等分屯剑州南山。

49　丙戌,马希声袭位,称遗命去建国之制,复藩镇之旧。

50　契丹东丹王突欲自以失职,帅部曲四十人越海自登州来奔。

51　十二月壬辰,石敬瑭至剑门。乙未,进屯剑州北山;赵廷隐陈于牙城后山,李肇、王晖陈于河桥。敬瑭引步兵进击廷隐,廷隐择善射者五百人伏敬瑭归路,按甲待之,矛稍欲相及,乃扬旗鼓噪击之,北军退走,颠坠下山,俘斩百馀人。敬瑭又使骑兵冲河桥,李肇以强弩射之,骑兵不能进。薄暮,敬瑭引去,

董璋从阆州率领两川的兵马驻扎在木马寨。

起先，西川牙内指挥使太谷的庞福诚、昭信指挥使谢锽屯驻来苏村，听到剑门失守，相互言说："如果北军进一步取得剑州，那么，二蜀的局势就危险了。"便立即引领所部兵卒千馀人从小道急奔剑州。刚刚到达，一万多官军从北山大量涌下，此时正好太阳快落山，二人商议说："我们众寡不能匹敌，要是等到天明我们的人就没有存活的了。"于是庞福诚乘夜晚引领兵丁数百人登上北山，在官军营寨之后大声喊叫，谢锽率领馀下的人手持短兵器从其前面进行攻击。官军大为惊恐，倾营逃遁而去，还兵守卫在剑门，十多天不出来。孟知祥听说后，高兴地说道："开始我以为王弘赟等攻下剑门，直取剑州，坚守其城，或者引兵直向梓州，董璋必定舍弃阆州跑回去，我军失去援兵，也就需要解除对遂州的围困。如果这样，就要内外受敌，两川震动，形势可谓忧患危急；现在，他们焚毁了剑州，掠运粮食东归封门，屯扎兵马不再前进，我的事情就好办了。"

官军分道直奔文州，准备袭击龙州，被西川定远指挥使潘福超、义胜都头太原的沙延祚所击败。

甲申（二十五日），张武在渝州去世；孟知祥命令袁彦超代理统率他的军队。

朱偓将要到达涪州，武泰节度使杨汉宾放弃黔南，奔向忠州；朱偓追赶他到丰都，又回军占领涪州。孟知祥命成都支使崔善暂为武泰留后。董璋派前陵州刺史王晖领兵三千会合李肇等分别屯驻剑州南山。

49　丙戌（二十七日），马希声继承了马殷的职位，称言奉马殷的遗命除去建立楚国的规制，恢复节度使藩镇的旧制。

50　契丹族的东丹王突欲自以为失去职位，于是率领他的部下四十人越过渤海湾，从登州来投奔后唐。

51　十二月壬辰（初三），石敬瑭率军到剑门。乙未（初六），进军屯驻剑州北山；赵廷隐陈兵在主帅所居的牙城后山，李肇、王晖陈兵于河桥。石敬瑭引步兵进击赵廷隐，赵廷隐选择善射的士卒五百人埋伏在石敬瑭的归路上，悄然无声地等待他的兵来临，到走近来枪刀可以相接时，才扬旗击鼓呐喊出击，北军遭到伏击退走，颠扑坠落地逃下山，被停斩了百馀人。石敬瑭又指使骑兵冲击河桥，李肇用强弩射击，骑兵不能前进。傍晚，石敬瑭引兵退去，

廷隐引兵蹑之,与伏兵合击,败之。敬瑭还屯剑门。

52　癸卯,夔州奏复取开州。

53　庚戌,以武安节度使马希声为武安、静江节度使,加兼中书令。

54　石敬瑭征蜀未有功,使者自军前来,多言道险狭,进兵甚难,关右之人疲于转饷,往往窜匿山谷,聚为盗贼。上忧之,壬子,谓近臣曰:"谁能办吾事者,吾当自行耳。"安重诲曰:"臣职忝机密,军威不振,臣之罪也,臣请自往督战。"上许之。重诲即拜辞,癸丑,遂行,日驰数百里。西方藩镇闻之,无不惶骇。钱帛、刍粮昼夜辇运赴利州,人畜毙踣于山谷者不可胜纪。时上已疏重诲,石敬瑭本不欲西征,及重诲离上侧,乃敢累表奏论,以为蜀不可伐,上颇然之。

55　西川兵先戍夔州者千五百人,上悉纵归。

二年(辛卯,931)

1　春,正月壬戌,孟知祥奉表谢。

2　庚午,李仁罕陷遂州,夏鲁奇自杀。

癸酉,石敬瑭复引兵至剑州,屯于北山。孟知祥枭夏鲁奇首以示之。鲁奇二子从敬瑭在军中,泣请往取其首葬之,敬瑭曰:"知祥长者,必葬而父,岂不愈于身首异处乎!"既而知祥果收葬之。敬瑭与赵廷隐战不利,复还剑门。

赵廷隐领兵蹑足潜随其后,与伏兵联合进击,打败石敬瑭的兵众。石敬瑭还军屯扎于剑门。

52 癸卯(十四日),夔州官军上奏收复了开州。

53 庚戌(二十一日),后唐明宗任命武安节度使马希声为武安、静江节度使,加官兼任中书令。

54 石敬瑭征蜀未能取得功效,使者从前线来到朝廷,大多诉说道路艰险狭窄,进兵极为困难,函谷关以西的人由于为军队转运粮饷,搞得很疲惫,往往逃窜躲藏到山谷中,聚合当盗贼。明宗很忧虑,壬子(二十三日),对亲近的大臣说:"有谁能替我办理朝中事务,我要亲自去征伐蜀地。"安重诲说:"我承蒙重用,任职于机密要位,现在军威不能振兴,是我的过失,请求让我去亲自督战。"明宗准许了他。安重诲立即拜辞朝廷,癸丑(二十四日),便上路了,每天奔驰数百里。西方的藩镇闻讯,没有不惊惶骇惧的。钱财、布匹、军草、粮食等,昼夜用车运送到利州,人畜颠跌毙死于山谷的不可计数。当时,明宗已经疏远安重诲,石敬瑭本来就不愿西征,等到安重诲离开君主身边后,于是才敢多次上表奏论,认为对蜀地不可征伐,明宗很以为然。

55 西川兵士早先戍守在夔州的有一千五百人,明宗全部释放他们归家。

后唐明宗长兴二年(辛亥,公元931年)

1 春季,正月壬戌(初三),孟知祥上表感谢朝廷遣还戍兵。

2 庚午(十一日),川军李仁罕攻陷遂州,官军守将夏鲁奇自杀。

癸酉(十四日),石敬瑭再次引兵到剑州,屯驻在北山。孟知祥砍了夏鲁奇的人头示众。夏鲁奇的两个儿子跟随石敬瑭在军队中,哭泣着请求往敌阵取回夏鲁奇的头来安葬,石敬瑭说:"孟知祥是厚道的长者,必然会安葬你们的父亲,那样岂不比把你父亲身体和首级分为两处更好些吗!"过后孟知祥果然把夏鲁奇收葬了。石敬瑭同赵廷隐交战不能取得胜利,又还军于剑门。

3 丙戌,加高从海兼中书令。

4 东川归合州于武信军。

5 初,凤翔节度使朱弘昭谄事安重诲,连得大镇。重诲过凤翔,弘昭迎拜马首,馆于府舍,延入寝室,妻子罗拜,奉进酒食,礼甚谨。重诲为弘昭泣言:"谗人交构,几不免,赖主上明察,得保宗族。"重诲既去,弘昭即奏"重诲怨望,有恶言,不可令至行营,恐夺石敬瑭兵柄"。又遗敬瑭书,言"重诲举措孟浪,若至军前,恐将士疑骇,不战自溃,宜逆止之"。敬瑭大惧,即上言:"重诲至,恐人情有变,宜急征还。"宣徽使孟汉琼自西方还,亦言重诲过恶,有诏召重诲还。

二月己丑朔,石敬瑭以遂、阆既陷,粮运不继,烧营北归。军前以告孟知祥,知祥匿其书,谓赵季良曰:"北军渐进,奈何?"季良曰:"不过绵州,必遁。"知祥问其故,曰:"我逸彼劳,彼悬军千里,粮尽,能无遁乎!"知祥大笑,以书示之。

6 安重诲至三泉,得诏亟归,过凤翔,朱弘昭不内,重诲惧,驰骑而东。

7 两川兵追石敬瑭至利州,壬辰,昭武节度使李彦琦弃城走;甲午,两川兵入利州。孟知祥以赵廷隐为昭武留后,廷隐遣使密言于知祥曰:"董璋多诈,可与同忧,不可与共乐,他日必为公患。因其至剑州劳军,请图之。并两川之众,可以得志于天下。"知祥不许。璋入廷隐营,留宿而去。廷隐叹曰:"不从吾谋,祸难未已!"

8 庚子,孟知祥以武信留后李仁罕为峡路行营招讨使,使将水军东略地。

3 丙戌(二十七日),加封高从诲兼任行中书令。

4 东川把原先占领的合州归还给其旧统辖的武信军。

5 起初,凤翔节度使朱弘昭讨好安重诲,连连得以领治大的节镇。安重诲经过凤翔时,朱弘昭在马前迎接拜礼,让安重诲下榻在他的官舍内,并且延请到内室,叫出妻子儿女罗列参拜,亲自上菜进酒,礼节极为恭敬。安重诲对朱弘昭哭着说:"小人交恶,用谗言构陷我,几乎得罪不能免死,幸亏仰赖君主洞察明透,才得以保全我的宗族。"安重诲走了以后,朱弘昭立即上奏:"安重诲埋怨朝廷,并说了朝廷的坏话,不可让他到达行营,恐怕他要夺取石敬瑭的兵权。"朱弘昭又写信给石敬瑭,说:"安重诲行动鲁莽,他若到了军队中,恐怕将士都要怀疑恐惧,不战自溃,应该阻挡他前去。"石敬瑭非常害怕,立即上表奏称:"安重诲如果来到军前,恐怕人心有变,要赶快把他调回。"此时,宣徽使孟汉琼从西面前线回朝,也奏说安重诲的过失和罪行,于是,明宗下诏召唤安重诲还京。

二月己丑朔(初一),石敬瑭由于遂州、阆州已经陷落,粮秣运输接应不上,烧了营寨北归。前锋把情况报告孟知祥,孟知祥藏起了报告信,对赵季良说:"北军渐渐向前推进,该怎么办?"赵季良说:"他们到不了绵州,必然要退回去。"孟知祥问是什么原因,赵季良说:"我逸彼劳,他们把军队远远遣悬在千里之外,粮食吃完了,能不走吗!"孟知祥大笑,才把报告信拿给他看。

6 安重诲到达三泉后,得到明宗诏书,急忙回朝,再过凤翔时,朱弘昭不接纳他,安重诲害怕,快马驰奔向东而进。

7 两川兵追赶石敬瑭到利州,壬辰(初四),昭武节度使李彦琦放弃城池逃走;甲午(初六),两川兵进入利州。孟知祥用赵廷隐为昭武留后,赵廷隐派使者秘密对孟知祥说:"董璋为人多诈变,可以和他同忧患,不可和他共安乐,这个人以后必然是您的祸患。乘着他到剑州慰劳军队,请您谋取他。并吞两川之众,可以得志于天下。"孟知祥不答应。董璋来到赵廷隐的军营,留住一夜而去。赵廷隐叹息说:"不依我的计谋,祸害难于制止了。"

8 庚子(十二日),孟知祥任用武信留后李仁罕为峡路行营招讨使,让他带领水军向东攻取地盘。

9　辛丑，以枢密使兼中书令安重海为护国节度使。赵凤言于上曰："重海陛下家臣，其心终不叛主，但以不能周防，为人所谮；陛下不察其心，死无日矣。"上以为朋党，不悦。

10　乙巳，赵廷隐、李肇自剑州引还，留兵五千戍利州。丙午，董璋亦还东川，留兵三千戍果、阆。

11　丁巳，李仁罕陷忠州。

12　吴徐知诰欲以中书侍郎、内枢使宋齐丘为相，齐丘自以资望素浅，欲以退让为高，谒归洪州葬父，因入九华山，止于应天寺，启求隐居；吴主下诏征之，知诰亦以书招之，皆不至。知诰遣其子景通自入山敦谕，齐丘始还朝，除右仆射致仕，更命应天寺曰征贤寺。

13　三月己未朔，李仁罕陷万州；庚申，陷云安监。

14　辛酉，赐契丹东丹王突欲姓东丹，名慕华，以为怀化节度使、瑞慎等州观察使；其部曲及先所俘契丹将惕隐等，皆赐姓名。惕隐姓狄，名怀忠。

15　李仁罕至夔州，宁江节度使安崇阮弃镇，与杨汉宾自均、房逃归；壬戌，仁罕陷夔州。

16　帝既解安重海枢务，乃召李从珂，泣谓曰："如重海意，汝安得复见吾！"丙寅，以从珂为左卫大将军。

17　壬申，横海节度使、同平章事孔循卒。

18　乙酉，复以钱镠为天下兵马都元帅、尚父、吴越国王，遣监门上将军张篯往谕旨，以向日致仕，安重海矫制也。

19　丁亥，以太常卿李愚为中书侍郎、同平章事。

9　辛丑(十三日),任用枢密使兼中书令安重诲为护国节度使。赵凤对后唐明宗说:"安重诲是陛下的家臣,他的心绝不会背叛主人,但因为他不能周密地防备,被人所谗毁;如果陛下不明察他的心迹,他就会不知哪天要死于非命了。"明宗认为赵凤与安重诲结为朋党,不高兴。

10　乙巳(十七日),赵廷隐、李肇从剑州引兵回到成都,留下五千兵马戍守利州。丙午(十八日),董璋也回到东川,留三千兵马戍守果州、阆州。

11　丁巳(二十七日),李仁罕攻陷忠州。

12　吴国徐知诰打算让中书侍郎、内枢使宋齐丘任宰相,宋齐丘以为自己资望素来浅薄,想用退让作为上策,回故乡洪州安葬父亲,借机进入九华山,留在应天寺,启奏请求隐居;吴国君主下诏征调他回朝,徐知诰也写信招他回来,宋齐丘都不来。徐知浩派其子徐景通亲自入山敦促劝说,宋齐丘才回朝,封为右仆射,让他告老退休,把应天寺改名为"征贤寺"。

13　三月己未朔(初一),李仁罕攻陷万州;庚申(初六),攻陷云安监。

14　辛酉(初七),后唐明宗赐契丹的东丹王突欲姓东丹,名叫慕华,任用他为怀化节度使及瑞、慎等州的观察使;他的部下和以前俘获的契丹酋长惕隐等人都赐姓名。惕隐姓狄,名怀忠。

15　李仁罕到达夔州,宁江节度使安崇阮放弃镇所,与杨汉宾从均州、房州逃归;壬戌(初四),李仁罕攻陷夔州。

16　明宗既已解除了安重诲的枢要职务,便把义子李从珂召回来,流着眼泪对他说:"如果按照安重诲的意思,你哪还能够见到我!"丙寅(初八),任命李从珂为左卫大将军。

17　壬申(十四日),横海节度使、同平章事孔循去世。

18　乙酉(二十七日),后唐朝廷重新任命钱镠为天下兵马都元帅、尚父、吴越国王,派监门上将军张篯前往宣谕圣旨,因为以前让钱镠告老退休,是安重诲擅改制命所为。

19　丁亥(二十九日),任用太常卿李愚为中书侍郎、同平章事。

20　夏,四月辛卯,以王德妃为淑妃。

21　闽奉国节度使兼中书令王延禀闻闽王延钧有疾,以次子继昇知建州留后,帅建州刺史继雄将水军袭福州。癸卯,延禀攻西门,继雄攻东门;延钧遣楼船指挥使王仁达将水军拒之。仁达伏甲舟中,伪立白帜请降,继雄喜,屏左右,登仁达舟慰抚之;仁达斩继雄,枭首于西门。延禀方纵火攻城,见之,恸哭,仁达因纵兵击之,众溃,左右以斛昇延禀而走,甲辰,追擒之。延钧见之曰:"果烦老兄再下!"延禀惭不能对。延钧因于别室,遣使者如建州招抚其党,其党杀使者,奉继昇及弟继伦奔吴越。仁达,延钧从子也。

22　以宣徽北院使赵延寿为枢密使。

23　己酉,天雄节度使、同平章事石敬瑭兼六军诸卫副使。

24　辛亥,以朱弘昭为宣徽南院使。

25　五月,闽王延钧斩王延禀于市,复其姓名曰周彦琛,遣其弟都教练使延政如建州抚慰吏民。

26　丁卯,罢亩税曲钱,城中官造曲减旧半价,乡村听百姓自造。民甚便之。

27　己卯,以孟汉琼知内侍省事,充宣徽北院使。汉琼,本赵王镕奴也。时范延光、赵延寿虽为枢密使,惩安重诲以刚愎得罪,每于政事不敢可否;独汉琼与王淑妃居中用事,人皆惮之。先是,宫中须索稍逾常度,重诲辄执奏,由是非分之求殆绝。至是,汉琼直以中宫之命取府库物,不复关由枢密院及三司,亦无文书,所取不可胜纪。

28　辛巳,以相州刺史孟鹄为左骁卫大将军,充三司使。

20 夏季,四月辛卯(初三),把王德妃升为淑妃。

21 闽国奉国节度使兼中书令王延禀听说闽王王延钧有病,用他的次子王继昇为建州留后,自己带领建州刺史王继雄统率水军进袭福州。癸卯(十五日),王延禀攻西门,王继雄攻东门;王延钧派楼船指挥使王仁达统领水军抵抗。王仁达在舟中埋伏了甲兵,假树白旗请求投降,王继雄很高兴,于是屏退左右,登上王仁达的船来慰抚他;王仁达杀了王继雄,砍了头悬挂在西门。王延禀正在放火攻城,看见之后,哀痛大哭,王仁达因此纵兵攻击他,其众溃散,左右的人用巨斛抬架着王延禀而奔逃,甲辰(十六日),追上抓获了他。王延钧见到他说:"果然麻烦你老兄再下福州了!"王延禀惭愧得不能回答。王延钧把他囚押在别室,派使者到建州招抚他的党羽,王延禀的党羽杀死使者,保护着王继昇和他的弟弟王继伦投奔吴越国。王仁达是王延钧的侄儿。

22 任用宣徽北院使赵延寿为枢密使。

23 己酉(二十一日),委任天雄节度使、同平章事石敬瑭兼任六军诸卫副使。

24 辛亥(二十三日),任用朱弘昭为宣徽南院使。

25 五月,闽王王延钧斩了其异姓兄弟王延禀,恢复其姓名为周彦琛,派遣他的弟弟都教练使王延政到建州抚慰官吏和民众。

26 丁卯(初十),停止计亩收酒曲税钱,城内官造曲按旧价减半,乡村听由百姓自己制造。民众觉得这样很方便。

27 己卯(二十二日),用孟汉琼主管内侍省事务,充任宣徽北院使。孟汉琼本来是赵王王镕的家奴。当时,范延光、赵延寿虽然身为枢密使,但是畏戒安重诲刚愎用事获罪,往往对政事不敢表示可否;独有孟汉琼与王淑妃在内宫主事,人们都惧怕他们。起初,宫中需要和索取稍有超越正常度用,安重诲常常抓住上奏后唐明宗,因此非分的求取几乎断绝了。到这时,孟汉琼径直用中宫的命令调取府库中的器物,不再经由枢密院和三司把关,也没有文书凭据,所取之物不可胜计。

28 辛巳(二十四日),任用相州刺史孟鹄为左骁卫大将军,充当三司使。

29　昭武留后赵廷隐自成都赴利州，逾月，请兵进取兴元及秦、凤。孟知祥以兵疲民困，不许。

30　护国节度使兼中书令安重海内不自安，表请致仕；闰月庚寅，制以太子太师致仕。是日，其子崇赞、崇绪逃奔河中。

壬辰，以保义节度使李从璋为护国节度使。甲午，遣步军指挥使药彦稠将兵趣河中。

安崇赞等至河中，重海惊曰："汝安得来？"既而曰："吾知之矣，此非渠意，为人所使耳。吾以死徇国，夫复何言！"乃执二子表送诣阙。

明日，有中使至，见重海，恸哭久之。重海问其故，中使曰："人言令公有异志，朝廷已遣药彦稠将兵至矣。"重海曰："吾受国恩，死不足报，敢有异志，更烦国家发兵，贻主上之忧，罪益重矣。"崇赞等至陕，有诏系狱。皇城使翟光邺素恶重海，帝遣诣河中察之，曰："重海果有异志则诛之。"光邺至河中，李从璋以甲士围其第，自入见重海，拜于庭下。重海惊，降阶答拜，从璋奋挝击其首。妻张氏惊救，亦挝杀之。

奏至，己亥，下诏，以重海离间孟知祥、董璋、钱镠为重海罪，又诬其欲自击淮南以图兵柄，遣元随窃二子归本道，并二子诛之。

31　丙午，帝遣西川进奏官苏愿、东川军将刘澄各还本镇，谕以安重海专命，兴兵致讨，今已伏辜。

32　六月乙丑，复以李从珂同平章事，充西都留守。

29　昭武留后赵廷隐从成都赴利州,过了一个月,请求派兵进取兴元及秦州、凤州。孟知祥因为兵疲民困,没有答应赵廷隐的请求。

30　护国节度使兼中书令安重诲内心感到不能自安,上表请求退休;闰月庚寅(初三),后唐明宗下令让他以太子太师告老退休。就在这一天,他的儿子安崇赞、安崇绪逃奔到河中。

壬辰(初五),任命保义节度使李从璋为护国节度使。甲午(初七),派遣步军指挥使药彦稠领兵进军河中。

安崇赞等到了河中,安重诲吃惊地说:"你们为什么来这里?"接着又说:"我明白了,这不是你们的意思,是被人所利用啊。我要以死殉国,还有什么再说的!"于是,捉拿了二子上表押送到朝廷。

第二天,有内廷使者到来,见到安重诲,悲痛啼哭不止。安重诲问他为什么这样悲痛,内使说:"人们传说您要谋反,朝廷已派遣药彦稠领兵过来了。"安重诲说:"我受国家重恩,死也不足报答,怎敢有异志来烦扰国家发兵,招致主上的忧虑,那就罪过更重了。"安崇赞等到了陕州,来了诏书把他们囚系狱中。皇城使翟光邺向来厌恶安重诲,后唐明宗派他到河中去察看情况,并说:"安重诲如果真有异志就杀了他。"翟光邺到了河中,李从璋派带甲的兵士包围安重诲的府第,自己进入见安重诲,拜于庭下。安重诲大惊,走下台阶答拜,李从璋猛然奋起以锤挝击他的头部。安妻张氏惊慌援救,也被击毙。

奏章到了朝廷,己亥(十二日),明宗下诏书,把安重诲离间孟知祥、董璋、钱镠与朝廷的关系作为安重诲的罪行,又诬说他想自己出击淮南以夺取兵权,派遣元随暗中带安崇赞、安崇绪二子归还本道,并将两人诛杀。

31　丙午(十九日),后唐明宗派西川进奏官苏愿、东川军将领刘澄各自回到本军镇所,传达:因安重诲专权,朝廷对他兴兵讨伐,现在安重诲已经服罪死亡。

32　六月乙丑(初九),重新任用李从珂为同平章事,充当西都留守。

33　丙子，命诸道均民田税。

34　闽王延钧好神仙之术，道士陈守元、巫者徐彦林与盛韬共诱之作宝皇宫，极土木之盛，以守元为宫主。

35　秋，九月己亥，更赐东丹慕华姓名曰李赞华。

36　吴镇南节度使、同平章事徐知谏卒，以诸道副都统、镇海节度使、守中书令徐知询代之，赐爵东海郡王。徐知诰之召知询入朝也，知谏豫其谋。知询遇其丧于涂，抚棺泣曰："弟用心如此，我亦无憾，然何面见先王于地下乎！"

37　辛丑，加枢密使范延光同平章事。

38　辛亥，敕解纵五坊鹰隼，内外无得更进。冯道曰："陛下可谓仁及禽兽。"上曰："不然。朕昔尝从武皇猎，时秋稼方熟，有兽逸入田中，遣骑取之，比及得兽，馀稼无几。以是思之，猎有损无益，故不为耳。"

39　冬，十月丁卯，洋州指挥使李进唐攻通州，拔之。

40　壬午，以王延政为建州刺史。

41　十一月甲申朔，日有食之。

42　癸巳，苏愿至成都，孟知祥闻甥姪在朝廷者皆无恙，遣使告董璋，欲与之俱上表谢罪。璋怒曰："孟公亲戚皆完，固宜归附；璋已族灭，尚何谢为！诏书皆在苏愿腹中，刘澄安得豫闻，璋岂不知邪！"由是复为怨敌。

43　乙未，李仁罕自夔州引兵还成都。

33 丙子(二十日),后唐朝廷命令所辖诸道均衡民众的田税。

34 闽王王延钧喜好神仙不死之术,道士陈守元、巫师徐彦林与盛韬共同诱骗他兴建宝皇宫道观,土木工程极为豪华,就用陈守元为宫主。

35 秋季,九月己亥(十五日),重新赐予东丹慕华的姓名叫李赞华。

36 吴国镇南节度使、同平章事徐知谏去世,任用诸道副都统、镇海节度使、守中书令徐知询代替他,赐爵东海郡王。天成四年时徐知诰利用权柄召调徐知询还入吴国朝廷之事,徐知谏参与了策划。此次,徐知询往洪州赴任,路上遇到徐知谏的丧葬,徐知询抚摸着棺材而哭泣着说:"老弟对我如此用心,我也不怨恨你,然而你有何面目在地下见先王呢!"

37 辛丑(十七日),加封枢密使范延光为同平章事。

38 辛亥(二十七日),后唐明宗敕令把内廷五坊豢养的鹰隼都放回山林,以后朝廷内外都不得再进用。冯道说:"陛下可称仁爱及于禽兽了。"明宗说:"不是这样。朕从前曾经随从武皇帝打猎,当时正当秋季,禾稼刚成熟,有的野兽逃入田中,派人骑着马去猎取,等到抓住野兽,禾稼已经剩馀没有多少了。因此想到,纷放鹰犬去打猎有损无益,所以我不干那种事啊。"

39 冬季,十月丁卯(十三日),洋州指挥使李进唐攻打并攻克了蜀地通州。

40 壬午(二十九日),任用王延政为建州刺史。

41 十一月甲申朔(初一),出现日食。

42 癸巳(初十),苏愿到达成都,孟知祥听说他的亲戚在后唐朝廷做官的都安然无事,就派使者去告诉董璋,想要和董璋一同上表谢罪。董璋发怒说:"孟公亲戚都完好,当然应该归附朝廷;我的宗族已经杀灭,还有什么可谢的!朝廷下的诏书都在苏愿的肚子里,刘澄哪得预问,我董璋难道不知道吗!"从此,又成为怨敌。

43 乙未(十二日),李仁罕从夔州领兵返还成都。

44 吴中书令徐知诰表称辅政岁久，请归老金陵。乃以知诰为镇海、宁国节度使，镇金陵，馀官如故，总录朝政如徐温故事。以其子兵部尚书、参政事景通为司徒、同平章事，知中外左右诸军事，留江都辅政；以内枢使、同平章事王令谋为左仆射，兼门下侍郎，以宋齐丘为右仆射，兼中书侍郎，并同平章事，兼内枢使，以佐景通。

赐德胜节度使张崇爵清河王。崇在庐州贪暴，州人苦之，屡尝入朝，厚以货结权要，由是常得还镇，为庐州患者二十馀年。

45 十二月甲寅朔，初听百姓自铸农器并杂铁器，每田二亩，夏秋输农具三钱。

46 武安、静江节度使马希声闻梁太祖嗜食鸡，慕之，既袭位，日杀五十鸡为膳。居丧无戚容。庚申，葬武穆王于衡阳，将发引，顿食鸡臛数盘，前吏部侍郎潘起讥之曰："昔阮籍居丧食蒸豚，何代无贤！"

47 癸亥，徐知诰至金陵。

48 昭武留后赵廷隐白孟知祥以利州城堑已完，顷在剑州与牙内都指挥使李肇同功，愿以昭武让肇，知祥褒谕，不许。廷隐三让，癸酉，知祥召廷隐还成都，以肇代之。

49 闽陈守元等称宝皇之命，谓闽王延钧曰："苟能避位受道，当为天子六十年。"延钧信之，丙子，命其子节度副使继鹏权军府事。延钧避位受箓，道名玄锡。

50 爱州将杨廷艺养假子三千人，图复交州，汉交州守将李进知之，受其赂，不以闻。是岁，廷艺举兵围交州，汉主遣承旨程宝救之，未至，城陷。进逃归，汉主杀之。宝围交州，廷艺出战，宝败死。

44 吴国中书令徐知诰向吴主上表说自己辅政时间长了，请求告老回金陵。吴主便任命徐知诰为镇海、宁国节度使，镇守金陵，其馀官职如旧，像他的父亲徐温一样总管朝政。又任用徐知诰的儿子兵部尚书、参政事徐景通为司徒、同平章事，主管中外左右诸军事务，留在江都辅政；还用内枢使、同平章事王令谋为左仆射，兼门下侍郎，用宋齐丘为右仆射，兼中书侍郎，二人并同平章事，兼内枢使，以协助徐景通。

赐予德胜节度使张崇进爵清河王。张崇在庐州贪婪暴虐，百姓叫苦，他曾经屡次入朝，用大量财物勾结朝中有权有势的高官，因此常常能够返还原镇，成为庐州的祸害达二十多年。

45 十二月甲寅朔（初一），开始听任百姓自己铸造农具和杂铁器，每有田二亩，夏秋季纳农具税三钱。

46 武安、静江节度使马希声听说后梁太祖朱温嗜好吃鸡，很羡慕，待到他继承荆南王位以后，每天杀五十只鸡供膳食之用。他正居于服丧之期也没有悲伤的样子。庚申（初七），在衡阳埋葬他的父亲武穆王马殷，将要发丧，一顿吃了数盘鸡羹，前吏部侍郎潘起讥讽他说："从前阮籍居丧中吃蒸小猪，哪一代没有'贤人'啊！"

47 癸亥（初十），徐知诰到达金陵。

48 昭武留后赵廷隐上表告诉孟知祥，因为利州修整城堑已经完成，前此在守卫剑州时，牙内都指挥使李肇与其有同样的功劳，愿意把昭武军镇让给李肇，孟知祥称赞了他，但没有准许。赵廷隐多次表示让位，癸酉（二十日），孟知祥把赵廷隐召回成都，让李肇去代替他。

49 闽国的陈守元等称言，奉宝皇之命，对闽王王延钧说："如果您能避开王位接受道籍，可以做天子六十年。"王延钧相信了这些话，丙子（二十三日），命他的儿子节度副使王继鹏暂管军府之事。王延钧避位接受道家符箓，取道名玄锡。

50 爱州将官杨廷艺养假子三千人，企图复取交州，南汉交州守将李进知道此事，由于受到杨廷艺的贿赂，不向南汉国主刘龚报告。这一年，杨廷艺发兵围攻交州，南汉国主派承旨程宝去救援，兵未到而城已陷。李进逃归，南汉主把他杀了。程宝围攻交州，杨廷艺出城迎战，程宝战败而死。

三年(壬辰,932)

1 春,正月,枢密使范延光言:"自灵州至邠州方渠镇,使臣及外国入贡者多为党项所掠,请发兵击之。"己丑,遣静难节度使药彦稠、前朔方节度使康福将步骑七千讨党项。

2 乙未,孟知祥妻福庆长公主卒。

3 孟知祥以朝廷恩意优厚,而董璋塞绵州路,不听遣使入谢,与节度副使赵季良等谋,欲发使自峡江上表,掌书记李昊曰:"公不与东川谋而独遣使,则异日负约之责在我矣。"乃复遣使语之,璋不从。

二月,赵季良与诸将议遣昭武都监太原高彦俦将兵攻取壁州,以绝山南兵转入山后诸州者。孟知祥谋于僚佐,李昊曰:"朝廷遣苏愿等西归,未尝报谢,今遣兵侵轶,公若不顾坟墓、甥姪,则不若传檄举兵直取梁、洋,安用壁州乎!"知祥乃止。季良由是恶昊。

4 辛未,初令国子监校定《九经》,雕印卖之。

5 药彦稠等奏破党项十九族,俘二千七百人。

6 赐高从海爵勃海王。

7 吴徐知诰作礼贤院于府舍,聚图书,延士大夫,与孙晟及海陵陈觉谈议时事。

8 孟知祥三遣使说董璋,以主上加礼于两川,苟不奉表谢罪,恐复致讨,璋不从。三月辛丑,遣李昊诣梓州,极论利害,璋见昊,诟怒,不许。昊还,言于知祥曰:"璋不通谋议,且有窥西川之志,公宜备之。"

9 甲辰,闽王延钧复位。

后唐明宗长兴三年(壬辰,公元 932 年)

1 春季,正月,枢密使范延光上奏:"从灵州至邠州方渠镇,使臣及外国入朝廷来进贡的人,很多被党项所劫掠,请朝廷派兵去攻打他们。"己丑(初七),后唐朝廷派静难节度使药彦稠、前朔方节度使康福统领步兵和骑兵七千人讨伐党项。

2 乙未(十三日),孟知祥妻福庆长公主去世。

3 孟知祥因为朝廷对他恩宠优厚,而董璋挡住绵州的道路,不让他派使者入朝致谢,便同节度副使赵季良等谋议,准备派遣使者从峡江出川上表,掌书记李昊说:"您不同东川商量而独自派出使者,那么将来不守协约的责任就落在我们头上了。"因而又派人告诉董璋,董璋不听他的。

二月,赵季良与诸将计议派昭武都监太原的高彦俦领兵攻取壁州,来断绝秦岭以南的兵卒中转奔山后诸州的人。孟知祥和自己的僚属商议,李昊说:"朝廷把苏愿等派回来,还没有向朝廷报谢,现在反派兵包抄通路,您如果不顾自家的祖坟和亲戚,就不如发出战报直取梁州、洋州,哪用得着攻打壁州啊!"孟知祥便停止攻取壁州。赵季良从此厌恶李昊。

4 辛未(十九日),后唐朝廷开始下令国子监校定《九经》,雕版印制出售。

5 药彦稠等奏报攻破党项十九个部族,俘虏两千七百人。

6 赐授高从诲进爵勃海王。

7 吴国徐知诰在金陵府舍作礼贤院,聚集图书,延揽士大夫,与孙晟及海陵陈觉议论时事。

8 孟知祥三次派使者劝说董璋,因主上对西川优礼有加,如不上表谢罪,恐怕还要派兵来讨伐,董璋不听。三月辛丑(十九日),又派李昊到梓州拜见董璋,极力论述利害,董璋见到李昊,怒骂不已,仍不同意。李昊回来,对孟知祥说:"董璋不容商量,而且有袭取西川的意图,您可要戒备他。"

9 甲辰(二十二日),闽王王延钧结束避位,又复位。

10　吴越武肃王钱镠疾，谓将吏曰："吾疾必不起，诸儿皆愚懦，谁可为帅者？"众泣曰："两镇令公仁孝有功，孰不爱戴！"镠乃悉出印钥授传瓘，曰："将吏推尔，宜善守之。"又曰："子孙善事中国，勿以易姓废事大之礼。"庚戌卒，年八十一。

传瓘与兄弟同幄行丧，内牙指挥使陆仁章曰："令公嗣先王霸业，将吏旦暮趋谒，当与诸公子异处。"乃命主者更设一幄，扶传瓘居之，告将吏曰："自今惟谒令公，禁诸公子从者无得妄入。"昼夜警卫，未尝休息。镠末年左右皆附传瓘，独仁章数以事犯之。至是，传瓘劳之，仁章曰："先王在位，仁章不知事令公，今日尽节，犹事先王也。"传瓘嘉叹久之。

传瓘既袭位，更名元瓘，兄弟名"传"者皆更为"元"。以遗命去国仪，用藩镇法；除民田荒绝者租税。命处州刺史曹仲达权知政事。置择能院，掌选举殿最，以浙西营田副使沈崧领之。

内牙指挥使富阳刘仁杞及陆仁章久用事，仁章性刚，仁杞好毁短人，皆为众所恶。一日，诸将共诣府门请诛之，元瓘使从子仁俊谕之曰："二将事先王久，吾方图其功，汝曹乃欲逞私憾而杀之，可乎？吾为汝王，汝当禀吾命；不然，吾当归临安以避贤路！"众惧而退。乃以仁章为衢州刺史，仁杞为湖州刺史。中外有上书告讦者，元瓘皆置不问，由是将吏辑睦。

10　吴越武肃王钱镠患病，对所属文官武将说："我这次患病必然不能再愈，我的几个儿子都愚蠢懦弱，谁可以做统帅呢？"众人涕泣着说："镇海节度使钱传瓘仁孝有功，谁不爱戴！"钱镠便把吴越的印信、锁钥全部取出授予钱传瓘，并说："众位将吏推举你，你要妥善守护住。"又说："今后，子孙们要亲善地对待中原，不要因为中原统治者易姓而放弃事奉大国之礼。"庚戌（二十八日）去世，终年八十一岁。

钱传瓘与兄弟们共同在一个帐幄内守丧，内牙指挥使陆仁章说："令公继承先王的霸业，将吏们早晚要进见他，应当与诸位公子分开住。"便命令主事的人另设一帐，扶着钱传瓘住进去，并向将吏宣告："从今以后，这里只能谒见令公，禁止诸公子的随从未经允许随便进入。"于是，昼夜警卫，未尝休息。钱镠末年，事奉在左右的人都依附讨好钱传瓘，唯独陆仁章几次因为一些事情触犯他。到此时，钱传瓘慰劳他，陆仁章说："先王在位时，仁章不知事奉令公，现在为您尽力，犹如事奉先王一样。"钱传瓘很嘉许他，称叹不已。

钱传瓘继承王位以后，改名元瓘，兄弟们名字中的"传"字都改为"元"字。用钱镠的遗命去掉称为国家的典仪，而用藩镇法制；免除民田荒芜无收者的租税。任命处州刺史曹仲达暂为知政事。设置择能院，掌管选拔先后之事，用浙西营田副使沈崧领导此事。

内牙指挥使富阳人刘仁杞及陆仁章长时间当权，陆仁章性刚直，刘仁杞喜欢贬低人，两人都被众人所厌恶。一天，诸将一起来到府门请求除掉他们，钱元瓘命他的侄子钱仁俊告诉众人说："这两位将军事奉先王很久了，我正要表彰他们的功劳，你们竟然要为逞私人嫌怨而诛杀他们，怎么可以呢？我现在是你们的王，你们应当听从我的命令；如若不然，我就应当归返临安以避让贤路！"众人惶惧而退去。于是，便任用陆仁章为衢州刺史，刘仁杞为湖州刺史。内外有上书进行私人攻击的人，钱元瓘都搁置不理，因此将吏和睦。

11　初,契丹舍利荊剌与惕隐皆为赵德钧所擒,契丹屡遣使请之。上谋于群臣,德钧等皆曰:"契丹所以数年不犯边、数求和者,以此辈在南故也,纵之则边患复生。"上以问冀州刺史杨檀,对曰:"荊剌,契丹之骁将,向助王都谋危社稷,幸而擒之,陛下免其死,为赐已多。契丹失之如丧手足。彼在朝廷数年,知中国虚实,若得归,为患必深,彼才出塞,则南向发矢矣,恐悔之无及。"上乃止。檀,沙陀人也。

12　上欲授李赞华以河南藩镇,群臣皆以为不可,上曰:"吾与其父约为昆弟,故赞华归我。吾老矣,后世继体之君,虽欲招之,其可致乎!"夏,四月癸亥,以赞华为义成节度使,为选朝士为僚属辅之。赞华但优游自奉,不豫政事,上嘉之,虽时有不法亦不问,以庄宗后宫夏氏妻之。赞华好饮人血,姬妾多刺臂以吮之;婢仆小过,或抉目,或刀剚火灼;夏氏不忍其残,奏离婚为尼。

13　乙丑,加宋王从厚兼中书令。

14　东川节度使董璋会诸将谋袭成都,皆曰必克;前陵州刺史王晖曰:"剑南万里,成都为大,时方盛夏,师出无名,必无成功。"孟知祥闻之,遣马军都指挥使潘仁嗣将三千人诣汉州诇之。

璋入境,破白杨林镇,执戍将武弘礼,声势甚盛,知祥忧之,赵季良曰:"璋为人勇而无恩,士卒不附,城守则难克,野战则成擒矣。今不守巢穴,公之利也。璋用兵精锐皆在前锋,公宜以赢兵诱之,以劲兵待之,始虽小衄,后必大捷。璋素有威名,今举兵暴至,人心危惧,公当自出御之,以强众心。"赵廷隐以季良言为然,曰:"璋轻而无谋,举兵必败,当为公擒之。"辛巳,以廷隐为行营马步军都部署,将三万人拒之。

11　起先，契丹舍利苘剌与惕隐都被赵德钧所擒获，契丹屡次派人请求放还他们。明宗与群臣讨论，赵德钧等都说："契丹所以几年不来侵犯边境，而且多次来求和，就是由于这些人被系押在南朝的缘故，放了他们，那就要边患再生。"明宗向冀州刺史杨檀咨询此事，杨檀回答说："苘剌是契丹的勇将，过去帮助王都阴谋危害社稷，幸而擒住了他，陛下免了他一死，赐给他的恩惠已经很多。契丹丢掉了他如同断了手足。他在朝廷留居数年，了解中国的虚实，如果获得放归，必然要深深为患，才放他出了塞北，他就会向南放射弓箭，那时，恐怕后悔也来不及了。"明宗便停止释放他们。杨檀是沙陀国的人。

12　明宗要授予李赞华河南藩镇，群臣都认为不可，后唐明宗说："我和他父亲盟约为兄弟，所以李赞华才归顺于我。现在我老了，后来的继承大统之君，虽然想招他来，可能办得到吗！"夏季，四月癸亥（十一日），任命李赞华为义成节度使，并且为他选拔朝士做僚属以辅助他。李赞华只顾优游享受，不参与政事，明宗赞许他，虽然时常有不法行为也不过问，还把庄宗后宫宫人夏氏送给他做妻子。李赞华喜欢喝人血，姬妾们常常刺破手臂流血让他吸吮；婢仆有些小过失，或者挖目，或者刀割、火灼；夏氏看不惯他的残忍，奏请离婚去当尼姑。

13　乙丑（十五日），加封宋王李从厚兼任中书令。

14　东川节度使董璋聚会众将谋求袭击成都，众将都说一定能够攻克；前陵州刺史王晖说："剑南万里地方，以成都为大郡，现在又正当盛夏，师出无名，一定不能成功。"孟知祥听说董璋来袭，派马军都指挥使潘仁嗣统领三千人马到汉州侦察、等待他。

董璋进入西川境内，攻破白杨林镇，抓住守将武弘礼，声势很盛，孟知祥担忧，赵季良说："董璋为人勇猛而没有恩德，士兵心中不依附他，如果他据城固守，就难以攻克，如果进行野战，就容易擒获他了。现在，他不守自己的巢穴，对您是有利的。董璋用兵，精锐都放在前锋，您应用弱兵引诱他，用强兵等待他，开始虽然要有小挫折，最后必然取得大胜利。董璋素来以威武扬名，现在他兴兵骤至，人心害怕，您应当亲自出战去抗御他，来加强兵众的斗志。"赵廷隐认为赵季良的话说得对，也说："董璋轻率而没有谋略，他举兵必然要失败，我应当为您把他捉住。"辛巳（二十九日），用赵廷隐为行营马步军都部署，统领三万人抗拒董璋。

五月壬午朔，廷隐入辞。董璋檄书至，又有遗季良、廷隐及李肇书，诬之云，季良、廷隐与己通谋，召己令来。知祥以书授廷隐，廷隐不视，投之于地，曰："不过为反间，欲令公杀副使与廷隐耳。"再拜而行。知祥曰："事必济矣。"肇素不知书，视之，曰："璋教我反耳。"囚其使者，然亦拥众为自全计。

璋兵至汉州，潘仁嗣与战于赤水，大败，为璋所擒，璋遂克汉州。

癸未，知祥留赵季良、高敬柔守成都，自将兵八千趣汉州，至弥牟镇，赵廷隐陈于镇北。甲申，迟明，廷隐陈于鸡踪桥，义胜定远都知兵马使张公铎陈于其后。俄而璋望西川兵盛，退陈于武侯庙下，璋帐下骁卒大噪曰："日中曝我辈何为！"璋乃上马。前锋始交，东川右厢马步都指挥使张守进降于知祥，言"璋兵尽此，无复后继，当急击之"。知祥登高冢督战，左明义指挥使毛重威、左冲山指挥使李瑭守鸡踪桥，皆为东川兵所杀；赵廷隐三战不利，牙内都指挥副使侯弘实兵亦却，知祥惧，以马箠指后阵。张公铎帅众大呼而进，东川兵大败，死者数千人，擒东川中都指挥使元瓌、牙内副指挥使董光演等八十馀人。璋抚膺曰："亲兵皆尽，吾何依乎！"与数骑遁去，馀众七千人降，复得潘仁嗣。知祥引兵追璋至五侯津，东川马步都指挥使元瓌降。西川兵入汉州府第，求璋不得，士卒争璋军资，故璋走得免。赵廷隐追至赤水，又降其卒三千人。是夕，知祥宿雒县。命李昊草榜谕东川吏民，及草书劳问璋，且言将如梓州，询负约之由，请见伐之罪。乙酉，知祥会廷隐于赤水，遂西还，命廷隐将兵攻梓州。

五月壬午朔(初一)，赵廷隐来辞别孟知祥。董璋的兴兵文书送到成都，还有给赵季良、赵廷隐及李肇的信，信中造谣说，赵季良、赵廷隐和董璋共同设谋，招引董璋来攻西川。孟知祥把来信交给赵廷隐，赵廷隐根本不看，投掷于地，说道："不过是施行反间之计，要使命公杀节度副使和廷隐而已。"便向孟知祥郑重地拜别登程了。孟知祥说："事情一定能够成功。"李肇素来不认识字，一看来信，便说："董璋教我反叛哟。"把董璋派来的使者囚禁起来，然而也调集兵马做了自我保全的准备。

　　董璋的兵马到了汉州，潘仁嗣和他在赤水开战，打得大败，被董璋擒获，董璋便占领了汉州。

　　癸未(初二)，孟知祥留下赵季良、高敬柔守卫成都，自己带领八千兵马奔向汉州，到达弥牟镇，赵廷隐陈兵于镇北。甲申(初三)，天刚亮，赵廷隐在鸡踪桥摆开阵势，义胜定远都知兵马使张公铎在他的后面布开阵势。过了一些时候，董璋望见西川兵势盛大，自己把阵线退据在武侯庙下，董璋帐下的骁勇的兵卒大肆鼓噪说："太阳正当午，把我们大家曝晒在烈日之下要干什么！"董璋这才上马向前进军。前锋刚刚交战，东川右厢马步都指挥使张守进向孟知祥投降，并说："董璋的兵马全部在这里，再没有后继部队，您应该快速出击。"孟知祥登上高坟头督战，左明义指挥使毛重威、左冲山指挥使李瑭把守鸡踪桥，都被东川兵所杀；赵廷隐三次交战都失利，牙内都指挥副使侯弘实的兵也退却下来，孟知祥害怕，用马鞭指挥后阵。张公铎率领众兵大喊着进军向前，东川兵大败，死亡数千人，擒获东川中都指挥使元瓒、牙内副指挥使董光演等八十多人。董璋拍打着胸脯说："亲近兵士都丧失了，我还依靠谁啊！"只同几个骑兵逃遁而去，其余兵众七千多人投降了，把潘仁嗣也拯救回来。孟知祥领兵追赶董璋到五侯津，东川马步都指挥使元瓌投降。西川兵攻入汉州府第，寻找不见董璋，当时，士兵争着劫掠董璋的军事物资，所以董璋没有被抓住。赵廷隐追赶到赤水，又获降卒三千人。这一晚，孟知祥留宿在雒县。命李昊草拟榜文告谕东川吏民，又起草书信"慰劳问候"董璋，并且说要到梓州去，询问董璋为什么不守协约，质问他兴兵见伐的罪名。乙酉(初四)，孟知祥与赵廷隐在赤水会师，便西还成都，命令赵廷隐统兵进攻梓州。

　　璋至梓州，肩舆而入，王晖迎问曰："太尉全军出征，今还者无十人，何也？"璋涕泣不能对。至府第，方食，晖与璋从子牙内都虞候延浩帅兵三百大噪而入。璋引妻子登城，子光嗣自杀。璋至北门楼，呼指挥使潘稠使讨乱兵，稠引十卒登城，斩璋首，及取光嗣首以授王晖，晖举城迎降。赵廷隐入梓州，封府库以待知祥。李肇闻璋败，始斩其使以闻。

　　丙戌，知祥入成都，丁亥，复将兵八千如梓州。至新都，赵廷隐献董璋首。己丑，发玄武，赵廷隐帅东川将吏来迎。

　　15　康福奏党项钞盗者已伏诛，馀皆降附。

　　16　壬辰，孟知祥有疾，癸巳，疾甚，中门副使王处回侍左右，庖人进食，必空器而出，以安众心。李仁罕自遂州来，赵廷隐迎于板桥。仁罕不称东川之功，侵侮廷隐，廷隐大怒。乙未，知祥疾瘳；丁酉，入梓州。戊戌，犒赏将士，既罢，知祥谓李仁罕、赵廷隐曰："二将谁当镇此？"仁罕曰："令公再与蜀州，亦行耳。"廷隐不对。知祥愕然，退，命李昊草牒，俟二将有所推则命一人为留后，昊曰："昔梁祖、庄宗皆兼领四镇，今二将不让，惟公自领之为便耳。公宜亟还府，更与赵仆射议之。"

　　17　己亥，契丹使者迭罗卿辞归国，上曰："朕志在安边，不可不少副其求。"乃遣荝骨舍利与之俱归。契丹以不得荝剌，自是数寇云州及振武。

董璋退至梓州,让人架着肩舆抬回来,王晖迎接着问道:"太尉您统帅全军出征西川,现在回来的不到十人,是怎么回事?"董璋涕哭着不能答对。到了自家府第,正在吃饭,王晖与董璋的侄子牙内都虞候董延浩带领兵丁三百人大声呼喊着进来。董璋拉着妻子儿女登上城垣,他的儿子董光嗣自杀。董璋跑到北门城楼,呼唤指挥使潘稠让他镇压乱兵,潘稠带着十个兵丁登城,斩了董璋的头,又取下董光嗣的头,一起交给王晖,王晖便开城迎入西川兵投降了。赵廷隐进入梓州,封闭了府库财物以等待孟知祥到来。李肇听说董璋失败,才把原来囚禁的董璋派来的使者杀了,并报告孟知祥。

丙戌(初五),孟知祥返回成都,丁亥(初六),又率兵八千人赴梓州。到新都时,赵廷隐向他呈献董璋的人头。己丑(初八),从玄武出发,赵廷隐带领着东川的将吏来迎接。

15　朔方节度使康福向后唐朝廷奏报,党项掠劫者已经伏诛,其馀都已降附。

16　壬辰(十一日),孟知祥患病,癸巳(十二日),病加剧,中门副使王处回侍奉在左右,厨师送食物进来,必然空着食器出来,用以安定众人之心。李仁罕从遂州来,赵廷隐在板桥迎接他。李仁罕不称道攻取东川的功劳,侮谩赵廷隐,赵廷隐很是恼怒。乙未(十四日),孟知祥病好了;丁酉(十六日),进入梓州。戊戌(十七日),犒赏战士,饮宴之后,孟知祥对李仁罕、赵廷隐说:"二位将军谁应当镇戍在这里?"李仁罕说:"令公如果再把蜀州交给我领管,我也可以去。"赵廷隐不说话。孟知祥觉着为难,回来之后,让李昊起草公文,等二将有所推让便任用一个为留后,李昊说:"以前梁朝太祖、我朝庄宗都一身而兼领四镇,现在二将不肯相让,只有令公自己领管为宜。您最好赶快回城都,同赵秉良仆射商量。"

17　己亥(十八日),契丹使者迭罗卿辞别朝廷归国,后唐明宗说:"朕的意愿是要使边境安宁,不可不稍微符合他们的要求。"便把荫骨舍利遣返,与使者同归。契丹因为没有得到荫剌遣回,从此几次侵犯云州及振武。

18 孟知祥命李仁罕归遂州,留赵廷隐东川巡检,以李昊行梓州军府事。昊曰:"二虎方争,仆不敢受命,愿从公还。"乃以都押牙王彦铢为东川监押。癸卯,知祥至成都,赵廷隐寻亦引兵西还。

知祥谓李昊曰:"吾得东川,为患益深。"昊请其故,知祥曰:"自吾发梓州,得仁罕七状,皆云'公宜自领东川,不然诸将不服'。廷隐言'本不敢当东川,因仁罕不让,遂有争心耳'。君为我晓廷隐,复以阆州为保宁军,益以果、蓬、渠、开四州,往镇之。吾自领东川,以绝仁罕之望。"廷隐犹不平,请与仁罕斗,胜者为东川,昊深解之,乃受命。六月,以廷隐为保宁留后。戊午,赵季良帅将吏请知祥兼镇东川,许之。季良等又请知祥称王,权行制书,赏功臣,不许。

董璋之攻知祥也,山南西道节度使王思同以闻,范延光言于上曰:"若两川并于一贼,抚众守险,则取之益难,宜及其交争,早图之。"上命思同以兴元之兵密规进取。未几,闻璋败死,延光曰:"知祥虽据全蜀,然士卒皆东方人,知祥恐其思归为变,亦欲倚朝廷之重以威其众,陛下不屈意抚之,彼则无从自新。"上曰:"知祥吾故人,为人离间至此,何屈意之有!"乃遣供奉官李存瓌赐知祥诏曰:"董璋狐狼,自贻族灭。卿丘园亲戚皆保安全,所宜成家世之美名,守君臣之大节。"存瓌,克宁之子,知祥之甥也。

18　孟知祥命令李仁罕返回遂州，留下赵廷隐为东川巡检，任用李昊行使梓州军府的管理事务。李昊说："两只老虎正争斗得凶，在下不敢接受这个命令，愿意跟随您回成都。"于是，使用都押牙王彦铢为东川监押。癸卯（二十二日），孟知祥到达成都，赵廷隐不久也领兵向西还军。

　　孟知祥对李昊说："我取得东川，忧虑更多了。"李昊问其缘故，孟知祥说："自从我离开梓州，得到李仁罕七次表白，都说'您应该亲自领镇东川，不然诸将会不心服'。赵廷隐则说'本来不敢领镇东川，因李仁罕不相让，才有了与他争任之心'。请你替我晓谕赵廷隐，我要恢复阆州为保宁军，加上果、蓬、渠、开四州，请他去镇守。我自己兼领东川，以断绝李仁罕的企望。"赵廷隐听了还是恨恨不平，要求与李仁罕比武，谁胜谁领东川；李昊深入劝解他，他才接受了孟知祥的命令。六月，任用赵廷隐为保宁留后。戊午（初七），赵季良带领将吏请求孟知祥兼镇东川，孟知祥答应了。赵季良等又请求孟知祥称王，暂时行使王位制命，赏赐功臣，孟知祥不准。

　　董璋攻打孟知祥的时候，山南西道节度使王思同向后唐朝廷作了报告，范延光对明宗上言："如果两川合并于一个盗贼掌握，他安抚民众，守卫险要，那就更难于攻取了，最好在他们交争之中，早日收服他。"明宗命王思同用兴元之兵暗中规划准备进取西蜀。没有多久，听到董璋败死，范延光又说："孟知祥虽已据有全蜀，然而他的士兵都是东边的人，孟知祥怕他们思归致变，也想依赖朝廷的重望以震慑他的兵众，陛下如果不屈意委婉地安抚他，他就不能借机自新。"明宗说："孟知祥是我的故旧相好，是被人离间才干出抗拒朝廷的事情，有什么'屈意'可说的！"于是，派遣供奉官李存瓌赐给孟知祥诏书说："董璋是狐狼之辈，自找族灭全家。爱卿的祖宗墓园和亲戚之属都保障了安全，你应该保全家世的美名，遵守君臣的大节。"李存瓌是李克宁的儿子，孟知祥的外甥。

19　闽王延钧谓陈守元曰："为我问宝皇：既为六十年天子，后当何如？"明日，守元入白："昨夕奏章，得宝皇旨，当为大罗仙主。"徐彦林等亦曰："北庙崇顺王尝见宝皇，其言与守元同。"延钧益自负，始谋称帝。表朝廷云："钱镠卒，请以臣为吴越王；马殷卒，请以臣为尚书令。"朝廷不报，自是职贡遂绝。

19　闽王王延钧对陈守元说:"你为我问问宝皇:既然能当天子六十年,以后又将怎么样?"第二天,陈守元进府说:"昨夜向天宫进奏章请示,得到宝皇降旨,您后来要当大罗仙主。"徐彦林等人也说:"北庙崇顺王曾经见到宝皇,所讲的话与陈守元说的一样。"王延钧更加自命不凡,开始谋求称帝。上表给朝廷说:"钱镠死了,请朝廷任我为吴越王;马殷死了,请朝廷任我为尚书令。"后唐朝廷不理他,从此便断绝了应行的朝贡。

卷第二百七十八　后唐纪七

起壬辰(932)七月尽甲午(934)闰正月凡一年有奇

明宗圣德和武钦孝皇帝下
长兴三年(壬辰,932)

1　秋,七月朔,朔方奏夏州党项入寇,击败之,追至贺兰山。

2　己丑,加镇海、镇东军节度使钱元瓘守中书令。

3　庚寅,李存瓌至成都,孟知祥拜泣受诏。

4　武安、静江节度使马希声以湖南比年大旱,命闭南岳及境内诸神祠门,竟不雨。辛卯,希声卒,六军使袁诠、潘约等迎镇南节度使希范于朗州而立之。

5　乙未,孟知祥遣李存瓌还,上表谢罪,且告福庆公主之丧。自是复称藩。

6　庚子,以西京留守、同平章事李从珂为凤翔节度使。

7　废武兴军,复以凤、兴、文三州隶山南西道。

8　丁未,以门下侍郎、同平章事赵凤同平章事,充安国节度使。

9　八月庚申,马希范至长沙;辛酉,袭位。

10　甲子,孟知祥令李昊为武泰赵季良等五留后草表,请以知祥为蜀王,行墨制,仍自求旌节,昊曰:"比者诸将攻取方镇,即有其地,今又自求节钺及明公封爵,然则轻重之权皆在群下矣;

明宗圣德和武钦孝皇帝下

后唐明宗长兴三年(壬辰,公元932年)

1 秋季,七月朔(初一),朔方上表奏报:夏州党项来侵犯,击败了他们,追击到贺兰山。

2 己丑(初九),加封镇海、镇东节度使钱元瓘为中书令。

3 庚寅(初十),李存瓌到了成都,孟知祥拜泣着接受后唐明宗诏书。

4 武安、静江节度使马希声因湖南连年大旱,下令关闭南岳及境内诸神祠的大门,到底没有下雨。辛卯(十一日),马希声去世,六军使袁诠、潘约等迎请镇南节度使马希范于朗州而拥立他为主。

5 乙未(十五日),孟知祥让李存瓌回洛阳,向朝廷上表谢罪,并报告福庆公主的丧事。从此又向后唐朝廷自称藩属。

6 庚子(二十日),任用西京留守、同平章事李从珂为凤翔节度使。

7 废除武兴军,恢复凤、兴、文三州隶属于山南西道。

8 丁未(二十七日),任用门下侍郎、同平章事赵凤同平章事,充当安国节度使。

9 八月庚申(十一日),荆南马希范到达长沙;辛酉(十二日),承袭其兄马希声的职位。

10 甲子(十五日),孟知祥让李昊为武泰赵季良等五个留后起草表章,请求朝廷封孟知祥为蜀王,行使墨书制命的权力,允许他自行委任将吏,同时为他们自己请求朝廷赐给节度使的旌节,李昊说:"近来诸将攻取一方军镇,就占有其地域,现在又自己要求给予旌节斧钺以及您的封爵,这样,职位轻重的权衡就都落在下属部众之手了;

借使明公自请,岂不可邪!"知祥大悟,更令昊为己草表,请行墨制,补两川刺史已下;又表请以季良等五留后为节度使。

初,安重诲欲图两川,自知祥杀李严,每除刺史,皆以东兵卫送之,小州不减五百人,夏鲁奇、李仁矩、武虔裕各数千人,皆以牙队为名。及知祥克遂、阆、利、夔、黔、梓六镇,得东兵无虑三万人,恐朝廷征还,表请其妻子。

11 吴徐知诰广金陵城周围二十里。

12 初,契丹既强,寇抄卢龙诸州皆遍,幽州城门之外,虏骑充斥。每自涿州运粮入幽州,虏多伏兵于阎沟,掠取之。及赵德钧为节度使,城阎沟而戍之,为良乡县,粮道稍通。幽州东十里之外,人不敢樵牧;德钧于州东五十里城潞县而戍之,近州之民始得稼穑。至是,又于州东北百馀里城三河县以通蓟州运路,虏骑来争,德钧击却之。九月庚辰朔,奏城三河毕。边人赖之。

13 壬午,以镇南节度使马希范为武安节度使,兼侍中。

14 孟知祥命其子仁赞摄行军司马,兼都总辖两川牙内马步都军事。

15 冬,十月己酉朔,帝复遣李存瓌如成都,凡剑南自节度使、刺史以下官,听知祥差署讫奏闻,朝廷更不除人;唯不遣戍兵妻子,然其兵亦不复征也。

16 秦王从荣喜为诗,聚浮华之士高辇等于幕府,与相唱和,颇自矜伐。每置酒,辄令僚属赋诗,有不如意者面毁裂抵弃。壬子,从荣入谒,帝语之曰:"吾虽不知书,然喜闻儒生讲经义,开益人智思。吾见庄宗好为诗,将家子文非素习,徒取人窃笑,汝勿效也。"

假如您自己请封,岂不更好!"孟知祥一下明白过来,便让李昊替自己起草表章,请求施行墨书制命,可以补授缺额的两川刺史以下的官职;又上表请求朝廷任命赵季良等五个留后为节度使。

起初,安重诲图谋占取两川,自从孟知祥杀死李严,每当任命刺史,都用东方的军队护送他们赴任,小的州府不少于五百人,像夏鲁奇、李仁矩、武虔裕都各领数千人,号称牙队。及至孟知祥攻下遂州、阆州、利州、夔州、黔州、梓州六镇,得到护从东兵不下三万人,怕朝廷征召东兵返回,就上表请求允许他们的妻子儿女到驻地来。

11　吴国徐知诰扩建金陵城周围二十里。

12　起初,契丹已经强大,把卢龙诸州都抢掠遍了,幽州城门以外,到处是契丹的骑兵。往往从涿州运粮到幽州,契丹兵众大多埋伏在阎沟进行掠夺。到赵德钧为节度使时,在阎沟筑城守卫,设立良乡县,粮道略有通便。幽州以东十里之外,百姓不敢打柴放牧;赵德钧在州东五十里建立潞县城加以守卫,靠近州城的百姓才得以进行农耕种庄稼。到此时,又在幽州东北百馀里处,建立三河县城来疏通蓟州运路,契丹骑兵来争夺,赵德钧便把他们击退。九月庚辰朔(初一),奏报三河县城建设完毕。边民赖以生存。

13　壬午(初三),任用镇南节度使马希范为武安节度使,兼任侍中。

14　孟知祥命令他的儿子孟仁赞代理行军司马,兼任都总辖两川牙内马步都军事。

15　冬季,十月己酉朔(初一),明宗再派李存瑰赴成都,凡是在剑南的将吏,从节度使、刺史以下的官员,听凭孟知祥差派任命之后,向朝廷奏报即可,朝廷不再另行任命别人;只是不让戍兵的妻子儿女去戍所,然而对那些兵众也不再征召东还。

16　秦王李从荣喜欢做诗,聚集浮华放荡的文士高辇等人在幕府中,同他们相与唱和,很是标榜自夸。每次设宴摆酒,往往让僚属们吟赋诗篇,有作得不如意的当面撕毁丢弃。壬子(初四),李从荣入朝谒见,明宗对他说道:"我虽然不识文字,然而喜欢听取儒生讲说经文大义,可以开发人的智识和思考。我见庄宗皇帝喜好作诗,武将家的儿子文墨不是素所研习,只是白白让人背地笑话,你不要效法那个。"

17 丙辰，幽州奏契丹屯捺剌泊。

18 前彰义节度使李金全屡献马，上不受，曰："卿在镇为治何如？勿但以献马为事！"金全，吐谷浑人也。

19 壬申，大理少卿康澄上书曰："臣闻童谣非祸福之本，妖祥岂隆替之源！故雊雉升鼎而桑谷生朝，不能止殷宗之盛；神马长嘶而玉龟告兆，不能延晋祚之长。是知国家有不足惧者五，有深可畏者六：阴阳不调不足惧，三辰失行不足惧，小人讹言不足惧，山崩川涸不足惧，蟊贼伤稼不足惧；贤人藏匿深可畏，四民迁业深可畏，上下相徇深可畏，廉耻道消深可畏，毁誉乱真深可畏，直言蔑闻深可畏。不足惧者，愿陛下存而勿论；深可畏者，愿陛下修而靡忒。"优诏奖之。

20 秦王从荣为人鹰视，轻佻峻急。既判六军诸卫事，复参朝政，多骄纵不法。初，安重诲为枢密使，上专属任之。从荣及宋王从厚自襁褓与之亲狎，虽典兵，常为重诲所制，畏事之。重诲死，王淑妃与宣徽使孟汉琼宣传帝命，范延光、赵延寿为枢密使，从荣皆轻侮之。河阳节度使、同平章事石敬瑭兼六军诸卫副使，其妻永宁公主与从荣异母，素相憎疾。从荣以从厚声名出己右，尤忌之。从厚善以卑弱奉之，故嫌隙不外见。石敬瑭不欲与从荣共事，常思外补以避之。范延光、赵延寿亦虑及祸，屡辞机要，请与旧臣迭为之，上不许。会契丹欲入寇，上命择帅臣镇河东，延光、延寿皆曰："当今帅臣可往者独石敬瑭、康义诚耳。"敬瑭亦愿行，上即命除之。既受诏，不落六军副使，敬瑭复辞，上乃以宣徽使朱弘昭知山南东道，代义诚诣阙。

17 丙辰(初八),幽州报奏:契丹人马屯驻捺剌泊。

18 前彰义节度使李金全屡次向朝廷献马,后唐明宗不接受,并说:"你在镇所治理得怎么样?且不要只做献马这样的事!"李金全是吐谷浑的人。

19 壬申(二十四日),大理少卿康澄上书启奏:"为臣听说童谣不是祸福的根据,妖祥岂能当作兴变的本源!所以,商代出现飞雉落于鼎耳而鸣、桑谷共生于朝的不祥异兆,不能中止殷王宗庙之盛;晋朝发生神马长嘶、水涌石龟的异兆,不能延长晋国统治。由此悟出国家有五件不足惧的事情,有六件深可畏的事情:阴阳不协调不足惧,三星运行失常不足惧,小人传播讹言不足惧,山崩河涸不足惧,害虫伤害禾稼不足惧,贤人藏匿不出深可畏,四民迁业不安深可畏,上下共同作弊深可畏,廉耻之道消亡深可畏,诋毁赞誉混淆真伪深可畏,正直言论听不到深可畏。不足惧的事情愿陛下任其存在而不必多去计较;深可畏的事情愿陛下修治而不要差失。"明宗用嘉许的诏书奖励他。

20 秦王李从荣为人像鹰眼一样常常侧目看人,既轻薄又尖刻。他被任用为判理六军诸卫事务后,又参与朝政,往往骄纵不守法纪。以前,安重诲做枢密使,明宗特别依重他。李从荣及宋王李从厚幼儿时就和他亲昵戏闹,后来,虽然成为统兵大吏,也常被安重诲所牵制,对安重诲很敬重。安重诲死后,王淑妃与宣徽使孟汉琼宣布传达皇帝意旨,由范延光、赵延寿做枢密使,而李从荣对他们都很轻慢、看不起。河阳节度使、同平章事石敬瑭兼任六军诸卫副使,他的妻子永宁公主与李从荣是异母所生,素来就相互憎恶不和。李从荣因为李从厚的名声比自己高,便尤其忌恨他。李从厚曲从迁就他,用谦卑软弱的姿态对待李从荣,所以嫌隙之状表面上看不出来。石敬瑭因不愿与李从荣共事,常想到外面藩镇补领一职来避开他。范延光、赵延寿也顾虑弄不好招祸,多次请求辞去枢要职务,与可信用的老臣更换充任,明宗不答应。当时正逢契丹要来侵扰,明宗授命秉政大臣选择可当统帅的人材去镇守河东,范延光、赵延寿都说:"现在统帅可去河东的只有石敬瑭、康义诚而已。"石敬瑭也愿意前去,于是,明宗就任命委派他去。等到诏书下来,不落六军副使的职位名款,石敬瑭又辞谢不受,明宗便任用宣徽使朱弘昭主持山南东道的事务,代替康义诚的职位,让康义诚到朝廷来。

21　十一月辛巳，以三司使孟鹄为忠武节度使，以忠武节度使冯赟充宣徽南院使，判三司。鹄本刀笔吏，与范延光乡里厚善，数年间引擢至节度使。上虽知其太速，然不能违也。

22　乙酉，上以胡寇浸逼北边，命趣议河东帅；石敬瑭欲之，而范延光、赵延寿欲用康义诚，议久不决。权枢密直学士李崧以为非石太尉不可，延光曰："仆亦累奏用之，上欲留之宿卫耳。"会上遣中使趣之，众乃从崧议。丁亥，以石敬瑭为北京留守、河东节度使，兼大同、振武、彰国、威塞等军蕃汉马步总管，加兼侍中。

23　己丑，加枢密使赵延寿同平章事。

24　吴以诸道都统徐知诰为大丞相、太师，加领得胜节度使，知诰辞丞相、太师。

25　大同节度使张敬达聚兵要害，契丹竟不敢南下而还。敬达，代州人也。

26　蔚州刺史张彦超本沙陀人，尝为帝养子，与石敬瑭有隙。闻敬瑭为总管，举城附于契丹，契丹以为大同节度使。

27　石敬瑭至晋阳，以部将刘知远、周瓌为都押衙，委以心腹。军事委知远，帑藏委瓌。瓌，晋阳人也。

28　十二月戊午，以康义诚为河阳节度使，兼侍卫亲军马步都指挥使；以朱弘昭为山南东道节度使。

29　是岁，汉主立其子耀枢为雍王，龟图为康王，弘度为宾王，弘熙为晋王，弘昌为越王，弘弼为齐王，弘雅为韶王，弘泽为镇王，弘操为万王，弘杲为循王，弘暐为思王，弘邈为高王，弘简为同王，弘建为益王，弘济为辩王，弘道为贵王，弘昭为宜王，弘政为通王，弘益为定王。未几，徙弘度为秦王。

21 十一月辛巳(初三),任用三司使孟鹄为忠武节度使,用忠武节度使冯赟充任宣徽南院使,判理三司。孟鹄本来是个掌案牍的书史,与范延光是同乡,友谊深厚,几年之间荐引提拔到节度使。明宗虽然晓得提拔太快,然而不能不认可。

22 乙酉(初七),明宗因为契丹人越来越侵逼北部边疆,命速议选任河东统帅;石敬瑭想要承担,而范延光、赵延寿想任用康义诚,议论了很长时间不能决定。摄理枢密直学士李崧以为此任非石太尉不可,范延光说:"我也几次奏请用他,皇上要想把他留在身边统领宿卫军呢。"正好明宗命内使来催促,大家便接受了李崧的意见。丁亥(初九),任用石敬瑭为北京留守、河东节度使,兼任大同、振武、彰国、威塞等军蕃汉马步总管,加兼侍中。

23 己丑(十一日),加封枢密使赵延寿同平章事。

24 吴国任用诸道都统徐知诰为大丞相、太师、加领得胜节度使,徐知诰辞却丞相、太师。

25 大同节度使张敬达集中兵力防守要害关塞,契丹兵终于不敢南下而退还本地。张敬达是代州人。

26 蔚州刺史张彦超本来是沙陀人,曾经是明宗的养子,与石敬瑭有嫌隙。听说石敬瑭当了总管,便把整个城池降附于契丹,契丹把他任命为大同节度使。

27 石敬瑭到了晋阳,任用他的部将刘知远、周瓖为都押司,依靠他们做心腹。军事委托刘知远,财政收入委托周瓖。周瓖是晋阳人。

28 十二月戊午(十一日),任用康义诚为河阳节度使,兼任侍卫亲军马步都指挥使;任用朱弘昭为山南东道节度使。

29 这一年,南汉国主刘龚立他的儿子刘耀枢为雍王,刘龟图为康王,刘弘度为宾王,刘弘燕为晋王,刘弘昌为越王,刘弘弼为齐王,刘弘雅为韶王,刘弘泽为镇王,刘弘操为万王,刘弘果为循王,刘弘昄为思王,刘弘邈为高王,刘弘简为同王,刘弘建为益王,刘弘济为辩王,刘弘道为贵王,刘弘昭为宜王,刘弘政为通王,刘弘益为定王。没有多久,把刘弘度调迁为秦王。

四年(癸巳,933)

1 春,正月戊子,加秦王从荣守尚书令,兼侍中。庚寅,以端明殿学士归义刘昫为中书侍郎、同平章事。

2 闽人有言真封宅龙见者,更命其宅曰龙跃宫。遂诣宝皇宫受册,备仪卫,入府,即皇帝位,国号大闽,大赦,改元龙启,更名璘。追尊父祖,立五庙。以其僚属李敏为左仆射、门下侍郎,其子节度副使继鹏为右仆射、中书侍郎,并同平章事;以亲吏吴勖为枢密使。唐册礼使裴杰、程侃适至海门,闽主以杰为如京使;侃固求北还,不许。闽主自以国小地僻,常谨事四邻,由是境内差安。

3 二月戊申,孟知祥墨制以赵季良等为五镇节度使。

4 凉州大将拓跋承谦及耆老上表,请以权知留后孙超为节度使。上问使者:"超为何人?"对曰:"张义潮在河西,朝廷以天平军两千五百人戍凉州,自黄巢之乱,凉州为党项所隔,郓人稍稍物故皆尽,超及城中之人皆其子孙也。"

5 乙卯,以马希范为武安、武平节度使,兼中书令。

6 戊午,定难节度使李仁福卒;庚申,军中立其子彝超为留后。

7 癸亥,以孟知祥为东西川节度使、蜀王。

8 先是,河西诸镇皆言李仁福潜通契丹,朝廷恐其与契丹连兵,并吞河右,南侵关中。会仁福卒,三月癸未,以其子彝超为彰武留后,徙彰武节度使安从进为定难留后,仍命静塞节度使药彦稠将兵五万,以宫苑使安重益为监军,送从进赴镇。从进,索葛人也。

后唐明宗长兴四年（癸巳，公元 933 年）

1 春季，正月戊子（十一日），加封秦王李从荣担任尚书令，兼任侍中。庚寅（十三日），任用端明殿学士归义人刘昫为中书侍郎、同平章事。

2 闽国有人说，闽王王延钧未成国主之前所住的真封宅有龙出现，便把这所宅第改名为龙跃宫。接着就谒拜宝皇宫受其册封，设置仪仗军卫，返回王府，即位称帝，国号大闽，实行大赦，改年号为龙启，把自己的名字改叫王璘。上尊号追谥自己的父亲和祖父，立五世的庙号。任命他的僚属李敏为左仆射、门下侍郎，他的儿子节度副使王继鹏为右仆射、中书侍郎，二人都为同平章事；任命亲信属吏吴勖为枢密使。后唐朝廷的册礼使裴杰、程侃正好来到闽地海门，闽主任用裴杰为如京使；程侃坚持要求北还后唐，闽主不准。闽主自己知道国小地偏，经常注意和四面邻境搞好关系，因此闽地境内还算安定。

3 二月戊申（初二），孟知祥直接下令任用赵季良等为五镇的节度使。

4 凉州大将拓跋承谦及耆老上表，请求后唐朝廷任命暂居摄政留后孙超为节度使。明宗问来使："孙超是什么人？"使者回答："大唐宣宗时张义潮来归河西，朝廷用天平军两千五百人守戍凉州，自从黄巢之乱以后，凉州被党项族隔断，郓州随军来的人渐渐都死完了，孙超及城中之人都是他们的后代子孙。"

5 乙卯（初九），任用马希范为武安、武平节度使，兼任中书令。

6 戊午（十二日），定难节度使李仁福去世；庚申（十四日），军队里立他的儿子李彝超为留后。

7 癸亥（十七日），任用孟知祥为东西川节度使，封蜀王。

8 过去，河西诸镇都说李仁福暗通契丹，后唐朝廷怕他和契丹联合用兵，并吞甘、陕等河右之地，南向侵掠关中。不久，李仁福死了，三月癸未（初七），任用他的儿子李彝超为彰武留后，调迁彰武节度使安从进为定难留后，仍然命令静塞节度使药彦稠带兵五万人，由宫苑使安重益为监军，护送安从进赴镇所上任。安从进是振武军索葛人。

9　乙酉，始下制除赵季良等为五镇节度使。

10　丁亥，敕谕夏、银、绥、宥将士吏民，以"夏州穷边，李彝超年少，未能扞御，故使之延安。从命则有李从暲、高允韬富贵之福，违命则有王都、李匡宾覆族之祸。"夏，四月，彝超上言，为军士百姓拥留，未得赴镇。诏遣使趣之。

11　言事者请为亲王置师傅，宰相畏秦王从荣，不敢除人，请令王自择。秦王府判官、太子詹事王居敏荐兵部侍郎刘瓒于从荣，从荣表请之。癸丑，以瓒为秘书监、秦王傅，前襄州支使山阳鱼崇远为记室。瓒自以左迁，泣诉，不得免。王府参佐皆新进少年，轻脱谄谀，瓒独从容规讽，从荣不悦。瓒虽为傅，从荣一概以僚属待之，瓒有难色。从荣觉之，自是戒门者勿为通，月听一至府，或竟日不召，亦不得食。

12　李彝超不奉诏，遣其兄阿啰王守青岭门，集境内党项诸胡以自救。药彦稠等进屯芦关，彝超遣党项抄粮运及攻具，官军自芦关退保金明。

13　闽主璘立子继鹏为福王，充宝皇宫使。

14　五月戊寅，立皇子从珂为潞王，从益为许王，从子天平节度使从温为兖王，护国节度使从璋为洋王，成德节度使从敏为泾王。

15　庚辰，闽地震，闽主璘避位修道，命福王继鹏权总万机。初，闽王审知性节俭，府舍皆庳陋；至是，大作宫殿，极土木之盛。

16　甲申，帝暴得风疾；庚寅，小愈，见群臣于文明殿。

9 乙酉(初九),明宗方始下诏,任命赵季良等为五镇节度使。

10 丁亥(十一日),明宗下敕文告谕夏州、银州、绥州、宥州的将士吏民,说:"夏州贫穷边远,李彝超年轻,不能捍卫防御外敌,所以让他去延安。服从朝廷调遣就可以有李从晖、高允韬那样的富贵福分,违背朝廷调遣就要遭到王都、李匡宾那样的覆亡灭族之祸。"夏季,四月,李彝超上表奏称,他被军士百姓所拥护挽留,没有能够去延安赴任。明宗下诏派使者去催促他。

11 奏事的人建议给亲王们设立师傅,宰相惧怕秦王李从荣,不敢派人,请求让秦王自己选择师傅。秦王府判官、太子詹事王居敏荐举兵部侍郎刘瓒给李从荣,李从荣上表请求选派他。癸丑(初七),朝廷任命刘瓒为秘书监、秦王傅,前襄州支使山阳人鱼崇远为记室。刘瓒自己以为这是降职,涕泣诉说,不能得到改免。秦王府里的参谋佐辅人员都是新进提拔的少年,轻浮放荡而好谄媚阿谀奉承,唯有刘瓒从容冷静地进行规劝,李从荣便不高兴。刘瓒虽然作为师傅,李从荣一律用对僚属的态度对待他,刘瓒有难堪之色。李从荣觉察到了,从此告诫守门人不要给他通报,每月听凭他到府内,或者一天也不召见他,也不给他供膳。

12 李彝超不按明宗的诏书办事,派遣地的哥哥阿啰王把守青岭门,聚集境内党项诸部胡人进行自己救援。药彦稠等进军屯驻在芦关,李彝超派党项兵抄掠官军粮运及进攻武器,官军从芦关退守金明。

13 闽国主王璘立他的儿子王继鹏为福王,充任宝皇宫使。

14 五月戊寅(初三),后唐朝廷立皇子李从珂为潞王,李从益为许王,皇侄天平节度使李从温为兖王,护国节度使李从璋为洋王,成德节度使李从敏为泾王。

15 庚辰(初五),闽地地震,闽主王璘避位修道,命令福王王继鹏暂行总理一切。起初,第一任闽王王审知性情节俭,府舍都比较简陋;到此时,大肆兴建宫殿,极尽土木之豪华。

16 甲申(初九),明宗突然患风疾;庚寅(十五日),病稍好些,在文明殿接见群臣。

17　壬辰夜，夏州城上举火，比明，杂虏数千骑救之，安从进遣先锋使宋温击走之。

18　吴宋齐丘劝徐知诰徙吴主都金陵，知诰乃营宫城于金陵。

19　帝旬日不见群臣，都人恟惧，或潜窜山野，或寓止军营。秋，七月庚辰，帝力疾御广寿殿，人情始安。

20　安从进攻夏州。州城赫连勃勃所筑，坚如铁石，斸凿不能入。又党项万馀骑徜徉四野，抄掠粮饷，官军无所刍牧。山路险狭，关中民输斗粟束藁费钱数缗，民间困竭不能供。李彝超兄弟登城谓从进曰：“夏州贫瘠，非有珍宝蓄积可以充朝廷贡赋也；但以祖父世守此土，不欲失之。蕞尔孤城，胜之不武，何足烦国家劳费如此！幸为表闻，若许其自新，或使之征伐，愿为众先。”上闻之，壬午，命从进引兵还。

其后有知李仁福阴事者，云：“仁福畏朝廷除移，扬言结契丹为援，契丹实不与之通也，致朝廷误兴是役，无功而还。”自是夏州轻朝廷，每有叛臣，必阴与之连以邀赂遗。上疾久未平，征夏州无功，军士颇有流言，乙酉，赐在京诸军优给有差。既赏赉无名，士卒由是益骄。

21　丁亥，赐钱元瓘爵吴王。元瓘于兄弟甚厚，其兄中吴、建武节度使元璙自苏州入见，元瓘以家人礼事之，奉觞为寿，曰：“此兄之位也，而小子居之，兄之赐也。”元璙曰：“先王择贤而立之，君臣位定，元璙知忠顺而已。”因相与对泣。

17　壬辰(十七日)夜,夏州城上点起烽火,天刚亮,各路胡兵数千人马驰奔而至,安从进派先锋使宋温把他们击走。

18　吴国宋齐丘劝徐知诰把吴主杨溥迁都到金陵,徐知诰便在金陵营建宫城。

19　明宗十天不见群臣,京都的人惶恐,或者暗中流窜到山林荒野,或者躲藏到军营。秋季,七月庚辰(初二),明宗带病勉强驾临广寿殿,人心才安定下来。

20　安从进攻打夏州。夏州的城垣是赫连勃勃所筑,坚固得像铁石一般,斫凿不能使它破毁。那里又有党项四万多骑兵在四野流动,抢掠粮食财物,致使官军不能进行农耕、畜牧。山路又艰险又狭小,关中百姓运输一斗米、一捆柴草要费钱数贯,民间困苦竭尽,无力供应。李彝超兄弟登上城垣对安从进说:"夏州很贫穷,没有珍宝积蓄可以充当对朝廷的贡品和财赋的地方;只是因为祖父、父亲世代据守此地,不想把它丢失了。这个小小孤城,战胜它也不足以宣扬威武,何必这样麻烦国家劳师费财!请您上表把情况报告朝廷,如果朝廷能准许我们自新,或者派遣我们去征伐异族,我愿意去打先锋。"明宗听说这种情况,壬午(初八),命令安从进带兵返回。

其后,有人知道李仁福的隐密事情,指出:"李仁福怕朝廷调动他的人马,便放风说要联合契丹相互支援,其实契丹并未与他勾结,致使朝廷这次错误地兴兵讨伐,结果无功而还。"从此,夏州疏远朝廷,每逢有人叛变,必然暗中与之通连勾结,来达到要求贿赂遗赠的目的。当时,明宗久病未愈,征讨夏州无所获而归,军士中有很多流言,乙酉(十一日),按等级优厚赏赐在京各军。这样,赏施没有正当理由,士兵从此更加骄纵了。

21　丁亥(十三日),赐予钱元瓘封爵为吴王。钱元瓘对他的兄弟们很是敦厚,他的哥哥中吴、建武节度使钱元璙从苏州来朝见他,钱元瓘用家人礼法待他,举杯向他祝福,并说:"这是哥哥的王位,而小弟我占有了,这是兄长所赐予我的啊。"钱元璙说:"先王是选择贤能而扶立的,现在君臣之位已定,元璙明白要忠贞顺从而已。"因而兄弟相对涕泣。

22　戊子，闽主璘复位。初，福建中军使薛文杰，性巧佞，璘喜奢侈，文杰以聚敛求媚，璘以为国计使，亲任之。文杰阴求富民之罪，籍没其财，被榜捶者胸背分受，仍以铜斗火熨之。建州土豪吴光入朝，文杰利其财，求其罪，将治之。光怨怒，帅其众且万人叛奔吴。

23　帝以工部尚书卢文纪、礼部郎中吕琦为蜀王册礼使，并赐蜀王一品朝服。知祥自作九旒冕，九章衣，车服旌旗皆拟王者。八月乙巳朔，文纪等至成都。戊申，知祥服衮冕，备仪卫诣驿，降阶北面受册，升玉辂，至府门，乘步辇以归。文纪，简求之孙也。

24　戊申，群臣上尊号曰圣明神武广道法天文德恭孝皇帝，大赦。在京及诸道将士各等第优给。时一月之间再行优给，由是用度益窘。

25　太仆少卿何泽见上寝疾，秦王从荣权势方盛，冀己复进用，表请立从荣为太子。上览表泣下，私谓左右曰："群臣请立太子，朕当归老太原旧第耳。"不得已，丙戌，诏宰相枢密使议之。丁卯，从荣见上，言曰："窃闻有奸人请立臣为太子，臣幼少，且愿学治军民，不愿当此名。"上曰："群臣所欲也。"从荣退，见范延光、赵延寿曰："执政欲以吾为太子，是欲夺我兵柄，幽之东宫耳。"延光等知上意，且惧从荣之言，即具以白上。辛未，制以从荣为天下兵马大元帅。

26　九月甲戌朔，吴主立德妃王氏为皇后。
27　戊寅，加范延光、赵延寿兼侍中。

22　戊子(十四日),闽主王璘复位。起先,福建中军使薛文杰,为人乖巧谄媚,王璘喜爱奢侈,薛文杰便用搜刮民财的手段来迎会他,王璘任用他当国计使,视为亲信。薛文杰暗中探查有钱人家的罪过,抄没其家财,被拷打的人胸背受刑,用烧红了的铜斗烙灼。建州的土豪吴光来朝拜闽主,薛文杰看中他的财产,搜求他的罪过,将要处治他。吴光怨恨恼怒,率领自己的徒众近万人反叛而奔入吴国。

23　明宗任命工部尚书卢文纪、礼部郎中吕琦为蜀王册礼使,并赐蜀王一品朝服。孟知祥自己制作九旒冠冕,九章衣,车舆服饰旌旗都比照天子。八月乙巳朔(初一),卢文纪等到达成都。戊申(初四),孟知祥穿上衮服、冠冕,准备好仪仗军卫来到驿舍,降阶行礼,面向北方接受册封,坐上带着玉辂的车,到达王府门前,坐着人抬的步辇而进入内庭。卢文纪是卢简求的孙子。

24　戊申(初四),群臣为明宗上尊号为圣明神武广道法天文德恭孝皇帝,实行大赦。对在京城及诸道的将士,各按等级进行优赏。当时在不到一个月的时间里,再次实行优赏,从此用度更加困窘。

25　太仆少卿何泽看到明宗卧病,秦王李从荣权势正盛,他希望自己能重新得到起用,便上表请求立李从荣为太子。明宗看到表章流下眼泪,私下对左右亲近的人说:"群臣请求立太子,朕自当归老在太原旧府了。"不得已,壬戌(十八日),下诏让宰相、枢密使讨论此事。丁卯(二十三日),李从荣谒见明宗,说道:"听说有奸臣请陛下立臣为太子,臣年纪幼小,并且臣愿意学习带兵,不愿担当这个名义。"明宗说:"这是群臣所要求的。"李从荣退下来,去见范延光、赵延寿说:"你们执政的各位要让我当太子,这是想夺我的兵权,把我幽禁在东宫而已。"范延光等知道明宗并不愿立太子,而且畏惧李从荣讲的话,就把他的话如实上奏明宗。辛未(二十七日),明宗下制书,任命李从荣为天下兵马大元帅。

26　九月甲戌朔(初一),吴主立德妃王氏为皇后。

27　戊寅(初五),加封范延光、赵延寿兼任侍中。

28　癸未，中书奏节度使见元帅仪，虽带平章事，亦以军礼廷参，从之。

29　帝欲加宣徽使、判三司冯赟同平章事。赟父名章。执政误引故事，庚寅，加赟同中书门下二品，充三司使。

30　秦王从荣请严卫、捧圣步骑两指挥为牙兵。每入朝，从数百骑，张弓挟矢，驰骋衢路；令文士试草《檄淮南书》，陈己将廓清海内之意。从荣不快于执政，私谓所亲曰：“吾一旦南面，必族之。”范延光、赵延寿惧，屡求外补以避之。上以为见己病而求去，甚怒，曰：“欲去自去，奚用表为！”齐国公主复为延寿言于禁中，云“延寿实有疾，不堪机务”。丙申，二人复言于上曰：“臣等非敢惮劳，愿与勋旧迭为之。亦不敢俱去，愿听一人先出。若新人不称职，复召臣，臣即至矣。”上乃许之。戊戌，以延寿为宣武节度使，以山南东道节度使朱弘昭为枢密使、同平章事。制下，弘昭复辞，上叱之曰：“汝辈皆不欲在吾侧，吾蓄养汝辈何为！”弘昭乃不敢言。

31　吏部侍郎张文宝泛海使杭州，船坏，水工以小舟济之，风飘至天长，从者二百人，所存者五人。吴主厚礼之，资以从者仪服钱币数万，仍为之牒钱氏，使于境上迎候。文宝独受饮食，馀皆辞之，曰：“本朝与吴久不通问，今既非君臣，又非宾主，若受兹物，何辞以谢！”吴主嘉之，竟达命于杭州而还。

32　庚子，以前义成节度使李赞华为昭信节度使，留洛阳食其俸。

28　癸未(初十)，中书上奏：节度使见元帅的礼仪，虽然带衔平章事，仍用军人礼节进见和参拜，明宗听从。

29　明宗要加封宣徽使、判三司冯赟同平章事。冯赟的父亲叫冯章。执政者弄错了唐制旧规定，庚寅(十七日)，加封冯赟同中书门下二品，充当三司使。

30　秦王李从荣请求把严卫军和捧圣军的步、骑两指挥作为从属于自己的牙兵。每逢他入朝，随从几百骑马的兵勇，张着弓，带着箭，奔驰在通衢大路上；又令文士替他试着起草征讨淮南的宣言，表示他将要平定海内的意志。李从荣对执政者不满意，私下对他的亲信讲："我有朝一日做了皇帝，必定把他们灭门诛杀。"范延光、赵延寿害怕，几次请求补放在外镇为官以躲避灾祸。明宗以为他们是看到自己有病而要求离去，很恼火，说："要走便自己走，何必上表！"赵延寿的妻子齐国公主又替赵延寿在内宫进言，说："赵延寿确实有病，承担不了机要重务。"丙申(二十三日)，范、赵两人再次上奏明宗说："我们不是怕辛劳，而是愿意与勋旧老臣轮流担负枢要重任。我们也不敢一下都走，希望能允许先走一个。如果新任的人不称职，可以再把我们召回，我们必定马上回来。"明宗这才准许了。戊戌(二十五日)，外调赵延寿为宣武节度使，另行调入山南东道节度使朱弘昭为枢密使、同平章事。明宗制命下来，朱弘昭又推辞不受，明宗斥责他说："你们这些人都不想在我身边，我供养你们干什么！"朱弘昭才不敢再说。

31　吏部侍郎张文宝经海路出使吴越国的杭州，途中船坏了，水手用小船接济他，靠风力漂流至吴国的天长，原有随从二百人，留存下来的只剩五人。吴国君主接待他很优厚，资助他随从人员的仪礼服装、钱币数万，仍然为他转达公文给吴越国主钱元瓘，让他们派人在境界上迎候。张文宝只接受了饮食，其他东西都没有要，并说："本朝与吴国很长时间不通问讯了，现在既不是君臣关系，又不是宾主关系，如果接受了这些东西，用什么言词来致谢！"吴主杨溥很赞赏他，他终于把朝廷委派的任务传达到杭州而还。

32　庚子(二十七日)，任用前义成节度使李赞华为昭信节度使，人留在洛阳而享受节度使的俸给。

33 辛丑,诏大元帅从荣位在宰相上。

34 吴徐知诰以国中水火屡为灾,曰:"兵民困苦,吾安可独乐!"悉纵遣侍妓,取乐器焚之。

35 闽内枢密使薛文杰说闽王抑挫诸宗室。从子继图不胜忿,谋反,坐诛,连坐者千馀人。

36 冬,十月乙卯,范延光、冯赟奏:"西北诸胡卖马者往来如织,日用绢无虑五千匹,计耗国用什之七,请委缘边镇戍择诸胡所卖马良者给券,具数以闻。"从之。

37 戊午,以前武兴节度使孙岳为三司使。

38 范延光屡因孟汉琼、王淑妃以求出;庚申,以延光为成德节度使,以冯赟为枢密使。

帝以亲军都指挥使、河阳节度使、同平章事康义诚为朴忠,亲任之。时要近之官多求出以避秦王之祸,义诚度不能自脱,乃令其子事秦王,务以恭顺持两端,冀得自全。

39 权知夏州事李彝超上表谢罪,求昭雪。壬戌,以彝超为定难军节度使。

40 十一月甲戌,上饯范延光,酒罢,上曰:"卿今远去,事宜尽言。"对曰:"朝廷大事,愿陛下与内外辅臣参决,勿听群小之言。"遂相泣而别。时孟汉琼用事,附之者共为朋党以蔽惑上听,故延光言及之。

33 辛丑(二十八日),明宗下诏:大元帅李从荣地位在宰相之上。

34 吴国徐知诰因为境内屡次遭受水火灾害,说道:"军队和百姓生活困苦,我怎么可以独享逸乐!"便把所有的侍妓全部打发出去,把歌舞演奏的乐器都焚烧了。

35 闽国的内枢密使薛文杰劝说闽王王璘抑制挫压各个宗室。王璘的侄儿王继图很愤恨,谋反失败,被诛杀,连坐的有一千多人。

36 冬季,十月乙卯(十二日),范延光、冯赟奏称:"西北的各族胡人卖马的往来像穿梭,每天用于换马交易的绢恐怕不少于五千匹,计算起来耗费国家费用达到十分之七,请朝廷委派沿边界的镇所,选择各族胡人所卖马中优良的发给价券,价购多少按数上报。"明宗同意施行。

37 戊午(十五日),任用前武兴节度使孙岳为三司使。

38 范延光由于孟汉琼、王淑妃的缘故,屡次请求明宗准许委派他到外镇为官;庚申(十七日),任用范延光为成德节度使,而以冯赟为枢密使。

明宗以为亲军都指挥使、河阳节度使、同平章事康义城为人淳朴忠实,很亲近和信任他。当时朝廷重要和亲近的官员大多要求外调以躲避秦王的加祸,康义诚料想自己不能解脱,便让他的儿子事奉秦王,遇事力求用恭敬顺从、左右两可的态度去对待,希望借此保全自己。

39 暂任主持夏州事务的李彝超上表向朝廷谢罪,请求昭雪讨伐他的罪行。壬戌(十九日),任命李彝超为定难军节度使。

40 十一月甲戌(初二),明宗给范延光饯行,喝完了酒,明宗说:"你现在要远离我而去,有什么事尽管说出来。"范延光回答说:"朝廷的大事,希望陛下同内外辅佐的大臣商量决定,不要听那些小人的话。"随即相互流泪而别。当时,孟汉琼弄权操纵一切,依附他的人相互结为朋党共同蒙蔽惑乱皇帝的耳目,所以范延光说起这些话。

41　庚辰,改慎州怀化军。置保顺军于洮州,领洮、鄯等州。

42　戊子,帝疾复作,己丑,大渐,秦王从荣入问疾,帝俯首不能举。王淑妃曰:"从荣在此。"帝不应。从荣出,闻宫中皆哭,从荣意帝已殂,明旦,称疾不入。是夕,帝实小愈,而从荣不知。

从荣自知不为时论所与,恐不得为嗣,与其党谋,欲以兵入侍,先制权臣。辛卯,从荣遣都押牙马处钧谓朱弘昭、冯赟曰:"吾欲帅牙兵入宫中侍疾,且备非常,当止于何所?"二人曰:"王自择之。"既而私于处钧曰:"主上万福,王宜竭心忠孝,不可妄信人浮言。"从荣怒,复遣处钧谓二人曰:"公辈殊不爱家族邪?何敢拒我!"二人患之,入告王淑妃及宣徽使孟汉琼,咸曰:"兹事不得康义诚不可济。"乃召义诚谋之,义诚竟无言,但曰:"义诚将校耳,不敢预议,惟相公所使。"弘昭疑义诚不欲众中言之,夜,邀至私第问之,其对如初。

壬辰,从荣自河南府常服将步骑千人陈于天津桥。是日黎明,从荣遣马处钧至冯赟第,语之曰:"吾今日决入,且居兴圣宫。公辈各有宗族,处事亦宜详允,祸福在须臾耳。"又遣处钧诣康义诚,义诚曰:"王来则奉迎。"

赟驰入右掖门,见弘昭、义诚、汉琼及三司使孙岳方聚谋于中兴殿外,赟具道处钧之言,因让义诚曰:"秦王言'祸福在须臾',其事可知,公勿以儿在秦府,左右顾望!主上拔擢吾辈,自布衣至将相,苟使秦王兵得入此门,置主上何地?吾辈尚有遗种乎?"

41 庚辰（初八），更改慎州怀化军为昭化军。设置保顺军于洮州，领有洮州、鄯州等地。

42 戊子（十六日），明宗的病复发，己丑（十七日），明显见好，秦王李从荣进宫问候，明宗低着头不能抬起。王淑妃说："从荣在这里。"明宗没有回答。李从荣出来，听到宫中人都在恸哭，他以为明宗已经死了，第二天早上，自称有病不进宫省问。这天晚上，明宗实际上是稍见好转，而李从荣却不知道。

李从荣自己知道当时人心舆论对他不利，害怕继承不了皇帝大位，便同他的党羽策划，要用武力入宫侍卫，先要制服权臣。辛卯（十九日），李从荣派都押牙马处钧告诉朱弘昭、冯赟说："我要带兵进入宫内侍候皇上疾病，并且防备非常之变，应该在哪里居处？"朱、冯两人答称："请王爷自己选择地方。"接着私下对马处钧说："皇上平安无事，秦王应该竭尽心力实行忠孝之道，不可乱信坏人的胡说。"李从荣大怒，又派马处钧告诉朱、冯两人："你们两位难道不爱惜自己的家族吗？怎么敢抗拒我！"朱、冯两人害怕，入宫报告王淑妃及宣徽使孟汉琼，都说："这件事不得到康义诚的合作和支持就不可能办好。"便把康义诚召入内廷和他商议办法，康义诚竟然不拿主意，只是说："义诚是带兵的军人，不敢干预朝廷政务，我只听从宰相大人的驱使。"朱弘昭怀疑康义诚不想当众人表态，夜间，把他邀请到家里再次问他，康义诚对答得和原来一样。

壬辰（二十日），李从荣穿着平常服装从他任命尹的河南府带领步、骑兵千人列阵于天津桥。当日黎明，李从荣派马处钧到冯赟府第，对他说："我今天决定进入皇宫，并且要住进准备嗣位的兴圣宫。你们各位枢要大臣都各有自己的宗族，做事也应该仔细慎重，是祸是福就决定在顷刻之间了。"又派马处钧去见康义城，康义诚答复说："只要秦王来到，我必奉迎。"

冯赟快马奔入右掖门，见到朱弘昭、康义诚、孟汉琼及三司使孙岳正聚集在中兴殿门外会商，冯赟便把马处钧的传语告诉他们，并因而责难康义诚说："秦王说'是祸是福决于顷刻'，这件事的利害十分清楚，您可不要因为自己儿子在秦王府里供职而左顾右望！皇上提拔我们这些人，从平民百姓高升至将相，假如让秦王的兵卒得以进入这禁内大门，把皇上置于何等地位？我们这些人还能有遗族吗？"

义诚未及对,监门白秦王已将兵至端门外。汉琼拂衣起曰:"今日之事,危及君父,公犹顾望择利邪?吾何爱馀生,当自帅兵拒之耳!"即入殿门,弘昭、赟随之,义诚不得已,亦随之入。

汉琼见帝曰:"从荣反,兵已攻端门,须臾入宫,则大乱矣。"宫中相顾号哭,帝曰:"从荣何苦乃尔!"问弘昭等:"有诸?"对曰:"有之,适已令门者阖门矣。"帝指天泣下,谓义诚曰:"卿自处置,勿惊百姓!"控鹤指挥使李重吉,从珂之子也,时侍侧,帝曰:"吾与尔父,冒矢石定天下,数脱吾于厄;从荣辈得何力,今乃为人所教,为此悖逆!我固知此曹不足付大事,当呼尔父授以兵柄耳。汝为我部闭诸门。"重吉即帅控鹤兵守宫门。孟汉琼被甲乘马,召马军都指挥使朱洪实,使将五百骑讨从荣。

从荣方据胡床,坐桥上,遣左右召康义诚。端门已闭,叩左掖门,从门隙中窥之,见朱洪实引骑兵北来,走白从荣。从荣大惊,命取铁掩心擐之,坐调弓矢。俄而骑兵大至,从荣走归府,僚佐皆窜匿,牙兵掠嘉善坊溃去。从荣与妃刘氏匿床下,皇城使安从益就斩之,并杀其子,以其首献。初,孙岳颇得豫内廷密谋,冯、朱患从荣狼伉,岳尝为之极言祸福之归。康义诚恨之,至是,乘乱密遣骑士射杀之。帝闻从荣死,悲骇,几落御榻,绝而复苏者再,由是疾复剧。从荣一子尚幼,养宫中,诸将请除之,帝泣曰:"此何罪!"不得已,竟与之。癸巳,冯道帅群臣入见帝于雍和殿,帝雨泣呜咽,曰:"吾家事至此,惭见卿等!"

康义诚还未来得及回答，监门官进来报告秦王已经带领兵丁到达端门之外。孟汉琼一甩袖子站起来说道："今天的事，危害到了皇上，您还犹豫观望、计较个人的利害得失吗？我怎么能爱惜自己的馀生，只能带领兵士去抗拒他！"立即进入中兴殿门，朱弘昭、冯赟跟着他，康义诚不得已，也随着他进入内宫。

孟汉琼见了明宗，奏报说："秦王从荣造反了，他的兵众已攻到端门，马上要打进宫内来，可要大乱了。"宫里的人相对号哭，明宗说："从荣何苦要这样干！"便向朱弘昭等说："有没有这回事？"朱弘昭等回答说："有这回事，刚才已经命令守门人关上了大门。"明宗指着天落泪不止，对康义诚说："请你自己做主去处理，不要惊扰百姓！"控鹤指挥使李重吉，是李从珂的儿子，当时正侍奉在明宗身边，明宗对他说："我和你的父亲，冒着枪林箭雨平定了天下，几次把我从危难中抢救出来；从荣他这些人出过什么力，现在竟被人教唆，干这种悖逆不道的事！我本来就知道这种人不足以把大事托付给他们，理当召唤你父亲前来，把掌兵的大权交付给他。你替我部署关闭所有宫门，把它们防守好。"李重吉立即率领控鹤兵士守卫着宫门。孟汉琼披挂铠甲，骑上战马，召来马军都指挥使朱洪实，让他带领五百名骑兵去讨伐李从荣。

此时，李从荣正倚踞着胡床，坐在桥上，让左右侍从召唤康义诚来。由于端门已经被关闭，便叩打左掖门，并从门缝中向内窥视，看见朱洪实正率领骑兵从北面驰来，急忙报告李从荣。李从荣大为吃惊，命令取来铁掩心盔甲披挂，坐在那里调拨弓矢。不多久，骑兵大量奔压过来，李从荣退避逃归河南府署，他的僚属都逃窜藏匿起来，牙兵抢掠嘉善坊之后溃逃四散。李从荣和他的妃子刘氏藏躲在床下，皇城使安从益就地把他们杀了，并杀了他的儿子，把他们的首级进献朝廷。起初，孙岳参与内廷密谋陷得很深，冯赟、朱弘昭害怕李从荣乖戾难于应付，孙岳曾经为他们竭力剖析利害之所归。康义诚很厌恨他，此时便趁着混乱之中暗地派骑兵把他射杀了。明宗听说李从荣被杀，很是吃惊悲伤，几乎从床榻上跌落下来，几次昏厥又复苏过来，从此病情加剧。李从荣有一个儿子还很幼小，养于宫中，众将要求把他杀掉，明宗涕泣着说："这孩子有什么罪！"不得已最终把孩子交给了众将。癸巳（二十一日），冯道带领群臣入朝，在雍和殿觐见明宗，明宗泪下如雨，呜咽不止，悲痛地说："我家的事情闹到这样，实在惭愧见到你们众位公卿！"

宋王从厚为天雄节度使，甲午，遣孟汉琼征从厚，且权知天雄军府事。

丙申，追废从荣为庶人。执政共议从荣官属之罪，冯道曰："从荣所亲者高辇、刘陟、王说而已，任赞到官才半月，王居敏、司徒诩在病告已半年，岂豫其谋！居敏尤为从荣所恶，昨举兵向阙之际，与辇、陟并辔而行，指日景曰'来日及今，已诛王詹事矣。'自非与之同谋者，岂得一切诛之乎！"朱弘昭曰："使从荣得入光政门，赞等当如何任使，而吾辈犹有种乎！且首从差一等耳，今首已孥戮而从皆不问，主上能不以吾辈为庇奸人乎！"冯赟力争之，始议流贬。时谘议高辇已伏诛。丁酉，元帅府判官、兵部侍郎任赞、秘书监兼王傅刘瓒、友苏瓒、记室鱼崇远、河南少尹刘陟、判官司徒诩、推官王说等八人并长流，河南巡官李澣、江文蔚等六人勒归田里，六军判官、太子詹事王居敏、推官郭晙并贬官。澣，回之族曾孙也；诩，贝州人；文蔚，建安人也。文蔚奔吴，徐知诰厚礼之。

初，从荣失道，六军判官、司谏郎中赵远谏曰："大王地居上嗣，当勤修令德，奈何所为如是！勿谓父子至亲为可恃，独不见恭世子、戾太子乎！"从荣怒，出为泾州判官；及从荣败，远以是知名。远，字上交，幽州人也。

43　戊戌，帝殂。帝性不猜忌，与物无竞，登极之年已逾六十，每夕于宫中焚香祝天曰："某胡人，因乱为众所推，愿天早生圣人，为生民主。"在位年谷屡丰，兵革罕用，校于五代，粗为小康。

宋王李从厚正充任天雄节度使，甲午（二十二日），明宗派遣孟汉琼去征召李从厚入朝侍疾，并使孟汉琼暂时主持天雄军的事务。

　　丙申（二十四日），追废李从荣为平民。执政诸人共同评议李从荣所属官吏的罪名，冯道说：“从荣所亲信的是高辇、刘陟、王说而已，任赞在秦王府到官才半个月，王居敏、司徒诩在病中告假已经半年，怎能参与他的阴谋！王居敏更是受李从荣的厌恶，昨日举兵叛乱中，向宫阙进军的时候，李从荣同高辇、刘陟并马而行，他指着日暮之影说：‘明天到了这个时候，已经把王詹事诛杀了。’证明王居敏不是作乱的同谋，怎能一切属官都加以诛杀呢！”朱弘昭说：“如果李从荣能够打进光政门，任赞那一伙人会怎样行事，那时我们这些人还能留下遗族吗！并且，首犯与从犯只能罪差一等，现在首犯已经拿获受戮，而对从犯都不追问罪，皇上岂不要以为我们是在庇护奸人吗！”冯赟极力为他争辩，这才议定为流放和贬官。当时，谍议高辇已经被杀。丁酉（二十五日），元帅府判官、兵部侍郎任赞、秘书监兼王博刘瓒、友官苏瓒、记室鱼崇远、河南府少尹刘陟、判官司徒诩、推官王说等八人一并长期流放到远方为民，河南巡官李瀚、江文蔚等六人勒令回归田里，六军判官、太子詹事王居敏、推官郭畯一并贬职。李瀚是唐武宗朝宰相李回的同族曾孙，司徒诩是贝州人，江文蔚是建安人。江文蔚投奔吴国，徐知诰给了他很隆重的礼遇。

　　起初，李从荣行为不合常道，六军判官、司谏郎中赵远劝谏他说：“大王您居于优先嗣立的地位，应该经常修养德行，为什么尽干这些极不妥当的事！不要以为有父子至亲的关系可以依恃无恐，难道您没有看到春秋时晋献公杀了恭世子和汉武帝杀了戾太子的事例吗！”李从荣听了恼火，把他贬放为泾州判官；待到李从荣失败，赵远因为讲过这些话而声名流播。赵远字上交，幽州人。

43　　戊戌（二十六日），明宗去世。明宗皇帝性格不行猜忌，与外物不做竞争，登基那一年已经过了六十岁，他每天夜间在宫中焚香向天神祝告说：“我是个沙陀国的胡人，由于动乱被众人推举出来继位，愿上天早降圣人，做百姓的君主。”他在位时粮谷多次丰收，兵戈战乱少见，从五代时期来衡量，稍称小康。

辛丑,宋王至洛阳。

44　闽主尊鲁国太夫人黄氏为皇太后。

闽主好鬼神,巫盛韬等皆有宠。薛文杰言于闽主曰:"陛下左右多奸臣,非质诸鬼神,不能知也。盛韬善视鬼,宜使察之。"闽主从之。文杰恶枢密使吴勖,勖有疾,文杰省之,曰:"主上以公久疾,欲罢公近密,仆言公但小苦头痛耳,将愈矣。主上或遣使来问,慎勿以他疾对也。"勖许诺。明日,文杰使韬言于闽主曰:"适见北庙崇顺王讯吴勖谋反,以铜钉钉其脑,金椎击之。"闽主以告文杰,文杰曰:"未可信也,宜遣使问之。"果以头痛对,即收下狱,遣文杰及狱吏杂治之,勖自诬服,并其妻子诛之。由是国人益怒。

吴光请兵于吴,吴信州刺史蒋延徽不俟朝命,引兵会光攻建州,闽主遣使求救于吴越。

45　十二月癸卯朔,始发明宗丧,宋王即皇帝位。

46　秦王从荣既死,朱洪实妻入宫,司衣王氏语及秦王,王氏曰:"秦王为人子,不在左右侍疾,致人归祸,是其罪也;若云大逆,则厚诬矣。朱司徒最受王恩,当时不为之辨,惜哉!"洪实闻之,大惧,与康义诚以其语白闵帝,且言王氏私于从荣,为之诇宫中事,辛亥,赐王氏死。事连王淑妃,淑妃素厚于从荣,帝由是疑之。

47　丙辰,以天雄左都押牙宋令询为磁州刺史。朱弘昭以诛秦王立帝为己功,欲专朝政;令询侍帝左右最久,雅为帝所亲信,弘昭不欲旧人在帝侧,故出之。帝不悦而无之何。

辛丑(二十九日),宋王李从厚到达洛阳。

44 闽国主王璘尊鲁国太夫人黄氏为皇太后。

闽主王璘喜好崇拜鬼神,巫人盛韬等都受到宠信。薛文杰对闽主说:"陛下左右有很多奸臣,不询问于鬼神,就不能知道谁是奸臣。盛韬善于看鬼,可以让他去察看。"闽主听从了这个意见。薛文杰厌恶枢密使吴勖,有一次正当吴勖有病,薛文杰去探望他,薛文杰对吴勖说:"主上因为您久病不愈,想罢免您的枢密职务,我对主上说您只不过患头痛小病,已经快要好了。主上也许要派人来探问,请您慎重,不要说有其他疾病。"吴勖答应了。第二天,薛文杰唆使盛韬上奏闽主说:"刚才我见到北庙崇顺王审讯吴勖谋反的事,用铜钉钉他的脑顶,并用金椎锤击。"闽主把此事告诉薛文杰,薛说:"不一定可信,最好派人去查问一下。"吴勖果然回答说是头痛,闽主便把吴勖收拿下狱,派遣薛文杰及狱吏用各种办法去惩治他,吴勖只得承认所诬陷的谋反罪,于是便连同他的妻儿都诛杀了。从此以后,闽国百姓更加愤怒不满。

闽国土豪吴光请求吴国派兵攻闽,吴国信州刺史蒋延徽不等接受吴国朝廷的命令,使领兵与吴光会师攻打建州,闽主派使者求救于吴越国。

45 十二月癸卯朔(初一),才开始安葬明宗,宋王李从厚即后唐皇帝之位,是为闵帝。

46 秦王李从荣死后,朱洪实之妻入宫,与宫中司掌衣饰的王氏说到秦王,王氏说:"秦王作为王子,不在父皇左右侍奉疾病,以致被人归加罪名,是他自己招的;如果说他大逆不道,那是诬陷他,太过分了。朱司徒是最受秦王恩宠的,当时不替他辩护,真是太可惜了!"朱洪实听到这些话,很恐惧,与康义诚一起把这些话上奏闵帝,并说王氏同李从荣私通,替李从荣刺探宫中之事,辛亥(初九),把王氏赐死。事情还牵连到王淑妃,王淑妃平素对李从荣很厚待,闵帝从此便对王淑妃产生了怀疑。

47 丙辰(十四日),任用天雄左都押牙宋令询为磁州刺史。朱弘昭以为诛杀秦王立闵帝是自己的功劳,想要独专朝政;而宋令询陪侍闵帝左右最久,素来被闵帝所亲信,朱弘昭不想让旧人在皇帝身边,所以把他调出去。闵帝不愉快,但也无可奈何。

48　孟知祥闻明宗殂,谓僚佐曰:"宋王幼弱,为政者皆胥史小人,其乱可坐俟也。"

辛未,帝始御中兴殿。帝自终易月之制,即召学士读《贞观政要》《太宗实录》,有致治之志;然不知其要,宽柔少断。李愚私谓同列曰:"吾君延访,鲜及吾辈,位高责重,事亦堪忧。"众惕息不敢应。

49　顺化节度使、同平章事、判明州钱元珦骄纵不法,每请事于王府不获,辄上书悖慢。尝怒一吏,置铁床炙之,臭满城郭。吴王元瓘遣牙将仰仁诠诣明州召之,仁诠左右虑元珦难制,劝为之备,仁诠不从,常服径造听事。元珦见仁诠至,股栗,遂还钱塘,幽于别第。仁诠,湖州人也。

50　闽主改福州为长乐府。
亲从都指挥使王仁达有擒王延禀之功,性慷慨,言事无所避。闽主恶之,尝私谓左右曰:"仁达智有馀,吾犹能御之,非少主臣也。"至是,竟诬以叛,族诛之。

51　初,马希声、希范同日生,希声母曰袁德妃,希范母曰陈氏。希范怨希声先立不让,及嗣位,不礼于袁德妃。希声母弟希旺为亲从都指挥使,希范多谴责之。袁德妃请纳希旺官为道士,不许,解其军职,使居竹屋草门,不得预兄弟燕集。德妃卒,希旺忧愤而卒。

48 孟知祥听说明宗病逝,对他的僚属亲信说:"宋王年轻而软弱,当政的都是掌理案牍的小人,可以坐着等待那里发生乱子。"

辛未(二十八日),闽帝开始驾临中兴殿处理朝政。闽帝自从结束守丧的礼制之日,就召令学士为他读讲《贞观政要》《太宗实录》,怀有谋求天下大治的志愿;然而不懂求治的要领所在,宽容软弱,缺乏决断。宰相李愚私下对与他同列执政的官员说:"主上的召请和咨询,很少临到我们这些人,我们处高位,责任重大,事情真不好办。"大家屏住气息不敢回答。

49 顺化节度使、同平章事、判明州钱元珦,骄横放纵,不守法度,每当有事请求于王府而得不到满足时,就上书侮慢顶抗而发泄不满。他曾经恼怒一个属吏,便把他放置在铁床上烤炙,焦臭气味弥漫城郭。吴王钱元瓘派牙将仰仁诠到明州去召唤他,仰仁诠的左右人等担心钱元珦难以制服,劝他做好应急准备,仰仁诠没有听从,穿着日常服装径直到钱元珦官署听理事务。钱元珦看到仰仁诠来了,吓得直打颤,于是就回归吴越国都杭州,被幽禁在别设的府第。仰仁诠是湖州人。

50 闽主王璘把福州改为长乐府。

闽国亲从都指挥使王仁达有擒获叛将王延禀之功,性情慷慨,对主上奏事无所忌避。闽主厌恶他,曾经私下对其亲信说:"王仁达智谋太多,我还能够驾驭他,但他不会臣服于少主。"到此时,竟诬陷他要叛乱,诛杀了他全族。

51 以前,楚王马殷的众多儿子中,马希声、马希范是同一天出生的,马希声的母亲是袁德妃,马希范的母亲为陈氏。马希范怨恨马希声先立为王而不辞让,等到马希范接替马希声继承王位后,对袁德妃很不礼貌。马希声的同母弟马希旺任亲从都指挥使,马希范常常谴责他。袁德妃请求收免马希旺的官职,让他去做道士,马希范不答应,解除了马希旺的军职,让他居住在竹屋草门之中,不得参与兄弟之间的饮宴聚会。袁德妃死后,马希旺也忧愤而死。

潞王上

清泰元年(甲午,934)

1 春,正月戊寅,闵帝大赦,改元应顺。

壬午,加河阳节度使兼侍卫都指挥使康义诚兼侍中,判六军诸卫事。

2 朱弘昭、冯赟忌侍卫马军都指挥使安彦威、侍卫步军都指挥使、忠正节度使张从宾,甲申,出彦威为护国节度使,以捧圣马军都指挥使朱洪实代之;出从宾为彰义节度使,以严卫步军都指挥使皇甫遇代之。彦威,崞人;遇,真定人也。

3 戊子,枢密使、同平章事朱弘昭、同中书门下二品冯赟、河东节度使兼侍中石敬瑭并兼中书令。赟以超迁太过,坚辞不受,己丑,改兼侍中。

4 壬辰,以荆南节度使高从海为南平王,武安、武平节度使马希范为楚王。

5 甲午,以镇海、镇东节度使吴王元瓘为吴越王。

6 吴徐知诰别治私第于金陵,乙未,迁居私第,虚府舍以待吴主。

7 凤翔节度使兼侍中潞王从珂,与石敬瑭少从明帝征伐,有功名,得众心;朱弘昭、冯赟位望素出二人下远甚,一旦执朝政,皆忌之。明宗有疾,潞王屡遣其夫人入省侍;及明宗殂,潞王辞疾不来,使臣至凤翔者或自言伺得潞王阴事。时潞王长子重吉为控鹤都指挥使,朱、冯不欲其典禁兵,己亥,出为亳州团练使。潞王有女惠明为尼,在洛阳,亦召入禁中。潞王由是疑惧。

8 吴蒋延徽败闽兵于浦城,遂围建州,闽主璘遣上军使张彦柔、骠骑大将军王延宗将兵万人救建州。延宗军及中途,士卒不进,曰:"不得薛文杰,不能讨贼。"延宗驰使以闻,国人震恐。太后及福王继鹏泣谓璘曰:"文杰盗弄国权,枉害无辜,

潞王上
后唐潞王(末帝)清泰元年(甲午,公元 934 年)

1 春季,正月戊寅(初七),闵帝实行大赦,更改年号为应顺。

壬午(十一日),加封河阳节度使兼侍卫都指挥使康义诚兼任侍中,判理六军诸卫事。

2 朱弘昭、冯赟嫉妒侍卫马军都指挥使安彦威、侍卫步军都指挥使、忠正节度使张从宾,甲申(十三日),调出安彦威为护国节度使,任用捧圣马军都指挥使朱洪实代替他;调出张从宾为彰义节度使,任用严卫步军都指挥使皇甫遇代替他。安彦威是崞县人,皇甫遇是真定人。

3 戊子(十七日),枢密使、同平章事朱弘昭、同中书门下二品冯赟、河东节度使兼侍中石敬瑭一同兼任中书令。冯赟因为越级升迁太多,坚辞不受,己丑(十八日),改兼侍中。

4 壬辰(二十一日),封荆南节度使高从诲为南平王,武安、武平节度使马希范为楚王。

5 甲午(二十三日),封镇海、镇东节度使吴王钱元瓘为吴越王。

6 吴国徐知诰在金陵别治私第,乙未(二十四日),他迁居到私第,腾出了府舍以等待吴主杨溥来住。

7 凤翔节度使兼侍中潞王李从珂,年轻时与石敬瑭跟从明宗征伐,立过功,有声望,又得人心;朱弘昭、冯赟的地位和声望历来距李从珂、石敬瑭二人很远,朱、冯一旦执掌朝政,都憎恶这两个人。明宗有病时,潞王经常让他的夫人入宫省候侍奉;等到明宗病逝后,潞王却托词有病不来,朝廷使臣到过凤翔的人中有人自称伺探得潞王阴私之事。当时,潞王长子李重吉在朝廷任控鹤都指挥使,朱弘昭、冯赟不想让他掌管禁中兵权,己亥(二十八日),调出任亳州团练使。潞王有个女儿李惠明出家为尼,住在洛阳,也被召入禁中。潞王李从珂由此产生疑惧。

8 吴将蒋延徽在浦城打败闽兵,接着包围建州,闽主王璘派遣上军使张彦柔、骠骑大将军王延宗统兵万人救援建州。王延宗的军队行至中途,士兵不肯前进,扬言:"不得到薛文杰,不能去讨贼。"王延宗急忙派使者上报闽主王璘,闽国百姓震惊和恐惧。太后和福王王继鹏涕泣着对闽主王璘说:"薛文杰盗弄国家权柄,任意残害无辜吏民,

上下怨怒久矣。今吴兵深入,士卒不进,社稷一旦倾覆,留文杰何益!"文杰亦在侧,互陈利害。璘曰:"吾无如卿何,卿自为谋。"文杰出,继鹏伺之于启圣门外,以笏击之仆地,槛车送军前,市人争持瓦砾击之。文杰善术数,自云过三日则无患。部送者闻之,倍道兼行,二日而至,士卒见之踊跃,脔食之。闽主亟遣赦之,不及。初,文杰以为古制槛车疏阔,更为之,形如木匮,攒以铁铦,内向,动辄触之。车成,文杰首自入焉。并诛盛韬。

蒋延徽攻建州垂克,徐知诰以延徽吴太祖之婿,与临川王濛素善,恐其克建州奉濛以图兴复,遣使召之。延徽亦闻闽兵及吴越兵将至,引兵归。闽人追击,败之,士卒死亡甚众,归罪于都虞候张重进,斩之。知诰贬延徽为右威卫将军,遣使求好于闽。

9 闰月,以左谏议大夫唐汭、膳部郎中、知制诰陈乂皆为给事中,充枢密直学士。汭以文学从帝,历三镇在幕府。及即位,将佐之有才者,朱、冯皆斥逐之。汭性迂疏,朱、冯恐帝含怒有时而发,乃引汭于密近,以其党陈乂监之。

10 丙午,尊皇后为皇太后。

11 安远节度使符彦超奴王希全、任贺儿见朝廷多事,谋杀彦超,据安州附于吴,夜,叩门称有急递,彦超出至听事,二奴杀之,因以彦超之命召诸将,有不从己者辄杀之。己酉旦,副使李端帅州兵讨诛之,并其党。

上上下下对他怨恨愤怒已经很久了。现在，吴兵深入我国国境，抗敌士兵不肯前进，社稷江山一旦倾覆，留着薛文杰有什么好处！"当时，薛文杰也在场，互相诉说利害。王璘说："我不想把你怎么样，你自己考虑怎么办吧。"薛文杰出来，王继鹏暗伺在启圣门外，用朝笏把他击倒在地，用槛车押送军前，市街上的人们争着用瓦砾投掷他。薛文杰善于做巫术，自称超过三天就没有祸患了。押送他的人听到这个话，加倍赶路，两天就到达军前，士兵见了他，踊跃愤怒，割他的肉，嚼他的骨。闽主急忙派人赦免他，但已经来不及。起初，薛文杰认为按古制制造的槛车太宽松，便重新制作，形如木柜，四面攒插铁锃，锋尖朝内，人一活动便要触碰它。这种槛车刚制成，薛文杰自己首先被装进去了。与此同时，把盛韬也杀了。

蒋延徽攻建州即将攻克，徐知诰因为蒋延徽是吴太祖杨行密的女婿，与临川王杨濛素来友好，害怕他攻克了建州会拥戴杨濛以图恢复吴国的王权，便派人把他召回。蒋延徽也闻报闽国和吴越国的援兵将要到来，于是，引兵归还。闽兵趁势迫击，打败吴兵，士兵死亡了很多，却把责任归罪给都虞候张重进，并把他杀了。徐知诰把蒋延徽贬降为右威卫将军，遣派使者到闽国以求和好。

9　闰正月，后唐闵帝把左谏议大夫唐汭、膳部郎中、知制诰陈义都任用为给事中，充当枢密直学士。唐汭因擅长以文学侍从闵帝，经历宣武、河东、天雄三度迁镇都在幕府中。及至即位称帝，原来将佐中有才干的，朱弘昭、冯赟都把他们排斥放逐出去了。唐汭性情固执方正，朱弘昭、冯赟怕遇上闵帝发怒，便把唐汭引入枢密近侍，而用他们的党羽陈义监视他。

10　丙午(初五)，尊明宗曹皇后为皇太后。

11　安远节度使符彦超的奴仆王希全、任贺儿看到朝廷总出事，不安，阴谋杀害符彦超，占据安州依附于吴国。某夜，叩门谎称有紧急文书传递到来，符彦超出来办事，这两个奴仆杀了他，接着便用符彦超的名义召见诸将，有不听从他们的，往往杀掉。己酉(初八)，天刚亮，节度副使李端率领本州兵将讨伐，杀了他们，把他们的党羽也都杀了。

12 甲寅,以王淑妃为太妃。

13 蜀将吏劝蜀王知祥称帝;己巳,知祥即皇帝位于
成都。

12 甲寅(十三日),封王淑妃为太妃。

13 蜀国将吏向蜀王孟知祥劝进称帝;己巳(二十八日),孟知祥在成都即皇帝位。

卷第二百七十九　后唐纪八

起甲午(934)二月尽乙未(935)凡一年有奇

潞王下

清泰元年(甲午,934)

1　二月癸酉,蜀主以武泰节度使赵季良为司空兼门下侍郎、同平章事,领节度使如故。

2　吴人多不欲迁都者,都押牙周宗言于徐知诰曰:"主上西迁,公复须东行,不惟劳费甚大,且违众心。"丙子,吴主遣宋齐丘如金陵,谕知诰罢迁都。

先是,知诰久有传禅之志,以吴主无失德,恐众心不悦,欲待嗣君,宋齐丘亦以为然。一旦,知诰临镜镊白髭,叹曰:"国家安而吾老矣,奈何?"周宗知其意,请如江都,微以传禅讽吴主,且告齐丘。齐丘以宗先己,心疾之,遣使驰诣金陵,手书切谏,以为天时人事未可,知诰愕然。后数日,齐丘至,请斩宗以谢吴主,乃黜宗为池州副使。久之,节度副使李建勋、行军司马徐玠等屡陈知诰功业,宜早从民望,召宗复为都押牙。知诰由是疏齐丘。

3　朱弘昭、冯赟不欲石敬瑭久在太原,且欲召孟汉琼,己卯,徙成德节度使范延光为天雄节度使,代汉琼;徙潞王从珂为河东节度使,兼北都留守;徙石敬瑭为成德节度使。皆不降制书,但各遣使臣持宣监送赴镇。

潞王下
后唐潞王(末帝)清泰元年(甲午,公元 934 年)

1　二月癸酉(初三),蜀主孟知祥任用武泰节度使赵季良为司空兼门下侍郎、同平章事,领有节度使名衔如故。

2　吴国人很多都不想迁都,都押牙周宗向徐知诰进言说:"主上西迁金陵,您却需要东镇江都,不但劳费人力物力很大,而且违背人心。"丙子(初六),吴主杨溥派遣宋齐丘到金陵,告谕徐知诰迁都之事作罢。

过去,徐知诰很早就有让吴主把皇位传让给自己的意图,因为吴主没有什么失德之处,他害怕众心不服,便想等待嗣君继位后再说,宋齐丘也觉得这样做为好。有一天早上,徐知诰照着镜子拔镊着发白的胡须,叹着气说:"国家安宁而我已经老了,怎么办呢?"周宗了解他的意图,请求去江都,稍微以传让帝位的意思劝说吴主,并且告诉了宋齐丘。宋齐丘认为周宗走在自己的前面,心里忌恨,便派人急奔金陵,亲笔上书极力劝阻,认为天时人心都不适宜,徐知诰听说,很出意料,表示惊愕。过了几天,宋齐丘来到金陵,请求斩了周宗,用来向吴主谢罪,于是,便把周宗贬黜为池州团练副使。时间长了,节度副使李建勋、行军司马徐玠等人多次陈奏徐知诰的功业,应该早日依从民众的期望,召回周宗恢复他的都押牙职务。徐知诰从此便疏远宋齐丘了。

3　朱弘昭、冯赟不想让石敬瑭久居太原,并且想召回权知天雄军府的孟汉琼。己卯(初九),调迁成德节度使范延光为天雄节度使,代替孟汉琼;调派潞王李从珂为河东节度使,兼任北都太原留守;调迁石敬瑭为成德节度使。对这些调遣都不下皇帝制命,只是各派使臣持枢密院所行的文书,护送着到达镇所。

4 吴主诏徐知诰还府舍。甲申,金陵大火;乙酉,又火。知诰疑有变,勒兵自卫。

5 潞王既与朝廷猜阻,朝廷又命洋王从璋权知凤翔。从璋性粗率乐祸,前代安重诲镇河中,手杀之。潞王闻其来,尤恶之,欲拒命则兵弱粮少,不知所为,谋于将佐,皆曰:"主上富于春秋,政事出于朱、冯,大王功名震主,离镇必无全理,不可受也。"王问观察判官滴河马胤孙曰:"今道过京师,当何向为便?"对曰:"君命召,不俟驾。临丧赴镇,又何疑焉!诸人凶谋,不可从也。"众哂之。王乃移檄邻道,言"朱弘昭等乘先帝疾亟,杀长立少,专制朝权,别疏骨肉,动摇藩垣,惧倾覆社稷。今从珂将入朝以清君侧之恶,而力不能独办,愿乞灵邻藩以济之。"

潞王以西都留守王思同当东出之道,尤欲与之相结,遣推官郝诩、押牙朱廷乂等相继诣长安,说以利害,饵以美妓,不从则令就图之。思同谓将吏曰:"吾受明宗大恩,今与凤翔同反,借使事成而荣,犹为一时之叛臣,况事败而辱,流千古之丑迹乎!"遂执诩等,以状闻。时潞王使者多为邻道所执,不则依阿操两端,惟陇州防御使相里金倾心附之,遣判官薛文遇往来计事。金,并州人也。

4 吴主杨溥下诏书命徐知诰回到他所造的府舍。甲申（十四日），金陵大火；乙酉（十五日），又失火。徐知诰怀疑发生事变，集中兵力以自卫。

5 潞王李从珂已经与朝廷猜忌疏远，朝廷又任命洋王李从璋主持凤翔事务。李从璋性情粗鲁而且幸灾乐祸，以前代替安重诲镇守河中，亲手槌杀安重诲。李从珂听说要派他来接替自己，心里尤其厌恶，想要拒绝朝廷的命令，却因为兵弱粮少，不知怎么办才好，便同所属将佐商议，众人都说："皇上年少，国家政事都操纵在朱弘昭、冯赟手中，大王您功高名大，震慑君主，离开镇所必然不能保全自己，不能接受别人的替代。"李从珂询问观察判官滴河人马胤孙说："现在，我需要前往京师洛阳，应当朝哪个方向为好？"马胤孙回答说："君主有命相召，不能等待。您应该去京师参加先皇的葬礼，然后去太原的北都留守镇所，又有什么可犹豫的！大家给您出的是极坏主意，可不能听从他们的意见啊。"大家都笑他不达时变，太迂阔。于是李从珂便向邻近各道发出宣告文书，言称："朱弘昭等人，趁先帝患病严重之际，杀长立少，专擅朝廷大权，离间挑拨皇室骨肉，动摇藩镇根基，深恐他们要倾覆唐室的江山社稷。现在，我李从珂即将入朝以清君侧的坏人，而如此大事又不是独力所能办到的，愿意请求邻藩各道支援，合力达到这个目的。"

潞王李从珂认为西都长安留守王思同正处在从凤翔东讨洛阳的必经之路上，尤其希望和他相交结，便派遣推官郝诩、押牙朱廷义等接连到长安去见王思同，向他说明利害，并馈赠美妓做诱饵，如果他不顺从，便就地把他处置了。王思同对所属将吏说："我受过明宗皇帝的大恩，如果现在与凤翔一起造反，即使事情成功而获得荣耀，也还是关键时刻的叛臣，何况事败而遭到辱骂，流下千古的丑恶遗迹呢！"便把郝诩等拘系起来，向朝廷作了报告。当时，潞王李从珂派出的使者大多被邻道所拘留，没有被拘留的就是曲从附顺脚踩两只船，只有陇州防御使相里金全心全意地依附顺从于他，派判官薛文遇往来商议联络。相里金是并州人。

朝廷议讨凤翔。康义诚不欲出外,恐失军权,请以王思同为统帅,以羽林都指挥使侯益为行营马步军都虞候。益知军情将变,辞不行。执政怒之,出为商州刺史。辛卯,以王思同为西面行营马步军都部署,前静难节度使药彦稠副之,前绛州刺史苌从简为马步都虞候,严卫步军左厢指挥使尹晖、羽林指挥使杨思权等皆为偏裨。晖,魏州人也。

6 蜀主以中门使王处回为枢密使。

7 丁酉,加王思同同平章事,知凤翔行府;以护国节度使安彦威为西面行营都监。思同虽有忠义之志,而御军无法;潞王老于行陈,将士徼幸富贵者心皆向之。诏遣殿直楚匡祚执亳州团练使李重吉,幽于宋州。洋王从璋行至关西,闻凤翔拒命而还。

8 三月,安彦威与山南西道张虔钊、武定孙汉韶、彰义张从宾、静难康福等五节度使奏合兵讨凤翔。汉韶,李存进之子也。

9 乙卯,诸道兵大集于凤翔城下攻之,克东西关城,城中死者甚众。丙辰,复进攻城,期于必取。凤翔城堑卑浅,守备俱乏,众心危急,潞王登城泣谓外军曰:"吾未冠从先帝百战,出入生死,金创满身,以立今日之社稷,汝曹从我,目睹其事。今朝廷信任谗臣,猜忌骨肉,我何罪而受诛乎!"因恸哭。闻者哀之。

张虔钊性褊急,主攻城西南,以白刃驱士卒登城,士卒怒,大诟,反攻之,虔钊跃马走免。杨思权因大呼曰:"大相公,吾主也。"遂帅诸军解甲投兵,请降于潞王,自西门入,以幅纸进潞王曰:"愿王克京城日,以臣为节度使,勿以为防、团。"潞王即书"思权可邠宁节度使"授之。王思同犹未之知,趣士卒登城,

朝廷研究讨伐凤翔的事。康义诚不想调派在外边，害怕丢了兵权，便奏请派王思同为统帅，任用羽林都指挥使侯益为行营马步军都虞候。侯益晓得军情将要发生变故，推辞不肯成行。执政者恼怒，把他派出去任商州刺史。辛卯（二十一日），任用王思同为西面行营马步军都部署，前静难节度使药彦稠做他的副手，前绛州刺史苌从简为马步都虞候，严卫步军左厢指挥使尹晖、羽林指挥使杨思权等都任为偏将。尹晖是魏州人。

6　蜀主孟知祥任用中门使王处回为枢密使。

7　丁酉（二十七日），加封王思同为同平章事，主持凤翔行府；任用护国节度使安彦威为西面行营都监。王思同虽然有忠义的志向，但是驾驭军队却没有法度；潞王对于治理行军作战很有经验，将士希望升迁跻身富贵的，内心都愿意归附他。闵帝下诏派遣殿直楚匡祚拘捕亳州团练使李重吉，幽禁在宋州。洋王李从璋受命赴任，行至函谷关西，听说凤翔抗拒朝廷命令，便回来了。

8　三月，安彦威与山南西道张虔钊、武定孙汉韶、彰义张从宾、静难康福等五镇节度使上奏联合讨伐凤翔。孙汉韶是李存进的儿子。

9　乙卯（十五日），诸道之兵会集在凤翔城下大举进攻，攻下了东、西城关，城里人死亡的很多。丙辰（十六日），继续进兵攻打城垣，一定要把城池攻取下来。凤翔城垣堑壕低矮浅薄，守备器材都不足，兵众和市民都感到很危急，李从珂登上城头对城外进攻军队涕泣地说：“我从十几岁就跟随先帝经历上百次战斗，出生入死，满身创伤，创建了今日的天下；你们大家跟着我，亲眼看到过那些事实。现在，朝廷相信和任用坏人，猜忌自家骨肉，我有什么罪而受到诛伐啊！”因而痛哭不已。听到的人都哀伤而同情他。

张虔钊性情偏激而急躁，他负责主攻城西南，用刀驱逼士兵登城，士兵发怒，大骂他，反身攻击他，张虔钊赶忙骑马逃逸，才免一死。杨思权因势大声喊着说：“大相公潞王，是我的君主。”便率领军队解去铠甲，丢掉兵器，向潞王请降，他从西门进入，将一张纸送给潞王说：“希望大王攻克京城的时候，派我当节度使，不要让我当防御、团练的职务。”李从珂立即写了个“杨思权可任邠宁节度使”的字条给他。王思同还不知道这些情况，仍在督促士兵登城，

尹晖大呼曰："城西军已入城受赏矣。"众皆弃甲投兵而降，其声震地。日中，乱兵悉入，外军亦溃，思同等六节度使皆遁去。潞王悉敛城中将吏士民之财以犒军，至于鼎釜皆估直以给之。丁巳，王思同、药彦稠等走至长安，西京副留守刘遂雍闭门不内，乃趣潼关。遂雍，郡之子也。

潞王建大将旗鼓，整众而东，以孔目官虞城刘延朗为腹心。潞王始忧王思同等并力据长安拒守，至岐山，闻刘遂雍不内思同，甚喜，遣使慰抚之。遂雍悉出府库之财于外，军士前至者即给赏令过；比潞王至，前军赏遍，皆不入城。庚申，潞王至长安，遂雍迎谒，率民财以充赏。

是日，西面步军都监王景从等自军前奔还，中外大骇。帝不知所为，谓康义诚等曰："先帝弃万国，朕外守藩方，当是之时，为嗣者在诸公所取耳，朕实无心与人争国。既承大业，年在幼冲，国事皆委诸公。朕于兄弟间不至榛梗，诸公以社稷大计见告，朕何敢违！军兴之初，皆自夸大，以为寇不足平；今事至于此，何方可以转祸？朕欲自迎潞王，以大位让之，若不免于罪，亦所甘心。"朱弘昭、冯赟大惧，不敢对。义诚欲悉以宿卫兵迎降为己功，乃曰："西师惊溃，盖主将失策耳。今侍卫诸军尚多，臣请自往扼其冲要，招集离散以图后效，幸陛下勿为过忧！"帝遣使召石敬瑭，欲令将兵拒之。义诚固请自行，帝乃召将士慰谕，空府库以劳之，许以平凤翔，人更赏二百缗，府库不足，当以宫中服玩继之。军士益骄，无所畏忌，负赐物，扬言于路曰："至凤翔更请一分。"

尹晖大喊说："城西的官军已经入城接受赏赐了。"于是，兵众都弃甲缴械投降，那声音震得地动山摇。到了中午，乱兵都进了城，外面的军队也溃散了，王思同等六位节度使都逃跑了。潞王便把城中所有将吏士民的财物收集起来，用来犒劳军队，甚至连锅釜等器皿都估价赏赐给军队。丁巳（十七日），王思同、药彦稠等败退到长安，西京副留守刘遂雍关上城门不接纳，只得奔向潼关。刘遂雍是刘鄩的儿子。

潞王李从珂设置了大将的旗鼓，整理兵众而向东挺进，把孔目官虞城人刘延朗作为心腹。开始，潞王还担心王思同等联合力量占据长安抗拒，到了岐山，听说刘遂雍不接纳王思同，高兴极了，派人去慰问安抚。刘遂雍把府库中的钱财全部取出来放在外边，军士先到的就发给赏金让他过去；等到潞王到达时，前面的军队已经普遍得到赏赠，便都不入城骚扰。庚申（二十日），潞王来到长安，刘遂雍迎接拜见他，并聚敛民间资财来充当赏金。

这一天，西面步军都监王景从等从前线奔逃回洛阳，朝廷内外都很震惊。闵帝不知该怎么办，对康义诚等人说："先帝辞世之际，朕正在外边戍守藩镇，这个时候，谁来继承大位，只在诸位明公所选取而已，朕实在没有心思与别人争当皇帝。后来继承了大业，年纪还很轻，国家大事都委托给诸位明公办理。朕和兄弟之间不至于隔阻不通，诸位明公把有关国家社稷的大计见告，朕哪里敢不听从！这次兴兵讨伐凤翔之初，都夸大其辞，认为凤翔乱寇很容易讨平；现在事情已经到了这个地步，有什么办法可以扭转祸局？朕打算亲自迎接潞王，把皇帝大位让给他，如果不能免去罪罚，也心甘情愿。"朱弘昭、冯赟大为恐惧，不敢答对。康义诚想用全部宿卫兵迎降作为自己的功劳，便说："朝廷的军队溃败惊散，是由于主将的指挥失策。现在，还有很多侍卫部队，我请求亲自去扼守住冲要之地，招集离散了的部队，来谋求以后的效果，请陛下不要过于忧虑！"闵帝想派使臣去召唤石敬瑭，让他统兵去抗拒李从珂的人马。康义诚坚持请求自己去，闵帝便把将士招集起来进行慰问和动员，调用全部府库财物犒劳军队，并且许愿平定凤翔之乱以后，每人加赏两百缗钱，如果府库不足，便用宫中锦帛珍玩变价补充。因此，军士更加骄横，肆无忌惮，背负着所赏赐的东西，在路上张扬说："到了凤翔，还要再弄一份。"

遣楚匡祚杀李重吉于宋州。匡祚榜箠重吉,责其家财。又杀尼惠明。

初,马军都指挥使朱洪实为秦王从荣所厚,及朱弘昭为枢密使,洪实以宗兄事之。从荣勒兵天津桥,洪实首为孟汉琼击从荣,康义诚由是恨之。辛酉,帝亲至左藏,给将士金帛。义诚、洪实共论用兵利害,洪实欲以禁军固守洛阳,曰:"如此,彼亦未敢径前,然后徐图进取,可以万全。"义诚怒曰:"洪实为此言,欲反邪!"洪实曰:"公自欲反,乃谓谁反!"其声渐厉。帝闻,召而讯之,二人讼于帝前,帝不能辨其是非,遂斩洪实,军士益愤怒。

壬戌,潞王至昭应,闻前军获王思同,王曰:"思同虽失计,然尽心所奉,亦可嘉也。"癸亥,至灵口,前军执思同以至,王责让之,对曰:"思同起行间,先帝擢之,位至节将,常愧无功以报大恩。非不知附大王立得富贵,助朝廷自取祸殃,但恐死之日无面目见先帝于泉下耳。败而衅鼓,固其所也。请早就死!"王为之改容,曰:"公且休矣。"王欲宥之,而杨思权之徒耻见其面。王之过长安,尹晖尽取思同家资及妓妾,屡言于刘延朗曰:"若留思同,虑失士心。"属王醉,不待报,擅杀思同及其妻子。王醒,怒延朗,嗟惜者累日。

10 癸亥,制以康义诚为凤翔行营都招讨使,以王思同副之。

朝廷派遣楚匡祚到宋州把李从珂的儿子李重吉杀了。楚匡祚拷打李重吉，没收了他的家财。又杀了李从珂已经出家为尼的女儿李惠明。

以前，马军都指挥使朱洪实很被秦王李从荣所厚爱，待到朱弘昭当了枢密使，朱洪实把他当作同宗兄长。李从荣率领兵马列阵天津桥包围宫垣的时候，朱洪实响应孟汉琼的召唤，首先袭击李从荣，康义诚由于曾经暗许迎立李从荣，便怀恨朱洪实。辛酉（二十一日），闵帝亲临府库左藏，给将士发放金帛赏物。康义诚同朱洪实一起议论此次用兵的利与害，朱洪实主张用禁军固守洛阳，并说："这样做，对方也就不敢直攻洛阳，然后再想办法进一步加以解决，这是万全之计。"康义诚听了发怒地说："洪实说这样的话，是想要造反吗！"朱洪实说："您自己要造反，还说别人要造反！"两人争吵的声音越来越大。闵帝听到了，召唤两人来询问，两人各把自己的意见向闵帝诉说，闵帝不能明辨两人争辩的是非，便把朱洪实斩杀了，军士更加愤怒。

壬戌（二十二日），潞王李从珂到达昭应，听说前军抓获王思同，潞王说："虽然王思同的谋划有所失误，然而他竭尽心力为其所奉侍的主上，也是可以嘉许的。"癸亥（二十三日），到达灵口，前军把王思同押见李从珂，李从珂责备他，王思同回答说："思同起于行伍之间，先帝提拔我，位至建立节度的大将，经常惭愧自己没有功劳报答重用的大恩。并非不知道依附大王您马上就能得到富贵，帮助朝廷是自取祸殃，只是怕临死之日没有面目在九泉之下见先帝。如果失败了就用我的血来祭奠战鼓，也算是得其所了。请您让我早些死吧！"潞王听了这些话大受感动，改容相敬，说道："您别说了。"潞王想赦免了他，而杨思权一班人却羞见其面。当潞王兵过长安时，尹晖掠取了王思同的全部家财和姬妾，并多次对潞王心腹刘延朗说："如果留下王思同，恐怕要失掉吏士之心。"趁着潞王酒醉，不等到向上报告，擅自杀了王思同和他的妻子儿女。潞王酒醒之后，很恼怒刘延朗，叹息了许多天。

10　癸亥（二十三日），闵帝下令任命康义诚为凤翔行营都招讨使，任用王思同为他的副手。

甲子,潞王至华州,获药彦稠,囚之。乙丑,至阌乡。朝廷前后所发诸军,遇西军皆迎降,无一人战者。丙寅,康义诚引侍卫兵发洛阳,诏以侍卫马军指挥使安从进为京城巡检,从进已受潞王书,潜布腹心矣。

是日,潞王至灵宝,护国节度使安彦威、匡国节度使安重霸皆降,惟保义节度使康思立谋固守陕城以俟康义诚。先是,捧圣五百骑戍陕西,为潞王前锋,至城下,呼城上人曰:"禁军十万已奉新帝,尔辈数人奚为!徒累一城人涂地耳。"于是捧圣卒争出迎,思立不能禁,不得已亦出迎。

丁卯,潞王至陕,僚佐说王曰:"今大王将及京畿,传闻乘舆已播迁,大王宜少留于此,先移书慰安京城士庶。"王从之,移书谕洛阳文武士庶,惟朱弘昭、冯赟两族不赦外,自馀勿有忧疑。

康义诚军至新安,所部将士自相结,百什为群,弃甲兵,争先诣陕降,累累不绝。义诚至乾壕,麾下才数十人,遇潞王候骑十馀人,义诚解所佩弓剑为信,因候骑请降于潞王。

戊辰,闵帝闻潞王至陕,义诚军溃,忧骇不知所为,急遣使召朱弘昭谋所向,弘昭曰:"急召我,欲罪之也。"赴井死。安从进闻弘昭死,杀冯赟于第,灭其族,传弘昭、赟首于潞王。帝欲奔魏州,召孟汉琼使诣魏州为先置,汉琼不应召,单骑奔陕。

甲子(二十四日),潞王攻到华州,俘获药彦稠,把他囚禁起来。乙丑(二十五日),兵到阌乡。朝廷前后所派发的各路军马,遇到凤翔来的军队后都纷纷迎降,没有一个肯于应战的。丙寅(二十六日),康义诚率领侍卫兵从洛阳出发,闵帝下诏书任用侍卫马军指挥使安从进为京城巡检,安从进已经接到潞王的密信,暗中布置心腹之人。

这一天,潞王到达灵宝,护国节度使安彦威、匡国节度使安重霸都投降了,只有保义节度使康思立打算固守陕城来等待康义诚的到来。从前,捧圣军有五百骑兵戍守陕西,这次充当了潞王的前锋,到了陕城之下,向城上人呼喊着说:"禁军十万人已经转奉新帝,你们这几个人有什么用! 白白地连累一城人遭到屠杀而已。"于是,捧圣军的兵卒争着出城迎降,康思立不能阻挡,不得已自己也出来迎降。

丁卯(二十七日),潞王到达陕州,僚佐劝潞王说:"现在大王将要到达京畿,传闻皇帝乘舆已经转移出去,大王最好稍微在这里停留一下,先发布文告慰抚京城士庶。"潞王听从这个意见,便发布安抚文告传谕洛阳文武士庶说,除了朱弘昭、冯赟两个家族不赦免之外,其馀人等都不要有忧疑。

康义诚的军队到达新安,所部将士自己相互结合,百八十人为一群,丢弃兵器铠甲,争先奔向陕州投降,连续不断。康义诚到达乾壕后,在他指挥下的人只剩几十个,路上遇到潞王在那里的候骑十多人,康义诚解下所佩戴的弓和剑作证,随着候骑请求向潞王投降。

戊辰(二十八日),闵帝闻报潞王到达陕州,康义诚军队溃败,忧愁害怕,不知如何是好,急忙派人召见朱弘昭商量怎么办,朱弘昭说:"急切召见我,是要加罪于我啊。"便投井而死。安从进听说朱弘昭死讯后,便在冯赟的府第杀了他,并杀灭了他的家族,把朱弘昭、冯赟的首级传送给潞王。闵帝想逃奔魏州,召见孟汉琼让他到魏州先去安置,孟汉琼不应召命,自己单骑奔向陕州。

　　初，帝在藩镇，爱信牙将慕容迁，及即位，以为控鹤指挥使。帝将北渡河，密与之谋，使帅部兵守玄武门。是夕，帝以五十骑出玄武门，谓迁曰："朕且幸魏州，徐图兴复，汝帅有马控鹤从我。"迁曰："生死从大家。"乃阳为团结，帝既出，即阖门不行。

　　己巳，冯道等入朝，及端门，闻朱、冯死，帝已北走，道及刘昫欲归，李愚曰："天子之出，吾辈不预谋。今太后在宫，吾辈当至中书，遣小黄门取太后进止，然后归第，人臣之义也。"道曰："主上失守社稷，人臣惟君是奉，无君而入宫城，恐非所宜。潞王已处处张榜，不若归俟教令。"乃归。至天宫寺，安从进遣人语之曰："潞王倍道而来，且至矣，相公宜帅百官至谷水奉迎。"乃止于寺中，召百官。中书舍人卢导至，冯道曰："俟舍人久矣，所急者劝进文书，宜速具草。"导曰："潞王入朝，百官班迎可也；设有废立，当俟太后教令，岂可遽议劝进乎？"道曰："事当务实。"导曰："安有天子在外，人臣遽以大位劝人者邪！若潞王守节北面，以大义见责，将何辞以对！公不如帅百官诣宫门，进名问安，取太后进止，则去就善矣。"道未及对，从进屡遣人趣之曰："潞王至矣，太后、太妃已遣中使迎劳矣，安得百官无班！"道等即纷然而去。既而潞王未至，三相息于上阳门外，卢导过于前，道复召而语之，导对如初。李愚曰："舍人之言是也。吾辈之罪，擢发不足数。"

从前,闵帝在藩镇时,宠信牙将慕容迁,待到即位为帝,把他任用为控鹤指挥使。闵帝将要北渡黄河去魏州,秘密地与他策划,让他带领所属兵士把守玄武门。当晚,闵帝带了五十名骑兵出玄武门,对慕容迁说:"朕即将去魏州,慢慢再图复兴,你率领有马的控鹤军跟我走。"慕容迁说:"生死跟着皇上。"于是表面上团结在闵帝周围,等到闵帝出了宫城后,他就关了城门不跟随了。

　　己巳(二十九日),冯道等人入朝,刚到端门,听说朱弘昭、冯赟已经死了,闵帝已经向北逃走,冯道和刘昫就要回家,李愚说:"天子出走,我们这些人未能参与谋划。现在,太后还在宫中,我们应当到中书省去,派小黄门太监去听取太后如何进止,然后再回自己的宅第,这是人臣的大义啊。"冯道说:"主上把江山社稷丢了,作为人臣只能事奉君主,没有了君主而进入宫城,恐怕不合适。潞王已经处处张贴榜文,不如回去听候命令。"便回去了。到了天宫寺,安从进派人告诉他说:"潞王加倍赶路而来,即将到达,相公您应该率领百官到城西谷水去迎接。"冯道便在寺中停留下来,召集百官。中书舍人卢导来到,冯道说:"等待舍人先生很久了,现在所急需办的事,是准备劝进的文书,请赶快起草。"卢导说:"潞王入朝,百官到班相迎就可以了;如果有废立之事,应当听候太后的教令,岂能仓促之间草率建议劝进呢?"冯道说:"办事应当从现实出发。"卢导说:"哪有天子在外,人臣却突然拿皇帝大位劝人进据的啊!如果潞王坚持在北面守臣节,用君臣大义来责备我们,将用什么话来回对!您不如率领百官进谒宫门,送进名帖问安,听从太后的进止,那样便去就两善了。"冯道还未及回答,安从进已经几次派人来催促,并说:"潞王来了,太后、太妃已经派遣宫中使者去迎接慰劳了,怎么能百官无人列班!"冯道等人就纷纷散去。过了一会儿潞王尚未到达,三个宰相冯道、李愚、刘昫正停息在上阳门外,卢导从他们面前经过,冯道又召他来谈劝进的事,卢导对答如初。李愚说:"舍人的话是对的。我们这些人的罪过是拔下头发也数不尽了。"

　　康义诚至陕待罪，潞王责之曰："先帝晏驾，立嗣在诸公，今上亮阴，政事出诸公，何为不能终始，陷吾弟至此乎？"义诚大惧，叩头请死。王素恶其为人，未欲遽诛，且宥之。马步都虞候朱从简、左龙武统军王景戡皆为部下所执，降于潞王，东军尽降。潞王上笺于太后取进止，遂自陕而东。

　　夏，四月庚午朔，未明，闵帝至卫州东数里，遇石敬瑭，帝大喜，问以社稷大计，敬瑭曰："闻康义诚西讨，何如？陛下何为至此？"帝曰："义诚亦叛去矣。"敬瑭俯首长叹数四，曰："卫州刺史王弘贽，宿将习事，请与图之。"乃往见弘贽问之，弘贽曰："前代天子播迁多矣，然皆有将相、侍卫、府库、法物，使群下有所瞻仰；今皆无之，独以五十骑自随，虽有忠义之心，将若之何？"敬瑭还，见帝于卫州驿，以弘贽之言告。弓箭库使沙守荣、奔洪进前责敬瑭曰："公明宗爱婿，富贵相与共之，忧患亦宜相恤。今天子播越，委计于公，冀图兴复，乃以此四者为辞，是直欲附贼卖天子耳！"守荣抽佩刀欲刺之，敬瑭亲将陈晖救之，守荣与晖斗死，洪进亦自刭。敬瑭牙内指挥使刘知远引兵入，尽杀帝左右及从骑，独置帝而去。敬瑭遂趣洛阳。

　　是日，太后令内诸司至乾壕迎潞王，王亟遣还洛阳。

　　初，潞王罢河中，归私第，王淑妃数遣孟汉琼存抚之。汉琼自谓于王有旧恩，至渑池西，见王大哭，欲有所陈，王曰："诸事不言可知。"仍自预从臣之列，王即命斩于路隅。

康义诚到陕州来等待罪处,潞王责备他说:"先帝晏驾,立谁为嗣取决于你们诸公,现在皇帝居丧,政事也取决于诸公,为什么你们这些重臣不能始终如一,以致使我的弟弟陷于如此境地啊?"康义诚害怕极了,叩头请求赐死。潞王素来厌恶康义诚的为人,但没有想马上杀他,暂且宽赦了他。马步都虞候苌从简、左龙武统军王景戬都被部下所擒拿,向潞王投降,朝廷的军队便全部都归降了。潞王上书给太后听从进止,于是就从陕州向东。

夏季,四月庚午朔(初一),天还没有亮,闵帝到达卫州以东几里的地方,遇到石敬瑭,闵帝大喜,便向他询问如何保存社稷的大计,石敬瑭说:"听说康义诚向西讨伐,怎么样了? 陛下为什么来到这里?"闵帝说:"康义诚也叛变离去了。"石敬瑭垂头长叹了好几次,说:"卫州刺史王弘贽是位宿将,懂得很多事情,请您等我和他商量。"于是石敬瑭就去问王弘贽,王弘贽说:"前代天子流亡的也不少,然而都随从有将相、侍卫、府库、法物,使得随从的人有所依恃和希望;现在主上什么也没有,只有五十骑兵跟随着他自己,我们虽然有忠义之心,还能有什么办法呢?"石敬瑭回来,到卫州的驿馆去见闵帝,把王弘贽的话告诉闵帝。弓箭库使沙守荣、奔洪进上前责备石敬瑭说:"您是明宗的爱婿,富贵相互共同享有,忧患也应该相互体谅、承担。现在,天子奔波在外,把希望寄托给您,以图复兴,竟然拿这四样来做托辞,这简直是要依附于叛贼而出卖天子呀!"沙守荣抽出佩刀要刺杀他,石敬瑭的亲将陈晖救他,沙守荣与陈晖相斗而死,奔洪进也自刎而死。石敬瑭的牙内指挥使刘知远带着兵卒进来,把闵帝左右及随从的骑兵都杀了,只是留下闵帝不顾而去。石敬瑭便向洛阳进发。

这一天,太后命宫内诸司的人到乾壕迎接潞王,潞王赶忙把来使遣回洛阳。

过去,潞王李从珂从河中罢官回洛阳,明宗让他归居私第,王淑妃曾经多次派孟汉琼去安慰他。孟汉琼自以为对李从珂有旧恩,到渑池西,见到潞王大哭,想有所陈诉,潞王说:"各种事情都不必说了,我都知道。"孟汉琼便自己到了随从臣吏之中,潞王就下令把他斩首在路边。

11 山南西道节度使张虔钊之讨凤翔也，留武定节度使孙汉韶守兴元。虔钊既败，奔归兴元，与汉韶举两镇之地降于蜀。蜀主命奉銮肃卫马步都指挥使、昭武节度使李肇将兵五千还利州，右匡圣马步都指挥使、宁江节度使张业将兵一万屯大漫天以迎之。

12 壬申，潞王至蒋桥，百官班迎于路，传教以未拜梓宫，未可相见。冯道等皆上笺劝进。王入谒太后、太妃，诣西宫，伏梓宫恸哭，自陈诣阙之由。冯道帅百官班见，拜，王答拜。道等复上笺劝进，王立谓道曰："予之此行，事非获已。俟皇帝归阙，园寝礼终，当还守藩服，群公遽言及此，甚无谓也！"

癸酉，太后下令废少帝为鄂王，以潞王知军国事，权以书诏印施行。百官诣至德宫门待罪，王命各复其位。甲戌，太后令潞王宜即皇帝位；乙亥，即位于柩前。

帝之发凤翔也，许军士以入洛人赏钱百缗。既至，问三司使王玫，以府库之实，对有数百万在。既而阅实，金、帛不过三万两、匹；而赏军之费计应用五十万缗。帝怒，玫请率京城民财以足之，数日，仅得数万缗，帝谓执政曰："军不可不赏，人不可不恤，今将奈何？"执政请据屋为率，无问士庶自居及僦者，预借五月僦直，从之。

13 王弘贽迁闵帝于州廨，帝遣弘贽之子殿直峦往鸩之。戊寅，峦至卫州谒见，闵帝问来故，不对。弘贽数进酒，闵帝知其有毒，不饮，峦缢杀之。

闵帝性仁厚，于兄弟敦睦，虽遭秦王忌疾，闵帝坦怀待之，卒免于患。及嗣位，于潞王亦无嫌，而朱弘昭、孟汉琼之徒横生猜间，闵帝不能违，以致祸败焉。

11 山南西道节度使张虔钊去讨伐凤翔时,留下武定节度使孙汉韶镇守兴元。张虔钊失败以后,奔归兴元,会同孙汉韶呈献两镇之地投降了蜀国。蜀主孟知祥命奉銮肃卫马步都指挥使、昭武节度使李肇领兵五千人还镇利州,右匡圣马步都指挥使、宁江节度使张业领兵一万人屯驻大漫天以迎取他们。

12 壬申(初三),潞王李从珂到达蒋桥,百官在路上列班迎接,潞王传命,因尚未拜谒明宗的灵柩,还不能接见大家。冯道等人都上书劝进大位。潞王入宫谒见曹太后、王太妃,又到西宫,伏在明宗的棺柩上痛哭,自己陈说进诣朝廷的原因。冯道率领百官来谒见,下拜,潞王答释。冯道等人又上书劝进,潞王立即告诉冯道说:"我这次来,是逼不得已。等候皇帝还朝,先帝灵寝行礼完毕,理当还守藩镇的服制,各位明公突然讲到这样的事,很没有意思啊!"

癸酉(初四),太后下令废除闵帝为鄂王,委任潞王李从珂主持军国大事,暂且以书诏印施行政令。百官进诣至德宫门待罪,潞王命他们各还其位。甲戌(初五),太后命令潞王应该即皇帝之位;乙亥(初六),在明宗灵柩前即位。

后唐末帝李从珂从凤翔出发时,答应入洛阳以后给军士每人赏钱一百缗。到了洛阳,询问三司使王玫,府库中的虚实如何,回答说有数百万库存。接着派人查实,金钱和布帛不过三万两、匹;而赏军的费用预计需要五十万缗。末帝发怒,王玫提请聚敛民财来补足,收集了几天,只得到数万缗,末帝对执政的要员说:"军队不能不赏,百姓不能不体恤,这事怎么办为好?"执政的人建议,可以根据房屋来筹措,不论士庶自己居住或是租赁居住的,预借五个月的租金数,末帝同意这样办。

13 王弘贽把闵帝从驿馆迁居到州署,末帝派王弘贽的儿子殿直王峦前往用毒酒去鸩杀他。戊寅(初九),王峦到卫州谒见闵帝,闵帝问他干什么,王峦不回答。王弘贽几次进酒,闵帝知道其中有毒,不肯喝,王峦把他勒死。

闵帝性情宽厚,对于兄弟敦诚和睦,虽然遭到秦王李从荣的忌恨,但闵帝以坦白的心怀对待他,终于避免了祸患。继位以后,对潞王李从珂也没有什么嫌隙,而朱弘昭、孟汉琼那一伙人横生猜疑离间,闵帝不能不听从他们,所以招致了祸败。

　　孔妃尚在宫中,潞王使人谓之曰:"重吉何在?"遂杀妃,并其四子。

　　闵帝之在卫州也,惟磁州刺史宋令询遣使问起居,闻其遇害,恸哭半日,自经死。

　　14　己卯,石敬瑭入朝。

　　15　庚辰,以刘昫判三司。

　　16　辛巳,蜀大赦,改元明德。

　　17　帝之起凤翔也,召兴州刺史刘遂清,迟疑不至。闻帝入洛,乃悉集三泉、西县、金牛、桑林戍兵以归,自散关以南城镇悉弃之,皆为蜀人所有。癸未,入朝,帝欲治罪,以其能自归,乃赦之。遂清,鄩之侄也。

　　18　甲申,蜀将张业将兵入兴元、洋州。

　　19　乙酉,改元,大赦。

　　20　丁亥,以宣徽南院使郝琼权判枢密院,前三司使王玫为宣徽北院使,凤翔节度判官韩昭胤为左谏议大夫、充端明殿学士。

　　21　戊子,斩河阳节度使、判六军诸卫兼侍中康义诚,灭其族。

　　22　己丑,诛药彦稠。

　　23　庚寅,释王景戡、苌从简。

　　24　有司百方敛民财,仅得六万,帝怒,下军巡使狱,昼夜督责,囚系满狱,至自经、赴井。而军士游市肆皆有骄色,市人聚诟之曰:"汝曹为主力战,立功良苦,反使我辈鞭胸杖背,出财为赏,汝曹犹扬扬自得,独不愧天地乎!"

　　是时,竭左藏旧物及诸道贡献,乃至太后、太妃器服簪珥皆出之,才及二十万缗,帝患之,李专美夜直,帝让之曰:

孔妃此时还在宫中，潞王让人问她："李重吉现在哪里?"于是把孔妃连同她的四个儿子一起杀了。

闵帝逃至卫州，只有磁州刺史宋令询派人问候起居，听到他遇害，痛哭半日，自己也上吊死了。

14　己卯(初十)，石敬瑭来朝见。

15　庚辰(十一日)，任用刘昫判理三司。

16　辛巳(十二日)，蜀国实行大赦，改年号为明德。

17　末帝从凤翔起兵时，曾经召唤兴州刺史刘遂清，他迟疑不肯来。听说末帝占据洛阳，刘遂清便全部聚集三泉、西县、金牛、桑林的守戍士卒回归，把散关以南的城镇全部放弃了，这些地方都被蜀人所占有。癸未(十四日)，来到朝廷，末帝要治他的罪，因为他能够自己归来，便又赦免了他。刘遂清是刘郭的侄儿。

18　甲申(十五日)，蜀国将领张业率兵进入兴元、洋州。

19　乙酉(十六日)，李从珂改年号为清泰，实行大赦。

20　丁亥(十八日)，任用宣徽南院使郝琼暂时判理枢密院，前三司使王玫为宣徽北院使，凤翔节度判官韩昭胤为左谏议大夫，充任端明殿学士。

21　戊子(十九日)，斩杀河阳节度使、判六军诸卫兼侍中康义诚，灭除了他的家族。

22　己丑(二十日)，诛杀了药彦稠。

23　庚寅(二十一日)，释放了王景戡、苌从简。

24　有关官员千方百计搜敛民财，只收得六万，末帝发怒，把输财迟违的人都关进军巡使的狱中，昼夜督催，犯人把牢狱都住满了，甚至有人上吊、投井。而军士在市场上游荡，脸上都显得很骄傲，市民聚在一起责骂他们说："你们这些人为皇帝努力打仗，立功是不容易，但是，反而使我们百姓胸背挨鞭子受棍杖，还要出钱作你们的赏金，你们这些人还扬扬自以为得意，难道你们就不知愧对天地吗?"

这个时候，把存放金帛财赋的左藏中所有旧物以及各道的贡献之物，乃至太后、太妃所用的器皿服饰簪环全部拿了出来，才只有二十万缗，末帝很着急，当时枢密直学士李专美正在夜间值班，末帝责备他说：

"卿名有才,不能为我谋此,留才安所施乎!"专美谢曰:"臣弩劣,陛下擢任过分,然军赏不给,非臣之责也。窃思自长兴之季,赏赉亟行,卒以是骄;继以山陵及出师,帑藏遂涸。虽有无穷之财,终不能满骄卒之心,故陛下拱手于危困之中而得天下。夫国之存亡,不专系于厚赏,亦在修法度,立纪纲。陛下苟不改覆车之辙,臣恐徒困百姓,存亡未可知也。今财力尽于此矣,宜据所有均给之,何必践初言乎!"帝以为然。壬辰,诏禁军在凤翔归命者,自杨思权、尹晖等各赐二马、一驼、钱七十缗,下至军人钱二十缗,其在京者各十缗。军士无厌,犹怨望,为谣言曰:"除去菩萨,扶立生铁。"以闵帝仁弱,帝刚严,有悔心故也。

25 丙申,葬圣德和武钦孝皇帝于徽陵,庙号明宗。帝衰绖护从至陵所,宿焉。

26 五月丙午,以韩昭胤为枢密使,以庄宅使刘延朗为枢密副使,权知枢密院房暠为宣徽北院使。暠,长安人也。

27 帝与石敬瑭皆以勇力善斗,事明宗为左右,然心竞,素不相悦。帝即位,敬瑭不得已入朝,山陵既毕,不敢言归。时敬瑭久病羸瘵,太后及魏国公主屡为之言;而凤翔将佐多劝帝留之,惟韩昭胤、李专美以为赵延寿在汴,不宜猜忌敬瑭。帝亦见其骨立,不以为虞,乃曰:"石郎不惟密亲,兼自少与吾同艰难,今我为天子,非石郎尚谁托哉!"乃复以为河东节度使。

28 戊午,以陇州防御使相里金为保义节度使。

"你是个以才干闻名的人,不能为我谋划完成这件事,你留着才干往哪里用啊!"李专美谢罪说:"为臣很蠢笨,陛下是提拔任用得过分了,然而军赏不够充分,不是我的责任。我思考过,自长兴年间以来,赏赐很频繁,士兵因此而骄纵;接着又兴建皇帝陵墓和出兵征战,国家的财帑储藏便枯竭了。虽然有无尽之财物,但不能满足骄卒之心,因此,陛下在国家危困之中才能够拱手而得天下。说起来国家的存亡,并不专靠厚赏,也在于修治法度,建立纪纲。陛下如果不改革前朝覆车的老路,臣担心只能是困扰百姓,国家的存亡很难预料啊。现在,国家财力只有这些了,应该根据所能得到的平均分给大家,何必非履行当初所许诺的不可呢!"末帝认为他讲得对。壬辰(二十三日),下诏命禁军在凤翔归附的,从杨思权、尹晖等各赐马两匹、骆驼一匹、钱七十缗,下至军人赐钱二十缗,那些在京城的各赐钱十缗。军士贪得无厌,仍然不满意,编造谣言说:"除去菩萨,扶立生铁。"因为闵帝宽仁软弱,而末帝刚强严苛,表现出一种悔怨的心理。

25 丙申(二十七日),在徽陵安葬圣德和武钦孝皇帝,庙号明宗。末帝穿戴丧服护随到陵墓,并留宿在陵所。

26 五月丙午(初七),任用韩昭胤为枢密使,任用庄宅使刘延朗为枢密副使,权知枢密院房暠为宣徽北院使。房暠是长安人。

27 末帝李从珂和石敬瑭都是由于勇武善斗而服侍在明宗李嗣源的左右,然而两人心里竞争,平素彼此不和睦。现在,李从珂即位为皇帝,石敬瑭不得已入京朝拜,安葬完明宗以后,不敢提出归还镇所。当时石敬瑭久病之后很疲弱,曹太后和魏国公主几次替他说情;而从凤翔来的将佐大多劝说末帝把他羁留洛阳,只有韩昭胤、李专美认为宣武节度使赵延寿正在汴梁,逼近洛都,为了避免赵延寿的疑惧,不应当猜忌石敬瑭。末帝也看到石敬瑭削瘦衰弱,不担心他,便说:"石郎不但是内亲,关系密切,而且他从小与我共同经历艰难,现在我做了天子,不依靠石郎还能依靠谁呀!"便仍任用他为河东节度使。

28 戊午(十九日),任用陇州防御使相里金为保义节度使。

29　丁未，阶州刺史赵澄降蜀。

30　戊申，以羽林军使杨思权为静难节度使。

31　己酉，张虔钊、孙汉韶举族迁于成都。

32　庚戌，以司空兼门下侍郎、同平章事冯道同平章事，充匡国节度使。

33　以天雄节度使兼侍中范延光为枢密使。

34　帝之起凤翔也，悉取天平节度使李从曮家财甲兵以供军。将行，凤翔之民遮马请复以从曮镇凤翔，帝许之，至是，徙从曮为凤翔节度使。

35　初，明宗为北面招讨使，平卢节度使房知温为副都部署，帝以别将事之，尝被酒忿争，拔刃相拟。及帝举兵入洛，知温密与行军司马李冲谋拒之，冲请先奉表以观形势，还，言洛中已安定。壬戌，入朝谢罪，帝优礼之。知温贡献甚厚。

36　吴镇南节度使、守中书令东海康王徐知询卒。

37　蜀人取成州。

38　六月甲戌，以皇子左卫上将军重美为成德节度使、同平章事，兼河南尹，判六军诸卫事。

39　文州都指挥使成延龟举州附蜀。

40　吴徐知诰将受禅，忌昭武节度使兼中书令临川王濛，遣人告濛藏匿亡命，擅造兵器。丙子，降封历阳公，幽于和州，命控鹤军使王宏将兵二百卫之。

41　刘昫与冯道昏姻。昫性苛察，李愚刚褊。道既出镇，二人论议多不合，事有应改者，愚谓昫曰："此贤亲家所为，更之不亦便乎！"昫恨之，由是动成忿争，至相诟骂，各欲非时求见，事多

29　丁未(初八)，阶州刺史赵澄投降蜀国。

30　戊申(初九)，任用羽林军使杨思权为静难节度使。

31　己酉(初十)，张虔昭、孙汉韶把全部族人迁往成都。

32　庚戌(十一日)，任用司空兼门下侍郎、同平章事冯道为同平章事，充任匡国节度使。

33　任用天雄节度使兼侍中范延光为枢密使。

34　末帝在凤翔起兵时，把天平节度使李从晖的家财甲兵全部调取来用以供给军需。大军将要出发，凤翔的百姓拦着马请求仍任用李从晖镇守凤翔，末帝答应了，到此时，便把李从晖调迁为凤翔节度使。

35　以前，明宗李嗣源任北面招讨使的时候，平卢节度使房知温任副都部署，末帝李从珂当时为判将，受房知温统辖，两人曾经酒醉后争吵，以至拔刀相对。等到末帝领兵进入洛阳，房知温秘密与行军司马李冲策划抗拒他，李冲劝他先上表表示拥戴来观察形势发展，上表使者回来后，说洛阳已经安定下来。壬戌(二十三日)，房知温入京朝见，表示谢罪，末帝优礼待他。房知温的贡纳也很丰厚。

36　吴国镇南节度使、守中书令东海康王徐知询去世。

37　蜀国人攻取了成州。

38　六月甲戌(初五)，任用皇子左卫上将军李重美为成德节度使、同平章事，兼河南尹，判六军诸卫事。

39　文州都指挥使成延龟把全州军民归附于蜀国。

40　吴国徐知诰将要受吴主杨溥的禅让，他忌恨昭武节度使兼中书令临川王杨濛，指使人告发杨濛藏匿亡命之徒，擅自制造兵器。丙子(初七)，把杨濛降封为历阳公，幽禁在和州，命令控鹤军使王宏领兵两百人守卫他。

41　刘昫与冯道通婚，结成儿女亲家。刘昫性情狭隘，好计较小事，李愚性情也刚愎偏颇。冯道出镇同州以后，两人议论往往不能一致，遇到有应该改变的事情，李愚就对刘昫说："这是你的贤亲家所办，变更了不是很方便吗！"刘昫恼恨他，从此两人动不动就争吵，直至互相诟骂，都要求不是接见的时刻谒见皇帝，事情往往

凝滞。帝患之,欲更命相,问所亲信以朝臣闻望宜为相者,皆以尚书左丞姚顗、太常卿卢文纪、秘书监崔居俭对。论其才行,互有优劣。帝不能决,乃置其名于琉璃瓶,夜焚香祝天,且以箸挟之,首得文纪,次得顗。秋,七月辛亥,以文纪为中书侍郎、同平章事。居俭,荛之子也。

42 帝欲杀楚匡祚,韩昭胤曰:"陛下为天下父,天下之人皆陛下子,用法宜存至公。匡祚受诏检校重吉家财,不得不尔。今族匡祚,无益死者,恐不厌众心。"乙卯,长流匡祚于登州。

43 丁巳,立沛国夫人刘氏为皇后。

44 回鹘入贡者多为河西杂虏所掠,诏将军牛知柔帅禁兵卫送,与邠州兵共讨之。

45 吴徐知诰召左仆射兼中书侍郎、同平章事宋齐丘还金陵,以为诸道都统判官,加司空,于事皆无所关预,齐丘屡请退居,知诰以南园给之。

46 护国节度使洋王从璋,归德节度使泾王从敏,皆罢镇居洛阳私第,帝待之甚薄。从敏在宋州预杀重吉,帝尤恶之。尝侍宴禁中,酒酣,顾二王曰:"尔等皆何物,辄据雄藩!"二王大惧,太后叱之曰:"帝醉矣,尔曹速去!"

47 蜀置永平军于雅州,以孙汉韶为节度使。复以张虔钊为山南西道节度使、同平章事,虔钊固辞不行。

48 蜀主得风疾逾年,至是增剧。甲子,立子东川节度使、同平章事、亲卫马步都指挥使仁赞为太子,仍监国。召司空、同平章事赵季良、武信节度使李仁罕、保宁节度使赵廷隐、枢密使王处回、捧圣控鹤都指挥使张公铎、奉銮肃卫指挥副使侯弘实受遗诏辅政。是夕殂,秘不发丧。

拖延,不能及时处理。末帝很恼怒,要另行任命宰相,询问所亲信之人,朝臣中以威望声誉看,谁是适合当宰相的,都提到尚书左丞姚顗、太常卿卢文纪、秘书监崔居俭。论评三人的才干和品行,互有优劣。末帝不能决定,于是把三人的名字放在琉璃瓶内,夜里,焚香祝天,用筷子挟取,首先得到卢文纪,其次得到姚顗。秋季,七月辛亥(十三日),任用卢文纪为中书侍郎、同平章事。崔居俭是崔荛的儿子。

42 末帝要杀楚匡祚,韩昭胤说:"陛下是天下人之父,天下之人都是陛下的儿子,施用法律应该按照至公办理。楚匡祚接受诏命检查李重吉的家财,不得不那样办。现在要族灭楚匡祚,对死者没有什么益处,恐怕反而不能顺服众心。"乙卯(十七日),把楚匡祚长期流放到登州。

43 丁巳(十九日),立沛国夫人刘氏为皇后。

44 回鹘入贡的人往往被河西杂胡所抢掠,下诏命令将军牛知柔率领禁军护送,会同邠州兵马共同讨伐他们。

45 吴国徐知诰召唤左仆射兼中书侍郎、同平章事宋齐丘还归金陵,任用他为诸道都统判官,加司空,但是,对于各种事务都不让他干预,宋齐丘屡次请求退休家居,徐知诰把南园赐给他。

46 护国节度使洋王李从璋,归德节度使泾王李从敏,都被免去他们的军镇职务,并让他们住在洛阳自己家里,末帝对待他们很刻薄。李从敏在宋州参与杀害李重吉,末帝尤其厌恶他。有一次,曾经在禁中侍奉御宴,酒饮得正高兴时,末帝看着二王说:"看你们都像什么东西,也敢占据雄厚冲要的藩镇!"二王极为惊恐,太后叱喝他们说:"皇帝醉了,你们俩快回去!"

47 蜀国在雅州设置永平军,任用孙汉韶为节度使。重新任用张虔钊为山南西道节度使、同平章事,张虔钊坚决推辞不去。

48 蜀主孟知祥患了风疾一年多,到这时病情发展严重。甲子(二十六日),立他的儿子东川节度使、同平章事、亲卫马步都指挥使孟仁赞为太子,仍然做监国。召来司空、同平章事赵季良、武信节度使李仁罕、保宁节度使赵廷隐、枢密使王处回、捧圣控鹤都指挥使张公铎、奉銮肃卫指挥副使侯弘实接受遗诏辅政。当夜,孟知祥便去世,保守秘密不发丧。

王处回夜启义兴门告赵季良,处回泣不已,季良正色曰:"今强将握兵,专伺时变,宜速立嗣君以绝觊觎,岂可但相泣邪!"处回收泪谢之。季良教处回见李仁罕,审其词旨然后告之。处回至仁罕第,仁罕设备而出,遂不以实告。

丙寅,宣遗制,命太子仁赞更名昶,丁卯,即皇帝位。

49　初,帝以王玟对左藏见财失实,故以刘昫代判三司。昫命判官高延赏钩考穷核,皆积年逋欠之数,奸吏利其征责勾取,故存之。昫具奏其状,且请察其可征者急督之,必无可偿者悉蠲之,韩昭胤极言其便。八月庚午,诏长兴以前户部及诸道逋租三百三十八万,虚烦簿籍,咸蠲免勿征。贫民大悦,而三司吏怨之。

50　辛未,以姚顗为中书侍郎、同平章事。

51　右龙武统军索自通,以河中之隙,心不自安,戊子,退朝过洛,自投于水而卒。帝闻之,大惊,赠太尉。

52　丙申,以前安国节度使、同平章事赵凤为太子太保。

53　九月癸卯,诏凤翔益兵守东安镇以备蜀。

54　蜀卫圣诸军都指挥使、武信节度使李仁罕自恃宿将有功,复受顾托,求判六军,令进奏吏宋从会以意谕枢密院,又至学士院侦草麻。蜀主不得已,甲寅,加仁罕兼中书令,判六军事;以左匡圣都指挥使、保宁节度使赵廷隐兼侍中,为之副。

王处回夜间开了义兴门告诉赵季良，王处回痛哭不已，赵季良严肃地对他说："现在强将掌握兵权，专门等待随时变故，应该迅速扶立嗣君，以免有人觊觎皇位，怎么能只知道相互对泣呢!"王处回收了眼泪向他表示歉意。赵季良教令王处回去见李仁罕，观察他的言行意图然后告诉他。王处回到了李仁罕的府第，见李仁罕布置了防备措施才出来，便没有把实情告诉他。

丙寅(二十八日)，宣读孟知祥的遗命，令太子孟仁赞改名孟昶，丁卯(二十九日)，即皇帝位。

49 以前，后唐末帝李从珂由于王玫回答府库左藏现存财物失实，因此任用刘昫代判掌握盐铁、户部、度支的三司。刘昫命判官高延赏严格考核查索，有许多都是历年逃欠漏缴之数，奸吏认为这些有利于他们按纳税之责索求勒取，所以都保留着。刘昫把实际情况具表上奏，并且建议凡能查实可以征收的赶紧督促缴纳，一定无法补偿的都豁免了，韩昭胤极力称赞这个办法。八月庚午(初二)，下诏明宗长兴以前户部及各道逃漏租税三百三十八万缗，虚列簿籍，徒增烦乱，全部豁免，不再征收。贫苦的百姓大为欢喜，而三司的官吏却埋怨不满。

50 辛未(初三)，任用姚颢为中书侍郎、同平章事。

51 右龙武统军索自通，因为镇守河中时，查抄过李从珂的军府兵器，心里不能自安，戊子(二十)日，退朝之后路过洛水，投河而死。末帝听说以后很吃惊，封赠他为太尉。

52 丙申(二十八日)，任命前安国节度使、同平章事赵凤为太子太保。

53 九月癸卯(初六)，末帝下诏，命凤翔增兵把守东安镇，来防备蜀国进扰。

54 蜀国卫圣诸军都指挥使、武信节度使李仁罕自恃是宿将有功劳，又受先帝遗诏辅政，希求让他总判六军，指使进奏吏宋从会把他的意图传告枢密院，又到学士院探听起草的情况。蜀主孟昶不得已，甲寅(十七日)，加封李仁罕兼任中书令，判六军事;任用左匡圣都指挥使、保宁节度使赵廷隐兼任侍中，做他的副手。

55 己未,云州奏契丹入寇,北面招讨使石敬瑭奏自将兵屯百井以备契丹。辛酉,敬瑭奏振武节度使杨檀击契丹于境上,却之。

56 蜀奉銮肃卫都指挥使、昭武节度使兼侍中李肇闻蜀主即位,顾望,不时入朝,至汉州,留与亲戚燕饮逾旬。冬,十月庚午,始至成都,称足疾,扶杖入朝见,见蜀主不拜。

57 戊寅,左仆射、门下侍郎、同平章事李愚罢守本官,吏部尚书兼门下侍郎、同平章事、判三司刘昫罢为右仆射。三司吏闻昫罢相,皆相贺,无一人从归第者。

58 蜀捧圣控鹤都指挥使张公铎与医官使韩继勋、丰德库使韩保贞、茶酒库使安思谦等皆事蜀主于藩邸,素怨李仁罕,共谮之,云仁罕有异志。蜀主令继勋等与赵季良、赵廷隐谋,因仁罕入朝,命武士执而杀之。癸未,下诏暴其罪,并其子继宏及宋从会等数人皆伏诛。是日,李肇释杖而拜。

59 蜀源州都押牙文景琛据城叛,果州刺史李延厚讨平之。

60 蜀主左右以李肇倨慢,请诛之。戊子,以肇为太子少傅致仕,徙邛州。

61 吴主加徐知诰大丞相、尚父、嗣齐王、九锡,辞不受。

62 雄武节度使张延朗将兵围文州,阶州刺史郭知琼拔尖石寨。蜀李延厚将果州兵屯兴州,遣先登指挥使范延晖将兵救文州,延朗解围而归。兴州刺史冯晖自乾渠引戍兵归凤翔。

55 己未(二十二日),云州奏报契丹入境侵犯,北面招讨使石敬瑭上奏他自己带兵屯驻百井,来防备契丹。辛酉(二十四日),石敬瑭表奏振武节度使杨檀在边境上还击契丹,把他们打回去了。

56 蜀国奉銮肃卫都指挥使、昭武节度使兼侍中李肇听说蜀主孟昶即位,他观望形势,没有及时入朝,到了汉州时,他留下来与亲近戚友饮酒宴乐十多天。冬季,十月庚午(初四),才到达成都,称说脚有病,扶着手杖入朝,见到蜀主也不拜。

57 戊寅(十二日),左仆射、门下侍郎、同平章事李愚罢免本官,吏部尚书兼门下侍郎、同平章事、判三司刘昫罢职任右仆射。三司吏属听说刘昫罢免宰相,都相互祝贺,没有一个人跟随他到新官署。

58 蜀国捧圣控鹤都指挥使张公铎与医官使韩继勋、丰德库使韩保贞、茶酒库使安思谦等都是从在藩镇时就跟随蜀主孟昶的,平素就与李仁罕不和,便共同讲他的坏话,说李仁罕有叛变的思想。蜀主让韩继勋等与赵季良、赵廷隐谋划,借着李仁罕入朝的时候,命令武士逮捕并杀了他。癸未(十六日),下诏宣布他的罪名,连同他的儿子李继宏及宋从会等几个人都被杀。这一天,李肇放弃了手杖而见少主下拜。

59 蜀国源州都押牙文景琛占据着州城反叛,果州刺史李延厚发兵讨伐,平定了这场叛乱。

60 蜀主孟昶的左右近臣因李肇倨傲侮慢,请求杀了他。戊子(二十一日),封李肇为太子少傅,让他退休,迁往邛州。

61 吴主杨溥加封徐知诰为大丞相、尚父、嗣齐王、加九锡,徐知诰辞谢不接受。

62 后唐雄武节度使张延朗领兵包围了蜀地文州,阶州刺史郭知琼攻下尖石寨。蜀国李延厚带领果州兵屯扎在当时已被蜀国占领的兴州,派遣先登指挥使范延晖领兵救援文州,张延朗便解除了对文州的包围而归去。后唐朝廷任命的兴州刺史冯晖也从乾渠带领守戍兴州的士兵归还凤翔。

63　十一月,徐知诰召其子司徒、同平章事景通还金陵,为镇海宁国节度副大使、诸道副都统、判中外诸军事;以次子牙内马步都指挥使、海州团练使景迁为左右军都军使、左仆射、参政事,留江都辅政。

64　十二月己巳,以易州刺史安叔千为振武节度使,齐州防御使尹晖为彰国节度使。叔千,沙陀人也。

65　壬申,石敬瑭奏契丹引去,罢兵归。

66　乙亥,征雄武节度使张延朗为中书侍郎、同平章事、判三司。

67　辛巳,汉皇后马氏殂。

68　甲申,蜀葬文武圣德英烈明孝皇帝于和陵,庙号高祖。

69　乙酉,葬鄂王于徽陵城南,封才数尺,观者悲之。

70　是岁秋、冬旱,民多流亡,同、华、蒲、绛尤甚。

71　汉主命判六军秦王弘度募宿卫兵千人,皆市井无赖子弟,弘度昵之。同平章事杨洞潜谏曰:"秦王,国之冢嫡,宜亲端士。使之治军已过矣,况昵群小乎!"汉主曰:"小儿教以戎事,过烦公忧。"终不戒弘度。洞潜出,见卫士掠商人金帛,商人不敢诉,叹曰:"政乱如此,安用宰相!"因谢病归第,久之,不召,遂卒。

二年(乙未,935)

1　春,正月丙申朔,闽大赦,改元永和。

2　二月丙寅朔,蜀大赦。

3　甲戌,以枢密使、天雄节度使兼侍中范延光为宣武节度使兼中书令。

63 十一月，徐知诰召唤他的儿子司徒、同平章事徐景通还归吴国西都金陵，任为镇海、宁国节度副大使、诸道副都统、判中外诸军事；任用他的次子牙内马步都指挥使、海州团练使徐景迁为左右军都军使、左仆射、参政事，留在吴国东都江都辅佐政务。

64 十二月己巳(初三)，任用易州刺史安叔千为振武节度使，齐州防御使尹晖为彰国节度使。安叔千是沙陀人。

65 壬申，石敬瑭奏报契丹退兵，于是罢兵归镇。

66 乙亥(初九)，征召雄武节度使张延朗为中书侍郎、同平章事、判三司。

67 辛巳(十五日)，南汉皇后马氏去世。

68 甲申(十八日)，蜀国在和陵安葬文武圣德英烈明孝皇帝孟知祥，庙号高祖。

69 乙酉(十九日)，在徽陵城南安葬鄂王李从厚，封土才有几尺高，看见的人都感到悲哀。

70 这一年秋、冬大旱，民众许多人逃荒流亡，同州、华州、蒲州、绛州尤其严重。

71 南汉主刘䶮命令总判六军的秦王刘弘度募集宿卫兵一千人，都是市井无赖子弟，而刘弘度却亲昵他们。同平章事杨洞潜向南汉主进谏说："秦王是国家的皇位继承人，应该亲近端正之士。任用他治军已经是过失，何况他竟然亲昵成群的小人啊！"南汉主说："不过是小儿教他们治军之事，过分劳烦您的忧虑了。"最终还是没有约束刘弘度。杨洞潜从宫廷出来，看见卫兵抢掠商人的财物，商人都不敢投诉，杨洞潜叹息说："政事如此混乱，还要宰相有什么用！"因而以有病辞谢朝政回到自己宅第，很长时间，也不召他入朝，他便病死了。

后唐潞王(末帝)清泰二年(乙未，公元935年)

1 春季，正月丙申朔(初一)，闽国实行大赦，改年号为永和。

2 二月丙寅朔(初一)，蜀国大赦。

3 甲戌(初九)，任用枢密使、天雄节度使兼侍中范延光为宣武节度使兼中书令。

4　丁丑，夏州节度使李彝超上言疾病，以兄行军司马彝殷权知军州事。彝超寻卒。

5　戊寅，蜀主尊母李氏为皇太后。太后，太原人，本庄宗后宫也，以赐蜀高祖。

6　己丑，追尊帝母鲁国夫人魏氏曰宣宪皇太后。

7　闽主立淑妃陈氏为皇后。初，闽主两娶刘氏，皆士族，美而无宠。陈后，本闽太祖侍婢金凤也，陋而淫，闽主嬖之，以其族人守恩、匡胜为殿使。

8　三月辛丑，以前宣武节度使兼侍中赵延寿为忠武节度使兼枢密使。

9　以李彝殷为定难节度使。

10　己酉，赠吴越王元瓘母陈氏为晋国太夫人。元瓘性孝，尊礼母党，厚加赐与，而未尝迁官，授以重任。

11　壬戌，以彰圣都指挥使安审琦领顺化节度使。审琦，金全之子也。

12　太常丞史在德，性狂狷，上书历诋内外文武之士，请遍加考试，黜陟能否。执政及朝士大怒，卢文纪及补阙刘涛、杨昭俭等皆请加罪。帝谓学士马胤孙曰："朕新临天下，宜开言路，若朝士以言获罪，谁敢言者！卿为朕作诏书，宣朕意。"乃下诏，略曰："昔魏徵请赏皇甫德参，今涛等请黜史在德，事同言异，何其远哉！在德情在倾输，安可责也！"昭俭，嗣复之曾孙也。

13　吴加徐景迁同平章事、知左右军事，徐知诰令尚书郎陈觉辅之，谓觉曰："吾少时与宋子嵩论议，好相诘难，或吾舍子嵩还家，或子嵩拂衣而起。子嵩携衣笥望秦淮门欲去者数矣，吾常戒门者止之。吾今老矣，犹未遍达时事，况景迁年少当国，故屈吾子以诲之耳。"

4　丁丑(十二日)，夏州节度使李彝超上书说自己有病，让他哥哥行军司马李彝殷暂时主持军州事。李彝超不久就死了。

5　戊寅(十三日)，蜀主孟昶尊上母亲李氏为皇太后。李太后是太原人，本来是后唐庄宗后宫宫女，用来赐给蜀高祖孟知祥为妻的。

6　己丑(二十四日)，末帝李从珂追尊他的母亲鲁国夫人魏氏称宣宪皇太后。

7　闽国主王璘立淑妃陈氏为皇后。起初，闽主两度娶刘氏为妻，都是士族，虽然长得美丽但却不得宠爱。陈皇后本来是闽太祖王审知的侍婢，名叫金凤，长得丑陋而且淫荡，但闽主王璘溺爱她，并任用她的本家陈守恩、陈匡胜为殿使。

8　三月辛丑(初七)，任用前宣武节度使兼侍中赵延寿为忠武节度使兼枢密使。

9　任用李彝殷为定难节度使。

10　己酉(十五日)，后唐朝廷封赠吴越王钱元瓘的母亲陈氏为晋国太夫人。钱元瓘性情孝顺，对母亲的族属很尊敬尽礼，赐赏很丰厚，但是从未给他们升官和授予重任。

11　壬戌(二十八日)，任用彰圣都指挥使安审琦领受顺化节度使。安审琦是安金全的儿子。

12　太常丞史在德，性格狂放不羁，上书诋毁朝廷内外的文武之士，请求普遍进行考试，从而黜拙拔能。执政者及朝士大为恼火，卢文纪及补阙刘涛、杨昭俭等都请求皇帝治他的罪。末帝对学士马胤孙说："朕刚刚临御天下，应该开启言路，如果朝士因为说话而获致罪名，还有谁敢说话呢！请你替朕起草诏书，宣示朕的意思。"于是，便下了诏书，大意是说："从前魏徵请求唐太宗奖赏皇甫德参，现在刘涛等人请求罢黜史在德，事情相同而评价两样，为什么相差这样远！史在德的心情是要倾吐自己心里想说的话，怎么能责备他呢！"杨昭俭是唐文宗时宰相杨嗣复的曾孙。

13　吴国加封徐景迁为同平章事、知左右军事，徐知诰命令尚书郎陈觉辅助他，并且对陈觉说："我年轻的时候与宋子嵩议论，喜欢相互问难，或者我停止争论放他回家，或者他拂衣而去。子嵩收拾衣箱眼望秦淮门想离我而去的情况有过好多次了，我常常告诫守门人不要放他走。我现在已经年纪大了，还没有能够对时事样样通晓，何况景迁年少担当国家大事，所以委屈您老先生来教导他啊。"

14　夏，四月庚午，蜀以御史中丞龙门毋昭裔为中书侍郎、同平章事。

15　癸未，加枢密使、刑部尚书韩昭胤中书侍郎、同平章事。辛卯，以宣徽南院使刘延皓为刑部尚书，充枢密使。延皓，皇后之弟也。癸巳，以左领军卫大将军刘延朗为本卫上将军，充宣徽北院使，兼枢密副使。

16　五月丙申，契丹寇新州及振武。

17　庚戌，赐振武节度使杨檀名光远。

18　六月，吴德胜节度使兼中书令柴再用卒。先是，史官王振尝询其战功，再用曰：“鹰犬微效，皆社稷之灵，再用何功之有！”竟不报。

19　契丹寇应州。

20　河东节度使、北面总管石敬瑭既还镇，阴为自全之计。帝好咨访外事，常命端明殿学士李专美、翰林学士李崧、知制诰吕琦、薛文遇、翰林天文赵延义等更直于中兴殿庭，与语或至夜分。时敬瑭二子为内使，曹太后则晋国长公主之母也，敬瑭赂太后左右，令伺帝之密谋，事无巨细皆知之。敬瑭多于宾客前自称赢瘠不堪为帅，冀朝廷不之忌。

时契丹屡寇北边，禁军多在幽、并，敬瑭与赵德钧求益兵运粮，朝夕相继。甲申，诏借河东人有蓄积者菽粟。乙酉，诏镇州输绢五万匹于总管府，籴军粮，率镇冀人车千五百乘运粮于代州；又诏魏博市籴。时水旱民饥，敬瑭遣使督趣严急，山东之民流散，乱始兆矣。

敬瑭将大军屯忻州，朝廷遣使赐军士夏衣，传诏抚谕，军士呼万岁者数四。敬瑭惧，幕僚河内段希尧请诛其唱首者，敬瑭命都押衙刘知远斩挟马都将李晖等三十六人以徇。希尧，怀州人也。帝闻之，益疑敬瑭。

14　夏季,四月庚午(初六),蜀国任用御史中丞龙门人毋昭裔为中书侍郎、同平章事。

15　癸未(十九日),加封枢密使、刑部尚书韩昭胤中书侍郎、同平章事。辛卯(二十七日),任用宣徽南院使刘延皓为刑部尚书,充任枢密使。刘延皓是刘皇后的弟弟。癸巳(二十九日),任用左领军卫大将军刘延朗为本卫上将军,充任宣徽北院使,兼任枢密副使。

16　五月丙申(初三),契丹入侵新州及振武。

17　庚戌(十七日),赐给振武节度使杨檀名字叫光远。

18　六月,吴国德胜节度使兼中书令柴再用去世。以前,史官王振曾经询问他的战功,柴再用说:"鹰犬的细小作用,都是国家社稷的灵验,再用有什么功劳!"竟然没有上报。

19　契丹侵扰应州。

20　河东节度使、北面总管石敬瑭返归镇所以后,暗中谋划如何保全自己。末帝喜欢访查咨询外边的事情,常常命令端明殿学士李专美、翰林学士李崧、知制诰吕琦、薛文遇、翰林天文赵延义等轮换在中兴殿庭院值班,有时候同他们谈论到深夜。当时,石敬瑭的两个儿子任内使,曹太后则是石敬瑭之妻晋国长公主的母亲,石敬瑭贿赂太后的左右,让他们暗中侦查皇帝的密谋,不论事情的大小他都能知道。石敬瑭常常在宾客面前自称病弱不能领兵为帅,希图朝廷不猜忌他。

当时,契丹族频繁侵扰北部边界,守卫的军队大多设防在幽州和并州,石敬瑭与赵德钧都请求朝廷增兵运粮,日夜相继不断。甲申(二十一日),朝廷下诏向河东有积蓄的人征借菽粟。乙酉(二十二日),下诏令镇州输纳绢五万匹给总管府,用来购买军粮,率领镇冀的人车一千五百辆运粮供给代州;又下诏令魏博开市购粮。当时水灾、旱灾使得百姓饥饿,石敬瑭派人督催缴纳非常严厉紧急,太行山以东的百姓流离失散,开始露出了动乱的兆头。

石敬瑭率领大军屯驻忻州,朝廷派使臣赏赐军士夏衣,传布诏书加以抚慰,军士曾多次呼喊万岁。石敬瑭害怕,他的幕僚河内人段希尧请求杀了那些带头呼叫的,石敬瑭命令都押牙刘知远斩了挟马都将李晖等三十六人作为此事的殉难者。段希尧是怀州人。末帝听说这些情况,更加怀疑石敬瑭。

21　壬辰，诏：“窃盗不计赃多少，并纵火强盗，并行极法。”

22　闽福王继鹏私于宫人李春燕，继鹏请之于陈后，后白闽主而赐之。

23　秋，七月，以枢密使刘延皓为天雄节度使。

24　乙巳，以武宁节度使张敬达为北面行营副总管，将兵屯代州，以分石敬瑭之权。

25　帝深以时事为忧，尝从容让卢文纪等以无所规赞。丁巳，文纪等上言：“臣等每五日起居，与两班旅见，暂获对扬，侍卫满前，虽有愚虑，不敢敷陈。窃见前朝自上元以来，置延英殿，或宰相欲有奏论，天子欲有咨度，旁无侍卫，故人得尽言。望复此故事，惟听机要之臣侍侧。”诏以“旧制五日起居，百僚俱退，宰相独升，若常事自可敷奏。或事应严密，不以其日，或异日听于阁门奏榜子，当尽屏侍臣，于便殿相待，何必袭延英之名也！”

26　吴润州团练使徐知谔，狎昵小人，游燕废务，作列肆于牙城西，躬自贸易。徐知诰闻之怒，召知谔左右诘责，知谔惧。或谓知诰曰：“忠武王最爱知谔，而以后事传于公。往年知询失守，论议至今未息。借使知谔治有能名，训兵养民，于公何利？”知诰感悟，待之加厚。

27　九月丙申，吴大赦，改元天祚。

28　己酉，以宣徽南院使房暠为刑部尚书，充枢密使；宣徽北院使刘延朗为南院使，仍兼枢密副使。于是延朗及枢密直学士薛文遇等居中用事，暠与赵延寿虽为使长，其听用之言什不

21　壬辰(二十九日),下诏:"窃盗不论赃有多少,以及纵火强盗,都施行极刑。"

22　闽国福王王继鹏与宫人李春燕私通,王继鹏请求陈皇后把李春燕赐给他,陈皇后告诉闽主王璘而后赏赐给他。

23　秋季,七月,任用枢密使刘延皓为天雄节度使。

24　乙巳(十三日),任用武宁节度使张敬达为北面行营副总管,领兵屯驻代州,用来分散石敬瑭的权力。

25　末帝因为时局常常感到忧虑,曾经很平和地责备过卢文纪等,批评他们没有提供什么规劝和赞同的建议。丁巳(二十五日),卢文纪等上奏说:"臣等每五天一次来问候主上的起居,与文武两班众臣共同觐见,暂时得到对答的机会,而侍从保卫人员布满在眼前,虽然对事情有所考虑,也不敢陈说。我们想到前朝自从唐肃宗上元年代以后,设置延英殿,遇到宰相想有所论奏,或者天子要有所咨询商酌,旁边不设侍卫,所以人们能够把话都说出来。希望主上也能恢复前朝的这种做法,只让机要的大臣侍候在旁边。"末帝下诏书说:"旧制施行五日问起居的时候,百官都退场,只有宰相单独留下来,像平常的事情仍然可以陈奏。遇到有机密的事情,不按五天的期限,或者另选日期在阁门听取奏榜子,应当让侍臣都屏退,在便殿等候觐见,何必要承袭延英殿的名义呢!"

26　吴国润州团练使徐知谔,亲昵狎近小人,游赏宴集,废弃正务,在牙城以西仿造排列着肆的市场,亲自去做商沽交易。徐知诰听说后发怒,找来徐知谔的左右盘问责骂他们,徐知谔很害怕。有人告诉徐知诰说:"尊翁忠武王徐温在世时最喜欢知谔,然而却把后来的大业传给了你。前几年知询失去镇所,议论到现在还没有停息。如果知谔治理政务有能干的名声,训练武备,休养百姓,对您有什么好处呢?"徐知诰有所领悟,对待徐知谔更加宽厚。

27　九月丙申(初四),吴国实行大赦,改年号为天祚。

28　己酉(十七日),后唐朝廷任用宣徽南院使房暠为刑部尚书,充任枢密使;宣徽北院使刘延朗任为南院使,仍兼任枢密副使。从此刘延朗及枢密直学士薛文遇等把持朝中事务,房暠与赵延寿虽然做枢密院的首长,但他们的意见,被采用的不过十分之

三四。嵩随势可否,不为事先。每幽、并遣使入奏,枢密诸人环坐议之,嵩多俯首而寐,比觉,引颈振衣,则使者去矣。启奏除授,一归延朗。诸方镇、刺史自外入者,必先赂延朗,后议贡献,赂厚者先,得内地;赂薄者晚,得边陲,由是诸将帅皆怨愤,帝不能察。

29　蜀金州防御使全师郁寇金州,拔水寨。城中兵才千人,都监陈知隐托他事将兵三百沿流遁去;防御使马全节罄私财以给军,出奇死战,蜀兵乃退。戊寅,诏斩知隐。

30　初,闽主有幸臣曰归守明,出入卧内,闽主晚年得风疾,陈后与守明及百工院使李可殷私通,国人皆恶之,莫敢言。

可殷尝谮皇城使李倣于闽主,后族陈匡胜无礼于福王继鹏,倣及继鹏皆恨之。闽主疾甚,继鹏有喜色。倣以闽主为必不起,冬,十月己卯,使壮士数人持白梃击李可殷,杀之,中外震惊。庚辰,闽主疾少间,陈后诉之。闽主力疾视朝,诘可殷死状,倣惧而出,俄顷,引部兵鼓噪入宫。闽主闻变,匿于九龙帐下,乱兵刺之而出。闽主宛转未绝,宫人不忍其苦,为绝之。倣与继鹏杀陈后、陈守恩、陈匡胜、归守明及继鹏弟继韬。继韬素与继鹏相恶故也。辛巳,继鹏称皇太后令监国,是日,即皇帝位。更名昶。谥其父曰齐肃明孝皇帝,庙号惠宗。既而自称权知福建节度事,遣使奉表于唐,大赦境内,立李春燕为贤妃。

三四。房暠随势应称,什么事都不先拿出意见。每当幽州、并州派使者来朝廷奏事,枢密院的几位大臣环坐而讨论,房暠常常低着头打盹,等他醒来,整整衣领,理理服装后,那时使者已经走了。是否启奏皇帝和任免职务,一律取决于刘延朗。各处方镇、刺史从外藩入朝的,必然先贿赂刘延朗,然后议论一下各家所贡献的礼物,贿赂多的先办,得到内地职差;贿赂少的后办,只能得到边远的职差。因此,各地将帅都很怨愤不满,而末帝不能察觉。

29 蜀国任命的金州防御使全师郁攻掠金州,攻下了水寨。城中的守兵只有一千人,都监陈知隐推托有别的事,带兵三百沿着汉水逃遁而去;防御使马全节把自己的全部私财都拿出来,用来赏供军队,出奇兵死命战斗,蜀兵才退回去。戊寅,末帝下诏斩了陈知隐。

30 从前,闽主王璘有个宠幸之臣名叫归守明,可以出入闽主的卧室,闽主晚年得了风寒伤身的疾病,陈皇后与归守明及百工院使李可殷私通,闽国人都厌恶他们,但是,不敢揭发。

李可殷曾经在闽主面前说过皇城使李做的坏话,皇后的本家陈匡胜对福王王继鹏没有礼度,李做和王继鹏都怨恨这些人。闽主病情发展严重,王继鹏心里很高兴。李做以为闽主的病必定不能再起,冬季,十月己卯(十八日),指使几个身体强壮的人,手持棍棒去袭击李可殷,把他杀了,朝廷内外震惊。庚辰(十九日),闽主的病稍微见好,陈后把这件事告诉了闽主。闽主带病勉强临朝视事,查究李可殷是怎么死的,李做恐惧而出,一会儿率领他的部属兵卒,吵嚷喧哗地进入宫中。闽主听见变故,躲在九龙帐底下,乱兵刺了他而后散出。闽主受了伤,痛苦呻吟而没有死,宫人看了不忍心让他受这样的痛苦,便为他断气而死。李做与王继鹏杀了陈皇后、陈守恩、陈匡胜、归守明及王继鹏的弟弟王继韬。因为王继韬素来同王继鹏相互厌恶。辛巳(二十日),王继鹏声称皇太后令他监国,就在当天,即皇帝位。改名王昶。给其父王璘上谥号为齐肃明孝皇帝,庙号惠宗。接着又自称暂时主持福建节度事,派遣使者向后唐朝廷上表,在其辖境内实行大赦,册立李春燕为贤妃。

初,闽惠宗娶汉主女清远公主,使宦者闽清林延遇置邸于番禺,专掌国信。汉主赐以大第,禀赐甚厚,数问以闽事。延遇不对,退,谓人曰:“去闽语闽,去越语越,处人宫禁,可如是乎!”汉主闻而贤之,以为内常侍,使钩校诸司事。延遇闻惠宗遇弑,求归,不许,素服向其国三日哭。

31　荆南节度使高从诲,性明达,亲礼贤士,委任梁震,以兄事之,震常谓从诲为郎君。

楚王希范好奢靡,游谈者共夸其盛。从诲谓僚佐曰:“如马王可谓大丈夫矣。”孙光宪对曰:“天子诸侯,礼有等差。彼乳臭子骄侈僭忒,取快一时,不为远虑,危亡无日,又足慕乎!”从诲久而悟,曰:“公言是也。”他日,谓梁震曰:“吾自念平生奉养,固已过矣。”乃捐去玩好,以经史自娱,省刑薄赋,境内以安。

梁震曰:“先王待我如布衣交,以嗣王属我。今嗣王能自立,不坠其业,吾老矣,不复事人矣。”遂固请退居。从诲不能留,乃为之筑室于土洲。震披鹤氅,自称荆台隐士,每诣府,跨黄牛至听事。从诲时过其家,四时赐与甚厚。自是悉以政事属孙光宪。

臣光曰:孙光宪见微而能谏,高从诲闻善而能徙,梁震成功而能退,自古有国家者能如是,夫何亡国败家丧身之有。

32　吴加中书令徐知诰尚父、太师、大丞相、大元帅,进封齐王,备殊礼,以昇、润、宣、池、歙、常、江、饶、信、海十州为齐国。知诰辞尚父、丞相,殊礼不受。

起初,闽惠宗王璘娶南汉主刘龑的女儿清远公主,派宦官闽清人林延遇在番禺建立府邸,专门掌握国内的信息。南汉主赐给他大的宅第,供给赏赐都很丰厚,多次向他询问闽国的事情。林延遇不回答,退下来后,对人说:"离开闽国就谈论闽,离开越国就谈论越,居处在人家的宫禁之内,可以这样吗!"南汉主听到这话后认为他是贤士,用他为内廷常侍,让他联系校核诸司的事情。林延遇听说惠宗王璘被弒,要求归闽,没有得到汉主的允许,穿了素服向着他的国家方向哭了三天。

31 荆南节度使高从诲,性情通达,亲近和礼敬贤士,委任梁震,把他作为兄长看待,梁震常常称呼高从诲为郎君。

楚王马希范喜爱奢侈糜费,和他游乐谈笑的人都夸赞他的盛况。高从诲对僚佐说:"像马王那样可以称得上是大丈夫了。"孙光宪回答他说:"天子和诸侯,礼节上是有差别的。他一个乳臭未干的小儿,骄纵奢侈僭越糜费,取得快意于一时,不作长远的思虑,不知哪天便要危亡,有什么可以美慕的啊!"高从诲愣怔之后而觉悟,说:"先生的话是对的。"过几天,对梁震说:"我自己感到平生所受的奉养本来就已经过分了。"于是舍弃了好玩喜爱的东西,用阅读经史作为自己的乐事,省简刑罚,减轻赋税,辖境之内,得以安定。

梁震说:"先王高季兴待我如同布衣之交一样,把嗣王付给我。现在嗣王能够自立,可以不使先王遗业坠落了,我老了,不再事奉别人了。"于是坚决请求告退家居。高从诲留不住他,便替他在土洲建筑了房子。梁震披着鹤氅,自称荆台隐士,每当到王府去谒见,骑着黄牛直到听事的大厅。高从诲时常到他家里去看望他,一年四季的赏赐极为丰厚。从此,把政务全部托付给孙光宪去处理。

臣司马光说:孙光宪看到细微兆头而能够进谏,高从诲听到正确意见而能够改正,梁震功成之后而能够引退,自古握有国家大权的人能做到这样,还有什么亡国、败家、丧身的事情出现。

32 吴国加封中书令徐知诰为尚父、太师、大丞相、大元帅,进封齐王,设置特殊的礼节,把昇、润、宣、池、歙、常、江、饶、信、海十个州划作齐国。徐知诰辞退尚父、丞相的职称,对于给他的特殊礼节也不予承受。

33　闽皇城使、判六军诸卫李倣专制朝政,阴养死士,闽主昶与拱宸指挥使林延皓等图之。延皓等诈亲附倣,倣待之不疑。十一月壬子,倣入朝,延皓等伏卫士数百于内殿,执斩之,枭首朝门。倣部兵千馀持白梃攻应天门,不克,焚启圣门,夺倣首奔吴越。诏暴倣弑君及杀继韬等罪,告谕中外。以建王继严权判六军诸卫,以六军判官永泰叶翘为内宣徽使、参政事。

翘博学质直,闽惠宗擢为福王友,昶以师傅礼待之,多所裨益,宫中谓之"国翁"。昶既嗣位,骄纵,不与翘议国事。一旦,昶方视事,翘衣道士服过庭中趋出,昶召还,拜之,曰:"军国事殷,久不接对,孤之过也。"翘顿首曰:"老臣辅导无状,致陛下即位以来无一善可称,愿乞骸骨。"昶曰:"先帝以孤属公,政令不善,公当极言,奈何弃孤去!"厚赐金帛,慰谕令复位。昶元妃梁国夫人李氏,同平章事敏之女,昶嬖李春燕,待夫人甚薄。翘谏曰:"夫人先帝之甥,聘之以礼,奈何以新爱而弃之!"昶不悦,由是疏之。未几,复上书言事,昶批其纸尾曰:"一叶随风落御沟。"遂放归永泰,以寿终。

34　帝嘉马全节之功,召诣阙。刘延朗求赂,全节无以与之。延朗欲除全节绛州刺史,群议沸腾。帝闻之,乙卯,以全节为横海留后。

33 闽国皇城使、判六军诸卫李倣专权把持朝政,暗中培养亡命之徒,闽主王昶与拱辰指挥使林延皓等合谋劫取他。林延皓等假意亲近依附于他,李倣对待这些人也不加怀疑。十一月壬子(二十一日),李倣入朝,林延皓等在内殿埋伏了卫士几百人,把他捉住杀了,砍下首级在朝门示众。李倣的部兵一千多人拿着刀枪进攻应天门,攻不下来,焚烧了启圣门,夺取了李倣的头投奔吴越。闽主下诏宣布李倣弒君以及杀死王继韬等罪名,告示朝廷内外。闽主王继鹏任用建王王继严暂领判理六军诸卫的事务,任用六军判官永泰人叶翘为内宣徽使、参政事。

叶翘学识渊博,为人质朴正直,闽惠宗王璘选择他来做福王王昶的朋友,王昶用师傅的礼遇对待他,多方面得到他的帮助和益处,宫中管他叫"国翁"。后来,王昶继承了王位,便骄纵起来,不再同叶翘议论国事。一天早上,王昶正在办公,叶翘穿着道士的衣服从庭院中经过并往门外走去,王昶把他召回来,向他行拜礼,说道:"军国的事太多,很久没有同您商谈了,这是我的过错。"叶翘顿首下拜说:"老臣辅助引导得不得法,以致使陛下即位以来没有一件好事可以称道,希望您放我告老回乡,保存躯骸归土。"王昶说:"先帝把我托付给您,政令如有不善之处,老先生应当极力进言,怎么能抛下我不管而去呢!"于是赐给他丰厚的金帛,慰问劝解,命令他恢复原来职位。王昶的原配梁国夫人李氏,是同平章事李敏的女儿,王昶宠爱李春燕,对待夫人很淡薄。叶翘进谏说:"夫人是先帝的外甥女,是用隆重礼法聘娶来的,怎能因为有了新欢的人就把她丢弃呢!"王昶很不高兴,从此便疏远了他。没有多久,又上书言事,王昶在纸的末尾批示说:"一叶随风落御沟。"便把叶翘放归永泰,叶翘后来因年老而死。

34 后唐末帝赞扬马全节保护金州的功劳,召他进京诣见。刘延朗向他索求贿赂,马全节没有给他什么东西。刘延朗想任命马全节为绛州刺史,群臣不满,议论沸腾。末帝听说后,乙卯(二十四日),任命马全节为横海留后。

35　十二月壬申，以中书侍郎、同平章事充枢密使韩昭胤同平章事，充护国节度使。

36　乙酉，以前匡国节度使、同平章事冯道为司空。时久无正拜三公者，朝议疑其职事，卢文纪欲令掌祭祀扫除，道闻之曰："司空扫除，职也，吾何惮焉。"既而文纪自知不可，乃止。

37　闽主赐洞真先生陈守元号天师，信重之，乃至更易将相，刑罚，选举，皆与之议。守元受赂请托，言无不从，其门如市。

35　十二月壬申(十一日),任用中书侍郎、同平章事充枢密使韩昭胤同平章事,充护国节度使。

36　乙酉(二十四日),任用前匡国节度使、同平章事冯道为司空。当时已经很久没有正式拜授为三公的人,朝班议论中对司空的职事拿不准,卢文纪想让他掌管祭祀扫除,冯道听说后说道:"司空扫除,这也算他的职责,我有什么可怕的。"接着卢文纪自己也意识到这样做不合适,于是停止实行。

37　闽主王昶赐给洞真先生陈守元以天师的称号,信任和倚重他,乃至更换将相、施行刑罚、选贤举能这样的重大事情,都同他商议。陈守元接受贿赂、请托,有求必应,门庭若市。